2022

中国居民
收支与生活状况报告

Report on China's Household Income and Expenditure Survey

国家统计局住户调查司

COMPILED BY

Department of Household Surveys

National Bureau of Statistics of China

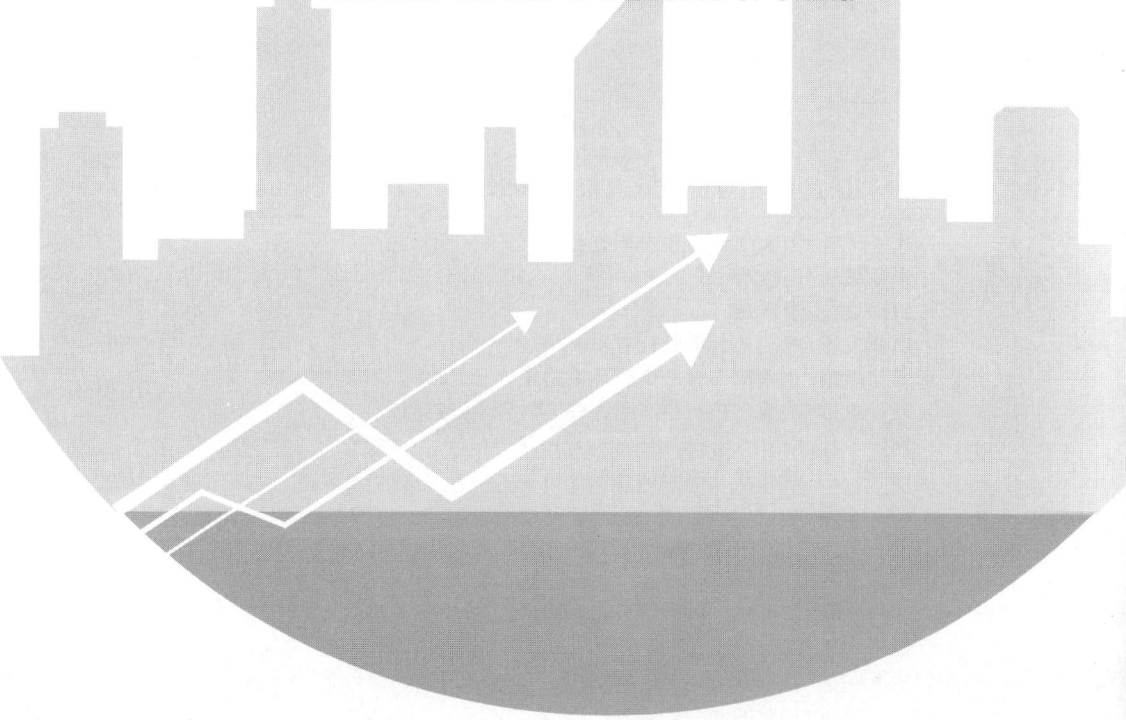

中国统计出版社

China Statistics Press

图书在版编目(CIP)数据

中国居民收支与生活状况报告. 2022 / 国家统计局住户调查司编著. —— 北京 ：中国统计出版社，2022.11

ISBN 978－7－5037－9970－9

Ⅰ. ①中… Ⅱ. ①国… Ⅲ. ①居民家庭收支调查－调查报告－中国－2022 Ⅳ. ①F126.2

中国版本图书馆 CIP 数据核字(2022)第 167635 号

中国居民收支与生活状况报告 2022

作　　者/国家统计局住户调查司
责任编辑/冯燕玲
封面设计/李雪燕
出版发行/中国统计出版社有限公司
通信地址/北京市丰台区西三环南路甲 6 号　邮政编码/100073
发行电话/邮购(010)63376909　书店(010)68783171
网　　址/http://www.zgtjcbs.com
印　　刷/河北鑫兆源印刷有限公司
经　　销/新华书店
开　　本/880×1230mm　1/16
字　　数/852 千字
印　　张/27.25
版　　别/2022 年 11 月第 1 版
版　　次/2022 年 11 月第 1 次印刷
定　　价/198.00 元

《中国居民收支与生活状况报告 2022》编辑委员会

前 言

党的十八大以来,在以习近平同志为核心的党中央坚强领导下,各地区、各部门深入贯彻以人民为中心的发展思想,坚持共享发展,着力增进人民福祉。城乡居民收入水平持续增长,生活质量显著提高,收入分配状况进一步改善。为更好地满足研究制定城乡统筹政策和民生政策的需要,国家统计局依法开展全国住户收支与生活状况调查,全面、准确、及时掌握全国和各地区城乡居民收入、消费及其他生活状况,监测居民收入分配格局和不同收入层次居民的生活质量。

《中国居民收支与生活状况报告 2022》根据全国住户收支与生活状况调查 16 万户样本的调查数据,对全国及各省(市、区)的居民收入、消费和生活状况进行全面描述和分析,反映我国城乡居民收入的变化、生活水平的提高、生活状况的改善和居民收入分配格局的现状等。在党的二十大即将召开之际,本书聚焦 2021 年全国及分地区居民收入和消费水平、居住条件、生活设施以及基本公共服务改善等,同时对十八大以来我国城乡居民的收入分配状况改善情况进行了分析。

本书共分为八章。第一章主要介绍全国住户收支与生活状况调查的调查内容和方法。第二章主要介绍十八大以来我国居民收支和生活状况发展成就。第三章主要介绍近年来尤其是 2021 年全国及分城乡居民收入增长情况、增长特点和收入结构变化等。第四章主要介绍近年来居民收入分配状况和居民收入差距等。第五章主要介绍 2021 年居民消费支出增长情况、增长特点、结构变化等。第六章主要介绍 2021 年居民生活状况,包括居住条件、生活设施、耐用消费品拥有情况、社区基础设施和基本公共服务等。第七章主要是各省(区、市)针对 2021 年居民收支与生活改善情况的重点分析。第八章主要是部分省(区、市)有关居民收入和消费的专题分析。

限于水平和经验,本报告难免有不足之处,真诚欢迎大家提出批评和建议。

2022 年 9 月

目　录

第一章 全国住户收支与生活状况调查方法

国家统计局从2012年四季度起实施了城乡一体的全国住户收支与生活状况调查。在原来分别开展的城镇住户调查和农村住户调查的基础上，按照统一规范、科学实用、高效可行、积极稳妥的原则，从调查指标、抽样方法、调查过程、数据处理、数据发布等五个方面进行整合，建立了城乡一体的住户收支与生活状况调查体系。规范统一了收入名称与口径，完善了居民实物收支和政策性收支调查内容，改进了农民工调查方式和城乡统一归类，增加了调查样本量，优化了不同地区、不同收入层次的样本分布，并正式发布了全国居民可支配收入数据。

一、调查目的

为全面、准确、及时了解全国和各地区城乡居民收入、消费及其他生活状况，客观监测居民收入分配格局和不同收入层次居民的生活质量，更好地满足研究制定城乡统筹政策和民生政策的需要，为国民经济核算和居民消费价格指数权重制定提供基础数据，依照《中华人民共和国统计法》规定，开展住户收支与生活状况调查(以下简称住户调查)。

二、调查对象

住户调查对象为中华人民共和国境内的住户，既包括城镇住户，也包括农村住户；既包括以家庭形式居住的户，也包括以集体形式居住的户。无论户口性质和户口登记地，中国公民均以住户为单位，在常住地参加本调查。

三、调查周期及报告期

本调查的调查周期从上年12月1日起，至本年11月30日止。报告期分别为季报和年报。全体居民及分城乡居民的可支配收入和消费支出(不含自产自用)情况、调查户家庭人口情况为季报，其余为年报。

四、调查组织

国家统计局统一领导住户调查，负责制定调查方案，组织调查实施，监督调查过程，审核、处理、汇总调查数据，发布全国和分省城乡居民收入、消费等数据。

国家统计局各调查总队按照《住户收支与生活状况调查方案》规定，负责组织分省住户调查工作。各级统计调查部门均按照《住户收支与生活状况调查方案》的规定组织实施现场调查，确保调查数据质量。

五、调查内容

住户调查内容主要包括居民现金和实物收支情况、住户成员及劳动力从业情况、居民家庭食品和能源消费情况、住房和耐用消费品拥有情况、家庭经营和生产投资情况、社区基本情况以及其他民生状况等。具体内容由《住户收支与生活状况调查方案》的记账项目、问卷项目和汇总指标共同规定。

六、样本抽选

样本抽选包括抽样方法设计、县级调查网点代表性评估、调查小区抽选以及摸底调查、调查户抽选和落实等现场抽样工作。

住户调查的抽样方法由国家统计局制定。样本量按满足以下代表性需求的标准确定：在95%的置信度下，分省居民及分省分城乡居民人均可支配收入、消费支出以及主要收入项和消费项的抽样误差控制在3%以内（个别人口较少的省在5%以内）。由此汇总生成的全国居民及全国分城乡居民人均可支配收入和消费支出抽样误差控制在1%以内，主要收入项和消费项的抽样误差控制在3%以内。国家统计局使用统一的抽样框，以省为总体，在对县级调查网点代表性进行评估的基础上，采用分层、多阶段随机抽样方法抽选调查住宅，确定调查户。抽中调查小区原则上五年内保持不变，在五年周期内定期进行样本代表性评估，并根据评估结果组织开展调查小区内住户样本轮换。现场抽样工作由各调查总队统一组织。调查小区的变动需经国家统计局批准；调查户的变动需经调查总队批准，并报国家统计局备案。

七、数据采集

数据采集包括现场调查、数据录入和初步审核。

住户调查采用日记账和问卷调查相结合的方式采集基础数据。其中，居民现金收入与支出、实物收入与支出等内容主要使用记账方式采集。住户成员及劳动力从业情况、住房和耐用消费品拥有情况、家庭经营和生产投资情况、社区基本情况及其他民生状况等资料使用问卷调查方式采集。为了提高调查配合度，减轻调查负担、增强抗干扰能力、改进调查效率，国家统计局使用住户调查应用系统，推广电子化数据采集方式。

住户调查数据采集工作主要由国家统计局派驻各地的调查队负责组织完成。调查基础数据包括样本信息、调查户记账数据和问卷调查数据。由市县调查统计机构负责组织对记账数据进行编码，采用国家统计局指定的数据处理程序录入调查基础数据。有条件的地方可采用调查户电子记账和调查员手持电子终端采集数据。市、县调查统计机构对录入的数据进行初步审核。

八、数据处理

数据处理包括数据审核、加权、汇总。

所有基础数据由各调查总队负责组织审核。全国、省、市、县各级汇总结果根据分户基础数据、采用加权汇总方式生成，各级汇总权数由国家统计局统一制定。国家统计局根据分省调查样本数据和相应权数汇总生成全国和分省数据。

九、数据质量控制

住户调查实行全过程质量控制。国家统计局建立全过程质量控制制度，规范方案设计，科学抽选样本，认真组织培训，严格流程管理，加强监督检查。加强第三方评估，每年定期随机抽取部分调查户进行电话回访，对基础数据进行审核分析，对调查样本代表性进行评估和校准，对各地住户调查专业工作的各个环节进行量化考核。每年还抽选部分省（区、市）直接进村入户开展基层工作检查，确保基础数据质量。

各级调查统计部门按照相关规定对调查过程的各个环节进行监督、检查，独立上报数据。

第二章　居民收入水平较快增长 生活质量取得显著提高

——从十八大到二十大经济社会发展成就系列报告

党的十八大以来，在以习近平同志为核心的党中央坚强领导下，各地区各部门坚持以人民为中心的发展思想，把保障和改善民生作为工作的根本出发点和落脚点，认真贯彻落实全面建成小康社会的战略目标，出台实施了一系列惠民富民政策措施，居民收入较快增长，收入结构不断改善，城乡和地区居民收入差距不断缩小，居民消费水平持续提高，生活质量稳步提升。

一、居民收入较快增长，收入结构不断改善

党的十八大以来，各地区各部门持续加大就业优先政策实施力度，促进居民收入增长的各项措施接续发力，居民分享到更多经济社会发展红利，居民收入保持较快增长，收入结构不断优化。

（一）居民收入保持较快增长，与经济增长基本同步

2021年全国居民人均可支配收入35128元，比2012年的16510元增加18618元，累计名义增长112.8%，年均名义增长8.8%，扣除价格因素，累计实际增长78.0%，年均实际增长6.6%。居民收入增长与经济增长基本同步，2013—2021年居民人均可支配收入年均实际增速略快于人均国内生产总值增速0.5个百分点。

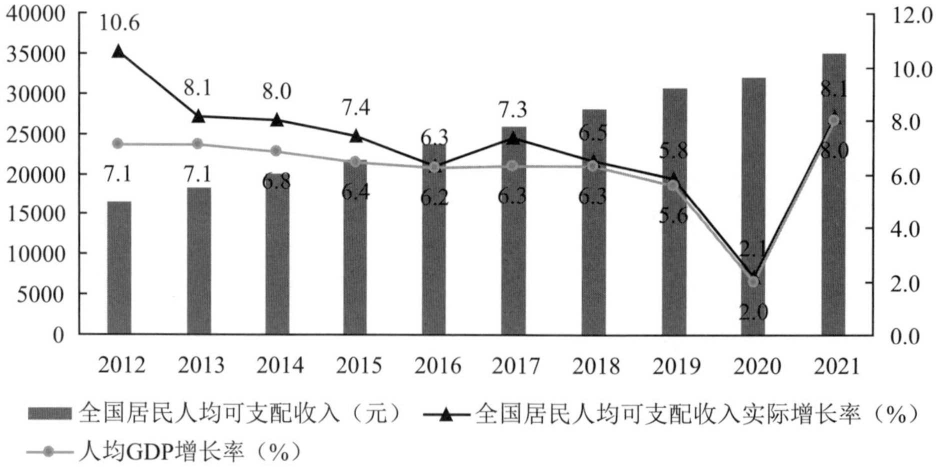

图1　2012—2021年居民人均可支配收入与人均GDP实际增速

（二）居民收入来源多元化，转移净收入和财产净收入占比上升

各地区各部门有效落实各项就业创业政策，不断加大民生保障力度，多管齐下拓宽居民增收

渠道，持续优化营商环境，不断完善社会保障体系，进一步健全各类生产要素参与分配机制。全国居民转移净收入和财产净收入快速增长，占比不断提高。2021年全国居民人均可支配收入中，人均转移净收入6531元，比2012年增长[①]139.4％，年均增长10.2％，占人均可支配收入的比重由2012年的16.5％提高到2021年的18.6％。2021年人均财产净收入3076元，比2012年增长149.8％，年均增长10.7％，占人均可支配收入的比重由2012年的7.5％提高到2021年的8.8％。居民工资性收入和经营净收入也保持较快增长。2021年人均工资性收入19629元，比2012年增长109.3％，年均增长8.6％；人均经营净收入5893元，比2012年增长85.8％，年均增长7.1％。

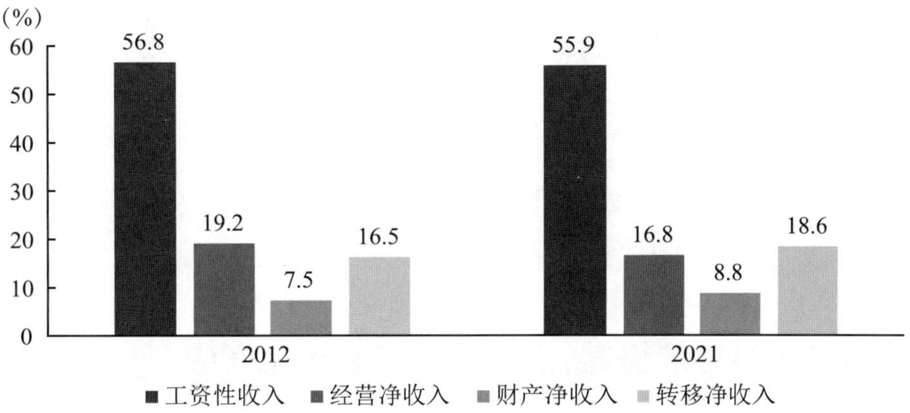

图2　2012年及2021年居民收入结构

二、收入分配格局不断优化，居民收入差距持续缩小

党的十八大以来，党和政府高度重视收入分配问题，着力深化收入分配制度改革，城乡和区域居民收入差距持续缩小，收入分配格局明显改善。

（一）城乡差距持续缩小，收入比逐年下降

随着乡村振兴战略和脱贫攻坚各项政策的纵深推进，农村居民人均可支配收入增速持续快于城镇居民。2021年城镇居民人均可支配收入47412元，比2012年增长96.5％；农村居民人均可支配收入18931元，比2012年增长125.7％。2013—2021年，农村居民年均收入增速比城镇居民快1.7个百分点。2021年城乡居民人均可支配收入之比为2.50（农村居民收入＝1），比2012年下降0.38，城乡居民收入相对差距持续缩小。

（二）中西部地区居民收入较快增长，地区收入相对差距不断缩小

随着区域发展总体战略的深入实施，中西部地区居民收入增速明显快于其他地区。2021年，东部、中部、西部和东北地区居民人均可支配收入分别为44980元、29650元、27798元和30518元，与2012年相比，分别累计增长110.1％、116.2％、123.5％和89.5％，年均增长8.6％、8.9％、9.3％和7.4％，西部地区居民收入年均增速最快，中部次之。西部地区居民收入年均增速分别快于东部、中部和东北地区0.7、0.4和1.9个百分点。东部、中部和东北地区与西部地区居民人均

① 如无特别说明，以下均为名义增长。

收入之比(以西部地区居民收入为1)从2012年1.72、1.10和1.30分别缩小至2021年的1.62、1.07和1.10。

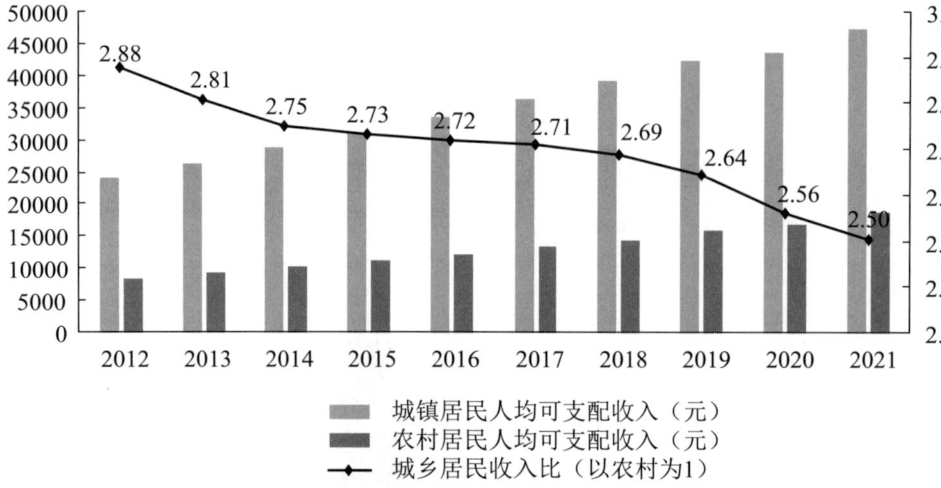

图3　2012—2021年城乡居民人均可支配收入及收入比

三、居民消费水平持续提高，消费结构不断优化升级

党的十八大以来，各地区各部门认真落实扩大居民消费的各项政策措施，持续完善消费市场环境，有效促进了居民消费增长，城乡居民消费水平持续提高，消费结构优化升级。

(一)消费水平持续提高，消费能力不断增强

2021年全国居民人均消费支出24100元，比2012年的12054元增加12046元，人均消费支出累计名义增长99.9%，年均名义增长8.0%，扣除价格因素，累计实际增长67.4%，年均实际增长5.9%。分城乡看，城镇居民人均消费支出30307元，比2012年累计名义增长77.2%，年均名义增长6.6%，扣除价格因素，累计实际增长47.9%，年均实际增长4.4%；农村居民人均消费支出15916元，比2012年累计名义增长138.7%，年均名义增长10.2%，扣除价格因素，累计实际增长99.7%，年均实际增长8.0%。

(二)恩格尔系数逐步下降，生活品质不断提高

2021年全国居民人均食品烟酒支出7178元，比2012年增长80.2%，年均增长6.8%。食品烟酒支出占消费支出的比重(恩格尔系数)从2012年的33.0%下降至2021年的29.8%，下降3.2个百分点。分城乡看，城镇居民人均食品烟酒支出8678元，比2012年增长58.6%，年均增长5.3%；城镇居民恩格尔系数从2012年的32.0%下降至2021年的28.6%，下降3.4个百分点。农村居民人均食品烟酒支出5200元，比2012年增长117.2%，年均增长9.0%；农村居民恩格尔系数从2012年的35.9%下降至2021年的32.7%，下降3.2个百分点。居民恩格尔系数的下降，标志着居民生活水平的进一步提高。

(三)消费结构优化升级，发展型享受型消费日益提升

随着居民收入水平提高和消费领域不断拓展，居民消费结构持续优化升级，交通出行、子女

教育、医疗服务等消费快速增长，服务性消费支出占比逐步提高。2021年全国居民人均交通通信支出3156元，比2012年增长117.5%，年均增长9.0%，快于全国居民人均消费支出年均增速1.0个百分点，占人均消费支出的比重为13.1%，比2012年上升1.1个百分点。2021年全国居民人均教育文化娱乐支出2599元，比2012年增长106.0%，年均增长8.4%，快于全国居民人均消费支出年均增速0.4个百分点，占人均消费支出的比重为10.8%，比2012年上升0.3个百分点。2021年全国居民人均医疗保健支出2115元，比2012年增长152.3%，年均增长10.8%，快于全国居民人均消费支出年均增速2.8个百分点，占人均消费支出的比重为8.8%，比2012年上升1.8个百分点。2021年全国居民人均服务性消费支出占人均消费支出的比重为44.2%，比2013年提高4.5个百分点。

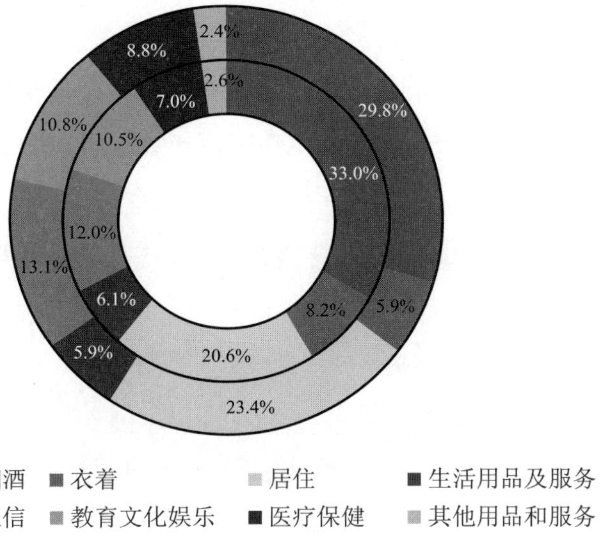

图4　2012与2021年全国居民消费支出构成

四、居民生活质量持续提升，生活环境显著改善

党的十八大以来，随着居民收入和消费水平的提高，家庭耐用消费品持续升级换代，同时，党和国家把加快地方基础设施建设作为提升民生保障水平的重要载体，努力推进基本公共服务均等化、公共设施覆盖率提高、城乡居民生活环境全方位改善。

（一）耐用消费品持续升级换代

随着居民收入水平不断提高，消费能力进一步增强，消费升级步伐加快，城乡居民主要耐用消费品拥有量不断增多，汽车、空调、移动电话等在居民家庭中日渐普及。2021年，城乡居民平均每百户家用汽车拥有量为50.1和30.2辆，分别比2012年提高132.7%和358.3%；平均每百户空调拥有量为161.7和89.0台，分别比2012年提高27.5%和250.8%；平均每百户移动电话拥有量为253.6和266.6部，分别比2012年提高19.3%和34.8%。农村居民基本生活家电拥有量较快增加，生活便捷度大大提高。2021年，农村居民平均每百户电冰箱拥有量为103.5台，比2012年提高53.8%；平均每百户洗衣机拥有量为96.1台，比2012年提高42.9%。

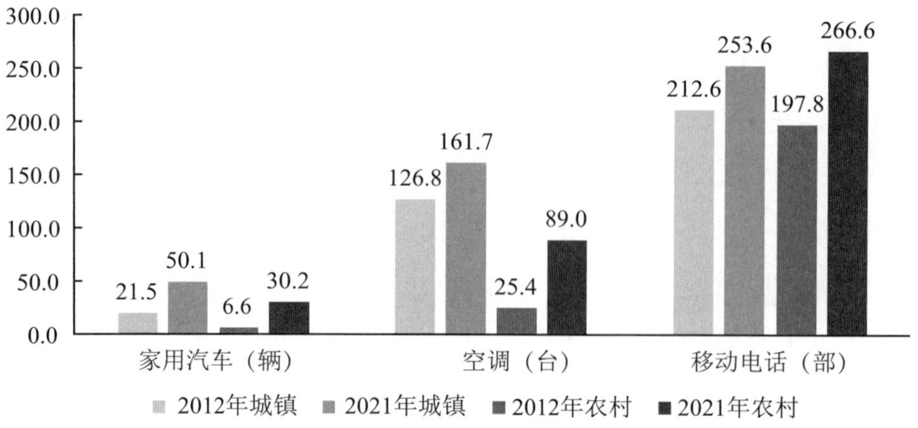

图5　2012与2021年城乡居民部分耐用消费品每百户拥有量

（二）居住条件和质量明显改善

随着棚户区改造、廉租房和经济适用房建设和贫困地区危旧房改造项目的推进，城乡居民居住条件明显改善。2021年，城乡居民居住在钢筋混凝土或砖混材料结构住房的户比重为96.2%和77.6%，分别比2013年提高4.4和21.9个百分点；城乡居民有安全饮用水的户比重为99.5%和97.0%，分别比2013年提高1.5和22.3个百分点；城乡居民获取饮用水无困难的户比重为99.4%和97.6%，分别比2013年提高2.7和12.0个百分点；城乡居民有管道供水入户的户比重为98.7%和92.7%，分别比2013年提高1.7和29.4个百分点。

（三）生活环境和品质持续向好

“四通”覆盖面不断扩大。截至2021年，全国范围内通电的社区[①]已基本实现全覆盖。城镇地区居民所在社区已基本实现全部通电话和通有线电视信号，有99.9%的户所在社区实现通公路，比2013年提高0.7个百分点。农村地区分别有99.9%、99.8%和99.9%的户所在社区实现通电话、通有线电视信号和通公路，比2013年提高1.3、10.6和1.6个百分点。

2021年，城镇地区有96.6%的户所在社区饮用水经过集中净化处理，农村地区有80.4%的户所在自然村饮用水经过集中净化处理，分别比2013年提高5.3和34.8个百分点。2021年，城镇地区有99.1%的户所在社区垃圾能够做到集中处理，比2013年提高3.3个百分点；农村地区有95.2%的户所在自然村垃圾能够做到集中处理，比2013年提高46.5个百分点。

（四）医疗服务和教育服务水平提高

随着城乡医保并轨政策的深入推进，健康中国战略的全面实施，城乡居民能够享有的医疗公共服务水平逐步提高。2021年，城镇地区有87.5%的户所在社区有卫生站，农村地区有94.8%的户所在自然村有卫生站，分别比2013年提高7.8和13.2个百分点。城乡居民获得的教育服务水平明显改善。2021年，城镇地区有99.0%的户所在社区可以便利地上幼儿园或学前班，比2013年提高2.3个百分点；有99.2%的户所在社区可以便利地上小学，比2013年提高2.4个百分点。2021年，农村地区有90.1%的户所在自然村可以便利地上幼儿园或学前班，比2013年提

① 社区在城镇地区指的是居委会或社区，在农村地区指的是自然村，以下同。

高 14.4 个百分点；有 91.3%的户所在自然村可以便利地上小学，比 2013 年提高 10.5 个百分点。

党的十八大以来，人民生活水平和质量取得了历史性进步、全方位跃升，党和人民胜利实现第一个百年奋斗目标，在中华大地上全面建成了小康社会，正在向着全面建成社会主义现代化强国的第二个百年奋斗目标奋力迈进。当前，扎实推进共同富裕，巩固拓展脱贫攻坚成果同乡村振兴有效衔接，持续提高居民生活水平和质量等任重而道远。让我们更加紧密地团结在以习近平同志为核心的党中央周围，着力在发展中持续保障和改善民生，不断提高居民收入水平，持续改善居民生活质量，为实现人民对美好生活的向往、实现建设社会主义现代化强国作出新的更大贡献。

第三章　居民收入水平及变化状况

2021年，在以习近平同志为核心的党中央坚强领导下，各地区各部门认真贯彻落实党中央、国务院决策部署，坚持稳中求进工作总基调，科学统筹疫情防控和经济社会发展，扎实做好“六稳”工作，全面落实“六保”任务，国民经济持续恢复发展，民生保障有力有效，居民收入保持增长态势。2021年，全国居民人均可支配收入与2019年相比实际增长10.4%，年均实际增长5.1%；城镇居民人均可支配收入与2019年相比实际增长8.4%，年均实际增长4.1%；农村居民人均可支配收入与2019年相比实际增长13.9%，年均实际增长6.7%。居民收入克服新冠肺炎疫情影响，保持了持续增长态势，居民生活水平不断提高。

一、全国及分城乡居民收入水平持续提高

（一）2021年居民收入保持恢复性增长态势

2021年，各地区各部门认真贯彻落实党中央、国务院决策部署，居民收入持续恢复，全国居民人均可支配收入为35128元，比上年名义增长9.1%，实际增长8.1%，快于人均GDP增速0.1个百分点，居民收入增长与经济增长基本同步。受新冠肺炎疫情影响，全国居民人均可支配收入2020和2021年两年平均名义增长[①] 6.9%，实际增长5.1%，分别低于2019年2.0和0.7个百分点。

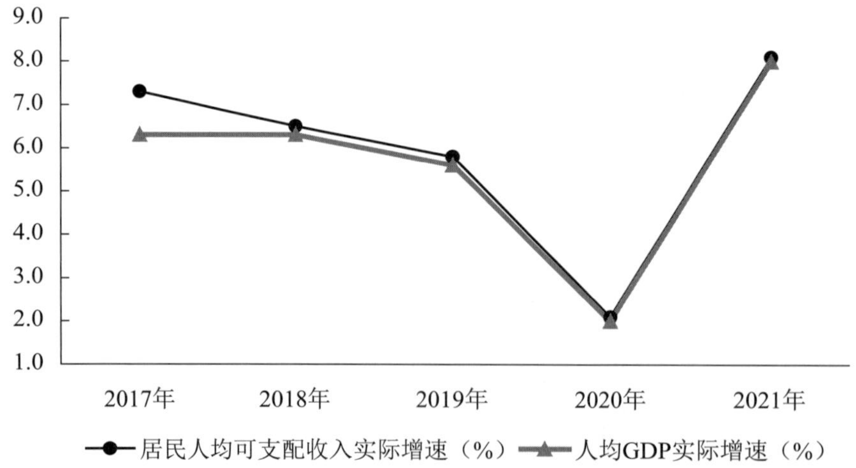

图3－1　2017－2021年居民收入增长与经济增长同步情况

① 两年平均增速是指以2019年相应同期数为基数，采用几何平均的方法计算的增速。

党的十九大以来，全国居民人均可支配收入持续提高，从 2017 年的 25974 元增长至 2021 年的 35128 元，年均名义增长 7.8%，扣除价格因素，年均实际增长 5.5%，与经济增长保持基本同步。

（二）近年来城乡居民收入相对差距不断缩小

2012 至 2021 年，城镇居民人均可支配收入从 24127 元增长至 47412 元，年均增长① 7.8%；农村居民人均可支配收入从 8389 元增长至 18931 元，年均增长 9.5%，高于城镇居民收入年均增速 1.7 个百分点。城乡居民收入比（以农村居民收入为 1）从 2012 年的 2.88 缩小至 2021 年的 2.50，年均下降 0.04。

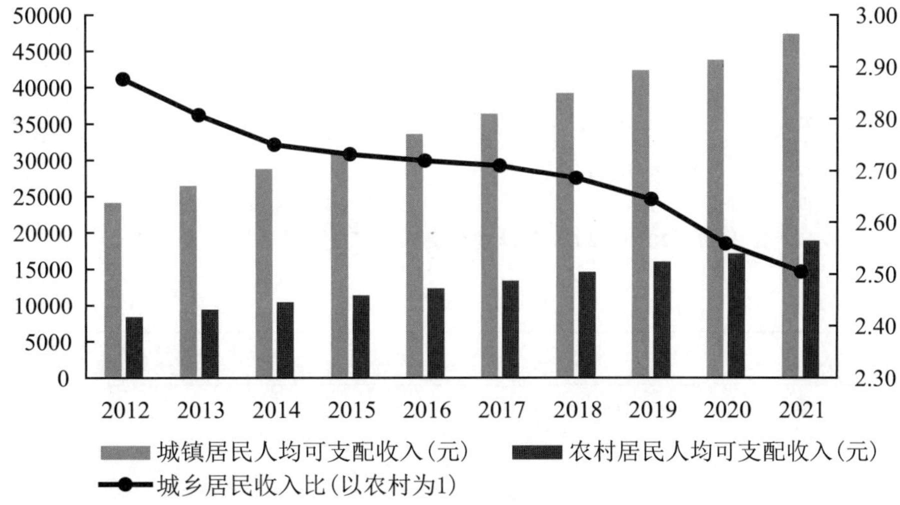

图 3－2 2012－2021 年城乡居民收入比变化情况

（三）2019—2021 年财产和转移净收入增长较快

2019—2021 年，农村土地流转更加顺畅，居民财产收入获取渠道不断拓宽；城乡居民基础养老金标准继续提高，医疗报销制度进一步优化，各地注重解民忧、纾民困，加大对困难群众的救助力度，最低生活标准持续提高，带动居民财产和转移净收入增长较快。2019 年至 2021 年，全国居民人均财产净收入和转移净收入保持稳定增长态势，三年年均增长 8.9%和 8.1%，是四项分项收入中增长较快的；其次为人均工资性收入和经营净收入，三年年均分别增长 7.4%和 6.7%。

表 3－1 2019—2021 年全国居民人均可支配收入分项水平及增速

年份	工资性收入		经营净收入		财产净收入		转移净收入	
	水平（元）	增速（%）	水平（元）	增速（%）	水平（元）	增速（%）	水平（元）	增速（%）
2019	17186	8.6	5247	8.1	2619	10.1	5680	9.9
2020	17917	4.3	5307	1.1	2791	6.6	6173	8.7
2021	19629	9.6	5893	11.0	3076	10.2	6531	5.8
年均增速	—	7.4	—	6.7	—	8.9	—	8.1

① 如无特别说明，均为名义增长，下同。

(四)各项收入来源对居民增收的贡献率

2021年全国居民人均可支配收入中,人均工资性收入增加1712元,拉动全国居民人均可支配收入增长5.3个百分点,对全年全国居民增收的贡献率为58.2%;2021年和2020年两年平均贡献率[①]为55.6%,比2019年贡献率提高1.4个百分点。2021年全国居民人均经营净收入人均增加586元,拉动全国居民人均可支配收入增长1.8个百分点,对全年全国居民增收的贡献率为19.9%;2021年和2020年两年平均贡献率为14.7%,比2019年贡献率下降1.1个百分点。2021年全国居民人均财产净收入增加284元,拉动全国居民人均可支配收入增长0.9个百分点,对全年全国居民增收的贡献率为9.7%;2021年和2020年两年平均贡献率为10.4%,比2019年贡献率提高0.8个百分点。2021年全国居民人均转移净收入增加357元,拉动全国居民人均可支配收入增长1.1个百分点,对全年全国居民增收的贡献率为12.2%;2021年和2020年两年平均贡献率为19.3%,比2019年贡献率下降1.2个百分点。

表3—2　2018—2021年全国居民人均可支配收入分项贡献率

单位:%

指　　标	2018年	2019年	2020年	2021年
可支配收入	100.0	100.0	100.0	100.0
工资性收入	53.6	54.2	50.2	58.2
经营净收入	15.6	15.8	4.1	19.9
财产净收入	12.0	9.6	11.8	9.7
转移净收入	18.8	20.5	33.9	12.2

2021年城镇居民人均可支配收入中,人均工资性收入增加2100元,拉动城镇居民人均可支配收入增长4.8个百分点,对全年城镇居民增收的贡献率为58.7%;2021年和2020年两年平均贡献率为57.7%,比2019年贡献率提高0.7个百分点。2021年城镇居民人均经营净收入人均增加671元,拉动城镇居民人均可支配收入增长1.5个百分点,对全年城镇居民增收的贡献率为18.8%;2021年和2020年两年平均贡献率为10.7%,比2019年贡献率下降2.1个百分点。2021年城镇居民人均财产净收入增加425元,拉动城镇居民人均可支配收入增长1.0个百分点,对全年城镇居民增收的贡献率为11.9%;2021年和2020年两年平均贡献率为13.1%,比2019年贡献率提高1.4个百分点。2021年城镇居民人均转移净收入增加381元,拉动城镇居民人均可支配收入增长0.9个百分点,对全年城镇居民增收的贡献率为10.7%;2021年和2020年两年平均贡献率为18.5%,与2019年贡献率相同。

① 两年平均贡献率是指,2021年全国居民人均可支配收入相比2019年的增长幅度中,各分项收入的贡献率。

表3—3　2018—2021年城镇居民人均可支配收入分项贡献率

单位：%

指　　标	2018年	2019年	2020年	2021年
可支配收入	100.0	100.0	100.0	100.0
工资性收入	55.7	57.0	55.3	58.7
经营净收入	13.2	12.8	−8.8	18.8
财产净收入	14.7	11.7	16.0	11.9
转移净收入	16.3	18.5	37.5	10.7

2021年农村居民人均可支配收入中，人均工资性收入增加984元，拉动农村居民人均可支配收入增长5.7个百分点，对全年农村居民增收的贡献率为54.7%；2021年和2020年两年平均贡献率为47.2%，比2019年贡献率提高5.4个百分点。2021年农村居民人均经营净收入人均增加489元，拉动农村居民人均可支配收入增长2.9个百分点，对全年农村居民增收的贡献率为27.2%；2021年和2020年两年平均贡献率为27.6%，比2019年贡献率下降1.2个百分点。2021年农村居民人均财产净收入增长51元，拉动农村居民人均可支配收入增长0.3个百分点，对全年农村居民增收的贡献率为2.8%；2021年和2020年两年平均贡献率为3.2%，比2019年贡献率提高0.7个百分点。2021年农村居民人均转移净收入增长276元，拉动农村居民人均可支配收入增长1.6个百分点，对全年农村居民增收的贡献率为15.3%；2021年和2020年两年平均贡献率为22.0%，比2019年贡献率下降4.9个百分点。

表3—4　2018—2021年农村居民人均可支配收入分项贡献率

单位：%

指　　标	2018年	2019年	2020年	2021年
可支配收入	100.0	100.0	100.0	100.0
工资性收入	42.0	41.8	35.2	54.7
经营净收入	27.9	28.8	28.4	27.2
财产净收入	3.3	2.5	3.7	2.8
转移净收入	26.8	26.9	32.7	15.3

二、2021年城乡居民收入增长特点

（一）城镇居民收入增长特点

工资性收入增长8.0%。2021年，城镇居民人均工资性收入28481元，增长8.0%，增速比上年加快4.8个百分点。主要是各地区各部门强化稳岗扩就业政策落实，优化和落实减税降费等助企纾困政策，扎实做好高校毕业生等重点群体就业工作，城镇调查失业率平均为5.1%，就业形势总体稳定。2021年和2020年两年平均增速为5.5%，慢于2019年增速2.0个百分点。

经营净收入增长14.2%。2021年，城镇居民人均经营净收入5382元，增长14.2%，增速比上年加快16.9个百分点。主要是统筹疫情防控和经济社会发展取得重大成果，及时有效处置局

部地区聚集性疫情，维护了正常生产生活秩序，居民经营活动加快恢复，营商环境持续改善，带动城镇居民经营净收入在去年下降的基础上快速反弹。2021年和2020年两年平均增速为5.4%，慢于2019年增速3.6个百分点。

财产净收入增长9.2%。2021年，城镇居民人均财产净收入5052元，增长9.2%，增速比上年加快3.8个百分点。主要是受企业经营利润反弹影响，城镇居民人均红利收入增长16.2%；受人员流动逐步恢复影响，房屋出租市场活跃度上升，城镇居民人均出租房屋净收入增长15.3%。2021年和2020年两年平均增速为7.3%，慢于2019年增速1.7个百分点。

转移净收入增长4.7%。2021年，城镇居民人均转移净收入8497元，增长4.7%，增速比上年回落2.6个百分点。其中，人均报销医疗费增长22.1%，人均外出从业人员寄回带回收入增长22.2%。2021年和2020年两年平均增速为6.0%，慢于2019年增速2.2个百分点。

（二）农村居民收入增长特点

工资性收入增长14.1%。2021年，全国农村居民人均工资性收入7958元，增长14.1%，增速比上年加快8.2个百分点。主要是各地推进乡村振兴与脱贫攻坚有效衔接，继续因地制宜发展各类乡村特色产业，土地流转和集中规模经营扩大，农村居民务工机会增多，全国农民工监测调查结果显示，2021年末农民工数量增长2.4%，人口规模超过2019年同期水平，农民工月均收入比上年增长8.8%。两年平均增长9.9%，略快于2019年增速0.1个百分点。

经营净收入增长8.0%。2021年，全国农村居民人均经营净收入6566元，增长8.0%，增速比上年加快2.5个百分点。农村居民一二三产经营净收入均实现较快增长，其中，人均第一产业经营净收入4292元，增长7.9%，主要是在粮食丰收和粮棉油价格较好等因素带动下，人均农业经营净收入增长11.2%；人均二产和三产经营净收入分别增长9.6%和8.0%。两年平均增长6.7%，慢于2019年增速0.8个百分点，也慢于其他收入来源增速。

财产净收入增长12.1%。2021年，全国农村居民人均财产净收入469元，增长12.1%，增速比上年加快1.1个百分点。主要是随着农村地区各类生产生活服务趋于完善，农村居民出租房屋、场地、机械等逐步增多，农村居民人均出租房屋净收入增长16.3%，人均出租机械专利版权等资产净收入增长35.4%。两年平均增长11.5%，快于2019年增速1.2个百分点。

转移净收入增长7.5%。2021年，全国农村居民人均转移净收入3937元，增长7.5%，增速比上年回落3.5个百分点。各地积极强化基本民生保障，农村居民人均最低生活保障费增长8.9%；多地调高养老金和离退休金发放标准并及时发放，农村居民人均养老金和离退休金增长14.2%；门诊住院跨省直接结算举措落地见效，异地就医更加方便，人均报销医疗费增长17.8%。两年平均增长9.3%，仍快于农村居民人均可支配收入两年平均增速0.6个百分点，但慢于2019年增速3.6个百分点。

三、2021 年居民收入结构变化

（一）全体居民收入结构变化情况

2021 年，全体居民人均可支配收入来源构成中，经营净收入比重较上年提高最多，工资性收入和财产净收入比重较上年有所提高，转移净收入比重下降。调查数据显示，工资性收入比重为 55.9%，比上年提高 0.2 个百分点，与 2019 年比重相同；经营净收入比重为 16.8%，比上年提高 0.3 个百分点，比 2019 年下降 0.3 个百分点；财产净收入比重为 8.8%，比上年提高 0.1 个百分点，比 2019 年提高 0.3 个百分点；转移净收入比重为 18.6%，比上年下降 0.6 个百分点，比 2019 年提高 0.1 个百分点。

与 2012 年相比，2021 年全体居民人均可支配收入来源构成中，财产净收入和转移净收入比重提高，分别提高 1.3 和 2.1 个百分点；工资性收入和经营净收入比重下降，分别下降 0.9 和 2.4 个百分点。

表 3－5 2012－2021 年全国居民人均可支配收入来源及构成

指标	2012 年		2019 年		2020 年		2021 年	
	水平（元）	构成（%）	水平（元）	构成（%）	水平（元）	构成（%）	水平（元）	构成（%）
可支配收入	16510	100.0	30733	100.0	32189	100.0	35128	100.0
工资性收入	9379	56.8	17186	55.9	17917	55.7	19629	55.9
经营净收入	3172	19.2	5247	17.1	5307	16.5	5893	16.8
财产净收入	1231	7.5	2619	8.5	2791	8.7	3076	8.8
转移净收入	2727	16.5	5680	18.5	6173	19.2	6531	18.6

（二）城镇居民收入结构变化情况

分城乡看，2021 年城镇居民人均可支配收入来源构成中，经营净收入比重较上年提高最多，财产净收入比重较上年有所提高，工资性收入和转移净收入比重下降。调查数据显示，工资性收入比重为 60.1%，比上年下降 0.1 个百分点，比 2019 年下降 0.3 个百分点；经营净收入比重为 11.4%，比上年提高 0.7 个百分点，与 2019 年比重相同；财产净收入比重为 10.7%，比上年提高 0.1 个百分点，比 2019 年提高 0.3 个百分点；转移净收入比重为 17.9%，比上年下降 0.6 个百分点，与 2019 年比重相同。

与 2012 年相比，2021 年城镇居民人均可支配收入来源构成中，经营净收入、财产净收入和转移净收入比重提高，分别提高 0.1、1.5 和 1.6 个百分点；工资性收入比重下降，下降 3.1 个百分点。

表 3－6　2012－2021 年城镇居民人均可支配收入来源及构成

指　　标	2012 年		2019 年		2020 年		2021 年	
	水平（元）	构成（%）	水平（元）	构成（%）	水平（元）	构成（%）	水平（元）	构成（%）
可支配收入	24127	100.0	42359	100.0	43834	100.0	47412	100.0
工资性收入	15247	63.2	25565	60.4	26381	60.2	28481	60.1
经营净收入	2715	11.3	4840	11.4	4711	10.7	5382	11.4
财产净收入	2231	9.2	4391	10.4	4627	10.6	5052	10.7
转移净收入	3934	16.3	7563	17.9	8116	18.5	8497	17.9

（三）农村居民收入结构变化情况

2021 年农村居民人均可支配收入来源构成中，工资性收入比重较上年提高最多，财产净收入比重较上年有所提高，经营净收入和转移净收入比重下降。调查数据显示，工资性收入比重为 42.0%，比上年提高 1.3 个百分点，比 2019 年提高 0.9 个百分点；经营净收入比重为 34.7%，比上年下降 0.8 个百分点，比 2019 年下降 1.3 个百分点；财产净收入比重为 2.5%，比上年提高 0.1 个百分点，比 2019 年提高 0.1 个百分点；转移净收入比重为 20.8%，比上年下降 0.6 个百分点，比 2019 年提高 0.2 个百分点。

与 2012 年相比，2021 年农村居民人均可支配收入来源构成中，工资性收入、财产净收入和转移净收入比重提高，分别提高 4.8、0.5 和 3.6 个百分点；经营净收入比重下降，下降 8.9 个百分点。

表 3－7　2012－2021 年农村居民人均可支配收入来源构成

指　　标	2012 年		2019 年		2020 年		2021 年	
	水平（元）	构成（%）	水平（元）	构成（%）	水平（元）	构成（%）	水平（元）	构成（%）
可支配收入	8389	100.0	16021	100.0	17131	100.0	18931	100.0
工资性收入	3123	37.2	6583	41.1	6974	40.7	7958	42.0
经营净收入	3660	43.6	5762	36.0	6077	35.5	6566	34.7
财产净收入	165	2.0	377	2.4	419	2.4	469	2.5
转移净收入	1441	17.2	3298	20.6	3661	21.4	3937	20.8

四、2021 年分地区居民收入增长变化

从 31 个省（自治区、直辖市）全体居民人均可支配收入增长情况看，2021 年，全体居民人均可支配收入名义增速处于前 10 位的省（区、市）按增速由高到低分别是西藏、湖北、云南、贵州、安徽、浙江、重庆、广东、四川和江苏，增速在 9.5% 至 14.7% 之间；增速处于后 10 位的省（区、市）按增速由高到低分别是宁夏、内蒙古、河北、天津、河南、上海、北京、吉林、青海和辽宁，增速在 7.2% 至 8.4% 之间。

表 3-8 2021 年各省(区、市)全体居民人均可支配收入情况

地 区	水平(元)	增速(%)	地 区	水平(元)	增速(%)
全 国	35128	9.1	河 南	26811	8.1
北 京	75002	8.0	湖 北	30829	10.6
天 津	47449	8.2	湖 南	31993	8.9
河 北	29383	8.3	广 东	44993	9.7
山 西	27426	8.8	广 西	26727	8.8
内蒙古	34108	8.3	海 南	30457	9.1
辽 宁	35112	7.2	重 庆	33803	9.7
吉 林	27770	7.8	四 川	29080	9.6
黑龙江	27159	9.1	贵 州	23996	10.1
上 海	78027	8.0	云 南	25666	10.2
江 苏	47498	9.5	西 藏	24950	14.7
浙 江	57541	9.8	陕 西	28568	8.9
安 徽	30904	10.0	甘 肃	22066	8.5
福 建	40657	9.3	青 海	25919	7.8
江 西	30610	9.3	宁 夏	27904	8.4
山 东	35705	8.6	新 疆	26075	9.4

分城乡看,2021 年,城镇居民人均可支配收入名义增速处于前 10 位的省(区、市)按增速由高到低分别是西藏、湖北、浙江、广东、云南、安徽、江苏、重庆、贵州和福建,增速在 8.4%至 13.0%之间;增速处于后 10 位的省(区、市)按增速由高到低分别是陕西、广西、内蒙古、宁夏、甘肃、河南、吉林、河北、辽宁和青海,增速在 6.3%至 7.5%之间。

表 3-9 2021 年各省(区、市)城镇居民人均可支配收入情况

地 区	水平(元)	增速(%)	地 区	水平(元)	增速(%)
全 国	47412	8.2	河 南	37095	6.7
北 京	81518	7.8	湖 北	40278	9.7
天 津	51486	8.0	湖 南	44866	7.6
河 北	39791	6.7	广 东	54854	9.1
山 西	37433	7.6	广 西	38530	7.4
内蒙古	44377	7.3	海 南	40213	8.4
辽 宁	43051	6.6	重 庆	43502	8.7
吉 林	35646	6.7	四 川	41444	8.3
黑龙江	33646	8.1	贵 州	39211	8.6
上 海	82429	7.8	云 南	40905	9.1
江 苏	57743	8.7	西 藏	46503	13.0
浙 江	68487	9.2	陕 西	40713	7.5
安 徽	43009	9.0	甘 肃	36187	7.0
福 建	51137	8.4	青 海	37745	6.3
江 西	41684	8.1	宁 夏	38291	7.2
山 东	47066	7.6	新 疆	37642	8.0

2021 年,农村居民人均可支配收入名义增速处于前 10 位的省(区、市)按增速由高到低分别是西藏、湖北、福建、海南、山东、新疆、广东、陕西、江苏和内蒙古,增速在 10.7%至 16.0%之间;增速处于后 10 位的省(区、市)按增速由高到低分别是上海、四川、湖南、山西、青海、辽宁、江西、吉

林、河南和天津，增速在8.8%至10.3%之间。

表3—10 2021年各省(区、市)农村居民人均可支配收入情况

地 区	水平(元)	增速(%)	地 区	水平(元)	增速(%)
全 国	18931	10.5	河 南	17533	8.8
北 京	33303	10.5	湖 北	18259	12.0
天 津	27955	8.8	湖 南	18295	10.3
河 北	18179	10.4	广 东	22306	10.7
山 西	15308	10.3	广 西	16363	10.4
内蒙古	18337	10.7	海 南	18076	11.0
辽 宁	19217	10.1	重 庆	18100	10.6
吉 林	17642	9.8	四 川	17575	10.3
黑龙江	17889	10.6	贵 州	12856	10.4
上 海	38521	10.3	云 南	14197	10.6
江 苏	26791	10.7	西 藏	16932	16.0
浙 江	35247	10.4	陕 西	14745	10.7
安 徽	18372	10.5	甘 肃	11433	10.5
福 建	23229	11.2	青 海	13604	10.2
江 西	18684	10.0	宁 夏	15337	10.4
山 东	20794	10.9	新 疆	15575	10.8

第四章　居民收入分配状况

一、基尼系数变化趋势

2003 年以来基尼系数先波动上升后总体下降。2003 至 2008 年期间，城镇居民收入增速整体快于农村居民，带动全国居民收入基尼系数总体上升，从 2003 年的 0.479 波动上升至 2008 年的 0.491，达到近年来的最高点。2008 年后，农业劳动力向城镇和企业转移就业范围进一步扩大，农村居民收入增速明显加快。党的十八大以来，随着精准扶贫战略稳步实施，各地不断加大扶贫力度，有力带动农村低收入群体增收，基尼系数总体呈现下降态势。2021 年全国居民人均可支配收入基尼系数为 0.466，比上年下降 0.002。党的十八大以来，全国居民人均可支配收入基尼系数累计下降 0.008，总体呈下降态势。

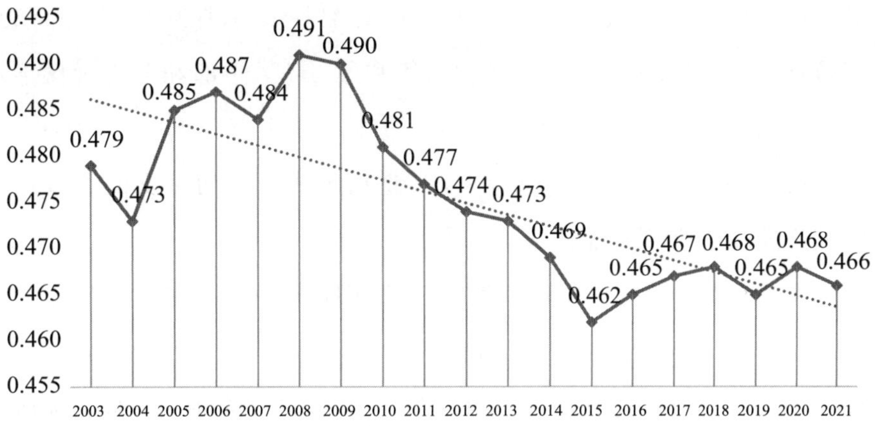

图 4—1　2003—2021 年全国居民收入基尼系数

二、城乡间居民收入差距

分城乡看，近年来城乡居民收入绝对差距仍有所扩大，但相对差距不断缩小。党的十八大后，党中央持续推进全面小康社会建设，大力扶持贫困地区发展，农村居民收入增长快于城镇居民，2015 年城乡居民收入比缩小到 2.73。进入“十三五”时期后，党中央发出全面打赢脱贫攻坚战的号令，一系列支农惠农政策相继出台，乡村振兴战略逐步实施，农村居民收入增速持续快于城镇居民，城乡居民收入相对差距不断缩小，至 2020 年城乡居民收入比缩小到 2.56。

2021 年城乡居民人均收入绝对差额为 28481 元，比上年扩大 1778 元，绝对差距仍在继续扩大;但城乡居民收入相对差距继续缩小,城乡居民人均可支配收入比为2.50,比上年下降0.06,比2012年下降0.38。

表4—1 2012—2021年城乡居民收入差距

年 份	城镇居民人均可支配收入(元)	农村居民人均可支配收入(元)	收入绝对差距(元)	收入相对差距(以农村为1)
2012	24127	8389	15738	2.88
2013	26467	9430	17037	2.81
2014	28844	10489	18355	2.75
2015	31195	11422	19773	2.73
2016	33616	12363	21253	2.72
2017	36396	13432	22964	2.71
2018	39251	14617	24634	2.69
2019	42359	16021	26338	2.64
2020	43834	17131	26703	2.56
2021	47412	18931	28481	2.50

三、地区间居民收入差距

(一)全国居民地区间收入差距

2021年东部、中部、西部和东北地区居民人均可支配收入分别为44980元、29650元、27798元和30518元,分别比上年增长9.1%、9.2%、9.4%和8.0%。中部和西部地区居民人均可支配收入增速分别高于全国居民人均可支配收入增速0.1和0.3个百分点,东部地区居民人均可支配收入增速与全国居民人均可支配收入增速持平,东北地区居民人均可支配收入增速低于全国居民人均可支配收入增速1.1个百分点。

西部地区收入增长最快,东北地区增长最慢。西部地区收入增速比东部地区高0.3个百分点,比中部地区高0.2个百分点,比东北地区高1.4个百分点。以西部地区为1,东部、中部地区与西部地区居民人均可支配收入之比分别为1.62、1.07,均与上年持平;东北地区与西部地区居民人均可支配收入之比为1.10,比上年下降0.01。

表4—2 2020—2021年地区间居民人均可支配收入

年 份	全国(元)	东部地区(元)	中部地区(元)	西部地区(元)	东北地区(元)
2020	32189	41240	27152	25416	28266
2021	35128	44980	29650	27798	30518
2021年比2020年增长(%)	9.1	9.1	9.2	9.4	8.0

(二)城镇居民地区间收入差距

2021年东部、中部、西部和东北地区城镇居民人均可支配收入分别为56378元、40707元、40583元和38225元,分别比上年增长8.4%、8.1%、8.1%和7.1%。东部地区城镇居民人均可支配收入增速快于城镇居民人均可支配收入增速 0.2 个百分点，中部、西部和东北地区城镇居民人均可支配收入增速分别低于城镇居民人均可支配收入增速 0.1、0.1 和 1.1 个百分点。

以西部地区为 1，东部、中部地区与西部地区城镇居民人均可支配收入之比分别为 1.39 和 1.00，与上年持平；东北地区与西部地区城镇居民人均可支配收入之比为 0.94，比上年下降 0.01。

表 4—3　2020—2021 年地区间城镇居民人均可支配收入

年　份	全国（元）	东部地区（元）	中部地区（元）	西部地区（元）	东北地区（元）
2020	43834	52027	37658	37548	35700
2021	47412	56378	40707	40583	38225
2021 年比 2020 年增长（%）	8.2	8.4	8.1	8.1	7.1

（三）农村居民地区间收入差距

2021 年东部、中部、西部和东北地区农村居民人均可支配收入分别为 23556 元、17858 元、15608 元和 18280 元，分别比上年增长 10.7%、10.1%、10.6%和 10.2%。东部和西部地区农村居民人均可支配收入增速分别快于农村居民人均可支配收入增速 0.2 和 0.1 个百分点，中部和东北地区农村居民人均可支配收入增速分别低于农村居民人均可支配收入增速 0.4 和 0.3 个百分点。

以西部地区为 1，东部地区与西部地区农村居民人均可支配收入之比为 1.51，与上年持平；中部和东北地区与西部地区农村居民人均可支配收入之比分别为 1.14 和 1.17，均比上年下降 0.01。

表 4—4　2020—2021 年地区间农村居民人均可支配收入

年　份	全国（元）	东部地区（元）	中部地区（元）	西部地区（元）	东北地区（元）
2020	17131	21286	16213	14111	16582
2021	18931	23556	17858	15608	18280
2021 年比 2020 年增长（%）	10.5	10.7	10.1	10.6	10.2

（四）地区内各省份间收入差距

2021 年东部地区人均可支配收入最高和最低的省分别为上海市和河北省，收入比为 2.66；中部地区人均可支配收入最高和最低的省分别为湖南省和河南省，收入比为 1.19；西部地区人均可支配收入最高和最低的省分别为内蒙古自治区和甘肃省，收入比为 1.55；东北地区人均可支配收入最高和最低的省分别为辽宁省和黑龙江省，收入比为 1.29。

四、省(区、市)间居民收入差距

（一）全国居民省（区、市）间收入差距

从省间差距看，收入高的省份主要集中在东部地区，收入低的省份主要集中在西部地区。收入最高的7个省全部在东部地区，排名由高到低依次是上海、北京、浙江、江苏、天津、广东、福建。收入最低的7个省全部在西部地区，排名由低到高依次是甘肃、贵州、西藏、云南、青海、新疆、广西。高低省份间相对收入差距有所缩小，但绝对差距仍然存在。2021年人均可支配收入最高与最低省份分别为上海和甘肃，收入比为3.54，比上年下降0.01；收入绝对差额为55961元，比上年扩大4064元。

表4—5　2020—2021年省(区、市)间居民人均可支配收入差距

年　份	收入最高省(元)	收入最低省(元)	收入最高与最低收入差额(元)	收入最高与最低省收入之比
2020	上海(72232元)	甘肃(20335元)	51897	3.55
2021	上海(78027元)	甘肃(22066元)	55961	3.54
2021年比2020年扩大	—	—	4064	−0.01

(二)城镇居民省(区、市)间收入差距

城镇居民收入高的省份主要集中在东部地区，收入低的省份主要集中在西部地区。城镇居民收入最高的7个省全部在东部地区，排名由高到低依次是上海、北京、浙江、江苏、广东、天津、福建。收入最低的7个省中，3个在西部地区，2个在东北地区，2个在中部地区，排名由低到高依次是黑龙江、吉林、甘肃、河南、山西、新疆、青海。高低省份间相对收入差距有所缩小，绝对差距仍较为显著。2021年城镇居民人均可支配收入最高与最低省份分别为上海和黑龙江，收入比为2.45，比上年下降0.01；收入绝对差额48783元，比上年扩大3460元。

表4—6　2020—2021年省(区、市)间城镇居民人均可支配收入差距

年　份	收入最高省(元)	收入最低省(元)	收入最高与最低收入差额(元)	收入最高与最低省收入之比
2020	上海(76437元)	黑龙江(31115元)	45323	2.46
2021	上海(82429元)	黑龙江(33646元)	48783	2.45
2021年比2020年扩大	—	—	3460	−0.01

(三)农村居民省(区、市)间收入差距

农村居民收入高的省份主要集中在东部地区，收入低的省份主要集中在西部地区。农村居民收入最高的7个省全部在东部地区，排名由高到低依次是上海、浙江、北京、天津、江苏、福建、广东。收入最低的7个省中，6个在西部地区，1个在中部地区，排名由低到高依次是甘肃、贵州、青海、云南、陕西、山西、宁夏。高低省份间相对收入差距不变，绝对差距有所扩大。2021年农村居民人均可支配收入最高与最低省份分别为上海和甘肃，收入比为3.37，与上年持平；收入绝对差额为 27088 元，比上年扩大 2521 元。

表 4－7　2020—2021 年省(区、市)间农村居民人均可支配收入差距

年　份	收入最高省（元）	收入最低省（元）	收入最高与最低收入差额（元）	收入最高与最低省收入之比
2020	上海（34911 元）	甘肃（10344 元）	24567	3.37
2021	上海（38521 元）	甘肃（11433 元）	27088	3.37
2020 年比 2021 年扩大	—	—	2521	0.00

五、不同分组间居民收入差距

（一）全国居民不同分组间收入差距

2021 年按人均可支配收入从低到高进行五等份分组，中间偏下、中间和中间偏上收入组居民人均可支配收入增长较快。2021 年，低收入组居民人均可支配收入 8333 元，增长 5.9％；中间偏下收入组居民人均可支配收入 18445 元，增长 12.2％，增速快于全国居民人均可支配收入增速 3.1 个百分点；中间收入组居民人均可支配收入 29053 元，增长 10.7％，增速快于全国居民人均可支配收入增速 1.6 个百分点；中间偏上收入组居民人均可支配收入 44949 元，增长 9.2％，增速快于全国居民人均可支配收入增速 0.1 个百分点；高收入组居民人均可支配收入 85836 元，增长 6.9％。2021 年全国高、低收入组居民人均可支配收入之比为 10.30，比上年上升 0.10，相对差距扩大；收入绝对差额为 77503 元，比上年扩大 5078 元，绝对差距仍在继续扩大。

表 4－8　2020—2021 年全国居民五等份分组人均可支配收入情况

年　份	全国（元）	低收入组（元）	中间偏下收入组（元）	中间收入组（元）	中间偏上收入组（元）	高收入组（元）	高低收入组收入之比（以低收入组为 1）
2020	32189	7869	16443	26249	41172	80294	10.20
2021	35128	8333	18445	29053	44949	85836	10.30
2021 年比 2020 年增长（％）	9.1	5.9	12.2	10.7	9.2	6.9	—

（二）城镇居民不同分组间收入差距

从城镇居民收入五等份分组数据看，2021 年城镇高、低收入组之间居民收入相对差距缩小。2021 年，城镇低收入组居民人均可支配收入 16746 元，增长 7.4％；城镇中间偏下收入组居民人均可支配收入 30133 元，增长 9.6％，增速快于城镇居民人均可支配收入增速 1.4 个百分点；城镇中间收入组居民人均可支配收入 42498 元，增长 8.2％；城镇中间偏上收入组居民人均可支配收入 59005 元，增长 7.5％；城镇高收入组居民人均可支配收入 102596 元，增长 6.8％。2021 年城镇居民高、低收入组人均可支配收入之比为 6.13，比上年缩小 0.03；收入绝对差额为 85850 元，比上年

扩大5386元，绝对差距仍在继续扩大。

表4—9　2020—2021年城镇居民五等份分组人均可支配收入情况

年　份	全国（元）	低收入组（元）	中间偏下收入组（元）	中间收入组（元）	中间偏上收入组（元）	高收入组（元）	高低收入组收入之比（以低收入组为1）
2020	43834	15598	27501	39278	54910	96062	6.16
2021	47412	16746	30133	42498	59005	102596	6.13
2021年比2020年增长(%)	8.2	7.4	9.6	8.2	7.5	6.8	—

（三）农村居民不同分组间收入差距

从农村居民收入五等份分组数据看，2021年农村低收入组居民收入增长较低，其他收入组居民收入增长均快于农村居民收入增长。2021年，受生猪养殖亏损户影响，农村低收入组居民人均可支配收入4856元，增长3.7%，低于其他收入组；农村中间偏下收入组居民人均可支配收入11586元，增长11.5%；农村中间收入组居民人均可支配收入16546元，增长12.5%；农村中间偏上收入组居民人均可支配收入23167元，增长10.9%；农村高收入组居民人均可支配收入43082元，增长11.8%。2021年农村居民高、低收入组人均可支配收入之比为8.87，比上年上升0.64，相对差距扩大；收入绝对差额为38226元，比上年扩大4387元，绝对差距仍在继续扩大。

表4—10　2020—2021年农村居民五等份分组人均可支配收入情况

年　份	全国（元）	低收入组（元）	中间偏下收入组（元）	中间收入组（元）	中间偏上收入组（元）	高收入组（元）	高低收入组收入之比（以低收入组为1）
2020	17131	4681	10392	14712	20884	38520	8.23
2021	18931	4856	11586	16546	23167	43082	8.87
2021年比2020年增长(%)	10.5	3.7	11.5	12.5	10.9	11.8	—

第五章　居民消费支出状况

一、全国及分城乡居民消费支出恢复性反弹

2021年，全国居民人均消费支出24100元，比上年名义增长13.6%，扣除价格因素影响，实际增长12.6%。分城乡看，城镇居民人均消费支出30307元，名义增长12.2%，扣除价格因素，实际增长11.1%；农村居民人均消费支出15916元，名义增长16.1%，扣除价格因素，实际增长15.3%。上年低基期影响下，农村居民人均消费支出增速恢复好于城镇居民，名义增速和实际增速分别快于城镇居民3.9和4.2个百分点。

表5—1　2020—2021年全国及分城乡居民人均消费支出增长情况

指　　标	水平(元)		2021年增速(%)	
	2021年	2020年	名义增速	实际增速
全国居民人均消费支出	24100	21210	13.6	12.6
城镇居民人均消费支出	30307	27007	12.2	11.1
农村居民人均消费支出	15916	13713	16.1	15.3

二、分项消费支出增长特点

2021年，全国各地区各部门统筹推进疫情防控和民生保障，各项保民生政策持续落地见效，促进居民生活消费继续较快增长。从消费结构看，受2020年基数降幅较大影响，除居住支出外，各项消费支出均实现两位数增长。

(一)食品烟酒、衣着、居住、生活用品及服务支出较快增长

食品烟酒支出增长12.2%。2021年，全国居民人均食品烟酒支出7178元，增长12.2%。食品消费支出保持平稳增长，人均谷物支出658元，增长5.3%，人均肉类支出1269元，增长5.8%；人均奶类支出274元，增长9.5%。各地区各部门统筹推进疫情防控和民生保障，各项保民生政策持续落地见效，居民在外饮食恢复性增长，人均饮食服务支出增长38.0%。分城乡看，城镇居民人均食品烟酒支出8678元，增长10.1%；农村居民人均食品烟酒支出5200元，增长16.1%。

衣着支出增长14.6%。2021年，全国居民人均衣着支出1419元，增长14.6%。其中，人均衣类支出1140元，增长14.9%；人均鞋类支出278元，增长13.4%。分城乡看，城镇居民人均衣

着支出1843元,增长12.0%;农村居民人均衣着支出859元,增长20.6%。

居住支出增长8.2%。2021年,全国居民人均居住支出5641元,增长8.2%。其中,人均住房维修及管理支出773元,增长12.6%;人均水电燃料支出979元,增长8.1%。分城乡看,城镇居民人均居住支出7405元,增长6.4%;农村居民人均居住支出3315元,增长11.9%。

生活用品及服务支出增长13.0%。2021年,全国居民人均生活用品及服务支出1423元,增长13.0%,居民对个人生活品质的追求不断增强,包括化妆品消费在内的人均个人用品支出增长17.8%。分城乡看,城镇居民人均生活用品及服务支出1820元,增长11.0%;农村居民人均生活用品及服务支出900元,增长17.3%。

(二)交通通信、教育文化娱乐、医疗保健支出恢复性增长

交通通信支出增长14.3%。2021年,全国居民人均交通通信支出3156元,增长14.3%。其中,人均交通支出2379元,增长17.3%。分城乡看,城镇居民人均交通通信支出3932元,增长13.2%;农村居民人均交通通信支出2132元,增长15.8%。

教育文化娱乐支出增长27.9%。2021年,全国教育文化娱乐消费市场恢复活跃,线上教育逐步回归线下,旅游娱乐场所全面放开,居民教育文化娱乐消费实现恢复性增长。全国居民人均教育文化娱乐支出2599元,增长27.9%,其中,人均教育支出1953元,增长33.5%。分城乡看,城镇居民人均教育文化娱乐支出3322元,增长28.2%;农村居民人均教育文化娱乐支出1645元,增长25.7%。

医疗保健支出增长14.8%。疫情背景下,人们对健康的重视程度显著提升,居民用于医疗和保健方面的消费支出明显增加,带动了医疗保健支出较快增长。2021年,全国居民人均医疗保健支出2115元,增长14.8%。其中,人均医疗器具及药品支出556元,增长4.7%;人均医疗服务支出1559元,增长18.8%。分城乡看,城镇居民人均医疗保健支出2521元,增长16.1%;农村居民人均医疗保健支出1580元,增长11.4%。

表5—2　2021年全国居民消费支出变化

指　　标	水平(元)	增速(%)
居民人均消费支出	24100	13.6
食品烟酒	7178	12.2
衣着	1419	14.6
居住	5641	8.2
生活用品及服务	1423	13.0
交通通信	3156	14.3
教育文化娱乐	2599	27.9
医疗保健	2115	14.8
其他用品及服务	569	23.2

三、消费结构变化

（一）食品、居住等基本消费支出占比下降

恩格尔系数下降。2021年，全国居民人均食品烟酒支出占人均消费支出的比重（恩格尔系数）为29.8%，比上年下降0.4个百分点。分城乡看，城镇居民人均食品烟酒支出占比为28.6%，比上年下降0.6个百分点；农村居民人均食品烟酒支出占比为32.7%，与上年持平。恩格尔系数继续下降，居民生活水平进一步提高，消费结构持续改善。

居住支出占比下降1.2个百分点。2021年，全国居民人均居住支出占人均消费支出的比重为23.4%，比上年下降1.2个百分点。分城乡看，城镇居民人均居住支出占比为24.4%，比上年下降1.4个百分点；农村居民人均居住支出占比为20.8%，比上年下降0.8个百分点。

（二）交通通信、教育文化娱乐、医疗保健等发展享受型消费支出占比提高

交通通信支出占比提高0.1个百分点。2021年，全国居民人均交通通信支出占人均消费支出的比重为13.1%，比上年提高0.1个百分点。分城乡看，城镇居民人均交通通信支出占比为13.0%，比上年提高0.1个百分点，农村居民人均交通通信支出占比为13.4%，与上年持平。

教育文化娱乐支出占比提高1.2个百分点。2021年，全国居民人均教育文化娱乐支出占人均消费支出的比重为10.8%，比上年提高1.2个百分点。分城乡看，城镇居民和农村居民人均教育文化娱乐支出占比分别为11.0%和10.3%，分别比上年提高1.4和0.8个百分点。

医疗保健支出占比提高0.1个百分点。2021年，全国居民人均医疗保健支出占人均消费支出的比重为8.8%，比上年提高0.1个百分点。分城乡看，城镇居民人均医疗保健支出占比为8.3%，比上年提高0.3个百分点，农村居民人均医疗保健支出占比为9.9%，比上年下降0.4个百分点。

（三）服务性消费支出占比提升

2021年，全国居民人均服务性消费支出10645元，比上年增长17.8%，占人均消费支出的比重为44.2%，比上年提高1.6个百分点。分城乡看，城镇居民和农村居民人均服务性消费支出占比分别为46.4和38.6%，分别比上年提高1.9和0.8个百分点，城乡居民消费结构持续升级。

表5—3　2021年全国及分城乡居民消费支出结构

指　标	全国居民（%）		城镇居民（%）		农村居民（%）	
	水平（元）	构成（%）	水平（元）	构成（%）	水平（元）	构成（%）
居民人均消费支出	24100	100.0	30307	100.0	15916	100.0
#服务性消费	10645	44.2	14058	46.4	6143	38.6
食品烟酒	7178	29.8	8678	28.6	5200	32.7
衣着	1419	5.9	1843	6.1	859	5.4
居住	5641	23.4	7405	24.4	3315	20.8
生活用品及服务	1423	5.9	1820	6.0	900	5.7

续表

指　标	全国居民(%)		城镇居民(%)		农村居民(%)	
	水平（元）	构成（%）	水平（元）	构成（%）	水平（元）	构成（%）
交通通信	3156	13.1	3932	13.0	2132	13.4
教育文化娱乐	2599	10.8	3322	11.0	1645	10.3
医疗保健	2115	8.8	2521	8.3	1580	9.9
其他用品及服务	569	2.4	786	2.6	284	1.8

四、食品消费结构变化

(一)人均粮食、食用油、菜类、水产品、蛋类消费量小幅增长

粮食消费量增长2.4%。2021年,全国居民人均粮食消费量144.6公斤,比上年增长2.4%。分城乡看,城镇居民人均粮食消费量124.8公斤,比上年增长3.8%;农村居民人均粮食消费量170.8公斤,比上年增长1.4%。

食用油消费量增长4.3%。2021年,全国居民人均食用油消费量10.8公斤,比上年增长4.3%。分城乡看,城镇居民人均食用油消费量10.1公斤,比上年增长2.1%;农村居民人均食用油消费量11.7公斤,比上年增长7.1%。

菜类消费量增长6.0%。2021年,全国居民人均蔬菜及食用菌消费量109.9公斤,比上年增长6.0%。分城乡看,城镇居民人均蔬菜及食用菌消费量112.0公斤,比上年增长2.0%;农村居民人均蔬菜及食用菌消费量107.1公斤,比上年增长11.8%。

水产品消费量增长2.6%。2021年,全国居民人均水产品消费量14.2公斤,比上年增长2.6%。分城乡看,城镇居民人均水产品消费量16.7公斤,比上年增长0.7%;农村居民人均水产品消费量10.9公斤,比上年增长6.0%。

蛋类消费量增长3.5%。2021年,全国居民人均蛋类消费量13.2公斤,比上年增长3.5%。分城乡看,城镇居民人均蛋类消费量13.4公斤,比上年下降1.2%;农村居民人均蛋类消费量13.0公斤,比上年增长10.4%。

(二)人均奶类、干鲜瓜果类及肉类消费量增长较快

奶类消费量增长10.6%。2021年,全国居民人均奶类消费量14.4公斤,比上年增长10.6%。分城乡看,城镇居民人均奶类消费量18.2公斤,比上年增长4.8%;农村居民人均奶类消费量9.3公斤,比上年增长27.1%。

干鲜瓜果类消费量增长8.5%。2021年,全国居民人均干鲜瓜果类消费量61.0公斤,比上年增长8.5%。分城乡看,城镇居民人均干鲜瓜果类消费量67.7公斤,比上年增长2.7%;农村居民人均干鲜瓜果类消费量52.4公斤,比上年增长19.4%。

肉类消费量增长32.7%。2021年,全国居民人均肉类消费量32.9公斤,比上年增长

32.7%。其中，人均猪肉消费量25.2公斤，比上年增长38.7%。分城乡看，城镇居民人均肉类消费量34.4公斤，比上年增长25.8%，其中人均猪肉消费量25.1公斤，比上年增长31.9%；农村居民人均肉类消费量30.9公斤，比上年增长44.0%，其中人均猪肉消费量25.4公斤，比上年增长48.5%。

（三）人均禽类消费量下降

禽类消费量下降3.3%。2021年，全国居民人均禽类消费量12.3公斤，比上年下降3.3%。分城乡看，城镇居民人均禽类消费量12.3公斤，比上年下降5.6%；农村居民人均禽类消费量12.4公斤，比上年下降0.3%。

表5—4　2021年全国居民及分城乡居民主要食品消费量

单位：公斤/人

指　标	全国居民	城镇居民	农村居民
粮食	144.6	124.8	170.8
其中：谷物	131.4	112.0	156.9
食用油	10.8	10.1	11.7
其中：食用植物油	10.1	9.6	10.8
蔬菜及食用菌	109.9	112.0	107.1
其中：鲜菜	106.2	107.7	104.3
肉类	32.9	34.4	30.9
其中：猪肉	25.2	25.1	25.4
牛肉	2.5	3.2	1.5
羊肉	1.4	1.6	1.2
禽类	12.3	12.3	12.4
水产品	14.2	16.7	10.9
蛋类	13.2	13.4	13.0
奶类	14.4	18.2	9.3
干鲜瓜果类	61.0	67.7	52.4

第六章　居民生活状况

一、居住条件

2021年，全国居民人均居住住房建筑面积、住房空间样式逐步改善，住房主要建筑材料进一步优化。

（一）住房面积和空间样式

从住房面积看，2021年全国居民人均居住住房建筑面积为44.9平方米，比上年增加0.8平方米，增长1.8%。城镇居民人均居住住房建筑面积为41.0平方米，比上年增加1.1平方米，增长2.8%；农村居民人均居住住房建筑面积为50.2平方米，比上年增加0.6平方米，增长1.2%。

从居住空间样式看，全国居民家庭居住在单栋楼房、单栋平房或单元房的户比重为98.3%，比上年提高0.3个百分点；居住在筒子楼或连片平房的户比重为1.3%，比上年下降0.2个百分点。城镇居民家庭居住在单栋楼房、单栋平房或单元房的户比重为98.6%，比上年提高0.1个百分点；居住在筒子楼或连片平房的户比重为1.2%，比上年下降0.1个百分点。农村居民家庭居住在单栋楼房、单栋平房或单元房的户比重为98.0%，比上年提高0.6个百分点；居住在筒子楼或连片平房的户比重为1.3%，比上年下降0.2个百分点。

（二）住房建筑材料

从住房的主要建筑材料看，全国居民家庭居住在钢筋混凝土或砖混材料结构住房的户比重为88.4%，比上年提高2.0个百分点；居住在砖瓦砖木或竹草土坯结构住房的户比重为11.4%，比上年下降1.5个百分点。城镇居民家庭居住在钢筋混凝土或砖混材料结构住房的户比重为96.2%，比上年提高0.1个百分点；居住在砖瓦砖木或竹草土坯结构住房的户比重为3.7%，与上年持平。农村居民家庭居住在钢筋混凝土或砖混材料结构住房的比重为77.6%，比上年提高4.6个百分点；居住在砖瓦砖木或竹草土坯结构住房的户比重为21.9%，比上年下降3.6个百分点。

表 6－1 2021 年全国及分城乡居民居住条件

单位：%

指 标	全国居民	城镇居民	农村居民
人均居住住房建筑面积(平方米)	44.9	41.0	50.2
居住空间样式	—	—	—
其中：居住在单栋楼房、单栋平房或单元房的户比重	98.3	98.6	98.0
居住在筒子楼或连片平房的户比重	1.3	1.2	1.3
住房的主要建筑材料	—	—	—
其中：居住在钢筋混凝土或砖混材料结构住房的户比重	88.4	96.2	77.6
居住在砖瓦砖木或竹草土坯结构住房的户比重	11.4	3.7	21.9

二、生活设施

2021 年，全国居民家庭使用净化自来水的户比重明显上升，住宅内洗澡、厨房、卫生、取暖设施均有不同程度改善，主要炊用能源更加清洁。

(一)饮用水情况

从主要饮用水来源看，全国居民家庭使用经过净化处理自来水的户比重为 84.6%，比上年提高 3.9 个百分点。城镇居民家庭使用经过净化处理自来水的户比重为 94.3%，比上年提高 0.6 个百分点。农村居民家庭使用经过净化处理自来水的户比重为 71.2%，比上年提高 8.5 个百分点。

从主要饮用水取水位置看，全国居民家庭住宅内管道取水的户比重为 90.1%，比上年提高 2.2 个百分点；全国居民家庭院内取水的户比重为 7.6%，比上年下降 1.3 个百分点。城镇居民家庭住宅内管道取水的户比重为 96.9%，比上年提高 0.2 个百分点；城镇居民家庭院内取水的户比重为 2.3%，与上年持平。农村居民家庭住宅内管道取水的户比重为 80.7%，比上年提高 4.9 个百分点；农村居民家庭院内取水的户比重为 14.9%，比上年下降 3.2 个百分点。

(二)住宅内洗澡设施

全国居民家庭自装热水器洗澡的户比重为 83.3%，比上年提高 3.6 个百分点；无洗澡设施的户比重为 10.1%，比上年下降 3.7 个百分点。城镇居民家庭自装热水器洗澡的户比重为 90.5%，比上年提高 1.1 个百分点；无洗澡设施的户比重为 4.1%，比上年下降 1.5 个百分点。农村居民家庭自装热水器洗澡的户比重为 73.4%，比上年提高 7.1 个百分点；无洗澡设施的户比重为 18.4%，比上年下降 6.7 个百分点。

(三)住宅内厨房设施

全国居民家庭有厨房的户比重为 99.6%，比上年提高 0.1 个百分点，其中独用的户比重为 98.8%，比上年提高 0.4 个百分点；合用的户比重为 0.8%，比上年下降 0.3 个百分点。城镇居民家庭有厨房的户比重为 99.4%，比上年提高 0.1 个百分点，其中独用的户比重为 98.8%，比上年提高0.2个百分点;合用的户比重为1.0%,比上年下降0.6个百分点。农村居民家庭有厨房的户比重为99.8%,比上年提高0.2个百分点,其中独用的户比重为98.8%,比上年提高0.8个百分点;合用的户比重为0.6%,比上年下降0.1个百分点。

(四)住宅内卫生设施

全国居民家庭使用水冲式卫生厕所的户比重为83.2%,比上年提升2.7个百分点。城镇居民家庭使用水冲式卫生厕所的户比重为94.9%,比上年提高0.1个百分点。农村居民家庭使用水冲式卫生厕所的户比重为67.1%,比上年提高6.2个百分点。

(五)住宅内取暖设施

全国居民家庭集中供暖或自行供暖的户比重为77.0%,比上年提高3.6个百分点。城镇居民家庭集中供暖或自行供暖的户比重为77.7%,比上年提高1.0个百分点。农村居民家庭集中供暖或自行供暖的户比重为76.2%,比上年提高7.2个百分点。

表6—2 2021年全国及分城乡居民主要生活设施情况

单位:%

指　　标	全国居民	城镇居民	农村居民
主要饮用水来源	—	—	—
其中:居民家庭使用经过净化处理自来水的户比重	84.6	94.3	71.2
主要饮用水取水位置	—	—	—
其中:住宅内管道取水的户比重	90.1	96.9	80.7
院内取水的户比重	7.6	2.3	14.9
洗澡设施	—	—	—
其中:居民家庭自装热水器洗澡的户比重	83.3	90.5	73.4
无洗澡设施的户比重	10.1	4.1	18.4
厨房设施	—	—	—
有厨房的户比重	99.6	99.4	99.8
其中:独用的户比重	98.8	98.8	98.8
合用的户比重	0.8	1.0	0.6
卫生设施	—	—	—
其中:水冲式卫生厕所的户比重	83.2	94.9	67.1
取暖设施	—	—	—
其中:集中供暖或自行供暖的户比重	77.0	77.7	76.2

(六)主要炊用能源

全国居民家庭主要炊用能源使用管道天然气、罐装液化石油气或电的户比重为86.4%,比上年提高2.1个百分点;使用柴草或煤炭的户比重分别为11.4%,比上年下降1.7个百分点。城镇居民家庭主要炊用能源使用管道天然气、罐装液化石油气或电的户比重为94.7%,比上年提高0.5个百分点;使用柴草或煤炭的户比重为2.3%,比上年提高0.1个百分点。农村居民家庭主要炊用能源使用管道天然气、罐装液化石油气或电的户比重为74.9%,比上年提高4.1个百分点;

使用柴草或煤炭的户比重为23.9%，比上年下降4.2个百分点。

表6—3　2021年全国及分城乡居民炊用能源使用情况

单位：%

指　　标	全国居民	城镇居民	农村居民
主要炊用能源	—	—	—
其中：管道天然气、罐装液化石油气或电的户比重	86.4	94.7	74.9
使用柴草或煤炭的户比重	11.4	2.3	23.9

三、耐用消费品拥有情况

随着收入水平的不断提升，居民消费能力进一步增强，城乡居民主要耐用消费品拥有量不断增多，同时，伴随产品的转型升级，居民家庭新型消费家电拥有量也在逐步攀升。

（一）交通工具拥有情况

全国居民家庭平均每百户家用汽车拥有量为41.8辆，比上年增加4.6辆，增长12.4%。城镇居民家庭平均每百户家用汽车拥有量为50.1辆，比上年增加5.2辆，增长11.7%。农村居民家庭平均每百户家用汽车拥有量为30.2辆，比上年增加3.7辆，增长14.2%。

全国居民家庭平均每百户助力车或摩托车的拥有量为105.3辆，比上年增加5.5辆，增长5.5%。城镇居民家庭平均每百户助力车或摩托车的拥有量为87.0辆，比上年增加6.7辆，增长8.4%。农村居民家庭平均每百户助力车或摩托车的拥有量为130.7辆，比上年增加3.9辆，增长3.1%。

（二）主要家用电器及通讯设备拥有情况

全国居民家庭平均每百户洗衣机拥有量为98.7台，比上年增加1.9台，增长2.0%。城镇居民家庭平均每百户洗衣机拥有量为100.5台，比上年增加0.8台，增长0.8%。农村居民家庭平均每百户洗衣机拥有量为96.1台，比上年增加3.4台，增长3.7%。

全国居民家庭平均每百户电冰箱（柜）拥有量为103.9台，比上年增加2.1台，增长2.0%。城镇居民家庭平均每百户电冰箱（柜）拥有量为104.2台，比上年增加1.0台，增长1.0%。农村居民家庭平均每百户电冰箱（柜）拥有量为103.5台，比上年增加3.5台，增长3.5%。

全国居民家庭平均每百户空调拥有量为131.2台，比上年增加13.4台，增长11.4%。城镇居民家庭平均每百户空调拥有量为161.7台，比上年增加12.1台，增长8.1%。农村居民家庭平均每百户空调拥有量为89.0台，比上年增加15.1台，增长20.5%。

全国居民家庭平均每百户排油烟机拥有量为63.1台，比上年增加2.3台，增长3.8%。城镇居民家庭平均每百户排油烟机拥有量为82.3台，比上年减少0.2台，下降0.3%。农村居民家庭平均每百户排油烟机拥有量为36.6台，比上年增加5.7台，增长18.6%。

全国居民家庭平均每百户移动电话拥有量为259.1部，比上年增加5.2部，增长2.1%。城镇居民家庭平均每百户移动电话拥有量为253.6部，比上年增加4.9部，增长2.0%。农村居民家庭平均每百户移动电话拥有量为266.6部，比上年增加5.7部，增长2.2%。

(三)新型消费家电拥有情况

全国居民家庭平均每百户地面清洁设备(吸尘器、拖地机、扫地机等)拥有量为10.1台，比上年增加0.3台，增长3.1%。城镇居民家庭平均每百户地面清洁设备拥有量为15.9台，比上年增加0.2台，增长1.6%。农村居民家庭平均每百户地面清洁设备拥有量为2.2台，比上年增加0.4台，增长21.3%。

全国居民家庭平均每百户空气净化器拥有量为5.4台，比上年增加0.4台，增长8.7%。城镇居民家庭平均每百户空气净化器拥有量为8.7台，比上年增加0.6台，增长7.4%。农村居民家庭平均每百户空气净化器拥有量为0.9台，比上年增加0.2台，增长28.7%。

6—4　2021年全国及分城乡居民耐用消费品每百户拥有情况

指　　标	单位	全国居民	城镇居民	农村居民
家用汽车	辆	41.8	50.1	30.2
摩托车	辆	31.5	18.2	49.9
助力车	辆	73.8	68.8	80.7
洗衣机	台	98.7	100.5	96.1
电冰箱(柜)	台	103.9	104.2	103.5
空调	台	131.2	161.7	89.0
排油烟机	台	63.1	82.3	36.6
移动电话	部	259.1	253.6	266.6
地面清洁设备	台	10.1	15.9	2.2
空气净化器	台	5.4	8.7	0.9

四、社区基础设施和基本公共服务

(一)社区基础设施情况

社区交通通讯条件持续优化。全国居民家庭所在社区通电话接近实现全覆盖，比上年提高0.1个百分点；通宽带的户比重为99.3%，比上年提高0.5个百分点；所在社区内主要道路路面状况为水泥或柏油路面的户比重为96.6%，比上年提高0.2个百分点。城镇居民家庭所在社区通电话接近实现全覆盖，比上年提高0.1个百分点；通宽带的户比重为99.7%，比上年提高0.1个百分点；所在社区内主要道路路面状况为水泥或柏油路面的户比重为98.6%，比上年下降0.1个百分点。农村居民家庭所在社区通电话的户比重为99.9%，比上年提高0.2个百分点；通宽带的户比重为98.8%，比上年提高1.1个百分点；所在社区内主要道路路面状况为水泥或柏油路面的户比重为93.8%，比上年提高0.5个百分点。

社区内基础设施条件明显改善。全国居民家庭所在社区饮用水经过集中净化处理的户比重为 89.8%，比上年提高 1.9 个百分点；开通了管道燃气的户比重为 48.2%，比上年提高 1.1 个百分点；垃圾能集中处理的户比重为 97.5%，比上年提高 1.4 个百分点。城镇居民家庭所在社区饮用水经过集中净化处理的户比重为 96.6%，比上年提高 0.4 个百分点；开通了管道燃气的户比重为 69.2%，比上年下降 0.3 个百分点；垃圾能集中处理的户比重为 99.1%，比上年提高 0.1 个百分点。农村居民家庭所在社区饮用水经过集中净化处理的户比重为 80.4%，比上年提高 4.0 个百分点；开通了管道燃气的户比重为 19.3%，比上年提高 3.0 个百分点；垃圾能集中处理的户比重为 95.2%，比上年提高 3.1 个百分点。

社区内文化娱乐设施更加充裕。全国居民家庭所在社区有健身器材的户比重为 89.1%，比上年提高 2.7 个百分点。城镇居民家庭所在社区有健身器材的户比重为 94.1%，比上年提高 1.6 个百分点。农村居民家庭所在社区有健身器材的户比重为 82.1%，比上年提高 4.1 个百分点。

表 6—5 2021 年全国及分城乡居民所在社区基础设施情况

单位：%

指　　标	全国居民	城镇居民	农村居民
通电话的户比重	100.0	100.0	99.9
通宽带的户比重	99.3	99.7	98.8
社区内主要道路路面状况为水泥或柏油路面的户比重	96.6	98.6	93.8
饮用水经过集中净化处理的户比重	89.8	96.6	80.4
开通了管道燃气的户比重	48.2	69.2	19.3
垃圾能集中处理的户比重	97.5	99.1	95.2
有健身器材的户比重	89.1	94.1	82.1

（二）社区基本公共服务情况

居民乘坐公共交通出行更加便捷。全国居民家庭能便利地乘坐公共汽车出行的户比重为 91.3%，比上年提高 1.9 个百分点。城镇居民家庭能便利地乘坐公共汽车出行的户比重为 97.7%，比上年提高 0.2 个百分点。农村居民家庭能便利地乘坐公共汽车出行的户比重为 82.6%，比上年提高 4.2 个百分点。

社区医疗服务覆盖人群更加广泛。全国居民家庭所在社区有卫生站（室）的户比重为 90.6%，比上年提高 1.6 个百分点。城镇居民家庭所在社区有卫生站（室）的户比重为 87.5%，比上年提高 1.6 个百分点。农村居民家庭所在社区有卫生站（室）的户比重为 94.8%，比上年提高 1.5 个百分点。

社区安全得到充分保障。全国居民家庭所在社区主要道路有路灯的户比重为 91.4%，比上年提高 2.4 个百分点；所在社区有专职安全保卫人员的户比重为 68.3%，比上年提高 1.6 个百分点。城镇居民家庭所在社区主要道路有路灯的户比重为 98.4%，比上年提高 0.3 个百分点；所在社区有专职安全保卫人员的户比重为 77.2%，比上年提高 1.0 个百分点。农村居民家庭所在社区主要道路有路灯的户比重为 81.7%，比上年提高 5.1 个百分点；所在社区有专职安全保卫人员的户比重为56.1%,比上年提高2.3个百分点。

表6-6 2021年全国及分城乡居民所在社区基本公共服务情况

单位:%

指　　标	全国居民	城镇居民	农村居民
能便利地乘坐公共汽车出行的户比重	91.3	97.7	82.6
有卫生站(室)的户比重	90.6	87.5	94.8
主要道路有路灯的户比重	91.4	98.4	81.7
有专职安全保卫人员的户比重	68.3	77.2	56.1

第七章　各省(区、市)居民收支与生活状况报告

北京居民收支与生活状况报告

十八大以来，北京始终坚持“稳中求进”工作总基调，立足新发展阶段，推动经济社会高质量发展，持续加大保就业、促增收、惠民生政策实施力度，居民收入稳步提升，居民消费提质升级，居民生活状况不断改善。

一、居民收入稳步增长

2021年，北京居民人均可支配收入75002元，比上年名义增长8.0%，扣除价格因素，实际增长6.8%，与2019年相比两年平均增长①(以下如无特别说明，均为名义增速)5.2%。与2011年相比，居民收入十年平均增长8.5%，收入水平实现跨越式提升，由3.3万元跃升至7.5万元②，先后突破四道万元大关。分城乡看，2021年城镇居民人均可支配收入81518元，同比增长7.8%，农村居民人均可支配收入33303元，同比增长10.5%，北京居民人均可支配收入保持稳步增长。

从收入水平看，北京居31省(区、市)第2位，仅次于上海；从收入增速看，2021年北京居民收入同比增速落后全国1.1个百分点，与上海持平，2015年以来，京沪两地居民人均可支配收入年均分别增长7.6%、7.7%，增长势头相近。从收入结构看，2021年，北京居民可支配收入包含的四项收入全面增长，增速呈“两快两稳”：工资性收入、经营净收入保持两位数较快增长，财产净收入、转移净收入稳步增长。

表1　2021年北京居民人均可支配收入情况

指　　标	金额(元)	同比增速(%)	占比(%)
人均可支配收入	75002	8.0	100.0
工资性收入	45675	10.2	60.9
经营净收入	940	15.8	1.3
财产净收入	12460	5.7	16.6
转移净收入	15927	3.5	21.2

① 两年平均增速是指以2019年相应同期数为基数，采用几何平均的方法计算的增速。

② 本报告涉及的十年数据分析，基期为2011年，绝对数区间为2011—2021年，平均增长速度为2012—2021年平均增速。

（一）工资性收入发挥“压舱石”作用

北京居民四项收入中，工资性收入始终发挥“压舱石”作用，为促进居民工资性收入稳定增长，北京出台多项稳岗保就业政策，包括持续优化营商环境促进中小微企业发展，提供专项就业服务，加强职业技能培训，引导教培机构人员转岗，推动创业带动就业，提高最低工资标准等措施，多措并举促进居民工资性收入增长。2021 年，居民人均工资性收入 45675 元，同比增长 10.2%，工资性收入占可支配收入比重最高（60.9%），对居民收入增长的贡献率最大（76.1%），拉动居民可支配收入上涨 6.1 个百分点。2011 年以来，居民工资性收入年均增长 9.1%，占比保持在六成左右，居四项收入之首，是带动居民稳步增收最坚实的支撑力量。

（二）财产、转移净收入为增长“潜力股”

北京居民财产净收入与转移净收入是推动居民收入增长的“潜力股”，2015 年以来，财产净收入与转移净收入合计占比由 34.7%提高至 37.8%。伴随金融市场规范化运行，农村土地资源管理不断完善，北京居民财产净收入保持稳定增长，2011 年以来，居民财产净收入年均增长 5.7%。2021 年，居民人均财产净收入 12460 元，同比增长 5.7%，租房市场回暖对北京居民财产净收入增长起到重要带动作用，居民人均出租房屋净收入拉动财产净收入增长 3.2 个百分点。

转移净收入是居民收入的“稳定器”，各项惠民政策落地见效，保障北京居民转移净收入快速增长。北京连年上调社保标准，提高社会救助兜底水平，推进“应保尽保”，积极探索将就业农村劳动力纳入城镇职工社会保险体系，多项惠民政策落地，促进转移净收入稳定增长。2011 年以来，居民转移净收入年均增长 10.8%，占比从 17.2%提高到 21.2%，2021 年居民人均转移净收入 15927 元，同比增长 3.5%，其中养老金、离退休金同比增长 4.9%，有力助推居民转移净收入增长。

（三）城乡居民收入比明显下降

北京深入贯彻落实习近平总书记关于促进农民富裕富足、扎实推进共同富裕的重要论述及指示批示精神，大力实施乡村振兴战略，把农民增收作为“三农”工作的中心任务，推动本市农村居民收入持续较快增长。2021 年，北京农村居民人均可支配收入增速比城镇居民快 2.7 个百分点，且四项收入增速均快于城镇居民。2011 年以来，北京农村居民人均可支配收入年均增长 9.3%，比城镇居民快 0.9 个百分点。

为有效应对疫情冲击，2020 年以来，北京出台落地多项促进农民增收政策措施，重点聚焦促进农民就近就地就业、促进乡村民宿发展、推动就业农村劳动力参加城镇职工医保等多领域，有效保障农村居民收入加速恢复。一是实施就业帮扶提高工资性收入，加快推进农村劳动力转移就业，2021 年农村居民工资性收入同比增长 10.7%；二是强化民生保障提高转移净收入，提高城乡居民基础养老金和福利养老金惠及近 80 万农村居民，发放煤改清洁能源补贴惠及近 122 万户农村居民，2021 年农村居民转移净收入同比增长 7.5%。2020 年和 2021 年，农村居民收入分别比城镇快 1.7 个和 2.7 个百分点。随着农村居民收入快速增长，与城镇居民差距逐年缩小，城乡居民收入比由 2011 年的 2.65 缩小至 2021 年的 2.45，其中 2021 年缩小幅度为近几年最大值，达 0.06。

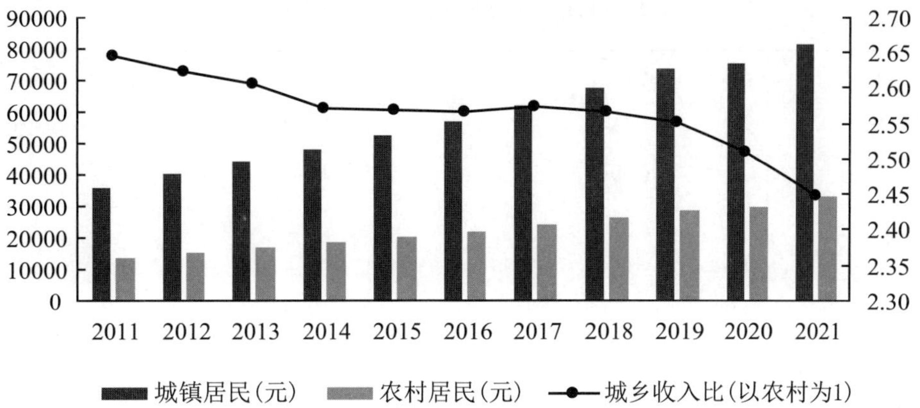

图 1　2011—2021 年北京城乡居民收入情况

二、居民消费支出平稳恢复

2021 年，北京居民人均消费支出 43640 元，同比增长 12.2%，两年平均增长 0.7%。伴随居民收入水平提高，消费市场供给提质升级，居民消费水平逐年攀升，与 2011 年相比，十年间居民人均消费支出绝对量增加约 2 万元，年均增长 6.0%。分城乡看，2021 年城镇居民人均消费支出 46776 元，同比增长 12.1%，农村居民人均消费支出 23574 元，同比增长 12.7%，与疫情前相比，居民消费支出保持平稳恢复。2011 年以来，城乡居民消费水平年均分别增长 5.9%和 7.8%，农村居民消费水平增速明显加快，与城镇差距进一步缩小。

从消费支出水平看，北京居民人均消费支出在全国 31 省(区、市)中始终排在第 2 位，仅次于上海，2021 年北京居民消费比上海低 5239 元。从消费支出增速看，2021 年北京居民人均消费支出同比增长 12.2%，较全国低 1.4 个百分点，落后上海 2.7 个百分点，2015 年以来，北京居民消费支出年均增长 4.3%，较上海低 1.5 个百分点，消费增长活力需要进一步释放。

(一)八大类消费全面增长，两年平均“四升四降”

2021 年，北京疫情防控形势总体平稳，社会秩序运转良好，居民消费得到平稳恢复，消费需求逐步释放，全年居民人均消费支出 43640 元，已超过 2019 年水平。分结构看，2021 年北京居民八大类消费实现全面增长，除居住外，其他七类消费支出实现两位数较快增长，教育文化娱乐、医疗保健、其他用品及服务同比增速均在 20.0%以上；八大类消费支出两年平均增长“四升四降”，食品烟酒、居住、生活用品及服务、医疗保健支出实现正增长，两年平均分别增长 4.7%、3.4%、3.6%、7.0%，衣着、交通通信、教育文化娱乐、其他用品及服务支出受疫情冲击较大，两年平均为负增长，仍处在恢复进程中。居民家庭恩格尔系数呈下降态势，2011 年以来减少 3.7 个百分点。居民更加注重营养膳食，与 2015 年相比，肉蛋奶占食品烟酒支出比重提高了 1.9 个百分点，居民生活质量稳步提升。

表 2　2021 年北京居民人均消费支出情况

指　　标	金额(元)	同比增速(%)	占比(%)
居民人均消费支出	43640	12.2	100.0
食品烟酒	9307	11.1	21.3
衣着	2104	16.6	4.8
居住	16847	7.2	38.6
生活用品及服务	2560	19.3	5.9
交通通信	4227	11.6	9.7
教育文化娱乐	3348	21.0	7.7
医疗保健	4285	22.0	9.8
其他用品及服务	962	20.3	2.2

(二)服务需求旺盛,服务性消费快速恢复

近年来,北京居民服务性消费支出优势突出,2015 年以来,年均增长 7.2%,较商品性消费高出 6.0 个百分点,消费升级需求持续显现。为有力应对疫情,多措并举带动居民消费,2021 年 4 月起,北京举办“北京消费季”活动,制定多项促消费政策,居民购买服务热情高涨,2021 年居民人均服务性消费支出 24900 元,同比增长 14.9%,快于商品性消费 6.2 个百分点。其中,在外饮食明显增加,居民其他在外饮食支出同比增长 51.5%,支出额已恢复至 2019 年同期水平的 95.6%;居民更注重居家生活质量,住房装潢支出同比增长 73.0%,家庭服务支出同比增长 34.5%;市郊民俗旅游、环球影城开业、冬奥会筹办等多重利好因素激发了居民文体消费积极性,居民文化娱乐服务支出同比增长 11.4%,其中景点门票同比增长 42.3%,体育健身活动支出同比增长 75.9%。

(三)消费结构转变,发展享受型消费占比提高

北京立足国际消费中心城市建设,大力发展高品质商圈、电子商务和首店经济,居民消费需求逐步扩大,特别是教育、医疗、文化娱乐等发展享受型消费越来越受到居民青睐。2011 年以来,北京居民生存型与发展享受型消费支出占比基本呈“六四分”,趋势稳定,2019 年发展享受型消费占比提高 0.3 个百分点。疫情冲击下,消费需求扩大和升级进程受阻,居民生存型消费热度凸显,占比明显提高,发展享受型消费占比下降。随着生产生活恢复,消费市场回暖,居民消费结构发生转变,发展享受型消费增长较快,占居民消费支出比重有所提高,2021 年北京居民发展享受型消费支出占比 35.2%,较 2020 年提高 1.7 个百分点,同比增长 18.2%,比生存型消费快 9.0 个百分点,消费季活动带动汽车等耐用消费品支出增多,同时居民更加注重健康生活,医疗保健支出增长较快。

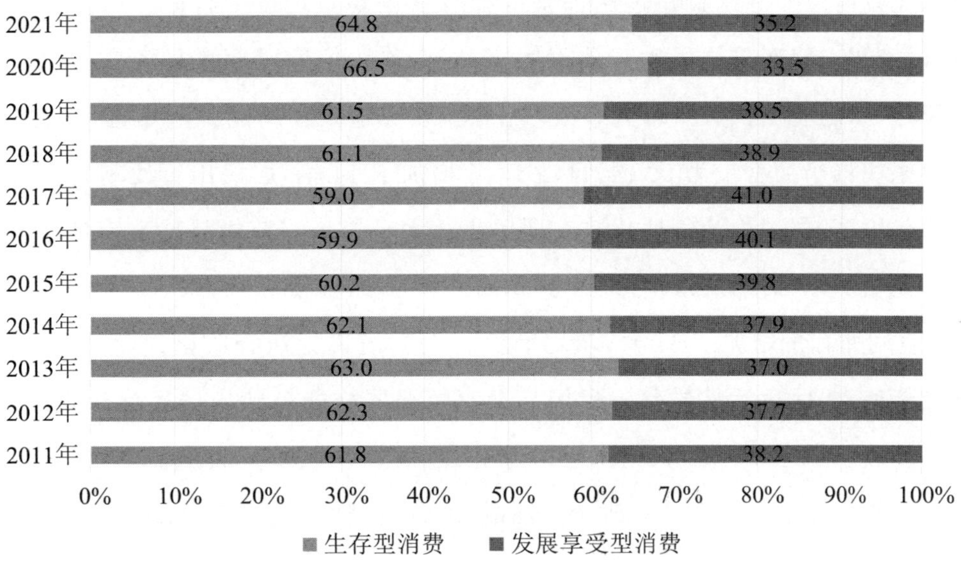

图 2 2011—2021 年北京居民消费支出结构变动情况

三、居民生活状况持续改善

2021 年北京居民生活状况继续改善，居住条件稳步提升，农村人居环境整治取得积极成效，家庭耐用消费品拥有量逐步增长，其中，家用汽车、空调、健身器材、空气净化器（含新风系统）、吸尘器、移动电话以及接入互联网的移动电话拥有量增长较快，居民生活便利化、舒适化、品质化、信息化特征突出。

（一）“住有所居”稳步推进，农村人居环境日益改善

居住问题关乎人民福祉，作为首善之都，北京坚持以人民为中心的发展思想，以“七有五性”为抓手，注重保障和改善民生状况。2021 年北京居民人均住房建筑面积 35.6 平方米，较上年有所提高，住房达标率 39.4%①，较 2015 年提高 2.9 个百分点，百姓居住条件日益改善。从房屋来源看，2021 年北京居民住房中房改住房、保障性住房和拆迁安置房合计占比 37.3%，比上年提高 3.1 个百分点，努力让全体人民住有所居的目标逐步实现。

北京高度重视三农问题，下大力气推动农民增收、农业发展、农村稳定，全面实施乡村振兴战略，近年来有序推进煤改清洁能源、“厕所革命”，多措并举强化农村居民人居环境整治，助力美丽乡村建设。2021 年，北京农村居民将电和管道天然气作为主要炊用能源合计占比 31.7%，比上年提高 2.8 个百分点，将煤炭作为生活能源已成为过去，空气质量显著提升，农村人居环境整治卓有成效；2021 年，北京农村居民使用水冲式卫生厕所占比 93.8%，比 2015 年提高 18.2 个百分点，厕所设施的改进，让农村卫生健康质量大幅提升，居民生活环境发生巨大变化。

（二）改善性耐用品拥有量增长，居民生活“四化”特征突出

居民家庭耐用消费品拥有情况是居民生活状况的重要衡量指标，见证社会发展变迁，记录人

① 住房达标率是指人均住房建筑面积超过 39.6 平方米的居民家庭占全部居民家庭的比例。

民美好生活。北京居民家庭每百户耐用消费品拥有量主要呈现以下特征：一是家用汽车增长迅速，居民生活便利化。汽车是居民生活典型大宗商品，作为家庭重要存量资产，是衡量生活状况最常见的标尺之一，随着居民收入增长，车牌配置新政实施以及新能源汽车推广，2021 年北京居民家庭每百户家用汽车拥有量为 59 辆，比 2015 年增加了 14 辆，居民出行便利化程度大幅提高。二是空调购置热度高，居民生活舒适化。在居民生活水平提高与节能补贴政策带动下，居民家庭空调拥有量明显增加，2021 年北京居民家庭每百户空调拥有量 207 台，农村较城镇多 20 台，与 2015 年相比，空调拥有量增加了 51 台，年均增长 4.8%，居民生活舒适化程度提升。三是健身器材等耐用品成新宠，居民生活品质化。耐用品拥有情况同样能反映出居民生活观念与消费理念的转变，2021 年北京居民家庭健身器材、空气净化器（含新风系统）、吸尘器的每百户拥有量均有所提高，较 2017 年合计增加 53 台，为改善生活品质，营造美好生活添砖加瓦。四是移动电话触网率大幅提升，居民生活互联信息化。近年来，移动互联网深入百姓生活，移动电话普及率迅速攀升，取代了固定电话、计算机以及照相机的核心功能，2021 年北京居民家庭每百户移动电话拥有量 240 部，相当于每户拥有 2.4 部手机，移动电话触网率达 95.4%，较 2015 年提高 35.2 个百分点，信息互联技术助推生活触网率显著提升。

表 3　2015—2021 年北京居民家庭每百户耐用消费品拥有量

年份	家用汽车（辆）	空调（台）	健身器材（台）	空气净化器（含新风系统）（台）	吸尘器（台）	移动电话（部）	接入互联网的移动电话（部）
2015	45	156	7	—	—	221	133
2016	47	163	7	—	—	226	157
2017	49	168	8	11	11	230	162
2018	51	177	7	34	26	228	180
2019	52	181	9	37	29	233	187
2020	53	186	9	37	30	235	196
2021	59	207	10	39	34	240	229

四、需关注的问题与相关建议

（一）增收渠道尚需拓宽，应对风险能力需提升

当前，北京居民收入面临增收渠道有待拓宽，应对风险能力需提升问题。一方面，人均可支配收入增长对工资性收入的依赖性较高，2021 年北京出台的增收政策集中于稳就业强培训，居民工资性收入贡献率达 76.1%，远高于其他三项收入，比 2019 年高 10.7 个百分点。相比之下，增加居民转移收入的政策力度稍显不足，2021 年居民转移净收入贡献率在四项收入中虽位列第二，但与工资性收入相差 66.5 个百分点，且比 2019 年低 13.1 个百分点。

另一方面，居民工资性收入易受经济大环境、疫情等因素影响，转移收入受疫情影响相对较

小。2021年居民收入增速走势“先升高后回落”，在上半年增速达到最高值(10.3%)，下半年，受疫情防控形势和“双减”、房地产政策调控等多重因素影响，居民收入增速逐步放缓，全年居民收入增速比上半年放缓2.3个百分点。其中，工资性收入放缓2.6个百分点，转移净收入放缓0.5个百分点，转移净收入应对风险韧性更强。

建议拓宽居民增收渠道，优化增收政策实施效果。一是稳步提升居民转移收入，进一步提高居民养老金、离退休金标准增长幅度，加大低收入群体政策支持力度；二是以红利收入为发力点，增加居民财产净收入，鼓励盘活城乡居民个人与农村集体的闲置资产，支持农村集体经济发展，监测集体经济薄弱村帮扶专项行动实施效果，加强村集体投资、分红的风险防范与规范化管理，为居民稳定获取财产性收入创造有利条件，不断拓宽居民增收渠道；三是充分考虑疫情等风险因素对居民收入影响，合理规划布局增收政策，确保短、中、长期政策有机结合，使增收成效持续显现。

(二)居民消费增速不及上海，消费潜力需持续激发

2021年北京居民人均消费支出恢复性增长，与2015年相比，六年年均增速4.3%，但相较于2019年，居民消费两年平均增速仅为0.7%，与疫情之前相比，差距依然明显，消费复苏步伐有待进一步加快。此外，2021年北京居民消费支出同比增速落后上海2.7个百分点，消费支出绝对额与上海的差距扩大到5239元。分结构看，八大类消费中，除居住、生活用品及服务外，北京居民其他六类消费支出增速均落后于上海，衣着、交通通信、教育文化娱乐、其他用品及服务支出绝对额尚未恢复至2019年水平，上海仅教育文化娱乐支出未恢复至2019年水平。服务性消费方面，2021年，北京居民服务性消费支出增速落后上海2.0个百分点，服务性消费占居民消费支出比重低于上海0.8个百分点，北京服务性消费水平长期不及上海的情况未发生改变，且与2019年相比，绝对额差距有所扩大。

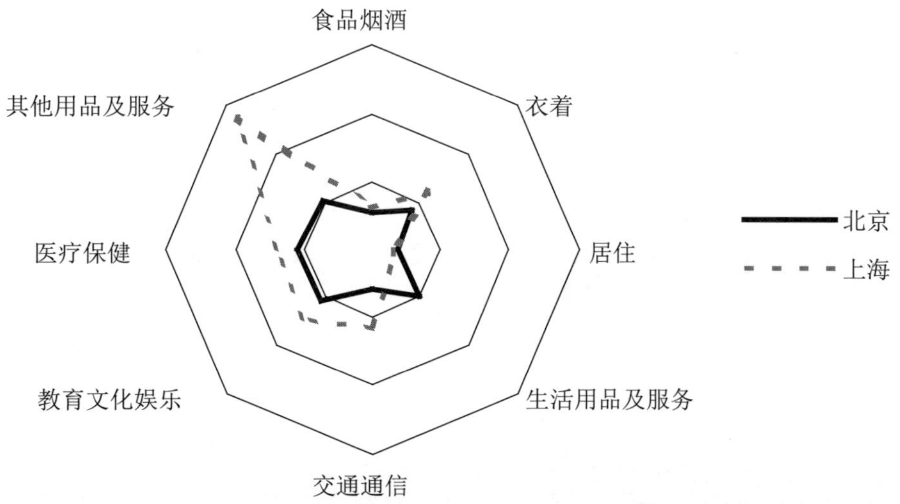

图3　2021年北京与上海居民八大类消费同比增速对比

建议在做好常态化疫情防控工作的同时，立足国际消费中心城市建设刺激居民消费。一是加强疫情监测和保供稳价，提升疫情防控精准度，重点强化对快递、冷链等交通运输、仓储行业管控，提高疫情防控政策针对性，降低疫情反复风险，免除居民后顾之忧，消除疫情对居民消费的负面影响；二是合理布局促消费政策，结合地区特点、年龄结构、四季更替等因素推出特色活动，加大释放北京消费季活动效应，提高活动知晓度，分阶段发放优惠折扣券，紧抓节假日等时间节点消费契机，营造安全有序的良好消费环境，持续不断激发居民消费热情；三是坚持供给侧改革，推动商品及服务品质加快升级，找准不同群体消费堵点，以冬奥特许商品、上海迪士尼卡通形象等为示范，支持打造环球影城等热门 IP 形象，带动相关产业产品发展，挖掘居民消费潜力，精准满足消费需求。

（执笔人：国家统计局北京调查总队　王守琪、洪丽丽、毕磊）

天津居民收支与生活状况报告

天津全市上下坚持以习近平新时代中国特色社会主义思想为指导，坚持稳中求进工作总基调，持续巩固拓展疫情防控和经济社会发展成果。2021 年，全市经济持续稳定恢复，基本民生保障有力有效，天津居民收入稳定增长，实现“十四五”时期良好开局，特别是农村居民收入增长继续快于城镇居民，城乡居民收入相对差距缩小，居民消费支出保持恢复态势，恩格尔系数下降，居民生活品质进一步提高。

一、居民收入稳定增长，实现“十四五”良好开局

（一）居民收入稳定增长，与经济增长基本同步

国家统计局天津调查总队抽样调查结果显示，2021 年，天津居民人均可支配收入 47449 元，比上年名义增长 8.2%，扣除价格因素，实际增长 6.8%；与 2019 年相比，两年平均名义增长[①] 5.8%，实际增长 4.1%。居民收入增长与经济增长基本同步。

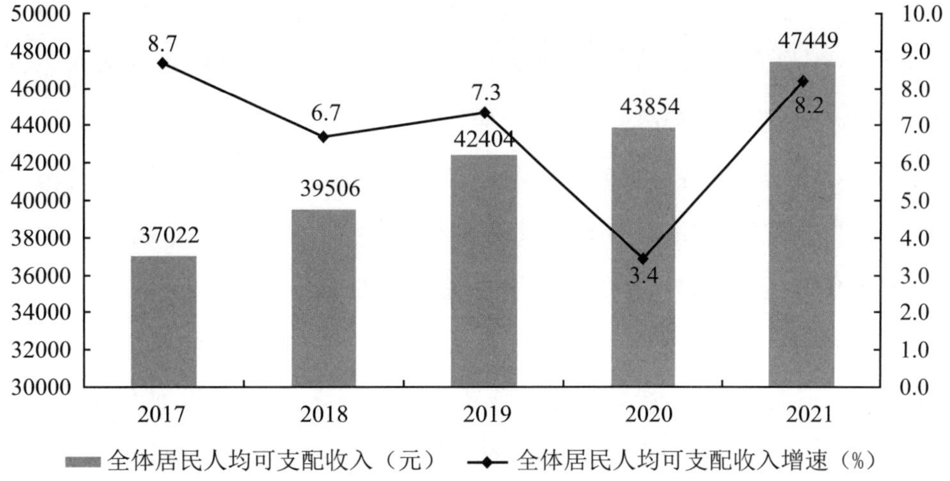

图 1　2017—2021 年天津居民人均可支配收入情况

（二）农村居民收入增长快于城镇居民，城乡居民收入相对差距缩小

分城乡看，2021 年，天津城镇居民人均可支配收入 51486 元，名义增长 8.0%，扣除价格因素，实际增长 6.6%；两年平均名义增长 5.7%。天津农村居民人均可支配收入 27955 元，名义增长 8.8%，扣除价格因素，实际增长 7.4%；两年平均名义增长 6.2%。农村居民人均可支配收入名义增速快于城镇居民 0.8 个百分点。城乡居民人均可支配收入之比为 1.84，比上年缩小 0.02，城乡居民收入相对差距缩小。

① 两年平均增速是指以 2019 年相应同期数为基数，采用几何平均的方法计算的增速。

表1　2021年天津分城乡居民收入主要数据

指　　标	水平 （元）	比上年名义增速 （%）	比上年实际增速 （%）	两年平均名义增速 （%）
全市居民人均可支配收入	47449	8.2	6.8	5.8
城镇居民人均可支配收入	51486	8.0	6.6	5.7
农村居民人均可支配收入	27955	8.8	7.4	6.2

（三）居民收入水平居全国第5位，增速居第25位

与全国31省区市居民收入对比情况来看，天津居民人均可支配收入的绝对值在31个省区市由高到低的排位中居第5位，与上年相比下降1个位次，排在前四位的分别是上海、北京、浙江和江苏，其中城镇居民收入水平居第6位，农村居民居第4位。从收入增速来看，天津居民收入增速居第25位，城镇居民与新疆并列第15位，农村居民与河南并列第30位。

（四）四项收入全面增长，工资性收入贡献居首位

1. 稳就业政策精准发力，工资性收入较快增长。

2021年，天津居民人均工资性收入29775元，增长8.9%，两年平均增长5.0%；占人均可支配收入的比重为62.8%，拉动人均可支配收入增长5.6个百分点，对居民收入增长的贡献率为67.8%，是居民稳定增收的重要助推器。分城乡看，城镇居民人均工资性收入32679元，增长8.7%，两年平均增长5.1%；农村居民人均工资性收入15749元，增长9.5%，两年平均增长3.3%。主要是各项稳就业政策落地见效，聚焦高校毕业生、农民工等重点群体就业，多措并举支持多渠道灵活就业，全市就业形势总体稳定，为居民增收奠定基础。同时，上调最低工资标准，能源、原材料、电子等行业企业效益持续向好带动职工增收，投资项目开工建设拉动用工需求上升，就业人员平均从业时间提高等，诸多有利因素促进工资性收入较快增长。

2. 粮食产量再创新高，经营净收入两年平均增速加快。

2021年，天津居民人均经营净收入3243元，增长15.9%，两年平均增长2.4%，两年平均增速比前三季度加快1.5个百分点，居民家庭经营净收入加快恢复。其中，城镇居民人均经营净收入2638元，增长19.1%，两年平均下降1.1%；农村居民人均经营净收入6162元，增长10.7%，两年平均增长11.2%。特别是天津粮食总产量再度刷新历史最好水平，连续6年稳定在200万吨以上，加之粮食价格利好，农民种植业收入保持增长。随着营商环境的不断优化，在鼓励创办个体经营实体和提质夜间经济、启动海河国际消费季等一系列政策措施下，从事住宿餐饮、居民服务等行业的家庭经营户收入恢复性增长，全年天津居民人均二三产经营净收入2569元，增长14.2%，但尚未恢复至2019年水平。

3. 民生保障有力有效，财产性和转移性收入稳定增长。

天津市委市政府始终坚持以人民为中心的发展思想，为居民免费接种新冠肺炎疫苗，全力保障人民生命财产安全，进一步织密筑牢民生保障网，持续加强特殊困难群体关爱帮扶，基本民生保障有力有效。2021年，天津居民人均财产净收入4576元，增长7.9%，两年平均增长8.2%。

分城乡看，城镇居民人均财产净收入 5259 元，增长 9.0%，两年平均增长 7.9%；农村居民人均财产净收入 1280 元，下降 11.8%，两年平均增长 11.3%。居民财产实现稳定保值，财产净收入稳步增长，其中，红利收入和出租房屋收入是居民财产净收入的主要增长点。2021 年，天津居民人均转移净收入 9855 元，增长 4.0%；两年平均增长 8.3%，两年平均增速仍居四项收入首位。分城乡看，城镇居民人均转移净收入 10910 元，增长 3.3%，两年平均增长 8.2%；农村居民人均转移净收入 4764 元，增长 11.1%，两年平均增长 8.7%。主要是养老金标准连年提高，失业保险金标准上调，居民基本医疗保险住院报销比例提高等政策因素支撑转移净收入继续增加，转移净收入持续发挥保障居民增收压舱石作用。

表 2 2021 年天津分城乡居民收入情况

指标	全市居民			城镇居民			农村居民		
	水平（元）	比上年增速（%）	两年平均增速（%）	水平（元）	比上年增速（%）	两年平均增速（%）	水平（元）	比上年增速（%）	两年平均增速（%）
人均可支配收入	47449	8.2	5.8	51486	8.0	5.7	27955	8.8	6.2
工资性收入	29775	8.9	5.0	32679	8.7	5.1	15749	9.5	3.3
经营净收入	3243	15.9	2.4	2638	19.1	−1.1	6162	10.7	11.2
财产净收入	4576	7.9	8.2	5259	9.0	7.9	1280	−11.8	11.3
转移净收入	9855	4.0	8.3	10910	3.3	8.2	4764	11.1	8.7

二、居民消费支出保持恢复态势，基本生活消费得到有力保障

（一）居民消费支出恢复性反弹，两年平均实际增速由负转正

2021 年，天津居民人均消费支出 33188 元，增长 16.6%，扣除价格因素，实际增长 15.1%；两年平均名义增长 2.1%，实际增长 0.4%，两年平均实际增速由前三季度的下降 0.5%转为增长 0.4%，继续保持恢复性增长态势。分城乡看，天津城镇居民人均消费支出 36067 元，增长 16.7%，扣除价格因素，实际增长 15.2%；两年平均名义增长 1.8%。天津农村居民人均消费支出 19285 元，增长 14.5%，扣除价格因素，实际增长 13.0%；两年平均名义增长 4.0%。

表 3 2021 年天津分城乡居民消费支出主要数据

指标	水平（元）	比上年名义增速（%）	比上年实际增速（%）	两年平均名义增速（%）
全市居民人均消费支出	33188	16.6	15.1	2.1
城镇居民人均消费支出	36067	16.7	15.2	1.8
农村居民人均消费支出	19285	14.5	13.0	4.0

（二）基本生活消费得到有力保障，恩格尔系数下降

2021 年，天津居民人均食品烟酒支出增长 7.3%，两年平均增长 0.9%；人均居住支出增长

6.9%，两年平均增长4.0%；人均交通通信支出增长16.2%，两年平均增长1.8%，居民吃住行消费支出稳定增长，基本生活得到有力保障。2021年，天津居民恩格尔系数（食品烟酒支出占人均消费支出的比重）为27.5%，比上年下降2.4个百分点。分城乡看，城镇居民恩格尔系数为26.9%，下降2.6个百分点；农村居民恩格尔系数为33.1%，下降0.3个百分点。保供稳价有力有效，百姓“米袋子”“菜篮子”安全丰盈，居民食品消费更加多元。2021年，天津居民人均粮食消费量107.2公斤，蔬菜及食用菌消费量116.3公斤，肉类消费量27.5公斤，蛋类消费量20.0公斤，奶类消费量17.2公斤，干鲜瓜果类消费量85.5公斤。

（三）教育文化娱乐支出领衔反弹，医疗保健支出两年平均增速居首位

疫情对线下接触型聚集型消费冲击较大，受上年低基数影响，居民教育文化娱乐和医疗保健支出大幅快速反弹。2021年，天津居民人均教育文化娱乐支出3372元，增长49.6%，增速居八大类消费支出首位。其中，城镇居民人均教育文化娱乐支出3784元，增长49.5%；农村居民人均教育文化娱乐支出1386元，增长48.8%。随着疫情防控常态化和医疗体系建设的完善，医保覆盖率和报销比例不断提高，居民医疗卫生健康需求日益增加。2021年，天津居民人均医疗保健支出3748元，两年平均增长11.9%，已率先超过2019年增速水平。其中，城镇居民人均医疗保健支出4021元，两年平均增长12.5%；农村居民人均医疗保健支出2427元，两年平均增长7.4%。

（四）服务性消费继续反弹，两年平均增速仍偏低

2021年，天津居民人均服务性消费支出15719元，增长26.6%，高于人均消费支出10.0个百分点；两年平均增长1.1%，低于人均消费支出1.0个百分点。其中，城镇居民人均服务性消费支出17605元，增长27.0%，两年平均增长1.1%；农村居民人均服务性消费支出6607元，增长19.2%，两年平均增长0.3%。在外饮食、教育文化娱乐服务消费是居民服务性消费支出的重要组成部分，受上年低基数影响，2021年均实现大幅反弹，但两年平均增速尚未实现正增长。服务性消费占人均消费支出的比重比上年回升3.8个百分点，占比仍未恢复至2019年水平。总体来看，居民服务性消费的恢复程度相对较低。

表4　2021年天津分城乡居民消费支出情况

指　　标	全市居民			城镇居民			农村居民		
	水平（元）	比上年增速（%）	两年平均增速（%）	水平（元）	比上年增速（%）	两年平均增速（%）	水平（元）	比上年增速（%）	两年平均增速（%）
居民人均消费支出	33188	16.6	2.1	36067	16.7	1.8	19285	14.5	4.0
#服务性消费	15719	26.6	1.1	17605	27.0	1.1	6607	19.2	0.3
食品烟酒	9138	7.3	0.9	9708	6.4	−0.1	6385	13.6	7.8
衣着	1872	9.4	−3.2	2037	9.5	−3.7	1073	7.1	−0.1
居住	7520	6.9	4.0	8315	7.0	3.9	3678	4.2	4.5
生活用品及服务	1941	16.2	−0.4	2105	16.7	1.3	1145	11.6	−12.9
交通通信	4390	16.2	1.8	4736	17.1	1.5	2720	8.6	3.6
教育文化娱乐	3372	49.6	−3.0	3784	49.5	−3.5	1386	48.8	2.4
医疗保健	3748	41.6	11.9	4021	43.0	12.5	2427	30.6	7.4
其他用品及服务	1207	42.0	2.3	1360	43.0	2.0	472	26.9	4.1

三、居住条件改善、耐用消费品升级，居民生活品质进一步提高

（一）人均住房面积有所增加，农村居民居住条件持续改善

天津坚持把改善人居环境作为发展的重要任务之一，居民住房需求不断得到满足，农村人居环境持续改善提升。2021 年，天津居民人均住房建筑面积为 31.4 平方米，比上年增加 0.9 平方米。其中，城镇居民人均住房建筑面积为 30.7 平方米，比上年增加 1.3 平方米。2021 年，农村居民使用水冲式卫生厕所的户比重为 96.2%，比上年提高 11.7 个百分点；采用集中供暖、使用电和管道天然气自行取暖的户比重达到 90.8%，比上年提高 6.8 个百分点。

（二）耐用消费品优化升级，智能家电增长较快

居民对更高品质生活的需求带动家庭耐用消费品不断优化升级。2021 年，天津居民平均每百户拥有彩色电视机 109.9 台、电冰箱 104.6 台、洗衣机 100.1 台，主要生活家电全面普及；平均每百户拥有移动电话 239.1 部，比上年增加 3.3 部，通信产品持续更新换代。智能家居逐渐成为流行趋势，扫地机器人、空气净化器等智能家电增长较快。2021 年，天津居民平均每百户拥有吸尘器 23.1 台，比上年增长 12.7%；空气净化器 16.8 台，增长 10.0%。

四、党的十八大以来，城乡居民收入相对差距缩小、消费支出不断迈上新台阶

（一）居民收入较快增长，城乡统筹发展走在全国前列

党的十八大以来，天津全力落实京津冀协同发展重大国家战略，坚持人民至上、共同富裕，稳中求进推动经济高质量发展，持续努力保障和改善民生，城乡居民收入实现较快增长。2013—2021 年，天津居民人均可支配收入年均增长 7.9%。分城乡看，城镇居民人均可支配收入年均增长 7.6%，农村居民人均可支配收入年均增长 8.3%，农村居民人均可支配收入年均增速快于城镇居民 0.7 个百分点。城乡居民人均可支配收入比由 2012 年的 1.96 下降至 1.84。与全国其他省区市相比，天津城乡居民收入比为全国最低水平，在统筹城乡发展方面已走在前列。

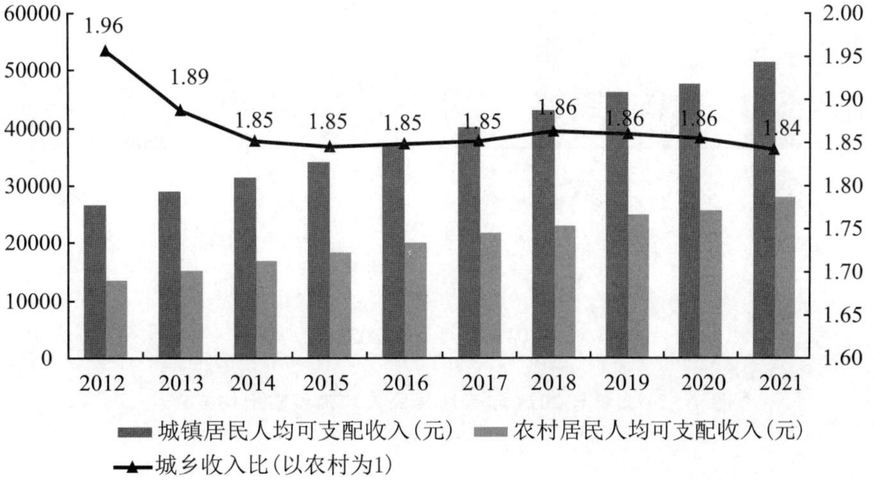

图 2　2012—2021 年天津分城乡居民人均可支配收入对比情况

（二）稳就业保民生成效明显，工资性收入和转移净收入为居民增收压舱石

党的十八大以来，天津坚持实施积极的就业政策，将促就业作为“20 项民心工程”的重点任务之一，上调最低工资标准、提升社区工作人员工资待遇、实施“稳就业 32 条”克服新冠肺炎疫情不利影响等一系列政策举措持续发力。2013 — 2021 年，天津居民人均工资性收入年均增长 8.6%。其中，城镇居民人均工资性收入年均增长 8.4%；农村居民人均工资性收入年均增长 8.2%。连续多年提高退休人员基本养老金、持续拓展基本养老保险覆盖面，不断提高城乡居民医疗保险待遇水平，及时调整社会救助范围和标准等，努力实现老有所养、病有所医，民生保障力度持续加大，居民转移净收入实现稳定增长。2013 — 2021 年，天津居民人均转移净收入年均增长 7.4%。其中，城镇居民人均转移净收入年均增长 6.7%；农村居民人均转移净收入年均增长 15.1%。2021 年，天津居民人均工资性收入和转移净收入合计占人均可支配收入的比重为 83.5%[①]，与 2012 年相比提高 2.8 个百分点，是保障居民收入稳定增长的最主要力量。

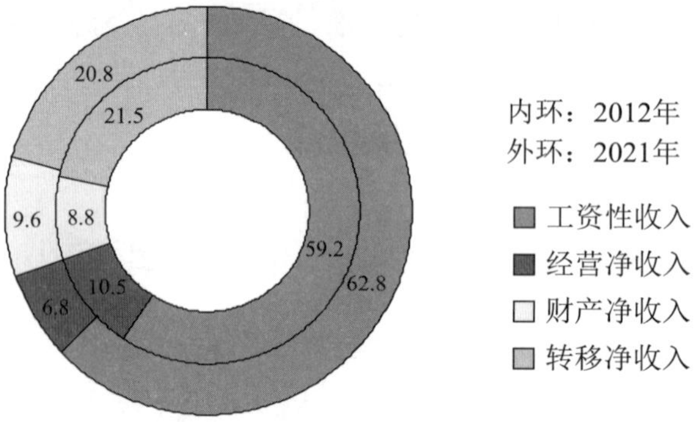

图 3　2012 年与 2021 年天津居民人均可支配收结构对比（单位：%）

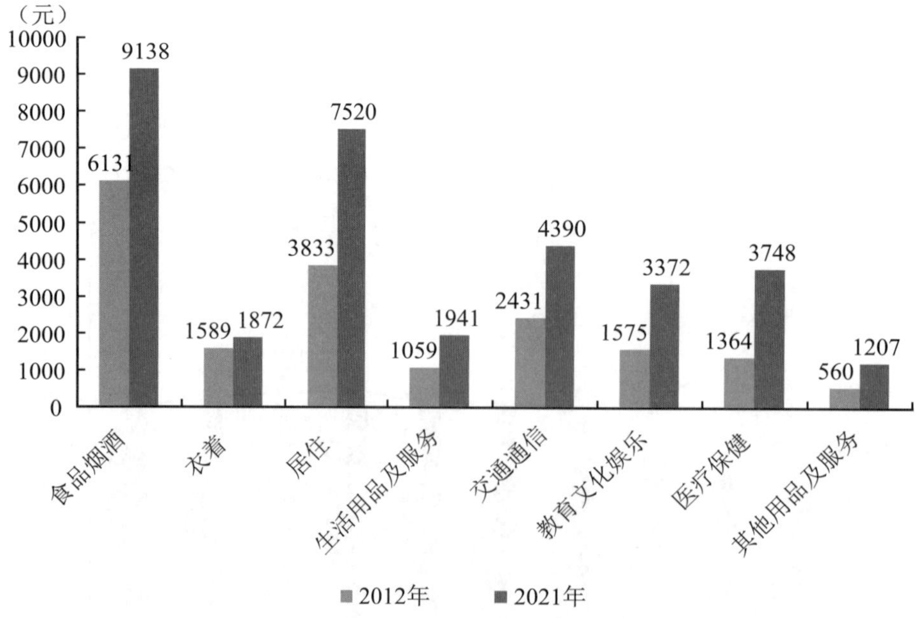

图 4　2012 年与 2021 年天津居民人均消费支出构成对比

① 本文中部分数据合计数或相对数由于单位取舍不同而产生的计算误差，均未作机械调整。

（三）消费支出不断迈上新台阶，消费结构优化升级

党的十八大以来，天津居民人均消费支出水平不断迈上新台阶，从2012年的18542元增加到2021年的33188元，突破三万元大关，年均增长6.7%。分城乡看，城镇居民人均消费支出年均增长6.4%，农村居民人均消费支出年均增长7.3%。从消费构成来看，2013—2021年，天津居民人均医疗保健支出年均增长11.9%，教育文化娱乐支出年均增长8.8%，交通通信支出年均增长6.8%，食品烟酒支出年均增长4.5%，衣着支出年均增长1.8%。医疗保健、教育文化娱乐、交通通信等发展享受型消费增长快于食品烟酒、衣着基础型消费，居民消费结构持续优化升级。

五、提高居民收支的几点建议

（一）不断做强经济基础，促进经济较快发展带动城乡居民增收

经济发展行稳致远是居民持续增收的最大前提和坚强保障。应牢牢把握稳中求进工作总基调，坚定不移走高质量发展之路，推动经济实现质的稳步提升和量的合理增长，继续做好“六稳”“六保”工作，不断做大做强经济基础，努力实现居民收入增长与经济发展基本同步。

（二）坚持稳住就业基本盘，保障更多群体获得稳定的薪资收入

工资性收入占居民可支配收入的比重在六成左右，是城乡居民增收最重要的助推器。应坚持多措并举稳就业扩就业，不断完善援企稳岗扩就业政策体系，聚焦高校毕业生、农民工等重点群体就业，强化普惠性创业扶持政策，持续推动多渠道灵活就业，确保各项就业优先政策适当靠前发力，促使更多群体获得稳定的薪资收入。

（三）坚决兜牢民生底线，促进全体居民共享发展成果

提高人民群众生活品质是经济社会高质量发展的重点任务之一。应统筹推进经济发展和民生保障，坚持不懈做好常态化疫情防控，聚焦群众关心的住房、养老等民生保障问题，加快完善住房保障体系，健全灵活就业劳动用工和社会保障政策，持续扩大基本养老保险覆盖面、适时调整基本养老金待遇标准，不断提高基本公共服务均等化水平，使改革发展成果更多更公平惠及全体人民。

（四）加快促进居民消费恢复，更好满足居民对美好生活的向往

促进就业、提高收入是扩大居民消费的根本。在完善利于提高居民消费能力的收入分配制度基础上，应积极培育建设国际消费中心城市，加强农村消费物流基础设施建设，发展时尚消费新业态，不断优化新兴消费产品供给，促进家政服务提质扩容解决“一老一小”服务短板，增加教育、医疗、文化等资源的高质量服务供给，持续优化消费环境，进一步激发居民消费潜力，更好满足居民对美好生活的向往。

（执笔人：国家统计局天津调查总队　贺欣　汪洋）

河北居民收支与生活状况报告

2021 年，河北坚持稳中求进工作总基调，立足新发展阶段，完整准确全面贯彻新发展理念，积极服务和融入新发展格局，加快创新发展、绿色发展、高质量发展，按照"三六八九"工作思路，统筹疫情防控和经济社会发展，全省经济发展稳中向好、稳中提质，人民生活继续改善，居民收入、消费持续增长，实现了"十四五"良好开局。

一、全体居民收入增长情况

2021 年，全省居民人均可支配收入 29383 元，比上年增长 8.3%，扣除价格因素后实际增长 7.2%。其中，城镇居民人均可支配收入 39791 元，增长 6.7%，扣除价格因素后实际增长 5.8%；农村居民人均可支配收入 18179 元，增长 10.4%，扣除价格因素后实际增长 9.1%。

(一)十八大以来全体居民收入持续增长

十八大以来，全体居民人均可支配收入逐年增高，2021 年较 2013 年收入绝对值增长 14193 元，名义增速为 93.4%，扣除价格因素，实际增速为 67.9%，年均实际增速为 6.7%。从各年增速看，除 2020 年疫情影响较严重，增速较低外，其余年份增速均在 8%以上。

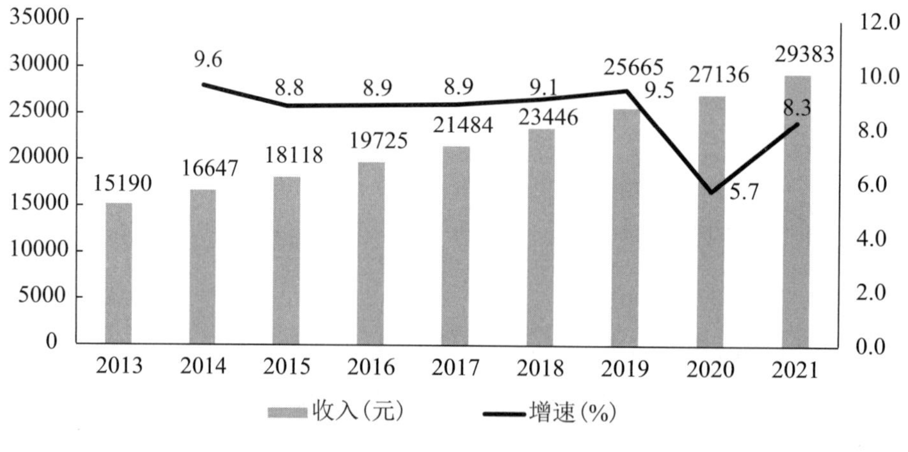

图 1　2013—2021 年全省居民收入情况

(二)农村居民收入增速较快，高于城镇

随着脱贫攻坚全面完成，乡村振兴有效衔接，农村居民人均可支配收入实现较快增长，2021 年各报告期增速均高于同期城镇居民收入增速 3 个百分点以上，城乡收入比为 2.189，较 2020 年的 2.264 缩小 0.075。

十八大以来，城镇居民可支配收入分别为 22227 元、24141 元、26152 元、28249 元、30548 元、32977 元、35738 元、37286 元、39791 元，各年分别比上年增长 9.9%、8.6%、8.3%、8.0%、8.1%、

8.0%、8.4%、4.3%、6.7%，年均增长 7.6%，扣除物价因素，实际年均增长 5.7%；农村居民可支配收入分别为 9188 元、10186 元、11051 元、11919 元、12881 元、14031 元、15373 元、16467 元、18179 元，各年分别比上年增长 12.6%、10.9%、8.5%、7.9%、8.1%、8.9%、9.6%、7.1%、10.4%，年均增长 8.9%，扣除物价因素，实际年均增长 7.0%，较城镇居民增速快 1.3 个百分点。

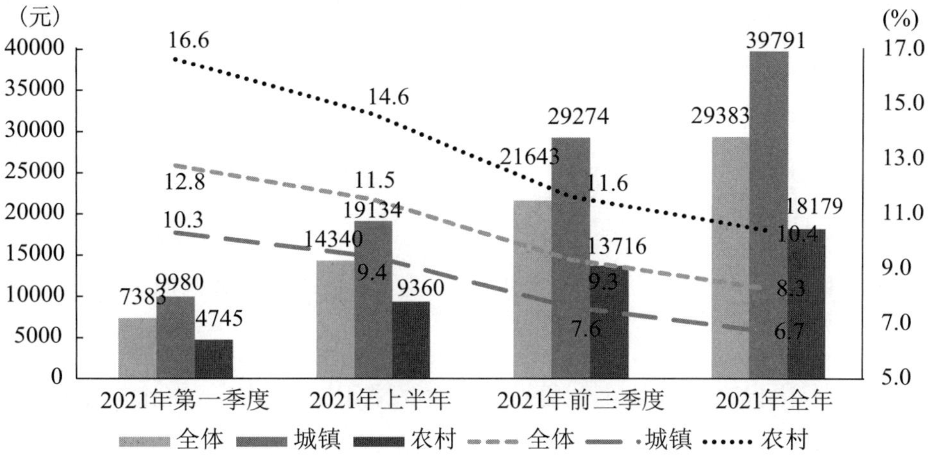

图 2　2021 年各报告期居民收入水平及增速

（三）收入构成全面增长，财产净收入增长最快

2021 年，全体居民收入构成如表 1 所示：

表 1　2021 年河北居民人均可支配收入构成情况

指　　标	2021 年（元）	2021 年增速（%）	2021 年各项收入构成（%）	2020 年各项收入构成（%）	2021 年增长贡献率（%）
可支配收入	29383	8.3	100.0	100.0	100.0
工资性收入	17296	6.2	58.9	60.0	44.9
经营净收入	4780	15.2	16.3	15.3	28.0
财产净收入	2273	17.7	7.7	7.1	15.2
转移净收入	5034	5.6	17.1	17.6	11.9

1. 工资性收入增量最大，起到重要支撑作用。2021 年，全省居民人均工资性收入 17296 元，比上年增长 6.2%，占人均可支配收入的 58.9%，对可支配收入增长的贡献率达 44.9%。工资性收入占比、贡献率均为四大类收入中最高，对可支配收入的增长起到重要支撑作用。据住户收支与生活状况调查显示，2021 年，“从业过的人员”增长 5.5%。其中，“从事所有工作总时间超过两个月以上的人数”增长 10.6，从业人数和从业时间的增加，是工资性收入增长的主要拉动因素。

2. 保市场主体成效显现，经营净收入快速增长。2021 年，全省居民人均经营净收入 4780 元，比上年增长 15.2%，占人均可支配收入的 16.3%，对可支配收入增长的贡献率为 28.0%。近年来，省委省政府及各级地方政府给予中小微企业和个体工商户房租减免、降低融资成本、发放创业补贴等优惠政策，大力发展夜间经济，为本地经营户收益增加创造了良好条件。2021 年，“京津冀”协同发展、雄安新区建设、冬奥会筹备等国家重大战略的加快推进，为全省经济社会发展提供了强大动力，为提升本地经营户收益的增加打造了坚实基础。

3. 收入来源趋于多样化，财产净收入增长最快。2021年，全省居民人均财产净收入2273元，比上年增长17.7%，占人均可支配收入的7.7%，对可支配收入增长的贡献率为15.2%。居民存款余额增长，村集体经济状况良好，以及农村土地流转更加有序、规模扩大等因素，带动利息、红利、转让承包土地经营权收入增长。

4. 民生保障持续加大，转移净收入稳定增长。2021年，全省居民人均转移净收入5034元，比上年增长5.6%，占人均可支配收入的17.1%，对可支配收入增长的贡献率为11.9%。近年来，省委、省政府坚持以人民为中心的发展理念，不断夯实民生保障、大力促进乡村振兴，政府及社会对农村居民补助不断增加，全省政策性生活补贴、从政府接受的实物或服务以及政策性惠农补贴等均有所上涨。

5. 经营净收入占比提高。人均工资性收入持续发挥压舱石作用，占比居于四大项之首，但较2020年有所缩小，2021年占人均可支配收入的比重较2020年降低1.1个百分点。随着一系列优化营商环境等稳主体政策落实，经营净收入占比提高1.0个百分点，财产净收入占比提高0.6个百分点，转移净收入占比下降0.5个百分点。

(四)全省收入低于全国，两年平均实际增速高于全国

1. 全省居民人均可支配收入低于全国。2021年，全省居民人均可支配收入29383元，收入水平比全国低5745元，居17位；增速8.3%，比全国低0.8个百分点。其中，城镇居民人均可支配收入39791元，比全国低7621元，居21位；增速6.7%，比全国低1.5个百分点；农村居民人均可支配收入18179元，比全国低752元，居15位；增速10.4%，比全国低0.1个百分点。

2. 两年平均实际增速高于全国。2021年，全省居民人均可支配收入两年平均增速为7.0%，高于全国0.1个百分点；扣除价格因素后，全省两年平均实际增速为5.4%，高于全国0.3个百分点。

3. 全省居民人均可支配收入增速高于周边部分省份。2021年，全省居民人均可支配收入增速分别高于辽宁、北京、河南、天津1.1、0.3、0.2和0.1个百分点，低于山西、山东0.5和0.3个百分点，与内蒙古持平。

二、城乡居民收入增长情况

(一)城镇收入实现恢复性回升，各项收入全面增长

2021年，全省城镇居民人均可支配收入39791元，较上年增加2505元，同比增长6.7%，扣除价格因素，实际增长5.8%。名义增速分别低于全省居民和全省农村居民可支配收入1.6和3.7个百分点，各项收入构成如表2所示：

表 2　2021 年河北城镇居民人均可支配收入构成及增长情况

指　　标	2021 年（元）	增量（元）	增幅（%）	贡献率（%）	拉动收入增长百分点（个）	两年平均增速（%）
可支配收入	39791	2505	6.7	100.0	6.7	5.5
工资性收入	24540	938	4.0	37.4	2.5	3.8
经营净收入	3632	781	27.4	31.2	2.1	14.9
财产净收入	4022	586	17.1	23.4	1.6	11.7
转移净收入	7597	200	2.7	8.0	0.5	4.4

1. 工资性收入仍是拉动收入的主要动力。2021 年，全省城镇居民人均工资性收入 24540 元，同比增长 4.0%，占人均可支配收入的 61.7%，对可支配收入贡献率达 37.4%，拉动收入增长 2.5 个百分点。2. 经营净收入增长最快。全省城镇居民人均经营净收入 3632 元，同比增长 27.4%，占人均可支配收入的 9.1%，对可支配收入贡献率为 31.2%，拉动收入增长 2.1 个百分点。3. 财产净收入持续走高。全省城镇居民人均财产净收入 4022 元，同比增长 17.1%，对可支配收入贡献率为 23.4%，拉动收入增长 1.6 个百分点 4. 转移净收入稳步增长。全省城镇居民人均转移净收入 7597 元，同比增长 2.7%，对可支配收入贡献率为 8.0%。

（二）农村居民收入全面增长

2021 年，全省农村居民人均可支配收入 18179 元，同比增长 10.4%，扣除物价因素，实际增长 9.1%。从收入构成看，四项收入全面增长，如表 3 所示：

表 3　2021 年河北农村居民人均可支配收入及构成数据表

指　　标	水平（元）	增量（元）	增速（元）	占比（%）	增长贡献率（%）
可支配收入	18179	1712	10.4	100.0	100.0
工资性收入	9497	898	10.4	52.2	52.4
经营净收入	6017	499	9.1	33.1	29.2
财产净收入	390	39	11.0	2.2	2.3
转移净收入	2275	275	13.8	12.5	16.1

1. 工资性收入增速提升。2021 年，全省农村居民人均工资性收入 9497 元，增长 10.4%，比去年同期提高了 4.5 个百分点，增量由去年的 478 元增加 898 元，其占农村居民人均可支配收入的比重与上年持平，为 52.2%，对收入增长的贡献率为 52.4%。2. 经营净收入增长平稳。全省农村居民人均经营净收入 6017 元，增长 9.1%，占农村居民人均可支配收入的 33.1%，对收入增长的贡献率为 29.2%。3. 财产净收入继续增加。全省农村居民人均财产净收入 390 元，增长 11.0%，占农村居民人均可支配收入的 2.2%，对收入增长的贡献率为 2.3%。4. 转移净收入增长最快。全省农村居民人均转移净收入 2275 元，增长 13.8%，占农村居民人均可支配收入的 12.5%，对收入增长的贡献率为 16.1%。

三、居民生活消费支出的运行特点

(一)居民消费支出持续增长

随着经济社会秩序加快恢复,加上全省各项刺激消费措施逐步落实。2021 年,全省居民人均消费支出 19954 元,比上年增长 10.6%,两年平均增长 5.3%。

(二)消费八大项全部上涨

2021 年,全省居民人均消费支出八大项呈现全部上涨态势,增长最快的是其他用品和服务类支出,增长 18.5%,其次是医疗保健类、交通通信类、食品烟酒类、教育文化娱乐类、衣着类、生活用品及服务类、居住类支出,分别增长 17.3%、16.9%、13.1%、11.6%、9.8%、3.9%、2.9%。分城乡来看,城镇居民消费支出八大项呈现“七升一降”态势,增长最快的为交通通信类支出,下降的是生活用品及服务类支出;农村居民消费支出八大项全部上涨。

(三)城乡居民消费差距继续缩小

2021 年,全省城镇居民人均消费支出 24192 元,比上年增长 4.4%;农村居民人均消费支出 15391 元,增长 21.7%。城乡消费比为 1.57,较上年同期的 1.83 低 0.26。从绝对差值看,城乡居民生活消费绝对差值从上年同期的 10523 元缩小到 8801 元。

(四)居民消费热点“因疫而变”

新冠肺炎疫情发生以来,全省居民消费热点发生较大改变,尤其是“医食住行”变化特征明显:一是医疗保健类支出快速增长。疫情影响下,居民更加关注自身健康投资,促使医疗保健类支出增长 17.3%,占比较上年提高 0.6 个百分点;二是恩格尔系数持续增长。疫情发生以来,居民防疫时间较多,多种消费受到制约,而食品烟酒类消费作为刚需,保持增长态势,恩格尔系数持续增长,2021 年为 28.3%,较 2020 年提高 0.6 个百分点,较 2019 年提高 2.3 个百分点。三是居住类支出较上年下降,2021 年总体受疫情影响较上年弱,居民居住类支出占比较上年下降 1.7 个百分点,是八大类消费中,较上年比重变化最大的。四是 2020 年疫情对居民的出行产生较大影响,2021 年影响相对较小,交通通信消费支出同比增长 16.9%,较上年同期增速(—2.4%)提高 19.3 个百分点,比重提高 0.7 个百分点。

(五)发展享受型消费支出占比提高

2021 年河北居民用于食品烟酒、衣着、居住等生存型消费支出占比由上年的 59.0%下降到 57.8%,下降 1.2 个百分点。而人均交通通信、教育文化娱乐、医疗保健、生活用品及服务等发展享受型消费支出占比由上年的 38.9%上升到 39.9%,上升 1.0 个百分点。

四、食品消费结构变化

2021 年,全省居民主要食品消费量均呈现上涨态势。

1. 粮食消费量上涨。2021 年全省居民人均粮食消费量 173.8 公斤,比上年增长 7.4%。分城乡看,城镇居民人均粮食消费量 159.4 公斤,比上年增长 1.1%,农村居民人均粮食消费量

189.3公斤，比上年增长14.0%。

2. 菜类消费量上涨。2021年全省居民人均蔬菜及菜制品消费量123.7公斤，比上年增长14.2%。分城乡看，城镇居民人均蔬菜及菜制品消费量131.1公斤，比上年增长5.7%，农村居民人均蔬菜及菜制品消费量115.7公斤，比上年增长26.1%。

3. 肉类消费量上涨明显。2021年全省居民人均肉类消费量28.8公斤，比上年增长39.7%。其中，人均猪肉消费量20.0公斤，比上年增长54.3%，人均羊肉消费量1.6公斤，比上年增长2.0%，人均牛肉消费量1.5公斤，比上年下降7.4%。

4. 禽类消费量上涨。2021年全省居民人均禽类消费量8.1公斤，比上年增长12.9%。分城乡看，城镇居民人均禽类消费量8.7公斤，比上年增长4.1%，农村居民人均禽类消费量7.4公斤，比上年增长25.7%。

5. 蛋、奶消费量上涨。2021年全省居民人均蛋类及蛋制品消费量20.2公斤，比上年增长8.2%。人均奶和奶制品17.6公斤，比上年增长7.0%。

五、河北城乡居民生活状况持续改善

(一)居住条件更加舒适卫生

2021年全省居民年末人均现住房面积39.1平方米，比上年增加1.3平方米，较2013年增加5.3平方米。其中，99.8%的居民现住房面积人均超过30平方米。道路、水、电、气、暖等供应能力明显提高。86.3%的居民住宅外道路是水泥或柏油路面，较2013年提高16.7个百分点；77.5%的居民主要饮用水是经过净化处理的自来水，较2013年提高9.0个百分点；63.0%的居民使用水冲式卫生厕所，较2013年提高19.0个百分点；85.6%的居民有洗澡设备，较2013年提高11.7个百分点。

(二)耐用消费品提质升级

1. 随着居民收入的不断增加，家用汽车走进千家万户。2021年全省居民每百户家用汽车的拥有量为50.9辆，比2013年增加27.8辆。其中城镇每百户家庭拥有的家用汽车为57.4辆，比2013年增加28.8辆；农村每百户家庭拥有的家用汽车为43.8辆，比2013年增加26.3辆。

2. 家用电器逐步升级换代。一是交通工具由摩托车向助力车转变。2021年每百户家庭拥有助力车113.4台，较2013年增加43.3台；2021年每百户家庭拥有摩托车21.4台，较2013年减少18.2台；二是常用电器更加普及。2021年每百户家庭拥有洗衣机102.3台、电冰箱(柜)102.6台、空调123.5台、热水器77.4台和排油烟机62.1台，分别比2013年增加7.9台、12.7台、47.6台、10.6台和17.1台。三是在日常家用电器普及的同时，一些新兴时尚的耐用消费品也步入居民生活中，如空气净化器、吸尘器、中高档乐器，每百户拥有量分别为4.9台、7.5台和2.9架。

表4　2021年全省及分城乡每百户居民耐用消费品拥有情况

指　　标	单位	全省每百户耐用消费品	城镇每百户耐用消费品	农村每百户耐用消费品
家用汽车	辆	50.9	57.4	43.8
摩托车	辆	21.4	11.2	32.5
助力车	台	113.4	109.4	117.8
洗衣机	台	102.3	103.8	100.7
电冰箱(柜)	台	102.6	103.7	101.3
微波炉	台	36.8	51.3	21.1
彩色电视机	台	110.8	110.8	110.8
空调	台	123.5	147.2	97.7
热水器	台	77.4	89.0	64.8
洗碗机	台	1.2	1.7	0.6
排油烟机	台	62.1	79.6	42.9
固定电话	线	6.5	8.0	4.8
移动电话	部	246.8	247.4	246.1
其中:接入互联网	部	214.6	217.5	211.4
计算机	台	44.1	53.1	34.3
其中:接入互联网	台	37.2	45.2	28.6
照相机	台	6.0	9.7	2.0
中高档乐器	架	2.9	4.5	1.2
健身器材	台	3.5	5.2	1.5
空气净化器(含新风系统)	台	4.9	8.6	0.9
吸尘器	台	7.5	11.8	2.9

(三)社区环境不断改善

随着城乡基础设施不断完善,社区环境更加宜居,居民生活更加有保障,自2013年以来,变化明显的主要有三个方面。一是居民生活更加卫生便捷。2021年,社区饮用水经过集中净化处理的占比为79.8%,较2013年提高15.6个百分点;社区开通管道燃气的占比为69.5%,较2013年提高38.5个百分点;社区内道路为水泥或柏油路面的占比为96.3%,较2013年提高14.7个百分点;主要道路有路灯的占比为98.1%,较2013年提高18.1个百分点。二是社区宜居度提高。2021年,社区内能集中处理垃圾的占比为97.9%,有健身器材的占比为95.2%,有绿化景观的占比为59.4%,分别较2013年提高22.4、32.0、20.9个百分点。三是居民生活日渐便利。社区内有卫生站的占比为94.6%,较2013年提高12.3个百分点;上幼儿园和小学较便利的占比分别为96.0%、96.7%,较2013年分别提高6.4、7.3个百分点。

六、存在的主要问题及政策建议

(一)居民收入增长仍有压力

从全省居民可支配收入增速看,两年平均增长7.0%,低于2019年增速2.5个百分点。从收入结构看，占可支配收入比重最高的工资性收入两年平均增速较2019年增速仍低4.1个百分点。

建议：一是持续保障重点群体就业，夯实增收基础。稳就业是居民增收的基础，要加大援企稳岗力度，着力拓宽高校毕业生就业渠道、促进城镇低收入家庭和农民工就业创业。二是继续优化升级营商环境，中小微企业和个体工商户是稳经济的重要基础、稳就业的主力支撑，稳住这些市场主体是稳就业的关键。要持续加大助企纾困和兜底保障力度，打好各项优惠政策组合拳，促进企业降本增效，稳定企业生产经营，加强政策宣传和指导服务。

（二）城乡工资差距仍然较大

分城乡看，全年农村居民人均工资性收入增速高于城镇居民6.4个百分点，但农村居民人均工资性收入仅为城镇居民的38.7%，差距较大。

建议继续加强稳就业工作，持续制定落实稳岗政策，推动短期政策与长期政策有机结合，保持工资性收入稳步增长，多措并举提高农村居民工资性收入，进一步加强农村居民工资性收入的拉动作用，缩小城乡差距。

（三）城镇消费有待进一步提振

2021年，城镇居民消费边际倾向（消费同比增量/收入同比增量）为0.41，低于全体0.44，表明城镇增加的收入仅有41%用于消费，消费潜力有待进一步释放。从消费结构看，城镇居民衣着类支出、生活用品及服务类支出、教育文化娱乐类支出绝对额仍未恢复至2019年全年水平。

建议持续打造特色消费活动、加大消费券发放力度，增加消费券品类和数量，特别是汽油、家庭装修、医疗检查、育婴等涉及民生的消费券品类；采取多种措施、多种渠道保障家庭就业、促进居民增收、稳定物价，为提高城乡居民生活水平奠定坚实基础。

（执笔人：国家统计局河北调查总队　李彩芳）

山西居民收支与生活状况报告

2021年，山西省坚持稳中求进工作总基调，科学统筹疫情防控和经济社会发展，扎实做好“六稳”“六保”工作，全方位推动高质量发展取得明显成效，全省经济延续稳中加固、稳中向好发展态势，主要经济指标增速超过全国，城乡居民收入稳定增长，生活品质持续提升，顺利实现“十四五”良好开局。

一、居民收入稳定增长，分配格局更加优化

2021年，山西居民人均可支配收入为27426元，比上年增加2212元，增长8.8%，扣除物价因素，实际增长7.7%。分城乡看，城镇居民人均可支配收入37433元，比上年增加2640元，增长7.6%，扣除物价因素，实际增长6.4%；农村居民人均可支配收入为15308元，比上年增加1430元，增长10.3%，扣除物价因素，实际增长9.3%。

（一）城乡居民收入增速创“十三五”以来新高

2021年，在内生动力增强、市场需求持续改善、上年同期基数较低等因素的共同作用下，山西城乡居民人均可支配收入增长速度加快，增幅达到“十三五”以来最高点。其中，城镇居民人均可支配收入同比增长7.6%，增幅较上年扩大3.0个百分点；农村居民人均可支配收入同比增长10.3%，增幅较上年扩大3.3个百分点。

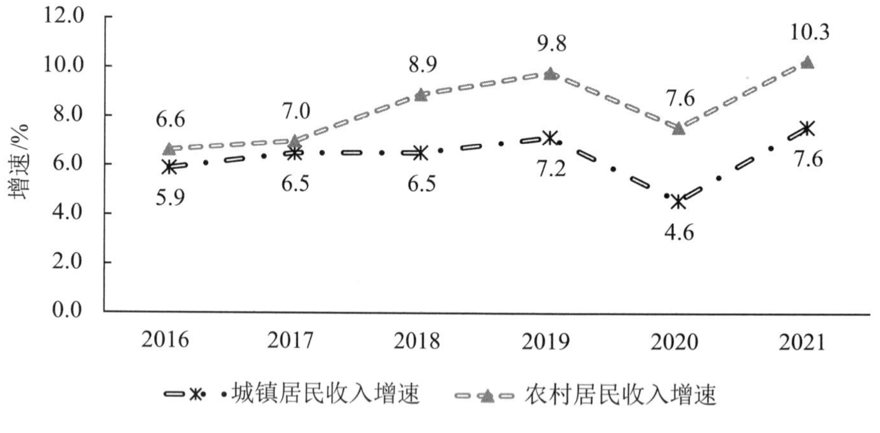

图1　2021年山西城乡居民收入增长情况

（二）增收渠道拓宽，收入结构持续优化

随着经济的持续增长和社会的不断发展，山西城乡居民四项收入持续增长，收入渠道更加多元，收入结构进一步优化，总体呈现出由工资性收入为绝对主体向多种收入协调发展态势。其中，工资性收入占总收入的比重明显下降，由2016年的59.3%下降到2021年的54.5%，五年减

少了 4.8 个百分点；转移净收入占比快速上升，由 2016 年的 20.7%提高到 2021 年的 26.6%，五年增加了 5.9 个百分点；财产净收入与经营净收入占比小幅波动。

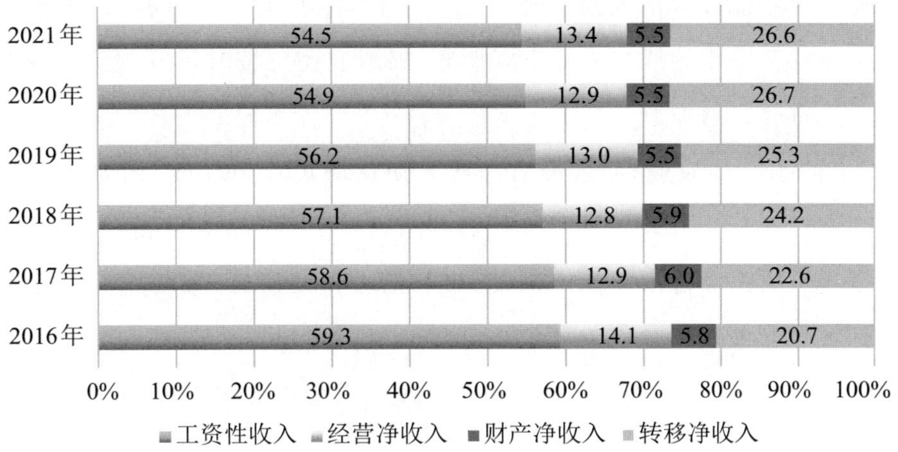

图 2　“十三五”以来山西居民四项收入占比情况

（三）发展质效提升，四项收入全面增长

2021 年，山西立足新发展阶段，贯彻新发展理念，不断巩固拓展疫情防控和经济社会发展成果，全省经济持续稳定恢复，主要经济指标继续保持回升，有效需求加速释放、发展质效明显提升、民生保障稳固有力等积极效应不断叠加，推动城乡居民工资、经营、财产、转移等四项收入稳定增长。

表 1　2021 年山西居民人均可支配收入情况

单位：元/人

指　　标	全市居民			城镇居民			农村居民		
	绝对额	同比增幅（%）	占可支配收入比重（%）	绝对额	同比增幅（%）	占可支配收入比重（%）	绝对额	同比增幅（%）	占可支配收入比重（%）
可支配收入	27426	8.8	100.0	37433	7.6	100.0	15308	10.3	100.0
工资性收入	14936	7.8	54.5	21606	7.0	57.7	6860	8.1	44.8
经营净收入	3688	13.5	13.4	3465	17.7	9.3	3959	9.6	25.9
财产净收入	1509	8.9	5.5	2577	8.1	6.9	216	5.5	1.4
转移净收入	7293	8.5	26.6	9786	5.6	26.1	4274	15.1	27.9

1. 聚焦就业，扩数量，提质量，拉动工资性收入稳步增长。2021 年，山西居民人均工资性收入 14936 元，同比增长 7.8%，拉动人均可支配收入增长 4.3 个百分点。分城乡来看，城乡居民人均工资性收入分别增长 7.0%和 8.1%，分别拉动人均可支配收入增长 4.0 和 3.7 个百分点。工资性收入是居民收入的主要构成，也是带动居民增收的“主引擎”。

工资性收入增长原因主要有：一是就业数量增长。全年延续实施减负稳岗扩就业政策，鼓励企业吸纳员工；持续大规模开展技能培训，提高就业人员技能；加强有组织劳务输出保障农民工就业；多措并举开展各类招聘活动等，推动就业形势稳定向好。全年全省城镇新增就业 50.6 万人，比上年增加 1.8 万人，完成全年目标 112.4%；全省农村劳动力转移就业 52.2 万人，增加 14.5 万人，完成全年目标 158.1%。二是就业质量提高。2021 年，全省经济稳中加固、稳中向好的趋势不断巩固，特别是后半年能源价格大幅上涨背景下，山西能源生产保障有力，煤炭等相关企业效益持续向好，加之企业工资指导线与最低工资调整、保障农民工按时足额领到工资等举措相继出台，带动就业人员工资收入增加。

2. 创优环境，惠企业，稳农业，助推经营净收入快速增长。2021 年，山西居民人均经营净收入 3688 元，同比增长 13.5%，拉动人均可支配收入增长 1.7 个百分点。得益于疫情防控得力，山西本土病例"零发生"，居民经营活动稳定恢复，市场活力持续回升，带动居民经营净收入快速增长。分城乡来看，城乡居民人均经营净收入分别增长 17.7%和 9.6%，分别拉动人均可支配收入增长 1.5 和 2.5 个百分点。经营净收入是居民可支配收入的重要构成，也是拉动居民收入增长的新动力。

经营净收入快速增长的原因主要有：一是持续优化营商环境。对小微企业和个体工商户持续加大税收优惠力度，在现行优惠政策基础上，减半征收所得税；提高小规模纳税人起征额；同时多部门联合开展了企业乱收费问题整顿与"春雨润苗"专项行动护航小微企业，减轻企业负担。二是消费回补释放态势持续巩固。出台《山西省推进服务业体质增效 2021 年行动计划》等文件，聚焦 17 个重点领域提出 60 项措施，推动生活性服务业提档升级，并继续发放 4 亿元数字消费券，推动零售、餐饮、住宿等领域扩大消费。三是农业平稳发展。出台文件大力支持农业高质量高速度发展；全省粮食生产平稳增长，总产量保持在 1421 万吨以上；蔬菜等农产品价格以涨为主；畜牧生产情况良好等因素相互叠加，带动农业经营户经营效益好转。

3. 改善民生，提标准，兜底线，带动转移净收入加快增长。2021 年，山西居民人均转移净收入 7293 元，同比增长 8.5%，拉动人均可支配收入增长 2.3 个百分点。分城乡来看，城乡居民人均转移净收入分别增长 5.6%和 15.1%，分别拉动人均可支配收入增长 2.2 和 4.0 个百分点。转移净收入是山西居民收入的第二大来源，也是推动居民收入增长的"助推器"。

转移净收入增长的原因主要有：一是上调基本养老金。企业和机关事业单位退休人员基本养老金实现"十七年连涨"，并在全国首次推出养老补充保险制度，为全省 292.96 万参保人员发放补充养老金 3.97 亿元。二是发放有关补贴。延续发放稳岗返还补贴，继续实施困难人员培训生活费补贴政策，上调失业保险金标准，提高低保和特困供养人员的救助供养标准等。三是寄带回收入增长。居民外出务工时间与收入增加，带动居民寄带回收入增长。

4. 财富增加，拓渠道，搭平台，拉动财产净收入增长。2021 年，山西居民人均财产净收入 1509 元，同比增长 8.9%，拉动人均可支配收入增长 0.5 个百分点。分城乡看，城乡居民人均财产净收入分别增长 8.1%和 5.5%，分别拉动人均可支配收入增长 0.6 和 0.1 个百分点。财产净收入在四项收入构成中占比较低，增收贡献较小。

财产净收入增长的原因主要有：一是分红收入增加。今年以来，全省经济稳定恢复、持续向好，供需两端同向扩大，质量效益明显好转，居民与村集体等从事各类投资获得的分红收入随之增加。二是租金收入增长。全省疫情防控得力，城镇居民房屋出租空置率明显降低，推动居民财产性收入平稳增长。

（四）差距持续缩小，分配格局进一步优化

党的十八大以来，随着精准扶贫、乡村振兴战略的深入推进，山西加快推进收入分配制度改革，努力提高低收入群体收入水平，城乡之间、区域之间、不同群体之间收入分配差距进一步缩小，为扎实推进共同富裕奠定了重要基础。

一是农村居民收入增长明显快于城镇居民。2021 年，农村居民人均可支配收入名义增速和实际增速分别快于城镇居民 2.7 和 2.9 个百分点，城乡居民人均可支配收入比为 2.45，比上年缩小 0.06，比全国平均水平低 0.05，呈持续缩小态势。二是中低收入组居民家庭收入增长快于总体。从五等份分组居民收入情况看，2021 年，20%的低收入组、20%中低收入组和 20%中等收入组的居民家庭人均可支配收入分别比上年增长 11.5%、9.6%和 8.8%，分别快于全省平均增速 3.1、1.2 和 0.4 个百分点。

二、消费信心提高，消费支出全面增长

2021 年，山西居民人均生活消费支出 17191 元，比上年增加 1458 元，增长 9.3%。分城乡看，城镇居民人均生活消费支出 21965 元，同比增加 1633 元，增长 8.0%；农村居民人均生活消费支出 11410 元，同比增加 1120 元，增长 10.9%。城乡居民生活消费均呈稳定恢复增长态势。

（一）居民消费信心增强

2021 年以来，新冠肺炎疫情对日常生活冲击减弱，社会生活秩序步入正轨，居民被压抑的消费需求逐步得到释放，消费意愿比去年同期有所提高。2021 年，全省居民平均消费倾向（生活消费支出占可支配收入的比重）为 62.7%，较上年提高了 0.3 个百分点，略低于 2016－2019 年以来的同期数值，呈稳定发展态势。分城乡来看，城镇居民消费倾向与农村居民消费倾向均高于去年同期，且农村居民消费倾向高于城镇。

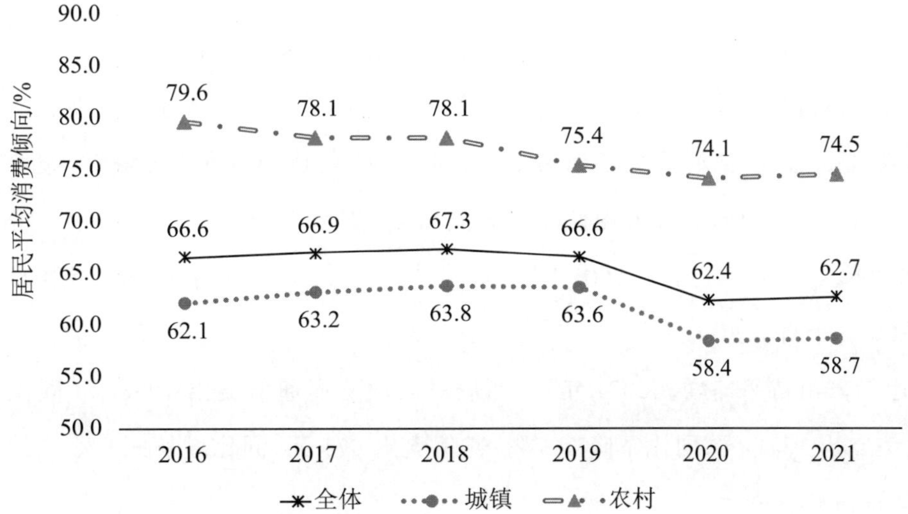

图 3　山西城乡居民平均消费倾向情况

（二）八大类消费全面增长

就绝对额来看，全年全省居民人均食品烟酒、居住、生活用品及服务、交通通信、医疗保健、其他用品和服务等六项支出绝对额已达到或超过2019年同期水平，人均衣着、和教育文化娱乐支出等两项支出绝对额恢复至2019年同期水平的99.0%和96.4%。

就增速来看，居民八大类消费支出全面增长。

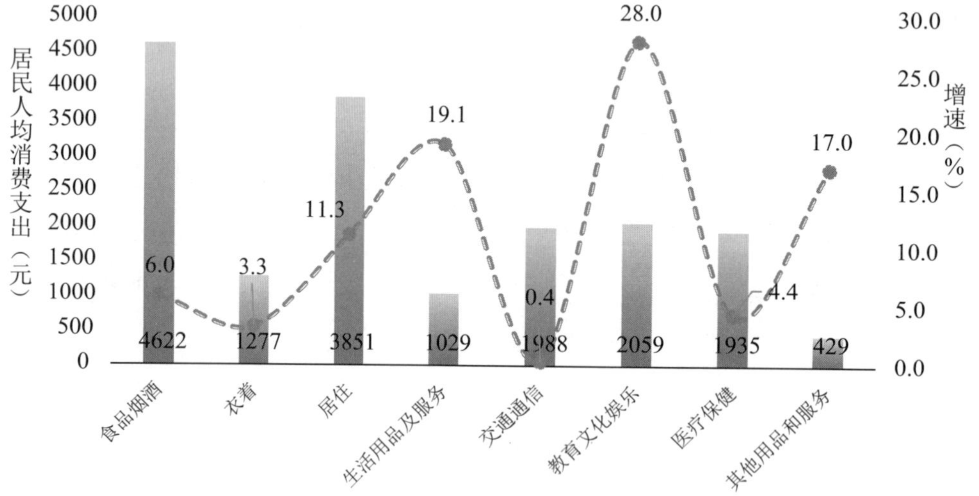

图4　2021年山西居民生活消费支出情况

1. 教育文化娱乐支出复苏明显，增速最快。教育文化娱乐支出在疫情防控成果不断巩固、去年同期基数较低等因素作用下，复苏态势最为明显。2021年，全省居民人均教育文化娱乐支出2059元，比去年同期增加451元，增幅达28.0%，拉动居民生活消费支出增长2.9个百分点，增速在八大类消费支出中排名第一。

2. 居住、生活用品及服务、其他用品和服务等三项支出呈两位数增长。一是居住支出增长较快。2021年，房地产行业持续低迷，住房成交量明显下跌，而租赁市场相对活跃，全年全省居民人均居住支出3851元，增长11.3%，拉动人均消费支出增长2.5个百分点。二是用品类支出快速增长。全年全省居民人均生活用品及服务、其他用品和服务支出分别为1029元、429元，分别较上年增长19.1%和17.0%，分别拉动人均消费支出增长1.1和0.4个百分点。

3. 食品烟酒、衣着、医疗保健等三项支出平稳增长。随着居民收入水平的提高，居民对健康、养生、着装越来越重视，饮食消费更趋营养、高品质，看病就医更加便捷、高效，衣着消费兼具美观、舒适并重。2021年，山西居民人均食品烟酒支出4622元，同比增长6.0%；人均医疗保健支出1935元，同比增长4.4%；人均衣着支出1277元，同比增长3.3%；分别拉动居民生活消费支出增长1.7、0.5和0.3个百分点。

4. 交通通信支出持平略增。2021年，山西居民人均交通通信支出1988元，同比增长0.4%。其中，交通通信支出1317元，同比下降2.7%；通信支出671元，同比增长6.9%。

（三）服务性消费加速恢复

1. 服务性消费快速增长。2021年，全省居民人均服务性消费支出6977元，同比增长

14.5%，快于商品性消费支出 8.6 个百分点，对生活消费支出增长的贡献率达 60.7%，拉动生活消费支出增长 5.6 个百分点。其中，人均教育文化娱乐服务（服务性）支出、人均其他用品和服务（其他服务）支出快速增长，增速分别达 32.1%、32.3%。

2. 服务性消费恢复趋势明显。2021 年，全省居民人均服务性消费占总生活消费支出比重 40.6%，同比提高 1.9 个百分点。分城乡看，城镇居民人均服务性消费占总生活消费支出比重达 42.8%，同比提高 2.7 个百分点；农村居民人均服务性消费占总生活消费支出比重 35.5%，同比提高个 0.1 百分点。

三、生活品质持续提升，居民获得感增强

收入与消费水平提高的同时，山西居民的居住环境日趋改善，配套设施更加丰富，生活品质持续提升，城乡居民的获得感、幸福感进一步加强。

（一）食品消费持续升级，膳食结构更趋合理

2021 年城乡居民恩格尔系数分别为 25.2%和 30.9%，达到全面小康的生活水平。城乡居民全年人均食品支出为 5529 元和 3525 元，分别比 2013 年增加了 1988 元和 1686 元。城乡居民在食品消费上更加注重“吃好”，膳食结构渐趋合理，食品消费从主食型向追求多种营养成分合理摄取的副食型转变。2021 年，城乡居民人均肉禽消费量分别为 26.21 千克和 18.08 千克，分别比 2013 年增加了 10.29 千克和 7.81 千克；城乡居民人均蛋类消费量分别为 17.15 千克 和 16.15 千克，分别比 2013 年增加了 6.39 千克和 8.05 千克；城乡居民人均蔬菜类消费量分别为 112.04 千克和 97.81 千克，分别比 2013 年提高了 9.03 千克和 24.51 千克。

（二）居住面积持续增加，住房条件不断向好

一是人均住房面积增加。2021 年，山西居民人均住房建筑面积为 38.1 平方米。分城乡看，城镇居民人均住房建筑面积为 36.0 平方米，农村居民人均住房建筑面积为 41.6 平方米，分别比 2013 年增长了 15.8%和 24.2%。二是住房更加坚固结实。2021 年，城镇和农村居民居住在钢筋混凝土或砖混材料结构住房的户比重为 93.0%和 62.5%，分别比 2013 年提高了 7.1 个和 23.2 个百分点。三是居住条件不断向好。2021 年，城镇和农村居民住宅外道路为水泥或柏油路面的户比重为 97.4%和 90.4%，分别比 2013 年提高了 8.0 和 6.2 个百分点；由市政或小区集中供暖的户比重为 79.0%和 11.9%，分别比 2013 年提高了 13.0 和 8.1 个百分点。

（三）配套设施稳步改善，生活条件更加便捷

一是饮水更加健康、便捷。2021 年，山西居民获取饮用水无困难的户比重为 97.0%，使用经过净化处理的自来水的户比重为 87.5%。其中，城镇、农村居民使用经过净化处理的自来水的户比重为 96.5%和 73.6%，分别比 2013 年提高了 14.7 和 34.7 个百分点。二是卫生、独用厕所更加普及。2021 年，山西居民本户独用厕所的户比重为 96.8%，住宅内有水冲式卫生厕所的户比重为 54.2%。其中，城镇、农村居民住宅内有水冲式卫生厕所的户比重为 83.7%和 18.4%，分别比 2013 年提高了 16.0 和 14.9 个百分点。三是炊用能源更加清洁。2021 年，山西居民主要炊用

能源使用管道天然气和电的户比重为 71.8%。其中,城镇、农村居民主要炊用能源使用管道天然气和电的户比重为 81.8%和 56.2%,分别比 2013 年提高了 34.7 和 41.3 个百分点。

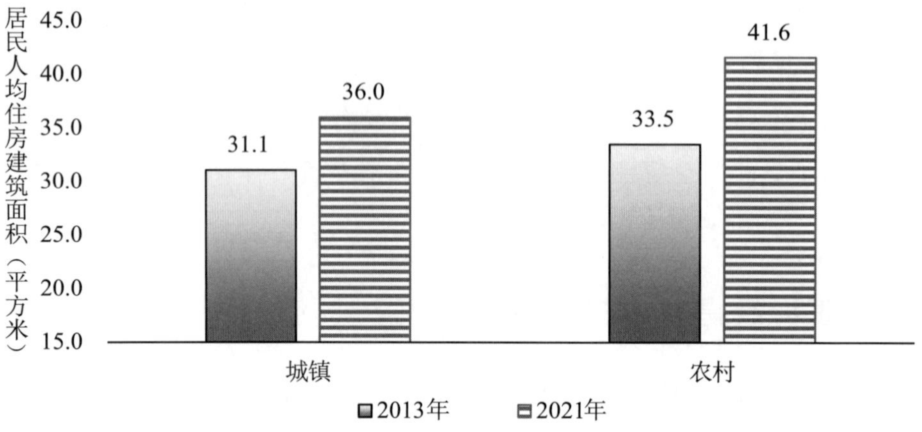

图 5　2013 年以来城乡居民人均住房建筑面积变化情况

(四)耐用消费品量质齐升,更新换代步伐加快

一是汽车拥有量稳定增长。2021 年,山西城镇居民每百户汽车拥有量为 41.7 辆,比 2013 年增加 21.0 辆;农村居民每百户汽车拥有量为 28.9 辆,比 2013 年增加 19.3 辆。二是主要家电拥有量持续增长。2021 年,山西城镇居民每百户家庭拥有洗衣机 99.1 台、电冰箱(柜)98.1 台、微波炉 40.6 台、空调 46.4 台,分别比 2013 年增加 3.1 台、13.0 台、7.3 台和 18.5 台;农村居民每百户家庭拥有洗衣机 93.4 台、电冰箱(柜)89.1 台、微波炉 8.9 台、空调 27.3 台,分别比 2013 年增加 14.5 台、37.8 台、2.0 台和 18.9 台。

表 2　2013 年以来城乡居民主要耐用消费品每百户拥有量情况

指　　标	城镇		农村	
	2021 年	2013 年	2021 年	2013 年
家用汽车(辆)	41.7	12.8	28.9	28.9
洗衣机(台)	99.1	5.7	93.4	93.4
电冰箱(台)	98.1	9.0	89.1	89.1
微波炉(台)	40.6	31.7	8.9	8.9
空调(台)	46.4	19.1	27.3	27.3

(五)上网设备增加,家庭信息化程度提高。

一是移动电话拥有量稳定增长。2021 年,山西城镇居民每百户移动电话拥有量为 245.8 部,比 2013 年增加了 41.8 部,接入互联网的移动电话占比为 95.2%,比 2013 年提高了 50.8 个百分点;农村居民每百户移动电话拥有量为 242.2 部,比 2013 年增加了 67.9 部,接入互联网的移动电话占比为 93.1%,比 2013 年提高了 59.0 个百分点。二是计算机接入互联网比例提高。2021 年,山西城镇、农村居民每百户计算机拥有量分别为 48.6 台和 24.0 台,接入互联网的比例分别为 86.9%和 86.8%,分别比 2013 年提高了 0.6 和 7.9 个百分点。

四、需要关注的几个问题和建议

（一）收入增长有待提速。

一是收入总量偏低。2021 年，山西居民人均可支配收入比全国平均水平（35128 元）低 7702 元，在 31 个省（区、市）排位中，居第 22 位。在中部六省中，居第 5 位，高于河南（26811 元）615 元，低于湖南（31993 元）4567 元、安徽（30904 元）3478 元、湖北（30829 元）3403 元、江西（30610 元）3184 元。在周边五省中，居第 4 位，高于河南（26811 元）615 元，低于内蒙古（34108 元）6682 元、河北（29383 元）1957 元、陕西（28568 元）1142 元。二是收入增速偏低。2021 年，山西居民人均可支配收入增速低于全国（9.1％）0.3 个百分点，在 31 个省（区、市）居第 18 位。在中部六省中，居第 5 位，高于河南（8.1％）0.7 个百分点，低于湖北（10.6％）1.8 个百分点、安徽（10.0％）1.2 个百分点、江西（9.3％）0.5 个百分点、湖南（8.9％）0.1 个百分点。

建议：深入实施创新驱动、科教兴省、人才强省、乡村振兴战略，全方位推动高质量发展，夯实居民增收基础；坚持就业优先，切实把就业指标作为宏观调控优先考虑的因素，增强经济发展创造就业岗位的能力，推动就业岗位扩量提质；大力支持民营经济和中小企业发展，提振实体经济信心；进一步完善居民基本养老保险、医疗保险及城乡居民最低生活保障等制度，加大对低收入群体的帮扶力度，强化扶贫资金整合，加强对脱贫监测户和边缘户的跟踪监测，进一步巩固拓展脱贫攻坚成果；抓住重点、精准施策，推动技术人员、高校毕业生、中小企业主和个体工商户等人群进入中等收入行列；持续完善兜底救助体系。

（二）消费潜力有待挖掘

一是消费总量偏低。2021 年，山西居民人均生活消费支出比全国平均水平（24100 元）低 6909 元，在 31 个省（区、市）排位中，居第 30 位。二是消费倾向偏低。2021 年，山西居民平均消费倾向 62.7％，低于全国平均水平（68.6％）5.9 个百分点。在收入水平低于山西的黑龙江、河南、广西、贵州、云南、西藏、甘肃、青海和新建等十省份中，山西居民人均生活消费支出和平均消费倾向水平均位列第 9 位，仅高于西藏。

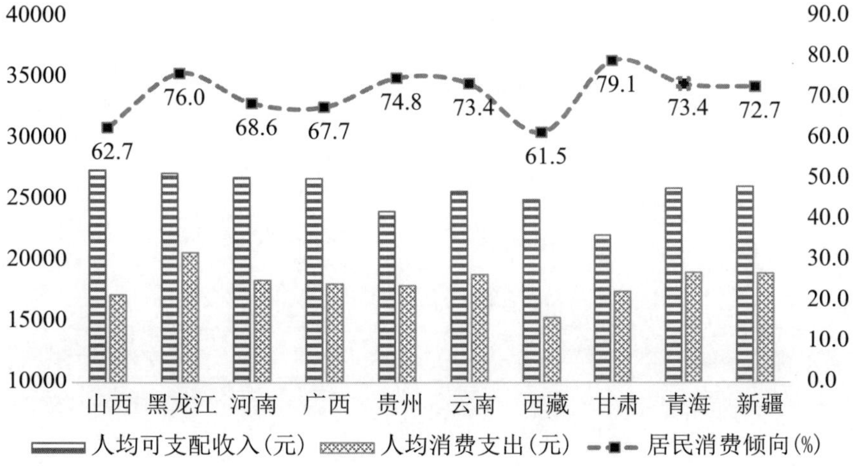

图 6　2021 年山西居民平均消费倾向情况

建议：持续做好常态化疫情防控，进一步深化供给侧结构性改革，突出民生导向，使提振消费与扩大投资有效结合、相互促进；从初次分配和再次分配两方面入手，缩小居民收入差距，壮大中等收入群体；大力优化市场供给，提升国产商品及服务竞争力；优化城乡商业网点布局，加强消费物流基础设施建设；充分挖掘老年用品市场蕴含的巨大消费潜力；持续强化市场秩序监管，积极推进消费领域信用体系建设，畅通消费者维权渠道。

（执笔人：国家统计局山西调查总队　田文晓）

内蒙古居民收支与生活状况报告

党的十八大召开以来，内蒙古各级党委、政府深入贯彻落实习近平总书记系列重要讲话和考察内蒙古重要讲话精神，积极转变经济发展方式，不再刻意追求GDP增速第一，把更多努力转向民生和共同富裕！全区上下深入贯彻落实自治区党委各项决策部署，围绕落实“五位一体”总体布局和“四个全面”战略布局，围绕打造祖国北疆亮丽风景线，守望相助，团结奋斗，推动全区综合经济实力、产业发展层次、区域协调发展水平和发展保障能力显著提升，居民收入不断提高，消费结构持续优化，人民生活幸福感不断增强。2021年内蒙古全体居民人均可支配收入34108元，较2012年累计增长103.0%，年均增长8.2%。全区全体居民人均生活消费支出22658元，较2012年累计增长68.1%，年均增长5.9%。

一、居民收入跨上“新台阶”

(一)收入水平持续较快增长，圆满完成收入翻番目标

党的十八大以来，居民收入基本与经济发展保持同步，2014年，全区全体居民人均可支配收入20559元，首次突破2万元大关。2019年，全区全体居民人均可支配收入30555元，首次跨过3万元大关，仅5年时间就实现了2万元到3万元大关的跨越，居民收入水平持续保持较快增长。按现价计算，2020年全区全体居民人均可支配收入为31497元，是2010年的2.51倍。按可比价计算，2011—2020年全区全体居民人均可支配收入十年累计实际增长121.8%，实现了人均收入比2010年翻一番的目标，人民生活迈向全面小康。

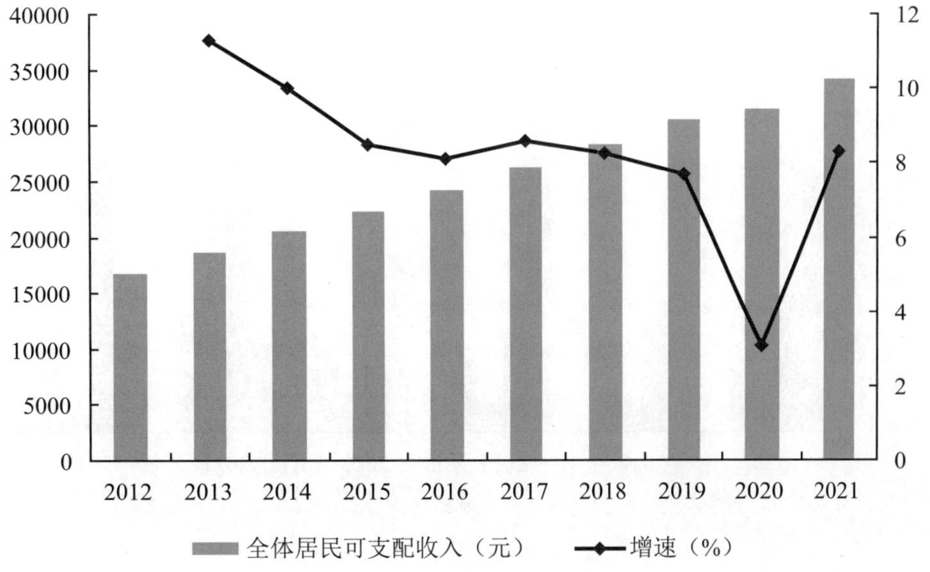

图1　2012—2021年全体居民可支配收入

(二)消费支出迈过2万元大关,居民生活水平不断提高

党的十八大以来,党中央、国务院多措并举促进消费市场平稳较快增长,内蒙古顺应居民消费升级趋势,把扩大消费同改善人民生活品质结合起来,稳步提高居民消费水平。2021年全区全体居民人均消费支出22658元,首次迈过2万元大关。分城乡来看,2021年全区城镇居民人均消费支出27194元,比2012年增长53.5%,年均增长4.9%;全区农牧民人均消费支出15691元,比2012年增长96.8%,年均增长7.8%。在乡村振兴政策和农村改革的全面推进作用下,农村居民消费支出增速快于城镇居民。

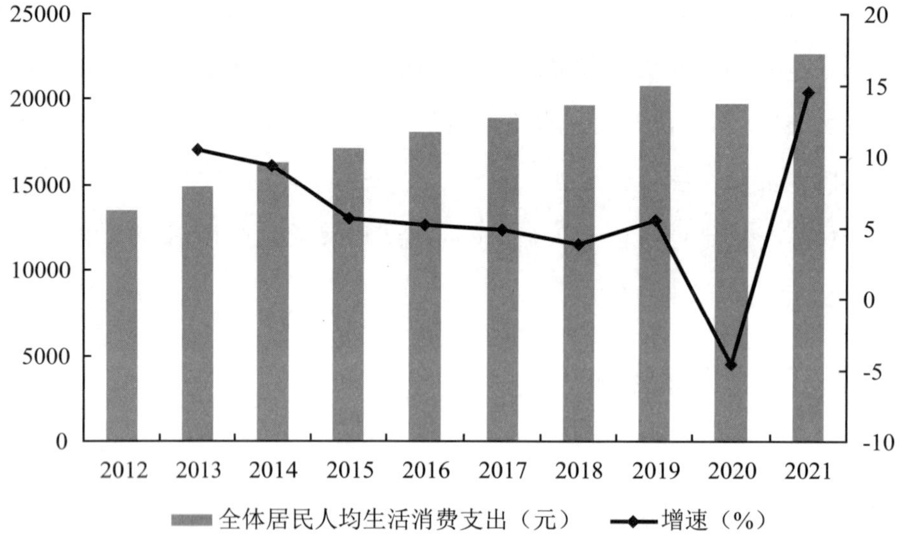

图2 2012—2021年全体居民人均生活消费支出

(三)收入结构持续优化,居民收入趋向灵活多元

随着社会经济的快速发展,居民收入来源更加多元化、灵活化。2021年,全区全体居民工资性收入、经营净收入、财产净收入、转移净收入占比分别为51.4%、27.0%、5.2%、16.4%。与2012年相比,经营净收入占比提升了4.3个百分点,工资性收入、财产净收入、转移净收入略有下

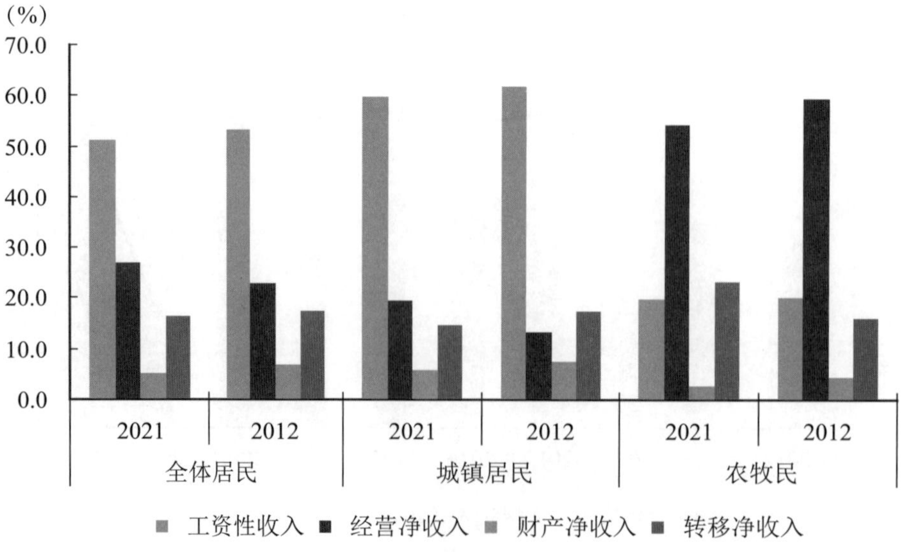

图3 2012和2021年全体、城镇、农牧民收入占比情况

降，分别下降了 1.9、1.5 和 0.9 个百分点。分城乡来看，2021 年，全区城镇居民四项收入占比分别为 59.9%、19.6%、5.9%、14.6%，与 2012 年相比，经营净收入占比提升了 6.4 个百分点，工资性收入、财产净收入、转移净收入分别下降了 2.0、1.4、3.0 个百分点；全区农牧民四项收入占比分别为 19.6%、54.4%、2.6%、23.4%，与 2012 年相比，工资性收入、经营净收入、财产净收入占比分别提升了 0.4、5.1 和 1.8 个百分点，转移净收入下降了 7.2 个百分点。

（四）消费结构优化升级，居民生活品质不断提升

随着居民收入持续增长和消费市场的不断繁荣，内蒙古居民消费需求基本得到满足，消费结构进一步优化升级，恩格尔系数稳中有降，交通通信、教育文化娱乐、医疗保健等品质型消费占比有所提升。2021 年全区全体居民恩格尔系数（人均食品烟酒支出占人均消费支出的比重）为 27.8%，比 2012 年下降 1.3 个百分点。分城乡看，城镇居民和农牧民的恩格尔系数分别为 26.9%和 30.1%，分别比 2012 年下降 1.0 和 2.4 个百分点。全区交通通信、教育文化娱乐、医疗保健支出占可支配收入的比重由 2012 年的 33.0%提升至 2021 年的 37.0%，增加了 4 个百分点。

（五）城乡收入差距缩小，脱贫攻坚与乡村振兴有效衔接

党的十八大以来，内蒙古党委政府以“稳产保供和农牧民增收”为目标，抓住精准、可持续、激发群众内生动力和提升自我发展能力等关键环节，着力解决影响“两不愁、三保障”的突出问题，多渠道全方位促进农牧民增收、提高脱贫质量，城乡收入差距逐步缩小，实现了脱贫攻坚与乡村振兴有效衔接。2012—2021 年，全区城乡收入比（以农村牧区为 1）由 2.97 下降到 2.42。2021 年，内蒙古 31 个国家脱贫旗县农牧民人均可支配收入 15034 元，较 2020 年增加 1577 元，同比增长 11.7%，较全国脱贫旗县农村居民人均可支配收入高 983 元，同比增幅高 0.1 个百分点。

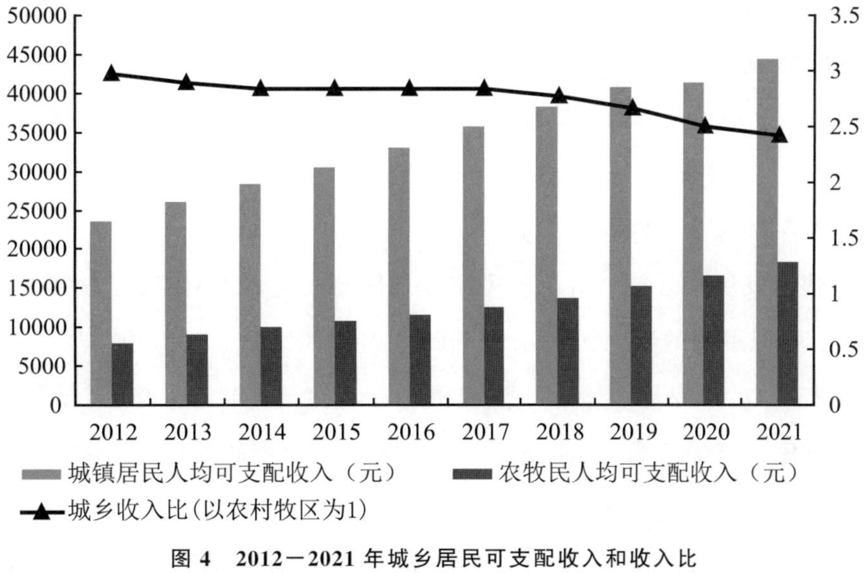

图 4 2012—2021 年城乡居民可支配收入和收入比

二、生活水平步入“新阶段”

（一）生活质量明显提升，居住条件显著改善

1. 食品消费结构更加均衡营养健康。2021 年城镇居民人均猪肉、羊肉消费量分别为 23.9

公斤和7.7公斤，比2012年分别增加10.8公斤和2.4公斤；鲜菜消费量由2012年的99.1公斤增加到2021年的105.4公斤，城镇居民食品消费更加营养均衡。2021年农牧民人均猪肉、蛋类、奶类消费量分别为31.3公斤、13.5公斤和16.8公斤，分别比2012年增加11.1公斤、7公斤和8公斤，农牧民高蛋白食品消费量显著增加。

2. 住房更加宽敞舒适。十八大以来，内蒙古自治区以改善人居环境，构建和谐社会为目标，围绕推进新型城镇化的战略部署，统筹推进保障性住房和商品住房建设，大力开展农村人居环境整治，城乡居民住房条件持续改善。2021年，内蒙古城镇居民人均住房面积达到35.3平方米，高出2012年5.4平方米；农牧民人均住房面积达到32.8平方米，高出2012年7.6平方米。

3. 生活设施条件日趋改善。随着收入的增加和观念的更新，城乡居民对居住的需求从面积的单纯增长逐步转向对住房质量、室内装修和配套设施的更高追求，室内配套设施更加安全、卫生、舒适。2021年内蒙古城镇居民使用水冲式卫生厕所、室内拥有热水洗澡设施以及有取暖设备的户数分别达到87.7%、87.4%和98.1%，比2013年分别提高了24.5、31.5和0.5个百分点；农牧民使用卫生厕所、室内拥有热水洗澡设施以及有取暖设备的户数分别达到35.3%、34.1%和98.1%，比2013年分别提高了23.6、22.5和9个百分点。

（二）耐用消费品更新换代，舒适智能成为首选

1. 传统家电全面普及。城乡居民常规家用电器基本实现户均1台，多数购买目的是更新换代，高档化、高科技化的需求更加凸显。2021年，内蒙古城镇居民每百户电视、洗衣机、冰箱拥有量分别为102台、100台、111台；农牧民每百户电视、洗衣机、冰箱拥有量分别为107台、97台、108台。

2. 通讯工具发展迅猛。随着居民消费观念的变化，家用汽车也快速驶入平常百姓家。电动助力车以其节能环保、方便快捷、价格适中等特点逐步替代了摩托车，受到越来越多百姓的青睐，在交通工具中占据主要地位。2021年，内蒙古城镇居民助力车和家用汽车的百户拥有量为47辆和60辆，分别比2012年增长1.6倍和2.5倍；农牧民助力车和家用汽车的百户拥有量为70辆和29辆，分别比2012年增长2.4倍和3.2倍。

3. 小型家电快速发展。近年来由于居民家庭条件的改善，“厨卫革命”方兴未艾，越来越多款式新颖、省时省电、环保卫生的新兴厨卫家电不断进入百姓家庭。2021年，内蒙古城镇居民家庭中每百户拥有微波炉47台、热水器85台、洗碗机9台，较2012年分别增加7台、22台、8台；农牧民家庭中每百户拥有微波炉7台、热水器32台、洗碗机1台，较2012年分别增加4台、23台、1台。

4. 移动通信工具更新加快。随着移动互联网与手机软硬件的飞速发展，智能手机已成为日常工作、生活、学习和娱乐必不可少的工具，并已开始替代计算机、固定电话、照相机的功能。2021年，内蒙古城镇居民移动电话百户拥有量为234部，比2012年增长13.6%，计算机、固定电话和照相机百户拥有量分别为55台、3部和11台，比2012年分别减少9.0%、140.0%、200.0%；农牧民移动电话百户拥有量为238部，比2012年增长17.8%，固定电话和照相机百户拥有量分

别1部和2台，分别比2012年下降150.0%和50.0%。

三、2021年城乡居民收入稳步提升

2021年，全区城镇常住居民人均可支配收入达44377元，同比增长7.3%；全区农牧民人均可支配收入18337元，同比增长10.7%。分细项来看：

（一）工资性收入稳定增长

2021年以来，内蒙古居民就业形势保持稳中有增的态势，虽然下半年全区部分地区先后出现疫情反复，但整体趋势持续向好。2021年，全区城镇居民人均工资性收入26574元，同比增长6.8%，占可支配收入的59.9%，拉动城镇居民可支配收入增长4.1个百分点，对可支配收入增长的贡献率为55.7%，是城镇居民可支配收入增长的最主要动力。全区农牧民工资性收入达到3603元，同比增长7.4%，占可支配收入的比重为19.6%，自2012年以来首次跌出20%，农牧民工资性收入增长放缓，支撑力有所减弱。

（二）经营净收入保持较快增长

随着疫情影响逐步消退，全区各类企业生产经营全面恢复，市场经营环境持续向好，全区粮食产量再创新高，主要畜禽生产形势良好，主要畜产品价格稳定，城乡居民经营净收入实现较快增长。2021年，全区城镇居民人均经营净收入8698元，同比增长13.0%，拉动城镇居民可支配收入增长2.4个百分点；占可支配收入的比重为19.6%，分别较2019年和2020年提高0.1和1.0个百分点，对可支配收入的拉动作用进一步显现。全区农牧民经营净收入达到9980元，同比增长13.1%，占可支配收入的比重为54.4%，拉动农牧民可支配收入增长6.9个百分点，对可支配收入的贡献率为65.1%，处于绝对领跑地位。

（三）财产净收入潜力尚待发掘

在疫情过后房屋租金价格回升、居民储蓄收益增加的有利因素影响下，城镇居民人均财产净收入实现较快增长。2021年全区城镇居民人均财产净收入2631元，同比增长11.2%，占可支配收入的比重为5.9%，拉动可支配收入增长0.6个百分点。在回乡务农人员增加、转让承包土地减少的不利因素影响下，农牧民财产净收入增速回落。2021年全区农牧民财产净收入473元，较去年同期下降5.0%，占可支配收入的比重为2.6%，拉动可支配收入下降0.1个百分点。从占比和拉动可支配收入增长的程度来看，城乡居民财产净收入占比小、影响小，潜力尚待发掘提升。

（四）农牧民转移净收入增长快于城镇

2021年，内蒙古自治区继续着力夯实民生保障基础，社会救助标准和退休人员养老金不断提高，推动全区城乡居民转移性收入稳步增长。但随着社会保障提标扩面，以及城镇居民在经历疫情影响后对生活保障的需要更加强烈，城镇居民参保意识显著提高，参保人数持续增加，促使转移性支出快速增长，城镇转移净收入增长慢于农牧民。2021年，全区城镇居民转移净收入达6474元，同比增长1.1%，拉动可支配收入增长0.2个百分点。全区农牧民人均转移净收入4281元，同比增长10.1%，快于城镇居民9个百分点，拉动可支配收入增长2.4个百分点。

四、2021 年内蒙古城乡居民消费持续恢复

2021 年，全区城镇居民人均消费支出达 27194 元，同比增长 13.8%。全区农牧民人均生活消费支出 15691 元，同比增长 15.4%，高于城镇居民收入增速 1.6 个百分点。从全年情况来看，八大类消费支出全面呈现恢复性上涨态势，全区居民消费支出总体已回归疫情前增长水平，居民生活基本步入正轨。

（一）消费倾向明显回升

随着疫情防控常态化取得显著成效和全区宏观经济形势稳步向好，居民对经济增长和收入提升的预期持续增强，消费信心明显提升。2021 年全区城乡居民消费倾向（居民人均消费支出占可支配收入的比重）分别达 61.3%和 85.6%，比上年同期均提高了 3.5 个百分点。

（二）八项消费全面复苏

2021 年，全区城乡居民消费全面增长。城镇居民八项消费中三项呈两位数增长。其中，教育文化娱乐、医疗保健以及其他用品和服务三项支出增速分别达到 47.0%、28.3%和 29.0%。全区农牧民八项消费中除人均居住支出外全部呈两位数增长。其中，其他用品和服务、交通通信、生活用品及服务支出增速超过 20%，分别为 37.7%、21.1%、20.7%；教育文化娱乐、衣着、医疗保健、食品烟酒增速分别为 19.0%、17.5%、17.0%和 13.4%；居住支出增速为 7.4%。

表 1　2021 年城乡居民人均生活消费支出细项增长情况

指　　标	城镇常住居民			农村常住居民		
	2021 年（元）	2020 年（元）	增速（%）	2021 年（元）	2020 年（元）	增速（%）
居民人均消费支出	27194	23888	13.8	15691	13594	15.4
食品烟酒	7326	6691	9.5	4721	4164	13.4
衣着	2153	2124	1.4	854	727	17.5
居住	5643	5149	9.6	2828	2633	7.4
生活用品及服务	1547	1473	5.0	704	583	20.7
交通通信	4063	3724	9.1	2606	2152	21.1
教育文化娱乐	3087	2100	47.0	1710	1436	19.0
医疗保健	2618	2040	28.3	1951	1667	17.0
其他用品和服务	758	588	29.0	318	231	37.7

（三）基本生活类消费增长稳定

2021 年，全区城镇居民食品烟酒、衣着、居住、生活用品及服务、交通通信等基本生活类消费支出较去年同期增长 8.2%，与 2019 年增速相比，增加了 6.1 个百分点；农牧民食品烟酒、衣着、居住、生活用品及服务、交通通信等基本生活类消费支出较去年同期增长 14.2%，与 2019 年增速相比，增加了 5.7 个百分点，城乡居民基本生活消费类支出已基本恢复疫情前增长态势。

（四）品质服务类消费大幅反弹

受上年同期基数较低影响，其他用品和服务、教育文化娱乐、医疗保健等服务消费支出均实

现大幅快速反弹。2021 年，全区城乡居民人均服务性消费支出分别增长 36.7%和 19.3%，快于城乡居民人均消费支出 22.9 和 3.9 个百分点。

五、“十四五”时期需要重点关注的问题

（一）工资性收入增长乏力

内蒙古城镇非私营单位就业人员年平均工资和本地务工工资水平偏低是制约城乡居民工资性收入增长的主要掣肘。一方面，2021 年内蒙古城镇非私营单位就业人员年平均工资为 90426 元，名义增长 6.0%，绝对值低于全国平均水平 16411 元、低于西部地区 4538 元，增速低于全国 3.7 个百分点、低于西部地区 1.9 个百分点。增长动力不足导致城镇居民工资性收入与全国平均水平差距逐渐拉大，绝对值差距由 2016 年的 310 元扩大至 2021 年的 1907 元，差距扩大了 5 倍有余。另一方面，据农牧民工监测调查数据显示，2021 年全区农牧民工转移就业的人均月收入为 4923 元，其中本地农牧民工人均月收入为 3786 元，明显低于平均收入水平。近年来，内蒙古外出农牧民工就业呈现明显向区内回流态势，但县域经济发展相对缓慢，就业岗位和机会有限，加之农村牧区外出务工人员的技能素质、文化层次难以满足当前劳动力市场日趋专业化的需求，大多只能从事一些技术含量较低，劳动密集的工作，农村劳动力转移难度增大，岗位供给与就业需求不匹配问题亟待解决。

（二）经营净收入尚需优化

分城乡来看，2021 年，全区城镇居民第三产业收入占经营净收入的比重为 77.5%，第三产业收入是城镇居民经营净收入的主要支撑。近几年，受国际局势变化、经济下行压力加大以及疫情多地反弹等因素影响，工业稳增长压力大、大宗商品价格高位波动以及中小微企业、服务业恢复缓慢等问题凸显，导致第三产业经营净收入波动较大。2021 年，全区农牧民第一产业经营净收入占经营净收入的比重为 89.7%，第一产业占绝对主导的经营结构在拉动全区农牧民经营净收入较快增长的同时，也带来了全区农牧民收入结构单一、抵御风险能力不强等隐患。如遇农资价格大幅上涨、受灾产量下降、收购价格大幅下跌等情况，就难以维持第一产业“高基数、高增速”的双高态势，农牧民经营净收入将受到较大影响。

（三）品质型消费尚难恢复

新冠肺炎疫情暴发以来，交通通信、教育文化娱乐、医疗保健等品质型消费受到较大冲击，居民对生活类消费的依赖性有所增强，对高层次消费的需求和欲望弱化，增加了消费升级难度。从消费增速来看，2019－2021 年，全体居民教育文化娱乐支出同比增速分别为 7.2%、－23.7%和 38.6%，交通通信支出同比增速分别为 4.7%、－3.7%和 12.6%，医疗保健支出同比增速分别为 14.1%、－10.3%和 24.5%，在疫情反弹多发的当下，波动较大，较难恢复。从消费构成来看，全体居民食品烟酒、衣着、居住、生活用品及服务等基本生活类占消费支出的比例由 2019 年的 59.8%升至 2021 年的 60.4%，刚性消费需求增加，进一步挤压品质型消费升级空间。

六、进一步促进居民收入消费增长的意见建议

（一）加大就业保障力度，在“稳”字上狠下功夫

着力提高企业职工特别是一线职工的工资水平，加强全区机关事业单位人员收入与全国平均水平的比较和分析研究，出台符合内蒙古实际的增资及奖励性补贴政策，进一步完善机关事业单位工资动态调整和合理增长机制，科学规范、全面提高机关事业人员工资收入水平。充分发挥政府和市场两方面的作用，完善基础设施，改善营商环境，加大对中小微企业的政策资金扶持力度，吸纳更多企业入驻本地，为农牧民增加更多就业岗位，提升本地薪资水平。加强对农民工本地就业的政策支持和技能培训力度，积极鼓励农牧民工就近就地择业。

（二）不断拓宽增收渠道，在“新”字上广开门路

持续优化营商环境，加大金融纾困力度，大力扶持中小微企业发展，完善创新创业支撑体系建设，营造良好创新创业环境，提升创新创业参与率。大力发展现代服务业、新兴产业等能够吸收高素质、高收入劳动力的产业，以产业结构优化带动就业结构优化。深入实施乡村振兴战略，积极鼓励企业“下乡村”，构建乡村产业体系，推动农村一二三产业融合发展，为农牧民收入创造新的增长点。深化农村改革，积极培育专业合作社、龙头企业等新型农业经营主体，为农牧民收入持续较快增长打牢基础。

（三）激发居民消费潜力，在“全”字上精准施策

进一步巩固疫情防控成果，科学制定疫情防控措施，消除居民在“线下”集聚性消费的顾虑，积极发挥节庆经济、会展经济、文旅经济等模式的引领带动作用，促进实体经济消费“回暖”，激发消费市场的活力。大力发展服务业消费市场，促进居家生活、教育文化、体育健康、休闲旅游等精神消费需求的增长和相关产业的发展，推动各类服务消费市场提质扩容。

（执笔人：国家统计局内蒙古调查总队　吴萌）

辽宁居民收支与生活状况报告

2021 年，辽宁省委、省政府深入贯彻习近平新时代中国特色社会主义思想，坚持稳中求进工作总基调，践行新发展理念、推进高质量发展，全省经济呈现稳定恢复、稳中向好态势，就业形势总体稳定，营商环境持续优化，民生福祉不断改善，确保了城乡居民收入保持平稳增长，消费得到释放，生活状况改善明显。

一、2021 年辽宁城乡居民收入增长情况

（一）城镇收入保持平稳增长

1. 总量位居上游，在东北地区优势继续扩大。2021 年，辽宁城镇居民人均可支配收入为 43051 元，在全国各省（区、市）中位居第 13 位，处于上游水平；在东北地区位居首位，与吉林、黑龙江相比，总量优势分别为 7405 元和 9405 元，比上年同期分别扩大 425 元和 144 元。

2. 增速差距缩小，与经济增长基本保持同步。2021 年，辽宁城镇居民人均可支配收入名义增速为 6.6%，比 2019 年增长 8.2%，两年平均增长① 4.0%。分季度看，2021 年以来城镇居民人均可支配收入名义增速分别为 7.9%、8.4%、7.0%和 6.6%，增速有所放缓，但与全国差距不断缩小，一季度、上半年、前三季度和全年分别低于全国平均水平 4.3、3.0、2.5 和 1.6 个百分点，呈逐季缩小态势。2021 年，辽宁城镇居民人均可支配收入扣除价格因素同比实际增长 5.5%，与全省地区生产总值增速基本相当，实现了城镇居民收入增长与经济发展基本同步的目标。

（二）城镇居民收入结构特点

2021 年，辽宁城镇居民人均可支配收入四项构成呈全面增长态势，工资性收入、经营净收入、财产净收入和转移净收入同比分别增长 7.9%、16.0%、3.0%和 1.8%。

表 1　2021 年辽宁城镇居民收入情况

单位：元、%

指　　标	2021 年		2020 年		增速	贡献率	拉动增长	两年平均增长
	总量	比重	总量	比重				
可支配收入	43051	100.0	40376	100.0	6.6	100.0	6.6	4.0
工资性收入	24608	57.2	22801	56.5	7.9	67.6	4.5	5.5
经营净收入	4254	9.9	3667	9.1	16.0	22.0	1.5	−2.3
财产净收入	2208	5.1	2145	5.3	3.0	2.4	0.2	2.7
转移净收入	11980	27.8	11763	29.1	1.8	8.1	0.5	3.9

① 两年平均增速是指以 2019 年相应同期数为基数，采用几何平均的方法计算的增速。

1. 宏观经济稳中向好，工资性收入稳定增长。2021 年，辽宁城镇居民人均工资性收入为 24608 元，同比增长 7.9%，拉动可支配收入增长 4.5 个百分点，对可支配收入增加额的贡献率达 67.6%，是城镇居民收入增长的最大拉动力。工资性收入占可支配收入的比重为 57.2%，比上年提高 0.7 个百分点。工资性收入作为稳定城镇居民收入增长“压舱石”的作用进一步增强。工资性收入稳定增长主要得益于：一是经济发展稳中向好，发展质量和效益不断提高；二是辽宁省委、省政府高度重视就业工作，减负稳岗扩就业稳步推进，就业形势持续稳定向好；三是及时上调最低工资标准和企业工资指导线，以及机关事业单位人员年终绩效考核奖按时发放。

2. 营商环境持续优化，经营净收入快速恢复。2021 年，辽宁城镇居民人均经营净收入为 4254 元，同比增长 16.0%，拉动可支配收入增长 1.5 个百分点，对可支配收入增加额的贡献率为 22.0%。其中，随着全省营商环境持续改善和疫情形势总体稳定，第三产业经营净收入增长最为显著，总量为 3550 元，同比增长 41.0%，拉动可支配收入增长 2.6 个百分点；比 2019 年增长 10.2%，两年平均增长 5.0%。近年来，辽宁围绕打造发展环境最优省的目标，全面推进营商环境建设，持续深化“放管服”改革，全面落实中央大规模减税降费政策，推动市场准入门槛不断降低，市场活力进一步激发，市场主体数量稳步增长。2021 年全省市场主体总量突破 444 万户，全年新登记市场主体 73.52 万户，同比增长 21.57%。同时，全面启动消费促进系列活动，推动城镇居民经营净收入快速恢复。

3. 民生保障不断改善，转移净收入保持增长。2021 年，辽宁城镇居民人均转移净收入为 11980 元，同比增长 1.8%。其中，城镇居民人均养老金或离退休金为 13344 元，同比增长 3.9%，拉动可支配收入增长 1.2 个百分点，对可支配收入增加额的贡献率为 18.8%。2021 年，辽宁聚焦重点民生领域持续发力，不断提升社会保障水平，切实增强人民群众的获得感。一是明确提高全省城乡低保标准、特困人员救助供养标准、孤儿基本生活养育标准和 20 世纪 60 年代精简退职职工生活补助标准，全省城乡低保标准平均提高 6%以上；二是继续提高养老金标准，对 2020 年 12 月 31 日前已按规定办理退休手续并按月领取基本养老金的企业和机关事业单位退休（职）人员调整基本养老金，总体调整水平为 2020 年退休人员月人均基本养老金的 4.5%。

4. 理财意愿有所增强，财产净收入平稳增长。2021 年，辽宁城镇居民人均财产净收入为 2208 元，同比增长 3.0%。随着金融理财产品的不断丰富，加之疫情带来的不确定影响，居民储蓄理财意愿有所上升，带动居民存款余额不断提高，使得利息净收入实现快速增长。2021 年城镇居民人均利息净收入同比增加 80 元。

（三）农村居民收入总体特点

1. 收入保持较快增长。2021 年，辽宁农村居民人均可支配收入同比名义增长 10.1%，扣除价格因素，实际增长 9.4%，均为自 2015 年以来同期最快增速，与 2014 年同期增速持平；比 2019 年增长 19.3%，两年平均增长 9.2%。分季度看，2021 年一季度、上半年、前三季度、全年农村居民人均可支配收入分别名义增长 10.3%、9.5%、9.9%和 10.1%，保持较快增长，分别低于全国平均水平 6.0、5.1、1.7 和 0.4 个百分点，与全国差距呈逐季缩小态势。

2. 城乡居民收入差距缩小。从收入增长幅度看,2021年农村居民人均可支配收入名义增速和实际增速分别高于城镇居民3.5和3.9个百分点。从相对差距看,城乡居民收入倍差(以农民收入为1)从2014年的2.60∶1缩小至2021年的2.24∶1,呈现逐年缩小的态势。与全国相比,2021年全国城乡居民收入倍差为2.50∶1,辽宁城乡居民收入相对差距更小。

(四)农村居民收入结构特点

1. 工资性收入是增收的重要支撑。2021年,辽宁农村居民人均工资性收入为7109元,同比增长9.2%,拉动可支配收入增长3.4个百分点,对可支配收入增长的贡献率为33.8%。工资性收入成为辽宁农村居民增收的重要支撑因素,主要得益于:一是多措并举稳定农民工就业。二是保障农民工基本权益。三是解决拖欠农民工工资问题。

2. 经营净收入是增收的主要拉动。2021年,辽宁农村居民人均经营净收入为8667元,同比增长10.1%,拉动可支配收入增长4.5个百分点,对可支配收入增长的贡献率为44.9%。经营净收入是2021年辽宁农村居民增收的最主要拉动力,主要原因有:一是粮食丰收带动辽宁农村居民农业净收入增长。二是畜禽生产形势较好。主要畜禽产品产量持续增长,一定程度上弥补了生猪价格下跌带来的损失。三是辽宁居民经营活动保持良好恢复态势。

3. 转移净收入是增收的稳定因素。2021年,辽宁农村居民人均转移净收入为3044元,同比增长10.0%,拉动可支配收入增长1.6个百分点,对可支配收入增长的贡献率为15.6%。在收入的四项构成中,转移净收入对可支配收入增长的贡献率虽然不及经营净收入和工资性收入,但一直是辽宁农民持续增收的“稳定器”。2021年,全省民生领域保障有力,民生保障支出只增不减,退休人员基本养老金、新型农村养老保险以及城乡低保等发放标准均继续提高,实现了17连涨。同时,生产者价格补贴、良种补贴、地力补贴等惠民惠农财政补贴的按时发放,带动了农村居民现金政策性惠农补贴同比增长16.7%,达到了440元。

4. 财产净收入是增收的潜在动力。2021年,辽宁农村居民人均财产净收入为397元,同比增长33.8%,拉动可支配收入增长0.6个百分点,对可支配收入增长的贡献率为5.7%。财产净收入增长主要得益于转让承包土地经营权租金收入和利息净收入增长,人均转让承包土地经营权租金收入227元,同比增长19.0%,人均利息净收入100元,同比增长74.9%。

表2 2021年辽宁农村居民收入情况

单位:元、%

指　　标	2021年	比重	2020年	比重	增幅
可支配收入	19217	100.0	17450	100.0	10.1
工资性收入	7109	37.0	6511	37.3	9.2
经营净收入	8667	45.1	7875	45.1	10.1
财产净收入	397	2.1	297	1.7	33.8
转移净收入	3044	15.8	2767	15.9	10.0

二、2021年辽宁城乡居民消费支出增长情况

（一）城镇居民生活消费特点

2021年，辽宁城镇居民人均消费支出为28438元，同比增长14.4%；比2019年增长4.0%，两年平均增长2.0%；扣除价格因素同比实际增长13.2%。

1. 八大类消费全面增长，恩格尔系数下降。从增长速度看，八大类消费实现全面增长，其中，教育文化娱乐支出增长最快，同比增长43.3%，其次是生活用品及服务支出，同比增长19.4%。从拉动消费增长情况看，教育文化娱乐支出大幅反弹，对消费支出增长贡献最大，拉动消费增长4.1个百分点，其次是食品烟酒支出和居住支出，分别拉动消费增长3.4和1.8个百分点。从占比情况看，食品烟酒支出占消费支出比重(即恩格尔系数)为28.8%，同比下降0.7个百分点。

2. 服务性消费继续改善，接近恢复到2019年同期水平。2021年，辽宁城镇居民人均服务性消费支出为12405元，同比增长19.4%，增速高于人均消费支出5.0个百分点。其中，饮食服务支出、教育文化娱乐服务支出由于上年受疫情影响较大，2021年以来呈现大幅反弹态势，同比分别增长55.6%和49.1%。与2019年相比，城镇居民人均服务性消费支出两年平均下降1.8%，两年平均增速未实现正增长，但支出水平已恢复到2019年同期的96.3%。服务性消费支出占消费支出的比重为43.6%，与上年相比回升1.8个百分点。

（二）农村居民生活消费特点

1. 八大类消费“七升一降”。2021年，辽宁农村居民人均生活消费支出为14606元，同比名义增长18.6%，扣除价格因素，实际增长17.8%；比2019年增长21.4%，两年平均增长10.2%。从生活消费支出的构成看，2021年辽宁八大类消费支出“七升一降”。其中，教育文化娱乐支出增幅居首位，同比增长47.0%；其他用品和服务支出次之，同比增长41.7%；医疗保健支出同比下降4.3%。

2. 服务性消费继续恢复性增长。2021年，辽宁农村居民服务性消费延续恢复性增长态势，人均服务性消费支出达到5334元，同比增长21.2%，增速快于农村居民人均生活消费支出2.6个百分点，比2019年增长12.9%，两年平均增长6.3%。人均服务性消费支出占农村生活消费支出的比重为36.5%，比上年同期回升0.7个百分点，但仍然比2019年低2.8个百分点。其中，人均食品烟酒服务支出增长48.7%，人均居住服务支出增长9.1%，人均交通通信服务支出增长17.8%，人均教育文化娱乐服务支出增长57.3%。

（三）城乡居民食品消费结构向好

2021年，辽宁城镇居民人均食品烟酒支出为28438元，同比增长11.6%，农村居民人均食品烟酒支出为4376元，同比增长19.6%。从主要食品的消费支出看，辽宁城镇居民在干鲜瓜果、蛋类、肉类上的消费增幅为10.0%、9.1%和5.4%，农村居民在奶类、干鲜瓜果和蔬菜及食用菌上的消费增幅排在前三位，分别为37.5%、31.7%和31.4%，蛋类、肉类和水产品消费增幅次之，分别为19.0%、13.8%和13.3%。各类主要食品的消费量也有不同程度的提高，城镇居民人均粮食、

蔬菜及菜制品、肉禽类、水产品、蛋类、奶类和干鲜瓜果类消费量分别为145.2公斤、129.8公斤、47.0公斤、21.0公斤、18.6公斤、25.1公斤和90.8公斤，分别提高15.6公斤、4.9公斤、11.6公斤、2.4公斤、0.7公斤、1.7公斤和7.7公斤，农村居民人均粮食、蔬菜及菜制品、肉禽类、水产品、蛋类、奶类和干鲜瓜果类消费量分别为193.6公斤、124.6公斤、38.9公斤、9.2公斤、15.2公斤、7.9公斤和54.5公斤，分别提高了15.1公斤、23.1公斤、13.5公斤、0.9公斤、1.1公斤、1.8公斤和11.9公斤。值得注意的是，辽宁城乡居民主要食品消费量与《中国居民膳食指南》的推荐量相比，蔬菜、蛋类的消费量比较适宜，粮食和肉禽类消费量高于推荐量上限，农村居民水产品、奶制品和干鲜瓜果类消费量还远远达不到推荐量的下限。

三、辽宁城乡居民生活状况

（一）居住条件明显改善

2021年，辽宁城乡居民人均现住房建筑面积分别为31.9和36.9平方米，比上年增加0.4和0.1平方米。100%的社区实现了通路、通电、通水、通电话、通有线、通宽带，所有社区都能够实现适龄儿童便利入幼儿园或学前班、便利入学，100%的社区内有卫生站（室）或附近有配套的医院。城乡住宅外道路路面为水泥或柏油路面的占比分别为94.7%和75.8%，饮用水经过集中净化处理的占比分别为95.0%和65.4%，均比上年有所提升。

（二）交通通讯类耐用消费品数量增加

交通出行方面，2021年辽宁城镇居民每百户家用汽车和助力车拥有量分别为40.1辆和18.9辆，比上年增长20.4%和14.5%，每百户摩托车拥有量则下降7.3%；通讯方面，每百户移动电话拥有量为213.4部，增长2.5%，其中接入互联网194.1部，增长2.5%，每百户固定电话拥有量为9.8部，下降37.1%。受新冠肺炎疫情影响，辽宁农村居民更多选择汽车、电动车等自助出行方式，交通类支出同比增长15.7%，每百户汽车和助力车拥有量从2019年底的20.4辆和53.1辆提高至2021年底的30.8辆和65.7辆，分别增加了10.4辆和12.6辆。同时，疫情加速了传统线下消费的在线化进程，带动了辽宁农村居民人均通信类支出同比增长12.7%，每百户移动电话拥有量从2019年底的220.9部提高至2021年底的231.5部，增加了10.6部，其中，能够接入互联网的移动电话从2019年底的138.7部提高至2021年底的200.3部，增加了61.5部。耐用消费品拥有量的变化反映了辽宁城乡居民生活的变化，交通出行更加便利，通讯工具更新换代，日常生活品质提升。

四、需要关注的问题

（一）宏观经济不确定性加大

一是全省经济呈现出稳定恢复、稳中向好的发展态势，主要经济指标持续恢复性增长，但与全国相比，增速仍有一定差距。二是国际大宗商品价格高位运行、粗钢限产及部分地区工业生产限电等多重因素对工业生产形成一定影响。三是新冠疫情呈现零星散发状态，对住宿餐饮、休闲娱乐、文化旅游等非刚需、可选择性消费的传统服务行业的影响不容忽视，国内经济受到较大冲击，辽宁经济也遇到前所未有的挑战。目前，新冠疫情发展的不确定性依然存在，疫情对逆全球化的影响短期内仍然不会消除，给居民增收形势带来不确定性。

（二）工资性收入有提升空间

2021年，辽宁城镇居民工资性收入对可支配收入增加额的贡献率达67.6%，是城镇居民收入增长的最主要影响因素。2021年以来，一季度、上半年、前三季度和全年同比增速分别为9.8%、9.2%、9.0%和7.9%。2021年，辽宁农村居民人均工资性收入为7109元，同比增长9.2%，两年平均增长6.9%。与全国平均水平相比，增速慢于全国4.9个百分点，两年平均增速慢于全国3.0个百分点。能够看出，辽宁城镇居民工资性收入增长逐季放缓，农村居民工资性收入及占比均偏低，与全国相比有一定的差距。城镇居民工资性收入增长主要依赖政策性工资调整和绩效考核等奖励工资拉动，一方面，经济下行压力影响企业职工工资增长，另一方面，机关事业单位绩效考核奖金的发放存在一定不确定性，对全省工资收入增长影响较大。农村居民工资性收入与经营净收入相比具有更高的稳定性，受耕地、气候等客观条件影响较小，更能促进农村居民持续增收。因此，辽宁城乡居民的工资性收入有更大的提升空间。

（三）财产净收入对增收贡献薄弱

2021年，辽宁城镇居民人均财产净收入为2208元，占可支配收入的比重为5.1%，对可支配收入增加额的贡献率仅为2.4%，与全国相比差距较大，总量低于全国平均水平2844元，比重低于全国平均水平5.6个百分点，贡献率低于全国平均水平9.5个百分点。辽宁城镇居民财产性收入基数小、来源少，在推动城镇居民增收方面力量较为薄弱。2021年，辽宁农村居民人均财产净收入为397元，占可支配收入的比重仅为2.1%，分别低于全国平均水平72元和0.4个百分点。辽宁农村居民财产净收入来源比较单一，其构成中占比最大的是转让承包土地经营权租金净收入，而利息净收入、红利收入以及房屋出租收益等其他财产性收入较少。对于辽宁农村居民来讲，财产净收入有一定增长空间，有较大的潜力可挖。

五、促进城乡居民增收的建议

（一）促进居民充分就业

提高居民工资性收入，要进一步实现居民充分就业。一是为农村居民提供更多季节性的灵活就业岗位。通过扶持发展县域经济、本地乡村企业等方式，在农闲时间给农民提供短期工作，使其在时间上能够实现充分就业。二是为农民工返岗就业提供帮助。积极与本地区农民工主要流入地对接，通过“农民工直达包车”等形式，精准助力农民工顺利、安全、及时返岗，减少疫情带来的不利影响。三是继续落实各项就业政策，不断拓宽城镇居民就业创业渠道，确保就业形势保持稳定；四是进一步加强对重点群体的关注力度，健全完善机关事业单位、城镇国企和私营单位从业人员工资、奖金增长机制，用好最低工资标准指导线。

（二）拓宽居民收入来源

辽宁城乡居民持续稳定增收，不能仅仅依靠某一类收入的提高，工资性收入、经营净收入、财产净收入和转移净收入均是收入的重要来源。对于城镇居民来说，一是继续加大对中小微企业和个体工商户的扶持力度，落实各项惠企政策；二是继续改善营商环境，激活各类市场主体；三是持续优化消费市场环境，挖掘居民消费潜力；四是规范发展房屋租赁市场，畅通投资理财渠道，充分盘活居民现有资金、资产，激活增收新动能。对于农村居民来说，一是加大惠农惠民政策倾斜力度。各级政府和有关部门要保证各项惠农惠民政策落实落地，保持政策的连续性、稳定性；二是进一步规范农村土地经营权流转，增加农村居民转让承包土地经营权租金净收入；三是合理利用农村闲置房屋资源，发展农村房屋租赁市场，增加房屋出租收益。

（执笔人：国家统计局辽宁调查总队　王璐瑶、隋凯）

吉林居民收支与生活状况报告

吉林省委、省政府坚持以习近平新时代中国特色社会主义思想为指导，全面贯彻党的十八大、十九大和十八届、十九届历次全会及中央经济工作会议精神，深入贯彻落实习近平总书记视察吉林重要讲话重要指示批示精神，经济运行稳中加固、稳中向好、稳中提质，城乡居民收入持续增加，收入分配进一步优化，居民消费明显升级，在质量更高、效益更好、结构更优、优势充分释放的新路上，奋力实现了新突破。

一、近十年来吉林省居民收入情况

(一)居民收入稳步增长

2012—2021 年，吉林省居民人均可支配收入保持稳步增长。2021 年达到 27770 元，较 2012 年提高了 13375 元，累计增长 92.5%，年均名义增长 7.6%。2017 年突破 2 万元大关。详见图 1。

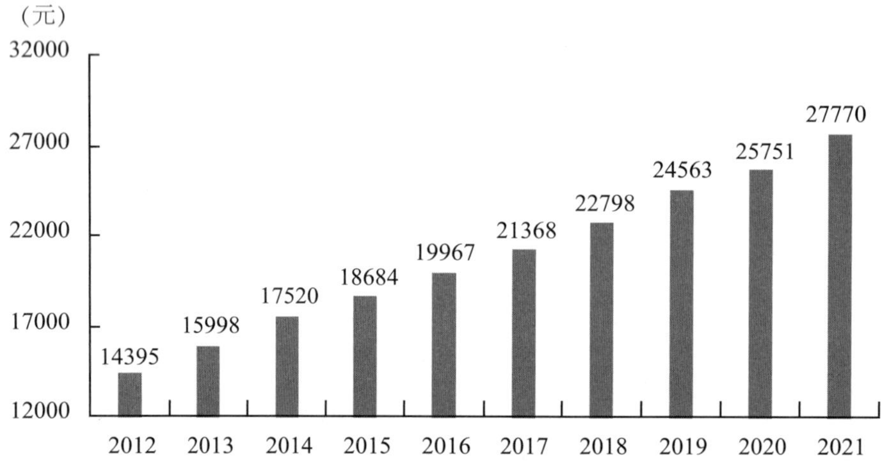

图 1　2012—2021 年全省居民收入情况

吉林省居民人均可支配收入从高速增长阶段逐步过渡到高质量增长阶段，增速明显放缓。“十三五”时期(2016—2020 年)年均名义增速 6.6%，比“十二五”时期(2011—2015 年)慢 5.0 个百分点。受到新冠肺炎疫情影响，2020 年居民收入名义增速为 4.8%，实际增速仅为 2.5%，与其他年份相比明显偏低。虽然 2021 年名义增速有所回升，达到 7.8%，但与 2019 年相比，两年年均名义增速为 6.3%，基本与“十三五”时期年均名义增速持平。详见图 2。

与地区生产总值增速对比看，2012—2021 年，吉林省居民人均可支配收入年均实际增速为 5.5%[①]，比地区生产总值年均增速快 0.1 个百分点，两者基本保持同步。收入实际增速(以下如

① 此文中的所有十年平均增速类数据均以 2012 年新口径为基期进行计算，2012 年数据均为新口径。

无特别说明，均为同比名义增速）除 2013 年、2015 年和 2016 年外，其余 7 年均快于地区生产总值增速。详见表 1。

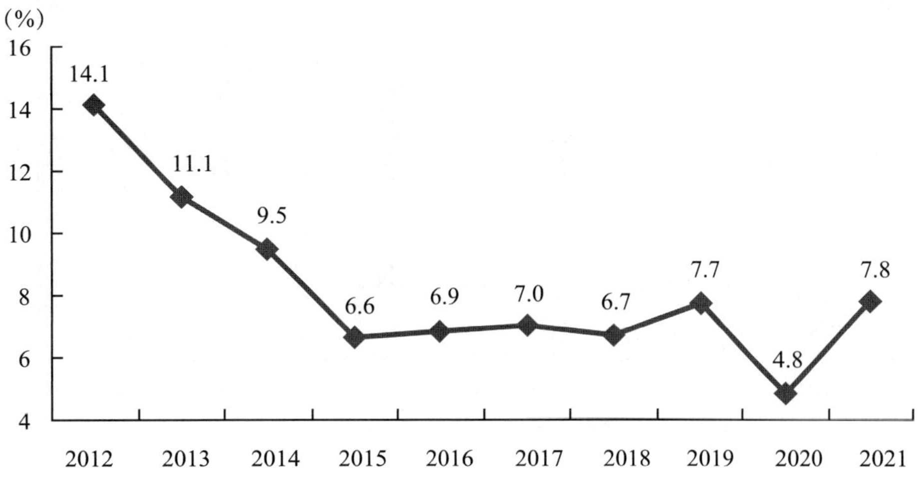

图 2　2012—2021 年全省居民收入增速情况

表 1　2012—2021 年吉林省居民人均可支配收入与地区生产总值增速对比情况

单位：%

年　份	地区生产总值增速	年均增速	全体居民收入实际增速	年均实际增速
2012	8.9	5.4	11.3	5.5
2013	8.5		8.0	
2014	6.3		7.4	
2015	6.1		4.9	
2016	6.5		5.2	
2017	5.2		5.3	
2018	4.4		4.5	
2019	3.0		4.6	
2020	2.3		2.5	
2021	6.6		6.9	

（二）城乡居民收入特色明显

吉林省城镇居民人均可支配收入从 2012 年的 19352 元增加到 2021 年的 35646 元，分别在 2013 年和 2018 年突破 2 万元和 3 万元。详见图 3。工资性收入是我省城镇居民可支配收入中最主要的组成部分，比重始终保持在六成左右，并呈现逐年提升的趋势。2021 年城镇居民工资性收入占比为 63.2%，较 2012 年提升 2.8 个百分点。经营净收入、财产净收入和转移净收入等其他三项收入比重分别下降 0.8 个、0.5 个和 1.5 个百分点。

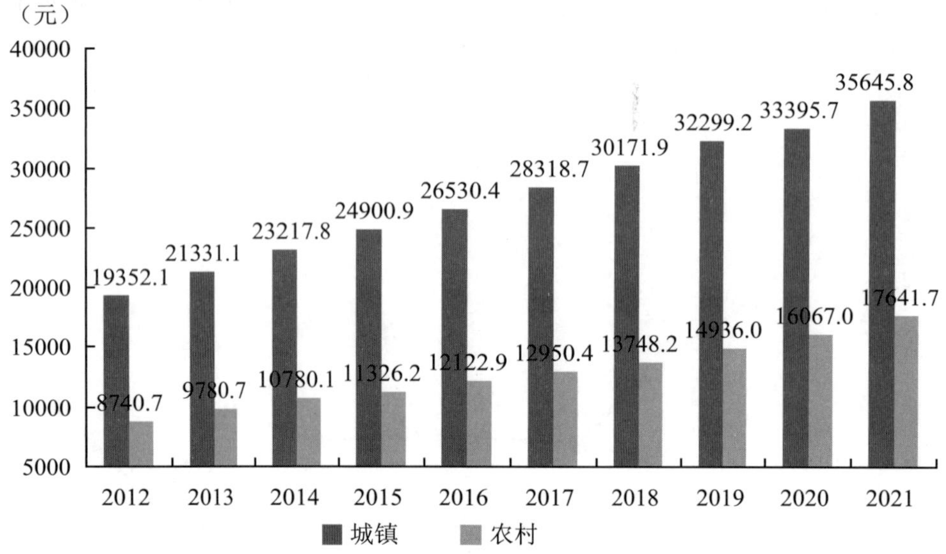

图3　2012—2021年我省城乡居民收入情况

吉林省农村居民人均可支配收入从2012年的8741元增加到2021年的17642元。继2014年突破1万元大关后，2020年突破1.5万元。从收入四项结构来看，经营净收入在我省农村居民可支配收入中占比最高，但呈现逐年下降的趋势。从2012年的66.8%下降到2021年的57.6%。同时，工资性收入、财产净收入和转移净收入比重均稳步提升，且工资性收入占比提升最为明显，从2012年的15.1%提高到2021年的24.4%。我省农村居民可支配收入来源已从由经营净收入"一枝独秀"向由工资性收入、经营净收入和转移净收入"三足鼎立"局面转变，收入结构不断优化。

（三）城乡居民收入相对差距持续缩小

从历年增速来看，除2015年和2018年城镇居民收入增速高于农村居民，其他年份农村居民收入增速均快于城镇居民。从年均增速来看，2012—2021年，农村居民收入年均增速为8.1%，比城镇居民年均增速快1.1个百分点。详见表2。城乡居民收入相对差距逐年缩小，城乡收入比（以农村收入为1）从2012年的2.21∶1降至2021年的2.02∶1，缩小0.19。

表2　2012—2021年吉林省城乡居民收入增速对比情况

单位：%

年　份	城镇增速	年均增速	农村增速	年均增速
2012	13.6	7.0	14.5	8.1
2013	10.2		11.9	
2014	8.8		10.2	
2015	7.2		5.1	
2016	6.5		7.0	
2017	6.7		6.8	
2018	6.5		6.2	
2019	7.1		8.6	
2020	3.4		7.6	
2021	6.7		9.8	

二、2021 年吉林省城乡居民收入特点

2021 年，全省城镇居民人均可支配收入 35646 元，比上年名义增长 6.7%，扣除价格因素后，同比实际增长 6.2%；农村居民人均可支配收入 17642 元，比上年名义增长 9.8%，扣除价格因素，同比实际增长 8.7%。

（一）城镇居民收入特点

2021 年，全省城镇居民可支配收入四项构成均呈增长态势，其中，工资性收入稳定增长，经营净收入和财产净收入均保持两位数增长，转移净收入小幅增长。详见表 3。

表 3　2021 年吉林省城镇居民人均可支配收入情况

单位：元、%

指　　标	2021 年	2020 年	增速	拉动增长	贡献率	构成
可支配收入	35646	33396	6.7	—	—	100.0
工资性收入	22523	20991	7.3	4.6	68.1	63.2
经营净收入	3468	2987	16.1	1.4	21.4	9.7
财产净收入	1767	1603	10.2	0.5	7.3	5.0
转移净收入	7887	7814	0.9	0.2	3.2	22.1

1.工资性收入稳定增长。全省城镇居民人均工资性收入 22523 元，同比增长 7.3%。贡献率为 68.1%，拉动可支配收入增长 4.6 个百分点，贡献率最大，拉动力最强，是收入增长的“压舱石”。

2.经营净收入贡献突出。全省城镇居民人均经营净收入 3468 元，同比增长 16.1%，与 2019 年相比，两年平均增长 10.2%①，贡献率为 21.4%，拉动可支配收入增长 1.4 个百分点。

3.财产净收入成为新增长点。全省城镇居民人均财产净收入 1767 元，同比增长 10.2%，贡献率为 7.3%，拉动可支配收入增长 0.5 个百分点。

4.转移净收入略有增长。全省城镇居民人均转移净收入 7887 元，同比增长 0.9%，贡献率为 3.2%，拉动可支配收入增长 0.2 个百分点。

（二）农村居民收入特点

抽样调查数据显示，2021 年，全省农村居民四项收入全面增长。其中，经营净收入两位数增长，工资性收入、财产净收入和转移净收入则是平稳增长。详见表 4。

表 4　2021 年吉林省农村居民人均可支配收入情况

单位：元、%

指　　标	2021 年	2020 年	增速	拉动增长	贡献率	构成
可支配收入	17642	16067	9.8	—	—	100.0
工资性收入	4302	4019	7.0	1.8	18.3	24.4
经营净收入	10161	9141	11.2	6.4	64.7	57.6
财产净收入	388	365	6.4	0.1	1.4	2.2
转移净收入	2791	2543	9.8	1.5	15.7	15.8

① 两年平均增速是指以 2019 年相应同期数为基数，采用几何平均的方法计算的增速。

1. 工资性收入恢复明显。全省农村居民人均工资性收入 4302 元，同比增加 283 元，增长 7.0%，拉动可支配收入增长 1.8 个百分点，贡献率为 18.3%。

2. 经营净收入增长迅速。全省农村居民人均经营净收入 10161 元，同比增长 11.2%，比重为 57.6%，贡献率最大，达到 64.7%，是农村居民收入中最重要的组成部分。经营净收入增长得益于第一产业和第三产业经营净收入的快速增长。其中，农业经营净收入 8487 元，同比增长 16.1%，两年平均增长 13.0%。吉林省以玉米、水稻为主要粮食作物的粮食产量突破 800 亿斤，有力促进经营净收入大幅提高。

3. 财产净收入小幅爬升。全省农村居民人均财产性净收入 388 元，同比增长 6.4%。人均转让承包土地经营权租金收入是其主要组成部分，达到 341 元，同比增长 7.1%。

4. 转移净收入稳步增长。全省农村居民人均转移净收入 2791 元，同比增长 9.8%。其中现金政策性惠农补贴 1184 元，同比增长 1.8%，转移净收入增长主要来源于中央财政对我省实际种粮农民及时拨付一次性补贴 10.5 亿元，起到了稳定农民收入，保护农民种粮积极性的正面作用。

三、近十年来吉林省居民消费情况

(一)居民消费波动中增长

2012—2021 年，我省居民人均消费支出总体保持增长态势。2021 年，我省居民人均消费支出为 19605 元，较 2012 年的 10737 元提高了 8868 元，累计增长 82.6%，年均增长 6.9%。其中，城镇居民人均消费支出为 24421 元，较 2012 年的 14621 元提高了 9800 元，累计增长 67.0%，年均增长 5.9%；农村居民人均消费支出为 13411 元，较 2012 年的 6307 元提高了 7104 元，累计增长 126.4%，年均增长 8.7%。在 2017 年，城镇居民人均消费支出突破 2 万元，农村人均消费支出突破 1 万元。详见图 4。

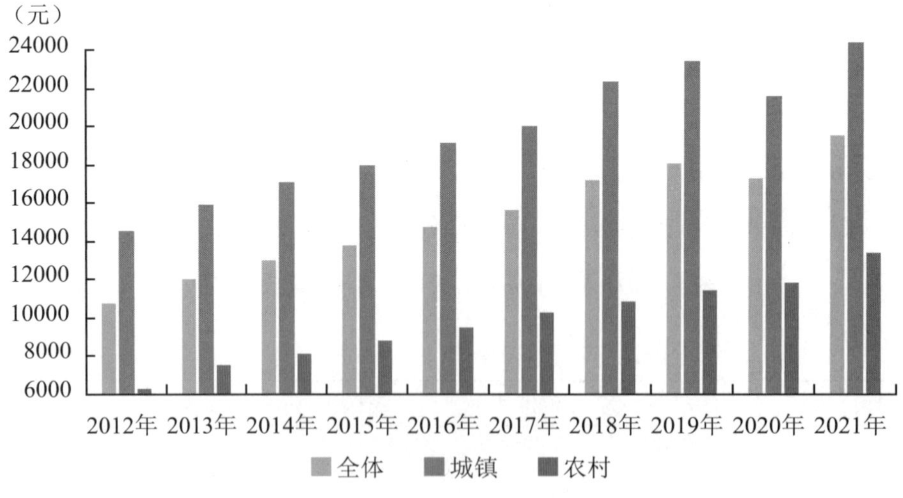

图 4　2012—2021 年吉林省全体及城乡居民人均消费支出情况

(二)消费升级趋势明显

2012—2021 年，我省居民人均消费支出消费升级趋势明显，逐步从生存型消费向发展型消费过渡。以食品烟酒、衣着和居住为主的生存型消费比重呈现下降趋势，从2012年的58.7%，下降至2021年的53.8%，下降了4.9个百分点，其中人均食品烟酒支出占消费支出的比重（恩格尔系数）下降2.2个百分点。与此同时，发展型消费上升4.9个百分点。享受型消费比重保持稳定，2021年达到1622元，累计增长82.0%。详见表5。

表5 2012—2021年吉林省居民消费构成情况

单位：元、%

年份	居民消费支出	生存型消费			发展型消费		享受型消费	
		绝对值	比重	恩格尔系数	绝对值	比重	绝对值	比重
2012	10737	6303	58.7	30.3	3543	33.0	891	8.3
2013	12054	6909	57.3	27.3	4220	35.0	926	7.7
2014	13026	7322	56.2	27.1	4645	35.7	1059	8.1
2015	13764	7631	55.4	26.8	5021	36.5	1112	8.1
2016	14773	8010	54.2	26.7	5605	37.9	1158	7.8
2017	15632	8435	54.0	26.5	5965	38.2	1232	7.9
2018	17200	9109	53.0	25.7	6685	38.9	1406	8.2
2019	18075	9434	52.2	25.9	7129	39.4	1513	8.4
2020	17318	9764	56.4	29.0	6159	35.6	1395	8.1
2021	19605	10553	53.8	28.1	7430	37.9	1622	8.3

（三）城乡居民消费支出相对差距缩小

2012—2021年，农村居民消费支出年均增速比城镇居民消费支出年均增速快2.8个百分点。2020年受新冠肺炎疫情影响，城镇居民消费支出较2019年下降7.6%，农村居民消费支出较2019年仅增长3.6%，消费热情和动力受到了明显抑制。进入2021年，城乡居民消费呈现明显复苏态势，2019—2021年城镇和农村居民消费支出分别年均增长2.2%和8.2%，农村居民消费复苏明显快于城镇居民。在城乡居民收入相对差距逐年缩小的同时，城乡居民消费比（以农村消费支出为1）从2012年的2.32∶1降至2021年的1.82∶1，缩小0.5，降幅较为明显。

四、2021年吉林省城乡居民消费特点

2021年，全省城镇居民人均消费支出24421元，比上年名义增长12.9%，扣除价格因素后，同比实际增长12.3%；全省农村居民人均消费支出为13411元，同比增长13.0%，扣除价格因素，同比实际增长11.9%。

（一）城镇居民消费特点

1. 八项支出全面增长。抽样调查数据显示，全省城镇居民八大类消费支出全面增长。详见表6。

表6　2021年吉林省城镇居民人均消费支出情况

单位:元、%

指　　标	2021年	2020年	增幅	构成
居民人均消费支出	24421	21623	12.9	100.0
食品烟酒	6623	6041	9.6	27.1
衣着	1783	1750	1.9	7.3
居住	4937	4597	7.4	20.2
生活用品及服务	1377	1236	11.4	5.6
交通通信	3225	2770	16.4	13.2
教育文化娱乐	2969	2188	35.7	12.2
医疗保健	2701	2396	12.7	11.1
其他用品和服务	805	645	24.9	3.3

2. 基本生活类消费比重下降。吃穿住等基本生活类消费比重略有下降。食品烟酒支出、衣着支出、居住支出合计占比54.6%,较上年下降2.7个百分点。其中人均食品烟酒支出占消费支出的比重(恩格尔系数)较上年下降0.8个百分点。

3. 服务类消费支出较快反弹。2020年服务类消费支出受新冠肺炎疫情影响较大,2021年呈现快速反弹态势。全年人均服务性消费支出10477元,同比增长19.5%,增速高于人均消费支出6.6个百分点,高于商品性消费支出10.7个百分点。

(二)农村居民消费特点

1. 消费支出复苏有力。全省农村居民人均八大类消费支出复苏有力。详见表7。

表7　2021年吉林省农村居民人均消费支出情况

单位:元、%

指　　标	2021年	2020年	增幅	构成
居民人均消费支出	13411	11864	13.0	100.0
食品烟酒	4055	3731	8.7	30.2
衣着	784	716	9.5	5.8
居住	2126	1993	6.7	15.9
生活用品及服务	574	489	17.3	4.3
交通通信	1923	1899	1.3	14.3
教育文化娱乐	1698	1177	44.2	12.7
医疗保健	1923	1568	22.6	14.3
其他用品和服务	328	290	13.3	2.4

2. 发展型消费增长成为亮点。从消费用途看,教育文化娱乐等发展性消费支出合计比重41.3%,较上年同期上升2.2个百分点。农村居民的基本生活需求逐渐满足,更多消费投入到改善生活质量之中。

3. 服务性消费恢复较慢。2021年,全省农村居民服务性消费支出4913元,同比增长23.3%,增速快于消费支出10.3个百分点,但两年平均增速为4.9%,慢于消费支出3.3个百分点；占消费支出比重 36.6%，比上年高 3.0 个百分点，但比 2019 年低 2.4 个百分点。

五、近十年吉林省居民生活状况

（一）食品消费理念转变，饮食结构均衡健康

一是蔬菜、禽、肉、蛋的消费量不断提高。2021 年，全省居民人均食品烟酒消费支出 5499 元，比 2012 年增加了 2241 元，累计增长 68.8%，年均增长 6.0%。城镇居民人均蔬菜消费量由 2012 年的 107.7 公斤提升到 2021 年的 113.0 公斤，人均禽类消费量由 2012 年的 5.5 公斤提升到 2021 年的 7.0 公斤，牛羊肉人均消费量由 2012 年的 3.2 公斤提升到 2021 年的 5.2 公斤；蛋类人均消费量由 2012 年的 11.1 公斤提升到 2021 年的 15.0 公斤。农村居民人均禽类消费量由 2012 年的 3.8 公斤提升到 2021 年的 7.4 公斤，牛羊肉人均消费量由 2012 年的 0.6 公斤提升到 2021 年的 1.9 公斤；蛋类人均消费量由 2012 年的 7.9 公斤提升到 2021 年的 13.6 公斤。

二是在外用餐支出增加迅速。2021 年，全省居民人均在外饮食支出为 898 元，比 2013 年[①]增加 419 元，累计增长 86.4%，年均增长 7.2%。其中，城镇居民人均在外饮食支出由 2013 年的 760 元增加到 2021 年的 1368 元，累计增长 80.2%，年均增长 6.8%；农村居民人均在外饮食支出由 2013 年的 153 元增加到 2021 年的 293 元，增长 91.1%，年均增长 7.5%。

（二）居住条件向好，生活品质攀升

2021 年全省居民家庭人均居住支出为 3707 元，较 2012 年增加 1834 元，累计增长 98.0%，年均增长 7.9%。

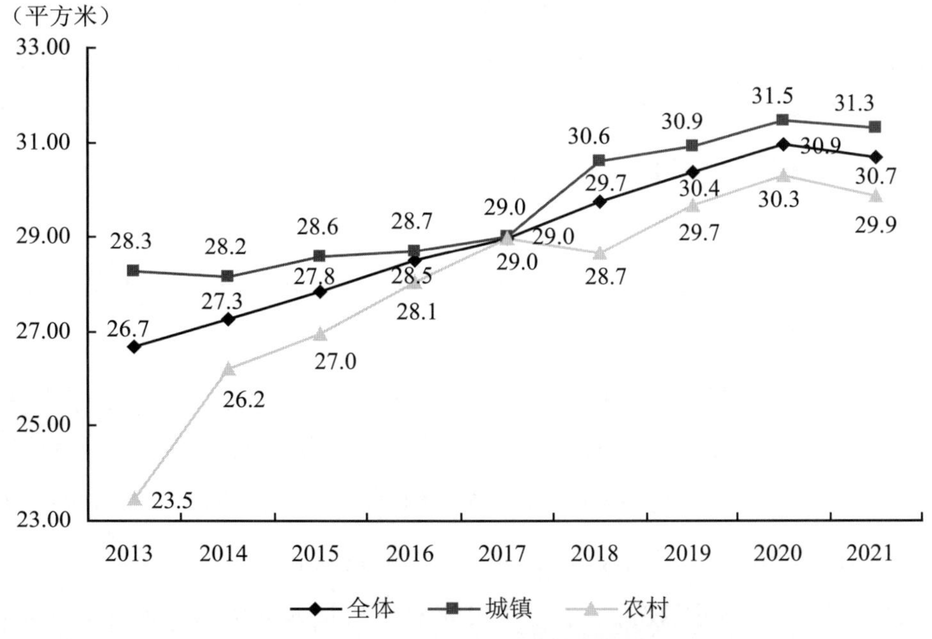

图 5　2013—2021 年吉林省居民住房建筑面积

从居住条件和配套设施来看，2021 年，城镇和农村居民住房使用净化后自来水或受保护河水

① 因 2012 年城乡住户调查指标尚未统一设置，故部分指标以 2013 年新口径数据作为基期进行比较

的户比重为99.3%和98.1%,分别比2013年提高3.7个和21.7个百分点。2021年,城镇和农村地区有95.5%和78.6%的户所在社区饮用水经过集中净化处理,分别比2013年提高0.2个和47.4个百分点。城镇和农村地区有98.9%和94.6%的户所在社区垃圾能够做到集中处理,分别比2013年提高4.2个和67.6个百分点。城镇和农村地区有96.2%和56.4%的户所在社区或自然村主要道路有路灯,分别比2013年提高了8.4个和41.5个百分点。

从居住面积和住房结构来看,2021年,吉林省居民人均住房建筑面积为30.7平方米,比2013年增加4.0平方米。其中,城镇居民人均住房建筑面积为31.3平方米,农村居民人均住房建筑面积为29.9平方米,分别比2013年增加3.0平方米和6.4平方米。详见图5。城镇和农村居民居住在钢筋混凝土或砖混材料结构住房的户比重为91.4%和39.5%,分别比2013年提高8.4个和27.6个百分点。

(三)公共服务升级,便民生活提质

从安全条件来看,2021年,城镇和农村地区有77.2%和77.5%的户所在社区有专职保卫人员,分别比2013年提高23.7个和32.4个百分点。

从医疗条件看,2021年,城镇和农村地区有81.8%和97.0%的户所在社区有卫生站,分别比2013年提高13.9个和29.2个百分点。城镇和农村地区所在社区有专门行医人员的比例为89.2%和93.2%,分别比2013年提高1.2个和6.8个百分点。

从教育条件来看,2021年,城镇和农村地区有98.6%和90.1%的户所在社区可以便利地上幼儿园或学前班,分别比2013年提高了53.0个和54.9个百分点;城镇和农村地区有98.5%和93.1%的户所在社区可以便利地上小学,分别比2013年提高了58.9个和50.3个百分点。

从娱乐条件来看,2021年,城镇、农村地区有93.9%和85.1%的户所在社区或自然村有健身器材,分别比2013年提高25.7个和70.4百分点;城镇、农村地区有77.6%和24.4%的户所在社区或自然村有绿化园林景观,分别比2013年提高28.3个和35.1个百分点。

(四)出行能力增强,信息化程度提高

2021年,我省居民人均交通通信消费支出为2656元,比2012年的1204元增加1451元,累计增长120.5%,年均增长9.2%,

2021年,城镇居民每百户汽车拥有量为40.5辆,比2012年增加27.5辆,增长2.1倍;农村居民平均每百户汽车拥有量为28.9辆,比2012年增加23.1辆,增长3.9倍。城镇居民每百户移动电话拥有量为229.4部,比2012年增加6.3部,增长2.8%;农村居民每百户移动电话拥有量为243.7部,比2012年增加30.8部,增长14.5%。城镇居民家庭手机接入互联网比例达到93.7%,比2012年提升86.9个百分点;农村居民家庭手机接入互联网比例达到86.8%,比2012年提升75.1个百分点。

六、展望与建议

(一)增收政策建议

1. 稳定提高工资性收入,拓宽就业渠道。

增加工资性收入是增收最直接的手段。一是重点提高机关事业单位工资收入水平,特别是提高绩效标准和扩大受益覆盖面。二是进一步减税降费,引导企业尤其是私营企业提高职工收入。三是建立和完善收入与劳动生产率以及物价同步增长机制,形成制度化常规化的调整机制并确保政策贯彻落实。

2. 打造良好营商环境,壮大民营经济。

进一步打造审批最少、流程最优、体制最顺、机制最活、效率最高、服务最好的一流营商环境,为民营经济的发展提供便利和实惠,让更多立足于国内市场尤其是我省市场的民营企业留得住,干得好,从而将经营净收入增长打造成居民增收重要增长突破点。

3. 优化产业结构,加速推进产业融合发展。

要大力推广"梨树模式",坚定不移保护好黑土地,确保实现粮食生产优质化、健康化的基础上,加速农产品加工业转型升级,提高产品附加值,引领产业融合发展。深度挖掘休闲农业潜力,逐步提高休闲农业产业质量,使之成为产业融合的主要业态、发展的重要载体。

(二)提振消费信心举措

1. 引导线上消费,保障线下安全消费环境。

要积极引导线上消费,创新消费形式,依托网络载体扩大消费。推进网络直播带货等电商新模式,充分发挥电子商务等在线服务新业态。丰富互联网产品尤其是文化产品例如网络影视会员等内容,对冲疫情影响。

2. 倡导现代消费理念,营造良好消费环境。

通过媒体宣传、政策支持、举办展览等方式,尽快转变城镇居民消费观念,大力提倡现代消费、绿色消费观念。鼓励在有较稳定收入来源的条件下适度超前消费,提前提高生活水平和质量。提倡在充分合理利用社会资源和个人、家庭资源的基础上积极享受生活,促进消费结构升级。

(执笔人:国家统计局吉林调查总队 王阔)

黑龙江居民收支与生活状况报告

十八大以来，黑龙江省委、省政府深入贯彻落实习近平重要指示批示精神，坚持把经济发展和改善民生作为振兴龙江发展的重要工作，立足于稳就业、保民生，城乡居民收入水平持续较快增长，消费水平稳步提高，消费结构优化升级，生活质量明显提升。

一、城乡居民收入稳步增长

（一）十八大以来城乡居民收入迈上新台阶

2012—2021年，黑龙江省全体居民人均可支配收入由14302元增加到27159元，增长89.9%，年均增长7.4%，其中，2021年，黑龙江省全体居民人均工资性收入12560元，比2012年增长68.3%，占可支配收入比重由2012年的52.2%下降到46.2%；人均经营净收入5540元，比2012年增长68.6%，占可支配收入比重由2012年的23.0%下降到20.4%；人均财产净收入1251元，比2012年增长72.3%，占可支配收入比重由2012年的5.1%下降到4.6%；人均转移净收入7807元，比2012年增长1.8倍，占可支配收入比重由2012年的19.8%增加到28.7%。人均转移净收入所占比重大幅度增加，促使全体居民人均可支配收入结构变化。转移净收入受历年来政策影响，包括企业及机关事业退休人员基本养老金标准上调，失业保险金标准提高等方面，促使人均转移净收入占比较大幅度提升。

2012—2021年，城镇居民人均可支配收入由18894元增加到33646元，增长78.1%，年均增长6.6%，其中，2021年，黑龙江省城镇居民人均工资性收入19025元，比2012年增长59.0%，占可支配收入比重由2012年的63.3%下降到56.5%；人均经营净收入2872元，比2012年增长55.4%，占可支配收入比重由2012年的9.8%下降到8.5%；人均财产净收入1350元，比2012年增长51.2%，占可支配收入比重由2012年的4.7%下降到4.0%；人均转移净收入10399元，比2012年增长1.5倍，占可支配收入比重由2012年的22.1%增加到30.9%。

2012—2021年，农村居民人均可支配收入由8367元增加到17889元，增长1.1倍，年均增长8.8%。其中，2021年，黑龙江省农村居民人均工资性收入3322元，比2012年增长1.0倍，占可支配收入比重由2012年的19.5%下降到18.6%；人均经营净收入9354元，比2012年增长81.8%，占可支配收入比重由2012年的61.5%下降到52.3%；人均财产净收入1109元，比2012年增长1.2倍，占可支配收入比重由2012年的6.1%增加到6.2%；人均转移净收入4104元，比2012年增长2.8倍，占可支配收入比重由2012年的12.9%增加到22.9%。由于脱贫攻坚成效显著，近些年农村居民可支配收入增速明显快于城镇居民，城乡居民人均可支配收入比由2012年的2.3：1缩小到2021年的1.9：1，城乡居民人均可支配收入差距逐步缩小。

表 1　2012 年和 2021 年黑龙江省城乡居民人均可支配收入及增速

指　　标	全体居民			城镇居民			农村居民		
	2012 年水平（元）	2021 年水平（元）	增速（%）	2012 年水平（元）	2021 年水平（元）	增速（%）	2012 年水平（元）	2021 年水平（元）	增速（%）
可支配收入	14302	27159	89.9	18894	33646	78.1	8367	17889	113.8
工资性收入	7462	12560	68.3	11972	19025	59.0	1635	3322	103.2
经营净收入	3286	5540	68.6	1848	2872	55.4	5144	9354	81.8
财产净收入	726	1251	72.3	893	1350	51.2	511	1109	117.2
转移净收入	2827	7807	176.2	4181	10399	148.6	1077	4104	281.1

(二)2021 年黑龙江省城乡居民收入稳步增长

2021 年，黑龙江省全体居民人均可支配收入达到 27159 元，同比增长 9.1%，与 2019 年同期相比年均增长 5.8%。

表 2　2020—2021 年黑龙江省全体居民人均可支配收入来源及增速

年　份	工资性收入		经营净收入		财产净收入		转移净收入	
	水平(元)	增速(%)	水平(元)	增速(%)	水平(元)	增速(%)	水平(元)	增速(%)
2020	11561	−1.6	5122	2.4	1126	1.2	7093	11.1
2021	12560	8.6	5540	8.2	1251	11.1	7807	10.1

(三)2021 年黑龙江省城镇居民人均可支配收入增势强劲

2021 年，黑龙江省城镇居民人均可支配收入达到 33646 元，同比增长 8.1%，与 2019 年同期相比年均增长 4.3%。

从收入构成看，工资性收入和转移性收入是城镇居民人均可支配收入的主要来源，两者占可支配收入比重分别为 56.5%、30.9%；人均经营净收入占可支配收入比重为 8.5%，人均财产净收入占比为 4.0%。

表 3　2020—2021 年黑龙江省城镇居民人均可支配收入来源及增速

年　份	工资性收入		经营净收入		财产净收入		转移净收入	
	水平(元)	增速(%)	水平(元)	增速(%)	水平(元)	增速(%)	水平(元)	增速(%)
2020	17543	−1.6	2753	−19.6	1324	−3.2	9495	14.0
2021	19025	8.4	2872	4.3	1350	2.0	10399	9.5

1. 经济向好叠加政策效应，推动工资性收入同比增长 8.4%。2021 年，城镇居民人均工资性收入为 19025 元，同比增长 8.4%，拉动可支配收入增长 4.8 个百分点，对可支配收入增长的贡献率达到 58.5%。拉动工资性收入增长的主要因素：一是就业形势整体向好。2021 年，黑龙江省不断健全稳就业工作推进机制，持续推进就业工作扩容提质，突出抓好高校毕业生、农民工和下岗失业人员等重点群体就业，牢牢兜住民生底线，整体就业形势向好。二是行政事业单位工资标

准上调。三是部分地区提高了取暖补贴标准。四是资源型企业效益提升，职工工资及奖金增加。2020年受新冠疫情影响，煤炭企业处于停产停工状态，2021年煤炭企业陆续恢复正常生产，工资性收入稳步提升。五是2021年4月1日起提高全省最低工资标准。

2. 充分发挥地方财政作用，经营净收入增长4.3%。2021年，城镇居民人均经营净收入为2872元，比上年同期增长4.3%，拉动可支配收入增长0.4个百分点。一是实施提质扩容政策，释放消费拉动作用。从2020年下半年开始，全省在零售、餐饮、住宿、汽车、旅游和5G手机等惠民消费领域开展系列活动激发消费。2021年一季度、四季度政府联合"云闪付"等平台发放消费券，促进城镇居民节日及疫情期间的消费，稳定相关企业及个体工商户增收。二是持续优化营商环境，打造优质服务品牌。全面落实减税降费政策，缓交税费帮助制造业中小微企业缓解资金压力。有效提升民营企业融资便利度和获得率，进一步提高政务服务标准化质量，聚焦企业生产经营的难点痛点堵点，对重点领域、重点行业、重点部门开展专项监督。三是疫情影响较上年同期减弱。2020年受疫情影响，多数企业及服务行业处于停产停工状态且持续时间较长。2021年疫情只涉及省内部分市县，对整体经济运行影响较小，全省多数市县小微企业及个体工商户正常营业，收入趋于稳定，推动城镇居民人均经营净收入增长。

3. 疫情防控得力市场回暖，财产净收入同比增长2.0%。2021年，全省各地疫情防控态势好于上年同期，社会生产生活秩序保持平稳，房屋出租市场在灵活就业人员从业和高校正常开学复课的不间断需求带动下，表现好于上年同期。2021年，城镇居民人均财产净收入为1350元，比上年同期增长2.0%，拉动可支配收入增长0.1个百分点。

4. 民生保障水平提升，转移净收入增长9.5%。2021年，黑龙江省上调企业及机关事业退休人员基本养老金标准、低保和特困人员救助供养标准、失业保险金标准和部分地区的边民补贴、医疗补贴，同时，政府出台政策积极做好困难群众基本生活保障。2021年，城镇居民人均转移净收入为10399元，同比增长9.5%，拉动可支配收入增长2.9个百分点，对可支配收入增长的贡献率达到35.7%。

（四）农村居民人均可支配收入呈全面增长态势

2021年，黑龙江省农村居民人均可支配收入实现17889元，同比增长10.6%，与2019年同期相比年均增长9.3%。

从收入构成看，2021年，农村居民人均经营净收入和转移净收入占可支配收入比重分别为52.3%、22.9%，对可支配收入增长的贡献率合计达到74.9%；工资性收入占比为18.6%，同比减少0.9个百分点；财产净收入占比为6.2%，同比增加1.0个百分点。

表4　2020—2021年黑龙江省农村居民人均可支配收入来源及增速

年　份	工资性收入		经营净收入		财产净收入		转移净收入	
	水平(元)	增速(%)	水平(元)	增速(%)	水平(元)	增速(%)	水平(元)	增速(%)
2020	3152	−5.3	8452	17.5	848	11.7	3716	0.5
2021	3321	5.4	9354	10.7	1109	30.9	4104	10.4

1. 多措并举，推动农村居民人均工资性收入稳步增长。2021年，省政府相关职能部门，聚力农民增收，持续推动农民转移就业，针对春节期间和疫情影响，采取积极措施，促进稳定就业。2021年，农村居民人均工资性收入为3321元，同比增长5.4%，拉动可支配收入增长1.1个百分点，对可支配收入增长的贡献率为9.9%。

2. 农牧业增产增量，带动经营净收入增长。2021年，农村居民人均经营净收入为9354元，同比增长10.7%，拉动可支配收入增长5.6个百分点，对可支配收入增长的贡献率为52.4%。一是2021年黑龙江省粮食生产再次实现丰产丰收。粮食总产创历史新高，达到1573.54亿斤，占全国的11.5%，新增粮食产量65.34亿斤，占全国增量的24.5%。二是2021年玉米、大豆价格持续上涨。三是牧业养殖保持良好势头。2021年，随着生猪生产加快恢复，出栏量快速增长，生猪养殖利润处于历史较高水平。同时，牛、羊及家禽价格上涨，鸡蛋价格高位运行。

3. 转包土地收入增长是农村居民人均财产净收入主要因素。2021年，农村居民人均财产净收入为1109元，同比增长30.9%，拉动可支配收入增长1.6个百分点，对可支配收入增长的贡献率为15.2%。由于玉米、大豆价格持续上涨，带动了土地流转价格的整体上涨。2021年水田平均承包价格较上年增长10%左右，旱田平均承包价格较上年增长30%左右。

4. 播种面积增加，带动惠农补贴增加。2021年，农村居民人均转移净收入为4104元，同比增长10.4%，拉动可支配收入增长2.4个百分点，对可支配收入增长的贡献率为22.5%。2021年粮食作物种植面积达到1826.95万亩，占全国的12.4%，较上年增加169.35万亩，占全国增量的13.1%。播种面积增加，带动惠农补贴增加。同时，新增一次性农资价格补贴，带动农村居民人均转移净收入增加。

二、居民消费能力持续增强

（一）十八大以来黑龙江省城乡居民消费活力增强，消费结构发生改变

十八大以来，黑龙江省城乡居民收入稳步增长，为生活改善奠定坚实基础，消费质量持续提升，消费结构不断优化。2012—2021年，黑龙江省全体居民人均消费支出由10750元增加到20636元，增长92.0%，年均增长7.5%。一是吃、穿、用等生活型消费支出结构占比小幅收窄。2021年全省全体居民人均食品烟酒消费支出6282元，占生活消费支出比重为30.4%，比2012年增加0.3个百分点。衣着消费十年变化不大，但占消费支出总额下降幅度较大，2021年全省全体居民人均衣着消费支出1466元，占生活消费支出比重为7.1%，比2012年降低4.6个百分点。2021年全省全体居民人均生活用品及服务消费支出1041元，占生活消费支出比重为5.0%，比2012年降低0.3个百分点。2021年全省全体居民人均其他用品及服务消费支出514元，占生活消费支出比重为2.5%，比2012年降低0.4个百分点。二是居住、交通通信、教育文化娱乐、医疗保障等发展型消费支出平稳增长。全省全体居民居住消费支出近年增长趋缓，2021年全省全体居民人均居住消费支出3843元，占生活消费支出比重为18.6%，比2012年降低0.4个百分点。2021年全省全体居民人均交通通讯消费支出达到2761元，占生活消费支出比重为13.4%，比

2012年增加2.7个百分点。近年来受疫情以及“双减”政策深入落实影响，教育文化娱乐支出增长趋缓，2021年结构占比与十年前相比仅增加0.1个百分点。2021年全省全体居民人均医疗保健支出2475元，占生活消费支出比重为12.0%，比2012年增加2.4个百分点。

城镇居民人均消费由14398增加到24422元，增长69.6%，年均增长6.0%。农村居民人均消费支出由6035元增加到15225元，增长1.5倍，年均增长10.8%，比城镇居民消费支出年均增幅高4.8个百分点，城乡居民消费差距逐步缩小，由2012年的2.4∶1缩小到1.6∶1。

表5　2012年和2021年黑龙江省城乡居民人均消费支出及增速

指　标	全体居民			城镇居民			农村居民		
	2012年水平（元）	2021年水平（元）	增速（%）	2012年水平（元）	2021年水平（元）	增速（%）	2012年水平（元）	2021年水平（元）	增速（%）
居民人均消费支出	10750	20636	92.0	14398	24422	69.6	6035	15225	152.3
食品烟酒	3236	6282	94.1	4205	7095	68.7	1983	5120	158.1
衣着	1256	1466	16.8	1817	1780	−2.0	530	1018	91.9
居住	2045	3843	87.9	2867	4945	72.5	983	2268	130.7
生活用品及服务	573	1041	81.6	816	1293	58.4	259	680	162.8
交通通信	1144	2761	141.4	1518	3093	103.7	659	2288	247.0
教育文化娱乐	1162	2254	94.0	1470	2715	84.7	763	1596	109.2
医疗保健	1027	2475	140.9	1254	2851	127.3	734	1939	164.0
其他用品和服务	308	514	67.1	450	651	44.7	124	318	157.0

（二）2021年黑龙江省城乡居民消费逐渐回暖

随着居民收入持续稳定恢复，各相关部门和企业多措并举推动消费扩容提质升级，在零售、餐饮、住宿、汽车及旅游等民生消费领域开展系列活动的助力下，居民消费支出呈现恢复性快速增长。2021年，黑龙江省全体城乡居民人均生活消费支出为20636元，同比增长21.0%，与2019年同期相比年均增长6.7%，呈现恢复性快速增长态势。

表6　2021年黑龙江省城乡居民人均消费支出情况

指　标	全体居民		城镇居民		农村居民	
	水平（元）	增速（%）	水平（元）	增速（%）	水平（元）	增速（%）
居民人均消费支出	20636	21.0	24422	19.7	15225	23.2
食品烟酒	6282	18.8	7095	17.7	5120	20.6
衣着	1466	12.7	1780	10.2	1018	18.5
居住	3843	11.4	4945	11.1	2268	10.8
生活用品及服务	1041	16.2	1293	13.2	680	23.9
交通通信	2761	30.1	3093	26.9	2288	36.1
教育文化娱乐	2254	40.6	2715	43.6	1596	33.2
医疗保健	2475	22.3	2851	21.3	1939	24.1
其他用品和服务	514	37.3	651	34.6	318	44.0

（三）2021年黑龙江省城镇居民消费增长明显

2021年，黑龙江省城镇居民人均生活消费支出24422元，同比增长19.7%，主要原因是2020年疫情严重，城镇居民人均生活消费支出为负增长，2021年，黑龙江省疫情防控得力，消费市场持续回暖，城镇居民消费保持恢复性增长态势。其中，人均食品烟酒、衣着、居住和交通通信支出分别为7095元、1780元、4945元、3093元，占消费支出的比重合计高达69.3%。人均教育文化娱乐消费和医疗保健消费支出分别为2715元和2851元，占生活消费支出的比重分别为11.1%和11.7%。

1. 在外饮食快速增长拉动食品支出增长。2021年，城镇居民人均食品烟酒支出为7095元，同比增长17.7%，占生活消费支出比重为29.1%，同比下降0.5个百分点。其中，人均蔬菜和食用菌、肉类、蛋类、奶类分别同比增长3.3%、8.0%、6.2%、14.2%。随着疫情得到有效控制和生活节奏的改变，居民在外饮食持续恢复，外卖和在外饮食增多，人均其他在外饮食支出1459元，同比增长53.9%，是拉动食品消费增长的主要因素。

2. 民生消费支出稳定恢复。在疫情常态化防控大背景下，全省基本民生保障有力有效，城镇居民家庭日常生活有序恢复。2021年，城镇居民人均衣着支出为1780元，同比增长10.2%；人均居住支出为4945元，同比增长11.1%；人均生活用品及服务支出为1293元，同比增长13.2%；人均交通通信支出为3093元，同比增长26.9%；人均医疗保健支出为2851元，同比增长21.3%；人均其他用品及服务支出为651元，同比增长34.6%。

3. 教育文化娱乐支出大幅增长。受"双减政策"影响，学科类培训支出减少，但家长对孩子的素质教育更加重视，艺体类培训支出增多，另外，疫情有效控制下，文娱、旅游等活动也逐步恢复，带动教育文化娱乐支出大幅增长。2021年城镇居民人均教育文化娱乐支出为2715元，同比增长43.6%。

（四）2021年黑龙江省农村居民消费全面增长

随着疫情防控和民生保障有效推进，各项政策落地见效，促进农村居民基本生活消费继续较快增长，生活质量稳步改善。2021年，黑龙江省农村居民人均消费支出15225元，同比增长23.2%，与2019年同期相比年均增长10.4%。农村居民人均消费支出增速高于城镇居民3.5个百分点。

1. 食品烟酒消费支出是居民消费支出增长的主要支撑。随着经济的发展，农村居民的食品消费也在逐渐追求多样性和多元化，2021年，农村居民人均食品烟酒支出为5120元，同比增长20.6%，占农村人均生活消费比重为33.6%，同比减少0.7个百分点。其中，人均蔬菜和食用菌、肉类、水产品、蛋类、奶类、干鲜瓜果类同比分别增长20.9%、25.5%、20.3%、23.3%、35.2%、27.5%。

2. 居民医穿用住行消费支出稳定增长，基本生活消费得到有力保障。2021年，农村居民人均衣着支出为1018元，同比增长18.5%；人均居住支出为2268元，同比增长10.8%；人均生活用品及服务支出为680元，同比增长23.9%；人均交通通信支出为2288元，同比增长36.1%；人均医疗保健支出为1939元，同比增长24.1%；人均其他用品及服务支出为318元，同比增长44.0%。

3.“双减政策”下，教育文化娱乐支出持续增长。虽然下半年义务教育阶段“双减”政策的出台，校外学科培训支出有所减少，但在省内各院校全面复课的大环境下，叠加素质教育成为消费新热点等因素，居民教育消费支出较上年仍保持了较大幅度增长态势。2021年，农村居民人均教育文化娱乐支出为1596元，同比增长33.2%。

三、城乡居民生存环境持续改善

(一)十八大以来黑龙江省城乡居住环境和生活质量大幅提升

住房面积不断增加，2021年，城镇居民人均居住面积达到31.7平方米，比2012年增加5.9平方米；炊用能源不断优化，城镇居民炊用能源使用煤炭、石油气、管道煤气的比重分别占比1.2%、11.5%、2.2%，分别下降11.5、3.8、3.3个百分点。

2021年，农村居民人均居住面积达到32.7平方米，比2012年增加7.9平方米；住房建造为钢筋混凝土结构和砖混、砖木结构的住房占比94.9%，比2012年提高了10.9个百分点。住宅外道路路面情况是水泥或柏油路面的占比61.8%，比2012年增长21个百分点；主要饮用水来源情况是自来水占比87.8%，比2012年增长39个百分点；农村居民无厕所情况比重为0，比2012年下降0.4个百分点。

(二)常用家电基本普及，生活用品消费向智能化转型升级

随着新型技术的日趋成熟，城乡消费能力的增加，家庭耐用消费品逐步升级换代，耐用消费品需求也从实用型向智能化转变。2021年，每百户城镇居民家庭分别拥有家用汽车33台、洗衣机97台、电冰箱100台、计算机97台、空调19台、热水器81台、移动电话219部，分别比2012年增长371.4%、3.2%、12.4%、59.0%、90.0%、76.1%、14.1%。2021年，黑龙江省农村居民每百户分别拥有洗衣机95台、电冰箱103台、抽油烟机15台、微波炉5台和热水器12台，比2012年分别增长14.2%、35.2%、53.1%、28.2%和166.7%，常用家电基本上实现全面进入家庭并向智能化转型升级。

表7　2012年与2021年黑龙江城乡居民耐用消费品每百户拥有量

指　　标	单位	城镇居民		农村居民	
		2012年	2021年	2012年	2021年
摩托车	辆	9	5	56.4	41
家用汽车	辆	7	33	—	—
洗衣机	台	94	97	83.2	95
电冰箱	台	89	100	76.2	103
彩色电视机	台	108	100	108.8	100

续表

指　　标	单位	城镇居民		农村居民	
		2012 年	2021 年	2012 年	2021 年
计算机	台	61	97	—	16
照相机	台	27	5	3.3	1
微波炉	台	38	34	3.9	5
空调	台	10	19	—	—
热水器	台	46	81	4.5	12
移动电话	部	192	219	186.3	230
排油烟机	台	—	—	9.8	15

四、黑龙江城乡居民增收的难点

(一)疫情反复影响居民收入增长放缓

疫情反复对经济产业发展产生严重的负面影响，是限制经营生产、返岗复工主要原因，使得居民的就业时间大幅减少，增收渠道缩窄，从而导致居民经营净收入和工资性收入增收放缓。尤其是对服务业影响较为突出，其中影响最大的行业为旅游、餐饮娱乐、交通运输等行业，从业人员的工资性收入和经营净收入降低。

(二)政策性补贴对居民增收支撑趋弱

城镇居民转移净收入是拉动居民增收主要渠道之一，近年来政府提高养老金标准和其他政策性补贴标准确实对增收起到了一定的拉动作用，但结构较为单一，对居民增收的支撑力不足。当前养老金标准和各项惠民政策的补贴标准、补贴范围趋于稳定，拉动居民收入增长的政策效应已基本释放，短期内惠民政策难有大幅度提升，依旧主要依靠政策性调整工资收入，政策性补贴对居民增收的支撑力会逐步趋弱。

(三)生产资料成本制约生产经营增收

粮食价格和农资价格都关系到农民的“钱袋子”，对农民而言，粮食价格越高，农资价格越低，才能实现农业生产经营增收。但当前农资价格涨幅明显，特别是 2021 年以来，种子、化肥及农用柴油价格快速上涨，影响了农业经营效益。饲料价格上涨，生猪散养户、小规模养殖户受生产成本增加、猪周期等影响，养殖效益下降。

五、当前提升收入和刺激消费的对策建议

(一)坚持统筹疫情防控，确保经济稳中求进

当前全国疫情防控形势复杂严峻，稳固居民增收环境，要继续坚定不移贯彻落实“外防输入、内防反弹”总策略和“动态清零”总方针，将筑牢外防输入防线摆在突出位置来抓，进一步细化防控措施、强化分类管理，既精准防控疫情，筑牢疫情防控坚固防线，又确保全省经济社会协调发

展。用铁一样的疫情防线,减少突发疫情对居民收入的影响。

(二)强化就业优先政策,不断夯实增收基础

工资性收入在城镇人均可支配收入中占比最大,是收入增加的根基所在,应以工资收入为切入点,采取有力措施切实做好就业民生保障工作,实现经济增长和促进就业良性循环。一是各地、各相关部门要将省委、省政府出台的相关就业创业政策落地见效,使就业岗位和人员完全匹配,全方位实现更充分就业。二是持续落实好各项减费降税惠企政策,确保企业生产经营能力,不断提高实体经济活力,创造更多就业岗位。三是完善落实小额担保贷款、财政贴息等鼓励自主创业政策,释放创业带动就业倍增效应。四是坚持创新发展理念,拓展灵活就业渠道,立足我省实际,不断推进新型信息化与农业现代化有效衔接,带动居民增收。五是深入贯彻落实新时代龙江人才振兴60条促增收。吸引外地人才,留住本地人才,提高城镇居民人均收入。

(三)继续加大强农惠农政策,保持粮食价格稳定

黑龙江省是农业大省,农业收入占农村居民人均可支配收入比重较大。2021年,主要农业生产资料价格均出现不同程度的上涨,若后期粮食价格出现下降、种植补贴增加有限,势必直接影响农业经营收入。一要加强对粮食价格的监测,及时发布粮价走势信息,引导农户将秋季收获的粮食卖上高价,抵消生产投入增加带来的不利影响;二要持续加大对农业经营户的政策性补贴力度,及时将现金补贴发放到农户手中,确保农民稳定增收。

(四)持续刺激内需消费,繁荣大众消费市场

结合各地区本地特色,顺应消费升级的大趋势,针对不同的消费群体,充分运用新技术、新手段,精准施策,协同配合,有效激发消费主体的内在活力。扩大和完善新型消费基础设施建设,不断优化消费环境,出台更多的刺激消费政策措施,鼓励市民消费,支持各类促销活动,借助“互联网+”,打造全新消费模式,培养新消费观念,鼓励线上线下融合发展,逐步释放教育、娱乐、购物等消费潜力。

(执笔人:国家统计局黑龙江调查总队　高子珺)

上海居民收支与生活状况报告

内容提要:2021 年,上海坚决贯彻践行以人民为中心的发展思想,围绕“十四五”发展规划和 2035 年远景目标,有力推进民生保障,统筹疫情防控和社会经济发展。居民收入呈现平稳增长,绝对水平继续领跑全国,城乡居民收入比进一步缩小;居民消费能力持续恢复,消费需求逐步释放,消费意愿有所提升,消费结构继续改善。

一、居民收入稳步增长

(一)收入总体稳步增长

2021 年,全市居民人均可支配收入 78027 元,比上年增长 8.0%,扣除价格因素,实际增长 6.7%。与 2019 年水平比较,两年平均增长 6.0%[①],两年平均实际增长 4.5%。

表 1　2021 年上海居民人均可支配收入及增长情况

人均可支配收入	全体居民	城镇常住居民	农村常住居民
金额(元)	78027	82429	38521
比上年增长(%)	8.0	7.8	10.3

(二)城镇居民收入突破八万元,农村居民收入增速快于城镇

分城乡看,2021 年,城镇常住居民人均可支配收入 82429 元,比上年增长 7.8%,扣除价格因

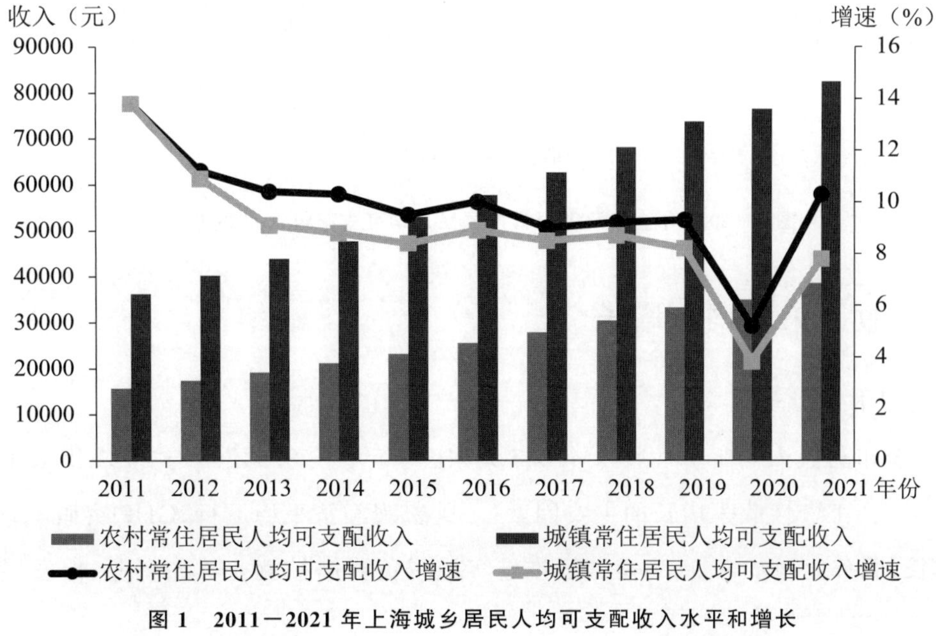

图 1　2011—2021 年上海城乡居民人均可支配收入水平和增长

① 两年平均增长,即以 2019 年相应同期数为基数,采用几何平均的方法计算的增长速度。

素，实际增长6.5%。与2019年水平比较，两年平均增长5.8%，两年平均实际增长4.3%。农村常住居民人均可支配收入38521元，比上年增长10.3%，扣除价格因素，实际增长9.0%。与2019年水平比较，两年平均增长7.7%，两年平均实际增长6.2%。

上海大力实施乡村振兴战略，全面推进农业高质量发展，对农业绿色生产、美丽乡村建设、生态环境等发放各类补贴，重点做好农村生活困难群众帮扶工作，农村居民收入增幅继续快于城镇居民，城乡居民收入比由上年的2.19缩小为2.14。

(三)绝对水平继续位居全国首位，增幅排名相对靠后

2021年，上海居民人均可支配收入绝对水平继续领跑全国，是全国平均水平的2.2倍，高出第二位的北京3025元，高出第三位的浙江20486元。分城乡看，城镇和农村居民收入绝对水平在31省(直辖市、自治区)中同样位居首位，城镇常住居民人均收入高出第二位的北京911元，农村常住居民人均收入高出第二位的浙江3274元。

从收入增幅看，全市居民、城镇和农村常住居民人均可支配收入增幅分别低于全国平均水平1.1个、0.4个和0.2个百分点，在全国分别排名并列第17位和第22位，位列中下游。

从两年平均增幅来看，与2019年水平比较，全市居民收入增幅低于全国平均水平0.9个百分点，城镇居民收入增幅与全国平均水平持平，农村居民收入增幅低于全国平均水平1个百分点。

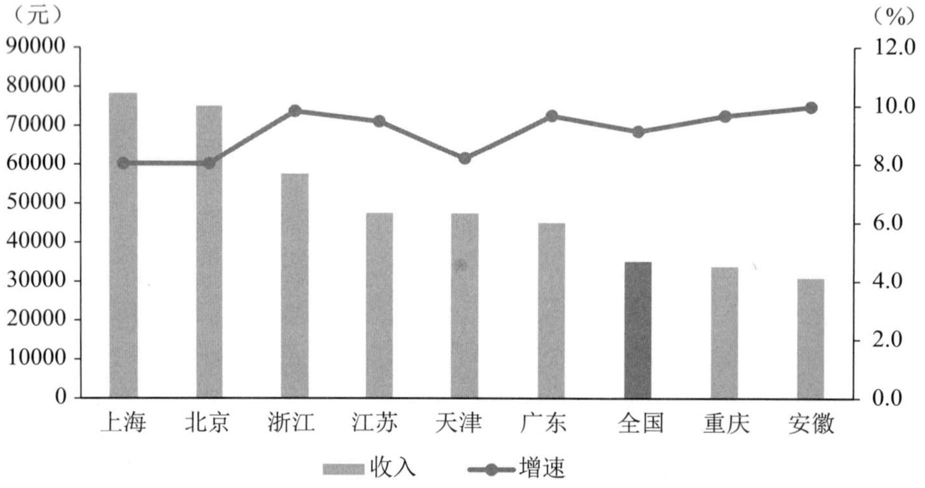

图2　2021年全国及部分省市居民人均可支配收入和增速情况

二、四项收入来源均有增长

(一)工资性收入增长较快

2021年，全市居民人均工资性收入48835元，比上年增长8.9%[①]，与2019年水平比较，两年平均增长6.3%。工资性收入增长的主要因素：一是宏观经济平稳运行，GDP突破4万亿元，工业生产较快增长，服务业稳步恢复；二是继续推进实施减负稳岗扩就业等稳就业、促发展政策，居民

① 注：因2020年样本轮换，2021年居民人均工资性收入和人均转移净收入增幅为同比口径测算增幅，不可两年金额直接计算。

就业情况好于上年；三是最低工资标准、社保缴纳基数等上调；四是上年疫情期间，部分企业出现停工停薪、减薪降酬、失业待岗等现象，基数水平较低。

（二）经营净收入仍待恢复

2021 年，全市居民人均经营净收入 2063 元，比上年增长 0.5%，基本持平。绝大多数行业经营活动有序恢复，农村地区农家乐、小餐馆、农副产品种植养殖销售等生产经营也快速恢复。但城镇地区少部分服务性行业仍受到疫情影响。上海居民经营净收入占可支配收入比重较小，对可支配收入增长影响相对有限。

（三）财产净收入小幅增长

2021 年，全市居民人均财产净收入 10209 元，比上年增长 3.1%，与 2019 年水平比较，两年平均增长 0.8%。财产净收入主要受居民出租房屋收入、自有住房虚拟租金影响，上海房屋租赁市场相对稳定，居民财产净收入变动不大。

（四）转移净收入增幅最高

2021 年，全市居民人均转移净收入 16920 元，比上年增长 9.5%，与 2019 年水平比较，两年平均增长 9.5%，在各项收入来源中增幅最高。上海有力推进民生保障，出台多项措施共同促进居民转移收入较快增长，对于有效保障基本民生发挥了重要作用。转移净收入增长的主要因素：一是继续提高城乡居民基本养老金、征地养老、精减退职回乡老职工待遇等养老标准；二是重点做好低收入群体生活保障，上调最低生活保障、民生保障待遇及其他社会救助标准；三是聚焦“三农”，发放各类生产和生活性政策补贴，开展生活困难农户帮扶工作；四是户籍人口老龄化，也是转移性收入增长较快的现实因素。

表 2　2021 年上海居民人均可支配收入来源及构成

指　　标	金额(元)	增速(%)	比重(%)
人均可支配收入	78027	8.0	100.0
工资性收入	48835	8.9	62.6
经营净收入	2063	0.5	2.6
财产净收入	10209	3.1	13.1
转移净收入	16920	9.5	21.7

三、居民消费支出持续恢复

（一）消费支出总体呈现回升

2021 年，全市居民人均消费支出 48879 元，比上年增长 14.9%。与 2019 年水平比较，一季度、上半年、前三季度和全年居民人均消费支出两年平均增幅分别为 2.1%、2.5%、2.9%和 3.5%，逐季回升态势比较明显，疫情对居民消费的影响正逐渐趋于减弱。

表 3　2021 年全市居民消费支出及增长情况

人均消费支出	全市居民	城镇常住居民	农村常住居民
金额(元)	48879	51295	27205
比上年增长(%)	14.9	14.4	23.1

(二)农村居民消费支出恢复好于城镇居民

分城乡看,城镇常住居民人均消费支出 51295 元,比上年增长 14.4%;农村常住居民人均消费支出 27205 元,比上年增长 23.1%。与 2019 年水平相比,城乡居民人均消费支出两年平均增幅分别为 3.1%和 10.1%,农村居民因消费结构中刚性需求占比更高,受疫情影响相对较小,恢复程度好于城镇居民。

(三)消费水平继续领跑全国,增速排名靠前

与全国比较看,全市居民人均消费支出绝对水平继续稳居全国首位,达到全国平均水平的两倍以上,人均比第二位的北京高出 5239 元,比第三名浙江省高出 12211 元。

从增速看,本市全体居民、城镇和农村常住居民人均消费支出增速在全国排名靠前,分别位列第 11 位、并列第 9 位和第 3 位。

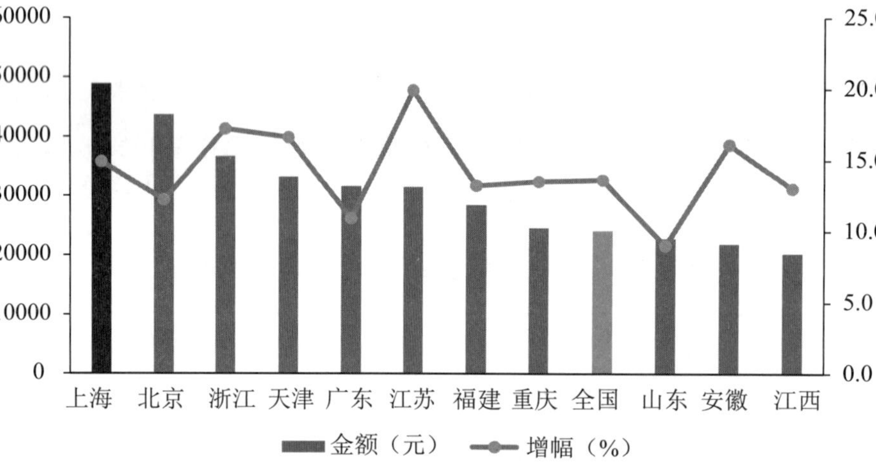

图 3　2021 年全国及部分省市人均消费支出和增长情况

四、居民消费结构继续改善

(一)八大类消费全面增长

2021 年,全市居民八大类消费均有不同幅度增长,其中,居民其他用品及服务、教育文化娱乐、医疗保健、交通通信、衣着类支出主要受上年基数较低影响,增幅回升明显,比上年分别增长 55.0%、28.6%、27.9%、23.4%和 23.2%;居住、生活用品及服务、食品烟酒主要是生活必需品,具有刚性特征,平稳增长 5.8%、7.5%和 12.3%。

从两年平均增幅来看,居民八大类消费呈现七升一降。教育文化娱乐支出由于受到疫情和“双减”政策的双重影响,两年平均增幅依然为负,下降 7.4%。其他七类消费均已经恢复至疫情

前支出水平。

表 4 2021 年全市居民人均消费支出构成

分　类	金额(元)	增速(%)	占比(%)
居民人均消费支出	48879	14.9	100.0
食品烟酒	12604	12.3	25.8
衣着	2087	23.2	4.3
居住	16137	5.8	33.0
生活用品及服务	2248	7.5	4.6
交通通信	5626	23.4	11.5
教育文化娱乐	4710	28.6	9.6
医疗保健	3878	27.9	7.9
其他用品及服务	1589	55.0	3.3

(二)基本生活类消费平稳增长,发展享受型消费反弹增长

2021 年,全市居民人均食品烟酒支出 12604 元,比上年增长 12.3%,两年平均增长 7.3%;扣除在外餐饮后,居民用于日常买菜、在家饮食的人均支出为 8574 元,增长 3.7%,两年平均增长 7.7%;人均居住类支出 16137 元,增长 5.8%,两年平均增长 3.6%;人均生活用品及服务支出 2248 元,增长 7.5%,两年平均增长 2.9%。居民用于在家饮食、生活用品、水电煤、燃料、物业管理等日常生活基本消费水平保持稳定,增长平稳,受疫情影响较小。

从居民用于文化娱乐、购买服饰、个人服务、美容保健、购买汽车和奢侈品等发展享受型的支出来看,消费水平提升较为明显,呈反弹增长态势。2021 年,全市居民人均文化娱乐支出 1719 元,增长 17.0%;人均购买汽车支出 1245 元,增长 45.3%;人均衣着支出 2087 元,增长 23.2%;人均保健支出 364 元,增长 27.6%;人均美容美发支出 439 元,增长 73.1%;人均购买首饰及手表 435 元,增长 66.1%。

表 5 2021 年全市居民人均基本生活类与发展享受型消费比较

分　类		金额(元)	增长(%)
基本生活类	食品烟酒支出(扣除在外餐饮)	8574	3.7
	居住支出	16137	5.8
	生活用品及服务支出	2248	7.5
发展享受型	文化娱乐支出	1719	17.0
	购买汽车支出	1245	45.3
	衣着支出	2087	23.2
	保健支出	364	27.6
	美容美发支出	439	73.1
	购买首饰及手表支出	435	66.1

(三)服务性消费持续恢复,增幅高于商品性消费

随着常态化疫情防控有序实行,“端午节”小长假,“暑期游”,“上海旅游节”假日经济逐步升

温，市内旅游度假、外出餐饮、交通出行、休闲娱乐等服务性消费持续恢复，有力带动居民消费支出增长。

2021 年，全市居民人均服务性消费支出 28305 元，比上年增长 16.9%，快于商品性消费支出 4.6 个百分点。其中，人均在外饮食支出 3424 元，增长 36.0%；人均教育支出 2991 元，增长 36.3%；人均文化娱乐支出 1719 元，增长 17.0%；人均交通费支出 721 元，增长 23.2%；人均通信服务费支出 825 元，增长 3.0%；人均个人用于美容、养生或保健等服务费支出 863 元，增长 64.7%。

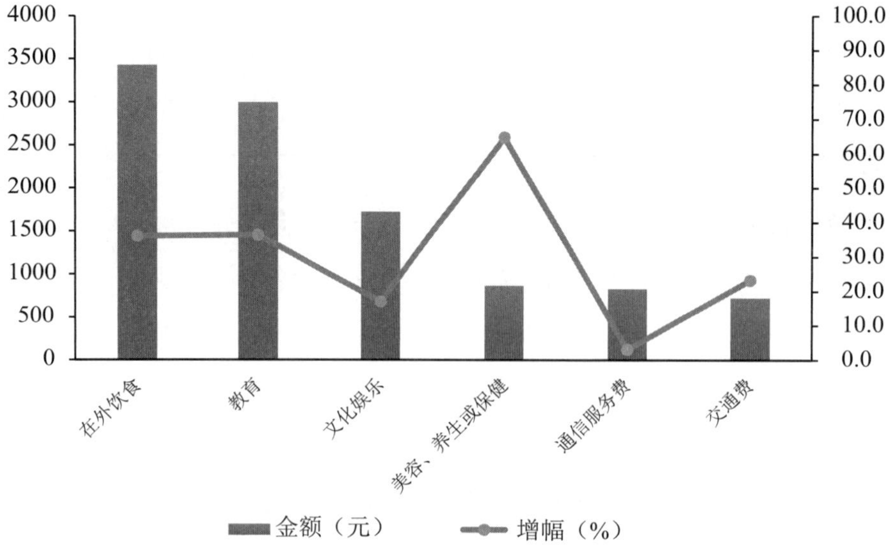

图 4　2021 年全市居民各类服务性消费支出增长情况

五、近年来居民生活质量不断提高

（一）居民收入稳步提升

2016—2021 年，全市居民人均可支配收入累计增长 43.7%，年均增长 7.5%。其中，城镇常住居民人均可支配收入累计增长 42.9%，年均增长 7.4%；农村常住居民人均可支配收入累计增长 50.9%，年均增长 8.6%。居民收入结构总体保持稳定，并逐步趋于优化。

工资性收入作为本市居民收入的主体部分，绝对水平始终保持稳定增长，从占可支配收入比重来看，2016—2020 年工资性收入比重有一定下降，2021 年回升至六成以上，主要源于全市经济发展平稳，稳就业政策见效。经营净收入占总收入比重相对较小，五年间维持在较稳定水平。财产净收入就绝对额而言，在全国各省市中排在前列，占总收入比重在五年间出现一定波动，未来增长仍具备可挖掘潜力。转移净收入在 2016—2021 年间增长稳健，占可支配收入比重在 2020 年上升至 26.0%，有效发挥了转移性收入的民生保障作用。2021 年占比有所下降，但在各项收入来源中增幅最高，在疫情影响下切实保障了低收入群体、生活困难群众的基本生活，民生保障成效斐然。

（二）居民消费结构持续优化

2016—2021 年，全市居民人均消费支出累计增长 30.5%，年均增长 5.5%。其中，城镇常住居民人均消费支出累计增长 28.7%，年均增长 5.2%；农村常住居民人均消费支出 59.4%，年均增长 9.8%。

居民消费结构不断优化，服务性消费水平超过商品性消费成为居民消费支出的主体。在外餐饮、教育培训、医疗保健、个人服务等服务性消费呈现较快增长。居民在外餐饮消费在 2016—2021 年累计增长 51.0%，外出就餐以及餐饮外卖已成常态。教育培训尤其是线上课程在前几年发展得如火如荼，居民教育支出在五年中累计增长 94.7%，尤其是培训费更是增长迅猛，累计增长达 2 倍。包含旅游在内的文化娱乐消费在 2016—2019 年累计增长 9.9%，近两年因受疫情影响增长趋势受到抑制。医疗保健五年累计增长 42.5%，居民对健康养生更为注重。包含美容美发、宾馆住宿在内的个人服务消费五年累计增长 86.9%。包括停车费、车辆保险、汽车美容维修保养等交通服务方面的支出五年累计增长 50.4%。

商品性消费同时保持稳定增长，其中发展型的商品增长更为迅速。基础食品消费支出总体增长平稳，食品消费结构方面，2016 年到 2021 年肉蛋奶类消费支出累计增长 38.5%，蔬菜类基本保持稳定，体现了科学饮食理念的普及与居民营养摄入意识的提升。通信工具消费五年累计增长 57.0%，智能手机、平板等通信设备的更新换代刺激了相应需求的增长。包含化妆品在内的个人用品的五年累计增长达到 87.2%，个性化消费成为新的增长点。

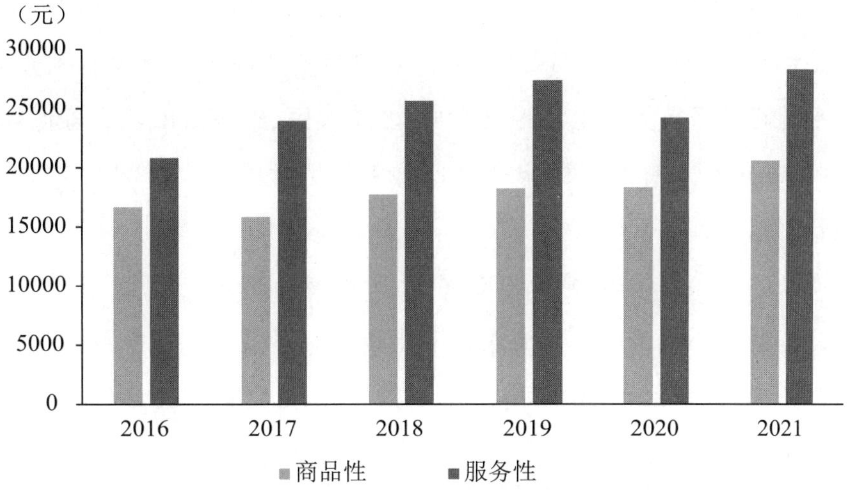

图 5　2016—2021 年全市居民消费支出增长情况

（三）居民生活状况明显改善

近年来，全市居民生活状况持续改善。2016 年到 2021 年，城镇居民人均住房建筑面积从 36.1 平方米增长到 37.4 平方米。在空调、智能手机等家庭耐用消费品已经普及的情况下，汽车等其他耐用消费品拥有量继续保持增长。每百户汽车拥有量从 2016 年 29 辆增长至 2021 年 44 辆。随着智能家具的兴起，以及居民对于品质生活的追求，各类新型家具产品逐步进入更多居民家庭。2017—2021 年，空气净化器每百户拥有量从 6 台增长到 23 台，吸尘器每百户拥有量从 14 台增长到 40 台。

六、促进上海居民收入和消费稳定增长的对策建议

(一)稳定就业,提升收入,夯实居民消费现实基础

多举措促进居民就业,稳步提高居民收入。坚持提升就业服务,开展职业介绍、职业指导、重点帮扶等多种形式就业服务。加大就业优先政策实施力度,创设更多新增就业岗位。同时瞄准消费升级的方向,努力增加高品质产品和服务供给,大力培育新兴消费,提质扩容服务性消费,引导社会资金进入旅游、文化、体育、健康、养老服务等居民需求旺盛的服务消费重点领域,激发潜在消费。

(二)激活市场要素,提升财产性收入质量

综合施策激活市场要素,挖掘财产性收入增长潜力,多渠道提升居民财产性收入质量。一是促进房地产市场健康有序发展,鼓励发展房屋租赁市场,引导居民中长期投资、获得稳定租金收益。二是不断壮大农村集体经济,稳妥推进农村集体经营性建设用地入市,完善入市后的收益分配机制,引导和鼓励盘活宅基地和农村闲置房屋资源用于产业发展,让农民更多分享集体经济发展的收益。

(三)保障民生,筑牢底线,稳步提高低收入困难群体收入水平

进一步保障民生,筑牢民生底线。2021 年,上海城乡居民养老保险的基础养老金标准为每月 1200 元,低于最低生活保障标准的每月 1330 元。建议稳步提高城乡居民基础养老金标准,加快缩小城乡养老水平差距。重点关注生活困难农户、老年农民、因病致困家庭等群体,强化养老、助医、助残等方面的精准帮扶和补贴。稳步提升低收入和生活困难人群的收入水平,保障生活质量,提高基本消费能力。

(四)加快城市数字化建设,推进产业融合发展,促进消费升级

加快上海国际消费中心城市建设和商业数字化转型。率先培育一批数字化水平领先的商务标杆企业;持续推动产品数字化、营销数字化、场景数字化、运营数字化;建设数字商圈商街,打造智慧商圈公共服务平台。

对于农村地区,加快发展都市现代绿色农业,打造优质农产品品牌、区域公用品牌。依托“互联网+”,积极发展直销、直供、农产品电商等新业态。推动电子商务向广大农村地区进一步延伸和覆盖,鼓励和支持一些消费新业态、新模式向农村市场拓展。

(五)持续升级消费环境,培育壮大新型消费

坚持“政策+活动”双轮驱动,不断升级各类消费促销活动。进一步利用节庆消费,抓住元旦、春节、“三八”“五一”、端午、中秋、国庆等重点节日,在全市开展形式多样的消费促销活动。

综合运用互联网平台及各种社交媒体,链接“双线”资源,打造线上线下“消费循环圈”,挖掘消费新增长点。发展智能消费,结合人工智能、5G 试点、数字零售、智慧服务,营造智慧商业新场景空间。鼓励在线消费,创新培育“云逛街”“宅消费”等新型消费模式。

(撰稿:国家统计局上海调查总队 王林波 吴波 杨潇白)

江苏居民收支与生活状况报告

党的十八大以来，江苏深入贯彻落实习近平总书记对江苏工作的重要指示要求，牢固树立以人民为中心的发展思想，坚定不移践行新发展理念，有效应对复杂多变的外部环境和新冠肺炎疫情的严重冲击，着力保障和改善民生，出台了一系列惠民利民富民政策，全省居民人均可支配收入年均增长8.7%，农村居民收入年均增速比城镇居民快1.2个百分点，人均消费支出迈过3万元大关，居民生活质量明显提升，人民群众的获得感、幸福感、安全感显著增强。

一、居民收入增长步履稳健，共同富裕呈现新格局

十八大以来，江苏紧扣“高水平”、突出“全面性”，扎实提高全面建成小康社会的质量和水平，居民收入稳步增长，钱袋子更鼓了，“百姓富”得到真正体现。

（一）全省居民收入超过4万元，位居全国前列

2021年江苏全体居民人均可支配收入达47498元，与2012年相比累计增长111.7%，年均增速8.7%，居民收入增长与经济增长实现基本同步。2021年人均可支配收入占人均GDP比重约34.7%，较2012年提高1.6个百分点。

江苏居民收入水平稳居全国前列。2021年人均可支配收入比全国平均水平多12370元，高35.2%；在全国各省（市、区）中，居上海（78027元）、北京（75002元）、浙江（57541元）之后，近十年首次超越天津（47449元），位列第四。

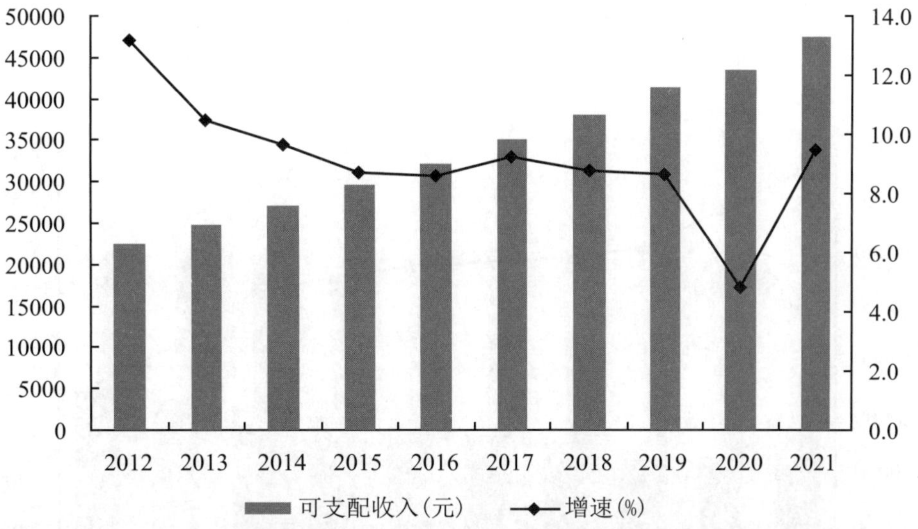

图1　2012—2021年江苏居民收入水平和增速

(二)城乡收入差距不断缩小,区域结构继续改善

农村居民可支配收入增速持续快于城镇居民。2021年,城镇居民人均可支配收入57743元,年均增长8.0%;农村居民人均可支配收入26791元,年均增长9.2%。城镇居民人均可支配收入2013年突破3万元,2016年突破4万元,2019年突破5万元。农村居民人均可支配收入2018年突破2万元,2020年实现十年翻一番目标,即扣除价格因素后,2020年农村居民人均可支配收入比2010年实际增长106.8%。

随着江苏脱贫攻坚战全面胜利,乡村振兴战略扎实推进,农民收入新增万元工程和农民收入十年倍增计划顺利实施,城乡居民收入倍差逐年缩小。城乡居民收入比由2012年的2.37∶1下降到2021年的2.16∶1,是全国城乡居民收入差距较小的省份之一。地区间城乡收入差距不断收窄。苏南、苏中、苏北地区城镇居民收入比(以苏北地区为1)由2012年的1.80∶1.33∶1下降到2021年的1.74∶1.32∶1,苏南、苏中、苏北地区农村居民收入比由1.68∶1.23∶1下降到1.60∶1.21∶1。

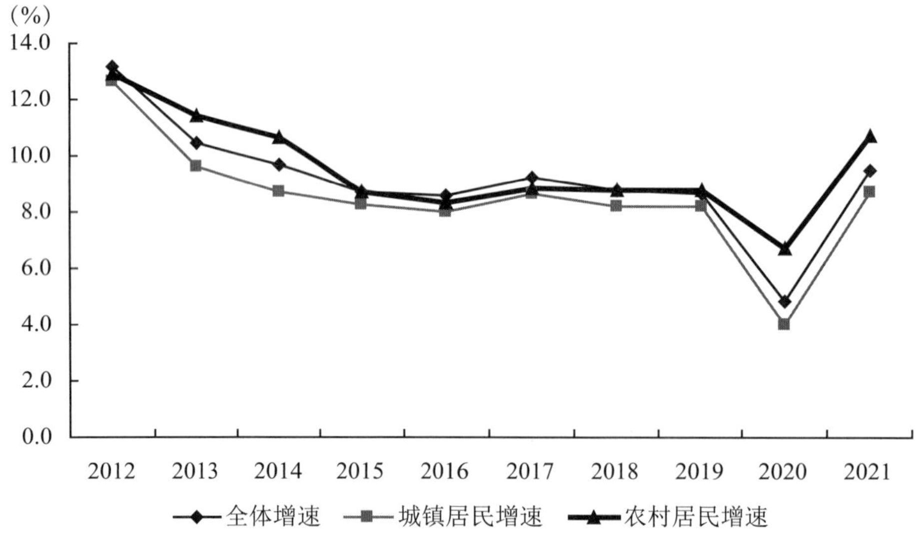

图2　2012—2021年江苏城乡居民人均可支配收入增速

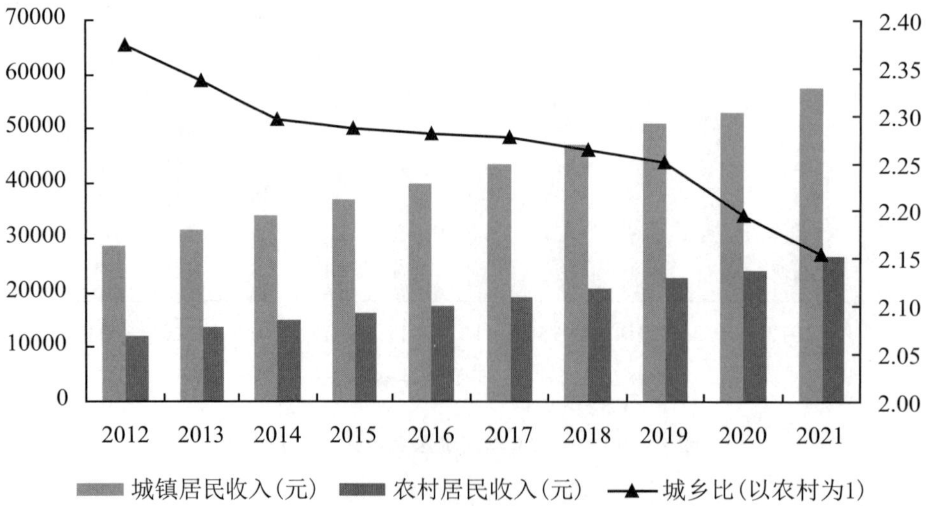

图3　2012—2021年江苏城乡居民收入水平和收入比

（三）居民收入来源更加多元，增收均衡性持续增强

四大项收入全面增长。2012—2021年，全省居民人均工资性收入年均增长8.4%；人均经营净收入年均增长6.1%；人均财产净收入年均增长12.1%；人均转移净收入年均增长10.0%。收入结构更加优化。2021年，全省居民人均工资性收入占人均可支配收入的比重为56.3%，比2012年下降1.5个百分点；人均经营净收入占比为13.1%，比2012年下降3.2个百分点；比重较低的人均财产净收入和转移净收入提升较快，占人均可支配收入的比重分别较2012年提升2.7个和2.0个百分点，2021年分别达11.2%和19.5%。

收入来源日趋丰富，增收协调性日益增强。2021年，工资性收入的增收贡献率由2012年的63.4%下降至50.3%；财产净收入的增收贡献率为14.1%，转移净收入的增收贡献率为23.2%，分别较2012年提升10.2个和5.9个百分点。由于强农惠农政策力度加大，转移性收入成为农村居民最具保障的增收力量。2021年，农村居民转移净收入5710元，是2012年的2.9倍，年均递增12.5%，较农村居民可支配收入快3.3个百分点；2012—2021年对农村居民收入增长的贡献率达25.4%。

表1　2012—2021年江苏居民人均可支配收入来源及增速

年　份	工资性收入		经营净收入		财产净收入		转移净收入	
	水平（元）	增速（%）	水平（元）	增速（%）	水平（元）	增速（%）	水平（元）	增速（%）
2012	12974	14.6	3651	12.5	1896	5.6	3912	13.1
2013	14353	10.6	3994	9.4	2134	12.5	4295	9.8
2014	15707	9.4	4421	10.7	2300	7.8	4745	10.5
2015	17188	9.4	4467	1.0	2537	10.3	5348	12.7
2016	18664	8.6	4724	5.8	2880	13.5	5802	8.5
2017	20399	9.3	4994	5.7	3239	12.4	6392	10.2
2018	21948	7.6	5386	7.8	3746	15.7	7016	9.8
2019	23836	8.6	5636	4.6	4372	16.7	7556	7.7
2020	24657	3.4	5703	1.2	4737	8.3	8294	9.8
2021	26721	8.4	6215	9.0	5316	12.2	9247	11.5

注：此表中部分数据因四舍五入，存在总计与分项合计不等的情况。

表2　2012—2021年江苏居民人均可支配收入构成

单位：%

年　份	工资性收入	经营净收入	财产净收入	转移净收入
2012	57.8	16.3	8.5	17.4
2013	57.9	16.1	8.6	17.3
2014	57.8	16.3	8.5	17.5
2015	58.2	15.1	8.6	18.1
2016	58.2	14.7	9.0	18.1
2017	58.2	14.3	9.2	18.3
2018	57.6	14.1	9.8	18.4
2019	57.6	13.6	10.6	18.3
2020	56.8	13.1	10.9	19.1
2021	56.3	13.1	11.2	19.5

注：此表中部分数据因四舍五入，存在总计与分项合计不等的情况。

（四）增收红利持续释放，收入分配格局日益优化

十八大以来，江苏积极优化收入分配结构，持续调整最低工资标准，不断加大对苏北、“三农”的扶持力度，中低收入群体收入增长较快，收入分配结构向“中间大、两头小”的“橄榄型”社会更加靠近。收入中位数增速快于平均数。2021 年居民收入中位数 40657 元，2013－2021 年 8 年间累计增长 98.2％，年均增长 8.9％，快于平均增速 0.4 个百分点；居民收入中位数相当于平均数的 85.6％，比 2012 年提高 2.8 个百分点。高低收入组差距持续缩小。按照收入五等份分组的最低收入组家庭人均可支配收入年均名义增长 11.1％，年均增速快于最高收入组家庭 3.4 个百分点。高低收入组居民人均可支配收入之比（以低收入组居民收入为 1）从 2013 年的 9.1 缩小至 2021 年的 7.1。

二、八大类消费支出全面增长，消费能力显著提升

十八大以来，江苏省委、省政府以供给侧结构性改革为主线，以保障和改善民生为立足点，积极贯彻落实稳增长、促消费的政策措施，努力克服新冠肺炎疫情对居民消费的冲击，全省消费升级态势明显，居民购买力不断增强，整体生活水平全面提升。

（一）消费支出迈过 3 万元大关，农村消费潜力持续释放

2021 年江苏居民人均生活消费支出 31451 元，比 2012 年增长 90.6％，年均增长 7.4％。其中，2012—2019 年居民消费支出保持 5.0％以上稳定增长；2020 年受新冠肺炎疫情冲击影响，消费支出下降 1.8％；2021 年居民消费快速恢复，同比增幅达 19.9％。分地区看，在全国各省（市、区）中，江苏居民消费支出水平稳定在第六位次左右。2021 年，居上海（48879 元）、北京（43640 元）、浙江（36668 元）、天津（33188 元）、广东（31589 元）之后，与第五名差距进一步缩小。

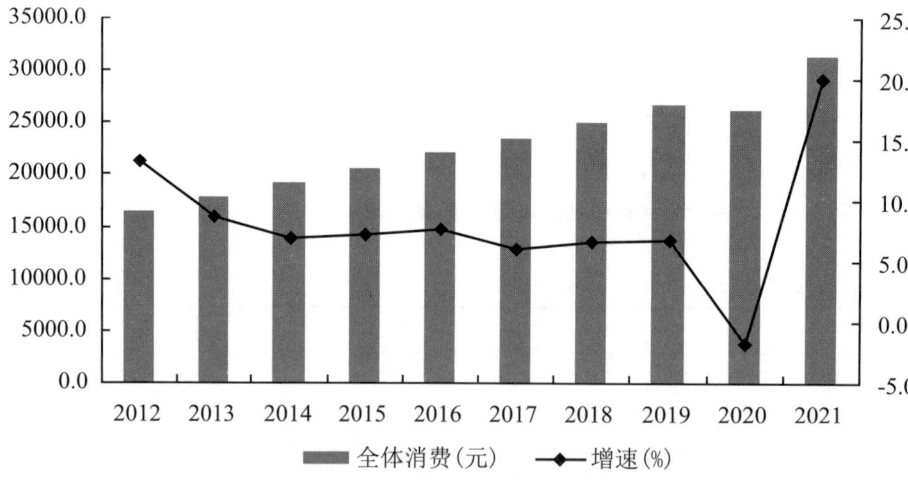

图 4　2012—2021 年江苏居民消费支出和增速

农村居民消费增速高于城镇，城乡居民生活水平持续改善。2021 年城镇居民人均消费支出 36558 元，比 2012 年增长 77.7％，年均增长 6.6％；农村居民人均消费支出 21130 元，比 2012 年增长 113.0％，年均增长 8.8％。随着农村居民收入实现倍增，以及商业渠道特别是电商渠道对县城

和农村消费市场的拓展，2012—2021年江苏农村居民人均消费支出年均增速快于城镇居民2.2个百分点。

（二）恩格尔系数有所下降，消费结构显著优化

2021年江苏居民食品烟酒支出8661元，较2012年增长74.7％，年均增速6.4％，比居民人均生活消费支出慢1.0个百分点；除受新冠肺炎疫情影响，2020年恩格尔系数小幅回升外，其余年份呈波动下降态势，恩格尔系数由2012年的30.0％下降至27.5％。更多的支出从食品消费转移到其他类别的消费中，消费结构进一步优化升级。

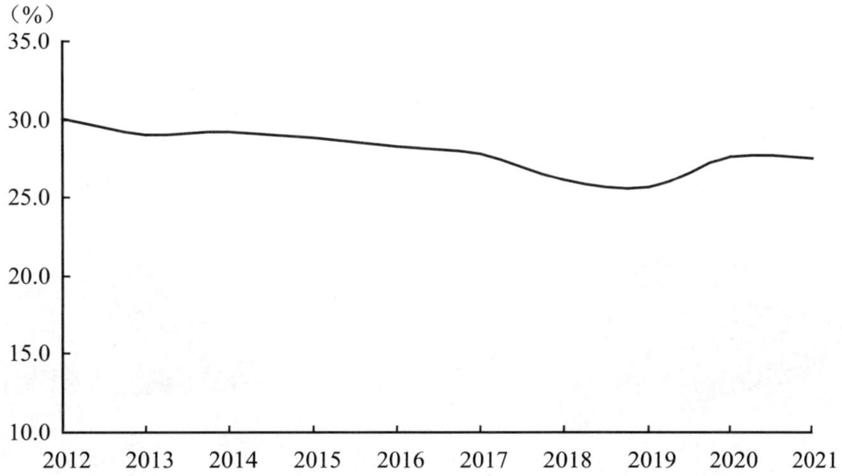

图5 2012—2021年江苏居民恩格尔系数

八大类消费支出全面增长，生存型消费比重明显下降，发展型消费比重不断提高。2021年，人均衣着消费支出1784元，较2013年增长41.0％，年均增长3.9％，占消费支出的比重由7.7％下降至5.7％。交通通信、医疗保健、生活用品及服务等有关居民素质提升、健康发展、精神享受等方面的消费增速快于平均水平，消费支出比重上升。交通通信支出比重由13.0％提升至13.8％，医疗保健支出比重由6.5％提升至7.8％，包括家电、家政、旅馆住宿、美容美发等在内的用品及服务支出比重由8.6％提升至8.9％。

表3 2012年与2021年江苏居民八大类消费支出构成

指　　标	2012年（元）	2021年（元）	年均增长率（％）	构成（％）	
				2012年	2021年
居民人均消费支出					
食品烟酒	4958	8661	6.4	30.0	27.5
衣着	1265	1784	3.9	7.7	5.7
居住	3382	8434	10.7	20.5	26.8
生活用品及服务	993	1912	7.5	6.0	6.1
交通通信	2145	4336	8.1	13.0	13.8
教育文化娱乐	2256	2985	3.2	13.7	9.5
医疗保健	1073	2463	9.7	6.5	7.8
其他用品和服务	429	878	8.3	2.6	2.8

三、消费结构持续优化，生活品质迈上新台阶

十八大以来，得益于江苏居民收入不断增长，居民消费结构持续优化，消费模式进一步向发展型、享受型转变，城乡居民生活基本实现同步改善。

（一）食品消费理念转变，饮食结构均衡健康

居民饮食结构更加均衡，营养更加全面。与全国相比，江苏居民谷物等消费量低于全国平均水平，蔬菜瓜果、肉禽、水产等消费量较高。2021 年，全省居民人均消费粮食 126.8 公斤，比 2013 年下降 2.0 公斤；油脂类消费量 10.1 公斤，比 2013 年下降 4.4 公斤。人均消费蔬菜及制品 121.6 公斤，消费肉类及制品 33.9 公斤，消费水产品 22.1 公斤，消费蛋类及制品 14.1 公斤，分别比 2013 年增加 7.9 公斤、6.7 公斤、5.2 公斤及 4.6 公斤。

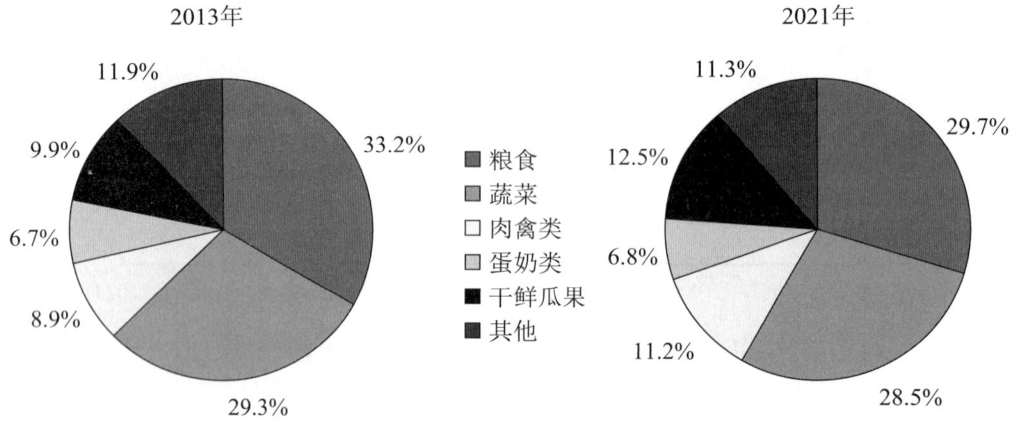

图 6 2013 年及 2021 年各类食品消费量占比

注：此图中部分数据因四舍五入，存在总计与分项合计不等的情况。

在外饮食支出占比提升。居民不仅注重食品的营养，也更加追求方便和多样性，“出去吃”成为越来越多人的饮食选择。2021 年，全省居民人均在外饮食 1682 元，是 2013 年的 2.2 倍，年均增长 10.1%，占食品烟酒支出的比重也从 2013 年的 15.7%提升到 19.4%。随着农村居民生活水平提高、消费观念转变，2021 年在外饮食支出 817 元，比 2013 年年均增长 13.4%。

（二）居住条件显著改善，人居环境日新月异

2021 年全省居民人均居住支出 8434 元，比 2012 年增长 149.4%，年均增长 10.7%；占人均消费支出的比重为 26.8%，比 2012 年提高 6.3 个百分点。人居环境面貌焕然一新。苏北地区农房改善任务全面完成，三年累计改善约 25 万户，群众满意度超 90%。苏北农村基础设施和公共服务设施配套水平明显提升，全省农村无害化卫生户厕基本普及。园林绿化建设水平走在全国前列。截至 2021 年底，全省绿地率达 40.33%、绿化覆盖率达 43.58%；城市人均公园绿地面积达 15.55 平方米；垃圾分类设施覆盖率大于 90%，城市生活垃圾无害化处理率达 100%；拥有 9 个国家生态园林城市，数量居全国第一。

住房更加宽敞舒适，生活家电全面普及。2021 年全省居民人均住房建筑面积 54.3 平方米，比 2013 年增加 10.1 平方米。家庭耐用消费品不断升级换代。2021 年全省居民家庭平均每百户

拥有空调器 217.6 台，电冰箱 111.8 台，彩电 160.4 台，热水器 100.3 台，洗衣机 104.1 台，比 2013 年分别增加 69.6 台、16.5 台、3.9 台、6.4 台、9.7 台。

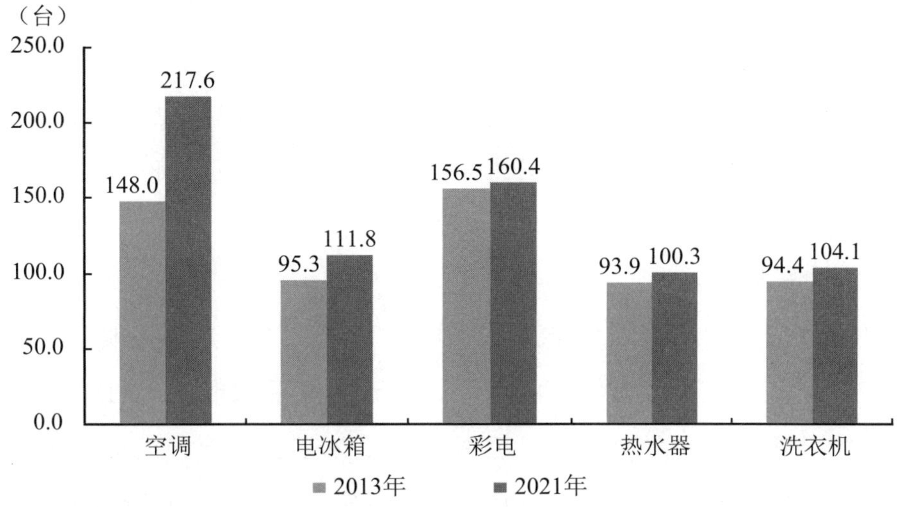

图 7　2013 年及 2021 年每百户耐用消费品拥有量

（三）交通通信跨越发展，城乡居民共享成果

2021 年全省居民人均交通通信支出 4336 元，是 2012 年的两倍，年均增速 8.1%；占人均消费支出的比重为 13.8%，比 2012 年提高 0.8 个百分点。通信基础设施基本完善，农村城市“同网同速”。至 2019 年，全省所有行政村全部实现光纤通达，农村宽带普遍实现百兆接入，具备千兆能力，行政村 4G 网络全部覆盖。“十三五”期末，农村宽带接入用户达 1416.4 万户，全国排名第一；移动基站总数达 61.6 万个，其中，4G 基站 38.9 万个，全国排名第二；5G 基站 7.1 万个，全国排名第二，实现全省各市县主城区和重点中心镇全面覆盖。

交通快捷成为常态，通信便捷成为时尚。2021 年，全省居民家用汽车每百户拥有量达 47.3 辆，比 2013 年增加 25.2 辆；移动电话每百户拥有量达 252.8 部，比 2013 年增加 33.1 部，其中接入互联网的有 206.4 部，为 2013 年的 2.1 倍。农村居民消费升级趋势更为明显。2021 年全省农村居民家用汽车每百户拥有量 33.3 部，是 2013 年的 4.6 倍；移动电话每百户拥有量 250.3 部，与城镇居民基本一致。

（四）医疗保障坚实有力，服务能力显著增强

2021 年全省居民人均医疗保健支出 2463 元，比 2012 年年均增长 9.7%；占人均消费支出的比重为 7.8%，比 2012 年提高 1.3 个百分点；其中，农村居民健康保健意识明显增强，2021 年人均医疗保健支出 1782 元，是 2012 年的 2.4 倍，年均增长 10.4%。

医疗保健类支出增长，主要得益于全省医疗保障体系逐步完善，城乡基本养老制度更加健全，卫生健康服务能力显著增强。近三年全省基本医疗保险参保率稳定在 98% 以上。2021 年末，城乡居民医保人均财政补贴标准每人每年不低于 610 元；全省医疗卫生机构总数达 3.6 万个，比 2012 年增加 5394 个；每万人拥有医师数由 2012 年的 19.5 人增加到 32.1 人，增长 64.6%。养老服务业加快推进，截至 2021 年底，全省共建成在业养老机构 2240 家，每千名老年人拥有养老床

位近 40 张，全省基本公共服务标准化实现度超过 90%。

四、下一步富民增收需关注的几个问题

数据印证成就。党的十八大以来，在中国共产党的坚强领导下，江苏顺应人民群众对美好生活的向往，在推动高质量发展中切实保障和改善民生，书写了一份温暖人心的民生答卷。但也要清醒地看到，江苏发展不平衡不充分问题仍然存在，民生保障、公共服务等方面距人民群众的期盼还有一定差距，富民增收仍蕴含着巨大的发展潜力和空间。

（一）居民收入增速放缓

近年来，疫情和外部环境日益复杂，既加大了经济下行压力，还对居民就业带来影响，收入增速呈放缓态势。一方面，工资性收入增长内生动力不足，受新冠疫情、通胀压力及要素成本上升等影响，"就业难"与"用工荒"的结构性矛盾更加突出，部分企业生产经营面临困难。另一方面，政策性促增收难度加大，随着多项保障政策在全省基本实现全覆盖，政策性增收空间正在变小，政府转移支付快速增长模式难以持续，对居民收入增长的贡献率呈持续下降趋势。

（二）收入分配均衡性有待进一步增强

十八大以来，虽然农村居民收入增速高于城镇居民，低收入组收入增长快于高收入组，苏北地区居民收入增长势头好于苏南地区，但不同群体人均可支配收入的绝对差不断扩大。以城乡为例，2012 年江苏城乡居民人均可支配收入绝对差距为 16675 元，到 2021 年差距拉大到 30953 元，收入差距扩大了 1.86 倍。从四大项收入看，2021 年城乡居民除人均经营净收入差异不大，其余三项差异明显，其中资性收入差距为 20347 元，财产净收入差距为 6526 元，转移净收入差距为 5287 元。

（三）深度老龄化带来的压力

作为较早进入老龄化社会的地区之一，2021 年，全省 60 岁及以上老年人达到 1883.7 万人，占全省总人口 22.2%，人口红利近乎竭尽逐渐成为共识，老龄化问题所带来的相关社会问题将对未来经济产生较大影响，包括加剧劳动力危机和增加社会负担，造成用工难，民工荒等现象，造成退休金、医疗费用等公共福利的支出大幅增加。

五、在全面建成小康社会新起点上扎实推动共同富裕

（一）以更加充分更高质量就业扎实推动共同富裕

就业是最大的民生，就业的总体稳定和就业质量的稳步提高能够为居民增收提供坚实保障。要高度重视就业在初次分配中的基础性作用，努力提高居民收入在国民收入中的占比。要不断完善就业优先政策，进一步扩大就业容量、提高就业质量，让全体人民都能公平享受发展成果。要加强劳动力市场建设，完善就业服务体系，支持和规范发展新就业形态，完善促进创业带动就业、多渠道灵活就业的保障制度。要提高劳动力供给质量，加大对教育和培训的投入力度，以"人才红利"替代"人口红利"，为经济增长提供长久支撑。

（二）在全面推进乡村振兴中不断促进共同富裕

推动共同富裕最艰巨最繁重的任务在农村，只有实施乡村振兴战略，在巩固脱贫攻坚成果的基础上，以更有力的举措、汇聚更强大的力量推进农业农村现代化，才能向共同富裕迈出坚实步伐。要突出产业支撑，因地制宜地发展优势、特色农业产业，延展农业产业边界，实现一二三产业融合发展。要推进人才兴乡，打造强有力的乡村振兴干部队伍，构建完整的乡村振兴人才培育体系。要着力加强乡村建设，在教育、医疗、养老、住房等人民群众最关心的领域精准发力，不断完善基本公共服务和公共基础设施配套。

（三）用精准施策帮助低收入群体迈向共同富裕

低收入群体是促进共同富裕的重点帮扶人群，只有推动低收入者增收，才能让更多人向中等收入群体流动，形成中间大、两头小的橄榄型结构，使全体人民朝着共同富裕目标扎实迈进。要加强发展型社会帮扶政策，发挥积极社会政策在激活劳动者潜能、支持家庭发展以及保护特殊群体等领域的作用。要托住低收入群体、老年人的民生之底，持续完善最低工资标准，健全重特大疾病医疗保险制度、养老保险制度、社会救助制度等。

党的十九大报告提出，到2035年，“人民生活更为宽裕，中等收入群体比例明显提高，城乡区域发展差距和居民生活水平差距显著缩小，基本公共服务均等化基本实现，全体人民共同富裕迈出坚实步伐”；到2050年，“全体人民共同富裕基本实现，我国人民将享有更加幸福安康的生活”。站在新的历史起点上，面对新形势新任务，江苏将进一步以习近平新时代中国特色社会主义思想为指导，担负起“争当表率、争做示范、走在前列”的重大使命，科学统筹经济发展和民生改善，让经济社会发展更有“温度”，让“百姓富”呈现更多内涵、更多“质感”。

（执笔人：国家统计局江苏调查总队 佘家玥）

浙江居民收支与生活状况报告

2021年，在习近平新时代中国特色社会主义思想的指导下，浙江忠实践行“八八战略”，坚持稳中求进工作总基调，奋力打造“重要窗口”，统筹疫情防控和经济社会发展，扎实推进高质量发展共同富裕示范区建设，经济运行展现出强劲的韧性和活力，全年居民收入呈现恢复性增长，居民消费支出明显回升，居民生活品质进一步提高。党的十八大以来，居民收入水平和生活水平更是有大跨步式提高。

一、居民收入增长概况

（一）可支配收入增长情况

1. 居民人均可支配收入增长9.8%。2021年浙江居民人均可支配收入57541元，比上年增加5144元，名义和实际分别增长9.8%、8.2%，增速较上年分别回升4.8、5.6个百分点。与2012年相比，居民人均可支配收入是2012年的2.13倍，党的十八大以来即2012—2021年年均名义和实际分别增长8.8%、6.5%。

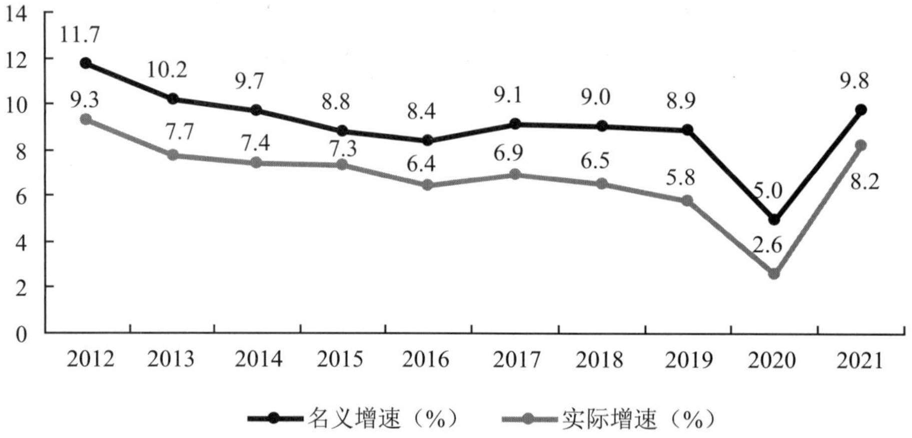

图1 2012—2021年浙江居民人均可支配收入增长走势图

2. 城镇居民人均可支配收入增长9.2%。按常住地分，城镇居民人均可支配收入68487元，比上年增加5788元，名义和实际分别增长9.2%、7.6%，增速较上年分别回升5.0、5.5个百分点。与2012年相比，城镇居民人均可支配收入是2012年的2.02倍，2012—2021年年均名义和实际分别增长8.1%、6.0%。

3. 农村居民人均可支配收入增长10.4%。按常住地分，农村居民人均可支配收入35247元，比上年增加3317元，名义和实际分别增长10.4%、8.9%，增速较上年分别回升3.5和4.9个百分点。与2012年相比，农村居民人均可支配收入是2012年的2.23倍，2012—2021年年均名义和实际分别增长 9.3%、7.0%。

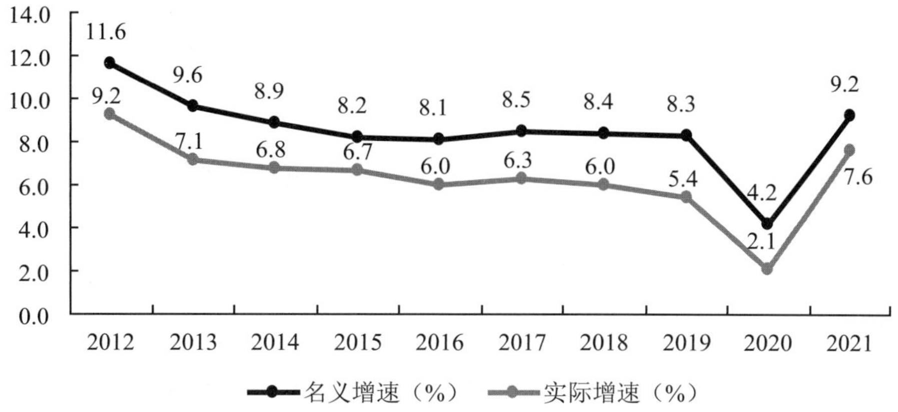

图 2 2012—2021 年浙江城镇居民人均可支配收入增长走势图

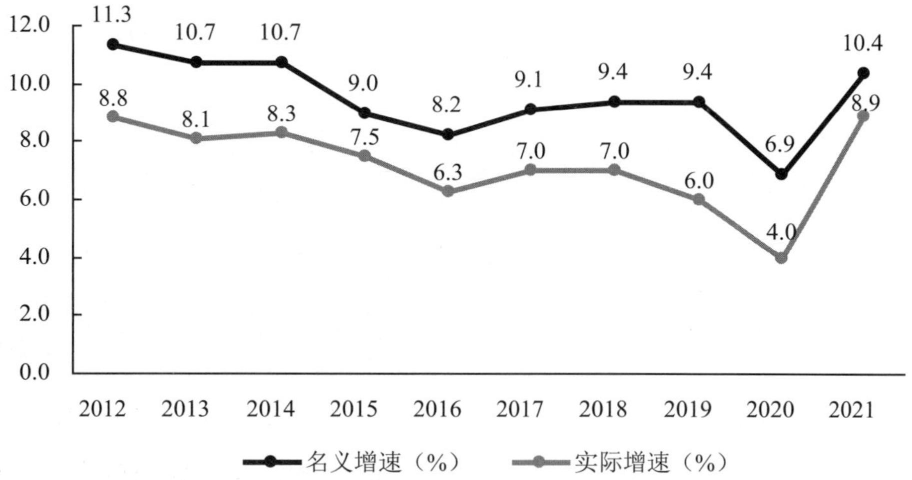

图 3 2012—2021 年浙江农村居民人均可支配收入增长走势图

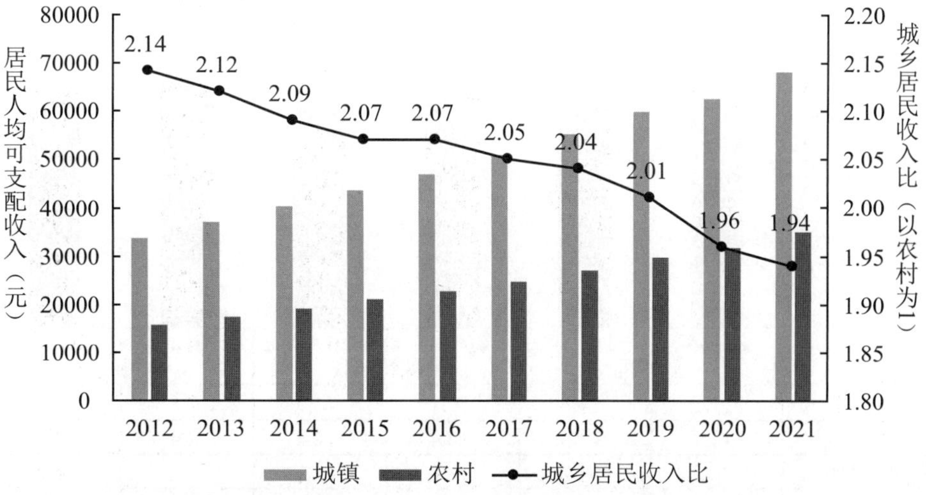

图 4 2012—2021 年浙江城乡居民人均可支配收入及收入差距图

注：图中均为新口径数据

4. 城乡居民收入比缩小至 1.94。随着城乡一体化融合发展和共同富裕示范区建设工作的持续推进，浙江收入分配格局不断优化，城乡居民人均可支配收入倍差逐年缩小。2021 年浙江城乡居民收入比为 1.94，比 2012 年的 2.14 缩小了 0.20，比全国城乡居民收入比低 0.56，自党的十八大以来连续 9 年呈缩小态势。

（二）居民收入结构特点

1. 工资性收入恢复常态增长。2021 年，随着主要经济指标的回暖和就业形势的稳步好转，居民工资收入保持刚性增长，浙江居民人均工资性收入 32821 元，同比增长 9.2%，增速较上年回升 3.8 个百分点，逐渐恢复至正常区间。工资性收入对人均可支配收入增长的贡献率达 53.7%，继续发挥居民增收“主力军”作用。

2. 经营净收入明显回升。2020 年，浙江居民经营净收入受疫情冲击最大，全体和城镇居民人均经营净收入分别下降 2.2% 和 4.9%，农村居民仅增长 4.2%。2021 年，随着市场活力回升，居民经营活动恢复，居民经营净收入回升明显，全体及城镇居民该项收入增速均实现由负转正。居民人均经营净收入 9294 元，同比增长 11.8%，增速较上年回升 14.0 个百分点，城镇和农村增速分别回升 16.4 和 8.0 个百分点，。

3. 财产净收入较快增长。在房屋出租率回升、投资大环境逐步改善和居民理财意识不断增强的影响下，2021 年浙江居民人均财产净收入 6905 元，同比增长 12.5%，在四项收入中增速最快，对居民增收的拉动作用有所增大。其中，城镇居民财产净收入主要依靠利息、红利和出租房屋等收入的增加；农村居民财产净收入除了由利息和红利收入拉动外，也得益于转让承包土地经营权所获得的收入。

4. 转移净收入平稳增长。2021 年浙江居民人均转移净收入 8520 元，同比增长 8.0%。近年来，各项民生政策齐向发力，居民医疗、养老保障稳步推进，同时疫情期间政府通过提升困难补助、失业补助、政策性生产补贴和社会救济等举措，使居民转移净收入保持稳定增长，其中农村居民因享受到更多阶段性、针对性的惠农助农政策，转移净收入增速相对较快。

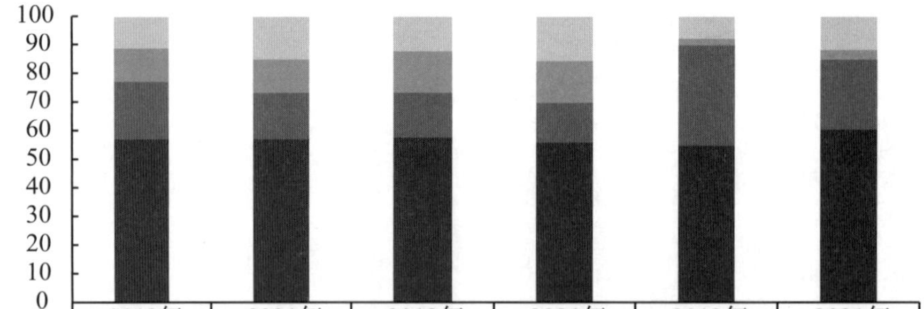

	全体居民 2012年	全体居民 2021年	城镇居民 2012年	城镇居民 2021年	农村居民 2012年	农村居民 2021年
转移净收入	11.1	14.8	12.1	15.5	7.5	11.9
财产净收入	11.7	12.0	14.4	14.3	2.4	3.1
经营净收入	20.2	16.2	16.0	14.1	34.9	24.2
工资性收入	57.0	57.0	57.5	56.1	55.2	60.8

图 5　2012 年与 2021 年浙江居民人均可支配收入构成对比图（单位：%）

党的十八大以来，浙江居民四项收入均较快增长。2012—2021 年，浙江居民人均工资性收入、经营净收入、财产净收入、转移净收入年均分别增长 8.8%、6.1%、9.0%、12.3%。居民收入结构有小幅变动，主要表现为经营净收入的下降和转移净收入的提升。2021 年全体、城镇和农村居民经营净收入占比比 2012 年分别下降 4.0、1.9、10.7 个百分点，转移净收入分别提升 3.7、3.4、4.4 个百分点，农村居民变动幅度更为明显。值得关注的是，农村居民工资性收入占比比 2012 年提升了 5.6 个百分点。

(三)收入水平位居全国前列

1. 居民收入水平居全国各省区首位。2021 年，浙江居民人均可支配收入比全国平均水平高 22413 元，居全国 31 个省(区、市)第 3 位，省(区)第 1 位，仅次于上海和北京。分城乡看，城镇居民人均可支配收入比全国平均水平高 21075 元，居全国 31 个省(区、市)第 3 位、省(区)第 1 位，仅次于上海和北京；农村居民人均可支配收入比全国平均水平高 16316 元，居全国 31 个省(区、市)第 2 位、省(区)第 1 位，仅次于上海。截至 2021 年，城乡居民收入水平已经连续第 21 和第 37 年位居全国各省区首位。

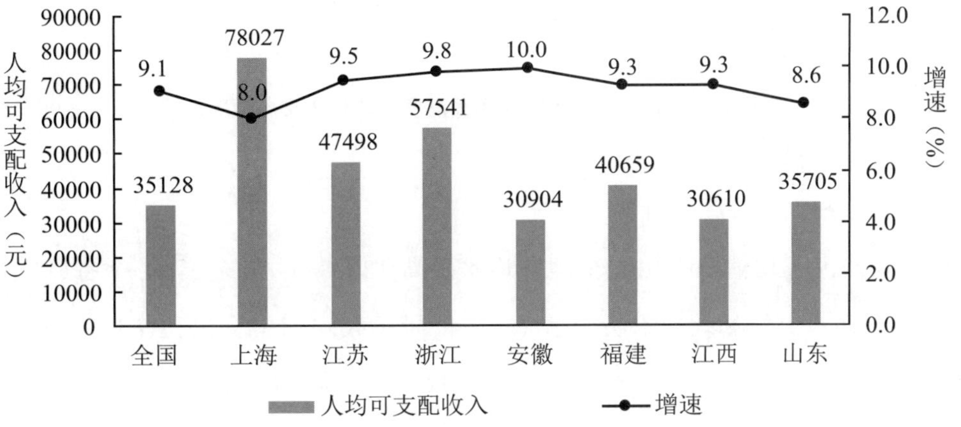

图 6　2021 年华东六省一市人均可支配收入对比图

2. 收入和增速均居华东地区第二位。从华东六省一市居民收入水平和增长情况来看，2021 年浙江居民人均可支配收入分别高于江苏 10043 元、福建 16882 元、山东 21836 元、安徽 26637 元、江西 26931 元，仅低于上海 20486 元。居民人均可支配收入增速分别快于上海 1.8 个百分点、山东 1.2 个百分点、福建 0.5 个百分点、江西 0.5 个百分点、江苏 0.3 个百分点，仅慢于安徽 0.2 个百分点，收入水平和增速均居华东六省一市第二位，总体表现亮眼。

二、居民消费增长概况

(一)居民人均消费支出明显回升

2021 年浙江居民人均消费支出 36668 元，名义和实际增速均实现由负转正，同比增长 17.2% 和 15.5%，分别比上年回升 19.5 和 20.0 个百分点。与 2012 年相比，居民人均消费支出名义增长 93.7%，年均名义增长 7.6%。

分城乡看，城镇居民人均消费支出 42193 元，同比名义和实际分别增长 16.6% 和 14.9%，增幅分别比上年回升 20.1 和 20.4 个百分点。农村居民人均消费支出 25415 元，比上年名义和实际分别增长 17.9%和 16.3%，增幅分别比上年回升 16.9 和 18.1 个百分点。与 2012 年相比，城镇、农村居民人均消费支出分别名义增长 80.4%、119.1%，年均增长 6.8%、9.1%。城乡消费差距逐步缩小，城乡居民人均消费支出比由 2012 年的 2.02∶1 降至 1.66∶1。

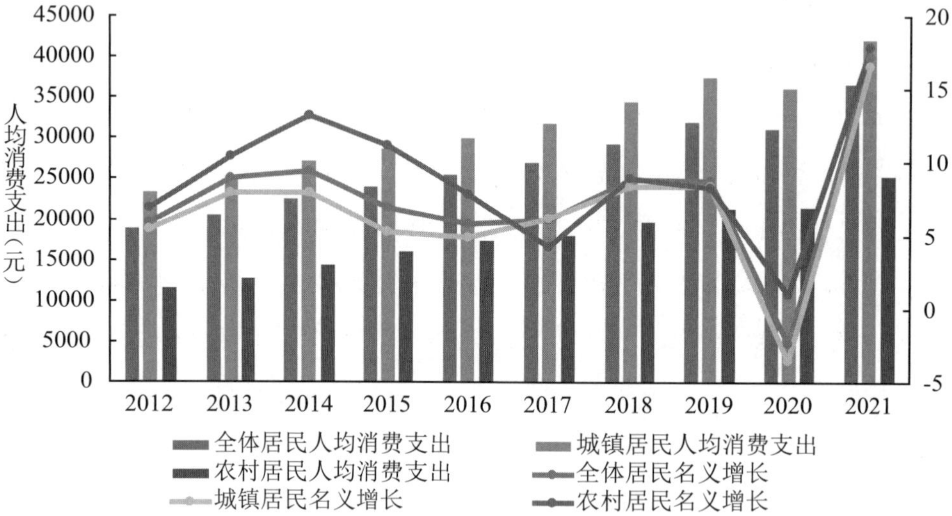

图 7　2012—2021 年浙江居民消费人均消费支出情况图

注：图中均为新口径数据

（二）居民人均消费水平居全国第三

2021 年浙江居民人均消费支出比全国平均水平高 12568 元，居全国 31 个省（区、市）第 3 位，省（区）第 1 位，仅次于上海和北京。分城乡看，城镇居民人均消费支出比全国平均水平高 11886 元，居全国 31 个省（区、市）第 3 位，省（区）第 1 位，仅次于上海和北京；农村居民人均消费支出比全国平均水平高 9499 元，居全国 31 个省（区、市）第 2 位，仅次于上海。

（三）八大类消费支出全面增长

2021 年浙江居民八大类消费支出实现全面快速增长，增速均超 10.0%。与 2012 年相比，居住支出增长最快，年均增长 10.4%；医疗保健、生活用品及服务、其他用品及服务、交通通信、教育文化娱乐、食品烟酒、衣着年均分别增长 9.1%、8.9%、8.7%、6.9%、6.6%、6.3%、3.9%。

1. 其他用品及服务、教育文化娱乐、医疗保健支出增速超 25.0%。2021 年居民人均其他用品及服务支出 977 元，同比增长 34.8%，增速居八大类消费支出首位，较上年回升 44.4 个百分点。居民人均教育文化娱乐支出 3769 元，同比增长 30.4%，增速较上年大幅回升 50.7 个百分点，对消费支出增长的贡献率为 16.4%。居民人均医疗保健支出 2499 元，同比增长 27.8%，增速较上年回升 35.7 个百分点，对消费支出增长的贡献率为 10.1%。

2. 交通通信、衣着支出增速超 20.0%。2021 年居民人均交通通信支出 5196 元，同比增长 20.8%，增速较上年回升 26.3 个百分点，对消费支出增长的贡献率为 16.7%。居民人均衣着支出 2051 元，同比增长 20.4%，增速较上年回升 29.7 个百分点，对消费支出增长的贡献率为 6.5%。

3. 生活用品及服务、食品烟酒、居住支出增速超 10.0%。2021 年居民人均生活用品及服务支出 2073 元，同比增长 15.8%，增速较上年提升 11.5 个百分点，对消费支出增长的贡献率为 5.3%。居民人均食品烟酒支出 10160 元，同比增长 13.9%，增速较上年回升 14.0 个百分点，对消费支出增长的贡献率为 23.0%，居八大类消费支出首位。居民人均居住支出 9943 元，同比增长 10.4%，增速较上年回升 3.2 个百分点，对消费支出增长的贡献率为 17.4%，贡献率仅次于食品烟酒支出。

（四）居民消费呈现新特点

1. 消费结构优化升级。2021 年浙江居民生存型消费（食品烟酒、衣着、居住）占比比上年下降 2.3 个百分点；发展型（交通通信、教育文化娱乐、医疗保健）与改善型（生活用品及服务、其他生活用品及服务）消费占比分别比上年提高 2.2、0.4 个百分点，消费结构逐步向疫情前恢复。

2. 服务性消费支出快速增长。随着激发市场活力、促进居民消费一系列政策的落实落细，服务消费潜力加速释放。2021 年浙江居民人均服务性消费支出 16788 元，同比增长 20.9%，增速比上年回升 29.7 个百分点，占居民生活消费支出的比重为 45.8%，比上年提高 1.4 个百分点。其中衣着、食品烟酒、其他用品及服务、医疗保健类的服务性消费支出增速均在 30%以上。

3. 文化娱乐消费企稳回升。2021 年，随着旅游、文娱服务等行业逐步回暖，浙江居民人均文化娱乐消费支出同比增长 10.6%，增速回升 47.2 个百分点。其中，人均景点门票支出和旅馆住宿费支出增幅均达到 60%以上；人均购买文娱耐用品支出同比增长 13.7%，参加体育健身活动、观看电影话剧等支出也大幅增长。但文化娱乐消费支出尚未恢复至疫情前水平。

表 1　2012—2021 年浙江居民部分年份消费支出构成情况表

单位：%

指　　标	全体居民				城镇居民				农村居民			
	2012 年	2019 年	2020 年	2021 年	2012 年	2019 年	2020 年	2021 年	2012 年	2019 年	2020 年	2021 年
居民人均消费支出	100.0	100.0	100.0	100.0	100.0	100.0	100.0	100.0	100.0	100.0	100.0	100.0
食品烟酒	30.9	27.9	28.5	27.7	30.3	27.1	27.4	26.7	33.1	30.6	32.3	31.0
衣着	7.7	5.9	5.4	5.6	8.1	6.0	5.6	5.8	6.2	5.3	4.8	5.0
居住	21.6	26.2	28.8	27.1	20.8	26.6	29.5	26.8	24.0	25.0	26.5	28.2
生活用品及服务	5.1	5.4	5.7	5.7	4.8	5.5	5.7	5.7	6.0	4.8	5.7	5.4
交通通信	15.1	14.2	13.7	14.2	15.5	14.3	13.8	14.5	13.6	13.9	13.6	13.2
教育文化娱乐	11.2	11.3	9.2	10.3	11.8	11.6	9.5	10.8	9.0	10.4	8.2	8.7
医疗保健	6.0	6.6	6.2	6.8	5.9	6.1	6.0	6.8	6.6	8.3	7.2	6.9
其他用品及服务	2.4	2.5	2.3	2.7	2.7	2.7	2.5	2.9	1.6	1.7	1.6	1.7

4. 教育培训更受重视。随着疫情防控的常态化，远程及网络教育培训机构等新兴校外辅导市场快速发展，同时传统的线下教育也更加追求个性化、多样化、品质化。2021 年浙江居民人均教育消费支出 2810 元，同比增长 38.9%，其中，人均培训费支出 1167 元，增长 54.8%，占教育总

支出的比重由上年的37.3%提高到41.5%，高中阶段培训费增长最快，人均增长一倍以上。

党的十八大以来，浙江居民消费结构逐步改善。2021年浙江全体居民恩格尔系数为27.7%，比2012年下降3.2个百分点；改善型消费占比为8.4%，比2012年提高0.9个百分点；居住消费占比比2012年提高5.5个百分点，提高幅度位于八大类之首。但受疫情影响，发展型消费占比比2012年下降1.0个百分点，一定程度减缓了消费优化升级节奏。

三、居民生活品质不断改善

(一)社区环境日趋完善

从基础设施看，2021年浙江村(社区)通电、通电话、通公路和接收有线电视信号的户比重已达100%，实现全覆盖。村(社区)主干道有路灯的户比重达99%以上，村(社区)内垃圾能集中处理、有健身器材的户比重均在95%以上，村(社区)有绿化园林景观的户比重在80%以上。从公共服务看，2021年村(社区)本年度未发生盗窃或其他刑事案件的户比重达87.2%，比上年提高4.3个百分点；村(社区)有安全保卫的户比重达62.7%；村(社区)中上幼儿园便利和上小学便利的户比重分别为91.1%和91.4%；行政村拥有合法行医证的医生的户比重为70.7%。

(二)食品消费提质升级

2021年浙江居民蔬菜及菜制品、肉类、禽类、水产品、蛋类及蛋制品、奶和奶制品、干鲜瓜果类消费量人均分别为109.9、37.2、14.3、30.5、12.4、16.9、68.3公斤，分别比2014年(2012年、2013年数据不全)增加19.5、10.9、5.4、6.6、5.1、3.1、23.1公斤。油脂类、糖果糕点类、烟叶消费量人均分别为11.8、8.8、35.2公斤，分别比2014年增加0.6、1.7、3.2公斤，7年来仅少量增加。酒类人均消费量为10.7公斤，比2014年减少1.8公斤。居民更加注重饮食健康，食品消费提质升级。

(三)居住条件持续优化

2021年末浙江居民人均住房建筑面积达55.7平方米，比上年末增加2.2平方米，其中城乡居民人均住房建筑面积分别为47.9、71.5平方米，分别增加1.2、4.6平方米，比2012年末增加10.8、10.0平方米。居民使用水冲式卫生厕所的户数达99.3%，使用净化处理自来水的户数比重为96.8%，以天然气、煤气、液化石油气为主要炊用能源的户数比重为92.7%，均比上年有所提高，分别比2013年(2013年统计口径变化，与2012年对比性不强)提高11.8、7.3、9.9个百分点。

(四)耐用消费品大量增加

2021年末，浙江居民每百户家庭家用汽车拥有量为53.3辆，比2013年末(2013年统计口径变化，与2012年对比性不强)增加21.9辆；每百户拥有彩色电视机175.0台、电冰箱111.7台、洗衣机97.8台、空调217.9台、热水器106.7台，分别增加15.4、23.7、23.3、83.2、28.5台；每百户移动电话拥有量为253.6部，增加51.7部，其中接入互联网的移动电话222.0部，增加137.3部。

表2 2013年和2021年浙江居民耐用消费品每百户拥有量情况表

指 标	单位	全体居民		城镇常住居民		农村常住居民	
		2013年	2021年	2013年	2021年	2013年	2021年
家用汽车	辆	31.4	53.3	38.9	62.5	18.9	35.5
摩托车	辆	20.2	8.6	13.8	5.8	31.2	13.9
电冰箱(柜)	台	88.0	111.7	89.7	108.1	85.0	118.7
洗衣机	台	74.5	97.8	82.6	99.5	60.9	94.4
热水器	个	78.2	106.7	84.7	108.3	67.1	103.7
#太阳能热水器		29.0	—	25.4	—	35.1	—
空调	台	134.7	217.9	167.7	236.6	78.6	181.7
彩色电视机	台	159.6	175.0	164.9	172.2	150.5	180.4
摄像机	架	4.7	—	7.0	—	0.9	—
照相机	架	29.5	11.5	41.2	15.2	9.6	4.4
计算机	台	69.6	62.5	89.6	75.8	35.7	36.8
#接入互联网计算机		59.1	58.3	78.2	71.4	26.7	32.9
中高档乐器	架	2.9	7.4	4.1	10.3	0.8	1.9
固定电话	部	55.1	10.2	58.3	10.3	49.7	9.9
移动电话	部	201.9	253.6	209.7	254.4	188.8	251.9
#接入互联网移动电话		84.7	222.0	101.7	228.5	55.8	209.3

四、促进居民收支稳定增长存在的难点和对策建议

党的十八大以来，浙江实现居民收支高水平稳步增长，建设共同富裕示范区建设开局良好、成效明显，同时也要高度关注近年来居民收支增长存在的不稳定性和短板弱项。

(一)"蛋糕"还需进一步做大

1. 居民收入低于经济增长速度。2021年浙江居民人均可支配收入实际增速低于同期浙江地区生产总值增速0.3个百分点。2012－2021年，浙江居民人均可支配收入年均实际增速为6.5%，低于浙江生产总值7.3%的年均增长率0.8个百分点，实现居民收入与经济同步增长面临一定的困难和压力。

2. 人均收入占人均GDP比重较低。2021浙江居民人均可支配收入占人均GDP比重为50.9%，比2020年的52.1%低1.2个百分点，2012－2019年，人均收入占人均GDP比重均未超过50.5%。表明居民共享经济发展成果还不够，劳动报酬在初次分配中的比重仍需提高。

(二)"蛋糕"更需进一步分好

1. 缩小城乡收入差距仍需改革突破。2012－2021年浙江城乡居民收入倍差持续缩小，但收入绝对水平差距从2012年的1.80万元扩大到2021年的3.32万元。农村与城镇相比，农村居民在就业渠道、资产增值、公共服务、社会保障等方面仍处于明显劣势。

2. 缩小区域收入差距仍需改革创新。2021年浙江居民人均可支配收入倍差持续缩小，11个

设区市居民收入倍差由2015年的1.75∶1缩小至1.61∶1;山区26县居民人均可支配收入与全省平均之比由2015年的70.4%提高至73.2%。但从绝对水平差距看,2021年11个设区市居民收入差距由2015年的18240元扩大至25667元;山区26县收入与全省平均水平的绝对差距由2015年的10515元扩大至15402元,差距进一步拉大。

(三)收支增长稳定性需进一步保障

1. 收入增长稳定性需保障提高。当前,国内外形势正在发生深刻复杂变化,尤其是经济形势复杂多变,叠加疫情反复、散发等诸多不利因素,经济发展不稳定,导致失业率上升、经营成本攀升等问题有所显现,居民收入增长不稳定,出现较为明显的波动。

2. 消费潜力有待进一步挖掘。2021年,浙江居民人均消费率为63.7%,较上年同期提升4.0个百分点,消费意愿明显恢复。但与2019年64.2%的人均消费率相比,消费能力仍未恢复至正常水平,消费潜能有待进一步挖掘。

(四)促进居民收支持续稳定增长的几点建议

1. 发展优质产业,夯实共同富裕基础。一是始终坚持"实业强省、引领发展",大力发展先进制造业,不断优化制造业发展环境。二是大力发展数字产业,积极推进"数字产业化",打造数字经济新业态。三是大力发展现代服务业,完善落实服务业发展优惠政策,促进现代服务业做大做强。

2. 改革补齐短板,破解发展失衡难题。一是补齐农村增收短板。加快实施乡村振兴战略,以农村产业发展作为支撑点,努力打造新的经济增长极,提高农村居民收入,进一步缩小城乡收入差距。二是补齐欠发达地区短板。因地制宜,进一步发挥浙江的生态优势和山海资源优势,发展特色产业,扩宽欠发达地区尤其是山区26县居民增收渠道。三是补齐收入分配制度不足。完善初次分配制度,促进就业机会公平,规范收入分配秩序;健全再分配调节机制,优化税收政策设计,完善社会保障制度,促进收入分配更加公平。

3. 统筹疫情防控和社会发展,稳增长促消费。一是必须坚决落实疫情常态化防控举措,筑牢防线不放松,最大程度从早从快减少疫情可能对经济发展和居民生活产生的影响。二是在统筹疫情防控和经济社会发展的基础上,力保居民收入稳定增长,加快培育壮大消费新增长点,发展消费新业态新模式;同时,营造良好的消费环境,推出鼓励消费措施,进一步释放消费潜力。

(执笔人:国家统计局浙江调查总队　曾士群)

安徽居民收支与生活状况报告

2021年，安徽持续巩固拓展疫情防控和经济社会发展成果，经济运行呈现稳中加固、稳中向好态势，城乡居民收入稳步回升，生活消费持续改善。城乡常住居民人均可支配收入分别是43009和18368元，分列全国第14位和第11位，同比增长9.0%和10.5%，分列全国第6位和第14位，略有下滑，其中，城镇增速比全国快0.8个百分点，农村与全国持平，但收入水平与沪苏浙相比仍有明显差距，下一步仍需关注收入持续增长承压、居民服务类消费待进一步挖掘等问题。

一、安徽居民收入持续恢复性增长

（一）居民收入较快增长，农村增速快于城镇

2021年，安徽居民人均可支配收入30904元，居全国第13位，同比增长10.0%，居全国第5位。相对比2019年，两年平均增长[①]8.2%，比全国快1.3个百分点。分城乡看，农村居民收入增速快于城镇，两年平均增速分别是9.2%和7.0%，分别比全国快1.2和0.5个百分点，分列全国第4位和第13位。

（二）城乡居民收入差距继续缩小

农村居民收入增速比城镇快1.5个百分点，城乡可支配收入比2.34，同比缩小0.03，说明安徽收入分配政策更加惠及低收入群体，促进收入分配更加合理的政策效果明显。

（三）城乡居民四大类收入全面增长

城镇居民方面，工资性收入是绝对主力，占可支配收入比重59.4%，由2020年的23636元增长到25545元，增长8.1%；转移净收入和财产净收入增速相对较快，分别增长了13.5%和10.8%；经营净收入保持平稳，增长8.1%。从两年平均增速来看，只有财产净收入超过2位数，达10.3%，经营净收入相对较低，只有5.4%(详见表1)

表1 2021年安徽省城镇居民收入变动情况

单位：元、%

指　　标	2021年		2020年		增幅	两年平均增长	贡献率	拉动增长
	绝对值	占比	绝对值	占比				
可支配收入	43009		39442		9.0	7.0		
工资性收入	25545	59.4	23636	59.9	8.1	6.4	53.6	4.8
经营净收入	6640	15.4	6189	15.7	7.3	5.4	12.6	1.1
财产净收入	3883	9.0	3504	8.9	10.8	10.3	10.6	1.0
转移净收入	6941	16.2	6113	15.5	13.5	9.2	23.2	2.1

① 指2020年和2021年两年平均增长率，下同

农村居民方面，工资、经营、转移“三驾马车”并行，其中，工资性收入增长9.1%，增速为四项收入最低。经营净收入增长9.2%；财产净收入和转移净收入增长相对较快，分别是17.2%和13.9%。从两年平均增速看，工资性收入增长仍较低，只有8.0%，增长相对较快的为财产净收入和转移净收入，说明安徽农民收入来源不断增多，渠道不断扩大，结构更加均衡(详见表2)。

表2　2021年安徽省农村居民收入变动情况

单位:元、%

指　标	2021年		2020年		增幅	两年平均增长	贡献率	拉动增长
	绝对值	占比	绝对值	占比				
可支配收入	18368		16620		10.5	9.2		
工资性收入	6369	34.7	5839	35.1	9.1	8.0	30.6	3.2
经营净收入	6796	37.0	6223	37.4	9.2	6.8	32.6	3.5
财产净收入	392	2.1	334	2.0	17.2	17.7	3.3	0.3
转移净收入	4812	26.2	4225	25.4	13.9	13.8	33.5	3.5

(四)在中部六省和长三角地区均保持较快增速

从中部六省来看，安徽居民收入及增速位次均位居第2位，其中，城乡居民收入增速均仅次于湖北省；从长三角范围来看，安徽城、乡居民增速均居第2位，但收入差距与沪苏浙相比仍有明显差距，城、乡居民收入相当于上海市的52.2%和47.7%，相当于江苏省的74.5%和68.6%，相当于浙江省的62.8%和52.1%，任重道远。

表3　2021年中部六省和长三角地区居民收入情况

单位:元、%

区域	省份	居民收入				城镇收入				农村收入			
		绝对数	位次	增速	位次	绝对数	位次	增速	位次	绝对数	位次	增速	位次
中部六省	安徽	30904	2	10.0	2	43009	2	9.0	2	18368	2	10.5	2
	山西	27426	5	8.8	5	37433	5	7.6	4	15308	6	10.3	3
	江西	30610	4	9.3	3	41684	3	8.1	3	18684	1	10.0	5
	河南	26811	6	8.1	6	37095	6	6.7	6	17533	5	8.8	6
	湖北	30829	3	10.6	1	40278	4	9.7	1	18259	4	12.0	1
	湖南	31993	1	8.9	4	44866	1	7.6	4	18295	3	10.3	3
长三角	安徽	30904	4	10.0	1	43009	4	9.0	2	18368	4	10.5	2
	上海	78027	1	8.0	4	82429	1	7.8	4	38521	1	10.3	4
	江苏	47498	3	9.5	3	57743	3	8.7	3	26791	3	10.7	1
	浙江	57541	2	9.8	2	68487	2	9.2	1	35247	2	10.4	3

(五)农村居民收入增速位次稍有回落

2021年，安徽省城乡居民收入增速居全国位次分别是第6位、第14位，城镇位次保持稳定，农村位次下滑2位。分析原因有如下几点：

一是周边省份疫情制约我省转移性收入增长。安徽是劳务输出大省，2021年有812万农村劳动力赴省外务工。转移性收入由外部转移收入和内部转移收入两部分构成，寄带回收入属于内部转移，占转移净收入超过50％，占可支配收入13.2％。据根据住户收支与生活状况调查，2021年，我省农村居民寄带回收入2432元，较上年下降6元，内部转移乏力制约整体收入增长。

二是农村居民工资性收入与全国差距进一步拉大。2021年，我省农村居民工资性收入6369元，增速9.1％，比可支配收入增速低1.4个百分点，占可支配收入比重34.7％，同比下降0.4％，与全国差距由2020年的1135元拉大到2021年的1589元，与江浙地区相比，江苏和浙江的农村工资性收入分别是我省的2倍和3倍左右，虽然省内劳动力市场缺口较大，但农村劳动力仍热衷于赴省外务工，一方面我省农村本地务工工资较周边省份偏低，另一方面长期形成的务工习惯短期内难以改变。

三是农业收入贡献率低。虽然安徽粮食产量已经实现"十八连丰"，但产量增长空间有限。同时，人力、化肥、农药、种子、农业服务费用等支出成本逐年增加，双向挤压使农民经营效益受限，小户生产自给自足挣钱难，大户生产依赖国家政策调整，受市场行情影响大。2021年，安徽农村居民人均家庭经营第一产业净收入4172元，同比增长8.7％，其中农业增长率更低，仅为7.5％，二、三产业净收入人均2624元，同比增长10.0％。一产经营收入总量与发达地区比差距较大。

四是农村居民平均消费倾向较高挤压收入来源。从平均消费倾向看（消费占收入的比重），安徽农村居民已达93％，城镇只有62％，农村居民生活消费比重过高，挤压了经营投资和理财份额，制约经营性和财产性收入增长。

五是农民消费增速较低抑制收入增长。首先，高质量发展考核体系对消费类指标的考核权重相对较大，消费成为测算收入的重要指标之一，相对比2020年，2021年共有16个省份收入增速位次下滑，其中，有12个省份消费增速位次下降；其次，农村居民人均消费支出17164元，增长14.3％，比城镇居民低9332元，增速低2.6个百分点，消费增速低迷抑制收入较快增长。

二、安徽城乡居民收入增长支撑因素分析

（一）强化稳定就业环境，推动实现充分就业

一是大力转移就业，在我省开展以有转移就业意愿的农村劳动力，特别是脱贫人口、防止返贫监测对象、农村低收入人口等为对象，因地制宜实施"稳岗留工""接您回家""送您上岗"等活动，例如，淮北市一季度农民工返乡创业及带动就业16.8万人，转移就业42.4万人；二是加大就业技能培训力度，提升脱贫人口务工就业质量和工资性收入水平。我省脱贫劳动力已返岗复工183.2万人、占国家下达我省指标的102.4％。通过认定的882家就业帮扶车间，带动就业3.1万人。我省累计开发乡村公益性岗位23.2万个，安置21.4万名脱贫人口实现就地就近就业。

（二）各项保障持续发力，筑牢居民增收底线

一是提升养老金水平。全省农村居民参加养老保险3288.2万人，领取养老保险待遇864.0万人，人均149.6元/月，同比增加18.1元，增速15.0%。例如安庆市发放农村居民基本养老保险32085万元，同比增加2279万元；二是各地大幅提升城乡低保水平。例如滁州市城乡低保标准提高到670元/月，农村特困人员基本生活标准调整不低于940元/月，增发各类民政补贴1505万元；六安市发放农村低保17396万元，同比增长40.2%。

（三）多措并举提升效益，家庭经营稳定增收

一是农业产业化经营产值大幅增加，全省肉蛋奶总产140.8万吨，同比增加7.3%；生猪出栏630.8万头，同比增加9.5%；家禽出栏22535万只，同比增加6.5%；水产品产量52.4万吨，同比增长2.9%；我省蔬菜累计产量373.7万吨，同比增长4.6%；二是金融助农力度增加，全省涉农贷款余额1.9万亿元，同比增长16.5%，高出各项贷款增速3.2个百分点，有效支持涉农领域产业发展，供销系统农户贷款余额3180.3亿元，较年初增加39.6亿元，占涉农贷款的58.5%；三是农产品价格大幅上涨。今年以来，我省小麦价格持续上涨，各类加工企业采购价格在1.55—1.65元/斤，较年初上涨25%左右，玉米市场价格约1.45元/斤，较年初上涨10%左右。

三、"十四五"安徽居民收入展望

"十三五"期间，我国经济已由高速增长阶段转向高质量发展阶段，正处在转变发展方式、优化经济结构、转换增长动力的攻关期。发展不平衡不充分问题仍然突出，结构性、体制性、周期性问题相互交织。当前由于需求不足制约经济稳定恢复，企业特别是中小微企业、乡村企业、个体工商户生产经营困难较多。建议，"十四五"期间，安徽省农民收入增长的目标要把总书记考察安徽时提出的"两个更大"和五中全会提出的"六个新"贯通衔接，确保农民收入增长与经济增长保持一致，年均增速高于全国。

（一）"十四五"安徽农民收入测算情况

经测算，如果安徽农民收入在2025年赶上全国水平，"十四五"期间，安徽年均增速要比全国快0.7个百分点，在诸多不确定因素的背景下，实现难度很大。

（二）"十四五"安徽农民增收因素分析

目前来看，安徽有条件打造成为国内大循环的重要节点、国内国际双循环的战略链接；安徽拥有整省纳入长三角一体化发展、"一带一路"、长江经济带、中部崛起等多重国家战略，政策叠加效益将进一步显现；新基建赋能的重大机遇，新型基础设施加快建设，有利于安徽区位交通优势融合转化为产业发展优势；安徽拥有国家实验室、综合性国家科学中心、自由贸易试验区、滨湖科学城、合芜蚌自主创新示范区、全面创新改革试验省等一批新型平台载体，开放发展的条件更加优越；新发展成就带来的重大机遇。

另一方面，"十四五"时期全省农民增收也面临一些不利因素。

1. 新冠疫情趋势的不确定性较大。2020年初新冠疫情期间，在全省随机调查了4710个农村居民家庭，调查结果显示，全省农村地区48.9%的本地务工者、52.3%的外出打工者表示在疫情期间收入下降超过30%，疫情对我省农村地区外出打工者和本地经营者冲击最大。在疫情发展不确定的情况下，如何统筹常态化疫情防控和经济社会发展，保证外出务工农民就业稳定，难度较大。

2. 农民工外出就业出现新动向。"十三五"初期，由于经济发展快，务工机会多，工资标准提升，农民工工资性收入增长较快，但近两年增速已大不如前。由于外出成本高，外出就业机会、薪酬标准不高，外出人数在减少，外出务工收入也会减少。另外，由于推进新型城镇化，未来农村就业人口面临减少，农村人口老龄化，就业人口负担系数会增大。

3. 农业经营增收愈加困难。目前，农业经营收入仍是农民收入的重要组成部分，但农业经营增收后劲不足。为稳定农业生产，我国一直坚持实施主要农产品保护价格政策，这无疑对稳定农业生产和农民收入起到了积极作用。但一个不可忽视的问题是，目前，我国主要农产品价格已高于国际市场价格，如玉米、小麦、棉花、油料价格均高于国际市场价格，种植业增收后劲受限。

四、城乡居民消费稳步回升

（一）居民生活消费支出恢复性增长较快

今年以来，安徽消费市场全面恢复，城乡居民生活消费支出延续恢复性增长态势，2021年，安徽居民人均生活消费支出21911元，同比增长16.1%，两年平均增长7.0%。按常住地分，城镇居民人均生活消费支出26495元，同比增长16.8%，两年平均增长5.6%；农村居民人均生活消费支出17163元，同比增长14.2%，两年平均增长8.6%。

（二）城乡恩格尔系数双双下降

由于居民非食品类支出与去年同期相比明显增多，居民恩格尔系数从上年同期的33.3%回落至32.6%。按常住地分，城乡居民恩格尔系数分别是32.0%和33.6%，从近年数据看，恩格尔系数呈下降趋势，说明我省居民生活水平在不断上升。

（三）城乡居民消费结构不断优化

十八大以来，随着生活水平的不断提高，安徽城乡居民生活质量和消费结构更加合理，八大类消费支出均呈不同程度的增长。一是衣食消费支出平稳增长。2021年，安徽居民人均食品烟酒消费支出7142.6元，与2012年相比年均增长8.6%；人均衣着消费支出1430.8元，与2012年相比年均增长7.9%。二是居住和生活服务用品消费支出较快增长。2021年，安徽居民人均居住消费支出4664.7元，与2012年相比年均增长9.7%；人均生活用品及服务消费支出1343元，与2012年相比年均增长11.3%。三是发展改善型消费支出增长最快。十八大以来，安徽居民用于交通通信、教育文化娱乐和医疗保健等发展改善型消费支出年均增速均呈两位数增长，占消费支出的比重明显提高。2021年，安徽居民人均交通通信消费支出2479.5元，与2012年相比年均增长12.0%;人均教育文化娱乐消费支出2584.8元,与2012年相比年均增长11.1%;人均医疗保健消费支出1783.6元,与2012年相比年均增长10.8%。(详见表4)

表4　2012—2021年安徽居民人均生活消费支出年均增速

单位:元、%

指　　标	居民			城镇			农村		
	绝对值	结构	年均增速	绝对值	结构	年均增速	绝对值	结构	年均增速
居民人均消费支出	21910.9	100.0	9.7	26495.1	100.0	8.4	17163.3	100.0	10.7
食品烟酒	7142.6	32.6	8.6	8468.6	32.0	7.6	5769.3	33.6	9.1
衣着	1430.8	6.5	7.9	1794.9	6.8	5.6	1053.7	6.1	10.7
居住	4664.7	21.3	9.7	5822.9	22.0	8.0	3465.3	20.2	11.4
生活用品及服务	1343.0	6.1	11.3	1671.2	6.3	11.5	1003.1	5.8	10.3
交通通信	2479.5	11.3	12.0	3039.9	11.5	11.5	1899.1	11.1	11.8
教育文化娱乐	2584.8	11.8	11.1	3170.2	12.0	9.5	1978.5	11.5	12.4
医疗保健	1783.6	8.1	10.8	1891.2	7.1	8.8	1672.1	9.7	12.7
其他用品和服务	482.0	2.2	8.2	636.2	2.4	6.7	322.2	1.9	9.4

(四)消费结构明显升级

随着生活水平提高,安徽城乡居民不再满足于温饱消费,而是追求吃得营养、住得宽敞、行得便捷、用得时尚。2021年,我省城乡居民消费结构升级明显,城、乡居民服务型消费支出分别为7513元、4861元,增幅分别是31.6%和29.4%。十八大以来,随着生活水平提高,安徽城乡居民饮食消费逐渐向多元、绿色、营养转变。2021年安徽居民人均食用蔬菜及菜制品112.6公斤,比2013年增加23.6公斤,增长26.6%;肉禽及其制品47.1公斤,比2013年增加16.0公斤,增长51.5%;人均奶和奶制品13.3公斤,比2013年增加2.7公斤,增长25.1%;人均水产品15.1公斤,比2013年增加4.8公斤,增长46.3%。

五、居民生活条件不断改善

(一)耐用消费品不断升级换代

从每百户耐用消费品拥有情况看,十八大以来,安徽城乡居民物质文化需求也不断被释放出来,城乡居民现代化耐用消费品拥有量再创新高。一是城乡居民对家用电器的需求得到释放,生活品质不断提高。2021年安徽每百户居民洗衣机、电冰箱、空调、热水器、彩色电视机的拥有量分别为96.4、104.3、169.3、97.4和133.3台,比2013年分别增长25.5%、21.2%、103.8%、35.0%和12.9%;二是居民对数码电子产品的需求也不断增强,信息化程度不断提高。2021年,每百户移动电话拥有量267.6部,比2013年增长46.4%,计算机拥有量41.3台,比2013年增长13.3%。其中接入互联网的移动电话和计算机分别为238部和37.4台,比2013年增长376.6%和21.5%。三是家用汽车逐步走进居民家中,城乡居民汽车拥有量明显提高。2021年安徽每百户居民拥有家庭汽车量分别为35.6辆、比2013年增长256.6%，分城乡看，城镇和农村家用汽车拥有量分别是41.4和29.5辆，比2013年分别增长200.7%和345.0%。

(二)生活环境明显改善

十八大以来，安徽省委省政府不断加快基础设施建设，努力推进基本公共服务均等化，公共设施覆盖率明显提高，城乡居民生活环境全方位改善。从现有住房情况看，2021年，安徽居民人均住房建筑面积48.4平方米，比2013年增长26.8%，其中，城镇为42.3平方米，增长25.0%，农村为54.7平方米，增长31.0%；主要建筑材料是钢筋混凝土和砖混材料的户比重为93.1%，与2013年相比增加13.8个百分点，其中城镇97.1%，增加3.4个百分点，农村88.8%，增加22.2百分点；住宅外道路为硬质路面的户比重同比均有提高，全体、城镇和农村分别为99.1%、99.5%和98.7%，与2013年相比分别提高14.0、3.1和23.6个百分点。从生活设施状况来看，2021年安徽居民主要饮用水来源是经过净化处理自来水的比重为93.7%，比2013年提高29.9个百分点，其中，城镇97.1%，提高4.5个百分点，农村90.1%，提高51.9个百分点；全体、城镇和农村居民卫生厕所的户比重分别为92.6%、96.9%和87.9%，与2013年相比，分别提高41.9、9.6和69.2个百分点；全体、城镇和农村居民有取暖设备的户比重分别为88.8%、90.4%和87.0%，与2013年相比，分别提高39.0、19.8和55.6个百分点。

六、城乡居民增收政策建议

(一)针对工资性收入

一是依托合肥、芜湖等省内大城市带动作用，建设高质量都市圈，提供充足就业岗位，大规模吸纳农村转移劳动力人口，让农民进城后有房住、有学上、有钱挣；二是通过多种培训主体，给农民提供实用职业技能培训，有一技之长，就业才能四方吃香；三是建议有条件的地方探索推动户籍准入年限同城化累计互认，兼顾本地财力，加快农民工市民化进程；四是适度提高我省农村地区机关事业单位人员工资待遇，建立工资增长长效机制。

(二)针对财产性收入

一是加快土地流转或村集体托管进程，搭建农村土地流转官方平台，农民可自由选择入股分红、租赁交易模式；二是建议实行集体财产股份化、市场化运作方式，增加低收入人群的财产性收入；三是适当放宽农村集体建设用地和宅基地流通规则，鼓励农民在集体经济组织内部购买转让宅基地使用权，创造条件允许宅基地使用权向集体组织外部流转，增加农民财产性收入。

(三)针对经营性收入

一是拓展农业的广度和深度，把农业打造成全产业链的“第六产业”，延伸到二、三产，提升品牌附加值，破解增产不增收的困境；二是抓住二、三产增收新机遇，在皖南地区大力发展休闲养生、民宿产业，皖北地区大力发展电子商务、快递进村等新业态，并致力于创新，把农业延伸到体验休闲、养生养老等领域。

（四）针对转移性收入

一是改革基本医疗保险制度，建议有条件的地方探索建立“个人责任封顶制”，提高报销比例，使患者家庭在一定期限内承担的医疗费用不超过一定额度，化解家庭灾难性支出；二是提高农村地区基本养老保险标准，力争“十四五”时期内，由当前的百元标准提高到不低于当地城镇平均标准的30%；三是提高政策兜底力度，增加对农村低保、五保等低收入群体的转移支付力度。

（执笔人：国家统计局安徽调查总队　汪汛）

福建居民收支与生活状况报告

2021年，福建全省上下积极统筹疫情防控和经济社会发展，统筹抓好“五促一保一防一控”重点工作，就业形势稳定，基本民生保障有力，为城乡居民增收奠定坚实基础。居民收入持续增长，居民消费稳步提升，生活质量持续改善。

一、人均可支配收入状况

(一)收支增长趋势与全国一致

2021年，全省居民人均可支配收入40659元，比全国平均水平(35128元)高5531元；比上年增长9.3%，扣除价格因素实际增长8.5%。十八大以来，福建城乡居民收入实现平稳较快增长，尽管2020年因疫情对居民收入影响较大，但总体来看，居民收入仍处于较快增长期，十八大期间居民人均可支配收入年均增长8.7%，与全国增长趋势保持一致(见图1)。

分城乡看，2021年福建城镇居民人均可支配收入51140元，比全国平均水平(47412元)高3728元；比上年增长8.4%，扣除价格因素实际增长7.6%。农村居民人均可支配收入23229元，比全国平均水平(18931元)高4298元；比上年增长11.2%，扣除价格因素实际增长10.9%。

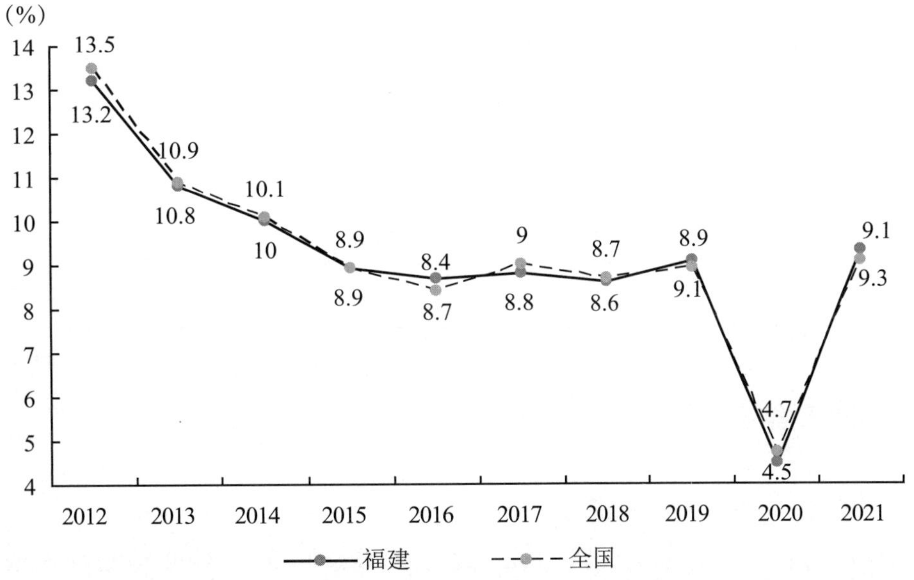

图1　2012—2021年福建和全国居民人均可支配收入增长走势

(二)居民收入增长与经济增长基本同步

2021年，福建居民人均可支配收入实际增长8.5%，高于同期全省GDP增速，居民收入增长与经济增长基本同步，居民分享改革发展成果成效明显。十八大以来，福建坚持高质量发展落实赶超，使改革发展成果更多更公平惠及全体人民，城乡居民人均可支配收入分别实现新的跨越，城镇居民人均可支配收入于2018年突破4万元大关，于2021年突破5万元大关；农村居民人均可支配收入于2020年突破2万元大关。

（三）城乡收入比继续缩小

2012年至2021年，福建城镇居民人均可支配收入年均增长8.0%，快于全国年均增速快0.2个百分点；农村居民人均可支配收入年均增长9.6%，快于全国年均增速快0.1个百分点。十八大以来，福建坚持统筹城乡协调发展，决战决胜脱贫攻坚，全面推进乡村振兴，优化收入分配领域政策，为城乡居民增收注入新动力，呈现出农村居民收入增长率高于城镇居民收入增长率的良好态势，农村居民收入连续10年快于城镇居民，城乡居民收入比由2012年的2.52缩小至2021年的2.20，连续10年呈缩小态势，城乡居民收入相对差距继续缩小，共同富裕政策取得明显的实质性进展（见表1）。

表1　2012—2021年福建城乡居民人均可支配收入

单位：元、%

指　标	城镇居民		农村居民		城乡收入比
	水平	增速	水平	增速	
2012	25650	12.6	10164	13.5	2.52
2013	28174	9.8	11405	12.2	2.47
2014	30722	9.0	12650	10.9	2.43
2015	33275	8.3	13793	9.0	2.41
2016	36014	8.2	14999	8.7	2.40
2017	39001	8.3	16335	8.9	2.39
2018	42121	8.0	17821	9.1	2.36
2019	45620	8.3	19568	9.8	2.33
2020	47160	3.4	20880	6.7	2.26
2021	51140	8.4	23229	11.2	2.20
年均增速	—	8.0	—	9.6	—

二、居民收入结构特征

（一）工资性收入贡献最大

2021年，居民人均工资性收入23784元，比上年增长9.8%，对可支配收入增长的贡献率达61.7%，拉动居民收入增长5.7个百分点，是居民增收的主引擎。2012年至2021年期间，居民人均工资性收入年均增长8.6%，尽管由于经济的多元化发展，居民收入渠道也日益多元化，居民工资性收入占人均可支配收入的比重由59.2%下降至58.5%，比重下降0.7个百分点，仍是全省城乡居民最重要的收入来源，工资性收入对居民增收起到重要的支撑作用。分城乡看，城镇居民人均工资性收入年均增长7.6%，占比由63.8%下降至62.1%；农村居民人均工资性收入年均增长10.2%，占比由43.1%上升至45.3%。

就业是最大的民生。十八大以来，福建坚持就业优先战略，制定实施积极就业政策，分类施策促进重点群体就业，加大就业创业扶持力度，确保城乡居民就业环境总体平稳。如在保就业方面，“十三五”时期省政府相继出台了《进一步做好稳就业保就业工作若干措施》《关于进一步做好当前和今后一个时期促进就业工作的实施意见》《关于进一步做好促进就业工作十七条措施》。尤其是发生新冠疫情以来，全省密集出台保就业稳就业措施，从加强企业用工服务、支持企业稳岗稳工、灵活用工、加强职业技能培训等方面入手，稳就业、保就业。

（二）经营净收入增长平稳

2021年，居民人均经营净收入7412元，比上年增长12.9%，拉动居民收入增长2.3个百分点。2012至2021年期间，人均经营净收入年均增长7.4%，占人均可支配收入的比重由20.4%下降至18.2%，下降2.2个百分点。其中，城镇居民人均经营净收入年均增长7.4%，占比由13.8%下降至13.1%；农村居民人均经营净收入年均增长7.7%，占比由43.3%下降至37.0%。

十八大以来，福建各级政府出台一系列支持企业发展的优惠政策，持续扶持民营经济发展，优化营商环境，降低外资市场准入门槛，“减税降费”“放管服”改革等政策在全省各地得到较好落实，进一步激发了市场活力，为居民开展多元化经营创造有利条件。近年来全省农业生产经营形势总体较好、农产品量价齐升等利好因素进一步拉动农业农村生产经营形势向好，乡村特色经济、生态、旅游产业化发展也助推农民持续增收。

（三）财产净收入增速领跑

2021年，居民人均财产净收入4540元，比上年增长13.2%，拉动居民收入增长1.4个百分点。2012至2021年期间，人均财产净收入年均增长11.5%，增速在四大项中居首，增长势头强劲。随着居民财产净收入持续较快增长，其占人均可支配收入的比重由2012年的8.9%上升至2021年的11.2%，增加2.3个百分点，成为拉动全省居民增收新的增长点。城镇居民人均财产净收入年均增长10.5%，占比由11.1%上升至13.7%；农村居民人均财产净收入年均增长14.0%，占比由1.4%上升至2.0%。随着居民家庭物质财富持续积累，居民理财观念日益增强，带动居民红利收入增长；房屋租赁市场的进一步完善带动房租收入增长；随着近年来城市建设扩张，加上多地开展老旧小区改造升级，房价保持稳中有升，也带动城镇居民自有住房虚拟租金上涨。

（四）转移净收入稳定较快增长

2021年，居民人均转移净收入4923元，比上年减少1.0%，比上年小幅下降的主要原因是：福建省对机关企事业单位养老缴费基数进行调整，居民社保缴纳支出增加，以及受近两年疫情常态化影响，外出从业人员寄带回收入结构发生改变。

十年间居民人均转移净收入年均增长9.4%，占人均可支配收入比重由2012年的11.5%

上升至2021年的12.1%，占比增加0.6个百分点。福建各级政府聚焦重点民生关切领域持续发力，持续提升社会保障水平，城乡居民社会养老保险、基本医疗保险、失业保险等制度继续不断完善，切实增强人民群众的获得感。尤其是近年来全省充分发挥政府兜底保障作用，持续加大扶贫力度，推动困难群体再就业，织牢民生兜底保障网等一系列保民生、惠民生举措，合力拉动居民转移净收入实现稳定增长。得益于精准扶贫政策及各项强农惠农政策实施力度的持续加大，转移性收入增长对全省农民增收的促进作用尤其明显，2012年至2021年，农民人均转移净收入实现年均增长12.8%，比城镇居民高出5.1个百分点，增速居农民四大项收入第2位，仅次于财产性收入。农村居民人均转移净收入占比由2012年的12.1%提高至2021年的15.8%，比重上升3.7个百分点。

（五）居民增收多元化

十八大以来，福建居民增收渠道不断拓宽，四大项收入均实现不同程度的增长，收入结构持续优化。从占比来看，居民收入四大项占人均可支配收入比重呈现两升两降，工资性和经营净收入两项占比持续下降，由2012年的总占比79.6%降至2021年的76.7%；财产净收入和转移净收入两项占比则持续上升，由2012年的总占比20.4%升至2021年的23.3%，反映出随着居民收入渠道进一步拓宽，居民增收更加多元化。但与人均工资性收入的绝对主导地位相比，居民财产净收入、转移净收入两项占人均可支配收入的总比重仍较低，还有较大的增长空间（见表2）。

表2　福建居民人均可支配收入构成变化

单位：元、%

指　标	城镇居民		农村居民		城乡收入比
	水平	增速	水平	增速	
可支配收入	40659	100.0	19141	100.0	8.7
工资性收入	23784	58.5	11332	59.2	8.6
经营净收入	7412	18.2	3897	20.4	7.4
财产净收入	4540	11.2	1711	8.9	11.5
转移净收入	4923	12.1	2201	11.5	9.4

三、居民消费情况

2021年，福建居民人均生活消费支出28440元，比上年增长13.2%，扣除价格因素实际增长12.4%。2012年至2021年间，全省居民人均生活消费支出年均增长7.5%。分城乡看，城镇居民人均生活消费支出33942元，比上年增长11.3%，扣除价格因素实际增长10.5%，十年间年均增长6.6%；农村居民人均生活消费支出19290元，比上年增长18.1%，扣除价格因素实际增长17.7%，年均增长8.7%。经济稳步发展带动居民收入稳步增长，随着“钱袋子”越来越鼓，居民越来越注重生活质量，人均生活消费支出持续稳定增长，消费支出绝对值始终高于全国平均水平，人民更有获得感、幸福感。

（一）居民八大类消费全面增长

从增速看，八大类人均消费支出与上年相比全部实现正增长。其中，增速居前三位的分别是教育文化娱乐支出2572元，增长35.7%；衣着支出1432元，增长21.1%；生活用品及服务支出1473元，增长15.5%。其余五大类消费中，食品烟酒支出9168元，增长9.3%；居住支出8301元，增长13.6%；交通通信支出3121元，增长5.0%；医疗保健支出1769元，增长11.7%；其他用品和服务支出606元，增长14.8%（见表3）。

表3　2021年福建居民消费支出结构及增速

单位：元、%

指　　标	全体居民		城镇居民		农村居民	
	水平	增速	水平	增速	水平	增速
居民人均消费支出	28440	13.2	33942	11.3	19290	18.1
食品烟酒	9168	9.3	10612	9.7	6765	7.8
衣着	1432	21.1	1741	20.6	918	21.7
居住	8301	13.6	10349	10.6	4894	24.1
生活用品及服务	1473	15.5	1794	18.1	939	7.4
交通通信	3121	5.0	3656	−2.7	2232	32.2
教育文化娱乐	2572	35.7	3120	35.6	1662	34.9
医疗保健	1769	11.7	1939	9.3	1484	16.8
其他用品和服务	606	14.8	731	9.9	397	31.3

（二）"衣食住用"基本消费支出占比稳定

从占比看，2021年福建居民人均食品烟酒、衣着、居住、生活用品及服务等基本消费占生活消费支出的比重为71.6%，与2012年相比占比变化不大，十八大以来居民基本消费占比相对稳定。此外，随着医疗保障体系建设的不断完善，全省持续提高城乡居民医保财政补助标准、实现异地就医直接结算、持续深化综合医改，加上居民医疗保健意识的不断增强，为居民医疗保健消费支出的持续提高奠定了坚实的政策、经济和环境基础，2021年，全省居民人均医疗保健支出比重由2012年的4.3%上升至6.2%，提高了1.9个百分点。

（三）恩格尔系数下降

十八大以来，居民消费结构进一步优化升级，优化的首要表现是恩格尔系数下降。居民人均食品烟酒占消费支出的比重持续下降，恩格尔系数由2012年的37.0%下降至2021年的32.2%，下降4.8个百分点。其中，城镇居民恩格尔系数由2012年的35.5%下降至2021年的31.3%，下降4.2个百分点；农村居民恩格尔系数由2012年的41.1%下降至2021年的35.1%，下降6.0个百分点，恩格尔系数的持续下降表明居民生活质量的进一步提升。

（四）服务性消费成为居民消费新增长点

随着全省居民收入的稳定增长，带动居民消费进一步升级。2021年居民人均服务性消费支出13384元，比上年增长21.3%，增速比居民人均消费支出增速快8.1个百分点。居民人均服务性消费支出占居民消费支出比重为47.1%，比上年提高3.2个百分点。分城乡看，城镇和农村居民人均服务性消费支出分别比上年增长20.7%和21.9%，占居民人均消费支出的比重分别为50.5%和37.0%，占比分别比上年提高3.9和1.1个百分点。

（五）食品消费提质升级

2021年，全省居民人均粮食消费量129.2公斤，同比增长3.8%。禽类的人均消费量为15.0公斤，同比下降4.3%。蔬菜、水产品、蛋类、奶类及干鲜瓜果类的消费量人均分别为94.5公斤、26.8公斤、11.4公斤、13.4公斤、48.6公斤，同比分别增长5.5%、1.5%、6.4%、14.2%和8.0%，消费量增长较快。居民饮食结构比较均衡，更趋绿色健康，食品消费进一步提质升级。

四、2021年居民生活状况

（一）居住状况

从建筑材料看，全省居民居住在钢筋混凝土或砖混材料结构住房的户比重为93.3%，比上年提高1.8个百分点。城镇居民居住在钢筋混凝土或砖混材料结构住房的户比重为98.5%，比上年提高1.3个百分点；农村居民居住在钢筋混凝土或砖混材料结构住房的户比重为84.0%，比上年提高1.8个百分点。

从居住面积看，2021年末，福建居民人均住房建筑面积为55.7平方米，比上年减少2.1平方米，下降3.6%。城镇居民人均住户建筑面积43.9平方米，比上年增加0.2平方米，增长0.4%；农村居民人均住房建筑面积75.2平方米，比上年减少5.5平方米，下降6.8%。

（二）生活设施状况

从主要饮用水源看，全省居民使用经过净化处理的自来水的户比重为87.7%，比上年提高4.2个百分点。城镇居民使用经过净化处理的自来水的比重为96.8%，比上年提高0.2个百分点；农村居民使用经过净化处理的自来水的比重为71.1%，比上年提高9.1个百分点。

从卫生设施看，全省居民住宅内使用水冲式卫生厕所（水冲式厕所冲入下水道、化粪池、防渗厕坑）的户比重为99.2%，比上年提高1.3个百分点。城镇居民住宅内使用水冲式卫生厕所的户比重为99.8%，比上年提高0.1个百分点；农村居民住宅内使用水冲式卫生厕所的户比重为98.2%，比上年提高3.4个百分点。厕所为独用的户比重为96.4%，比上年提高1.2个百分点。城镇居民厕所为独用的户比重为97.3%，比上年提高1.0个百分点；农村居民厕所为独用的户比重为94.8%，比上年提高1.5个百分点（见表4）。

表 4　2021 年福建居民住房主要卫生设施情况

单位：%

指　　标	全体居民	城镇居民	农村居民
主要饮用水来源情况			
其中：使用经过净化处理的自来水的户的比重	87.7	96.8	71.1
受保护的井水和泉水	10.2	3.1	23.1
住房厕所类型			
其中：有水冲式卫生厕所的户的比重	99.2	99.8	98.2
住房厕所使用情况			
其中：住宅内独用	96.4	97.3	94.8

（三）主要耐用消费品拥有量情况

全省居民平均每百户家庭汽车拥有量 33.0 辆，比上年增加 3.6 辆，增长 12.3%。城镇居民平均每百户家庭汽车拥有量 40.1 辆，比上年增加 4.0 辆，增长 11.2%。农村居民平均每百户家庭汽车拥有量 20.1 辆，比上年增加 1.7 辆，增长 9.1%。

全省居民平均每百户摩托车拥有量 48.6 辆，比上年减少 2.0 辆，下降 3.9%。城镇居民平均每百户摩托车拥有量 31.9 辆，比上年减少 3.6 辆，下降 10.2%。农村居民平均每百户摩托车拥有量 79.0 辆，比上年增加 3.8 辆，增长 5.0%。

全省居民平均每百户洗衣机拥有量 97.5 台，比上年增加 5.8 台，增长 6.3%。城镇居民平均每百户洗衣机拥有量 97.2 台，比上年增加 4.4 台，增长 4.7%。农村居民平均每百户洗衣机拥有量 97.9 台，比上年增加 8.2 台，增长 9.1%。

全省居民平均每百户电冰箱拥有量 106.5 台，比上年增加 3.5 台，增长 3.4%。城镇居民平均每百户电冰箱拥有量 105.2 台，比上年增加 3.2 台，增长 3.2%。农村居民平均每百户电冰箱拥有量 108.7 台，比上年增加 4.1 台，增长 3.9%。

全省居民平均每百户排油烟机拥有量 66.1 台，比上年增加 3.0 台，增长 4.7%。城镇居民平均每百户排油烟机拥有量 73.7 台，比上年增加 2.5 台，增长 3.6%。农村居民平均每百户排油烟机调拥有量 52.3 台，比上年增加 2.3 台，增长 4.6%。

全省居民平均每百户接入互联网的移动电话拥有量 232.6 部，比上年增加 2.8 部，增长 1.2%。城镇居民平均每百户接入互联网的移动电话拥有量 240.2 部，比上年增加 0.7 部，增长 0.3%。农村居民平均每百户接入互联网的移动电话拥有量 218.8 部，比上年增加 4.9 部，增长 2.3%。

全省居民平均每百户计入互联网的计算机拥有量 54.4 台，比上年增加 0.1 台，增长 0.2%。城镇居民平均每百户计算机拥有量 70.6 台，比上年增加 0.9 台，增长 1.3%。农村居民平均每百户计算机拥有量 25.1 台，比上年减少 4.2 台，下降 14.3%（见表 5）。

表5　2021年福建居民平均每百户家庭耐用消费品拥有情况

指　标	单位	全体居民	城镇居民	农村居民
家用汽车	辆	33.0	40.1	20.1
摩托车	辆	48.6	31.9	79.0
助力车	辆	71.5	74.6	65.9
洗衣机	台	97.5	97.2	97.9
电冰箱(柜)	台	106.5	105.2	108.7
彩色电视机	台	126.6	120.8	137.3
空调	台	185.3	218.9	124.2
热水器	台	114.5	117.1	109.8
排油烟机	台	66.1	73.7	52.3
接入互联网的移动电话	部	232.6	240.2	218.8
接入互联网的计算机	台	54.4	70.6	25.1

五、值得关注的问题及建议

(一)居民持续增收承压,应继续稳岗保就业

受国内疫情散发及部分地区有序用电政策影响,部分中小微企业生产运营仍面临困难,小微企业发挥吸纳居民就业的“蓄水池”作用面临挑战,一定程度影响我省居民收入持续增长。从收入构成看,工资性收入占居民收入的比重将近6成,是决定居民收入持续稳定增长的关键因素。建议应继续强化就业优先导向,提高就业带动力。一是在持续抓好疫情防控的前提下,继续实施援企稳岗行动,稳住就业基本盘。二是推进高校毕业生、农民工、退役军人、困难人员等群体就业保障工作,保证重点群体就业稳定。三是应继续优化营商环境,着力缓解小微企业经营压力,进一步减轻创业者纳税负担,留住高学历、青壮年新型职业农民等农村高素质劳动力,助力农村居民增产增收。

(二)居民消费潜力仍需释放,应促进消费结构升级

从消费构成看,居民吃穿住用基本生活类消费仍占居民消费支出的71.6%,其他消费支出占比仍较小。建议:一是推动消费短期刺激政策与长期有效政策有机结合,稳重点消费的同时,促进新型消费。二是积极为健康、教育、文化、养老、体育及旅游等服务类行业发展创造良好的营商环境,推进文旅休闲、乡村旅游主题消费提质升级,拓宽“银发群体”、夜间经济等新型消费市场,推动新型消费模式健康发展。

(执笔人:国家统计局福建调查总队　张凤园)

江西居民收支与生活状况报告

2021 年，江西科学统筹疫情防控和经济社会高质量发展，经济保持恢复增长态势，基本民生保障有力有效，居民收入持续稳定增长，居民消费增速恢复到疫情前水平，实现“十四五”良好开局。

一、居民收入平稳恢复增长

（一）居民人均可支配收入首次突破 3 万元

2021 年，江西居民人均可支配收入 30610 元，比上年同期名义增长 9.3%，扣除价格因素后实际增长 8.3%，名义和实际增速均比全国平均增速高 0.2 个百分点。分城乡看，2021 年全省城镇居民人均可支配收入 41684 元，比上年同期名义增长 8.1%，扣除价格因素后实际增长 7.2%；农村居民人均可支配收入 18684 元，比上年同期名义增长 10.0%，扣除价格因素后实际增长 9.3%。

（二）居民收入增长基本恢复

2021 年，江西居民人均可支配收入增幅比 2020 年提高 2.6 个百分点，高于“十三五”时期居民收入年均增速 0.6 个百分点，基本恢复正常年份水平。分城乡看，2021 年全省城镇居民可支配收入增幅比 2020 年提高 2.6 个百分点，农村居民增幅提高 2.5 个百分点，分别高于“十三五”时期城乡居民收入年均增速 0.3 个百分点和 1.2 个百分点。

（三）近两年收入平均增速居全国前列

与 2019 年相比，江西居民人均可支配收入两年平均增长[①] 8.0%，比全国平均高 1.1 个百分点，增速居全国第 6 位，列中部地区第 2 位。分城乡看，城镇居民人均可支配收入两年平均增长 6.8%，比全国平均高 1 个百分点，农村居民人均可支配收入两年平均增长 8.8%，比全国平均高 0.1 个百分点。

1. 工资性收入平稳增长。江西持续实施就业优先战略，多措并举支持多渠道灵活就业，助推企业稳岗稳就业，全省城镇新增就业超额完成目标，外出农民工人数和本地农民工人数同比增长，为居民增收创造有利条件。2021 年，江西居民人均工资性收入 17016 元，比上年同期增长 6.3%，两年平均增长 6.5%；占人均可支配收入的比重为 55.6%，拉动人均可支配收入增长 3.6 个百分点，是支撑收入增长的主导因素。分城乡看，城镇、农村居民人均工资性收入分别为 25129 元、8280 元，增长 3.4%和 13.4%。

---

① 两年平均增速是指以 2019 年相应同期数为基数，采用几何平均的方法计算的增速。后同。

2. 经营净收入加快恢复。江西统筹疫情防控和经济社会发展成效持续显现，营商环境不断优化，在减税减费减租减息减支等一系列政策措施下，市场活力进一步释放，从事住宿餐饮、居民服务、交通运输等行业的经营户收入快速恢复。农业生产稳定向好，粮食生产实现面积、总产、亩产“三增”，生猪价格回落但产能恢复成效明显，农村居民一产经营收入保持增长。2021 年，江西居民人均经营净收入 4976 元，同比增长 11.9%，较正常年份 2019 年同期高 4.2 个百分点，两年平均增长 6.8%。分城乡看，城镇、农村居民人均经营净收入分别为 3985 元、6043 元，增长 29.0%和 3.0%。

3. 财产净收入快速增长。城乡居民流动加快恢复，居民出租房屋租金收入呈现恢复性增长。村集体经济状况持续改善，农村土地确权和集体产权制度改革成果显现，居民投资分红增加。多因素带动居民财产净收入快速增长，为居民增收提供更多渠道。2021 年，江西居民人均财产净收入 2307 元，同比增长 23.3%，较正常年份 2019 年同期高 13.8 个百分点，两年平均增长 15.3%，2021 年及两年平均增速均居四项收入首位。分城乡看，城镇、农村居民人均财产净收入分别为 4136 元、336 元，增长 22.0%和 20.5%。

4. 转移净收入稳定增长。江西坚持以人民为中心的发展思想，民生领域投入不断增加，转移净收入持续发挥保障居民增收压舱石作用，养老金、失业保险金、城乡困难群众最低保障标准逐年提高等政策因素支撑转移净收入稳定增长。2021 年，江西居民人均转移净收入 6311 元，同比增长 10.7%；较正常年份 2019 年同期高 1.1 个百分点。两年平均增长 10.7%。分城乡看，城镇、农村居民人均转移净收入分别为 8435 元、4025 元，增长 8.6%和 13.9%。

表 1　2019 年和 2021 年江西城乡居民收入四大项情况

指　　标	2019 年		2021 年		两年平均增长（%）
	水平（元）	增长（%）	水平（元）	增长（%）	
全体居民可支配收入	26262	9.1	30610	9.3	8.0
工资性收入	15006	9.2	17016	6.3	6.5
经营净收入	4367	7.7	4976	11.9	6.8
财产净收入	1736	9.5	2307	23.3	15.3
转移净收入	5154	9.6	6311	10.7	10.7
城镇居民可支配收入	36546	8.1	41684	8.1	6.8
工资性收入	23168	8.0	25129	3.4	4.1
经营净收入	3055	8.2	3985	29.0	14.2
财产净收入	3188	8.0	4136	22.0	13.9
转移净收入	7135	8.2	8435	8.6	8.7
农村居民可支配收入	15796	9.2	18684	10.0	8.8
工资性收入	6699	9.4	8280	13.4	11.2
经营净收入	5701	8.1	6043	3.0	3.0
财产净收入	257	9.3	336	20.5	14.3
转移净收入	3139	10.8	4025	13.9	13.2

（四）农村居民收入增幅连续十二年快于城镇居民

2021年，江西农村居民人均可支配收入名义增速和实际增速分别快于城镇居民1.9和2.1个百分点，连续十二年保持快于城镇居民收入增长。城乡居民收入比从上年同期的2.27（农村居民收入=1）下降到今年的2.23，低于全国的2.50，城乡收入差距延续持续缩小的良好态势。

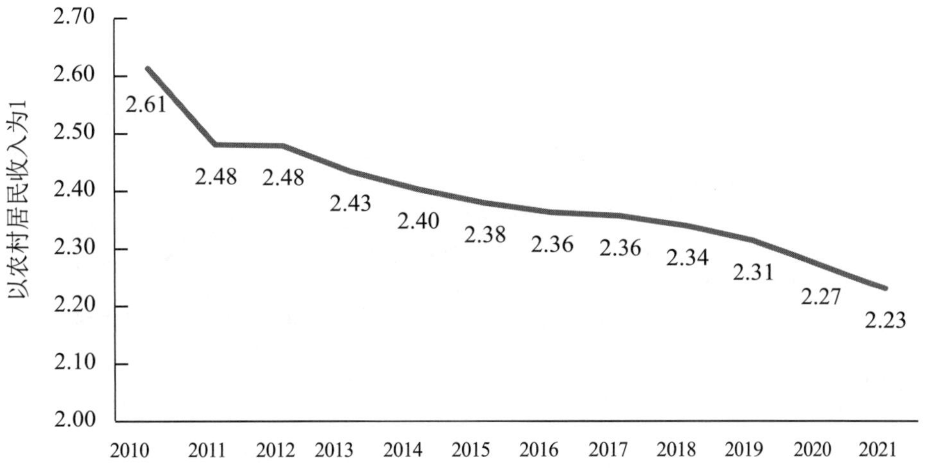

图1　2010—2021年江西城乡居民收入比

二、居民消费水平稳步提高

2021年，江西居民人均消费支出为20290元，比上年同期名义增长13.0%，扣除价格因素后实际增长12.0%；与2019年相比，两年平均增长7.2%。从人均消费支出八大项看，均呈现全面增长态势。农村居民人均消费支出增长好于城镇居民。名义增速和实际增速分别快于城镇居民4.2个和4.4个百分点。农村居民人均消费支出八大项增速排在前三位的分别为交通通信支出同比增长21.2%、其他用品和服务支出同比增长20.9%、教育文化娱乐支出同比增长20.3%。

表2　2021年江西居民人均消费支出情况

指　　标	全体居民		城镇居民		农村居民	
	水平（元）	增速（%）	水平（元）	增速（%）	水平（元）	增速（%）
居民人均消费支出	20290	13.0	24587	11.1	15663	15.3
食品烟酒	6518	12.8	7723	11.1	5222	14.6
衣着	1080	9.4	1440	6.3	691	14.7
居住	4721	6.0	5470	2.9	3915	10.2
生活用品及服务	1142	18.1	1446	17.2	815	18.6
交通通信	2342	9.1	2940	2.9	1699	21.2
教育文化娱乐	2382	26.8	2944	30.1	1777	20.3
医疗保健	1694	17.8	2015	16.9	1347	18.5
其他用品和服务	411	35.4	609	39.2	196	20.9

(一)消费结构不断优化,恩格尔系数逐步下降

2021年,江西居民人均食品烟酒支出6518元,同比增长12.8%,与2019年相比,两年平均增长11.8%,食品烟酒支出占消费支出的比重(恩格尔系数)由2020年的32.19%下降至32.13%。分城乡看,城镇居民食品烟酒支出占消费支出的比重与上年同期基本持平;农村居民食品烟酒支出占消费支出的比重由上年同期的33.6%下降至33.3%。

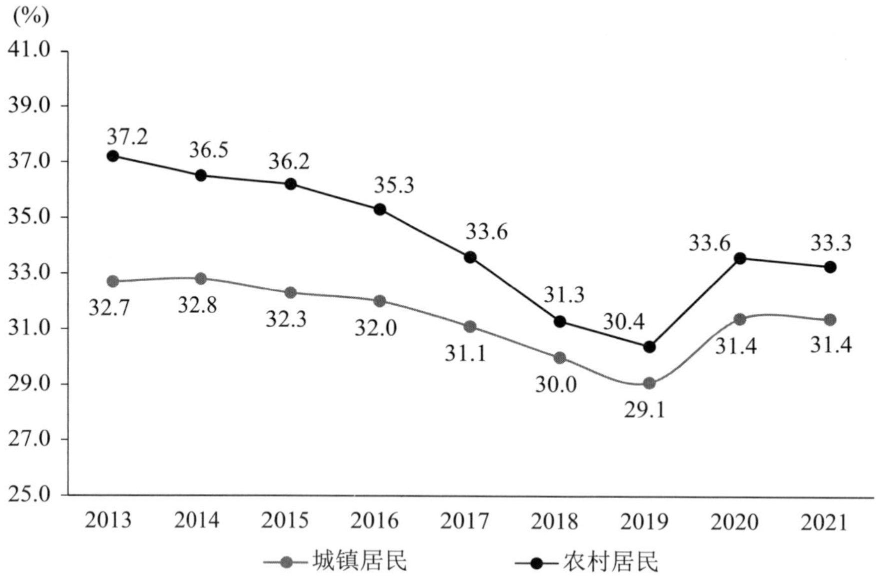

图2　2013—2021年江西分城乡居民恩格尔系数

(二)食品消费更加均衡、居民注重营养健康

2021年,江西居民人均食品支出为4750元,同比增长7.5%,与2019年相比,两年平均增长13.4%。从两年平均增速看,人均肉类支出、谷物支出、蛋类支出、豆类支出、食用油支出、薯类支出、糖果糕点类支出增速呈两位数增长态势,分别增长23.0%、18.1%、18.0%、16.2%、15.1%、13.6%、10.2%;从人均食品各类支出占食品支出的比重看,占比大的分别是人均肉类支出占比26.8%、蔬菜和食用菌支出占比14.0%、谷物支出占比13.3%、干鲜瓜果类支出占比9.0%、水产品类支出占比7.8%、禽类支出占比6.9%、奶类支出占比5.2%、食用油支出占比5.0%;占比小的分别是人均其他食品支出占比3.2%、糖果糕点类支出占比2.9%、蛋类支出占比2.7%、豆类支出占比1.9%、薯类支出占比1.4%。分城乡看,城镇、农村居民人均食品支出分别为5398元、4052元,增长3.6%、12.9%,两年平均增长9.1%、19.7%。

(三)衣着消费趋于时尚、品牌和个性化

城乡居民衣着消费趋势呈现国潮化、品牌化、高档化、个性化、舒适化特征。2021年,江西居民人均衣着消费为1080元,同比增长9.4%,与2019年相比,两年平均增长0.1%。分城乡看,城镇、农村居民人均衣着支出分别为1440元、691元,增长6.3%、14.7%。

(四)教育文化娱乐、休闲消费更加丰富多彩

2021年,江西居民人均教育文化娱乐支出为2382元,同比增长26.8%,两年平均增长

6.6%；占人均居民消费支出的比重由2020年的10.5%提高至11.7%。其中，人均教育支出增长31.1%，人均文化娱乐支出增长12.8%。随着全省疫情防控成效显现，居民外出基本恢复正常，教育、娱乐活动趋于正常，旅游市场复苏，居民人均景点门票、体育健身活动及电影话剧演出票支出分别增长31.0%、15.4%、177.4%。

（五）医疗保健支出呈快速增长态势

在人口老龄化程度持续加深的趋势下，居民的健康意识显著增强，居民更加重视日常身体健康的维护以及疾病的治疗。2021年，江西居民人均医疗保健支出为1694元，同比增长17.8%，与2019年相比，两年平均增长15.7%。其中，人均门诊总费用增长29.2%，人均住院总费用增长16.3%。分城乡看，城镇、农村居民人均医疗保健支出分别为2015元、1347元，增长16.9%、18.5%。

（六）城乡居民消费差距逐年缩小

随着农村居民收入的不断增长以及乡村振兴战略的实施，江西农村居民消费支出的增速持续快于城镇居民，城乡居民人均消费支出比不断缩小。2021年，全省城乡居民消费比（农村居民消费支出＝1）从上年同期的1.63下降到1.57，缩小0.06，城乡差异持续改善。

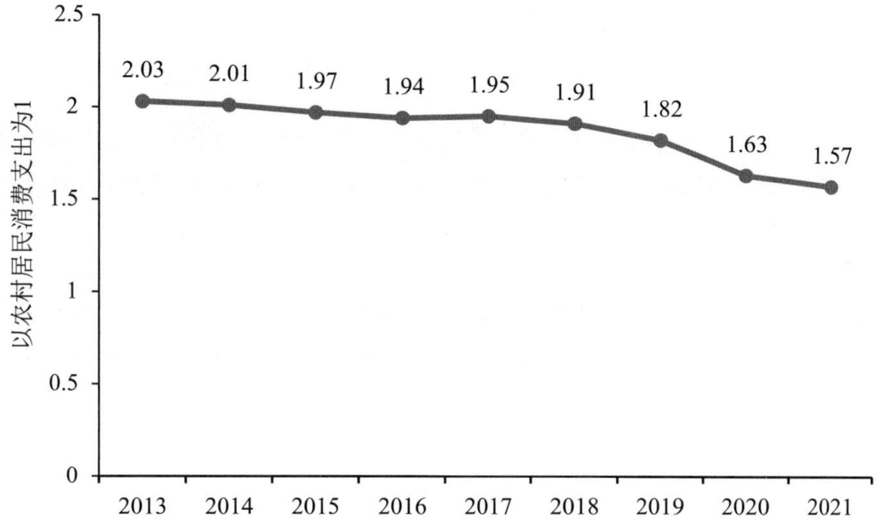

图3 2013—2021年江西分城乡居民消费支出比

三、居民生活状况

（一）居住配套设施进一步改善

江西居民居住配套设施进一步改善，居住面积平稳扩大，居住环境也日趋绿化和美化。2021年，全省住宅内独用厨房的家庭占比97.3%，住宅内独用厕所的家庭占比97.7%，住宅内管道取水的家庭占比87.9%，自装热水器洗澡的家庭占比88.9%，使用管道天然气取暖的住户同比增长16.8%，人均现住房建筑面积同比增长2.3 %。全省居民人均居住支出为4721元，增长6.0%，两年平均增长3.6%。分城乡看，城镇、农村居民人均居住支出分别为5470

元、3915 元，同比增长 2.9%、10.2%。

(二)社区基础设施不断完善

1. 社区道路、电路、网络全覆盖。2021 年，江西居民进入社区道路为水泥或柏油路面的户比重为 99.1%，社区内主要道路为水泥或柏油路面的户比重为 97.7%，所在社区通电的户比重达到 100%，通电话的户比重达到 100%，能接收有线电视信号的户比重达到 100%，已通宽带的户比重达到 100%.

2. 上学出行便利，环境安全良好。2021 年，江西居民所在社区通公路的户比重为 100%，能便利的乘坐公共汽车的户比重为 89.3%，上幼儿园或学前班较便利的户比重为 94.2%，上小学较便利的户比重为 95.7%，社区内垃圾能够做到集中处理的户比重为 93.7%，社区没有发生过盗窃或其他刑事案件的户比重为 93.7%。

(三)城乡居民耐用消费品更新换代加快

近年来，江西出台多轮汽车下乡、家电以旧换新等一系列促进消费的政策，加上城乡居民收入不断增加和消费观念的更新，居民家庭耐用消费品更新换代速度加快，其中汽车消费成为城乡消费品市场的一大亮点。2021 年，江西城镇居民家庭平均每百户拥有家用汽车 43.1 辆、摩托车 29.2 辆、洗衣机 95.5 台、电冰箱 100.1 台、彩色电视机 126 台、空调 161 台、热水器 102.4 台、移动电话 263.4 部；农村居民家庭平均每百户拥有家用汽车 26.4 辆、摩托车 57.4 辆、洗衣机 76.8 台、电冰箱 97.4 台、彩色电视机 125.7 台、空调 89.9 台、热水器 90.9 台、移动电话 276.4 部。从近五年来看，城镇居民耐用消费品增加最多的为移动电话，比 2017 年增加 27.7 部，农村居民耐用消费品增加最多的为空调，比 2017 年增加 33.4 台。

表 3　2017 年和 2021 年江西城镇和农村居民家庭耐用消费品每百户拥有量情况

指　标	单位	城镇居民			农村居民		
		2017 年	2021 年	增减量	2017 年	2021 年	增减量
家用汽车	辆	29.2	43.1	13.9	16.5	26.4	9.9
摩托车	辆	29.0	29.2	0.2	75.6	57.4	−18.2
洗衣机	台	94.2	95.5	1.3	55.2	76.8	21.6
电冰箱	台	98.6	100.1	1.5	91.4	97.4	6.0
彩色电视机	台	136.3	126.0	−10.3	132.1	125.7	−6.4
空调	台	137.7	161.0	23.3	56.5	89.9	33.4
热水器	台	95.9	102.4	6.5	68.0	90.9	22.9
移动电话	部	235.7	263.4	27.7	249.5	276.4	26.9

四、居民增收面临的挑战

(一)城镇居民工资性收入政策依赖性强

工资性收入是城镇居民收入增长的主要动力，占城镇居民人均可支配收入的 60%左右，但全省城镇居民工资性收入增长呈放缓态势，2019 年、2020 年、2021 年分别增长 8.0%、4.9%、

3.4%。一方面在规范奖励性工资发放政策背景下，江西机关事业单位尚未形成工资合理增长机制，与全国其他发达省份相比，工资收入水平仍存差距。另一方面受疫情发展的不确定性、通胀压力及要素成本上升等多方面因素影响，企业职工工资增速放缓；结构性就业矛盾依然突出，在产业转型升级、人口老龄化趋势下，“就业难”和“招工难”两难并存将制约居民收入增长内生动力。

（二）农村居民经营净收入易受外部因素影响

江西农户农产品销售结构较为单一，主要营收来源以出售水稻、生猪为主，全年农业及牧业收入占经营净收入58.5%，占第一产业经营净收入高达90.3%。农产品价格、农资成本、惠农补贴政策的波动变化以及自然风险的不确定性将直接影响第一产业收益率，农村一二三产业融合发展任重道远，农村居民经营净收入涨幅收窄。据调查，2019年、2020年、2021年农村居民经营净收入分别增长8.1%、2.9%、3.0%。

（三）财产净收入体量小，对居民增收贡献有限

2021年，江西居民人均财产净收入占人均可支配收入的7.5%，拉动收入增长1.6个百分点。同发达省份相比，江西居民财产性收入来源单薄，基数小，农村合作社和农村企业难形成规模化经营，土地流转升值空间受限。城镇居民财产性收入主要集中在金融市场和房地产市场，投资渠道较为狭窄，收益风险性较高，投资理财的不合理化致使财产性收入难以实现质的飞跃。

五、有关建议

（一）激活居民增收内生动力，保居民长效增收

持续加快实施创新驱动发展战略，推动大众创业万众创新，依托江西特色加快发展新经济、壮大新动能，依托新技术、新产业、新业态深度挖掘增收新渠道，创造新就业。稳步提高工资性收入水平，健全完善工资分配制度和工资合理增长机制。

（二）融合农村“三产”发展，释放农村经济活力

立足江西地域特色，全力推进农业产业化高质量发展，持续抓好现代农业示范园建设，实施“互联网＋”现代农业行动。大力发展农产品电子商务，探索农业新型业态，促进农旅商融合发展，鼓励农民共享一二三产业融合发展的增值收益。强化农技服务体系建设，加大资金扶持、专业人才实地培训与奖补等激励政策实施，全面提升农业创新力、竞争力和全要素生产率，努力释放农村经济活力。

（三）拓宽居民投资渠道，激发民间投资活力

积极创造民间投资外部条件，优化民营经济发展环境的利好政策，拓宽群众财富增长渠道。金融机构应加快理财产品创新，降低投资理财产品的门槛，设计开发更多适宜普通群众、低收入群体的投资品种，为居民投资理财提供多元化途径。加快推进农村产权制度改革，建立健全土地所有权市场有序健康流转机制，赋予农民更多财产权益。

（执笔人：国家统计局江西调查总队　王敏）

山东居民收支与生活状况报告

2021年，在以习近平同志为核心的党中央坚强领导下，山东统筹疫情防控和经济社会发展，各地始终坚持民生需求导向，扎实做好“六稳”“六保”工作，经济保持稳定发展，基本民生保障有力有效，居民收入呈现稳步增长的良好态势，不断提质升级优化供给侧改革，进一步释放居民消费潜力，居民生活消费水平持续稳定恢复，居民生活品质不断提高，实现了“十四五”良好开局。

一、居民收入继续稳步增长，农村居民收入破“两万”

（一）居民收入稳步增长

2021年，山东居民人均可支配收入35705元，比上年增加2819元，同比增长8.6%，增速较上年回升4.5个百分点；扣除价格因素实际增长7.3%，增速较上年回升6.0个百分点；与2019年相比，两年平均增长①（以下如无特别说明，均为同比名义增速）6.3%。居民人均可支配收入比全国平均水平高577元，居全国31个省（区、市）第8位。

表1　2021年山东居民人均可支配收入情况

指　标	全体居民			城镇居民			农村居民		
	水平（元）	增速（%）	两年平均增速（%）	水平（元）	增速（%）	两年平均增速（%）	水平（元）	增速（%）	两年平均增速（%）
可支配收入	35705	8.6	6.3	47066	7.6	5.4	20794	10.9	8.2
工资性收入	20413	9.1	6.2	28019	2.8	2.6	10430	37.4	20.7
经营净收入	7593	9.0	5.6	7995	31.1	15.0	7066	−12.7	−4.8
财产净收入	2441	3.6	5.1	3921	3.4	4.7	499	2.9	4.6
转移净收入	5257	8.4	8.6	7131	8.3	8.1	2798	8.4	9.0

分城乡看，城镇居民人均可支配收入47066元，比上年增加3340元，同比增长7.6%，增速较上年回升4.3个百分点；扣除价格因素实际增长6.2%，增速较上年回升5.4个百分点；与2019年相比，两年平均增长5.4%。农村居民人均可支配收入20794元，比上年增加2041元，继2013年突破万元大关后再破“两万”大关；同比增长10.9%，增速较上年回升5.4个百分点；扣除价格因素实际增长9.8%，增速较上年回升8.0个百分点；与2019年相比，两年平均增长8.2%。

（二）城乡收入差距延续缩小态势

脱贫攻坚全面完成，乡村振兴有效衔接，供给侧结构性改革不断深入和收入分配格局持续优

① 两年平均增速是指以2019年相应同期数为基数，采用几何平均的方法计算增速。

化，通过深化农村管理体制改革、实施乡村建设行动和高质量发展现代农业，农村居民收入较快增长。2021 年，农村居民收入名义增速和实际增速分别快于城镇居民 3.3 和 3.6 个百分点，是自 2010 年起连续第 12 年农村居民收入增速高于城镇居民；城乡居民人均可支配收入比值为 2.26，比上年下降 0.07，城乡居民收入相对差距持续缩小。

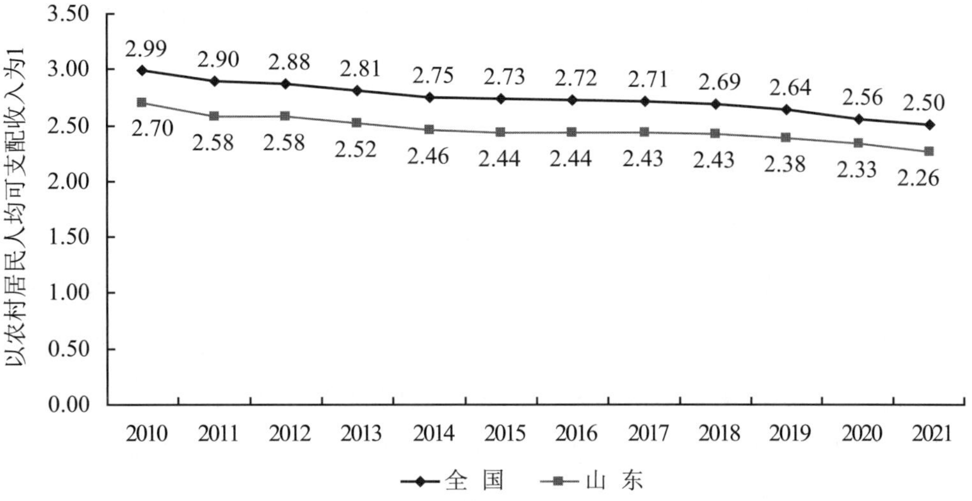

图 1 2010—2021 年山东城乡居民收入比

（三）工资性收入夯实居民增收基础

2021 年以来，山东全力做好稳就业保就业工作，吸纳城镇就业及农村劳动力转移就业人数不断增加，就业形势稳中加固、稳中向好，带动更多群体获得稳定的薪资收入。2021 年，山东居民人均工资性收入 20413 元，同比增长 9.1%，两年平均增长 6.2%；占可支配收入的比重由 2012 年的 57.9%下降到 2021 年的 57.2%，下降了 0.7 个百分点，拉动全省居民收入增长 61.3 个百分点，对居民增收的贡献率达到 56.5%，是居民增收的主要来源。其中，城镇居民人均工资性收入 28019 元，同比增长 8.2%，与 2019 年相比，两年平均增长 2.6%；农村居民人均工资性收入 10430 元，同比增长 11.6%，与 2019 年相比，两年平均增长 20.7%。

（四）非农产业家庭经营净收入稳中有增

山东常态化疫情防控措施有力，居民生产生活秩序受疫情影响相对较小，伴随政策红利的发力显效，全省营商环境进一步优化，市场主体稳步增加，市场活力加速释放，带动居民家庭经营净收入实现较快增长。2021 年，山东居民人均家庭经营净收入 7593 元，同比增长 9.0%，两年平均增长 5.6%；占人均可支配收入的比重为 21.3%，拉动全省居民人均可支配收入增长 1.9 个百分点。其中，人均非农产业家庭经营净收入增长 10.6%。

（五）农业家庭经营净收入较快增长

2021 年，山东农业生产稳定向好，粮食生产实现面积、总产、亩产“三增”，生猪价格回落但产能恢复成效明显；同时，农业产业链加长加强，农村二、三产业多元化发展，农村居民家庭经营收入保持增长。2021 年，山东农村居民人均家庭经营净收入 7066 元，同比增长 11.4%。其中，第一产业经营净收入 4561 元，同比增长 6.8%。

(六)财产净收入拓宽居民增收渠道

2021年,山东居民人均财产净收入2441元,同比增长3.6%,两年平均增长5.1%;占可支配收入的比重由2012年的6.3%提高到2021年的6.8%,提高了0.5个百分点。一方面,城乡居民流动加快恢复,居民房屋出租率回升,全省居民人均出租房屋净收入增长15.5%,居民理财意识不断增强,全省居民人均利息净收入增长14.2%;另一方面,村集体经济状况持续改善,农村土地确权和集体产权制度改革成果显现,农村居民人均红利收入和转让承包土地经营权租金净收入增长稳定。

(七)转移净收入稳住居民增收底盘

2021年以来,山东多项惠民政策组合发力,民生支出保障有力,养老金和离退休金等各项社保标准调整落实,失业保险金标准上调,全省居民基本养老保险基础养老金最低标准由每人每月142元提高到150元,共同促进居民转移净收入较快增长。2021年,山东居民人均转移净收入5257元,同比增长8.4%,两年平均增长8.6%;占可支配收入的比重由2012年的13.0%提高到2021年的14.7%,提高了1.7个百分点,拉动全省居民收入增长17.7个百分点,对居民增收的贡献率为16.3%。其中,居民人均养老金或离休金同比增长5.3%,人均报销医疗费增长22.0%,人均家庭外出从业人员寄带回增长21.9%。

二、居民消费支出持续恢复

(一)居民消费支出持续恢复

随着疫情防控形势不断好转,就业基本稳定,居民收入持续增长,山东居民消费支出继续恢复。2021年,山东居民人均消费支出22821元,同比增长9.0%,扣除价格因素,实际增长7.7%;与2019年相比,两年平均增长5.7%。

表2　2021年山东居民人均消费支出情况

指　　标	全体居民		城镇居民		农村居民	
	水平(元)	增速(%)	水平(元)	增速(%)	水平(元)	增速(%)
居民人均消费支出	22821	9.0	29314	7.4	14299	12.9
食品烟酒	6196	7.6	7693	5.1	4232	13.7
衣着	1530	6.4	2097	4.2	787	14.2
居住	4683	5.5	6199	3.8	2693	10.6
生活用品及服务	1716	9.3	2319	7.9	925	13.1
交通通信	3496	16.4	4309	16.8	2428	15.0
教育文化娱乐	2729	15.0	3666	14.4	1499	16.1
医疗保健	2016	5.3	2404	4.6	1506	6.5
其他用品和服务	456	2.4	628	−3.1	230	27.2

分城乡看,城镇居民人均消费支出29314元,同比增长7.4%,扣除价格因素,实际增长6.0%,与2019年相比,两年平均增长4.7%;农村居民人均消费支出14299元,同比增长12.9%,

扣除价格因素，实际增长11.8%，与2019年相比，两年平均增长7.8%。

（二）农村居民消费支出增长快于城镇

农村消费市场进入提质转型新阶段，农村居民消费动力强劲，消费意愿明显。城乡居民消费比值为2.05，较上年下降0.11，城乡居民消费相对差距持续缩小；农村居民消费恢复程度好于城镇居民，名义增速和实际增速分别快于城镇居民5.5和5.8个百分点。

（三）消费结构变化

党的十八大以来，随着全省消费市场高质量发展、居民收入持续稳步增长，居民消费结构优化升级，发展型、享受型消费支出增速持续快于食品、居住等基本生活支出，恩格尔系数不断下降，教育、交通通信、文化娱乐、医疗保健支出长期保持增长态势，城乡居民生活迈向富足。

1. 蔬菜、肉、禽、水产品、蛋的消费量提高。山东居民基本生活类消费稳定增长，居民人均粮食、蔬菜、肉类、禽类和蛋类消费量增加，饮食结构持续改善。2021年，山东居民人均粮食消费量139.3公斤，比上年增加15.2公斤；人均蔬菜及菜制口消费量98.1公斤，比上年增加2.2公斤；人均肉类消费量28.5公斤，比上年增加9.9公斤；人均禽类消费量9.3公斤，比上年增加1.1公斤；人均蛋类消费量21.3公斤，比上年增加1.2公斤。居民恩格尔系数为27.2%，比去年下降0.3个百分点。

2. 居民基本生活消费稳定增长。在疫情常态化防控背景下，山东基本民生保障有力有效，居民家庭日常生活有序恢复。居民人均食品烟酒消费6196元，同比增长7.6%，其中食品支出增长5.9%，饮食服务支出增长9.1%；人均衣着支出1530元，同比增长6.4%；住房维修及管理、水电燃料及其他等项目价格比较平稳，居住支出总体平稳，人均居住消费支出4683元，同比增长5.5%；生活用品及服务支出1413元，同比增长9.3%。

3. 交通通信支出增长最快。受居民出行基本正常、新能源汽车的推广以及优质消费升级产品供给逐步增加等因素影响，交通类消费今年以来持续保持高速增长，对消费支出增长贡献最大。2021年，山东居民人均交通通信消费支出3496元，同比增长16.4%，其中交通消费支出2707元，增长19.2%，增速居八大类消费支出首位。

4. 教育文化娱乐消费持续升温。在“双减”政策影响下，山东居民对子女的文化教育发展需求仍然较为强烈，呈现出多元化发展趋势。疫情进入常态化防控阶段后文化娱乐服务行业经营状况逐步好转，居民的休闲娱乐方式日趋丰富，进一步推动了文化娱乐消费支出的增长。2021年，全省居民人均教育文化娱乐支出2729元，同比增长13.8%。

5. 医疗保健支出保持稳定增长。新冠肺炎疫情发生以来，公众对健康的重视程度有了极大的提高，居民更加重视日常身体健康的维护以及疾病的治疗。同时医疗体制改革不断完善，医疗保障不断推进，居民医疗保障水平得到快速发展。2021年，全省居民人均医疗保健支出医疗保健支出2010元，同比增长5.3%，两年平均增长5.4%。

6. 服务性消费持续恢复。随着居民收入水平的提高和服务消费市场供给不断增加，教育、医疗、文化、旅游等领域的服务性消费已成为人民迫切的美好生活需要，服务消费也从之前的同质、单一到现在追求个性、多元，品质化特征显著，居民消费需求逐渐由商品性消费向服务性消费转变。2021 年，居民人均服务性消费支出 9027 元，占人均消费支出的比重为 39.6%，其中，交通通信、教育文化娱乐、医疗保健中的服务性消费支出占比分别达到 28.0%、77.1%和 71.9%。

三、居民生活品质不断提高

伴随着居民消费水平的提升，居民耐用消费品逐步实现到智能化的飞跃，各类生活设施、家居家电更加齐全。城乡面貌日新月异，基础设施更加完善，基本公共服务水平大幅提高，居住品质极大提升，人居环境明显改善，人民对美好生活的向往不断实现。

（一）居民居住条件不断改善

山东省委、省政府高度关注困难群众的基本住房需求，积极构建符合省情的住房供应体系，老旧小区持续改造提升，住房保障量大面广，持续加大对中等偏下收入住房困难群体的保障力度，山东居民居住状况持续优化。居民人均住房建筑面积 41.3 平方米，比上年增加 1.4 平方米，其中，城镇和农村居民人均住房建筑面积分别为 39.3 和 44.0 平方米，比上年增加 2.0 和 0.6 平方米。住房条件明显改善的同时，居住质量也明显提升，居民居住在单栋楼房、平房或者单元房的户比重为 99.6%，比 2020 年提高 0.2 个百分点。获取饮用水无任何困难户比重为 99.8%，比 2020 年提高 2.6 个百分点。

（二）基础设施建设水平明显提升

山东居民居住环境进一步改善，日益多样化的交通、教育、健康等需求得到更好满足，生活品质显著提升。居民所在社区或自然村实现了垃圾集中处理的户占比达到 100%；居民所在社区饮用水经过了集中净化处理的户比重为 99.6%，比上年提高 0.3 个百分点；能便利乘坐公共汽车的户比重为 99.0%，比上年提高 1.1 个百分点；社区内有健身器材的户比重为 99.4%，比上年提高 0.1 个百分点；所在社区有幼儿园或小学和虽然社区内没有但入学便利的户比重分别为 99.0%和 98.9%；有 94.2%的户所在社区或自然村有卫生站（室）。

（三）耐用消费品拥有量继续增加

山东居民家庭购买的耐用品数量快速增长，新型家电品种繁多，消费呈现加速升级换代趋势。

表 3　山东居民耐用消费品每百户拥有情况

指　　标	单位	全体居民	城镇居民	农村居民
家用汽车	辆	52.4	63.1	38.2
摩托车	辆	21.3	13.6	31.6
电冰箱（柜）	台	103.9	104.6	102.9
洗衣机	台	99.5	100.8	97.7
热水器	台	96.6	99.6	92.7
空调	台	135.8	157.1	107.7
彩色电视机	台	104.8	104.8	104.9
照相机	台	9.0	14.8	1.5

续表

指　　标	单位	全体居民	城镇居民	农村居民
计算机	台	49.7	63.3	31.7
其中:接入互联网	台	44.6	57.2	28.1
中高档乐器	架	4.8	7.8	0.7
固定电话	线	5.4	6.3	4.3
移动电话	部	242.0	244.2	239.1
其中:接入互联网	部	198.1	201.5	193.7
健身器材	组	4.5	7.2	0.9
空气净化器(含新风系统)	台	5.9	9.6	0.9
吸尘器	台	11.1	18.3	1.4

汽车作为家庭出行代步的耐用消费品,全省每百户居民家庭拥有汽车 52.4 辆,比上年增加 0.1 辆,其中,每百户城镇居民家庭汽车拥有量为 63.1 辆,每百户农村居民家庭汽车拥有量为 38.2 辆。随着新技术、新设计、新功能不断推动家用电器日益智能化、数字化、信息化,已经饱和耐用家电消费开始优化升级,家用电器提档换代,智慧家电有力地提高了居民生活质量。每百户居民家庭拥有洗衣机和空调分别为 99.5 和 135.8 台,比上年增加 0.4 和 8.2 台。移动互联时代,智能手机已成为日常工作、生活和学习必不可少的工具。每百户居民家庭拥有移动电话 242.0 部,比上年增加 7.7 部,其中能接入互联网的 198.1 部,比上年增加 1.8 部。

四、进一步促进居民增收的对策建议

从经济环境看,全球疫情形势依然严峻,国内新冠肺炎疫情呈现零星散发状态,劳动者流动性受到限制,部分企业经营预期不稳,给居民增收形势带来不确定性,居民增收压力较大。从收入来源看,工资性收入增速放缓,两年平均增速低于 2019 年水平。从城乡看,农村居民转移净收入不到城镇居民四成,农业增收政策效用减弱,农产品成本和价格压力增大,传统增收动能趋弱。

(一)推进收入分配制度改革,扩大中等收入群体

在经济发展增量的分配中不断提升劳动者报酬占比,完善初次分配,增加劳动者特别是一线劳动者劳动报酬,提高劳动报酬在初次分配中的比重;完善再分配机制,加大税收、社保、转移支付等调节力度和精准性,合理调节过高收入,着力提高低收入群体收入,扩大中等收入群体。

(二)推进创业带动就业,拓宽居民增收渠道

加大创业扶持力度,打造更加优良的创业生态,鼓励大学生、返乡创业农民工等各类群体创业;加强职业教育和职业技能培训,引导广大青年选择技能成才,鼓励青年考取职业技能等级证书,拓展就业创业本领。

(三)推进产业融合发展,促进农民增收

打造农业优势特色产业,围绕特色品种、特色产区,打造优质农产品品牌、区域公用品牌,加强品牌建设和服务;加强农商互联,完善农产品供应链体系,升级改造公益性农产品市场,健全农产品流通网络,提升农产品流通水平;依托“互联网+”促进农产品生产和销售对接,积极发展直

销、直供、农产品电商等新业态，促进绿色农产品线上线下融合发展，拓展农村特色产品网上销售渠道。

（四）推进基本民生保障，提高低收入群体收入水平

面向城乡困难群体、大龄人员，大幅提升公益性岗位规模，促进充分就业、有效增收；稳步提高城乡居民基础养老金标准，加快缩小城乡养老水平之间的差距；重点关注生活困难农户、老年农民、因病致困家庭等群体，强化养老、助医、助残等方面的精准帮扶和补贴，提高城乡低保对象、特困人员等困难群体救助标准。

五、进一步挖掘消费潜力的对策建议

受疫情影响，居民消费活力仍显不足，消费潜力还有待进一步挖掘。2021 年，山东居民平均消费倾向为 0.64，比 2019 年下降 0.01 个百分点，居民消费潜力还需释放。2021 年山东居民人均服务性消费支出 9027 元，同比增长 6.1%，增速低于居民人均消费支出 2.9 个百分点，两年平均增速仅为 2.3%；人均服务性消费支出占居民消费支出比重为 39.6%，与 2019 年相比降低 2.6 个百分点，仍未恢复到 2019 年同期水平。

（一）建立居民增收长效机制

实现更加充分更高质量的就业，抓好重点行业、重点人群就业工作，把高校毕业生就业、农民工就业作为重中之重，不断提升收入水平；增加低收入群体收入，扩大中等收入群体，提升居民收入预期，提高居民消费能力。

（二）推进文旅休闲消费提质升级

持续推动文旅行业与移动互联网融合发展的广度和深度，激发整个文旅行业的创新能力和创新优势；以节假日为契机，运用补贴、发放消费券等方式，特别是在居民消费意愿强烈的电影、文化娱乐、旅游等领域投放优惠力度更大的消费券，释放“节日经济”消费潜能。

（三）优化提升消费供给

扩大消费优质供给，促进消费升级和产业升级深度融合，推动提高养老、家政、托育、健康医疗、体育等领域服务能力和质量；加快推进“好品山东”建设，把质量优势转变为品牌优势，放大品牌效应，扩大特色区域消费的知名度、美誉度。

（执笔人：国家统计局山东调查总队　徐枫）

河南居民收支与生活状况报告

2021 年河南各级政府坚持以习近平新时代中国特色社会主义思想为指导，深入贯彻落实党中央、国务院和省委各项决策部署，面对汛情疫情叠加冲击，全省上下严格贯彻落实省委省政府相关要求，统筹疫情防控和社会经济发展，抓好“六稳”“六保”，坚持人民至上、着力改善民生，人民群众的获得感、幸福感、安全感不断增强。

一、党的十八大以来河南居民收入稳步增长，城乡收入差距持续缩小

（一）十八大以来河南居民收入平稳增长，但受疫情影响 2020—2021 年增幅有所放缓

2021 年，河南居民人均可支配收入 26811 元，与上年同期相比增加 2001 元，增长 8.1％，较 2019 年增长 12.2％，两年平均增长 5.9％。十八大以来，河南实现了“两个跨越”“三大转变”：经济总量连续跨过 3 万亿元、4 万亿元、5 万亿元三个大台阶，人均生产总值连续跨越 7000 美元、8000 美元两个新台阶；产业结构实现由“二三一”到“三二一”的历史性转变，常住人口城镇化率突破 50％大关，实现了由乡村型社会向城市型社会的历史性转变。经济的健康稳定增长带动居民收入持续增长，2021 年河南居民人均可支配收入 26811 元，与 2020 年相比增加 2001 元，增长 8.1％，较 2019 年增长 12.2％，两年平均增长 5.9％，受疫情影响年均增幅有所放缓。与 2012 年相比，累计增长 109.9％，年均增长 8.6％，其中城镇居民人均可支配收入 37095 元，较 2012 年累计增长 86.9％，年均增长 7.2％；农村居民人均可支配收入 17533 元，较 2012 年累计增长 120.2％，年均增长 9.2％。

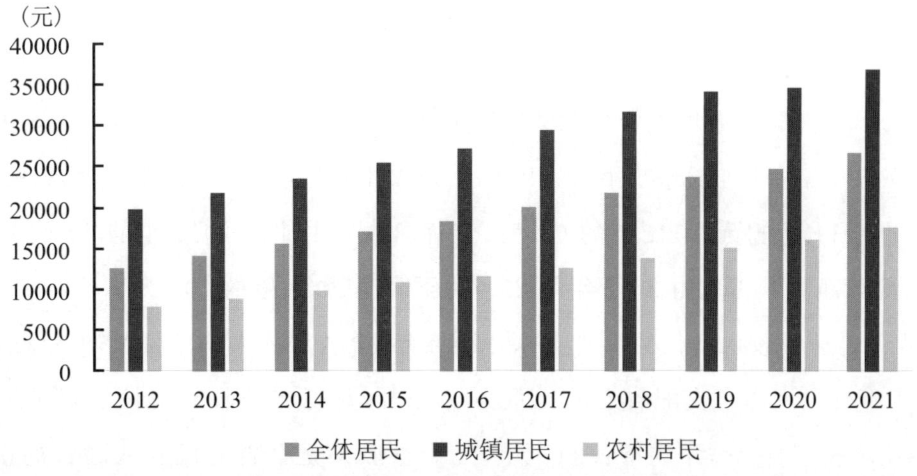

图 1　十八大以来河南居民人均可支配收入

（二）农村居民收入增速连续10年高于城镇，城乡收入相对差距持续缩小

十八大以来，按照党的十八大提出的全面建成小康社会目标，河南统筹城乡协调发展，全力打好脱贫攻坚战，让农村地区居民更多共享发展成果，高水平全面建成小康社会顺利实现。2012—2021年河南农村居民人均收入实际增幅分别高出城镇居民增速1.8、2.9、2.6、0.9、1.2、0.6、1.3、2.0、3.7和2.3个百分点。随着城镇化进程不断加快，在居民收入稳步增长的同时，城乡居民收入差距逐步缩小。城乡居民收入比（以农民收入为1）从2012年的2.49：1缩小至2021年的2.12：1，城乡收入相对差距持续缩小。

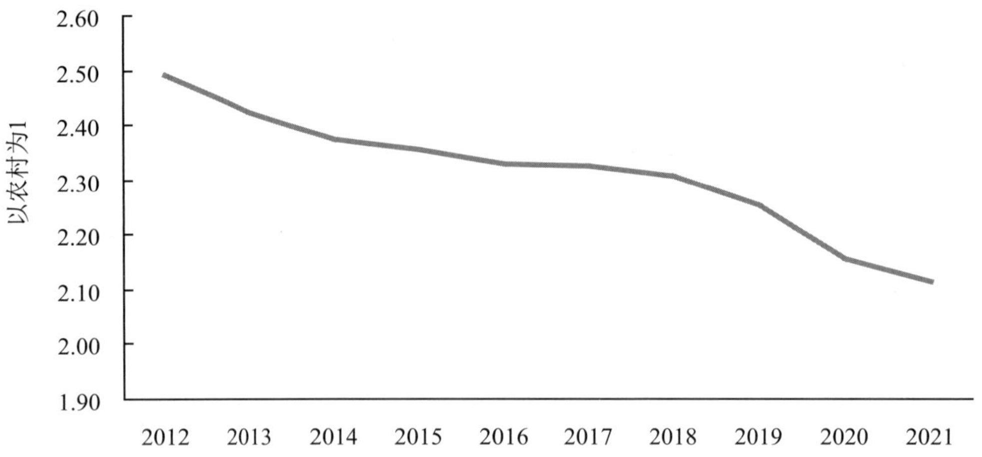

图2 十八大以来河南城乡居民收入比

（三）居民收入翻番目标高质量实现

为确保到2020年实现全面建成小康社会的目标，十八大报告提出："居民收入增长和经济发展同步、劳动报酬增长和劳动生产率提高同步。实现国内生产总值和城乡居民人均收入比2010年翻一番。"2020年全省居民人均可支配收入实际水平为19262元（以2010年不变价格计算），是2010年的2.02倍，高质量实现党的十八大提出的"到2020年人均收入比2010年翻一番"的目标。

（四）居民收入结构变化特征

十八大以来，河南居民人均工资性收入、经营净收入、财产净收入、转移净收入占比呈现"三升一降"趋势。其中工资性收入占比由2012年的50.2%上升至2021年的50.4%；财产净收入占比由2012年的4.1%上升至2021年的6.3%；转移净收入占比由2012年的20.1%上升至2021年的22.8%；经营净收入占比由2012年的25.7%下降至2021年的20.5%。

工资性收入是居民收入增长的主要支撑。2021年，全省居民人均工资性收入13519元，同比增长8.7%，工资性收入占可支配收入的比重为50.4%，对可支配收入增长的贡献率为53.9%；与2012年相比增长7039元，年均增长8.6%。工资性收入是全省居民收入增长的主要来源，对全体居民收入增长起着重要的支撑作用。就业就是最大的民生，"十八大"以来，河南省各级政府坚持就业优先战略，着力加强重点群体就业帮扶，稳企业扶创业、稳就业保民生，最低工资标准逐年提升，全省整体就业趋势良好，工资性收入逐年提高。

经营净收入稳定增长，市场环境不断优化。2021年，河南居民人均经营净收入5492元，同比增长6.8%，经营净收入占可支配收入比重为20.5%，对可支配收入增长的贡献率为17.5%；与2012相比增长1638元，年均增长5.9%。十八大以来，河南粮食生产连获丰收，2021年秋季虽因洪涝灾害秋粮有所减产，但夏粮增产，全年粮食总产量1308.84亿斤，仍居全国第二位。受新冠肺炎疫情蔓延和通胀持续影响，农产品价格上涨明显，2021年河南农产品生产价格不断刷新纪录，其中小麦价格指数四个季度均维持在104.0以上；玉米价格指数持续高位运行，四个季度均高于110.0，同比上涨45.8%。同时省委、省政府大力推进大众创业、万众创新，高度重视市场营商环境，市场主体潜能不断释放。2021，河南新设市场主体148.9万户、总量达851.8万户，居全国第5位，市场经营主体持续增多，微观主体活力不断增强，有效拉动居民经营净收入稳定增长。

财产净收入快速增长，成为居民家庭收入增长的新亮点。2021年，河南居民人均财产净收入1686元，同比增长7.9%。财产净收入占可支配收入比重为6.3%，对可支配收入增长的贡献率为6.1%；与2012年相比增长1163元，年均增长5.9%。十八大以来，随着共享理念的深入贯彻，全省居民共享到更多发展成果，家庭家底日益殷实、投资理财观念增强。同时随着外出务工人员增加，租房需求量扩大，居民出租房屋租金收入增长，共同拉动全省居民财产净收入稳步增长。

转移净收入持续快速增长，对保障基本民生发挥重要作用。2021年，河南居民人均转移净收入6114元，同比增长7.9%，转移净收入占可支配收入比重为22.8%，对可支配收入增长的贡献率为22.4%；与2012年相比增长3553元，年均增长10.2%。十八大以来，河南实现基本医疗保险和生育保险市级统筹，提高城乡低保、特困人员供养标准，养老金和离退休金逐年增长，外出务工人员工资标准有所提高，外出人员寄回带回收入增多，共同促进居民转移收入较快增长。转移净收入持续较快增长对于有效保障基本民生发挥了重要作用。

二、河南居民生活消费水平全面提升

十八大以来，收入的稳定增长为居民生活质量的整体改善提供了重要的物质基础，人民享受到了更多的改革成果与实惠，全省居民整体生活水平全面提升，生活质量显著提高。2021年全省居民人均可支配收入为26811元，与上年同期相比增加2249元，增长13.9%，是2012年的2.1倍，年均增长8.6%。

（一）居民消费能力全面提升

2021年河南居民人均生活消费支出为18391元，较2012年的9103元提高了9288元，累计增长102.0%，年均增长8.1%。其中城镇居民人均生活消费支出为23178元，较2012年的14128元提高了9049元，累计增长64.0%，年均增长5.7%；农村居民人均生活消费支出为14073元，较2012年的5686元提高了8387元，累计增长147.5%，年均增长10.6%，居民消费能力全面提升。

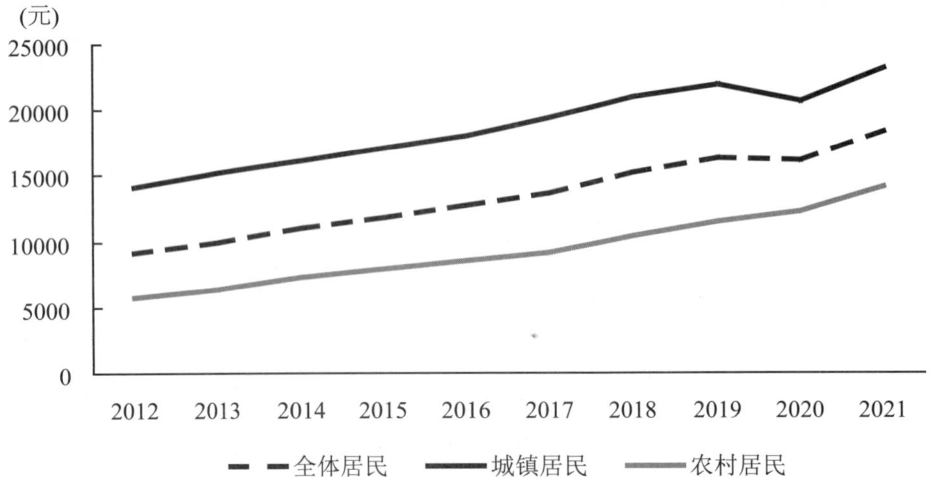

图3 2012—2021年河南居民消费支出趋势图

(二)城乡消费支出相对差距持续缩小

十八大以来,按照党的十八大提出的全面建成小康社会目标,河南统筹城乡协调发展,全力打好脱贫攻坚战,让农村地区居民更多共享发展成果,高水平全面建成小康社会顺利实现。2012—2021年河南农村居民人均生活消费支出分别高出城镇居民增速3.9、8.3、2.4、3.4、0.1、4.7、6.4、11.7和3.1个百分点。随着城镇化进程不断加快,在居民收入稳步增长的同时,城乡居民收入差距逐步缩小。城乡居民消费支出比(以农民消费支出为1)从2012年的2.48∶1缩小至2021年的1.65∶1,城乡居民消费相对差距持续缩小。

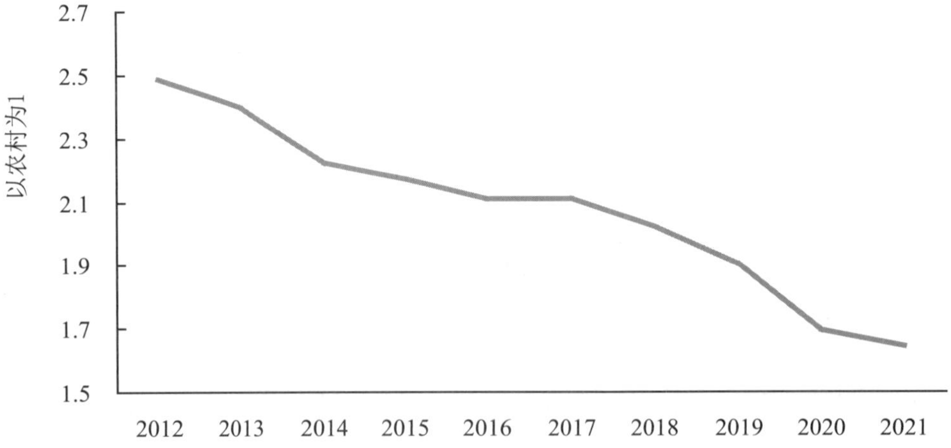

图4 2012—2021年河南城乡居民消费支出比

(三)食品消费理念转变,饮食结构更趋均衡健康

十八大以来,居民食品烟酒消费支出快速增长,2021年全省居民人均食品烟酒消费支出5231元,比2012年增加了2509元,累计增长92.1%,年均增长7.5%。居民食品烟酒消费支出占生活消费支出中的占比呈下降趋势,从2012年的29.9%下降至2019年的25.6%,受新冠疫情影响,2021年反弹至28.4%,仍然低于2012年食品烟酒消费支出占比。居民更加注重营养比例和饮食方式,居民食品消费品种更加丰富,营养更加全面,膳食结构逐步向营养、科学、健康食品

发展，蔬菜、肉、禽、水产品、蛋、奶的消费量快速提高。2021年全省城镇居民人均蔬菜消费量由2012年的104.5公斤提升到2021年的111.4公斤；人均肉禽类消费量由2012年的36.6公斤提升到2021年的38.2公斤，其中牛羊肉人均消费由2012年的3.1公斤提升到2021年的4.4公斤；蛋类人均消费由2012年的14.5公斤提升到2021年的20.0公斤。农村居民人均蔬菜消费量由2012年的70.5公斤提升到2021年的95.8公斤；人均肉禽类消费量由2012年的10.9公斤提升到2021年的32.1公斤，其中牛羊肉人均消费由2012年的0.4公斤提升到2021年的2.1公斤；蛋类人均消费由2012年的9.1公斤提升到2021年的20.1公斤。

（四）消费观念转变拉动衣着消费强势增长

十八大以来，随着经济不断发展，河南居民对自身形象的重视程度日渐提升，衣着消费观念也发生变化，衣着消费向着新潮、时尚和个性化发展，为居民生活不断增添靓丽的色彩。2021年，全省居民人均衣着支出达到1405元，与2012年相比增加436元，增长45.0%，年均增长4.2%，其中城镇居民人均衣着支出为1789元，与2012年相比增加52元，增长3.0%，农村居民人均衣着支出为1059元，与2012年相比增加612元，增长137.2%，年均增长10.1%。

（五）交通通信消费支出快速增长

十八大以来，随着河南交通便捷优势的不断显现，人们的流动频率和速度不断加快，河南居民出行交通工具持续升级换代，推动了交通费用支出快速增长，特别是近几年河南打造以郑州为中心的国际运输通道，“米”字形主通道和“井”字形侧通道布局的深入发展，河南交通日益发达，为居民交通消费支出创造了良好的便利环境。同时，通信基础设施建设的快速发展、通信服务提速降费，极大地激发了居民信息消费需求。2021年河南居民人均交通通信消费支出为2104元，比2012年的980元，增长1123元，累计增长114.6%，年均增长8.9%。

（六）教育文化娱乐需求日盛，支出持续增加

十八大以来，随着社会经济的蓬勃发展和物质生活的日益丰富，居民对精神文化生活的追求也越来越高，发展型的精神生活也日益多彩。教育方面更加关注子女全面发展和自身综合素质的提升，课外辅导及各种兴趣爱好班几乎成为所有在校生的必修课，形式多样的成人教育也多元化发展，居民在教育方面的投入逐年提高。随着生活水平的稳步提高，生活理念的改变，河南居民更加注重精神生活的需要，对休闲娱乐消费的需求日盛，休闲娱乐、体育健身、外出旅游、电影等娱乐活动成为居民的新宠。2021年河南居民人均教育文化娱乐消费支出为2209元，较2012年的872元增加1337元，累计增长153.2%，年均增长10.9%。

（七）健康意识增强，医疗保健消费支出迅速增加

十八大以来，伴随着河南居民收入水平的不断提高，河南居民健康意识日益增强，同时受河南城乡居民五重保障体系的建立和完善、医疗报销比例逐步高、城乡医保覆盖范围不断扩大，就医环境不断得到改善，患者的费用负担持续减轻等多因素叠加影响，河南居民医疗健康观念逐步由“治病型”向“保健型”转变，医疗保健支出增长迅速。2021年河南居民人均医疗保健支出为1787元，较2012年的699增加1087元，累计增长155.5%，年均增长11.0%，其中城镇居民人均

医疗保健支出 2058 元，较 2012 年的 1017 元增加 1041 元，累计增长 102.3%，年均增长 8.1%，农村居民人均医疗保健支出为 1542 元，较 2012 年的 483 元增加 1059 元，累计增长 219.1%，年均增长 13.8%。

三、河南居民生活状况特征

（一）居民生活环境得到持续改善加

十八大以来，河南省始终把人民群众对美好生活的向往作为奋斗目标，高度重视民生领域，加大对公共服务领域建设的支持，全省居民生活环境也得到持续改善，城镇地区通公路、通电、通电话、通有线电视已接近全覆盖，农村地区“四通”覆盖面不断扩大，居民在居住、医疗等方面获得的“隐形福利”明显增加。2021 年城镇地区有 91.9%的户所在社区饮用水经过集中净化处理，农村地区有 82.7%的户所在自然村饮用水经过集中净化处理，分别比 2013 年提高 6.4 和 48.4 个百分点。全省农村地区所有自然村已实现通电、通电话；有 99.7%的户所在自然村已通公路，比 2013 年提高 1.5 个百分点；有 99.4%的户所在自然村已通有线电视，比 2013 年提高 2.9 个百分点；有 97.6%的户所在自然村垃圾能够做到集中处理，比 2013 年提高 72.5 个百分点。

（二）住房条件和配套设施不断优化

十八大以来，河南居民居住条件和居住环境明显得到全面提升。2021 年河南居民家庭人均居住支出为 4027 元，较 2012 年的 1916 元增长 2111 元，累计增长 110.2%，年均增速 8.6%。一是住房更加宽敞舒适。2021 年河南居民人均自有现住房建筑面积为 49.03 平方米，较 2013 年的 38.83 平方米增加 10.20 平方面，增长 26.3%。二是生活设施条件日趋改善。2021 年河南城镇居民使用水冲式卫生厕所的户数达到 98.2%，比 2013 年的 80.0%提高了 18.2 个百分点；室内拥有热水洗澡设施的户数为 97.8%，比 2013 年的 81.9%提高了 15.9 个百分点；有取暖设备的户数为 93.2%，比 2013 年的 69.9%提高 23.6 个百分点。2021 年河南农村居民使用水冲式卫生厕所的户数达到 92.4%，比 2012 年的 3.8%提高了 88.6 个百分点；有取暖设备的户数为 87.3%，比 2012 的 43.3%提高了 44.0 个百分点；室内拥有热水洗澡设施的户数达到 93.5%，比 2013 的 45.7%提高了 47.8 个百分点。

（三）耐用消费品更新换代，舒适智能成为首选

十八大以来，河南居民家庭购买的耐用品数量快速增长，新型家电品种繁多，消费呈现加速升级换代趋势，是河南居民生活水平显著提高的又一重要标志。2021 年河南居民生活用品及服务支出为 1229 元，比 2012 年的 700 元，增长 529 元，累计增长 75.6%，年均增长 6.5%。2021 年河南城镇居民平均每百户汽车拥有量为 50.3 辆，比 2012 年增加 34.7 辆，增长 222.7%；农村居民平均每百户汽车拥有量为 39.3 辆，比 2012 年增加 34.2 辆，增长 674.2%。城镇居民平均每百户空调拥有量 202.3 台，比 2012 年增加 64.7 台，增长 47.0%；农村居民平均每百户空调拥有量 135.1 台，比 2012 年增加 97.8 台，增长 262.7%。城镇居民平均每百户热水器拥有量为 95.8 台，比 2012 年增加 16.2 台，增长 20.3%；农村居民平均每百户热水器拥有量为 83.7 台，比 2012 年增

加 51.3 台，增长 157.8%。城镇居民平均每百户电冰箱拥有量为 100.5 台，比 2012 年增加 7.1 台，增长 7.6%；农村居民平均每百户电冰箱拥有量为 101.0 台，比 2012 年增加 34.1 台，增长 51.0%。城镇居民平均每百户洗衣机拥有量为 103.1 台，比 2012 年增加 3.4 台，增长 3.4%；农村居民平均每百户洗衣机拥有量为 101.8 台，比 2012 年增加 9.3 台，增长 10.0%。

表 1　河南居民耐用消费品每百户拥有量

指　　标	单位	城镇居民		农村居民	
		2012 年	2021 年	2012 年	2021 年
家用汽车	辆	15.60	50.34	5.07	39.25
摩托车	辆	18.66	13.22	51.31	32.36
洗衣机	台	99.73	103.09	92.57	101.82
电冰箱(柜)	台	93.37	100.49	66.86	100.96
微波炉	台	43.15	42.83	5.29	20.81
彩色电视机	台	126.31	116.10	111.21	114.66
空调	台	137.67	202.34	37.24	135.07
热水器	台	79.67	95.87	32.48	83.73
移动电话	部	200.20	265.87	194.10	283.04
其中：接入互联网	部	30.77	232.42	26.05	242.48

四、影响河南居民收入增长的主要因素

（一）工资性收入与全国差距较大

2021，河南城乡居民收入比全国低 8317 元，其中工资性收入比全国低 6110 元，占全部收入差距的 73.5%，是居民收入与全国平均水平差距的主要因素。另外，我省工资性收入比重明显低于全国平均水平，全省居民工资性收入比重比全国 55.9%的平均水平低 5.5 个百分点。

（二）农业增收受限，非农产业发展缓慢

河南是农业大省，第一产业经营净收入占经营净收入比重较高，但不可忽视的是，目前主要农产品产量已处于高位，价格也已高于国际市场，种植业增收后劲受限，农业经营增收愈加困难。受疫情不确定影响，二、三产特别是服务业恢复滞后，企业盈利能力较低。

（三）财产净收入占可支配收入比重较低，对居民收入拉动增收作用有限

2021 年河南居民财产净收入占可支配收入比重为 6.3%，低于全国 2.5 个百分点。居民财产净收入主要来源是房屋出租、房屋虚拟租金和转让承包土地经营权租金，利息、储蓄性保险收益、红利等财产净收入较少，不足以对农村居民增收形成有效支撑。

五、促进河南居民增收的建议

（一）持续落实稳岗就业，增加居民收入

坚持把稳就业放在首位，推动各项就业政策落到实处。一是努力创造更多就业岗位，在政策

上加以扶持。通过政策性补贴、税收返还等手段鼓励和引导企业提供更多就业岗位，二是建立就业信息共享平台。收集社会用工需求及求职者就业意向，打破就业供需矛盾。三是完善创新创业体系，大力推动大众创业、万众创新。充分发挥创新创业优势，以创业带动就业，发展就业新形态，形成创新创业和扩大就业的倍增效应。

（二）推进产业融合，提升经营质量

用好用足中央一揽子政策把政策红利转化为发展红利，助力河南高质量发展；要进一步优化营商环境，支持民营经济发展，提高企业经营能力；要持续刺激内需消费，通过挖掘释放消费潜力，培育新型消费，加快融入“双循环”新发展格局。

（三）聚焦财产收入，拓宽增收渠道

要持续发展好地区经济，增加居民收入水平，夯实财产收入增长基础；要不断创新金融工具，培养居民理财意识，提高居民资产管理和理财能力；要完善土地流转机制，发挥股份制经营优势，提升土地流转经济效益。逐步推动收入从主要依靠工资性收入向工资性收入、经营净收入和财产净收入并重方向转变。

（四）狠抓民生保障，筑牢增收底线

转移净收入是居民增收的重要保障，要不断完善社会保障体系，建立养老保险增长长效机制；要密切关注低收入群体生活，切实提高低保、社会救济等保障标准，筑牢居民增收底线。

（执笔人：国家统计局河南调查总队　韩超）

湖北居民收支与生活状况报告

2021 年，湖北深入贯彻落实党中央决策部署，坚持稳中求进工作总基调，科学统筹疫情防控和经济社会发展，扎实做好“六稳”工作、全面落实“六保”任务，经受住了 2020 年新冠疫情严重冲击，经济持续稳定恢复，城乡居民收入和消费实现全面增长，人民生活幸福感、获得感、安全感不断增强。

一、城乡居民收入持续恢复增长

（一）居民收入迈上新台阶

2021 年湖北全体居民人均可支配收入突破三万元大关，达到 30829 元，收入绝对额位居全国第 14 位，中部六省第 3 位；比 2020 年增长 10.6%，增速比全国平均水平高 1.5 个百分点，位居全国第 2 位，中部六省第 1 位。比 2019 年增长 8.9%，两年平均增长 4.3%。

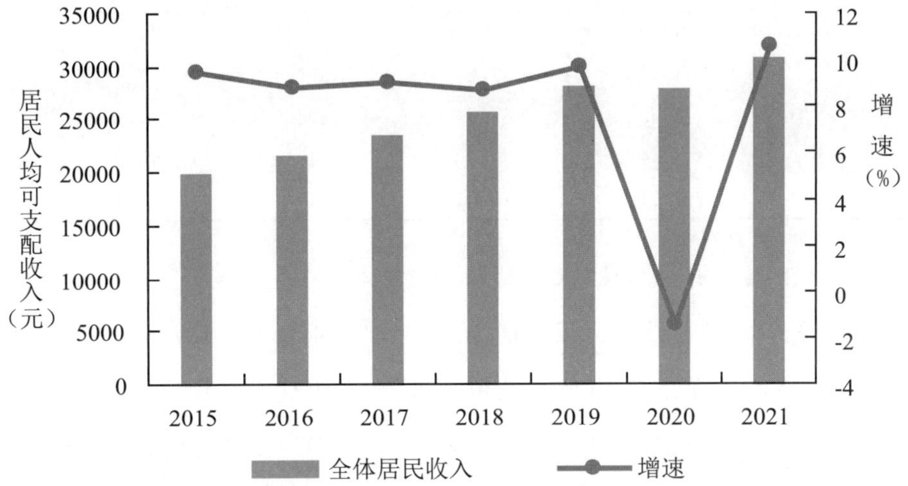

图 1　2015—2021 年湖北全体居民人均可支配收入及增速

（二）城镇居民收入突破四万元，增速全国第二

2021 年湖北城镇居民人均可支配收入 40278 元，首次突破四万元大关，比 2020 年增长 9.7%，增速位居全国第 2 位，中部六省第 1 位，高于全国平均水平 1.5 个百分点。绝对额水平在全国的排位由 2020 年的第 21 位前进至第 19 位，中部六省保持第 4 位。

表 1　2020—2021 年湖北城镇居民人均可支配收入分项水平、增速及占比

指　　标	2021 年（元）	2020 年（元）	比 2020 年增加额（元）	比 2020 年增长（%）	2021 年各项占比（%）
可支配收入	40278	36706	3572	9.7	—
工资性收入	22416	20071	2345	11.7	55.7
经营净收入	5350	4728	622	13.1	13.3
财产净收入	3689	3470	218	6.3	9.1
转移净收入	8823	8436	387	4.6	21.9

（三）农村居民收入实现较快增长，增速全国第二

2021 年，湖北农村居民人均可支配收入 18259 元，比 2020 年增长 12.0%，增速位居全国第 2 位，中部六省第 1 位，高于全国平均水平 1.5 个百分点。绝对额水平在全国排位由 2020 年第 16 位前进至第 14 位，中部六省保持第 4 位。

表 2　2020—2021 年湖北农村居民人均可支配收入分项水平、增速及占比

指　　标	2021 年（元）	2020 年（元）	比 2020 年增加额（元）	比 2020 年增长（%）	2021 年各项占比（%）
可支配收入	18259	16306	1953	12.0	—
工资性收入	5949	5272	677	12.8	32.6
经营净收入	7553	6745	808	12.0	41.4
财产净收入	254	214	40	18.4	1.4
转移净收入	4504	4075	429	10.5	24.6

（四）居民收入来源渠道有效拓展，收入结构持续优化

2021 年城镇居民人均工资性收入 22416 元，比 2020 年增长 11.7%，占人均可支配收入的 55.7%，比 2020 年提高 1 个百分点，占比持续位居首位，成为稳定城镇居民收入增长的“压舱石”。人均经营净收入 5350 元，比 2020 年增长 13.1%，增速位居收入四大项首位，占 13.3%，比 2020 年提高 0.4 个百分点；人均财产净收入 3689 元，比 2020 年增长 6.3%，占 9.1%，比 2020 年下降 0.3 个百分点；人均转移净收入 8823 元，比 2020 年增长 4.6%，占 21.9%，比 2020 年下降 1.1 个百分点。

农村居民收入来源中，工资性收入、经营净收入以及转移净收入占比相对较高，其中，人均工资性收入 5949 元，比 2020 年增长 12.8%，占人均可支配收入的 32.6%，比 2020 年提高 0.3 个百分点；人均经营净收入 7553 元，比 2020 年增长 12.0%，占 41.4%，比重与 2020 年持平；人均财产净收入 254 元，比 2020 年增长 18.4%，占 1.4%，比 2020 年提高 0.1 个百分点；人均转移净收入 4504 元，比 2020 年增长 10.5%，占 24.6%，比 2020 年降低 0.4 个百分点。

（五）农村居民收入增长持续快于城镇，城乡居民收入差距比不断缩小

近年来，湖北加快乡村振兴战略实施，持续改善农村生产生活环境，大力培育发展乡村旅游、

休闲农业等新业态，城乡区域发展协调性得到增强，城乡居民收入差距比不断缩小，且持续小于全国平均水平。数据显示，2017－2021 年湖北城乡居民收入比（以农村居民收入为 1）分别为 2.31、2.30、2.29、2.25 和 2.21，比全国平均水平分别低 0.40、0.39、0.35、0.31 和 0.29。

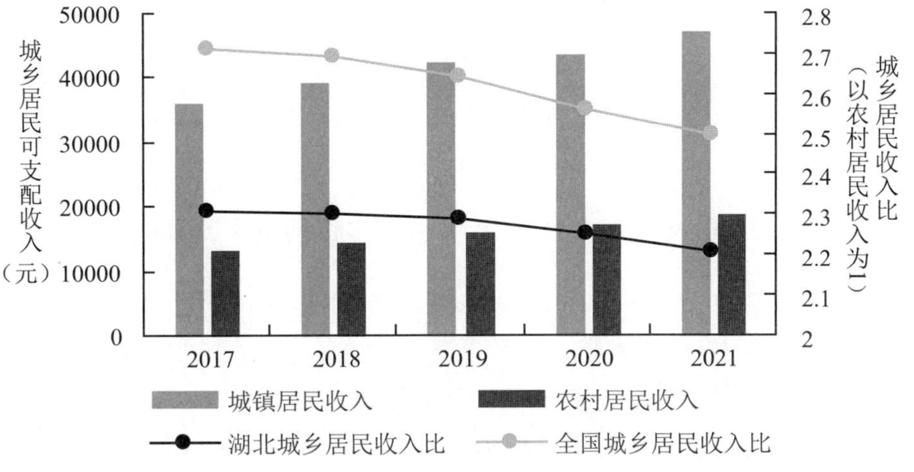

图 2　2017－2021 年湖北城乡居民人均可支配收入及收入差距比

二、四大因素推动湖北城乡居民收入增长

2021 年，湖北经济运行持续恢复向好，经济发展重回“主赛道”，全省地区生产总值首次闯入“5 万亿俱乐部”，经济总量比 2020 年增长 12.9%，快于全国 4.8 个百分点。全省主要经济指标稳步增长，工业增速位居全国前列。宏观经济平稳运行，就业稳定和薪资增长得以保障，是湖北城乡居民收入增长的重要支撑。

（一）就业形势总体稳定，工资性收入较快增长

一是政府真金白银稳岗扩岗。2021 年中央转移支付我省就业补助资金总量达 31.6 亿元，居全国第三位。省政府继续强化对重点群体就业政策支持，对企业吸纳五类群体就业给予补贴。二是“春风行动”、规范人力资源市场、搭建就业促岗平台等政策得到有效落实。全省新增就业目标任务超额完成。三是强举措供岗送岗，有序组织农村劳务流动。据农民工监测数据显示，2021 年湖北农民工总量 1517.8 万人，比 2020 年增长 6.3%，总量恢复至 2019 年水平。四是工作时长、工资标准均有提升。企业员工从业时长较 2020 年明显增加，加之最低工资标准上调，有力带动企业员工工资水平提升。农民工监测数据显示，2021 年本地就业农民工人均务工时长 8.2 个月，比 2020 年增长 7.3%，月均收入同比增长 10.3%。

（二）政策纾困力度加大，带动经营净收入恢复增长

一是政策纾困助经营。省政府出台一系列纾困政策措施，围绕“一事联办”工作成效、降低经营成本、中小微企业服务保障等方面，制定多项举措，切实减轻企业负担，优化营商环境。二是强举措促消费。各地积极推动旅游文化等服务产业恢复性发展，通过发放湖北消费券、优惠景点门票、举办刺激消费的展销会等形式激活居民消费需求，带动经营活动有序恢复。三是农业经营持

续回暖，主要农产品量增价涨。2021年全省粮食总产量2764.33万吨，比2020年增长1.4%；农产品价格比2020年上涨1.0%。各地持续拓展特色农产品销售渠道，举办多场大型农产品推介宣传促销活动。四是农村第二、三产业恢复态势良好。各地以乡村振兴为抓手积极打造农村特色优势资源，带动农村第二、三产业经营净收入增加。

（三）房屋土地资源收益提高，财产净收入保持增长

2021年疫情常态化防控取得实效，务工人员正常外出，租房需求明显增加。部分地区旧城改造搬迁，居民"以租代购"意识加强，带动居民出租房、门面收入增长。乡村振兴项目深入推进，各地深化农村重点领域改革，积极开展产业转型，吸引更多民间资本及社会力量投入农村，带动农村居民土地流转收入增加。

（四）惠民政策落实有力，转移净收入稳步增长

一是转移支付力度持续加大。居民养老金最低标准由108元/月提高至115元/月，上涨6.5%，惠及全省778万城乡居民基本养老保险领取待遇人员。二是加大困难群众帮扶。全省困难残疾人生活补贴标准从每人每月50元提高至70元。失业保险金发放标准分区域提高到1809元/月、1620元/月、1485元/月和1368元/月。三是强化重点群体保障。对2021年新发生的部分失业人群发放失业补助金，对参保不满1年的失业农民工发放临时生活补助。2021年6月，国家针对农资价格上涨较快情况对实际种粮农民一次性发放200亿左右的农业种植补贴，湖北各地及时落实到位。四是寄带回收入增加。各地积极助力外出劳动力就业，务工人员工作时长较2020年明显增长，制造业、建筑业等劳动密集型行业工资水平不同程度提升，寄带回收入随之增加。

三、居民消费支出量增质升

近年来，随着全体居民收入水平稳步提高以及统筹推进城乡社会经济发展、民生兜底保障作用持续显现，湖北居民消费潜力得到有效释放。特别是2021年，湖北统筹疫情防控和经济社会发展取得显著成效，城乡居民收入水平稳步恢复增长，为消费水平提升奠定良好基础。

表3　2021年湖北城乡居民人均消费支出分项水平及增速

指　　标	全体居民		城镇居民		农村居民	
	水平（元）	增速（%）	水平（元）	增速（%）	水平（元）	增速（%）
居民人均消费支出	23846	23.9	28506	24.6	17647	21.9
食品烟酒	7276	23.4	8513	19.7	5631	30.8
衣着	1465	24.9	1845	25.3	958	22.8
居住	4992	7.1	6242	8.1	3329	4.1
生活用品及服务	1327	21.9	1628	23.7	927	17.2
交通通信	3186	24.5	3563	24.9	2686	23.5
教育文化娱乐	2863	63.1	3488	70.9	2032	47.0
医疗保健	2239	26.8	2541	32.2	1836	17.8
其他用品及服务	498	43.7	686	73.8	248	−12.5

（一）居民人均消费支出全面恢复增长

2021年湖北全体居民人均消费支出23846元，比2020年增长23.9%，比2019年增长10.6%，两年平均增长5.2%。全体居民人均消费支出绝对额在全国排位由2020年的第14位前进至第9位，中部六省由第2位升至首位。

1. 城镇居民消费增长主要特点。2021年，湖北城镇居民人均消费支出28506元，绝对额水平位居全国第10位，比2020年前进11个位次，中部六省位居第1位。比2020年增长24.6%，增速位居全国第1位。从八大项消费支出看，湖北城镇居民人均食品烟酒、衣着、居住、生活用品及服务、交通通信、教育文化娱乐、医疗保健、其他用品和服务支出分别比2020年增长19.7%、25.3%、8.1%、23.7%、24.9%、70.9%、32.2%和73.8%。从消费结构看不断优化。食品烟酒类支出占人均消费支出的比重由2020年的31.1%下降至29.9%，交通通信、教育文化娱乐和医疗保健等发展享受型消费支出占比分别比2020年提高0.1、3.3和0.5个百分点，合计占比由2020年的29.8%提高至33.7%。

2. 农村居民消费增长主要特点。2021年，湖北农村居民人均消费支出17647元，绝对额水平比全国平均水平高1731元，位居全国第8位，比2020年前进3个位次，中部六省位居第1位。2021年农村居民人均消费支出比2020年增长21.9%，增速位居全国第4位，中部六省第1位。从八大项消费支出看，农村居民生活状况持续得到改善和提高，人均食品烟酒、衣着、居住、生活用品及服务、交通通信、教育文化娱乐、医疗保健支出分别比2020年增长30.8%、22.8%、4.1%、17.2%、23.5%、47.0%和17.8%。从消费品质看不断提升，食品消费更注重营养，蛋类消费由9.5公斤增长至9.7公斤，奶类消费由4.8公斤增长至6.8公斤，瓜果类消费由33.7公斤增长至40.2公斤。相关食品消费量的明显增长，推动农村居民食品烟酒消费支出占人均消费支出的比重由2020年的29.7%提高至31.9%。交通通信、教育文化娱乐等发展享受型消费支出占比也分别提高0.2和1.9个百分点。

（二）四大因素推动湖北居民消费支出增长

1. 促销活动成效显著。2021年湖北省委省政府通过政策刺激居民消费回补，受到广泛欢迎，效果良好。2021年9—12月全省共发放四轮9批次消费券，居民参与热情高涨，调研显示超八成城镇居民参与抢券。湖北消费券累计核销金额约10亿元，直接拉动消费超50亿元，累计平均直接拉动消费倍率为1:5.2。同时，各地深入推进线上线下融合及各类促销活动，成功举办“年中惠民消费大补贴”、消博会、健博会、第三届“全国双品网购节”、年货节及农特产品产销对接会等多项活动，为居民提供更多消费选择，激活消费需求。

2. 教育文化娱乐消费强劲回升。2020年受疫情影响，城乡居民教育文化娱乐消费支出降幅居八大项消费支出前列。2021年湖北疫情防控形势总体向好，居民文娱类消费需求显著增加，同时，全省推出多种消费激励政策，电影院迎来久违“黄金档”，旅游市场全方位开放，各景区加大门票打折、促销力度，带动居民教育文化娱乐消费强劲回升。2021年城镇居民人均教育文化娱乐支出3488元，比2020年增长70.9%。农村居民人均教育文化娱乐支出2032元，比2020年增长47.0%。

3. 交通通信消费明显增长。2020年受疫情影响,居民交通受限受阻,加之居民恐疫心理,交通通信消费支出大幅减少。2021年全省疫情防控科学有效,居民出行总体便利安全,城乡居民交通通信消费水平明显回升。同时,在疫情常态化防控背景下,学生居家上网课需求明显增加,居民在网络通信方面消费支出也较快增长。2021年,湖北城镇居民人均交通通信支出3563元,比2020年增长24.9%;农村居民人均交通通信支出2686元,比2020年增长23.5%。

4. 医疗保健消费较快增长。疫情给人们生活带来了深刻影响,卫生健康的生活观念深入人心。2021年国内疫情出现多地散发状况,疫情防控形势依然严峻,居民看病防病意识增强,个人、家庭日常防疫举措保护升级。2021年城镇居民人均医疗保健支出2541元,比2020年增长32.2%;农村居民人均医疗保健支出1836元,比2020年增长17.8%。

四、城乡居民生活条件不断改善

(一)居住条件进一步改善

从住房条件看,2021年湖北城镇居民人均居住面积为43.6平方米,比2020年增长1.2%;农村居民人均居住面积为58.2平方米,比2020年增长0.7%。从居住空间结构看,高质量房屋占比高,城镇居民居住在单元房的占比为66.4%,比2020年提高0.5个百分点;农村居民居住在单栋住宅占比为96.2%,与2020年基本持平。

(二)生活保障水平不断提升

居民饮用水水源质量高。2021年湖北城镇居民使用经净化处理的自来水的户占比为95.2%,比2020年提高0.5个百分点。农村居民使用经净化处理的自来水的户占比为74.1%,比2020年提高8.2个百分点。居民炊用清洁能源便利化程度不断提高。2021年城镇居民主要炊用能源使用管道天然气的户占比为61.2%,比2020年提高3个百分点,农村居民主要炊用能源使用管道天然气的户占比为3.7%,比2020年提高0.5个百分点。

(三)耐用消费品不断增加

随着城乡居民收入水平不断提高,居民生活品质持续提升,家庭耐用消费品提档升级步伐加快,白色家电拥有量不断增加。2021年每百户城镇居民家庭拥有电冰箱109台、空调186台、洗衣机101台、微波炉50台,分别比2020年增长3.8%、9.4%、2.0%和6.4%;每百户农村居民家庭拥有电冰箱110台、空调102台、洗衣机93台、微波炉17台,分别比2020年增长2.8%、8.5%、6.9%和30.8%。当前我省交通基础设施不断完善,居民对交通出行需求不断提升,特别是随着乡村振兴战略的实施推进,农村居民汽车拥有量实现较快增长。数据显示:2021年每百户城镇居民拥有汽车44台,比2020年增长15.8%;每百户农村居民拥有汽车27台,比2020年增长8.0%,与五年前相比增加16台,增长145.5%。

表 4　2020—2021 年湖北城乡居民耐用消费品每百户拥有量及增速

指　标	单位	城镇居民			农村居民		
		2021 年	2020 年	增速(%)	2021 年	2020 年	增速(%)
电冰箱	台	109	105	3.8	110	107	2.8
空调	台	186	170	9.4	102	94	8.5
洗衣机	台	101	99	2.0	93	87	6.9
微波炉	台	50	47	6.4	17	13	30.8
家用汽车	辆	44	38	15.8	27	25	8.0

五、影响湖北城乡居民收入增长的主要问题

(一)工资性收入增长动力不足

当前影响经济增长的不确定性因素更加复杂多变,实体经济发展面临较大压力,对城乡居民就业及工资水平提升产生影响。同时,国内坚决守住不出现规模性疫情反弹的底线压力仍然存在,“稳就业”面临挑战。高校毕业生、困难群众、农民工等部分重点群体就业压力较大,就业结构性、区域性矛盾及不同行业冷热不均现象犹存,吸纳就业最多的第三产业全面恢复之路仍然艰难。

(二)经营净收入抗风险能力较弱

随着劳动力、原材料、人工等成本不断上涨,加之疫情防控常态化下居民外出就餐、跨省旅游、休闲娱乐活动明显减少,企业经营特别是小微企业及个体经营户经营发展仍面临较大困难。同时,传统农业增收空间有限,且容易受极端天气、畜禽类疫情影响,市场抗风险能力弱,农业链条化产业化发展进程仍相对滞后,一定程度制约了农业经营增收的拓展空间。

(三)财产净收入增收作用有限

收入四大项中,居民人均财产净收入占可支配收入比重持续最低,增收作用有限。2021 年湖北城镇居民人均财产净收入 3689 元,占可支配收入比重的 9.2%;农村居民人均财产净收入 254 元,占可支配收入比重仅为 1.4%,增收贡献甚微。

六、几点建议

(一)稳定就业水平,守好居民收入基本盘

一是充分发挥收入分配机制对城乡居民收入增长的拉动作用。进一步健全机关事业单位工资增长机制,完善企业职工工资指导和收入协商制度、加大最低工资标准落实力度。二是千方百计促进就业。继续实施积极的就业政策,加强市场主体帮扶,为居民就业提供更多本地务工岗位。三是加大职业技能培训力度,解决结构性就业矛盾,促进重点人群就业,稳固城乡居民收入增长基础。

(二)政策纾困助经营,激发增收强动力

一是进一步细化和落实小微企业优惠政策,拓宽城乡居民创业途径,降低企业负担、优化营

商环境。二是强举措推动乡村振兴战略实施，做大做强特色优势农业，优化产业结构，有效实现传统农业生产向全产业链转变，培育农民增收新动能。三是继续做好精准疫情防控，稳定市场预期，着力扩大内需，促进消费提质扩容，挖掘释放消费潜力。

（三）拓宽渠道强理财，培育增收新动能

一是拓展城乡居民投资理财渠道，完善政策环境，为城乡居民资产提供更多的保值增值方式。二是促进房地产市场健康发展，加强规范和维护房屋租赁市场秩序，保障出租房屋收入稳定。三是加快推进农村土地“三权分置”和集体经营性土地入市改革，完善农户土地承包经营权流转管理服务，有效拓宽财产净收入增长渠道。

（执笔人：国家统计局湖北调查总队　苏俊）

湖南居民收支与生活状况报告

2021年，湖南全省上下坚持以习近平新时代中国特色社会主义思想为指导，积极有效应对散发新冠肺炎疫情、煤电供应短缺等困难和挑战，全面落实“三高四新”战略定位和使命任务，民生保障有力有效，居民人均可支配收入突破3万元大关，人均生活消费支出稳步回升，实现了“十四五”良好开局。

一、居民收入持续增长

（一）全体居民人均可支配收入突破3万元大关

2021年，湖南全体居民人均可支配收入31993元，突破3万元大关，较上年增长8.9%，增幅较上年扩大2.8个百分点，与2019年相比增长15.6%，两年平均增长7.5%，与2017年相比增长38.5%。

1. 从增长速度看。2021年全体居民四大类收入增速均超过7%。其中，工资性收入15927元，增长8.6%；经营净收入6709元，增长11.2%；财产净收入2413元，增长8.4%；转移净收入6943元，增长7.6%。

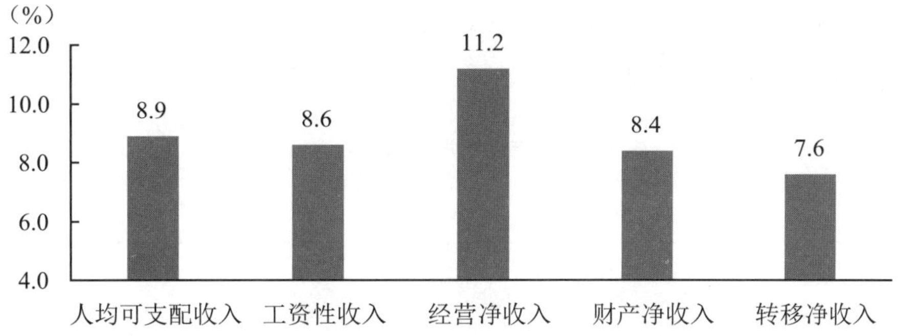

图1　2021年湖南全体居民收入四大类增速对比图

表1　2021年湖南全体居民收入及构成

指　　标	金额（元）	比上年增加（元）	名义增速（%）	贡献率（%）	占比（%）
人均可支配收入	31993	2613	8.9	—	—
工资性收入	15927	1262	8.6	48.3	49.8
经营净收入	6709	676	11.2	25.8	21.0
财产净收入	2413	187	8.4	7.2	7.5
转移净收入	6943	488	7.6	18.7	21.7

2. 从增长贡献率来看。工资性收入对全体居民收入增长的贡献率最高，为48.3%；经营净收入对全体居民收入增长的贡献率为25.8%，两项收入贡献率占比达到74.1%。转移净收入对全体居民收入增长的贡献率为18.7%。

3. 从收入占比来看。全体居民的工资性收入、经营净收入、财产净收入、转移净收入占可支配收入的比重(下文简称"占比")分别为49.8%、21.0%、7.5%和21.7%。其中工资性收入和财产净收入占比较上年均下降0.1个百分点，转移净收入占比下降0.3个百分点，经营净收入占比上升0.5个百分点。

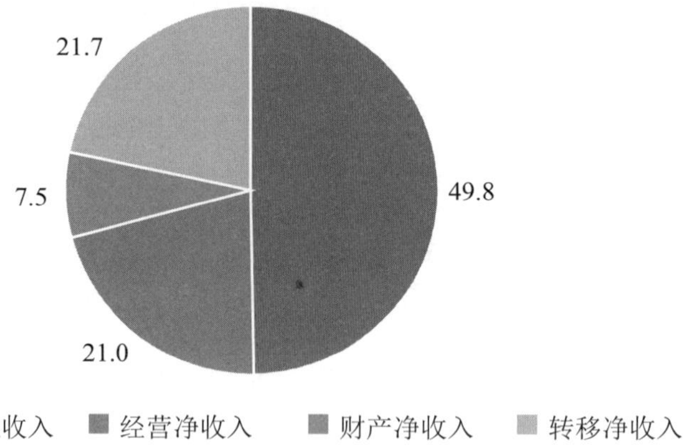

图2　2021年湖南全体居民收入四大类占比图(单位:%)

近年来，湖南居民收入结构不断优化，与2017年相比，经营净收入和财产净收入占比上升，分别由2017年的19.4%、7.1%提升至2021年的21.0%、7.5%，分别提升1.6、0.4个百分点。工资性收入和转移净收入占比下降，分别由2017年的51.2%、22.3%下降至2021年的49.8%、21.7%，分别下降1.5、0.6个百分点。

表2　近五年湖南居民四项收入占比

单位：%

指标＼年份	2017年	2018年	2019年	2020年	2021年
工资性收入	51.2	50.7	50.3	49.9	49.8
经营净收入	19.4	19.9	20.3	20.5	21.0
财产净收入	7.1	7.6	7.5	7.6	7.5
转移净收入	22.3	21.8	21.9	22.0	21.7

(二)城镇居民人均可支配收入稳定增长

按常住地分，2021年湖南城镇居民人均可支配收入44866元，较上年增长7.6%，增幅较上年扩大2.9个百分点；与2019年相比增长12.6%，两年平均增长6.1%，与2017年相比增长32.2%。

1. 从增长速度看。城镇居民四大类收入均呈增长态势。其中，经营净收入增长10.0%；工资性收入增长7.6%；财产净收入增长7.0%；转移净收入增长6.2%。

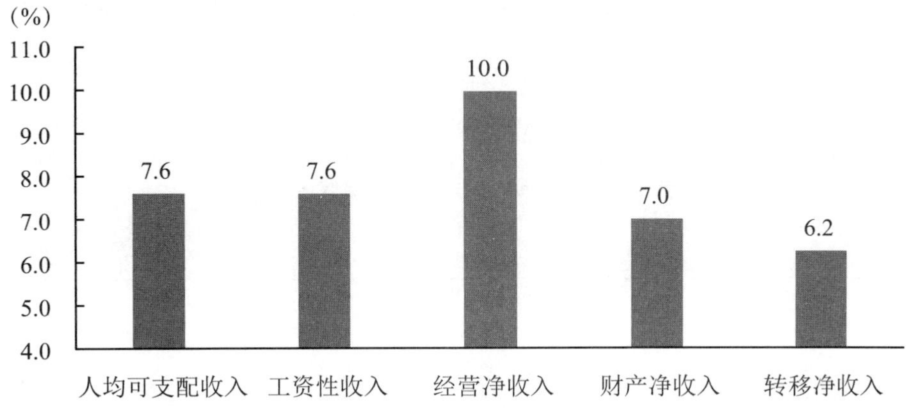

图 3 2021 年湖南城镇居民收入四大类增速对比图

2. 从增长贡献率来看。工资性收入增长是城镇居民增收最重要的保障，对城镇居民收入增长的贡献率为 53.8%。经营净收入、转移净收入和财产净收入对城镇居民收入增长的贡献率分别为 19.7%、17.4%、9.1%。

表 3 2021 年湖南城镇居民收入及构成

指 标	金额（元）	比上年增加（元）	名义增速（%）	贡献率（%）	占比（%）
人均可支配收入	44866	3169	7.6	—	—
工资性收入	24161	1704	7.6	53.8	53.9
经营净收入	6878	623	10.0	19.7	15.3
财产净收入	4436	290	7.0	9.1	9.9
转移净收入	9391	552	6.2	17.4	20.9

3. 从收入占比来看。城镇居民工资性收入占比最高，为 53.9%；转移净收入占 20.9%，经营净收入占 15.3%，财产净收入占 9.9%。其中，经营净收入占比较上年上升 0.3 个百分点，转移净收入占比下降 0.3 个百分点，收入结构更加优化均衡。

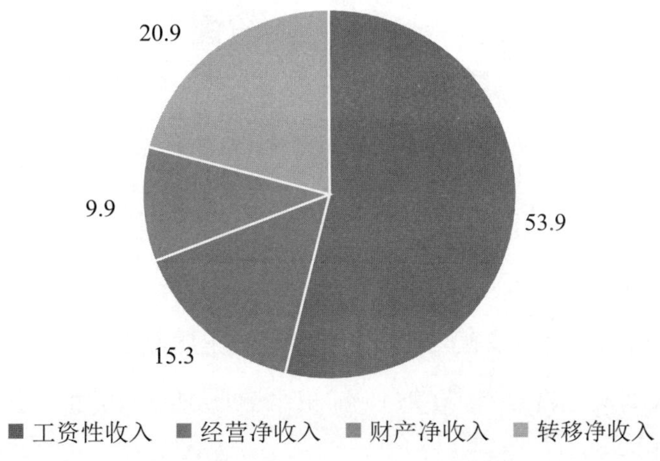

图 4 2021 年湖南城镇居民收入四大类占比图(单位:%)

与 2017 年相比，城镇经营净收入和财产净收入占比上升，分别由 2017 年的 13.6%、9.4%提升至2021年的15.3%、9.9%，分别提升1.7、0.5个百分点。工资性收入和转移净收入占比下降，分别由2017年的55.3%、21.7%下降至2021年的53.9%、20.9%，分别下降1.4、0.8个百分点。

表4　近五年湖南城镇居民四项收入占比

单位：%

年份 / 指标	2017年	2018年	2019年	2020年	2021年
工资性收入	55.3	54.6	54.0	53.9	53.9
经营净收入	13.6	14.3	14.9	15.0	15.3
财产净收入	9.4	10.1	9.9	9.9	9.9
转移净收入	21.7	21.0	21.1	21.2	20.9

4. 从生活状况来看。居住方面，城镇居民家庭人均住房建筑面积从2017年的46.5平方米，扩大到2021年的52.3平方米。2021年湖南城镇居民户均使用水冲式卫生厕所的占比为97.4%，比2017年提高2.4个百分点；室内拥有热水洗澡设施的占比为96.8%，比2017年分别提高3.5个百分点；有取暖设备的占比为86.8%，比2017年提高4.9个百分点。耐用消费品方面，2021年湖南城镇居民平均每百户空调拥有量为191.1台，比2017年增加31.3台；家用汽车拥有量为46.6辆，比2017年增加12.3辆。

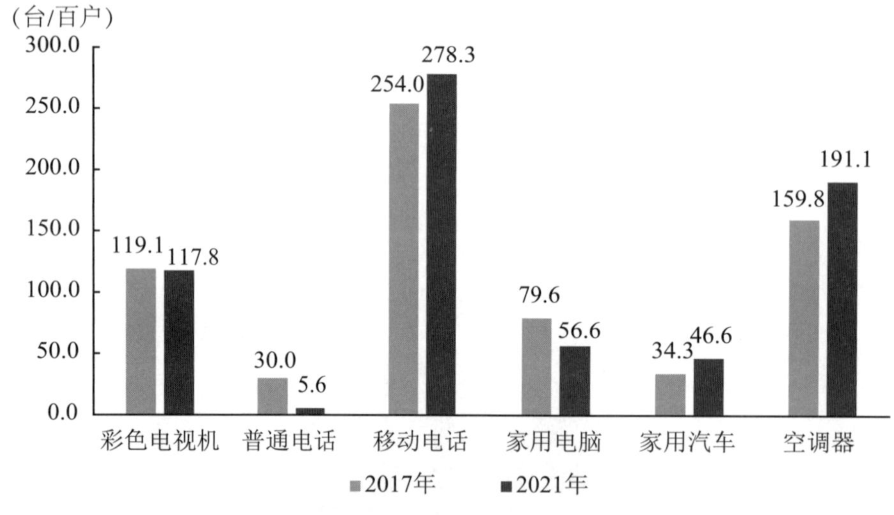

图5　2017年与2021年湖南城镇居民耐用消费品拥有量对比图

（三）农村居民人均可支配收入增速为“十三五”以来最高

2021年，湖南农村居民人均可支配收入18295元，比上年增长10.3%，增速为“十三五”以来新高。增幅较上年扩大2.6个百分点；与2019年相比增长18.8%，两年平均增长9.0%，与2017年相比增长41.4%。

1. 从增长速度看。农村居民四大类收入增速均在9%以上。其中，财产净收入增长12.8%；经营净收入增长12.5%；工资性收入增长9.1%；转移净收入增长9.0%。

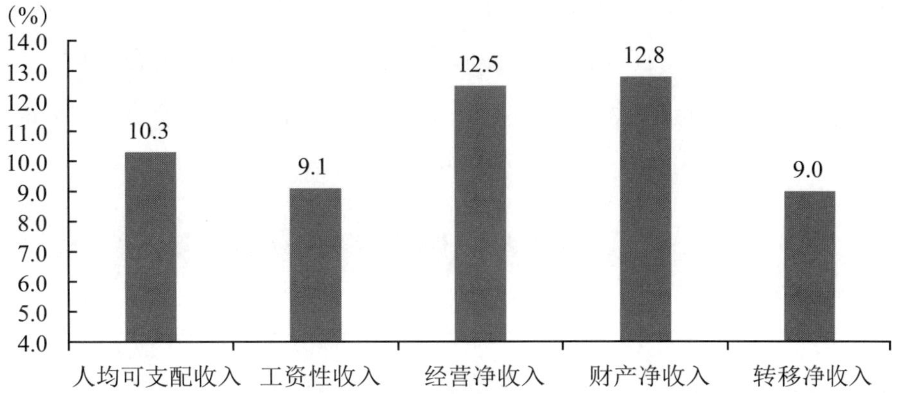

图6　2021年湖南农村居民收入四大类增速对比图

2. 从增长贡献率来看。四项收入中，工资性收入和经营净收入对农村居民收入增长的贡献率分别为34.8%、42.5%，两项收入的贡献率占比达到77.3%，是农村居民增收的主要动力。转移净收入对农村居民收入增长的贡献率为21.0%。

表5　2021年湖南农村居民收入及构成

指　　标	金额（元）	比上年增加（元）	名义增速（%）	贡献率（%）	占比（%）
人均可支配收入	18295	1711	10.3	—	—
工资性收入	7165	595	9.1	34.8	39.2
经营净收入	6530	726	12.5	42.5	35.7
财产净收入	261	30	12.8	1.7	1.4
转移净收入	4339	359	9.0	21.0	23.7

3. 从收入占比来看。农村居民工资性收入、经营净收入、财产净收入、转移净收入占比分别为39.2%、35.7%、1.4%和23.7%。其中，工资性收入和转移净收入占比较上年分别下降0.4、0.3个百分点，经营净收入占比提升0.7个百分点，农村居民收入结构更为合理，反映出全省大力推进乡村振兴工作成效。

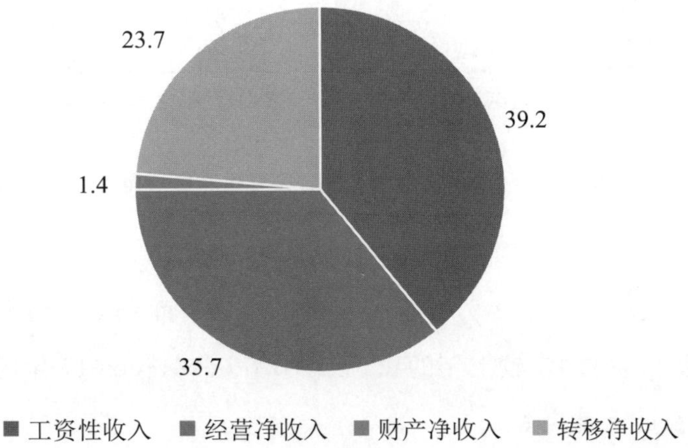

图7　2021年湖南农村居民收入四大类占比图(单位:%)

与2017年相比，农村经营净收入、财产净收入占比均有所上升，分别由2017年的33.8%、1.1%提升至2021年的35.7%、1.4%，分别提升1.9、0.3个百分点。工资性收入、转移净收入占比有所下降，分别由2017年的41.3%、23.8%下降至2021年的39.2%、23.7%，分别下降2.1、0.1个百分点。

表6　近五年湖南农村居民四项收入占比

单位：%

指标＼年份	2017年	2018年	2019年	2020年	2021年
工资性收入	41.3	40.9	40.4	39.6	39.2
经营净收入	33.8	34.0	34.2	35.0	35.7
财产净收入	1.1	1.3	1.4	1.4	1.4
转移净收入	23.8	23.8	24.0	24.0	23.7

4.从生活状况来看。居住方面，农村居民家庭人均住房建筑面积从2017年63.5平方米，扩大到2021年的63.9平方米。2021年湖南农村居民户均使用水冲式卫生厕所的占比为85.0%，比2017年提高36.8个百分点；室内拥有热水洗澡设施的户数占比为84.0%，比2017年分别提高29.9个百分点；有取暖设备的户数占比为77.8%，比2017年提高21.7个百分点。耐用消费品方面，2021年湖南城镇居民平均每百户空调拥有量为91.8台，比2017年增加45.9台；家用汽车拥有量为26.0辆，比2017年增加13.5辆。

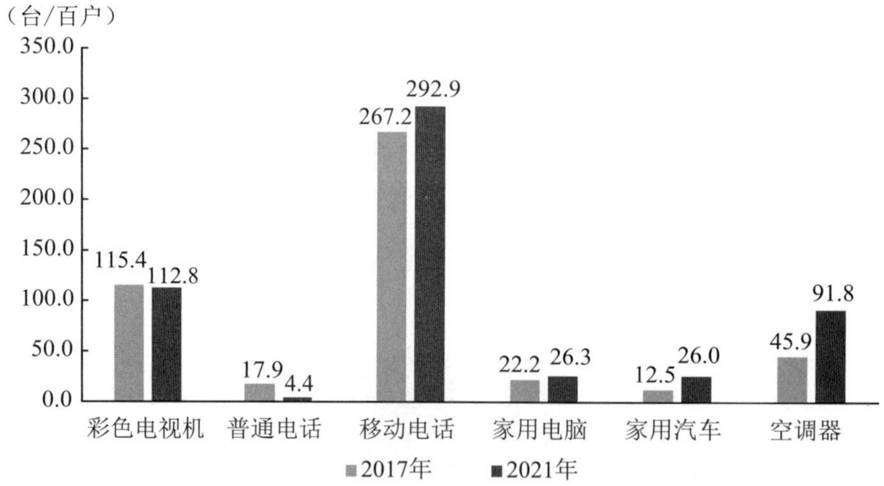

图8　2017年与2021年湖南农村居民耐用消费品拥有量对比图

(四)城乡居民收入差距持续缩小

2021年，农村居民人均可支配收入增速比城镇高2.7个百分点。城乡居民人均可支配收入比(以农村居民收入为1)为2.45，较上年的2.51缩小了0.06，较2017年的2.62缩小了0.17。

(五)居民收入增长的主要因素

1.宏观经济强韧，为居民增收奠定基础。一是主要经济指标表现良好。2021年，湖南地区生产总值较上年增长7.7%，两年平均增长5.7%。二是积极推进农业生产。全省粮食生产实现

“三增”，产量创六年新高；全省出栏生猪量和年末生猪存栏量均创五年新高。三是工业生产、效益快速回升。规模工业增加值增长8.4%，两年平均增长6.6%。

2. 就业形势稳中向好，为工资性收入增长提供动力。一是城镇新增就业超额完成任务。根据省人社厅数据，2021年湖南实现城镇新增就业84.18万人，完成年度任务120.3%。二是农村劳动力转移就业呈现良好势头。2021年12月末，农村劳动力转移就业同比增加27.34万人。全省脱贫人口务工244.23万人，完成年度目标任务的105.1%。

3. 消费市场为经营净收入增长增添活力。一是消费回补释放态势持续巩固。2021年，全省社会消费品零售总额同比增长14.4%，两年平均增长5.6%。二是企业效益持续改善。全年全省规模工业企业经营状况较好，实现营业收入4.27万亿元，比上年增长14.9%。三是减税降费和企业帮扶力度不断加大。自1月1日起，湖南对小微企业年应纳税所得额不超过100万元的部分，在原有的优惠政策基础上，再减半征收企业所得税。对个体工商户年应纳税所得额不超过100万元的部分，在现行优惠政策基础上，减半征收个人所得税。四是进出口贸易快速增长。全年湖南进出口总额增长25%，两年平均增长18.5%。

4. 升级的惠民政策为转移净收入增长提供保障。一是财政保障有力。2021年，湖南财政民生支出占一般公共预算支出的比重七成以上。二是基本养老金上调，2020年7月，我省调整退休人员基本养老金，每人每月增加基本养老金50元。三是低保标准上调。城镇方面，从2020年11月起湖南城市低保最低指导标准和城市低保月人均救助水平增长10%。农村方面，从1月1日起，农村最低生活保障指导标准提高到4300元/年。

5. 拓宽的收入来源为财产净收入增长增加潜力。一是存款稳步提高。年末全省金融机构本外币存款余额增长8.6%，两年平均增长9.3%。二是民间投资增速持续加快。2021年，全省民间投资比上年增长9.6%，增幅比上年扩大6.6个百分点。三是持续推动土地流转经营权流转。全省稳步开展第二轮土地承包到期后延包试点，宁远县列入国家试点县；稳定推进农村宅基地制度改革试点，试点范围扩大到4个县市，农村宅基地和集体建设用地房地一体确权登记工作任务已完成过半。

二、居民人均生活消费支出稳步回升

2021年，湖南统筹疫情防控和经济社会发展，“三个高地”建设全面铺开，社会经济运行稳中有进，居民人均生活消费支出保持回升态势，实现了“十四五”良好开局。

（一）全体居民人均生活消费支出回暖

2021年，全体居民人均生活消费支出22798元，较上年增长8.6%，增幅较上年扩大6.1个百分点。与2019年相比增长11.3%，两年平均增长5.5%，与2017年相比增长32.9%。分类来看，八大类消费中教育文化娱乐消费增速超过10%，达到18.3%。生活用品及服务、居住、食品烟酒、衣着、交通通信、其他用品和服务、医疗保健消费分别增长9.5%、8.5%、7.8%、7.5%、5.3%、4.5%、4.3%。

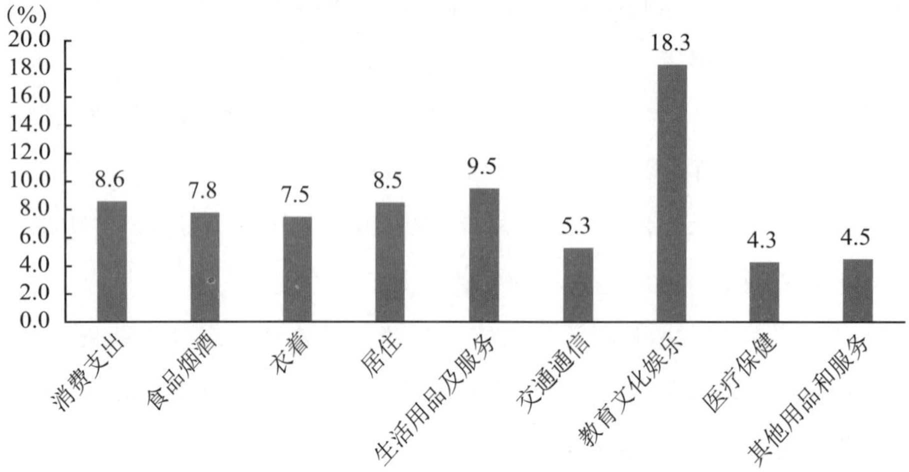

图 9　2021 年湖南全体居民消费支出八大类增速对比图

（二）城镇居民消费支出稳健增长

按常住地分，2021 年城镇居民人均生活消费支出 28294 元，增长 5.6%，增幅较上年扩大 6.1 个百分点；与 2019 年相比增长 5.1%，两年平均增长 2.5%，与 2017 年相比增长 22.2%。分类来看，八大类消费全部增长。其中，教育文化娱乐消费增长最快，增长 14.8%；生活用品及服务、居住、衣着、食品烟酒、其他用品和服务消费、交通通信、医疗保健分别增长 7.1%、6.0%、4.4%、4.1%、2.8%、2.2%、2.1%。

表 7　2021 年湖南城镇居民消费支出及构成

指　　标	金额（元）	比上年增加（元）	名义增速（%）	贡献率（%）	占比（%）
居民人均消费支出	28294	1497	5.6	—	—
食品烟酒	8130	323	4.1	21.5	28.7
衣着	1857	79	4.4	5.2	6.6
居住	5796	330	6.0	22.1	20.5
生活用品及服务	1830	121	7.1	8.1	6.5
交通通信	3803	80	2.2	5.4	13.4
教育文化娱乐	3859	499	14.8	33.3	13.6
医疗保健	2399	49	2.1	3.1	8.5
其他用品和服务	620	17	2.8	1.1	2.2

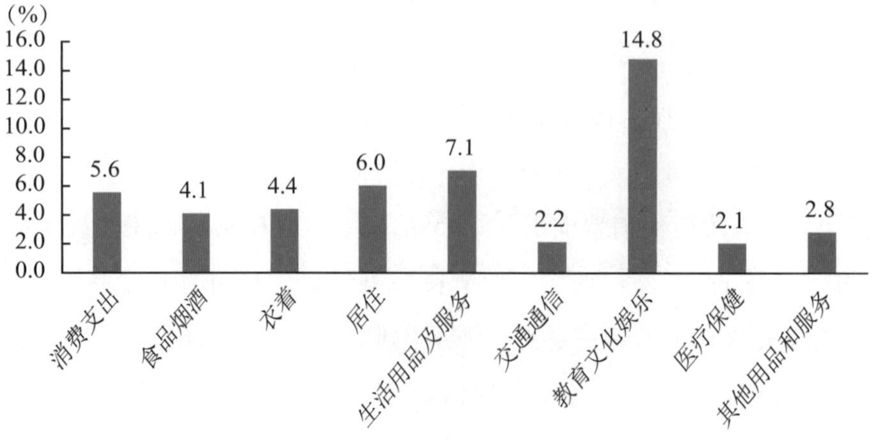

图 10　2021 年湖南城镇居民消费支出八大类增速对比图

（三）农村居民消费快速增长

2021年，农村居民人均生活消费支出16951元，增长13.2%，增幅较上年扩大6.0个百分点；与2019年相比增长21.3%，两年平均增长10.2%，与2017年相比增长47.0%。分类来看，八大类消费全面快速增长，有六个大类增速超过10%。其中，教育文化娱乐消费增长达到24.0%；衣着、食品烟酒、生活用品及服务、居住、交通通信、医疗保健消费、其他用品和服务分别增长13.9%、13.3%、13.2%、11.8%、11.0%、7.1%、7.0%。

表8　2021年湖南农村居民消费支出及构成

指　　标	金额（元）	比上年增加（元）	名义增速（%）	贡献率（%）	占比（%）
居民人均消费支出	16951	1977	13.2	—	—
食品烟酒	5254	618	13.3	31.3	31.0
衣着	768	93	13.9	4.7	4.5
居住	3764	397	11.8	20.1	22.2
生活用品及服务	965	112	13.2	5.7	5.7
交通通信	1921	190	11.0	9.6	11.3
教育文化娱乐	2212	428	24.0	21.7	13.1
医疗保健	1827	121	7.1	6.1	10.8
其他用品和服务	238	16	7.0	0.8	1.4

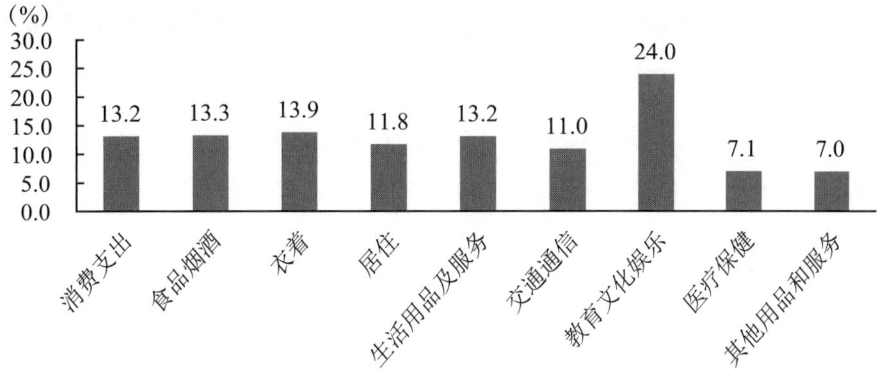

图11　2021年湖南农村居民消费支出八大类增速对比图

（四）城乡居民消费差距不断缩小

2021年，湖南农村居民人均生活消费支出增速高于城镇7.6个百分点。城乡居民人均生活消费支出比为1.67(以农村居民消费为1)，较上年的1.79缩小0.12，较2017年缩小0.33。

（五）居民消费支出增长的几个主要特点

1. 居民消费结构不断升级。2021年湖南居民食品烟酒消费支出、居住消费支出、生活用品及服务消费支出、交通通信消费支出、医疗保健支出、其他用品及服务消费支出占比与2017年相比均有所上升，由2017年的29.2%、20.0%、6.1%、11.9%、8.3%、1.8%分别提升至2021年的29.5%、21.1%、6.2%、12.7%、9.3%、1.9%，分别提升0.4、1.1、0.1、0.8、1.0、0.1个百分点。衣着消费支出、教育文化娱乐消费支出占比与2017年相比均有所下降，由2017年的6.3%、16.3%分别下降至2021年的5.8%、13.4%，分别下降0.5、2.9个百分点。

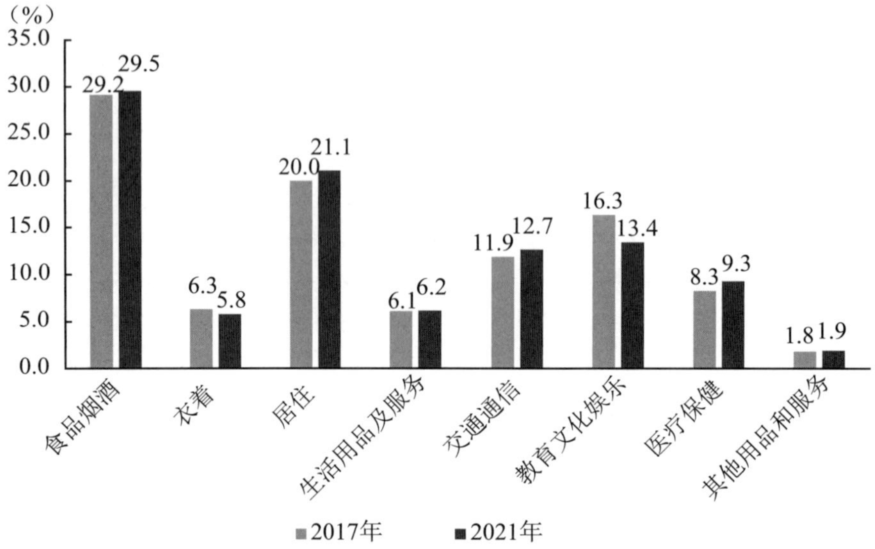

图12　2017年与2021年湖南居民八大类消费支出占比图

2. 食品烟酒消费支出是居民消费支出增长的主要支撑。2021年，受自然灾害频发和原材料价格上涨等多重因素影响，蔬菜、水果、食用油、调味品、酒类等食品烟酒价格持续上涨。全年湖南全体居民人均食品烟酒消费支出6737元，对居民消费支出增长的贡献率为26.9%，在居民消费支出增长中占比最高。随着收入与消费水平的不断增长，居民饮食结构变化较大，选择更加多元化，膳食结构更趋合理。2017年城镇居民人均油脂类、肉禽类、蛋类的消费量分别是13.2公斤、45.5公斤和8.1公斤，到2021年增长为13.9公斤、53.2公斤和9.6公斤。2017年农村居民人均油脂类、肉禽类、蛋类的消费量分别为11.6公斤、37.7公斤和7.9公斤，到2021年增长为14.1公斤、51.2公斤和12.3公斤。

3. 居民教育文化娱乐消费恢复性增长。教育方面，虽然下半年义务教育阶段"双减"政策的出台，居民的校外青少年学科培训支出有所减少，但在省内各院校全面复课的大环境下，叠加校外素质教育成为消费新热点等因素，居民教育消费支出较上年仍保持了较大幅度增长态势。2021年，湖南全体居民人均教育消费支出2318元，增长24.5%。文化娱乐方面，由于下半年少数地区散发新冠疫情影响，居民文化娱乐消费支出增速有所下滑，但年内旅游行业、电影行业回暖的总体趋势向好。2021年，湖南全体居民人均文化娱乐支出744元，较上年增长2.4%。

4. 服务性消费增长高于商品性消费。随着湖南社会经济持续加速恢复，旅游、餐饮、家庭服务、医疗服务等服务行业总体呈回暖态势。2021年，湖南全体居民人均服务性消费支出(不含自有住房折算租金)6833元，增长12.4%，高于商品性消费支出5.3个百分点。

5. 能源类消费稳步增长。一方面，全球原油市场供应紧张导致国内汽柴油价格不断上涨，叠加居民出行需求和机动车持有量的持续增长，居民交通工具燃料消费支出增加。2021年，湖南全体居民人均交通工具燃料消费支出635元，增长23.8%。另一方面，2021年水、电价格的调整，天然气国际价格不断走高，带动居民水电燃料消费支出不断上升，湖南全体居民人均水电燃料消费及其他支出为927元，增长10.8%。

三、居民收入稳定增长存在的难点

（一）国际形势复杂严峻

当前国际形势更趋复杂严峻，全球疫情仍在加速演变，俄乌冲突加剧全球市场动荡，加大全球经济复苏的不确定性。国内经济恢复的基础尚不牢固，加之疫情散发多发，部分领域下行压力加大。同时伴随着供给侧结构性改革不断深化、经济增长进入新常态，全国增速呈现放缓态势，长期积累的矛盾也在经济增速略微减缓的过程中逐渐显露，宏观经济呈现下行态势。加上在持续多年的较快增长后，城乡居民收入基数逐步增大，持续保持较快增长的难度加大。

（二）就业压力和困难依然较大

在推进新旧动能转换过程中，产业转型、结构调整，落后产能不断被淘汰，企业重组、破产，叠加疫情影响，部分工人面临转岗和失业，其中相当一部分转岗人员年龄偏大，技能单一，转业转岗能力较差，再就业困难。如近年房地产市场比较低迷，部分楼盘出现停工现象，一些建筑工人特别是农民工失去工作。企业对中高级专业技术人员的需求在增加，但年轻人大多不愿意在技术岗位工作，就业结构性矛盾在新旧动能转化过程中依然突出。

（三）生产成本大幅提高

价格因素和生产生活成本成为影响居民收入水平的重要原因。部分开小卖部、做小本生意的经营户受经营成本上升、网购的兴起等影响，经营困难日益增大。近年来饲料、化肥、农药等农资价格连年上涨，如2021年全省氮肥价格较上年上涨了近50%，磷肥、钾肥价格较上年均上涨了近30%，加之农业雇工费用持续上升，导致农作物种植成本大幅上涨，但粮食、生猪等农牧产品收购价格上涨缓慢，甚至下降，农民增收受到很大制约。

（四）疫情多点散发影响收入消费增长

国内疫情总体控制良好，但由于新冠病毒不断变异，新毒株传染率更高，导致国内疫情不断出现多点散发形势，疫情严重时，导致部分地区生产停业，产业链、供应链中断。局部疫情也导致部分企业，特别是服务业受到冲击，严重影响居民就业稳定，收入和消费收到较大影响。

四、加强居民增收、促进消费的意见建议

（一）深化收入分配制度改革切实增加居民收入

健全居民增收的长效机制，推动更高质量更充分就业，深入实施就业优先战略，努力扩大就业面，创造更多就业岗位，推动更高质量充分就业，促进居民收入增长。拓宽城乡居民增收渠道，推进居民收入的结构调整，鼓励多要素参与分配，进一步拓宽居民增收渠道。依法维护劳动者收入权益。完善面向高收入群体的收入分配政策。探索税收制度改革，更加注重对低收入者的保护，完善专项附加扣除政策。限制不合理收入，调节过高收入，建立健全回报社会的激励机制。

同时提升低收入群体收入水平，健全低收入群体帮扶政策，完善基本公共服务体系，优化社会保障制度设计。

(二)完善社会保障制度和政策

强化基本民生保障，完善和坚持以低保、特困供养为主，临时救助等专项救助为辅，城市特殊困难群体帮扶为补充的社会救助体系，构建“体系完善、机制健全、管理规范、衔接配套、保障有力”的大社会救助格局，切实保障困难群众基本生活。提升社会福利水平和养老服务水平。加强城乡养老服务设施建设，实现社区养老服务设施成为街道、社区的基本民生标配。统筹城乡社会救助体系，通过完善社会救助、社会福利、慈善事业、优抚安置等制度，兜住人民群众生存的底线。

(三)进一步加强农民工就业保障

当前，农民工就业形势依然复杂，应着力增数量、提质量、控变量。中西部省份农民增收形势，很大程度取决农民工就业，我省作为全国第四大农村劳动力转移大省，受影响程度不可低估。随着国外疫情发酵，农民工就业形势出现新变化，部分企业复工后订单不足，一些返岗农民工就业不充分甚至无事可做。中小企业承载了80%的就业，对农民工就业增收十分关键。应进一步加大援企稳岗、减税降费力度，帮助中小企业、农产品加工企业有效应对疫情变化，推动稳健复产。对留乡农民工，应积极落实产业、创业扶持政策，引导就近就地就业创业。同时，加快高标准农田建设、农村人居环境整治、现代农业产业项目开工建设，创造更多岗位，确保农民工转移总量不下滑，收入总体稳定。

(四)增收稳价，提高居民消费能力

一是持续推进收入分配改革，努力破除制约居民消费的体制机制障碍，进一步提升居民消费能力，增强消费信心，充分释放消费潜力，激发经济增长的内生动力。二是稳定生活物价，抓好基本生活物资市场供应，稳定“米袋子”“菜篮子”“油瓶子”“果盘子”等生活物资价格，降低居民基本生活成本。三是千方百计减轻居民住房、教育、医疗等消费压力，降低消费挤出效应，增加居民在娱乐休闲、旅游等方面的消费。四是稳定重要农业生产资料价格，适当促进农产品价格平稳上涨，提高农业生产收益。

(五)提升服务，改善居民消费体验

多措并举，提升消费服务，提高消费者满意度，营造放心消费的良好环境。一是进一步加强市场监管，采取行动整顿消费市场秩序，重点整顿教育培训、医疗保健、食品药品等民众反映集中的行业秩序。二是建立民间监督和服务维权机制，聘请社会监督员、行业监督员进行消费监督，多点设立并公示举报和维权电话，畅通消费维权渠道。三是强化信用约束和联合惩戒，将违法失信企业“黑名单”依法向社会公示，建立消费侵权曝光平台，鼓励消费者合法曝光商家违法违规行为，提高商业市场主体失信成本。四是增加品质商品供给。发挥流通引导生产的作用，引导企业注重智能化、柔性化设计和生产，满足多样化个性化消费需求。

(执笔人：国家统计局湖南调查总队　王璐　罗金城)

广东居民收支与生活状况报告

近年来，广东各级党委政府坚持以人民为中心，坚定不移推动高质量发展，持续巩固拓展疫情防控和经济社会发展成果，经济运行稳定恢复，呈现稳中加固、稳中向好态势，城乡居民收入平稳增长，居民消费呈恢复性增长态势。

一、居民收入保持平稳增长态势

近年来，广东居民收入总量稳中有升，城乡收入差距持续缩小，收入结构保持稳定。

（一）近年来居民收入持续增长

近年来，广东居民收入稳步增长，收入水平迈上新台阶：2016 年全体居民人均可支配收入突破 3 万元大关，2020 年全体居民人均可支配收入突破 4 万元大关，达 41029 元。在新冠肺炎疫情冲击下，广东各级党委政府扎实做好“六稳”工作、落实“六保”任务，稳住收入基本盘，2021 年广东居民收入水平持续攀升至 44993 元。随着经济社会的发展，人民生活水平不断提升，居民收入水平不断提高，收入增长转向中高速，且处于相对平稳的趋势，基本符合广东经济由高速发展阶段向高质量发展阶段转变的整体趋势。

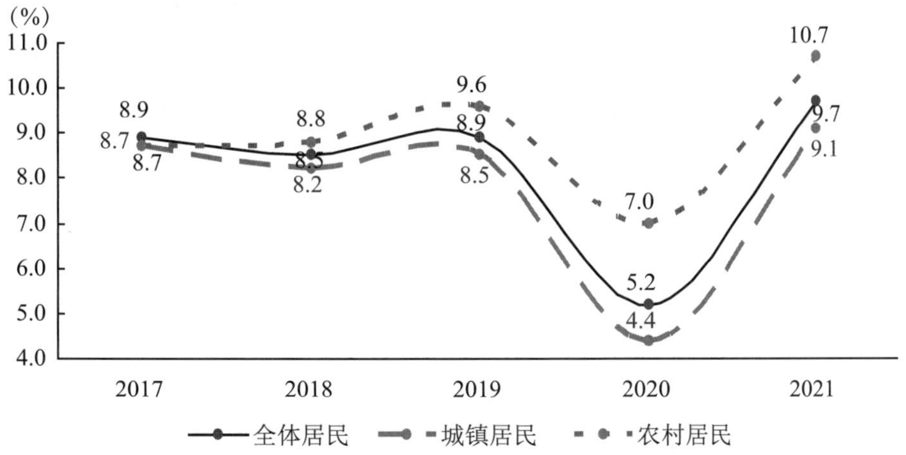

图 1　2017—2021 年广东全体及城乡居民收入增长简况

（二）居民收入水平保持全国前列

2021 年广东居民收入水平在全国位居前列，人均可支配收入比全国平均高 9865 元，居全国 31 个省（区、市）第 6 位；城镇居民人均可支配收入 54854 元，比全国平均高 7442 元，居全国 31 个省（区、市）第 5 位；农村居民人均可支配收入 22306 元，比全国平均高 3375 元，居全国 31 个省（区、市）第 7 位。从增速看，2021 年广东居民人均可支配收入同比增长 9.7%，城镇居民人均可支配收入同比增长 9.1%，农村居民人均可支配收入同比增长 10.7%。在山东、江苏、浙江、福建、广东等沿海五省中，广东全体和城镇居民人均可支配收入增速均位列第二，农村居民位列第三。

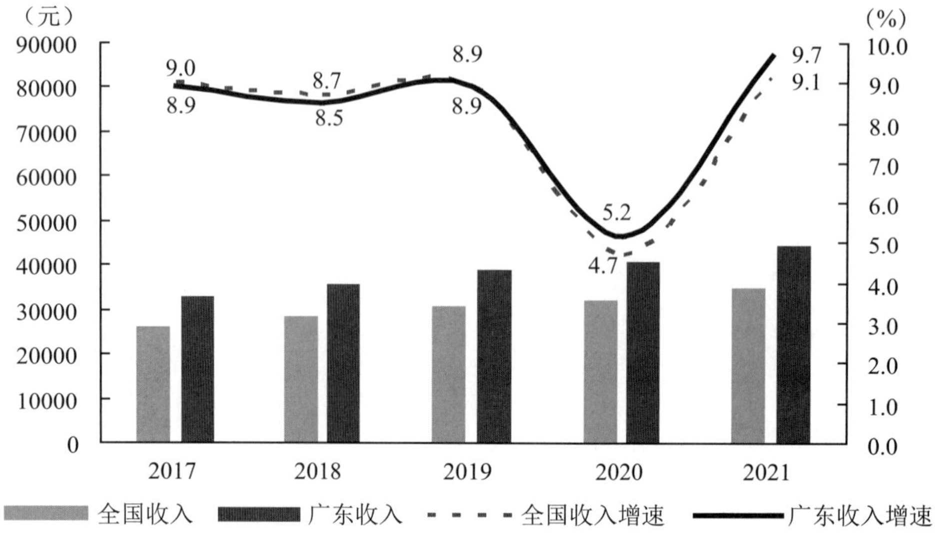

图2　2017—2021年广东与全国居民人均可支配收入对比

（三）农村居民收入增速持续快于城镇居民

2021年广东居民人均可支配收入同比增长9.7%，增速比上年提高4.5个百分点；扣除价格因素，实际增长8.8%；与2019年相比，两年平均增长① 7.4%。分城乡来看，广东城镇居民人均可支配收入同比增长9.1%，扣除价格因素，实际增长8.1%；两年平均增长6.8%。农村居民人均可支配收入同比增长10.7%，扣除价格因素，实际增长10.6%；两年平均增长8.9%。

近年来广东持续实施精准扶贫和乡村振兴，改革发展成果更多地惠及农村居民，有力促进农民增收。2017年以来广东农村居民收入增速已经连续五年超过城镇居民。2021年广东农村居民人均可支配收入增速比城镇居民高1.6个百分点，以2016年为基期的五年平均增速比城镇居民高1.2个百分点；农村居民收入增速持续高于城镇，城乡居民收入比延续逐年缩小态势，由2019年的2.56∶1和2020年的2.49∶1进一步缩小至2.46∶1。

表1　2017—2021年广东城乡居民人均可支配收入增长情况

指　　标	2017年	2018年	2019年	2020年	2021年	年均增速
全体居民	8.9	8.5	8.9	5.2	9.7	8.2
城镇居民	8.7	8.2	8.5	4.4	9.1	7.8
农村居民	8.7	8.8	9.6	7.0	10.7	9.0
农村居民增速高于城镇居民	0.0	0.6	1.1	2.6	1.6	1.2

从各市来看，2021年，全省20个地级以上市（深圳全部为城镇居民，不纳入统计）的城乡居民收入差距均呈缩小趋势。其中，城乡收入比最大的是广州市（2.15），其余19个地级以上市的城乡收入比均低于2，最小的是中山市（1.44）。

（四）收入增长与宏观经济发展同步性逐步增强

以2012年为基期，2013－2017年期间，广东居民人均可支配收入五年的年均名义增速为

① 两年平均增速是指以2019年相应同期数为基数，采用几何平均的方法计算的增速。

9.2%，扣除价格因素，五年年均实际增速7.0%；广东GDP年均增速为7.9%，人均GDP年均增速为5.8%，广东居民收入增长落后于经济增长，快于人均GDP增长。以2017年为基期，2018—2021年四年期间，广东居民人均可支配收入四年年均实际增长5.7%，广东GDP年均增速为5.8%，广东人均GDP年均增速为4.4%，广东居民收入增长与经济增长基本同步，快于人均GDP增长。在经济增长从高速增长换挡到中高速增长的过程中，广东各级政府更加关注民生，注重收入分配公平。居民收入实际增长的速度由原来的落后于经济增长到基本跟经济增长持平。尤其是自2020年以来，经济受疫情冲击，增速大幅回落，但是民生领域的保障仍坚强有力，居民收入实际增速超过GDP增速，政府的稳经济、保民生政策取得了实际成效。2021年居民人均可支配收入实际增长8.8%，比GDP增速高出0.8个百分点，比人均GDP高出1.7个百分点。

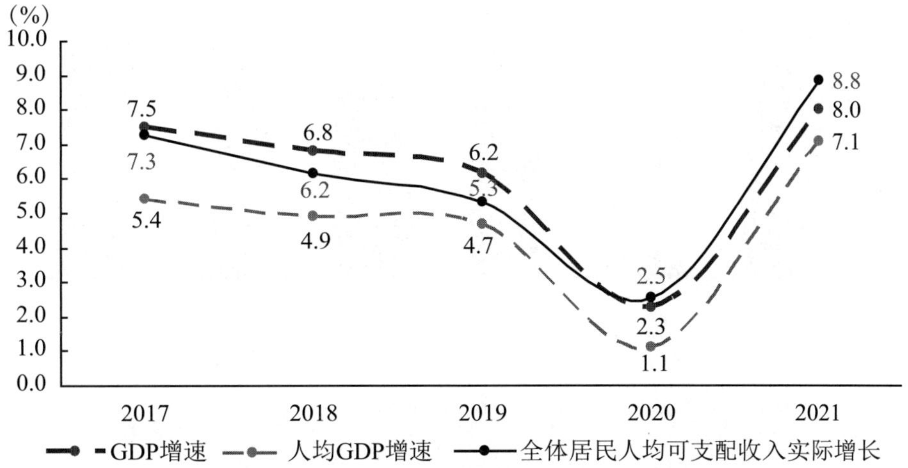

图3　2017—2021年广东人均可支配收入与经济发展增长同步性

（五）居民收入占比不断上升。

人均GDP水平反映一个地区的经济实力，人均可支配收入水平则反映居民的购买力，即直接获得的福利水平。在同等人均GDP水平条件下，人均可支配收入占比越高，意味着居民获得了更多的可由自己支配的福利。广东居民收入比，即人均可支配收入占人均GDP的比重，从2013年的41.8%，提高到2021年的45.8%，反映了广东近年来经济发展的综合质量较高。

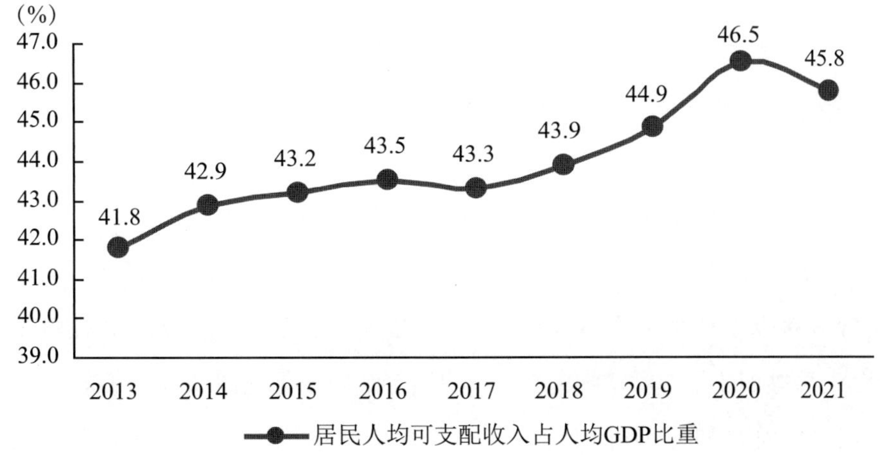

图4　2013—2021年广东居民人均可支配收入占人均GDP比重

（六）居民增收渠道拓宽，收入来源更加多元化

十八大以来，随着供给侧结构改革的深入推进、城镇退休人员基本养老金标准上调、最低生活保障标准的提高以及近年房地产价格的总体上涨等因素影响，全省城镇居民收入结构向更加均衡格局迈进。工资性收入仍是城镇居民可支配收入的“压舱石”，但在城镇居民收入的比重不断降低，财产净收入和转移净收入的比重稳步提高。从农村居民收入来源看，广东各级政府加快土地流转，持续实施精准扶贫和乡村振兴政策，全力做好农民工就业服务，为农民增收注入新动力，经营净收入、转移净收入在农村居民可支配收入中占比下降，工资性收入、财产净收入占比相对提高。

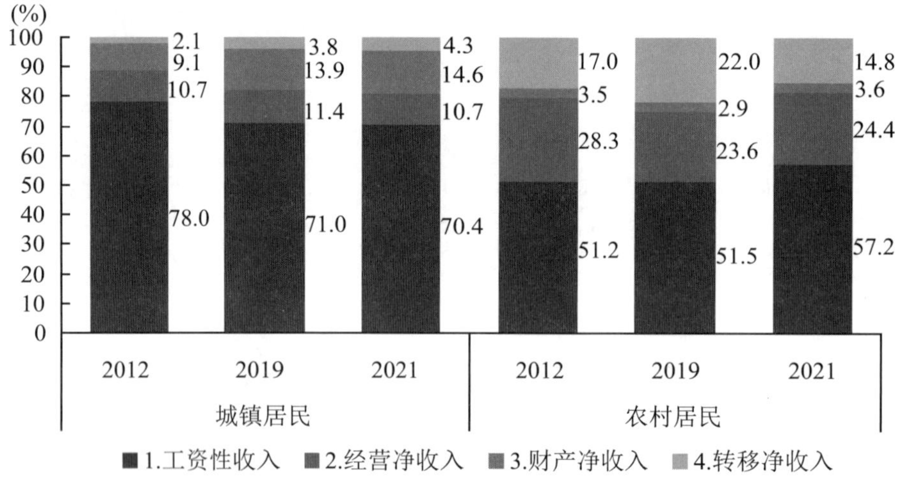

图5　2012—2021年广东城乡居民收入构成

（七）三大因素带动城乡居民增收

1. 稳定就业和增资政策推动居民工资性收入增长。近年来，广东坚持就业优先战略，出台多项援企稳岗措施和惠企惠民政策，通过“广东技工”“粤菜师傅”“南粤家政”三大工程，支持多渠道灵活就业，创造大量新的就业岗位，进一步稳定和扩大就业，推动实现更高质量就业。正常工资增长机制的进一步完善并发挥效用、最低工资标准和企业工资指导线的连年提高带动全社会工资水平上升。此外，失业补助金政策实施期限延长、高温津贴标准持续提升、“南粤春暖”稳岗留工专项行动和“百日千万网络招聘专项行动”等有力措施促进了居民工资性收入的较快增长。2021年，广东居民人均工资性收入30777元，同比增长10.6%，以2019年为基期，两年平均增长7.7%。

2. 减税降费和生产稳定促进经营净收入快速复苏。党的十八大以来，广东持续推进“放管服”改革，落细落实减税降费政策，持续优化营商环境，积极引进创新创业型人才，在一系列利好政策推动下，经营活动成本持续下降，市场活力不断激发，为经济高质量发展提供了有力支撑，城乡居民经营净收入乘势而上。2020年以来，广东持续加大力度贯彻减税降费执行，减轻企业经营负担，帮助企业积极应对疫情冲击；同时，各地创新服务方式，全面培育激发市场主体活力，加速市场回暖。农业生产经营方面，尽管部分农户受农产品价格下降和经营成本上升影响，经营利润

有所减少，但全年广东农村经济继续保持稳定增长，农业生产基本稳定，消费市场需求旺盛，有力促进了居民经营净收入的快速增长。2021 年，广东居民人均经营净收入 5729 元，同比增长 13.7%，以 2019 年为基期，两年平均增长 5.4%。

3. 租赁收入和集体分红拉动财产净收入较快增长。党的十八大以来，广东房地产市场保持活力，租购并举住房制度的不断完善，老旧小区改造、公租房保障和城市棚户区改造的全面推进进一步提升城市价值，居民自有住房估值增加，拉动城镇居民自有住房虚拟租金有所提升。同时，各地房屋租赁市场明显复苏，居民房屋租金收入快速上涨。农村方面，各级党委政府持续推动乡村振兴战略，乡村特色产业规模化趋势增强，耕地流转加快，集体资产快速增加，带动相关农村集体经济分红收益显著。这些因素共同拉动了居民财产净收入的较快上涨。2021 年，广东居民人均财产净收入 5831 元，同比增长 9.2%，以 2019 年为基期，两年平均增长 10.5%。

二、居民消费水平不断提高

2021 年是“十四五”的开局之年，广东统筹推进疫情防控和经济社会发展，一系列扩大消费的举措效果持续显现。伴随着疫情影响的逐步减弱，广东城乡居民消费呈现稳步恢复、稳中提质的运行特征，消费水平超过 2019 年。

（一）居民消费呈现恢复性增长

2021 年广东消费市场持续回暖，居民消费支出呈现恢复性增长态势。2021 年广东居民人均消费支出 31589 元，同比增长 10.9%；以 2019 年为基期，两年平均增长 4.4%，比同期收入增速低 3.0 个百分点。分城乡来看，城镇居民人均消费支出 36621 元，同比增长 9.3%，两年平均增长 3.1%；农村居民人均消费支出 20012 元，同比增长 16.8%，两年平均增长 8.7%。

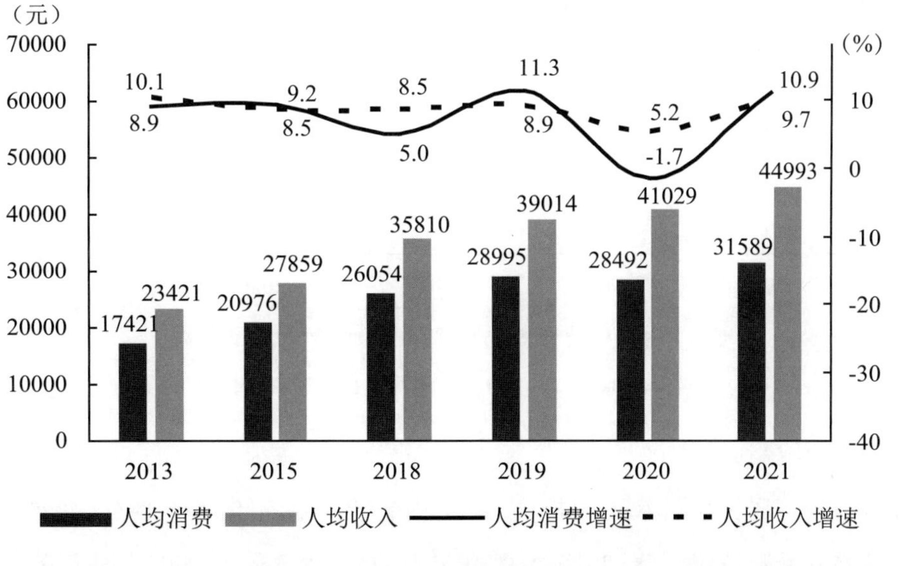

图 6　2013—2021 年广东城乡居民人均收入消费情况

（二）农村居民消费增长快于城镇

分城乡来看，2021 年广东城镇居民人均消费支出 36621 元，比 2012 年增长 82.6%，年均增长

6.9%；农村居民人均消费支出20012元，比2012年增长150.5%，年均增长10.7%，比城镇居民年均增速高3.8个百分点，农村居民消费支出增速明显快于城镇。

表2　2012与2021年广东城乡居民消费支出增长情况比较

指　　标	水平（元）		增速（%）	
	2012年	2021年	增长	年均增长
城镇居民	20057	36621	82.6	6.9
农村居民	7987	20012	150.5	10.7

（三）城镇居民消费倾向持续降低，农村居民消费倾向持续走高

2021年广东全体居民消费倾向为70.2%（消费支出与收入之比），比2012年降低了5.0个百分比。近几年伴随着经济发展和生活改善，广东居民消费倾向同步下行，城镇居民表现尤为明显。分城乡看，农村居民消费倾向由2012年的79.9%上升到2021年的89.7%，提高了9.8个百分点，而城镇居民消费倾向由2012年的74.3%下降到2021年的66.8%，回落了7.6个百分点。一方面，广东居民尤其是城镇居民在消费达到一定水平情况下，用于储蓄、购房和投资的余钱增多，消费倾向下降。另一方面，2020年以来受疫情以及收入预期下降影响，城镇居民外出购物、在外饮食、外出旅游等线下接触型消费频次减少，疫情对城镇居民消费的压制较农村居民更为明显，城镇居民的消费倾向持续降低。而农村居民家庭随着收入的持续增长和社会保障制度的不断完善，消费观念逐步转变，消费积极性不断增强，农村消费提质升级潜力足。

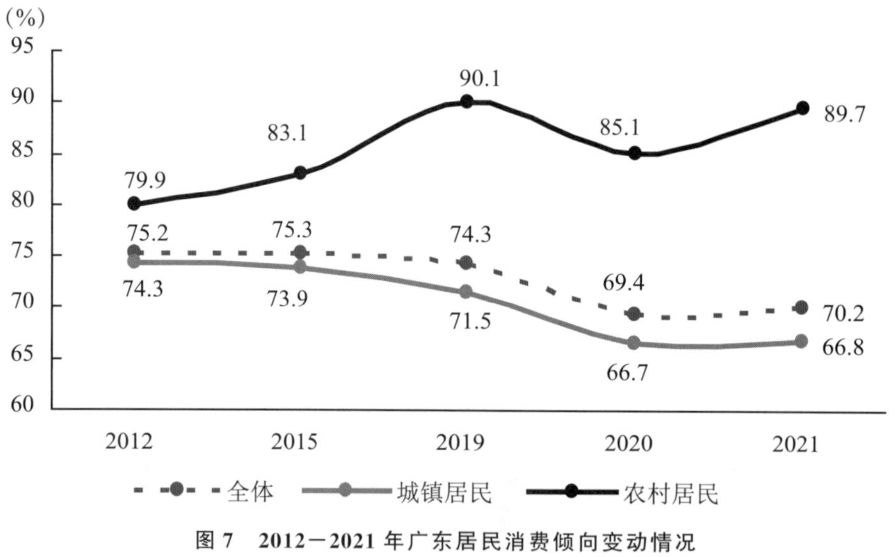

图7　2012—2021年广东居民消费倾向变动情况

（四）恩格尔系数持续下降

十八大以来，随着居民生活水平的提高，消费内容更加多元化和个性化，消费方式可选择的空间也更大，恩格尔系数持续下降，2019年恩格尔系数达32.3%，比2012年下降3.0个百分点。2020年受新冠疫情影响反弹至33.8%，2021年同比回落了0.6个百分点。

随着收入的不断增加，居民食品消费的品种更加丰富，营养更加全面，膳食结构逐步向营养、科学、健康食品发展。2021年，广东居民人均食品烟酒消费支出10485元，同比增长8.9%。从

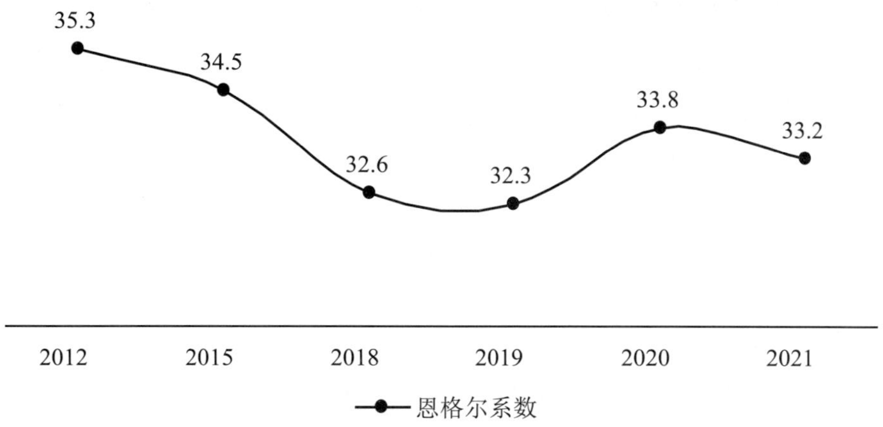

图 8　2012—2021 年广东居民恩格尔系数情况

2015—2021 年广东居民人均主要食品消费量可以看到，禽肉和水产品消费量上涨较快，禽类从 2015 年人均消费 18.65 公斤上升至 2021 年的 24.56 公斤，增长 31.7%；水产品从 2015 年人均消费 22.03 公斤上升至 2021 年的 27.55 公斤，增长 25.0%。近年来广东居民在奶及奶制品消费方面逐年上升，人均消费量从 2015 年的 8.33 公斤上升到 2021 年的 12.85 公斤，增长 54.3%，其中鲜奶消费量更是增长迅猛，达 88.6%。在粮食方面，近六年来广东居民谷物消费量总体呈下降趋势，人均消费量从 2015 年的 110.49 公斤下降至 2021 年的 103.75 公斤。2020 年受疫情影响，不少居民居家隔离，居民的谷物消费量因此有所增加。随着居民健康饮食理念的不断提升，鲜瓜果和鲜菜的摄入量继续增加。2021 年，鲜瓜果的摄入量为 41.35kg，鲜菜的摄入量为 95.02 公斤，分别比 2015 年增加了 8.64 公斤和 0.09 公斤。

（五）服务性消费水平持续提升

随着生活水平的提高，居民消费形态逐渐向多样化服务需求转变，信息、旅游、娱乐等满足精神生活需求的服务型消费成为新的增长点。此外，受疫情影响，网络购物和支付比例显著提高，外卖、跑腿等消费新模式广受居民欢迎，在线培训、在线咨询以及在线医疗服务等商业新业态也稳健发展，不少居民家庭有着家政服务方面的广泛需求，推动居民服务性消费支出快速增长。2021 年，广东人均服务性消费支出 15147 元，同比增长 18.0%，占消费支出的比重为 48.0%，比上年提升了 3.0 个百分点。

三、生活质量进一步提高

（一）耐用消费品拥有量继续增长

2021 年，广东城乡居民家庭家用、娱乐用耐用消费品拥有量继续增长，居民生活更加便捷和舒适，生活品质进一步提高，农村居民升级换代趋势更为明显。2021 年，城镇居民平均每百户拥有汽车 53.8 辆、移动电话 274.8 部和空调 244.3 台，比 2012 年分别增加 17.2、32.1 和 17.4 台；农村居民平均每百户拥有汽车 31.8 辆、移动电话 293.9 部、计算机 36.0 台和空调 173.1 台，比 2012 年分别增加 25.2、49.4、4.3 和 117.8 台。

表 3　2012 与 2021 年广东城乡居民每百户耐用品拥有量情况比较

指　标	单位	城镇居民(元)		农村居民(%)	
		2012 年	2021 年	增长	年均增长
汽车	辆	36.6	53.8	6.6	31.8
移动电话	台	242.7	274.8	244.5	293.9
空调	台	226.9	244.3	55.3	173.1

(二)居住条件进一步向好

2021 年,广东居民人均住房建筑面积为 42.2 平方米,比 2019 年增加 1.4 平方米,居住更敞亮。其中,城镇居民人均住房建筑面积 38.8 平方米,农村居民人均住房建筑面积 50.1 平方米。从居住空间样式看,全省居民居住在单元房及以上的比重为 98.9%,居住在筒子楼或连片平方的户比重为 1.7%。从主要建筑材料情况看,全省居民居住在钢筋混凝土或砖混材料结构住房的户比重为 97.6%,提高了 1.5 个百分点;居住在砖瓦砖木或竹草土坯结构住房的户比重为 2.4%,下降 1.5 个百分点。

(三)水质更干净,住宅更卫生

居民家庭主要饮用经过净化处理的自来水的户比重为 89.5%,比 2019 年提高 3.0 个百分点。2021 年广东居民所在社区(村)饮用水经过集中处理的户比重为 89.5%,提高 3.0 个百分点。全省居民住宅内有水冲式卫生厕所的户比重为 99.9%,提高 0.5 个百分点。全体居民厕所为公用的户比重为 0.38%,下降 0.06 个百分点。

(四)交通更便利、道路更敞亮、环境更优美

2021 年广东居民在社区(村)能便利乘坐公共汽车的户比重为 89.2%,比 2019 年提高 4.9 个百分点;居住社区(村)内主要道路状况是水泥或柏油路面的户比重为 96.4%,提高 3.8 个百分点;居住社区(村)主要道路有路灯的户比重为 97.7%,提高 3.6 个百分点。社区(村)有绿化园林景观的户比重为 72.5%,提高 7.4 个百分点;社区(村)内垃圾能集中处理的户比重为 98.6%,提高 0.2 个百分点。

(五)公共服务覆盖面更大、居家安全整体改善

2021 年广东居民所在社区(村)有健身器材的户比重为 89.6%,比 2019 年提高 9.1 个百分点;社区(村)有卫生站(室)的户比重为 88.5%,提高 4.0 个百分点;社区(村)本年度未发生盗窃或其他刑事案件的户比重为 99.8%,提高 13.7 个百分点。

四、影响居民收入持续增长的不利因素

(一)疫情冲击部分行业企业生产经营

此前国内疫情点状突发、省内疫情多点散发,部分行业和市场主体未能完全恢复正常经营,餐饮、住宿、文娱、物流等接触性消费和服务行业发展受限,给原本处于复苏阶段的宏观经济运行带来新的挑战,部分居民生产经营活动受到了冲击,居民增收势头也受到了影响。

受国际局势和疫情影响，汽车等重点行业产业链受到冲击，外贸出口迅猛增长的势头也有所放缓，不少企业和农业生产经营户面临上游原材料短缺和农资价格上涨、人工和物流成本攀升等经营困境。

（二）重点群体就业形势趋紧

受疫情防控限制人员流动、公众活动受限等影响，部分抗风险、抗冲击能力较弱的中小微企业、个体工商户生存压力增加，行业吸纳就业能力弱化。受全球经济走势低迷和省内疫情多点散发因素影响，餐饮零售、文化娱乐、交通客运、服装纺织等部分行业用工需求有所疲软。高校毕业生、农民工等重点群体“就业难”与“用工荒”的结构性矛盾将更加突出。

（三）收入预期不确定性增加，居民消费意愿趋于谨慎

受疫情以及对未来预期的不确定性增加影响，相较于消费，人们更倾向选择增加储蓄以“防患于未然”，居民储蓄意愿继续增强。生活消费活动更趋谨慎，消费意愿更加克制。

五、促进广东居民收入增长的对策建议

（一）深入推进分配制度改革，带动城乡居民增收

进一步完善收入再分配机制和工资增长机制，实施更加开放、包容的区域协调发展政策，着力推进珠三角与粤东西北一体化发展，大力发展县域经济，合理调节城乡、区域间的分配关系，缩小收入分配差距。瞄准重点群体实施差别化收入分配激励政策，带动城乡居民实现总体增收。

（二）积极创造条件，继续拓宽城乡居民收入渠道

一是全面提升就业岗位创造能力，推动传统优势产业改造升级、鼓励新型劳动密集产业发展，扩大吸纳就业能力，推进户籍、住房、教育、社会保障等制度改革，消除制约劳动力流动就业的体制机制障碍。二是优化创新创业政策机制，吸引和支持异地务工人员、大学生、退役士兵等人员返乡创业。三是加强金融产品和金融工具创新，健全金融消费者权益保护机制，鼓励发展房屋租赁市场，引导居民获得合法有序和长期稳定的租金收益。

（三）加强底线民生保障，促进低收入群体增收

一是加强政策保障力度。推动企业开展常态性工资集体协商，建立健全低保标准动态调整机制，着力提高低收入者收入。二是提升精准兜底保障能力。完善多层次的救助体系，加快建立城乡全覆盖、一体化的社会救助、社会福利体系。三是扩大基本保障覆盖范围。提高城乡居民养老保险参保缴费的补贴标准和城乡居民医疗保险财政补助标准，实施托底保障行动，保障低收入困难群体基本生活。

（执笔人：国家统计局广东调查总队黄怀槐　李洋）

广西居民收支与生活状况报告

2021年，广西壮族自治区党委、政府坚持以习近平新时代中国特色社会主义思想为指导，深入贯彻落实习近平总书记视察广西"4·27"重要讲话精神，统筹疫情防控和经济社会发展，扎实做好"六稳"工作、全面落实"六保"任务，民生福祉持续增进，居民收入稳定增长，消费支出恢复性增长，实现"十四五"良好开局。

一、广西居民可支配收入增长总体情况

（一）居民收入呈恢复性增长

2021年，广西居民人均可支配收入26727元，同比增长8.8%，与2019年相比，两年平均增长7.0%。其中，城镇居民人均可支配收入38530元，同比增长7.4%；农村居民人均可支配收入16363元，同比增长10.4%。

与上年相比，2021年广西居民人均可支配收入比上年增加2165元，增量创下党的十八大以来新高，是近2021年十年增收成效最高的一年。从增幅看，比上年的5.3%提高3.5个百分点，其中，城镇和农村居民收入增幅分别提高5.2、2.3个百分点。主要是上年受突如其来的新冠疫情影响，2021年，在党中央和国务院的正确领导下，自治区党委政府统筹常态化疫情防控和经济社会发展，加大稳就业保民生工作力度，全力打好"七场硬战"，促进经济社会发展稳步回升，为居民增收奠定坚实基础。

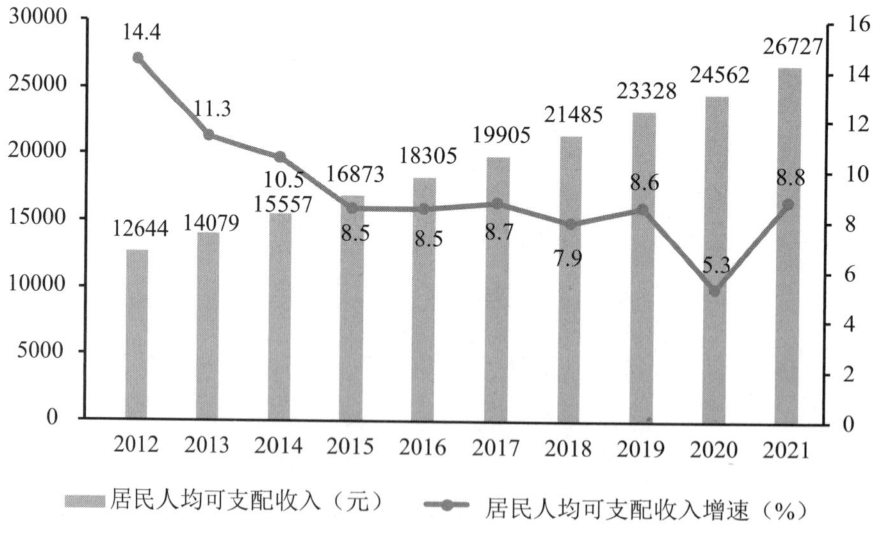

图1　2012—2021年全区居民人均可支配收入及增速

图 2 2012—2021 年全区居民人均可支配收入增量

（二）居民收入增长略快于经济增长

2021 年，广西 GDP 同比增长 7.5%，人均增长 6.9%。广西全体居民人均可支配收入实际增长 7.8%，高于人均 GDP 增长 0.9 个百分点，居民收入增长快于经济增长，居民在经济增长中的获得感增强。

（三）城乡居民收入差距进一步缩小

2021 年，按常住地划分，广西城镇居民人均可支配收入 38530 元，比上年增长 7.4%，扣除价格因素，实际增长 6.2%；广西农村居民人均可支配收入 16363 元，比上年增长 10.4%，扣除价格因素，实际增长 9.9%。农村居民人均可支配收入实际增速比城镇居民快 3.7 个百分点，连续 10 年农村居民收入增速快于城镇居民，城乡居民人均收入比值由上年的 2.42∶1 缩小为 2.35:1（以农村居民收入为 1），比上年缩小 0.07。在相对差距继续缩小的同时，绝对差距仍然保持扩大的趋势。2021 年广西城镇居民人均收入比农村高 22167 元，差距比上年扩大 1123 元。

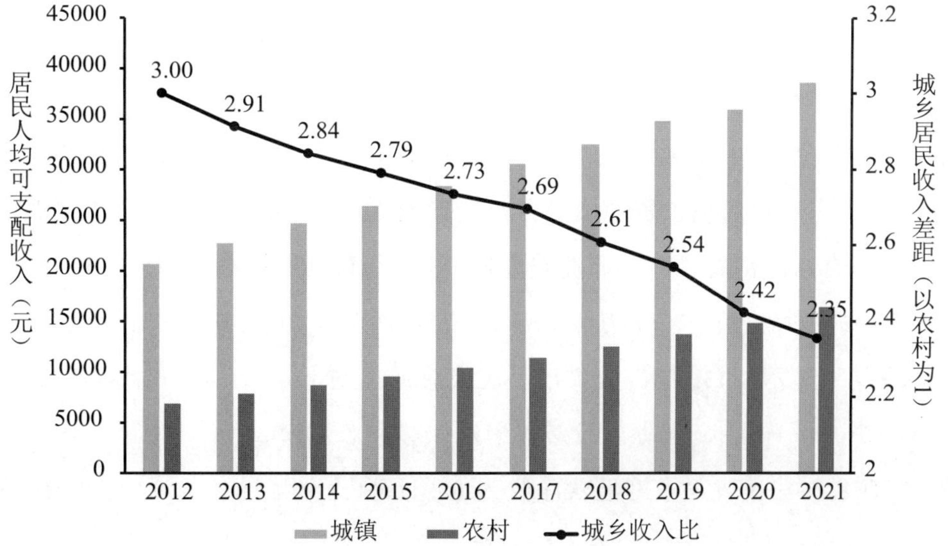

图 3 2012—2021 年广西分城乡居民人均可支配收入与城乡收入差距

(四)脱贫地区农民收入增速快于广西农村居民收入平均水平

广西决战脱贫攻坚取得性决定胜利后,大力推进巩固拓展脱贫攻坚成果与乡村振兴有效衔接,把"三农"工作的重心转移到乡村振兴上来,加强易地扶贫搬迁后续扶持,持续提升乡村产业发展、基础设施和公共服务能力,开展农村人居环境整治提升和乡村风貌提升行动,持续改善农村生产生活条件。推动粤桂乡村振兴协作,引导民营企业积极参与"万企兴万村"行动,推动脱贫攻坚工作体系平稳转型,做到工作不留空当、政策不留空白。2021 年,广西 54 个脱贫县农村居民人均可支配收入同比增长 10.7%,高于广西农村居民收入平均水平 0.3 个百分点,脱贫县农村居民人均可支配收入保持较快增长。

(五)收入增速和水平在全国位次基本稳定

从总量上看,2021 年广西居民人均可支配收入相当于全国平均水平的 76.1%,比 2020 年回落 0.2 个百分点;收入总量比全国平均水平低 8401 元,差距由 2020 年扩大 774 元,在全国排 25 位,在西部十二省(区、市)排第 6 位。分城乡看,城镇居民人均可支配收入相当于全国平均水平的 81.3%,比 2020 年回落 0.5 个百分点;收入总量比全国平均水平低 8882 元,差距由 2020 年扩大 907 元,在全国排 23 位,在西部十二省(区、市)排第 8 位。农村居民人均可支配收入相当于全国平均水平的 86.4%,比 2020 年回落 0.1 个百分点;收入总量比全国平均水平低 2568 元,差距由 2020 年扩大 252 元,在全国排 23 位,位次比 2020 年后移一位,在西部十二省(区、市)排第 5 位。

从增速上看,2021 年,广西全体居民人均可支配收入增速比全国平均水平低 0.3 个百分点,增速排第 18 位,在西部十二省(区、市)排第 8 位。其中,城镇居民收入增速低于全国 0.8 个百分点,已连续 10 年低于全国平均水平,增速排全国第 23 位,在西部十二省(区、市)排第 8 位;农村居民收入增速低于全国 0.1 个百分点,增速排第 17 位,位次比 2020 年后退了 13 位,在西部十二省区排第 8 位。

二、促进居民收入增长的主要因素

(一)稳定和扩大就业,促进居民工资性收入稳中有升

2021 年,广西居民工资性收入 12598 元,比上年增长 6.2%,其中,城镇居民工资性收入 20640 元,增长 2.0%,农村居民工资性收入 5536 元,增长 19.4%。工资性收入增长主要得益于各地认真贯彻落实自治区部署,二、三产业企稳回升,经营利润率提高,为稳定和扩大就业提供空间。2021 年广西城镇新增就业 40.7 万人,城镇登记失业率 2.49%,比上年低 0.28 个百分点。据农民工监测调查结果显示,2021 年广西农民工规模总量达到 1302 万人,比上年增长 3.5%。

(二)农林牧渔业增产增收,促进农村居民家庭经营净收入增长

2021 年,广西农村居民收入家庭经营净收入 6391 元,比上年增长 8.9%。其中,第一产业收入 4271 元。增长 5.0%。据统计,2021 年广西粮食产量 1386.5 万吨,比上年增长 1.2%,水果产量预计增长 15.5%,连续 4 年保持全国第 1 位;蔬菜产量预计增长 6.2%,实现十连增;木材采伐

量增长7.7%；生猪出栏3113.9万头，增长36.5%，蚕茧产量40.7万吨、增长8.2%，连续17年保持全国第1位；水产品产量增长2.6%。在做好农产品保供给的同时，各地加大农产品产销对接工作力度，部分农产品价格稳中有升，实现产销两旺，促进收入增长。数据显示，2021年稻谷价格比上年上涨1.6%，蔬菜价格上涨6.7%，家禽价格上涨9.7%，蚕茧价格上涨51.2%，水产品价格上涨5.6%。另据自治区物价局价格成本调查监审分局调查，在产量增加和出售价格上升双重拉动下，抵消成本上升影响，2021年广西农民种植中籼稻收益增长62.6%；成本利润率9.7%，比上年提高3.4个百分点，种植水稻收益显著增加。

（三）第三产业生产经营恢复增长，促进居民第三产业收入增长

2021年，广西居民第三产业人均收入3090元，比上年增长22.2%，其中，城镇居民第三产业人均收入4510元，增长22.2%；农村居民第三产业人均收入1842元，增长20.9%。居民第三产业收入增长主要得益于各地积极从供需两端入手，瞄准持续释放内需潜力，加快推进文旅行业复苏，消费市场扩量提质，交通运输、邮政快递等服务业逐步恢复，第三产业经营呈恢复性增长。

（四）民生保障有力有效，促进居民转移净收入增长

2021年广西居民人均转移净收入5442元，比上年增长1.2%，其中，城镇居民转移净收入7027元，农村居民转移净收入4051元。主要措施：一是调整增加退休人员养老金。退休人员每人每月增加基本养老金44元，城乡居民基本养老金提高至每人每月131元。广西居民人均离退休金收入达到2721元，其中城镇居民人均离退休金收入达到5528元。二是发放社会救助和补助资金。据民政部门统计，2021年为广西277.4万城乡低保对象和25万城乡特困人员发放救助金111.5亿元，对57.3万人次实施临时救助，为39.8万人发放边民生活补助金9.9亿元；发放残疾人“两项补贴”10.6亿元，分别惠及47.41万困难残疾人和62.38万重度残疾人。三是稳岗返还资金。2021年1—11月发放3.8亿元稳岗返还资金，惠及6.94万户用人单位204.41万名职工；减收失业保险23.82亿元、工伤保险费7.4亿元，分别惠及用人单位24.29万户、22.92万户。四是调整增加城乡医疗保险补助资金。2021年广西安排城乡居民医疗保险财政补助资金262.56亿元；居民医保财政补助从2020年的550元/人，增加到2021年的580元/人，补助增幅达5.4%。调查显示，广西居民人均报销医疗费用647元。

三、影响居民增收的主要问题

一是劳动力不充分就业问题。据调查，受国内零星疫情频发、部分行业恢复不如预期、部分行业季节性生产和阶段性用工影响，市场主体的生产经营活动不能满足劳动者对充分就业的需求。

二是农村低收入群体易返贫问题。2020年广西脱贫攻坚取得决定性胜利，建档立卡户已全部脱贫摘帽，但部分贫困户仍存在返贫风险。

三是农产品市场价格低迷问题。据了解，当前农村农产品同质化较为普遍，由于大量农产品集中上市，引发市场价格低迷徘徊，增产对增收拉动作用不明显。

四、促进居民增收的对策建议

（一）千方百计拓宽就业渠道

促进居民增收的首要任务仍然是稳定就业，稳定就业的前提是稳企业，特别是中小微企业及个体经营者，持续有效惠企帮扶政策助力企业发展，增强企业创造岗位和稳定就业岗位的能力。一是大力推动服务业发展。持续深化“放管服”改革，深入开展民营中小微企业金融服务，进一步落实好纾困和惠企政策。二是加大招商引资力度，引进有实力企业，建立用工余缺调剂平台，积极创造就业岗位，鼓励用人单位采取共享用工、灵活用工等方式提高本地区就业吸纳能力，满足就业不充分群体日益增长的工作需求。三是鼓励发展新业态。运用互联网平台，推动传统行业线上线下融合发展，增加灵活就业用工机会。四是加大对高校毕业生和低收入群体等重点群体就业支持，加强就业帮扶指导，鼓励灵活就业，落实兜底保障政策。

（二）加大社会保障救助兜底力度

一是进一步完善城镇居民基本养老保险制度和社会救助体系，加大对困难群众临时救助力度，提高低收入群体社会保障水平。适时调整完善社会救助和保障标准与物价联动机制，加大价格临时补贴发放力度，简化补贴发放流程。二是调动多样化市场主体、民间组织和社会力量的积极性，引入市场竞争机制，加快推进全覆盖、保基本、多层次、可持续的社会保障体系建设，不断提高社会保障水平。三是做好巩固拓展脱贫攻坚成果同乡村振兴有效衔接，加快制定过渡期帮扶机制与乡村振兴衔接政策和实施方案，保持帮扶政策的连续性和针对性，制定和完善医疗救助、教育等常态化帮扶机制，防范返贫和解决新生贫困、次生贫困问题，保障农村低收入人群收入和生活水平不断提高。

（三）积极调整优化农业产业结构

广西是农业生产大省，初步形成粮食、蔗糖，水果、蚕茧、中药材、油茶、茶叶等特色农业。要加大培育和发展特色农业产业，坚持以市场为导向原则，立足本地资源优势，选准最具优势的产业，避免同质化竞争；对于产业发展缓慢的地区，挖掘区域的比较优势，培育发展本地特色优势产业，对于初具规模的产业，加强引导和政策支持，引导标准化、专业化生产，打造品牌，提升农产品知名度，扩大农产品影响力和美誉度，促进优势农产品量的增长和质的提升。同时，解决好产业链的问题，促进产销对接，充分运用农产品互联网平台，促进农产品走进千家万户。

五、居民消费恢复性增长，发展型消费增长加快

（一）居民消费支出呈恢复性增长，农村居民消费支出恢复快于城镇居民

2021 年，广西居民人均消费支出 18088 元，比 2020 年增加 1731 元，同比增长 10.6%，主要是 2020 年受突如其来的新冠影响，居民消费支出大幅回落，2020 年广西居民消费支出同比增长－0.4%，2021 年呈恢复性增长，增幅比 2020 年提高 11.0 个百分点，与 2019 年相比，两年平均增长 5.0%。

从城乡看，城镇居民人均消费支出 22555 元，比 2020 年增加 1648 元，同比增长 7.9%，增幅比 2020 年的－3.2%提高 11.1 个百分点，与 2019 年相比，两年平均增长 2.3%。农村居民人均消费支出 14165 元，比 2020 年增加 1734 元，同比增长 14.0%，增幅比 2020 年的 3.2%提高 10.8 个百分点，与 2019 年相比，两年平均增长 8.5%。

从八大项消费来看，2021 年，广西全体居民消费增长较快有教育文化娱乐、衣着和交通通信，分别增长 29.3%、19.4%和 17.3%。其中，城镇居民消费增长较快有教育文化娱乐、交通通信和衣着，分别增长 28.9%、15.6%和 13.9%；农村居民消费增长较快有衣着、教育文化娱乐和其他用品服务，分别增长 29.8%、29.3%和 28.8%。2021 年广西居民人均消费支出情况详见下表。

表 1　2021 年广西居民人均消费支出情况

指　　标	全体居民		城镇居民		农村居民	
	绝对额（元）	比 2020 年增长（%）	绝对额（元）	比 2020 年增长（%）	绝对额（元）	比 2020 年增长（%）
居民人均消费支出	18088	10.6	22555	7.9	14165	14.0
食品烟酒	5825	4.2	7089	0.0	4715	9.7
衣着	710	19.4	996	13.9	460	29.8
居住	3698	3.3	4704	1.3	2814	5.8
生活用品及服务	1059	13.9	1371	11.2	784	17.6
交通通信	2473	17.3	3009	15.6	2003	19.1
教育文化娱乐	2284	29.3	2812	28.9	1821	29.3
医疗保健	1753	13.8	2163	13.6	1393	13.4
其他用品和服务	286	15.8	413	9.7	175	28.8

与全国相比，2021 年广西全体、城镇和农村居民人均消费支出增幅比全国平均水平低 3.0 个、4.3 个、2.1 个百分点；全体、城镇和农村居民人均消费支出分别相当全国平均水平的 75.1%、74.4%和 89.0%。从排位来看，全体、城镇和农村居民人均消费支出总量在全国分别排在第 27、30、20 位。

（二）消费结构不断优化升级，发展型消费支出增长较快

从消费类型看，广西居民生存型消费比重持续下降，发展型消费支出大幅增长，占消费支出比重提高。2021 年居民人均生存型消费支出 10233 元（含食品烟酒、衣着和居住类消费支出），同比增长 4.8%，占消费支出的比重为 56.6%，比上年下降 3.1 个百分点；人均发展型消费支出 6171 元（含交通通信、教育和医疗保健类消费支出），同比增长 21.9%，占消费支出的比重为 34.1%，比上年提高 3.1 个百分点；人均享受型消费支出 1684 元（含生活用品及服务、文化娱乐、其他用品及服务类消费支出），同比增长 10.1%，占消费支出的比重为 9.3%，与 2020 年持平。

从城乡看，城镇居民人均生存型、发展型、享受型消费支出分别 12788 元、7450 元、2317 元，分别占消费支出的比重为 56.7%、33.0%、10.3%，生存型消费支出占比较上年下降 3.6 个百分点，发展型消费支出占比较上年提高 3.6 个百分点，享受型消费支出占比与上年持平。农村居民人均生存型、发展型、享受型消费支出分别 7990 元、5048 元、1128 元，分别占消费支出的比重为

56.4%、35.6%、8.0%，生存型消费支出占比较上年下降 2.4 个百分点，发展型消费支出占比较上年提高 2.4 个百分点，享受型消费支出占比保持持平。2019—2021 年广西居民消费支出类型结构比例情况详见下表。

表 2　2019—2021 年广西居民消费结构比例情况

单位：%

指　标	全体居民			城镇居民			农村居民		
	2019 年	2020 年	2021 年	2019 年	2020 年	2021 年	2019 年	2020 年	2021 年
生存型	55.9	59.7	56.6	55.7	60.3	56.7	56.2	58.8	56.4
发展型	33.6	30.9	34.1	32.5	29.4	33.0	35.2	33.2	35.6
享受型	10.6	9.3	9.3	11.8	10.3	10.3	8.7	8.0	8.0

（三）生活品质不断提升，消费亮点热点频现

1. 食品消费支出保持较快增长，膳食结构不断升级。2021 年，广西居民人均食品烟酒支出 5825 元，比 2020 年的 5592 元增加 234 元，增长 4.2%，食品消费支出在 2020 年增长 11.1%的基础上继续保持增长；与 2019 年相比，两年平均增长 7.6%，高于生活消费支出平均增速（5.0%）的 2.6 个百分点。居民恩格尔系数（食品烟酒支出占生活消费支出的比重）由 2020 年的 34.2%下降到 2021 年 32.2%，下降了 2.0 个百分点，标志着居民生活质量进一步提高，随着居民追求合理膳食搭配，对食物多样化、优质化需求不断增加，对富含维生素的蔬菜、瓜果类食品需求明显增加，膳食结构不断升级，由"粮菜型"向"粮肉菜果"多元型转变。2021 年，广西居民人均粮食消费量 146.7 公斤、鲜蔬菜消费量 96.6 公斤、肉类、禽类、水产品等消费量分别为 34.6 公斤、16.0 公斤、12.8 公，鲜瓜果消费量 39.2 公斤。

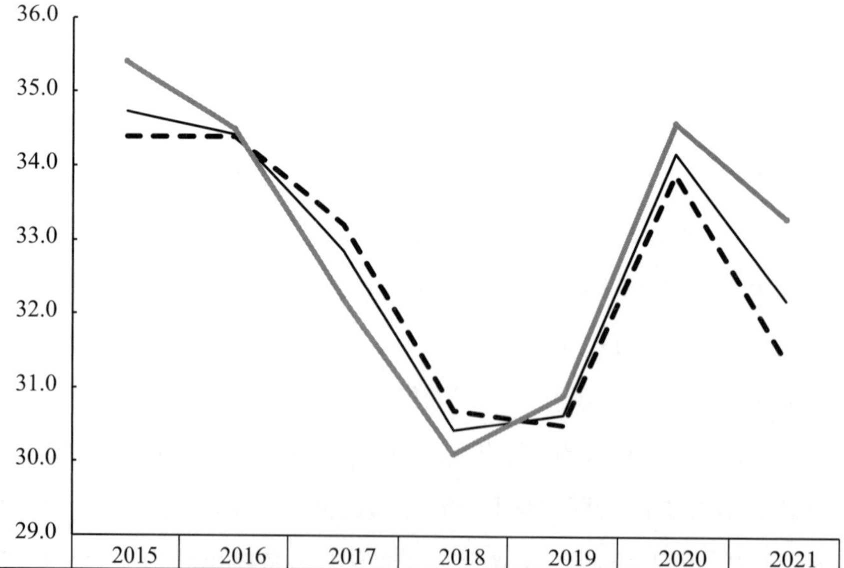

	2015	2016	2017	2018	2019	2020	2021
全体居民	34.7	34.4	32.9	30.4	30.6	34.2	32.2
城镇居民	34.4	34.4	33.2	30.7	30.5	33.9	31.4
农村居民	35.4	34.5	32.2	30.1	30.9	34.6	33.3

图 4　2015—2021 年广西居民恩格尔系数变动

2. 居住环境宽敞舒适。十八大以来，居民住房条件不断改善，配套设施更个性完善。2021年，广西居民人均现住房建筑面积为53.0平方米，比上年提高了3.9平方米，其中，城镇居民人均面积48.9平方米，比上年提高了4.6平方米；农村居民人均面积56.7平方米，比上年提高了3.4平方米；2021年人均居住消费支出3698元，比上年增长3.3%，占生活消费支出的比重20.4%，比上年回落1.5个百分点。

3. 生活用品高端智能化。随着供给侧改革深入，居民家庭生活用品更迭变迁，新兴家用耐用品及体现生活品质的高档商品成为消费热点。2021年，广西居民生活用品及服务支出1059元，比上年的929元增长13.9%；城镇和农村居民家庭每百户家用汽车拥有量分别为48.1辆、23.4辆，同上年分别增长6.0%和17.0%。城镇居民家庭主要家电拥有量保持稳定，农村居民家庭主要家电拥有量增长较快。2021年，城镇居民家庭每百户洗衣机、电冰箱、彩色电视机、空调等拥有量分别为102.8台、106.5台、112.7台、183.2台，分别比上年增长－0.4%、0.1%、－0.1%和3.5%；农村居民家庭每百户洗衣机、电冰箱、彩色电视机、空调等拥有量分别为90.4台、103.6台、107.4台、76.8台，分别上年增长6.6%、2.2%、0.1%和38.3%。

4. 医疗保健意识增强。随着医疗保障制度更加完善，健康理念进一步得到重视，居民有病投医，以及注重预防和保健，花钱买健康形成时尚，带动医疗保健消费支出增长。2021年，广西居民人均医疗保健消费支出1753元，比上年增长13.8%，占生活消费的比重较上年提高了0.3个百分点。其中，城镇居民医疗保健消费2163元，比是上年13.6%；农村居民医疗保健消费1393元，比是上年13.4%。

5. 出行沟通方便高效。随着交通基础设施建设进一步完善，形成高效便利交通网络，5G通讯信息技术推广应用，居民享受到现代交通、通讯的方便与快捷。2021年，广西居民人均交通通信支出2473元，比上年增长17.3%，占生活消费支出比重达到13.7%，比上年提高0.8个百分点。其中，城镇和农村居民人均交通通信支出分别为2602元、2003元，比上年分别增长15.6%、19.1%。

6. 服务消费普及度提高。2021年，广西居民人均服务性消费支出(不含自有住房折算租金，下同)为5548元，同比增长22.1%，占消费支出的比重达到30.7%，比上年提高2.8个百分点。其中，城镇居民人均服务性消费支出为7034元，同比增长19.4%，占消费支出的比重达到32.4%，比上年提高3.1个百分点；农村居民人均服务性消费支出为4005元，同比增长25.7%，占消费支出的比重达到28.3%，比上年提高2.7个百分点。从占消费支出的比重看，城镇居民服务消费支出所占比重高于农村居民，达到城镇居民消费支出的三分之一，说明城镇居民注重服务性消费，如外出就餐、外卖、家庭清洁、保姆服务等；但从增长速度看，农村居民服务性消费支出增长比城镇居民快6.3个百分点，说明农村居民对社会服务性需求大。

（执笔人：国家统计局广西调查总队　林家豪　陈娟）

海南居民收支与生活状况报告

2021年,海南省委省政府积极贯彻新发展理念,加快推进自由贸易港建设,统筹疫情防控和社会经济发展,高度重视民生领域建设和居民增收问题,居民收入持续恢复增长,增速创近年新高,实现"十四五"居民增收开门红,居民人均收入水平突破3万元大关,人均消费支出水平首次突破2万元,收支水平均迈上新台阶,城乡居民生活水平显著提升。

一、2021年海南居民收入增速创近年新高,四大项收入全面增长

2021年海南居民人均可支配收入(以下简称收入)为30457元,比上年名义增长9.1%(以下如无特别说明,均指名义增速)。其中:城镇居民收入40213元,比上年增长8.4%;农村居民收入18076元,比上年增长11.0%。

从收入增速看,居民收入增速创近年新高。2021年海南居民收入同比增长9.1%,增速比上年提升4.5个百分点,增速创2018年以来的新高,是"十八大"以来增速第二高的年份(仅次于2017年的9.2%),尤其是农村居民收入增速重返两位数,增速快于全国0.5个百分点。

从城乡差距看,城乡收入相对差距缩小速度快于全国,城乡居民收入比值小于全国。2021年,海南城乡居民收入比值为2.22,比2020年缩小0.06,比值明显低于全国平均水平(2.50)。城乡居民收入相对差距从上年的56.1%下降至55.0%,下降了1.1个百分点,城乡差距缩小程度优于全国(全国从60.9%下降至60.1%,下降0.8个百分点)。

从收入来源看,四大项收入呈全面增长的态势,家庭经营净收入、财产净收入大幅增长,家庭经营净收入增速最快,工资性收入和转移净收入稳中有增。

从收入结构看,工资性收入占比为54.6%,虽较上年下降3.4个百分点,但仍是海南居民收入主体,经营净收入、财产净收入分别提升3.3和1.1个百分点,转移净收入下降1.0个百分点。详见表1。

表1 2021年海南居民人均可支配收入结构及增长额贡献率

指标		本年		上年		比上年±		对可支配收入增加额贡献率
		金额(元)	比重(%)	金额(元)	比重(%)	金额(元)	增幅(%)	
全体居民	可支配收入	30457	100.0	27904	100.0	2553	9.1	100.0
	工资性收入	16624	54.6	16175	58.0	449	2.8	17.6
	经营净收入	6134	20.1	4688	16.8	1447	30.9	56.7
	财产净收入	2614	8.6	2098	7.5	516	24.6	20.2
	转移净收入	5085	16.7	4944	17.7	141	2.9	5.5

续表

指　　标		本年		上年		比上年±		对可支配收入增加额贡献率
		金额（元）	比重（%）	金额（元）	比重（%）	金额（元）	增幅（%）	
城镇居民	可支配收入	40213	100.0	37097	100.0	3116	8.4	100.0
	工资性收入	23777	59.1	23626	63.7	151	0.6	4.8
	经营净收入	5396	13.4	3551	9.6	1844	51.9	59.2
	财产净收入	4470	11.1	3514	9.5	956	27.2	30.7
	转移净收入	6570	16.3	6406	17.3	165	2.6	5.3
农村居民	可支配收入	18076	100.0	16279	100.0	1797	11.0	100.0
	工资性收入	7546	41.7	6753	41.5	794	11.8	44.2
	经营净收入	7072	39.1	6124	37.6	947	15.5	52.7
	财产净收入	259	1.4	307	1.9	−48	−15.7	−2.7
	转移净收入	3199	17.7	3095	19.0	104	3.4	5.8

从增收因素看：

一是就业市场稳定恢复是城乡居民增收的稳定器，但城乡分化明显。随着复工复产的深入推进，就业市场恢复良好，城镇新增就业人数稳步增加，在岗职工工资延续稳步增长态势。今年城乡居民从业时间、务工时长比上年提升明显，基本恢复至正常水平，农村外出务工报酬有所提升，2021 年海南外出农民工人均月收入增长 8.6%，多重因素共同拉动海南居民工资性收入平稳增长，为城乡居民增收提供了重要支撑。

二是家庭经营净收入大幅增长是城乡居民增收的主要驱动力。城镇居民方面，随着国内新冠疫情控制取得显著成效，消费市场的迅速反弹，带动城镇居民家庭非农经营净收入大幅增长，2021 年海南城镇第二、三产业人均非农经营净收入比上年同期增加 1609 元，对城镇居民收入增加额的贡献率达到 51.6%，是城镇居民增收的主要动力。农村居民方面，农村居民家庭经营净收入同比增加 947 元，对农村居民收入增加额的贡献率达到 52.7%，是农村居民增收的第一动力。2021 年海南省委省政府高度重视农民增收工作，聚焦全年农民增收目标，出台《2021 年促进农民增收十二条措施》等文件，加上全年没有遭受夏季汛情、台风等自然灾害，冬季瓜菜、热带水果价格高位运行，尤其是槟榔、橡胶、椰子“三棵树”产业同时发力，有力带动农村居民增收。槟榔价格在 2020 年创新高的基础上再创新高，价格较上年同期上涨 48.9%（数据来源：海南省农业农村厅）；受橡胶价格保险激励和橡胶价格同比提升的影响，胶农割胶积极性大幅增加，农村居民林业经营净收入增速超过 1 倍；全年椰子价格高位运行，对促进农民增收也起到了一定的积极促进作用。

三是转移净收入增长较为平稳，对居民增收起积极作用。如表 1 所示，2021 年海南居民转移净收入保持平稳增长，但是增速放缓，对可支配收入增加额的贡献率为 5.5%，对居民收入增长起到了一定的积极作用。从影响因素来看：离退休人数增加、企事业单位养老金和离退休金标准提高等因素拉动城镇居民养老金和离退休金增长，带动城镇居民转移净收入增长。同时个人所得税改革继续推进，降低了海南居民的转移性支出，2021 年城镇居民个人所得税支出同比下降

7.1%,对提升居民转移净收入的作用十分明显。城乡居民基础养老金有所提升,对居民转移净收入增长也起了一定的促进作用。

四是资产增值和投资回报提升,促进财产净收入快速增长。房价、租金上涨,疫情影响减弱,居民经营状况有所改善,投资经营的分红所得大幅增长是城镇居民转移净收入增长的主要原因。农村居民方面,受农村土地流转租金结算周期影响,财产净收入年度之间经常出现较大幅度的波动,但由于基数较低,对居民收入的影响有限。

二、消费支出迅速反弹,人民生活水平进一步提高

2021年随着收入的持续增加,海南居民人均消费支出呈现较快增长态势,人均消费支出22242元,同比增长17.2%,增速快于收入8.1个百分点。

按常住地分,城镇居民人均消费支出27565元,同比增长17.0%,增速快于收入8.6个百分点;农村居民人均消费支出15487元,同比增长17.6%,增速快于收入6.6个百分点。

按消费类别分,2021年,食品烟酒类消费仍是海南居民最大的支出项目,人均支出8207元,占消费支出的比重(恩格尔系数)为36.9%,居住、交通通信、教育文化娱乐方面的消费支出位居二至四位,人均分别支出5028元、2651元和2444元,占生活消费支出的比重依次为22.6%、11.9%和11.0%。

表2 2021年海南居民生活消费支出表

指标	本年		上年		比上年±	
	金额	比重	金额	比重	金额	增幅(%)
居民人均消费支出	22242	100.0	18972	100.0	3270	17.2
食品烟酒	8207	36.9	7514	39.6	693	9.2
衣着	746	3.4	661	3.5	85	12.9
居住	5028	22.6	4168	22.0	860	20.6
生活用品及服务	1034	4.6	890	4.7	144	16.2
交通通信	2651	11.9	2119	11.2	532	25.1
教育文化娱乐	2444	11.0	1881	9.9	564	30.0
医疗保健	1683	7.6	1407	7.4	276	19.6
其他用品和服务	449	2.0	332	1.8	117	35.1

从近年来的消费结构变化看,海南居民消费结构不断升级。主要表现有:

(一)恩格尔系数持续下降,生存型消费占比明显降低

吃、穿、住等生存型消费占比明显降低。2013—2021年,海南居民吃、穿、住消费支出从7423元增加到13981元,说明人民基本生活保障更充足,生存型消费占比从2013年的66.3%下降至62.9%,下降3.4个百分点。衡量居民生活质量的恩格尔系数(食品支出占消费支出的比重)从2013年的39.9%下降至36.9%,降低3.0个百分点。

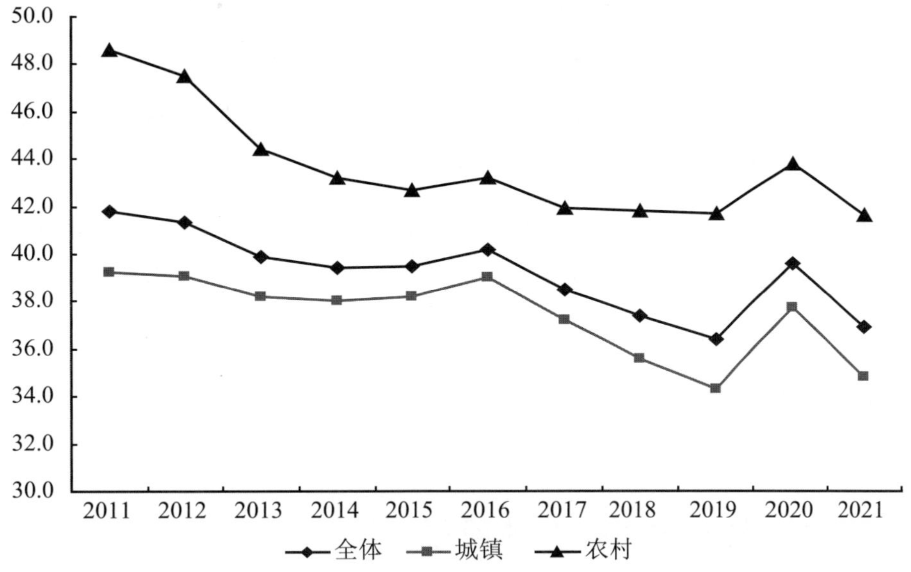

图 1　2011—2021 海南居民恩格尔系数变化图

在食品烟酒支出占比下降的同时，食品消费内部的结构升级也较为显著。从 2013—2021 年各类食品人均消费量看，海南人民由吃得好向吃得更健康转变。大米仍是主食，消费量从 2013 年以来基本稳定，粗粮逐渐走上百姓饭桌，人均薯类消费从 0.51 公斤增加至 0.77 斤，增长 51.0%，油脂类消费倾向于更加健康的植物油，从 6.56 公斤增加到 9.02 公斤，动物油消费则从 1.28 公斤减少至 1.04 公斤。鲜瓜果类增长最为明显，越来越受到百姓青睐，人均消费量从 9.8 公斤增加到 30.7 公斤，翻了 3 倍多。蔬菜类人均消费从 83.3 公斤增加至 105.0 公斤，蛋奶类人均消费从 7.6 公斤增加至 11.5 公斤，分别增长了 26.1%和 51.3%。

（二）消费观念有所改变，服务性占比显著提升

2021 年海南居民人均服务性消费支出 10094 元，比 2013 年增长了 2.4 倍，年均增速达 13.7%，累计增幅远大于消费支出增幅（98.7%）和商品性消费支出增幅（47.2%），其中包括在外饮食的食品烟酒类服务性消费支出增幅达 1.8 倍，年均增速达 13.6%，远高于商品性消费支出（47.2%、5.0%），居民“下馆子”更为普遍，居民的消费模式从购买商品到购买服务升级十分明显。

三、人居环境进一步改善，生活质量进一步提升

近年来，党中央高度重视农村人居环境建设，十九大提出了乡村振兴战略，推动海南人居环境进一步改善，居民的生活质量进一步提升。

人居环境进一步改善，住房面积更加宽敞。2021 年，海南居民人均现住房建筑面积 35.5 平方米，同比增长了 2.7%，居住更加宽敞。调查样本户所居住的村委会和社区全部实现通公路、通电和有线电视信号全覆盖，99.1%的住户住宅外道路路面是水泥或柏油路面等硬质路面，比上年提升 1.6 个百分点；99.3%的住户拥有水冲式厕所，比上年提升 3.1 百分点。

居住环境更安全，生活更加便利。2021 年，居住的社区发生过盗窃或其他刑事案件的户占比

为 16.3%，下降了 1.2 个百分点，96.8%的居民居住的社区饮用水经过集中净化处理，比上年提升了 8.4 个百分点，饮水更加安全。全省居民基本不存在饮水困难问题，93.7%的居民居住的社区（村委会）内有卫生站（室），比上年提高 11.8 个百分点，居住的社区（村委会）上幼儿园和小学便利的居民比例分别达到 94.8%和 98.7%，比上年分别提升 1.0 和 3.5 个百分点。

2021 年海南居民耐用消费品拥有量继续增加，生活质量进一步提升。家庭每百户拥有家用汽车 31.5 辆，比上年增加 2.7 辆，拥有助力车 126.5 辆，增加 25.7 辆；拥有空调、热水器、洗衣机、电冰箱等用于改善居住条件的电器数量也不同程度的增多，百户拥有量分别为 151.2 台、92.6 台、80.3 台和 99.0 台，分别增加 21.0 台、2.4 台、5.9 台和 6.0 台，部分家庭还购置了洗碗机等新兴厨电产品。

四、2021 年居民收支方面存在的问题

2021 年海南城镇和农村居民收入增速均为近五年新高，主要是受上年低基期因素的影响，总体呈现恢复性增长态势。和 2019 年相比，2021 年海南全体、城镇及农村居民收入两年平均增速分别为 6.8%、5.7%和 9.4%，全体和城镇居民收入两年平均增速仍然不及正常年份增速。2021 年海南居民增收主要存在以下几方面问题：

（一）城镇居民增收对政策性增资的依赖性较大，在政策性增资影响弱化的情况下，城镇居民工资性收入增收乏力

今年以来，全省除行政事业单位人员正常晋级增资外，无其他增资政策出台；养老金增长乏力，增长幅度较上年有所降低。尤其是受部分市县上年补发 2019 年绩效奖励工资的影响，今年部分地区财政供养人员工资收入有所减少，在一定程度上拉低城镇居民工资性收入增速，2021 年城镇居民工资性收入增速仅为 0.6%，拉动收入增长 0.4 个百分点。

（二）转移净收入对我省农村居民收入增长拉动力有所减弱

随着脱贫攻坚工作圆满结束，加上 2021 年渔业柴油补贴不能按时发放等特殊因素影响，惠农补贴支出资金有所减少。部分转移支付项目增幅也有所减缓，如 2021 年城乡基础养老金从人均 178 元提升至 183 元，增幅仅为 2.8%。

（三）农村居民增收在一定程度上仍是看天吃饭，抵御市场波动风险的能力有限

如前文所述，今年农产品价格回升带动的第一产业经营回暖。但农产品价格变动具有较大的不确定性，目前海南农产品普遍加工能力弱，丰产不增收的现象时有发生，农民家庭经营在抵御市场风险方面能力较弱，需要整合更多农业产品的生产链条，稳定农产品市场价格，确保农民经营增收的稳定性。

五、做好 2022 年居民增收工作的几点建议

从宏观经济层面看，全省将持续深入推进自由贸易港建设，虽然宏观经济高增长预期给居民收入增长带来乐观预期，但必须注意政策和市场风险等方面给城乡居民增收造成的不确定性。

2022年做好居民增收工作，需从以下几个方面给予关注。

（一）促就业和提薪标双管齐下，提升城镇居民工资性收入

就业是最大的民生，要大力发展实体经济，积极研究、培育和支持新型业态发展模式，提供更多的就业岗位。在招商引资过程中，适度发展符合产业规划的劳动密集型产业，吸收更多的就业人口，提高劳动者参与率和就业面。同时，目前海南职工工资水平整体较低，适度提高工资标准有利于提升居民工资性收入增速。在自由贸易港建设的背景下，规范机关事业单位绩效奖励工资发放过程中，应充分考虑海南工资水平低的实际，研究创新与自贸港建设相适应的薪酬制度，缩小和发达省份工资收入的差距。

（二）加大惠农补贴发放力度，确保农村居民转移净收入平稳增长

各级政府在惠农支出方面，一要优化发放程序，确保补贴资金按时足额发放到农村居民手中，避免资金在账上停留时间过长。二要挖掘存量项目的增长潜力，加大去年未发放的渔业柴油补贴资金落实力度，力争在“存量”不减的基础上有“增量”补充，助力农村居民转移净收入持续平稳增长。

（三）增强农业风险抵御能力，夯实农村居民收入增长基础

从历史数据看，农产品价格的大幅波动在较大程度上影响了海南农村居民持续稳定增收和赶超全国平均水平的步伐。因此，在稳定农民增收的日常工作中，应加大对影响海南农村居民收入的主要农产品价格的关注度，加强市场价格监测和价格走势预判、预警，提前做好应急预案，通过产销衔接等多种途径，最大程度规避农产品价格深度下滑对农村居民收入的不确定影响。同时，积极从影响农业的自然风险、市场风险和政策风险入手，有效利用财政手段和经济手段，加大对农业的资金投入力度，稳定农产品价格，为增强农业风险抵御能力提供良好的经济环境。

（执笔人：国家统计局海南调查总队　廖忠芳）

重庆居民收支与生活状况报告

2021 年，重庆坚决落实党中央决策部署，围绕“十四五”规划提出的“共同富裕要迈出坚实步伐”的目标，扎实做好“六稳”、“六保”工作，疫情防控成果持续巩固，经济发展保持良好态势，居民收入增速回升，城乡差距逐渐缩小，蹄疾步稳奔向共同富裕。同时，重庆以建设国际消费中心城市为契机，全面深化“巴渝新消费”八大行动，促进消费提质扩容，不断挖掘消费潜力，增强消费动力，释放消费活力，城乡居民消费均实现较快增长，消费结构持续升级。

一、党的十八大以来重庆居民收入快速增长

（一）居民收入保持稳步增长

党的十八大以来，重庆居民收入持续呈现稳步增长态势。2021 年，重庆全体居民人均可支配收入 33803 元，较 2011 年增加 20766 元，年均增长 10.0%。其中，城镇居民人均可支配收入 43502 元，较 2011 年增加 24985 元，年均增长 8.9%；农村居民人均可支配收入 18100 元，较 2011 年增加 11495 元，年均增长 10.6%。

与全国平均水平比较，重庆居民收入始终快于全国平均水平，与全国的差距呈现逐渐缩小态势。2021 年，重庆全体、城镇和农村居民人均可支配收入绝对额分别达全国平均水平的 96.2%、91.8%和 95.6%，较 2011 年缩小 6.6、5.3 和 6.3 个百分点。

（二）居民收入增速持续高于全国水平

党的十八大以来，重庆全体居民人均可支配收入累计增长 159.3%，年均增长 10.0%，年均增速较全国平均水平高 0.8 个百分点。扣除物价因素，同期重庆全体居民人均可支配收入年均实际增长 8.0%，高于全国年均实际增速 1.0 个百分点。

分城乡看，城镇居民人均可支配收入年均增长 8.9%，比全国平均增速高 0.6 个百分点，扣除物价因素，年均实际增长 6.9%，高出全国年均实际增速 0.8 个百分点。农村居民人均可支配收入年均增长 10.6%，比全国平均增速高 0.7 个百分点，扣除物价因素，年均实际增长 8.6%，高出全国年均实际增速 1.3 个百分点。

分年度看，党的十八大以来，重庆全体居民人均可支配收入增速最高为 2012 年，增速达 14.5%，最低为 2020 年，主要受疫情影响，增速回落至 6.6%。与全国平均水平相比，2012 年至 2021 年，增速分别高出 1.0、0.1、0.7、0.7、1.2、0.6、0.5、0.7、1.9 和 0.6 个百分点，重庆居民收入增速均快于全国水平。

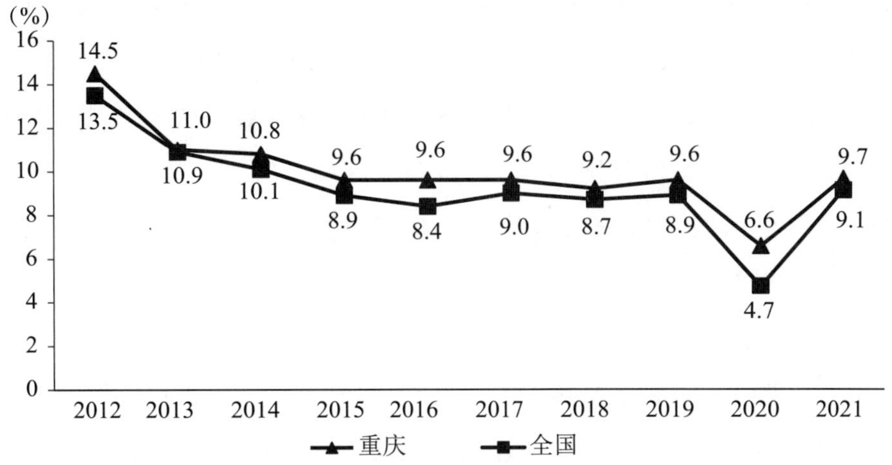

图 1　2012－2021 年重庆与全国全体居民人均可支配收入增速

(三)收入增长与经济增长同步性逐步增强

党的十八大以来,重庆 GDP 年均实际增长 9.2%。2012－2017 年,重庆全体居民人均可支配收入增长不同程度滞后于 GDP 增长。但自 2018 年起,重庆全体居民人均可支配收入实际增速均持续快于 GDP 增速,居民收入与宏观经济发展的同步性逐步增强。

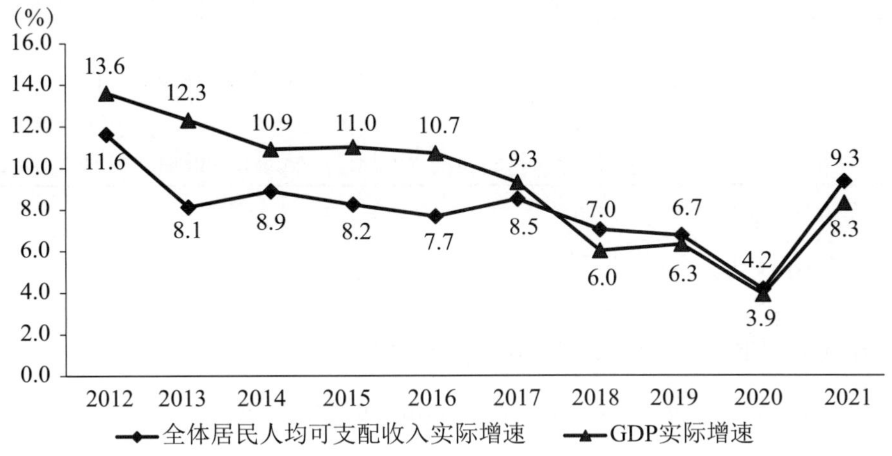

图 2　2012－2021 年重庆居民收入增速与 GDP 增速

(四)城乡居民收入差距持续缩小

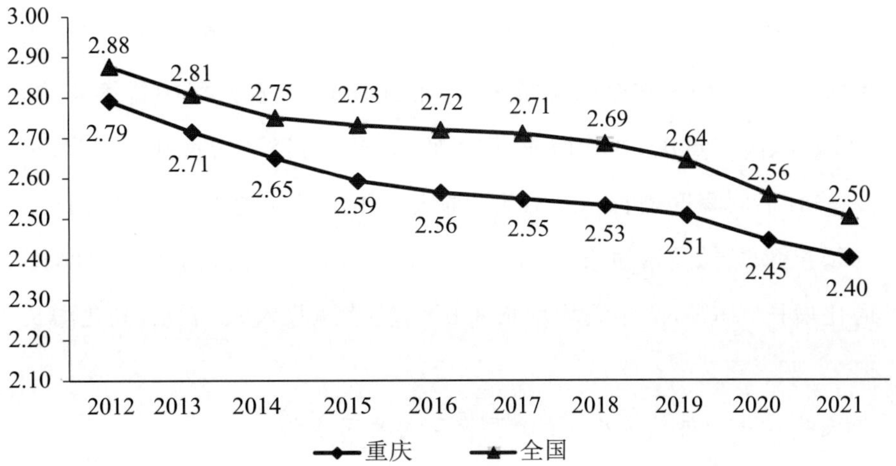

图 3　2012－2021 年重庆与全国城乡居民收入比

党的十八大以来，重庆始终把提高城乡居民收入水平，尤其是农村居民收入水平作为关注民生、改善民生的出发点和落脚点，全面推进乡村振兴，持续巩固拓展脱贫攻坚成果，优化收入分配格局，农村居民人均可支配收入增速持续快于城镇居民，城乡居民收入差距不断缩小。2012—2021 年，重庆城乡居民收入比值分别为 2.79、2.71、2.65、2.59、2.56、2.55、2.53、2.51、2.45 和 2.40，累计下降 0.39；全国城乡居民收入比由 2012 年的 2.88 下降到 2021 年 2.50，累计下降 0.38，相对差距缩小速度与全国基本一致。

（五）居民收入结构不断优化

党的十八大以来，重庆采取积极措施全面激活居民增收活力，丰富居民增收渠道，着力改善居民收入结构取得较好成效。2021 年，重庆全体居民人均工资性收入占比为 53.7%，比 2012 年提升 0.6 个百分点；人均转移净收入占比为 24.3%，比 2012 年提升 0.8 个百分点；人均财产净收入占比为 6.2%，与 2012 年基本持平；人均经营净收入占比为 15.9%，比 2012 年下降 1.2 个百分点。

表 1　2012—2021 年重庆全体居民人均可支配收入构成

单位：%

指　标	2012 年	2013 年	2014 年	2015 年	2016 年	2017 年	2018 年	2019 年	2020 年	2021 年
工资性收入	53.1	53.2	53.9	53.1	52.5	52.2	52.8	53.5	53.6	53.7
经营净收入	17.1	16.6	16.2	16.5	16.7	16.6	16.3	16.2	15.9	15.9
财产净收入	6.2	7.2	6.8	6.8	6.4	6.3	6.3	6.2	6.2	6.2
转移净收入	23.5	23	23	23.6	24.4	24.9	24.6	24.1	24.3	24.3

二、2021 年重庆居民收入稳步增长

（一）2021 年重庆居民收入增速回升，夯实共同富裕基础

2021 年重庆全体居民人均可支配收入 33803 元，同比增长 9.7%，与 2020 年相比，增速提高 3.1 个百分点，比全国高 0.6 个百分点。以 2019 年为基期，两年平均增长 8.1%。重庆居民人均可支配收入增速回升，增速与经济增长基本同步，四项收入均实现不同程度增长，为实现共同富裕奠定坚实基础。

1. 居民人均可支配收入增长与经济增长基本同步。2021 年，重庆全体居民人均可支配收入 33803 元，同比增长 9.7%，增速在全国排第 7 位，在西部 12 个省市区中排第 4 位，扣除物价影响因素，实际增长 9.4%，高于重庆 GDP 增速，居民收入增长与经济增长基本同步。

2. 四项收入均有不同程度增长。2021 年，重庆全体居民人均工资性收入 18138 元，同比增长 9.8%，两年平均增长 8.3%；经营净收入 5358 元，同比增长 9.3%，两年平均增长 6.8%；财产净收入 2090 元，同比增长 9.6%，两年平均增长 8.0%；转移净收入 8217 元，同比增长 9.5%，两年平均增长 8.7%。

（二）城乡居民收入差距持续缩小，蹄疾步稳奔向共同富裕

2021 年重庆城镇居民收入实现恢复性增长，农村居民收入增速快于城镇居民，城乡差距持续

缩小，踔疾步稳奔向共同富裕。

1. 城镇居民收入实现恢复性增长。2021 年重庆城镇居民人均可支配收入 43502 元，比上年增长 8.7%，增速与 2019 年持平，新冠肺炎疫情对城镇居民收入增长的制约力度逐渐减弱。扣除物价影响因素，实际增长 8.4%。以 2019 年为基期，两年平均增长 7.1%。

从收入来源看，城镇居民四大类收入均呈增长态势。得益于营商环境的不断优化和疫情防控形势良好，经营净收入实现较快增长，增长 9.2%；工资性收入增长 8.7%；财产净收入增长 8.6%；转移净收入增长 8.5%。

从收入占比来看，城镇居民工资性收入仍是居民增收的主要组成部分，工资性收入占比高达 58.4%；转移净收入占比为 23.2%；经营净收入占比为 11.3%；财产净收入占比为 7.1%。

表 2　2021 年重庆城镇居民收入结构情况

指　　标	2021 年（元）	2020 年（元）	增加额（元）	同比增幅（%）	两年平均增幅（%）	四大类占比（%）
人均可支配收入	43502	40006	3496	8.7	7.1	100.0
工资性收入	25396	23353	2043	8.7	7.2	58.4
经营净收入	4894	4480	414	9.2	5.9	11.3
财产净收入	3106	2860	245	8.6	6.8	7.1
转移净收入	10107	9313	794	8.5	7.6	23.2

注：部分数据因四舍五入的原因，存在总计与分项合计不等的情况。

2. 农村居民收入增速高于城镇居民。2021 年，重庆农村居民人均可支配收入 18100 元，比上年增长 10.6%，比城镇居民收入增速高 1.9 个百分点，扣除物价影响因素，实际增长 10.3%。以 2019 年为基期，两年平均增长 9.4%。

从收入来源看，农村居民四大类收入实现较快增长。2021 年重庆就业形势稳中有固、稳中向好。受此影响，四项收入中，农村居民工资性收入增幅最高，增幅达 11.3%；转移净收入增长 10.9%；财产净收入增长 9.9%；经营净收入增长 9.8%。

从收入占比来看，工资性收入和经营净收入两项占农村居民可支配收入的比重为 69.0%，为农村居民实现共同富裕发挥了重要作用。具体来看，农村居民的工资性收入、经营净收入、转移净收入和财产净收入占比分别为 35.3%、33.7%、28.5%和 2.5%。

表 3　2021 年重庆农村居民收入结构情况

指　　标	2021 年（元）	2020 年（元）	增加额（元）	同比增幅（%）	两年平均增幅（%）	四大类占比（%）
人均可支配收入	18100	16361	1738	10.6	9.4	100.0
工资性收入	6386	5740	646	11.3	9.6	35.3
经营净收入	6110	5566	544	9.8	8.3	33.7
财产净收入	446	406	40	9.9	10.2	2.5
转移净收入	5157	4649	508	10.9	10.3	28.5

注：部分数据因四舍五入的原因，存在总计与分项合计不等的情况。

3. 城乡居民收入差距持续缩小。2021年，重庆进一步巩固拓展脱贫攻坚成果，全面推进乡村振兴，收入分配格局不断优化，实现城乡居民人均可支配收入比逐年缩小，向着共同富裕目标迈进。2021年，重庆城乡居民收入比值由2020年的2.45缩小至2.40，城乡居民收入相对差距持续多年缩小。

（三）多方发力，为共同富裕保驾护航

1. 经济保持平稳恢复，为居民增收奠定基础。2021年，重庆经济继续保持恢复态势，生产供给稳定恢复，质量效益稳步提升。2021年，全市GDP同比增长8.3%，固定资产投资同比增长6.1%，社会消费品零售总额同比增长18.5%，进出口总值同比增长22.8%，一般公共预算收入同比增长9.1%。经济发展韧性持续显现，为居民增收奠定了坚实基础。

2. 就业形势稳中向好，为居民增收增添动力。2021年，重庆深入实施就业优先政策，就业帮扶精准有效，就业活力持续恢复，就业形势稳中向好。2021年，全市城镇新增就业75.1万人，城镇调查失业率控制在5.5%以内。另据市人力社保局数据显示，2021年，全市转移就业农民工816.2万人，重庆籍高校毕业生年底就业率达到96.5%。

3. 农业生产保持稳定，为居民增收提供支撑。2021年，重庆坚持农业农村优先发展，深入实施乡村振兴，抓实抓细农产品稳产保供，稳住农业基本盘、培育发展新动能，粮食生产稳定发展，蔬菜面积和产量保持双增，生猪生产恢复到正常年份水平，乡村旅游、农产品电商持续发力，农业农村经济稳中有进、持续向好。

4. 惠民政策落实落地，为居民增收提供保障。2021年，重庆坚持以人民为中心的发展思想，扎实推进民生改善，加强各种社会保障，持续上调退休人员基本养老、社会救助标准，及时兑付耕地地力保护补贴、实际种粮农民一次性补贴和农机购置补贴，继续实施种粮大户补贴。

三、城乡居民消费支出共同实现较快增长

（一）全体居民消费支出超过全国平均水平

2021年，重庆全体居民人均消费支出24598元，比全国平均水平高2.1%，同比增加2920元，增长13.5%，增速比上年高9.1个百分点。分城乡来看，城镇居民人均消费支出29850元，比全国平均水平低1.5%，同比增加3385元，增长12.8%，增速比上年高10.2个百分点；农村居民人均消费支出16096元，比全国平均水平高1.1%，同比增加1956元，增长13.8%，增速比上年高6.0个百分点。与2019年相比，全体、城镇、农村居民人均消费支出两年分别平均增长8.8%、7.6%、10.8%，分别比全国平均水平高3.1、3.7、1.5个百分点。

（二）八大类消费均实现较快增长

从分类来看，重庆全体居民八大类消费支出均呈现两位数增长态势。其中，人均教育文化娱乐消费支出增长最快，同比增长22.7%，此外，衣着、其他用品和服务、交通通信消费支出增长态势较好，同比分别增长17.1%、16.7%、15.9%。分城乡来看，城镇居民增长最快的前三类为教育文化娱乐、其他用品和服务、衣着消费支出，同比分别增长22.4%、16.5%、15.5%；农村居民增长

最快的前三类为教育文化娱乐、衣着、交通通信消费支出，同比分别增长 21.4%、20.7%、15.7%。

表 4　2021 年重庆城乡居民人均生活消费支出情况

指　　标	全体		城镇		农村	
	本年(元)	同比(%)	本年(元)	同比(%)	本年(元)	同比(%)
居民人均消费支出	24598	13.5	29850	12.8	16096	13.8
食品烟酒	8154	11.9	9557	10.9	5884	13.5
衣着	1708	17.1	2215	15.5	888	20.7
居住	4490	10.5	5467	10.0	2909	10.6
生活用品及服务	1683	10.9	2125	12.0	965	5.0
交通通信	3050	15.9	3796	15.3	1842	15.7
教育文化娱乐	2601	22.7	3241	22.4	1566	21.4
医疗保健	2326	10.7	2662	8.9	1782	14.2
其他用品和服务	585	16.7	787	16.5	259	13.6

四、城乡居民生活品质持续提升

（一）家庭恩格尔系数有所下降

2021 年，全体居民人均食品烟酒支出占人均消费支出的比重（恩格尔系数）为 33.2%，比上年下降 0.4 个百分点。分城乡来看，城镇、农村居民的恩格尔系数分别为 32.0%、36.6%，分别比上年下降 0.6、0.1 个百分点。

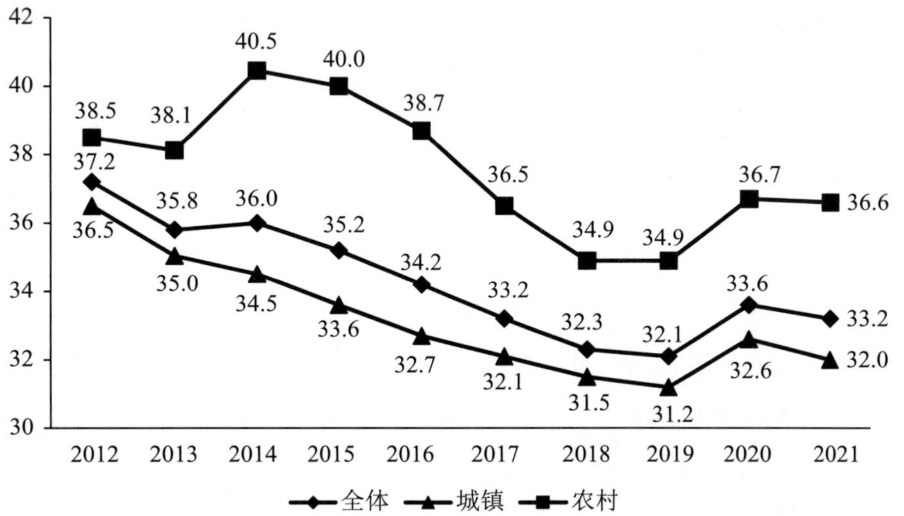

图 4　2012—2021 年重庆城乡居民家庭恩格尔系数变动情况

（二）城乡居民消费结构更加合理

从消费类型来看，全体居民生存型消费比重有所下降，发展型消费比重提高。2021 年，全体居民人均生存型消费支出 14353 元，同比增长 12.1%，占消费支出的比重为 58.4%，比上年下降 0.7 个百分点；人均发展型消费支出 7238 元，同比增长 16.4%，占消费支出的比重为 29.4%，比上年上升 0.7 个百分点；人均享受型消费支出 3007 元，同比增长 13.3%，占消费支出的比重为

12.2%，与上年持平。

从城乡来看，城镇居民人均生存型、发展型、享受型消费支出分别为17239元、8666元、3945元，同比分别增长11.2%、15.6%、13.9%，占消费支出的比重分别为57.8%、29.0%、13.2%。农村居民人均生存型、发展型、享受型消费支出分别为9681元、4926元、1488元，同比分别增长13.2%、17.1%、7.7%，占消费支出的比重分别为60.2%、30.6%、9.2%。

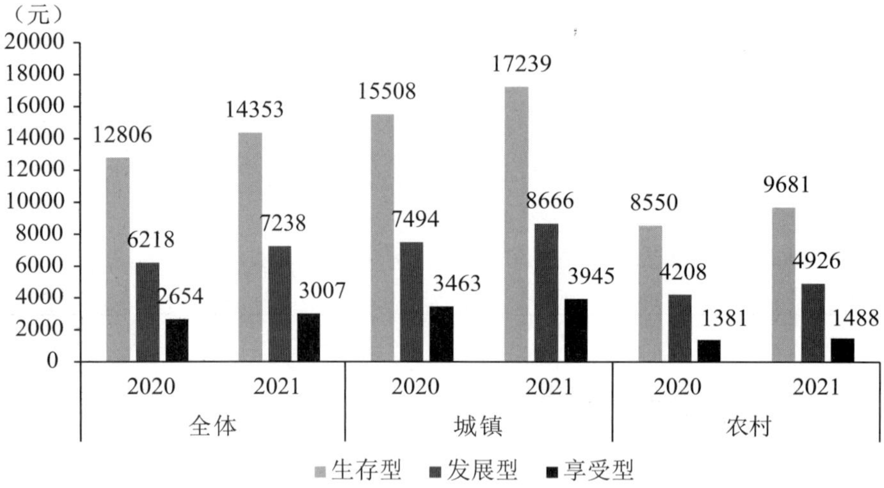

图5　2020—2021年重庆居民分类型消费支出情况

（三）服务性消费支出比重有所提高

2021年，全体居民人均服务性消费支出10046元，同比增长19.8%，占人均消费支出的比重为40.8%，比上年提高2.1个百分点。分城乡看，城镇居民人均服务性消费支出占比42.7%，比上年提高2.8个百分点；农村居民人均服务性消费支出占比35.1%，与上年持平。服务性消费占比提升进一步说明居民消费结构的持续升级。

（四）粮食、蔬菜、肉类等消费量稳步上升

重庆牢牢把握稳住农业基本盘的总要求，突出抓好粮食安全、耕地保护等问题，抓实抓细重要农产品稳产保供，带动全市居民粮食、蔬菜、肉类等消费量稳步上升。一是粮食消费量小幅增长。2021年，全体居民人均粮食消费量为161.0公斤，同比增长7.7%。二是蔬菜、水果消费量稳定增长。2021年，全体居民人均蔬菜及菜制品消费量为147.4公斤，同比增长13.1%；人均干鲜瓜果类消费量为54.9公斤，同比增长18.2%，其中鲜瓜果消费量为49.5公斤，同比增长18.2%。三是肉、蛋、奶消费增长较快。受猪肉价格下降较大的影响，肉类消费量明显增长，禽类消费量增速有所放缓。2021年，全体居民人均肉类消费量为46.9公斤，同比增长32.7%，其中猪肉消费量为39.6公斤，同比增长32.7%；禽类消费量为14.6公斤，同比增长7.5%。此外，全体居民人均水产品消费量为14.9公斤，同比增长18.5%；蛋类及蛋制品消费量为14.2公斤，同比增长19.8%；奶和奶制品消费量为17.5公斤，同比增长24.6%。四是动物油消费量有所下降。2021年，全体居民油脂类消费量为16.2公斤，同比增长6.2%。其中，植物油消费量为14.4公斤，同比增长7.7%，动物油消费量为1.8公斤，同比下降4.2%。

五、城乡居住环境进一步改善

(一)居住条件更加舒适

2021 年，全体居民人均住房建筑面积为 46.1 平方米，比上年提高 1.0 平方米，其中城镇居民人均住房建筑面积为 40.3 平方米，比上年提高 0.7 平方米；农村居民人均住房面积为 55.5 平方米，比上年提高 1.8 平方米。从居住空间样式来看，全体居民住单栋楼房的户比重为 39.1%，比上年提高 2.1 个百分点；住单栋平房的户比重为 9.6%，比上年降低 0.7 个百分点；住单元房的户比重为 50.9%，比上年降低 1.6 个百分点。从主要建筑材料来看，全体居民居住在钢筋混凝土住房的户比重为 48.0%，比上年提高 1.3 个百分点；住砖混材料住房的户比重为 42.4%，比上年提高 0.5 个百分点。

表 5　2021 年重庆及分城乡居民居住条件

指　　标	全体（%）	城镇（%）	农村（%）
人均住房建筑面积(平方米)	46.1	40.3	55.5
居住的空间样式	—	—	—
其中:居住在单栋楼房的户比重	39.1	18.8	70.4
居住在单栋平房的户比重	9.6	1.9	21.6
居住在单元房的户比重	50.9	79.0	7.5
居住在筒子楼或连片平房的户比重	0.2	0.1	0.4
住房的主要建筑材料	—	—	—
其中:居住在钢筋混凝土住房的户比重	48.0	65.9	20.2
居住在砖混材料住房的户比重	42.4	32.1	58.3
居住在砖瓦砖木或竹草土坯住房的户比重	9.6	2.0	21.5

全体居民使用经过净化处理的自来水户比重为 85.5%，比上年提高 2.5 个百分点，其中农村居民户比重为 67.0%，比上年提高 5.7 个百分点。全体居民获取饮用水无困难户比重为 98.8%，比上年提高 0.8 个百分点，其中农村居民户比重为 97.9%，比上年提高 1.5 个百分点。全体居民使用水冲式卫生厕所的户比重为 94.5%，比上年提高 1.5 个百分点，其中农村居民户比重为 87.3%，比上年提高 2.7 个百分点。全体居民有洗澡设施的户比重为 97.0%，比上年提高 2.4 个百分点，其中农村居民户比重为 93.7%，比上年提高 5.3 个百分点。

(二)耐用消费品升级换代

随着居民收入水平的不断提高，消费能力不断增强，全体居民主要耐用品拥有量不断增多，升级换代已成趋势。一是交通工具拥有量不断增加。2021 年，全体居民家庭每百户家用汽车拥有量为 31.8 辆，同比增长 9.9%；每百户摩托车拥有量为 25.0 辆，同比增长 10.6%；每百户助力车拥有量为 17.1 辆，同比增长 5.1%。二是主要家用电器基本普及。2021 年，全体居民家庭每百户洗衣机拥有量为 99.3 台，同比增长 3.5%；每百户电冰箱拥有量为 104.8 台，同比增长 0.8%；

每百户空调拥有量为176.6台,同比增长7.4%;每百户彩色电视机拥有量为121.2台,同比减少2.7%,这与居民逐渐通过移动电话、平板电脑、投影仪等方式看电视有关。三是信息化耐用品升级换代。2021年,全体居民家庭每百户移动电话拥有量为261.7部,同比减少1.2%,其中可接入互联网的移动电话拥有量为217.0部,同比增加2.9%,不可接入互联网的移动电话已逐渐淘汰。每百户计算机拥有量为53.9台,同比增长12.3%,其中可接入互联网的计算机拥有量为50.2台,同比增长17.9%。

表6 2020—2021年重庆全体居民耐用消费品每百户拥有情况

指　　标	单位	2021年	2020年	增加量
家用汽车	辆	31.8	29.0	2.8
摩托车	辆	25.0	22.6	2.4
助力车	辆	17.1	16.3	0.8
洗衣机	台	99.3	95.7	3.6
电冰箱(柜)	台	104.8	104.0	0.8
微波炉	台	50.0	45.5	4.5
彩色电视机	台	121.2	124.6	—3.4
空调	台	176.6	164.5	12.1
热水器	台	96.6	95.2	1.4
移动电话	部	261.7	264.8	—3.1
其中:接入互联网	部	217.0	210.8	6.2
计算机	台	53.9	48.0	5.9
其中:接入互联网	台	50.2	42.6	7.6

六、需要关注的问题及相关建议

(一)收入水平仍存在较大差距

2021年,北京、上海、天津全体居民人均可支配收入分别为75002元、78027元、47449元,重庆全体居民人均可支配收入与之相比,还存在不小差距。特别是与北京、上海相比,居民收入水平的差距更大,还需要长期持续的努力。

(二)当前经济下行压力加大

一是新冠肺炎疫情对经济的影响持续。当前,国际疫情形势仍然不乐观,“外防输入、内防反弹”压力增加,国内疫情多点散发,对经济的扰动可能会继续出现;二是当前经济发展面临需求收缩、供给冲击、预期转弱三重压力,持续考验着重庆经济发展的韧性,城乡居民收入增长也存在较多不确定性,增收压力加大。

(三)农资价格上涨压缩农民增收空间

随着农资原材料价格和企业生产成本上涨,化肥、柴油、种子、饲料等农资价格持续上涨,推动农牧业生产成本加大,一定程度上或弱化惠农政策效果,压缩农民增收空间。

针对以上影响居民增收的困难和问题，建议：一方面，应继续高度重视就业工作，不断拓宽就业渠道，强化就业服务体系，加大就业技能培训，落实落细各项扶持政策，为低收入群体创造更多就业机会。继续加大民生投入力度，为困难群体、重点人群提供更多的社会保障。另一方面，应深入做好巩固拓展脱贫攻坚成果同乡村振兴有效衔接各项工作，构建现代农业产业体系、生产体系、经营体系，实现农村一、二、三产业深度融合发展，持续推进农民增收、农村服务。此外，应高效统筹疫情防控与经济社会发展，促进重庆经济高质量发展，为居民增收奠定坚实基础。

（执笔人：国家统计局重庆调查总队　林忠静　罗剑　林瑶奇）

四川居民收支与生活状况报告

2021年，面对复杂严峻的国际环境和国内省内疫情散发多发等多重挑战，全省上下持续做好“六稳”工作，全面落实“六保”任务，加大保供稳价和助企纾困力度，全省经济运行稳中恢复、稳中求进，民生保障有力，全省城乡居民收入保持恢复性增长，居民消费支出持续改善。

一、居民收入保持恢复性增长

2021年，四川全体居民人均可支配收入29080元，较上年增长9.6%，与2019年相比两年平均[①]增长8.5%。分城乡看，城镇居民人均可支配收入41444元，较上年增长8.3%，两年平均增长7.1%；农村居民人均可支配收入17575元，较上年增长10.3%，两年平均增长9.5%。

表1　2021年四川居民人均可支配收入情况

指　　标	全体居民			城镇居民			农村居民		
	2021年水平（元）	比上年增长（%）	两年平均增速（%）	2021年水平（元）	比上年增长（%）	两年平均增速（%）	2021年水平（元）	比上年增长（%）	两年平均增速（%）
可支配收入	29080	9.6	8.5	41444	8.3	7.1	17575	10.3	9.5
工资性收入	14392	10.4	9.3	23934	9.0	8.1	5514	10.8	8.8
经营净收入	5758	8.9	6.7	4799	10.7	4.5	6651	8.1	8.6
财产净收入	1905	10.8	9.3	3322	8.6	7.2	587	15.0	13.4
转移净收入	7024	8.4	8.2	9389	5.4	5.8	4823	12.5	11.1

（一）收入增幅前高后低，全年增速逐季放缓

2021年，全省城乡居民收入保持恢复性增长，但受下半年散发疫情增多、大宗商品价格波动幅度加大和上年同期基数逐季升高等多重因素影响，全年城乡居民收入增幅均呈现前高后低、逐季放缓的趋势。全体居民可支配收入增幅从一季度的13.8%回落到全年的9.6%。分城乡看，城镇居民可支配收入增幅从一季度的11.5%回落到全年的8.3%，农村居民可支配收入增幅从一季度的16.3%回落到10.3%。

① 两年平均增速是指以2019年相应同期数为基数，采用几何平均的方法计算的增速。

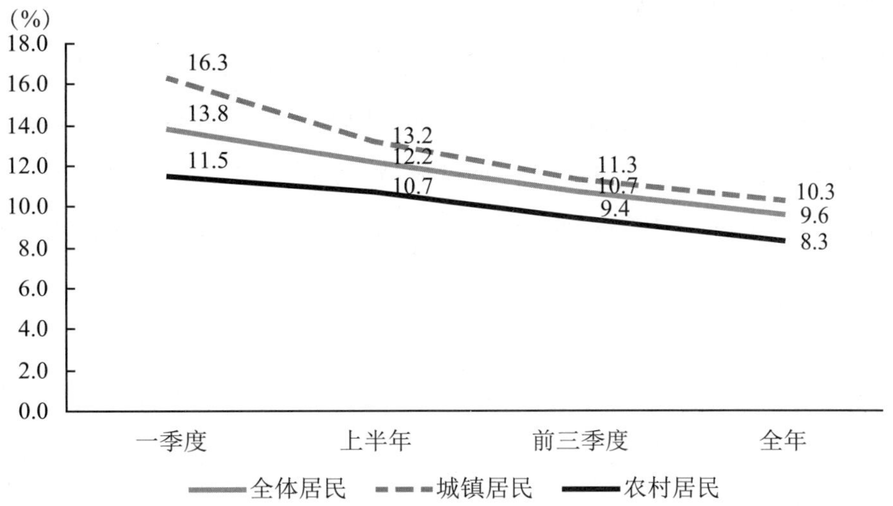

图 1　2021 年全省居民收入增速全年走势

(二)收入增幅农村高于城镇,城乡收入差距持续缩小

从城乡居民人均可支配收入增速看,继续保持了农村快于城镇的态势。全年农村居民人均可支配收入增速高于城镇居民两个百分点,两年平均增速农村高于城镇 2.4 个百分点。城乡居民可支配收入之比为 2.36,比 2020 年下降 0.04,比 2019 年下降 0.1,城乡居民收入相对差距持续缩小。

(三)工资性收入稳定增长,持续发挥“压舱石”作用

2021 年,全省经济持续恢复,就业优先政策持续强化,城乡居民就业形势稳中向好,城镇调查失业率自 2 月份以后总体下降,外出务工农村劳动力月均工资持续增长,居民工资性收入稳定增加。全年全省居民人均工资性收入 14392 元,比上年增长 10.4%,两年平均增长 9.3%,是四大项收入中平均增速最快项。从结构看,工资性收入在全省居民可支配收入中占比达 49.5%,比 2020 年提高 0.5 个百分点,比 2019 年提高 0.7 个百分点,工资性收入对我省居民可支配收入增长的“压舱石”作用持续显现。

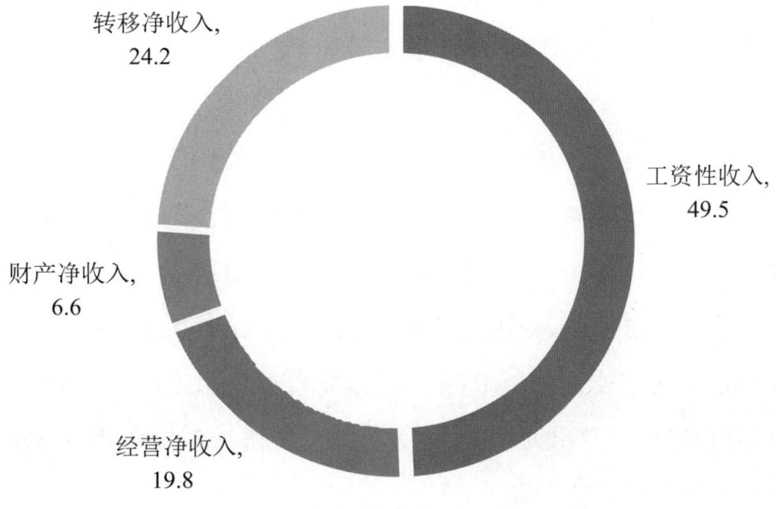

图 2　2021 年全体居民收入结构图(单位:%)

（四）经营净收入两年增长农村明显快于城镇

受2020年低基数影响，2021年城镇居民人均经营净收入增速虽较农村略高一些，但两年平均增速仅4.5%，而农村居民人均经营净收入两年平均增速为8.6%，明显快于城镇。在乡村振兴战略实施、乡村产业发展带动、疫情影响农村小于城镇、“近郊游”“乡村游”逐步成为新旅游热点等多重因素影响下，农村居民人均经营净收入在可支配收入中占比及两年平均增速均好于城镇。

二、居民消费支出稳步回升

随着居民收入水平的不断提升，全省居民消费稳步回升，消费结构持续改善。2021年，四川全体居民人均消费支出21518元，较上年增长8.8%，与2019年相比两年平均增长5.5%。分城乡看，城镇居民人均消费支出26971元，较上年增长7.3%，两年平均增长3.1%；农村居民人均消费支出16444元，较上年增长10.0%，两年平均增长8.2%。

表2 2021年四川居民人均消费支出情况

指标	全体居民			城镇居民			农村居民		
	2021年水平（元）	比上年增长（%）	两年平均增速（%）	2021年水平（元）	比上年增长（%）	两年平均增速（%）	2021年水平（元）	比上年增长（%）	两年平均增速（%）
居民人均消费支出	21518	8.8	5.5	26971	7.3	3.1	16444	10.0	8.2
食品烟酒	7549	7.4	8.0	9246	5.8	5.7	5969	9.0	10.6
衣着	1315	10.5	4.1	1831	9.4	2.9	835	10.9	4.8
居住	4035	4.7	4.8	5158	4.2	4.3	2991	4.3	4.3
生活用品及服务	1388	12.4	7.5	1724	7.8	6.3	1075	18.7	8.2
交通通讯	2807	13.9	4.4	3530	15.6	1.1	2135	10.3	8.7
教育文化娱乐	1892	14.6	2.1	2558	13.5	−2.1	1273	15.0	9.3
医疗保健	2072	8.6	3.5	2281	4.0	−0.3	1877	13.8	7.6
其他用品和服务	459	1.5	0.6	643	−3.8	−2.6	289	12.1	5.8

（一）消费总量位于西部省份前列

四川全体居民人均消费支出居西部12个省（区、市）第3位，其中城镇、农村居民人均消费支出分别居西部省份第1位和第4位。

（二）农村居民消费增长快于城镇居民

随着居民收入持续恢复性增长以及疫情形势不断好转，居民消费需求逐步释放，消费支出持续改善。分城乡看，全年农村居民人均消费支出增幅高出城镇居民2.7个百分点，农村居民消费增长快于城镇居民。从消费结构看，城镇居民八类消费支出由2020年的“五降三增”转为“一降七增”，其他用品和服务类支出较上年仍下降3.8%；农村居民由2020年的“三降五增”全部转为正增长，且除食品烟酒和居住类支出外，其他六大类消费支出全部实现两位数增长。

（三）服务性消费呈恢复性较快增长

2021年四川全体居民人均服务性消费支出8817元，较上年增长12.4%，占居民消费支出比重比上年提高 1.4 个百分点。其中，教育文化娱乐服务、生活用品及服务、医疗保健服务分别增长 18.1%、16.5%、10.4%，说明在做好常态化疫情防控工作的前提下，随着收入的恢复性增长，城乡居民消费观念正在逐步改变，更加注重对生活品质的追求。

（四）交通通信消费增长较快

2021 年，四川全体居民人均交通通信消费支出 2807 元，增长 13.9%，与 2019 年相比，两年平均增长 4.4%。分项看，人均交通类消费支出增长 17.2%，人均通信类消费支出增长 6.2%。分城乡看，城镇居民人均交通消费支出增幅高于农村 10.1 个百分点，而农村居民人均通信消费支出增幅高于城镇 5.2 个百分点，说明在常态化疫情防控下，居民交通通信消费逐步回暖，城镇居民对交通工具的购买能力明显强于农村，而农村居民对智能手机、宽带流量等现代通信产品需求日益旺盛。

（五）"双减"政策对我省居民教育支出影响显著

受义务教育阶段"双减"政策的影响，全省居民教育支出增幅大幅回落。受上年低基数影响，全体居民人均教育支出虽比上年增长 14.6%，但增幅较 2019 年回落 10.5 个百分点，两年平均仅增长 2.1%，其中人均小学教育支出增幅较 2019 年回落 8.6 个百分点，人均中学教育支出增幅回落 7.2 个百分点。

三、消费不断提质升级

（一）消费结构持续优化

一是发展型、享受型消费占比持续提升。2021 年，医疗保健类、交通通信类、居住类和教育文化娱乐类等发展型、享受型消费支出合计占比为 50.2%，较 2012 年提升了 5.6 个百分点；居民恩格尔系数呈稳步下降趋势，由 2012 年的 38.3 下降至 2021 年的 35.1%，期间于 2019 年达到 33.4%的低点，后因近年猪肉价格大幅上涨带动食品支出明显增加而有所回升。二是服务性消费占比稳步提升。随着消费水平不断提升，居民更愿意在服务性消费方面支出更多，近年来，虽因新冠疫情对服务性消费产生更多影响，但居民服务性消费支出占比仍持续维持在 40%左右，且随着消费逐步恢复较之商品性消费增长更为显著。三是生活消费分项支出呈现差异化增长。居民人均医疗保健类消费支出由 2012 年的 680 元提升至 2021 年的 2072 元，年均增速为 13.2%，为生活消费支出增长最快项；其次是交通通信、居住类、其他用品及服务类和教育文化娱乐类，年均增速分别为 11.7%、9.4%、8.9%和 8.5%，均实现了消费支出额的翻番增长；生活用品类和衣着类增速相对较缓，年均增速分别为 7.8%和 6.1%。

（二）食品消费更加注重营养健康

伴随着生活水平的稳步提升和食品供应品类的日益丰富，四川居民食品结构更趋优化，食品消费更加注重营养健康。近年来，四川居民人均食品消费支出由 2012 年的 3802 元提升至 2021 年的 7549 元。对比 2012 年和 2021 年的居民食品消费量数据可以发现，四川居民的粮食、油脂类和蔬菜类消费量均有所减少，减少幅度分别为 9.4%、9.1%和 10.2%；而肉类、禽类消费量则稳步提升，分别累计增长22.8%和26.3%，其中牛、羊肉消费明显增长，对猪肉消费形成一定程度的替代；水产品和干鲜瓜果等消费量则随着农业产业化发展取得显著成效，市场供给量持续扩大而增长迅猛，分别增长56.6%和61.4%；蛋制品、奶制品也逐步进入居民日常消费，进一步扩展了居民食品多样性和营养渠道；此外，健康食品观念推动下，绿色有机食品正成为居民食品消费新追求。

（二）基础设施逐步完善

2021年四川居民家庭管道供水入户率、主要饮用水来源为经过净化处理的自来水的户占比分别达到92.9%、68.4%，分别较2012年提高39.9和16.7个百分点；分城乡看，城镇分别达到98.7%、91.7%，分别提高了个2.9和18.5百分点；农村分别达到87.5%、46.6%，分别提高了68.2、22.5个百分点。同时，2021年四川农村住户主要炊用能源为天然气、煤气、液化石油气、电的户数占比达66.4%，较2012年提高44.7个百分点。此外，2021年四川全体、城镇、农村居民家庭每百户拥有接入互联网的计算机数量分别为28.9、45.7、13.3台，较2012年各增长31.4%、26.2%、82.1%；每百户拥有接入互联网的移动电话数量分别为228.7、240.7、217.5部，分别较2012年增长199.7%、162.2%、234.6%。充分反映出四川城乡饮水、能源、通信等配套基础设施进一步完善，居民生活环境显著改善。

（三）居住条件持续提升

十八大以来，随着“棚改”“旧改”“厕所革命”“十分钟生活圈”等政策措施的推进，城乡居民住房面积扩大的同时，居住条件明显提升，城镇居民家庭纷纷搬入设施、功能齐全的楼房，小区和物业、环境绿化、室内外配套也日臻完善。2021年四川居民人均自有住房面积为41.1平方米，比2012年末增加1.4平方米，增长3.5%。分城乡看，城镇居民人均35.6平方米，增加1.0平方米，增长2.8%；农村居民人均46.3平方米，增加5.1平方米，增长12.3 %。同时，2021年四川农村家庭年末住房结构为钢筋混凝土和砖混结构的占比各为74.2%，较2012年提高21.6个百分点，也进一步反映出四川农村居民居住条件明显改善。

（四）耐用品消费稳中有升

2021年末四川全体居民、城镇常住居民、农村常住居民

每百户拥有家用汽车数量分别为29.4辆、41.5辆、18.1辆，分别较2012年增长162.5%、164.3%、86.6%。2021年末城镇居民家庭拥有各类普通家电的数量已达到较高水平，洗衣机、电冰箱、电视机、空调拥有率均在100%以上，此外城镇居民家庭每百户还拥有吸尘器8.6台、健身器材5.9台、空气净化器5.5台、洗碗机1.9台。农村居民家庭耐用消费品升级换代的趋势更为明显，2021年每百户拥有电冰箱、洗衣机、热水器、空调、计算机、移动电话机数量分别为107.2台、97.5台、86.9台、78.2台、15.5台、266.0部，分别较2012年增长50.1%、33.0%、168.2%、466.7%、55.0%、49.5%。这表明农村在水、电等基础设施完善、国家智能移动终端技术升级和互联网产业的迅速发展推动下，四川农村居民对空调、洗衣机、冰箱以及计算机、移动电话等产品需求不断增大，近几年通信网络的多次提速降费措施也助推农村居民信息消费品大幅提高和普及。

四、2021 年全省居民收入增长因素分析

（一）全省经济回升态势巩固

2021 年，面对国内外风险挑战增多的复杂局面，全省上下统筹调控疫情防控和经济社会运行工作，经济社会发展成效继续显现，保供稳价情况较好，经济发展韧性增强，回升态势继续巩固，为全省居民增收创造了有利条件。

（二）农业生产稳定增产形势良好

全省农业经济工作以省委经济工作会议和省委 1 号文件精神为指导，围绕全年发展目标，着力稳步提高粮食产量、保障生猪等“菜篮子”产品供应，取得了良好成效，粮食和主要经济作物均实现增产增收。

（三）多重因素带动工资收入增长

一是就业形势稳定。2021 年四川全力做好保居民就业工作，安排资金 39.1 亿元支持重点群体就业创业，实施以工代训，重点帮助中小微企业以训稳岗，组织实施各类职业技能培训 183.2 万人次，拨付补贴资金 18.8 亿元，截至 11 月底，全省城镇新增就业人数达到 98.17 万人。二是工资补偿性上涨。2020 年受疫情影响，多数企业未上调工资，2021 年企业在产销两旺情况下普遍上调职工工资。从调查的全省 99 家企业情况来看，截至 11 月有 86 家企业上调职工工资，平均上调幅度为 10.0%。三是高新产业带动。近年来四川积极培育经济发展新动能，推动产业链创新链深度融合，吸引大批新产业、新业态企业落户四川，推动全省企业职工工资水平不断走高。

（四）旅游市场积极恢复

2021 年，随着全国疫情形势平稳可控，旅游者信心不断恢复，四川作为全国旅游资源大省，旅游消费市场快速增长。“五一”假期全省共接待游客 5658.3 万人次，实现旅游收入 388.3 亿元，同比分别增长 167.2%和 236.4%；“十一”黄金周期间接待游客数量 6782 万人次，实现旅游综合收入 509 亿元，全省 702 家 A 级旅游景区接待人次和门票收入分别恢复至 2019 年同期的 75.6%和 95.0%。随着旅游人数的恢复性增长，景区商户收入普遍增长。

（五）消费市场显现较强韧劲发挥双向带动作用

2021 年全省疫情多点散发，为四川消费市场带来一定冲击，但得益于全省疫情防控有力，消费市场经受住疫情考研，基本面持续向好，显示较强韧劲，并为全省居民收入和消费支出起到双向带动作用。

五、当前需重点关注的问题

（一）经济社会发展面临压力收入增长不确定性增加

2022 年我国经济发展将面临需求收缩、供给冲击、预期转弱三重压力，疫情冲击下外部环境更加复杂严峻，全球通胀和供应链紧张的影响持续存在、国际环境更加复杂多变、出口势头或因各国经济复苏有所减弱，这为我省经济增长和居民收入增长带来更多不确定性。

（二）疫情影响下居民收入预期下降并影响消费意愿

当前，全国包括我省疫情形势总体处于平稳可控状态，但各地散发多发态势仍对普通百姓收入预期带来影响。行业前景不明、企业经营不稳对从业人员的收入预期造成严重影响，并进一步影响到消费信心。如成都兴三和汽车服务有限公司反映，由于2021年成都两次散发疫情影响，到店客流量同比下降50%左右。

（三）疫情期间惠民助企的各项政策红利逐步减弱

2020年疫情以来，我省先后出台了各项惠民助企的政策，如发放市民消费券、为企业减免税赋、发放稳岗补贴、为中小微企业减免租金等，对稳定经济和带动城乡居民收入增长带来实实在在的好处。但是，当新冠疫情从“遭遇战”转变为“持久战”，各项惠民助企政策力度正逐步减弱，并且随着疫情继续，各级政府抗疫成本将还会增加，地方财政进一步吃紧，惠民助企的政策红利还将减弱。

（四）惠农政策对农村居民增收的拉动作用逐渐减弱

近年来，脱贫攻坚力度不断加大，惠农资金对拉动农村居民增收作用凸显，但随着消除绝对贫困、全面建成小康社会，政策性惠农资金投入力度难免减弱。同时从脱贫攻坚到乡村振兴，政策关注的对象由个人（贫困户）向群体（农民、农村）转变，惠农资金带动农民收入增长的作用期变长，并且由于各项补贴标准更加稳定，补贴范围更加精准，随着财政投入边际效益递减，对农民收入增长尤其是转移性收入增长的拉动作用逐渐减弱。加之受经济转型、新冠疫情等多方面因素的影响，财政收入增速放缓，依靠增加政策性补贴来拉动农民收入增长的能力受限。

六、相关建议

（一）加快高质量发展，扩大就业容量

以成渝地区双城经济圈建设、成都都市圈建设、成德眉资同城化建设为契机，积极打造具有竞争优势的高技术制造基地，加大产业结构调整，不断激发发展活力和内生动力，扩大就业容量，提升就业质量。持续加大政策扶持力度，稳定我省中小微企业等市场主体，扩大就业面；积极开发公益性岗位，帮助农村就业困难群体解决就业问题。

（二）围绕推进乡村振兴，促进产业协调发展

深入做好巩固拓展脱贫攻坚成果同乡村振兴有效衔接各项工作，构建现代农业产业体系、生产体系、经营体系，实现农村一二三产业深度融合发展，持续推进农民增收、农村富裕。加强价格管控，抑制农资和饲料价格涨幅过快的势头。在搞好疫情防控的前提下，防止层层加码，保证供应链运转正常，物资供应充足，支持乡村旅游有序发展，尽可能减少对居民生产生活的影响。

（三）稳定市场主体，释放市场活力

打好政策“组合拳”，财税金融共同发力助力企业纾困解难，侧重结构性减税，突出“精准滴灌”和有效性；深入推进创新驱动发展，强化企业创新主体地位，降低创新创业风险。全面落实稳增长政策，搭建产业链共需对接和线上市场推广平台，鼓励龙头企业带动更多小微企业融入供

应链。

(四)顺应消费发展趋势,持续激发消费潜力

坚持在疫情防控常态化条件下稳定和扩大消费,大力推进线上线下深度融合;联动各类平台企业、线上线下服务商等,以发放“线上消费券”等方式,积极开展形式多样地促消活动,为线上消费经济快速“充血”,持续激发消费内生动力有效释放。紧盯疫情常态化下消费变化新热点,培育消费新业态、新模式、新导向。如发放消费券,开展新一轮新能源汽车、绿色家电下乡和以旧换新;推动家政及养老服务等消费活动,进一步挖掘居民新兴消费潜力。

(执笔人:国家统计局四川调查总队 刘梦龙)

贵州居民收支与生活状况报告

“天无三日晴、地无三分平、人无三分银”这是曾经“天下最贫苦之地”贵州的真实写照，贫穷是贵州人延续了几千年的标签。如今，夜郎梦成，“璇霄丹阙”人间来，贵州人千百年来撕掉绝对贫困的梦想已经实现。2010—2021年十一年间，贵州人民牢记嘱托、感恩奋进，抢抓机遇主动作为，强力破解瓶颈，坚持以脱贫攻坚统揽经济社会发展全局，牢牢守好发展和生态两条底线，打好三大攻坚战，实施三大战略行动，建设三大国家级试验区，经济社会发展各项事业大踏步前进，脱贫攻坚取得全面胜利，综合经济实力大幅提升。十一年间，贵州居民的“钱袋子”更加殷实了，“菜篮子”更加丰盛了，“衣柜子”更加时尚了，“身子骨”更加硬朗了，“房子”更加宽敞了，“车子”更加高档了，“路子”更加宽阔了，“知识”更加渊博了。

一、收入篇

贵州居民“钱袋子”更加殷实，2013年城镇居民收入首破2万元，2016年农村居民收入相比2010年实现翻番，2017年城镇居民收入相比2010年实现翻番，2018年城镇居民收入突破3万元，2019年农村居民收入首破万元大关……这一个个数字记录了贵州人的收入在不断提高，记录了贵州人牢记嘱托，感恩奋进的奋斗历程。十年间，收入结构不断优化，产业革命持续发力，贵州居民正在党指引的正确方向阔步迈向“共同富裕”。城镇居民可支配收入从2010年的14073元，增加到39211元，增长1.8倍。农村居民可支配收入从3768元，增加到12856元，增长2.4倍。农村居民可支配收入增长显著高于城镇，城乡发展更加均衡化。

城乡居民人均可支配收入来源更加广泛。城镇居民工资性收入占比从64%，降低到57%；经营净收入占比从8%，增长到17%；财产净收入从1%，增长到9%；转移净收入从27%，下降到17%。农村居民工资性收入占比从38%，上升到42%；经营净收入占比从49%，下降到30%；财产净收入占比从3%，下降到1%；转移净收入占比从10%，上升到27%。

(一)就业质量不断提高，工资性收入持续增长

劳者有其得。十一年间，贵州省始终将“百姓乐业”作为经济发展的目的，贯彻落实习近平总书记有关就业工作的重要论述，围绕“六稳”“六保”工作目标，严格执行《中华人民共和国就业促进法》《贵州省就业促进条例》，先后出台多项就业政策，同时围绕打赢脱贫攻坚战，“三变”改革，建立完善股权合作、资金整合、产业带动等机制，大力推广“龙头企业＋合作社＋农户”组织方式。有力推动了城乡居民工资性收入持续增长。“十二五”期间，城镇新增就业267万人，“3个15万元”政策带动4445.2万人。“十三五”期间，城镇新增就业370万人。城镇居民工资性收入从8950元，增加到22490元，增长1.5倍。农村居民工资性收入从1415元，增加到5329元，增长

2.8倍。经济发展为越来越多的贵州居民提供了稳定的就业机会，带来了稳定的收入。

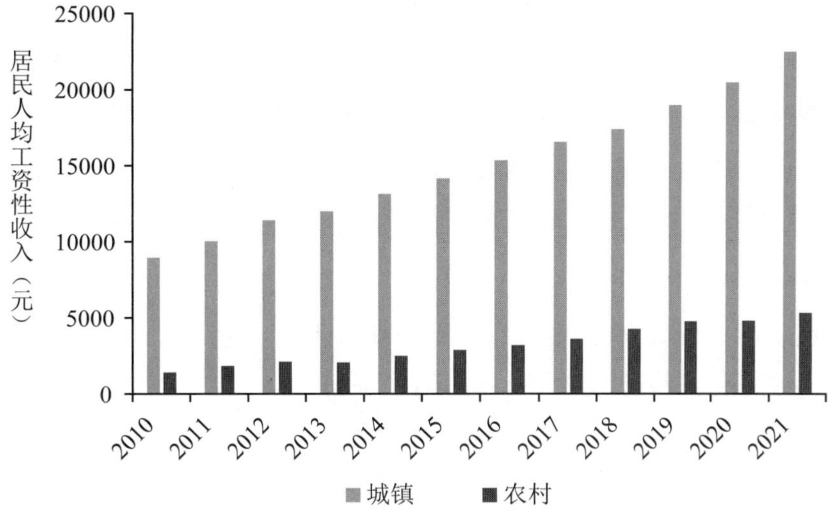

图1　2010—2021年城乡居民工资性收入

（二）创业创新环境向好，经营净收入较快增长

百贾交会，万商云集。十一年间，贵州狠抓重点发展平台建设和结构优化，转型升级综合经济实力大幅跃升。2021年全省地区生产总值达到1.96万亿元。“十二五”时期，贵州实施“5个100工程”，实施工业“百千万”工程，新增规模以上企业1889户，规模以上工业增加值年均增长14.3%，形成6个千亿级产业，民营经济年均增长23.7%。“十三五”时期，振兴发展十大工业产业，实施“双千工程”，改造项目7863个、引进优强企业4333家，省属国有企业加快战略性重组，规模以上工业增加值年均增长8.6%；深入推进国家大数据综合试验区建设，实施“百企引领”“万企融合”行动。深入推进农村产业革命，12个农业特色优势产业加快发展，农业增加值增速位居全国前列。十一年间，城镇居民经营净收入从1091元，增加到2021年的6755元，增长5.2倍。农村居民经营净收入从1852元，增加到3912元，增长1.1倍。

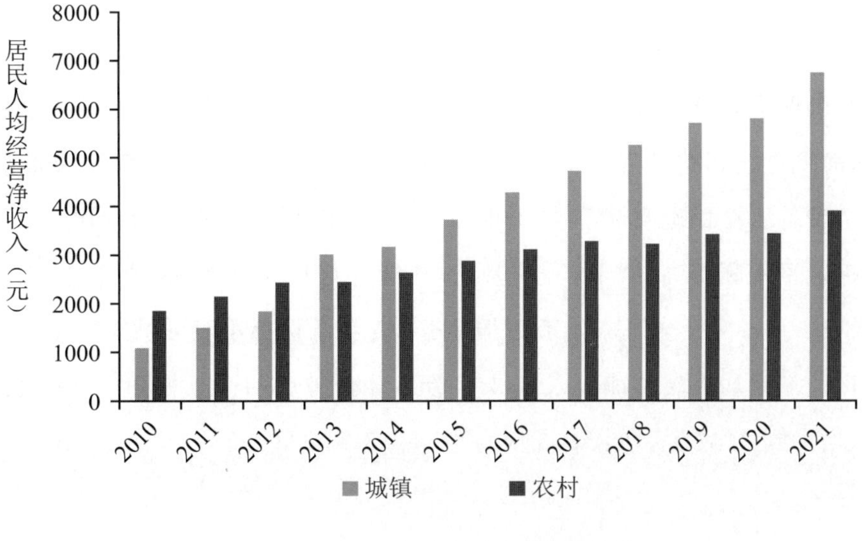

图2　2010—2021年贵州城乡居民经营收入

（三）个人财富快速积累，财产净收入显著提高

国富民丰。2011 年至 2013 年，贵州省银行业金融机构资产、存款余额、贷款余额先后突破万亿元大关，成功实现万亿"三级跳"。2012 年，"引银入黔"战略被升级为"引金入黔"，鼓励国内外金融机构来贵州设立总部、分支机构以及后台服务机构。贵州历史上第一个金融业专项五年规划——《贵州省"十二五"金融业发展规划》制定出台。"引金入黔"扩大了金融资源和产品服务供给的总体规模，大大增强了企业和居民个人获得金融资源和服务的机会。企业和居民在金融机构、金融产品、投资方式和投资组合方面具有更多元化的选择自由。这极大降低了贵州居民获得金融帮助的门槛。十一年间，贵州城镇居民财产性净收入从 199 元，增加到 3252 元，增长 15.3 倍。居民的财产收入在可支配收入中正扮演着越来越重要的角色。

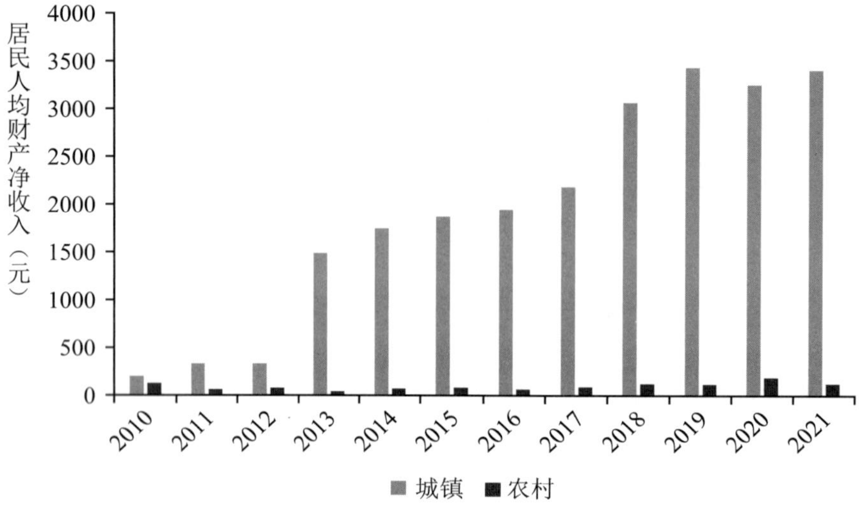

图 3　2010—2021 年贵州城乡居民财产净收入

（四）社会保障体系逐步完善，转移净收入稳步提升

贵州千方百计保障改善民生，社会事业全面发展。"十二五"时期，民生实事完成投资 2897.7 亿元。完成教育"9＋3"计划，启动基本普及 15 年教育，19 个县市区实现义务教育发展基本均衡，中职"百校大战"基本完成，花溪大学城、清镇职教城和贵州大学新校区一、二期工程基本建成，走出穷省办大教育的图强之路。医疗卫生服务体系逐步完善，基层群众就医条件不断改善。文化事业蓬勃发展，海龙屯土司遗址列入世界文化遗产目录，建成省博物馆新馆和贵阳孔学堂，实现县城数字影院全覆盖。全民健身和竞技体育协调发展，恢复举办省运会。城乡低保、基本医疗、基本养老等保障水平不断提高。"十三五"时期，持续办好民生实事，民生重点支出累计达到 1.8 万亿元，年均增长 8.5%。社会保障体系更加完善，城乡低保标准稳步提高。民生福祉的大幅增进，十一年间，贵州城镇居民转移净收入从 3833 元，增加到 6561 元，增长 71%。农村居民转移净收入从 374 元，增加到 3187 元，增长 8.3 倍。

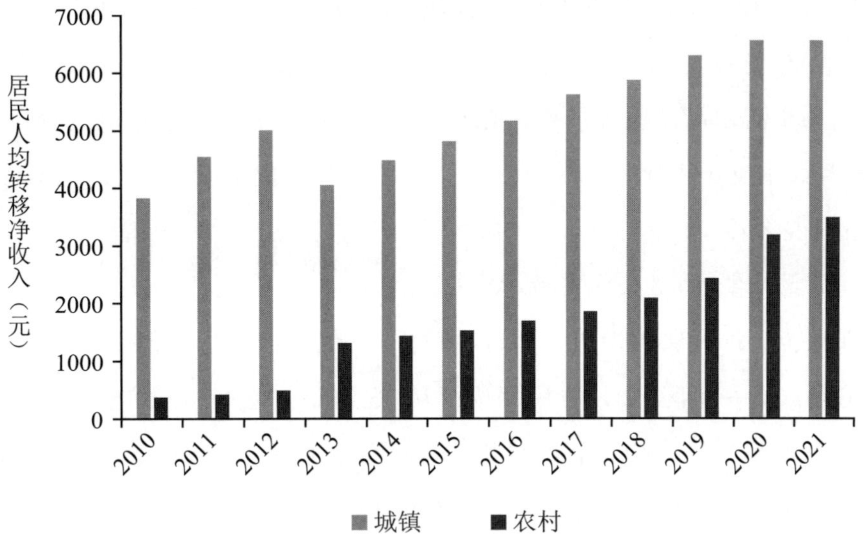

图 4　2010—2021 年城乡居民转移净收入

二、居民生活

随着“钱袋子”殷实起来了，贵州居民的“菜篮子”更加丰盛了，“衣柜子”更加时尚了，“身子骨”更加硬朗了，“房子”更加宽敞了，“车子”更加高档了，“路子”更加宽阔了，“知识”更加渊博了。

贵州城镇居民人均消费从 10106 元，增加到 25333 元，增长 1.5 倍；农村居民人均消费从 3184 元，增加到 12672 元，增长 3.0 倍。

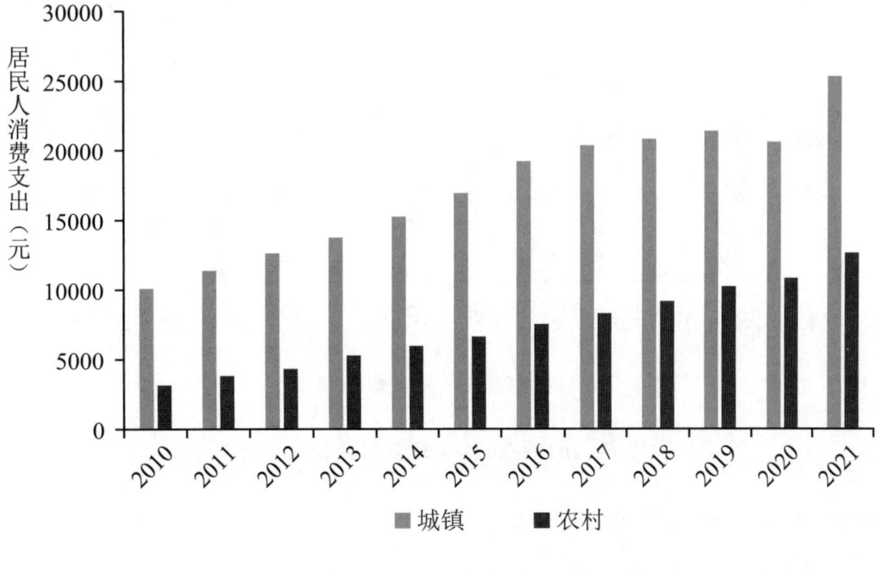

图 5　2010—2021 年贵州城乡居民消费

十一年间，城乡居民的消费结构发生了巨大的变化，消费结构更加合理。生存型消费占比逐年降低，享受型消费占比逐年升高。相比 2010 年，2021 年城镇居民食品消费占比从 40%，下降至 31%；衣着消费占比从 11%，下降至 7%；居住消费占比从 9%，上升至 18%；生活用品及服务消费占比从 7%，下降至 6%；交通通信消费从 13%，上升到 15%；文化教育娱乐支出从 12%，上升至

13%；医疗保健消费占比从5%，上升至8%；其他商品与服务占比从3%，下降至2%。

农村居民食品消费占比从46%，下降至31%；衣着消费占比保持不变；居住消费占比从22%，下降至21%；生活用品及服务消费占比从5%，上升至6%；交通通信消费占比从8%，上升至15%；文化教育娱乐支出占比从6%，上升至12%；医疗保健消费占比从6%，上升至7%；其他商品与服务占比保持不变。

（一）“菜篮子”更加丰盛，居民吃得放心

对于辣椒都有若干种做法的贵州人而言，食物不仅仅是色香味形俱全那么简单，而是对美好生活的向往和追求。十一年间，贵州居民完成了从“吃饱”到“吃好”，从“吃好”到“吃健康”的华丽转变。2021年贵州城镇居民人均食品消费从4033元，增加到7765元，比2010年增长93%；农村居民人均食品消费从1473元，增长到3934元，增长1.7倍。

食品消费提高的同时食品的消费结构也发生了显著的变化。城镇居民更加关注饮食均衡和身体健康，2021年水产品消费150元，比2010年增长85%，年均增长5.8%；奶类及制品消费330元，增长1.1倍，年均增长7.1%。农村居民饮食品种的更加多样化，2021年粮食人均消费127公斤，比2010年下降11.0%；食用油人均消费6.5公斤，比2010年增长1.2倍；蛋类及蛋制品人均消费4.2公斤，比2010年增长1.3倍；瓜果消费33.3公斤，比2010年增长2.7倍。

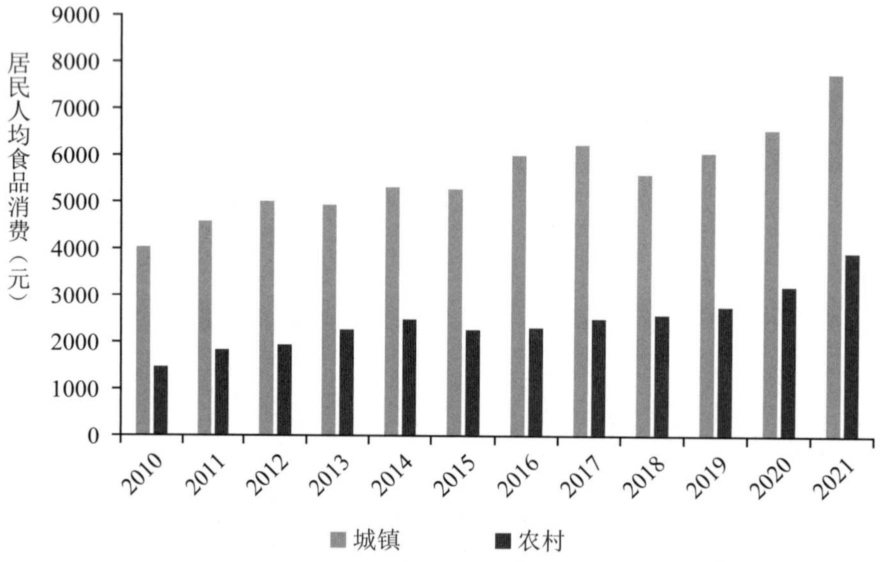

图6　2010—2021年城乡居民食品消费

（二）“衣柜子”更加时尚，居民穿得舒心

贵州是少数民族大省，服饰的意义不仅仅是御寒保暖，更承载着贵州人的文化与家乡情怀，它融入了贵州人生活的点点滴滴。苗族姑娘们穿戴着银角、银冠、银项圈和压领、银手镯成为贵州少数民族一道亮丽的风景，独特的蜡染技艺赋予了贵州少数民族服装不同的韵味。服饰是“多彩贵州”中最具贵州特色的那一抹鲜艳的色彩。十一年间，城镇居民衣着消费从1108元，增长到1827元，增长65%。农村居民衣着消费从153元，增长到685元，增长3.5倍。

（三）"房子"更加宽敞舒适，居民住得安心

房子对中国人而言有着特殊的意义，它不仅是容身之所，更是家的象征。黄金十年贵州千方百计保障改善民生，"十二五"实施城镇保障性安居工程154万套（户），改造农村危房192万户，"十三五"易地扶贫搬迁192万人，极大地提高了城乡居民的居住条件。高层住宅、花园洋房、封闭管理的独立小区，越来越多的住宅形式如雨后春笋般涌现。随着"钱袋子"鼓起来了，贵州人在追求宽敞的同时，还讲究住得舒服、住得开心，住房追求也越来越多元化，不仅要"楼上楼下电灯电话"，更要"电视冰箱热水器WIFI"……无论你向往诗情画意的田园生活，还是追求智能便利的现代生活，在如今的贵州你都能找到心安之所。城镇居民人均居住支出从895元，增长到4490元，增长5.0倍。农村居民人均居住支出从694元，增长到2724元，增长2.9倍。城镇居民人均住房居住面积从27.42平方米，增长到42.02平方米，增长53%。农村居民人均住房面积从27.26平方米，增长到49.83平方米，增长80%。

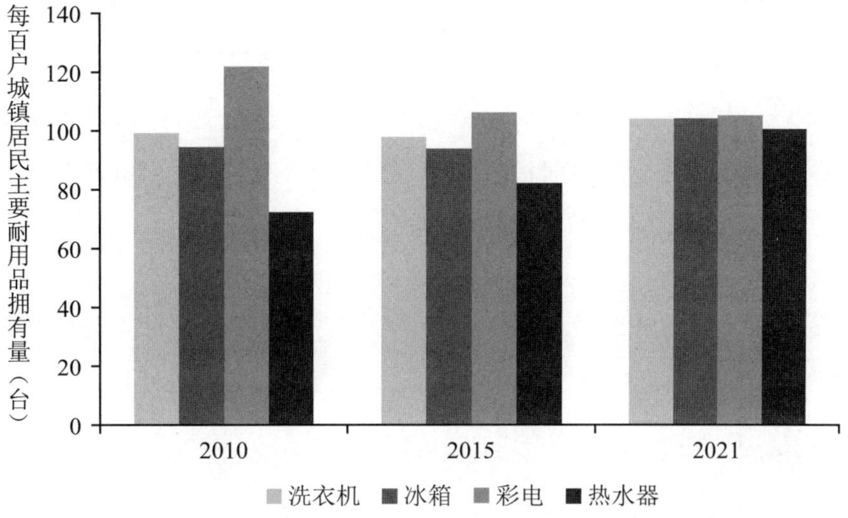

图7　2010—2021年城镇居民主要耐用品每百户拥有量

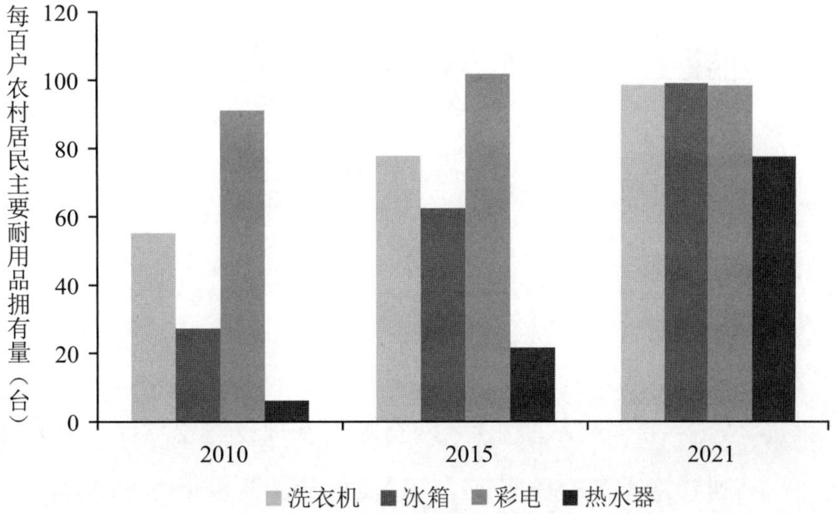

图8　2010—2021年农村居民主要耐用品每百户拥有量

家用电器的普及率在十一年间有了极大的提高，生活用品及服务，2021 年城镇居民消费 1591 元，比 2010 年增长 1.4 倍。农村居民消费 749，比 2010 年增长 4 倍。洗衣机、彩电、冰箱、热水器已经进入寻常百姓家。2021 年城镇居民每百户家庭拥有洗衣机 104.1 台，比 2010 年增加 4.9 台；冰箱 104.2 台，比 2010 年增加 9.8 台；彩电 107.9 台，比 2010 年减少 16.7 台；热水器 100.6 台，比 2010 年增加 28.2 台，洗衣机、冰箱、彩电、热水器的普及率基本达到 100%。2021 年每百户农村居民拥有洗衣机 98.5 台、冰箱 99.0 台、彩电 98.4 台、热水器 77.6 台，相比 2010 年分别增加 43.3 台、71.8 台、7.3 台、71.4 台。

（四）"身子骨"更加硬朗，居民活得宽心

贵州曾为"天下最贫苦之地"，贵州人明白健康的重要性，贵州人需要强健的体魄"闯新路、开新局、抢新机、出新绩"。伴随着经济的腾飞，人民收入的提高，贵州居民越来越重视自身的健康，连续十年医疗保障覆盖率不断扩大，地区医疗保障水平不断提高，率先建成四级远程医疗服务体系和覆盖全省的山地紧急医学救援体系，三甲医院增至 35 家，乡镇卫生院、中医馆和行政村卫生室标准化建设实现全覆盖。"病有所医"的期盼正在从梦想照进现实。十年间，贵州城镇居民的医疗保健消费从人均 549 元，增长到 1952 元，增长 2.6 倍。农村居民医疗保健消费从人均 199 元，增长到 941 元，增长 4.7 倍。城镇居民的健身器材从 2010 年的每百户拥有 4.2 套，增长至 7.2 套，增长 1.6 倍。

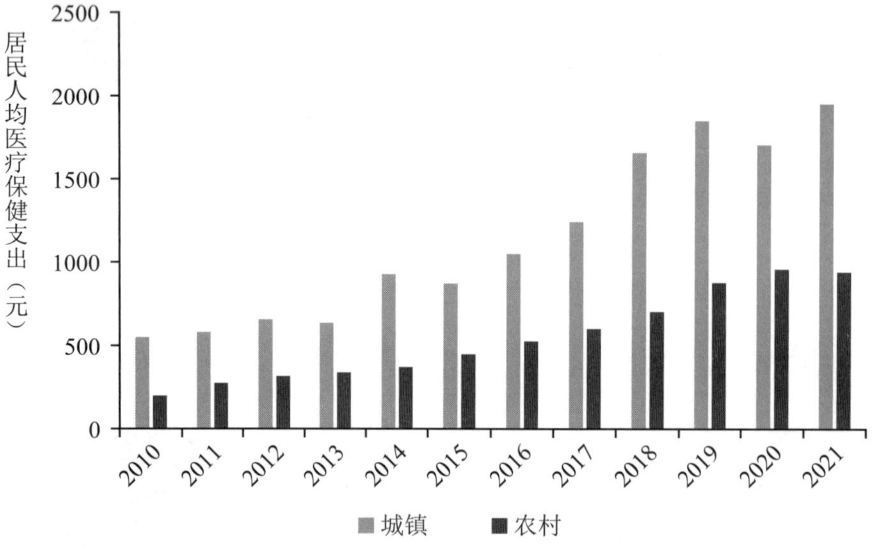

图 9　2010—2021 年城乡居民医疗保健支出

（五）"路子"更宽，居民行得开心

"驿站之险远最苦者，莫甚于黔省"。在天无三日晴，地无三里平，人无三分银的贵州，着眼于破瓶颈、抢先机，推进"两新一重"建设，实施"六网会战"，基础设施支撑能力不断增强。高速公路通车里程 7607 公里，高速铁路通车里程 1527 公里，民航旅客年吞吐量突破 3000 万人次，轨道交通从无到有，建成贵州·中国南方数据中心示范基地、国家级互联网骨干直联点、国际互联网数据专用通道，实现 5G 县县通，出省带宽达到 1.7 万 G，30 户以上自然村寨全部通硬化路，光纤、

4G网络和动力电村村通，综合立体交通通信体系基本形成……所有的努力与成就让黔道天堑变通途！十年间，贵州城镇居民交通通信消费从1277元，增长到3832元，增长2.0倍。农村居民交通通信从256元，增长到1864元，增长6.3倍。

交通通信基础设施的变化正在显著影响贵州居民的消费。汽车从奢侈品变为了生活必须品。城镇居民每百户摩托车拥有量从5.8辆，增长到22.3辆，增长2.8倍。每百户汽车拥有量从6.0辆，增长到52.9辆，增长7.8倍。每百户手机拥有量从183.5部，增长到298.8部，增长63%。农村居民每百户摩托车拥有量从30.8辆，增长到58.7辆，增长91%。每百户汽车拥有量从2.2辆，增长到23.5辆，增长9.7倍。每百户手机拥有量从102.1部，增长到301.1部，增长2.1倍。

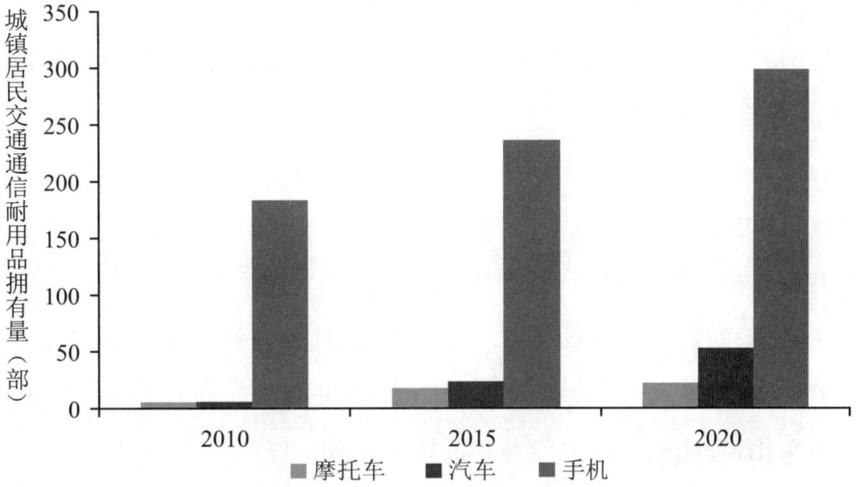

图10　2010—2021年城镇居民交通通信耐用品每百户拥有量

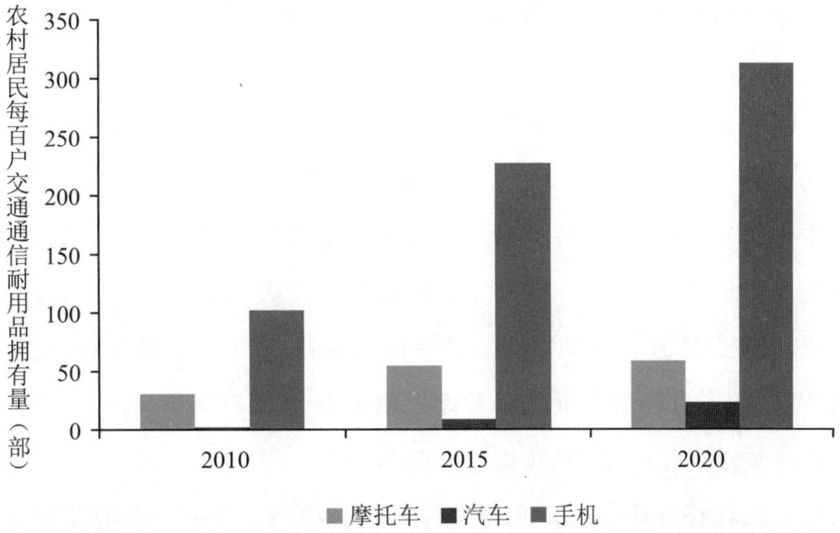

图11　2010—2021年农村居民交通通信耐用品每百户拥有量

（六）“知识”更加渊博，居民学得用心

夜郎不再自大。随着贵州人不断的“走出去”，天下英才不断“黔”进，“今天的贵州，比任何时候都需要知识、渴求知识。”产业发展需要知识、大数据需要知识，贵州居民对知识的渴求，转变成对教育的渴望。贵州在西部率先实现县域义务教育基本均衡发展，学前教育普及普惠率超过全国平均水平，全面免除中职学生学费，本科院校、高职（专科）学校分别达到 29 所和 46 所，贵州大学实现部省合建。十一年间，城镇居民教育文化娱乐支出从 1261 元，增长到 3271 元，增长 1.6 倍。农村居民教育文化娱乐支出从 208 元，增长到 1546 元，增长 6.4 倍。

三、面临的挑战

（一）农村居民收入取得快速增长，同时仍要正视差距

贵州农村居民收入自“十八大”以来取得了长足的进步，迎来了贵州的“黄金十年”，但是贵州的农村居民人均可支配收入与全国平均水平相比仍然不足，2021 年贵州农村居民人均可支配收入与全国平均水平的差距为 6075 元，仅有全国平均水平的 68%，农村居民增收的道路“道阻且长”仍然需要贵州人民全力谋发展。

（二）人口红利逐渐转向，中老年群体养老就业面临压力

占据转移性收入增长半壁江山的寄带回收入面临务工人员老龄化、务工人员素质低的双重挑战。农民工监测调查报告数据显示，我国农民工 50 岁以上占比达 26.4%，年长农民工将面临外出务工竞争力下降，同时回乡养老的需求将对我省农村养老和就业市场带来压力。伴随着机械自动化和人工智能的快速发展，低端劳动力需求正在减弱。调查显示，40 岁以上的农民工 70%以上只有小学文化，只能从事体力劳动和低技术工种。

（三）部分农村合作社经营存在困境，红利效益还需放大

目前我省农村合作社经营面临规模小、市场竞争力不足、缺乏专业的技术和管理人才、内部运行机制不健全等因素的影响，导致部分农村合作社出现经营困难。合作社对市场规律认识不足，缺乏专业系统性的指导，导致农产品销售时常出现农产品滞销的局面极大挫伤了社员的积极性。同时社员文化程度低，合作社的约束机制不健全，农产品生产不规范的情况时有发生，加剧了社员与合作社的矛盾。

（四）房地产市场景气程度减弱，恐对财产性收入带来不利影响

贵阳二手住宅销售价格同比下降 2.1%，跌幅比上月扩大 0.3 个百分点；遵义价格同比下降 1.4%，跌幅比上月同样扩大 0.1 个百分点。二手房交易市场价格出现下降，将对城镇居民的住宅价格出现不利影响，住宅市场价值下降将对虚拟租金 产生不利影响。

（五）转移性收入传统动能有限，新动能还需时间培育

贵州城镇居民人均转移性净收入 6561 元，与 2020 年持平，两年平均增长 2%，占可支配收入的比重为 16.7%。其中转移性收入 8850 元，转移性支出 2289 元。贵州农村居民转移净收入贵州城镇居民的转移性收入主要来源是养老金和离退休金，占转移性收入的的 73%，第二来源是寄带回收入，占比 14%，二者合计占比 87%。目前其他项目想要替代养老金的带动作用短时间还难以做到。

四、意见建议

第一，深化产业结构升级，向高附加值加工产业链延伸。深入实施《贵州省城乡居民增收三年行动方案》，打好产业基础高级化和产业链现代化攻坚战，特别是在脱贫攻坚期间扶持的产业，要强化市场手段提质增效，稳住农民收入基本盘，确保“产业兴旺”带动农村居民收入提升，城镇持续做好产业升级，大力高端装备制造业、信息产业提高全省工业竞争力。

第二，建立完善就业服务体系，提高工资收入水平。健全统筹城乡、线上线下一体的就业公共服务体系，降低企业和务工者的信息搜寻成本，降低摩擦性失业。进一步规范做好省外劳动力对口服务，紧盯珠三角、长三角等地，有组织输出外出务工，提升外出务工人员的收入，降低外出务工的风险和成本。大力鼓励本地工程项目吸引农村闲置劳动力灵活就业，扩大本地就业市场的容量，承接返乡农民的本地就业需求。做好返乡农民工的创业帮扶，为返乡创业的农民工提供低息贷款、创业孵化园等项目支持，降低创业门槛，减轻创业试错成本。

第三，探索集体经济现代化经营模式，盘活农村闲置资产。贵州农村财产性收入绝对量低，占比小，拥有巨大的发展空间。探索农村集体经济现代化经营模式，一方面组建省内产销信息共享平台，另一方面引入职业经理人提升集体经济的经营管理能力。探索农村住宅公寓经营模式，针对有条件和意愿的农村住宅采取公寓化经营管理模式，为体验乡村旅游、来贵州避暑的游客提供特色化、个性化和更加经济的居住体验，多措并举唤醒农村“沉睡”的房屋资产。

第四，织密社会保障网，筑牢转移收入基础。加大对重点人群的关怀，确保“不漏一户、不漏一人”，对建档立卡脱贫户逐户核查，对排查出来的生活困难和因病、因灾或突发事件导致家庭困难的群体进行重点关注，并及时予以帮扶，因户施策，精准帮扶。对重点人群实施动态管理，认真分析生活困难的原因，从医疗保障、教育保障、临时救助、就业产业等方面开展帮扶，对符合低保条件的及时纳入低保。稳步提高农村各项社会保障标准，缩小城乡转移收入差距，逐步提高农村医疗、养老、教育的保障水平。

第五，完善收入分配制度，提升劳动者技能。支持企业通过员工培训提质增效，加强员工的技能培养。做好集体经济的利益联接机制，更多发挥农民生产主体作用，平衡好龙头企业与农户之间的利益分配，确保合理提高劳动报酬及其在初次分配中的比重。完善再分配制度，加快优化实施相关民生帮扶政策，充分发挥第三次分配作用，建立健全回报社会激励机制，畅通各方慈善救助渠道，提高低收入群体收入。

我们将更加紧密地团结在以习近平同志为核心的党中央周围，在中共贵州省委坚强领导下，不忘初心、牢记使命，坚持围绕“四新”主攻“四化”主战略，牢牢把握国发〔2022〕2 号文件的重大机遇，全力建设“四区一高地”，为多彩贵州现代化建设新篇章贡献一份绵薄之力。下一个十年，贵州必将展翅高飞。

（执笔人：国家统计局贵州调查总队　程子瑜）

云南居民收支与生活状况报告

党的十八大以来，云南省委、省政府以习近平新时代中国特色社会主义思想为指导，深入贯彻习近平总书记系列重要讲话和考察云南重要讲话精神，认真贯彻执行党中央各项改革决策部署，统筹做好疫情防控，多项惠民举措落地实施，就业形势持续向好，城乡居民社会保障实现全覆盖，与全国同步全面建成了小康社会，历史性地解决了绝对贫困问题，云南经济社会实现历史性、高质量、跨越式发展，推动居民收支持续较快增长，居民收入增长与经济增长基本同步，农村居民收支增速持续高于城镇，城乡差距和地区间差距不断缩小，收支结构持续优化升级，生活质量显著提高。

一、党的十八大以来云南居民收支持续较快增长

（一）居民人均可支配收入和消费支出较快增长

居民人均可支配收入持续较快增长。2012—2021 年云南居民人均可支配收入年均增长[①] 10.2%，实际增长 8.0%。2012 年云南居民人均可支配收入跨 1 万元大关，2018 年跨 2 万元大关。分城乡看，城镇居民人均可支配收入年均增长 8.6%，实际增长 6.4%。2012、2017、2021 年分别突破 2 万元、3 万元、4 万元大关；农村居民人均可支配收入年平均增长 10.6%，实际增长 8.5%。2018 年突破 1 万元大关。

表 1　2012—2021 年云南人均可支配收入及实际增速

年　份	全体居民		城镇居民		农村居民	
	水平（元）	实际增速（%）	水平（元）	实际增速（%）	水平（元）	实际增速（%）
2012	11233	12.3	20371	10.1	5930	12.1
2013	12578	8.6	22460	6.6	6724	10.4
2014	13772	6.9	24299	5.4	7456	8.8
2015	15223	8.5	26373	6.2	8242	9.1
2016	16720	8.2	28611	7.0	9020	7.6
2017	18348	8.8	30996	7.5	9862	7.9
2018	20084	7.7	33488	6.3	10768	7.7
2019	22082	7.3	36238	5.7	11902	7.6
2020	23295	1.8	37500	0.1	12842	3.8
2021	25666	10.0	40905	8.9	14197	10.4

居民人均消费支出持续较快增长。2012—2021 年云南居民人均消费支出年均增长 10.2%，实际增长 8.0%。分城乡看，城镇居民人均消费支出年均增长 8.6%，实际增长 6.4%，2018 年跨

① 年平均增速是指以 2011 年相应同期数为基数，采用几何平均的方法计算的增速。

2 万元大关；农村居民人均消费支出年平均增长 10.8%，实际增长 8.7%，2019 年跨万元大关。

表 2　2012—2021 年云南居民人均消费支出及实际增速

年　份	全体居民		城镇居民		农村居民	
	水平(元)	实际增速(%)	水平(元)	实际增速(%)	水平(元)	实际增速(%)
2012	8192	11.8	13615	10.1	5045	11.5
2013	8824	4.5	14862	5.6	5247	1.3
2014	9870	9.2	16268	6.7	6030	12.8
2015	11005	9.4	17675	6.3	6830	11.8
2016	11769	5.4	18622	3.9	7331	5.5
2017	12658	6.6	19560	4.2	8027	8.1
2018	14250	10.8	21626	8.8	9123	12.1
2019	15780	8.0	23455	5.9	10260	9.5
2020	16792	2.7	24569	1.3	11069	3.8
2021	18851	12.0	27441	11.5	12386	11.7

（二）居民收入增长与宏观经济增长基本同步

十八大以来，云南坚持以脱贫攻坚为统领，立足富民惠民，城乡居民更多地享受到经济发展带来的红利。2012—2021 年云南人均 GDP 年均实际增长 8.6%，居民可支配收入年均实际增长 8.0%，二者相差 0.6 个百分点，云南居民收入增长与宏观经济增长基本同步。

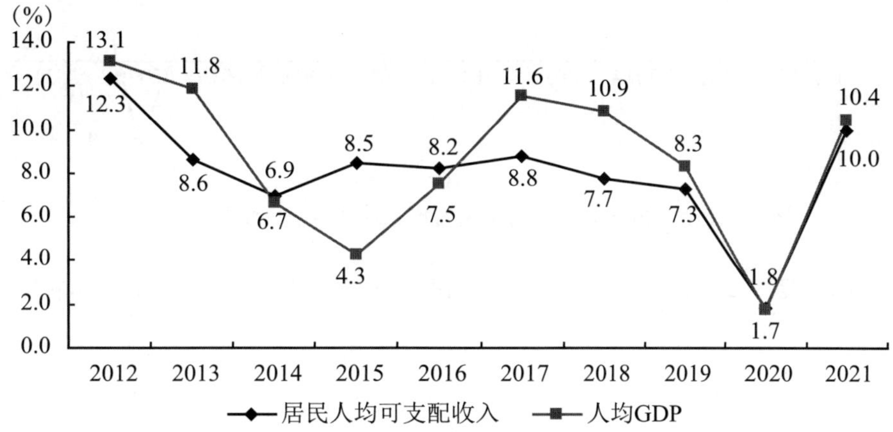

图 1　2012—2021 年云南居民人均可支配收入与 GDP 实际增长情况

（三）人均可支配收入和消费支出增速持续高于全国平均，居民消费倾向保持稳定

居民收入增速持续高于全国平均水平。2012—2021 年，云南居民人均可支配收入实际增长 115.4%，年均实际增长 8.0%，分别比全国平均水平快 18.5 和 1.0 个百分点。城镇居民人均可支配收入实际增长 85.2%，年均实际增长 6.4%，比全国平均水平快 5.2 和 0.3 个百分点。农村居民人均可支配收入实际增长 126.7%，年均实际增长 8.5%，比全国平均水平快 17.8 和 0.9 个百分点。

居民消费支出增速持续高于全国平均水平。2012—2021 年云南居民人均消费支出年均实际增长 8.0%，比全国平均水平快 1.8 个百分点，城镇居民人均消费支出年均实际增长 6.4%，比全国平均水平快 1.7 个百分点，农村居民人均消费支出年均实际增长 8.7%，比全国平均水平快 0.5 个百分点。

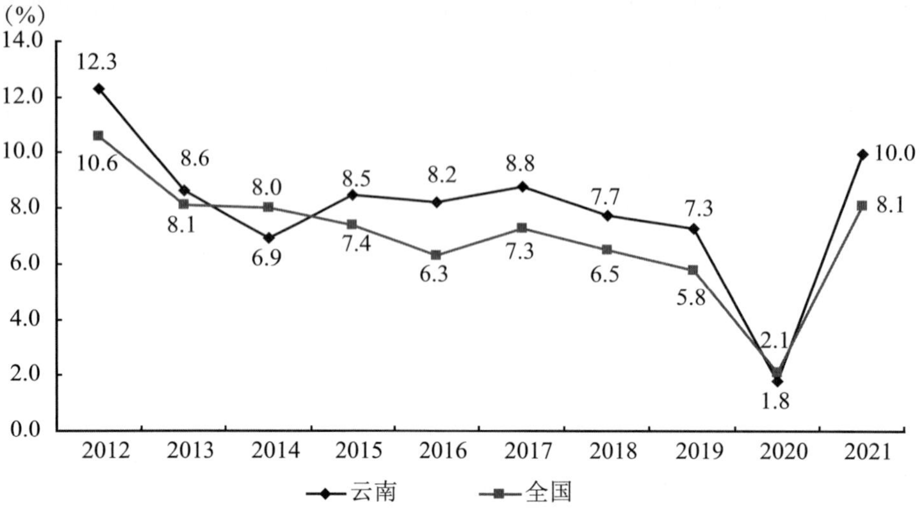

图 2　2012—2021 年云南与全国人均可支配收入实际增长情况

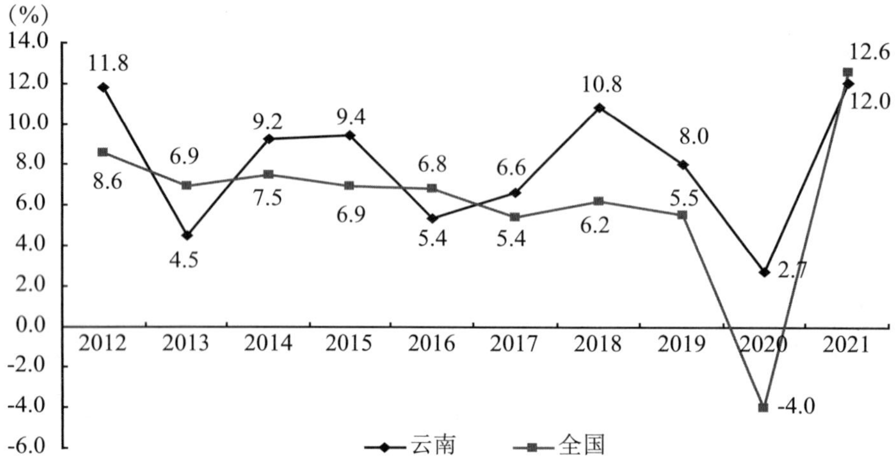

图 3　2012—2021 年云南与全国居民人均消费支出实际增长情况

居民消费倾向稳定。2012—2021 年，云南居民人均消费支出占人均可支配收入的比例（平均消费倾向）保持在 70%左右，10 年间累计上升 0.5 个百分点，居民消费意愿保持稳定。新增收入用于新增消费的占比（边际消费倾向）总体表现上升趋势，10 年间累计扩张 16.1 个百分点，表明云南居民的消费观念改变加快提速，消费潜力逐步得到释放。

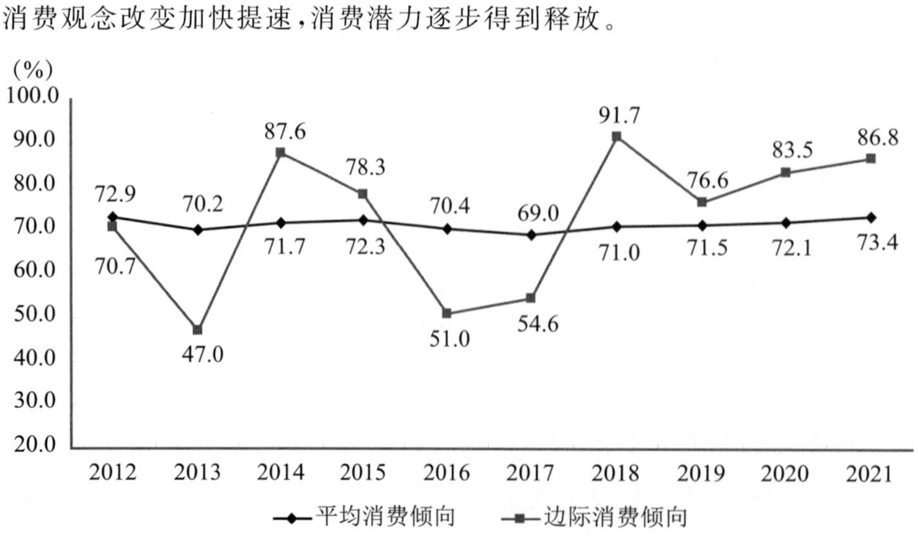

图 4　2012—2021 年居民消费及边际消费倾向情况

(四)农村居民收入和消费支出增速持续高于城镇,城乡居民差距持续缩小。

农村居民收入增速持续快于城镇。2012—2021 年云南农村居民人均可支配收入年均增速为 10.6%,年均实际增速为 8.5%,分别比城镇快 2.0 和 2.1 个百分点。同时,云南城乡居民收入差距持续缩小,城乡收入比从 2012 年的 3.44∶1 降至 2021 年的 2.88∶1,累计缩小 0.56,同期全国平均收入差距累计缩小 0.38,云南城乡收入差距缩小的幅度快于全国平均水平。

居民收入与全国平均水平的相对差距缩小。2021 年云南居民人均可支配收入占全国平均水平的 73.1%,比 2012 年缩小 5.1 个百分点。城镇居民占全国平均水平的 86.3%,比 2012 年缩小 1.9 个百分点,农村居民收入占全国平均水平的 75.0%,比 2012 年缩小 4.3 个百分点。

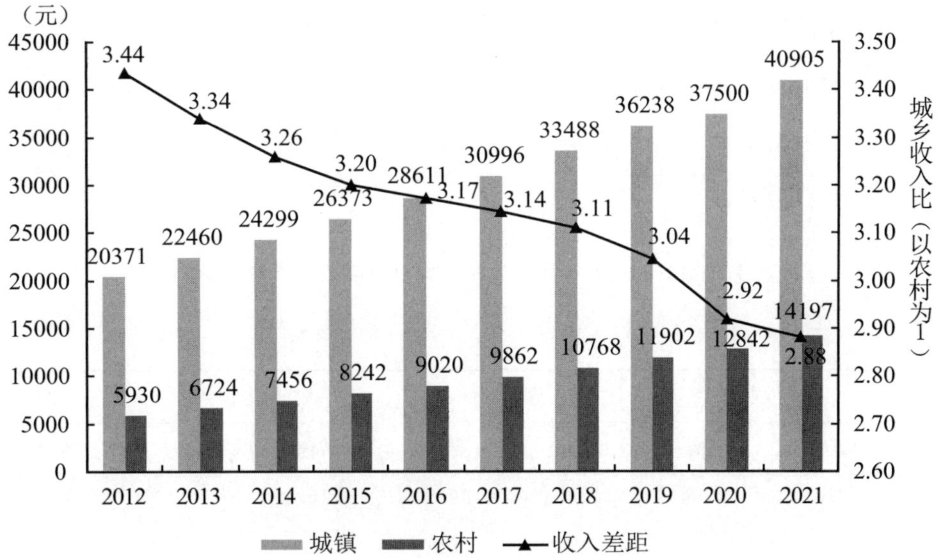

图 5　2012—2021 年云南城乡居民人均可支配收入及收入差距

居民消费支出与全国平均水平的相对差距缩小。2021 年云南居民人均消费支出占全国平均水平的 78.2%,比 2012 年缩小 10.2 个百分点。城镇居民占全国平均水平的 90.5%,比 2012 年缩小 10.9 个百分点,农村居民收入占全国平均水平的 77.8%,比 2012 年缩小 2.1 个百分点。

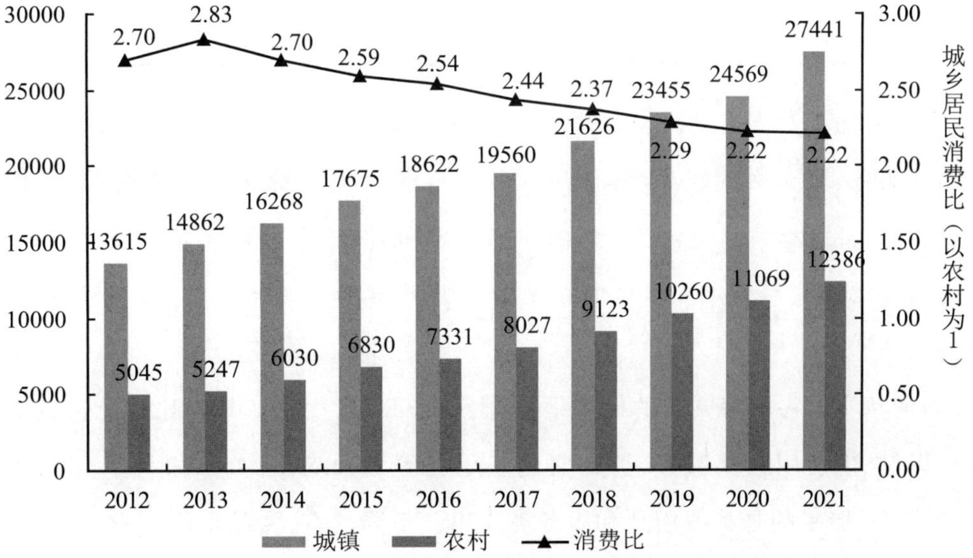

图 6　2012—2021 年云南城乡居民消费支出及消费比

农村消费支出增速持续快于城镇。2012—2021年农村居民人均消费支出年均增速和实际增速分别快于城镇居民2.2和2.3个百分点，城乡居民消费比值(以农村为1)由2012年的2.70下降至2021年的2.22，累计下降0.48。

(五)提前两年实现居民收入翻番目标

2018年云南全体居民人均可支配收入为20084元，按可比价计算实际收入是2010年的2.04倍，提前两年实现了城乡居民人均可支配收入翻一番目标，为全面建成小康社会打下坚实基础。

(六)居民四项收入和八项消费支出全面增长，收入结构进一步优化

居民四大类人均可支配收入全面增长。2012—2021年，云南居民人均工资性收入、经营性收入、财产性收入、转移性收入年均增长11.8%、7.8%、7.9%、10.7%，实现居民收入全面增长。

各项收入占人均可支配收入的比重呈"二升二降"变化。工资性收入、转移性收入占人均可支配收入的比重分别上升6.9、0.9个百分点，经营性收入、财产性收入占人均可支配收入的比重分别下降5.6、2.1个百分点。

表3　2012—2021年云南居民人均可支配收入增速及结构

单位：%

年份	工资性收入		经营性收入		财产性收入		转移净收入	
	增速	结构	增速	结构	增速	结构	增速	结构
2012	22.6	46.8	18.9	29.1	−15.8	8.2	10.9	15.9
2013	8.7	45.4	7.5	28.0	43.7	10.5	13.6	16.1
2014	10.4	45.8	6.3	27.2	10.1	10.5	12.0	16.5
2015	12.0	46.4	8.2	26.6	13.4	10.8	8.3	16.2
2016	8.4	45.8	9.4	26.5	1.7	10.0	20.2	17.7
2017	10.5	46.2	7.6	26.0	10.6	10.1	10.3	17.8
2018	13.5	47.8	2.4	24.3	6.1	9.8	11.3	18.1
2019	10.4	48.0	9.2	24.1	11.3	9.9	9.1	17.9
2020	7.9	49.1	4.0	23.8	−3.1	9.1	5.8	18.0
2021	14.2	50.9	4.9	22.7	9.8	9.1	6.4	17.4

居民八大类人均消费支出全面较快增长。2012—2021年，云南居民居住、医疗保健、交通通信、生活用品及服务、教育文化娱乐、其他用品和服务等六类消费支出高速增长，年均增速分别达：13.3%、12.5%、12.2%、11.3%、10.8%、10.5%，分别高于全国同类消费支出年均增速3.4、1.5、2.6、3.5、2.2、2.8个百分点。食品烟酒支出较快增长，年均增长8.2%。衣着消费支出平稳增长，年均增长4.2%。

分项人均消费支出占消费支出的比重呈"五上一平二下"变化。其中比重上升的有：居住、交通通信、医疗保健、生活用品及服务、教育文化娱乐类等5项支出，分别累计上升5.0、2.4、1.7、0.5、0.5个百分点；持平的是其他用品和服务类支出。下降的有：食品烟酒和衣着类支出，分别下降6.4和3.8个百分点。

表4　2012—2021年云南居民分项消费支出增速

单位：%

指　　标	2012年	2013年	2014年	2015年	2016年	2017年	2018年	2019年	2020年	2021年
居民人均消费支出										
食品烟酒	11.5	0.6	5.4	11.7	4.3	2.6	3.8	14.4	11.7	17.1
衣着	12.0	−22.6	3.1	10.4	4.5	−0.4	21.2	4.3	5.5	10.5
居住	21.1	34.6	8.7	6.3	9.3	5.3	24.7	9.4	2.9	14.0
生活用品及服务	14.4	30.0	11.2	13.4	5.9	8.8	15.9	7.8	3.4	4.9
交通通信	19.3	3.5	36.3	7.8	5.6	17.9	8.8	10.2	11.1	4.7
教育文化娱乐	14.3	13.5	14.0	16.8	11.6	10.0	12.6	10.0	−5.9	12.2
医疗保健	15.9	5.8	15.1	18.5	11.4	15.3	12.7	10.6	10.4	9.9
其他用品及服务	10.2	−7.6	10.0	37.3	1.2	4.2	27.0	9.9	−0.1	19.4

表5　2012—2021年云南居民分项消费支出结构

单位：%

指　　标	2012年	2013年	2014年	2015年	2016年	2017年	2018年	2019年	2020年	2021年
居民人均消费支出										
食品烟酒	37.0	34.5	32.5	32.6	31.8	30.3	28.0	28.9	30.3	31.6
衣着	8.7	6.2	5.7	5.7	5.6	5.1	5.5	5.2	5.2	5.1
居住	16.8	21.1	20.5	19.5	19.9	19.5	21.6	21.4	20.7	21.0
生活用品及服务	4.8	5.8	5.8	5.9	5.8	5.9	6.0	5.9	5.7	5.3
交通通信	13.1	12.6	15.3	14.8	14.6	16.1	15.5	15.5	16.1	15.1
教育文化娱乐	10.3	10.9	11.1	11.6	12.2	12.4	12.4	12.4	10.9	10.9
医疗保健	7.4	7.3	7.5	8.0	8.3	8.9	8.9	8.9	9.2	9.0
其他用品及服务	1.8	1.6	1.6	1.9	1.8	1.8	2.0	2.0	1.9	2.0

二、2021年居民收入增长特征

2021年，云南居民人均可支配收入25666元，较上年同期名义增长10.2%，扣除价格因素，实际增长10.0%，比全国平均分别快1.1和1.9个百分点，2020—2021年平均（以下简称“两年平均”）①增长7.8%，比全国平均快0.9个百分点，与2019年同期增速相比下降2.1个百分点。

分城乡看，城镇居民人均可支配收入40905元，增长9.1%，扣除价格因素，实际增长8.9%；农村居民人均可支配收入14197元，增长10.6%，扣除价格因素，实际增长10.4%。

按收入来源分，2021年，云南居民人均工资性收入13067元，增长14.2%，占可支配收入的比重为50.9%；人均经营净收入5816元，增长4.9%，占可支配收入的比重为22.7%；人均财产净

① 两年平均增速是指以2019年相应同期数为基数，采用几何平均的方法计算的增速。

收入 2324 元，增长 9.8%，占可支配收入的比重为 9.1%；人均转移净收入为 4460 元，增长 6.4%，占可支配收入的比重为 17.4%。

与 2019 年相比，云南居民人均可支配收入各项来源两年平均增速分别为：工资性收入增长 11.0%，经营净收入增长 4.4%，财产净收入增长 3.1%，转移净收入增长 2.6%。

表 6　2021 年云南居民人均可支配收入变化

指　　标	全体居民			城镇居民			农村居民		
	水平（元）	增速（%）		水平（元）	增速（%）		水平（元）	增速（%）	
		上年同期	两年平均		上年同期	两年平均		上年同期	两年平均
人均可支配收入	25666	10.2	7.8	40905	9.1	6.2	14197	10.6	9.2
工资性收入	13067	14.2	11.0	24187	12.0	9.0	4697	18.2	14.2
经营净收入	5816	4.9	4.4	4408	4.6	3.6	6876	5.4	5.2
财产净收入	2324	9.8	3.1	5131	8.6	1.7	211	6.9	5.9
转移净收入	4460	6.4	6.1	7179	3.1	2.6	2413	12.4	12.7

三、2021 年云南居民消费支出特征

2021 年，云南居民人均消费支出 18851 元，较上年同期名义增长 12.3%，扣除价格因素，实际增长 12.0%，分别慢于全国平均 1.3 和 0.6 个百分点，两年平均增长 9.3%，比全国平均快 3.6 个百分点，与 2019 年同期增速相比下降 1.4 个百分点。

分城乡看，城镇居民人均消费支出 27441 元，较上年同期名义增长 11.7%，扣除价格因素，实际增长 11.5%；农村居民人均消费支出 12386 元，较上年同期名义增长 11.9%，扣除价格因素，实际增长 11.7%。

2021 年，云南居民人均食品烟酒消费支出 5964 元，增长 17.1%，占人均消费支出的比重为 31.6%；人均衣着消费支出 959 元，增长 10.5%，占人均消费支出的比重为 5.1%；人均居住消费支出 3954 元，增长 14.0%，占人均消费支出的比重为 21.0%；人均生活用品及服务消费支出 1006 元，增长 4.9%，占人均消费支出的比重为 5.3%；人均交通通信消费支出 2838 元，增长 4.7%，占人均消费支出的比重为 15.1%；人均教育文化娱乐消费支出 2059 元，增长 12.2%，占人均消费支出的比重为 10.9%；人均医疗保健消费支出 1700 元，增长 9.9%，占人均消费支出的比重为 9.0%；人均其他用品及服务消费支出 371 元，增长 19.4%，占人均消费支出的比重为 2.0%。

与 2019 年相比，云南居民人均消费支出八大类两年平均增速分别为：食品烟酒增长 14.4%，衣着增长 8.0%，居住增长 8.3%，生活用品及服务增长 4.2%，交通通信增长 7.9%，教育文化娱乐增长 2.8%，医疗保健增长 10.1%，其他用品及服务增长 9.2%。

表 7 2021 年云南居民消费支出变化

指 标	全体居民			城镇居民			农村居民		
	水平（元）	增速(%)		水平（元）	增速(%)		水平（元）	增速(%)	
		上年同期	两年平均		上年同期	两年平均		上年同期	两年平均
居民消费品支出	18851	12.3	9.3	27441	11.7	8.2	12386	11.9	9.9
＃服务性消费支出	5400	14.6	7.6	8368	20.1	6.3	3166	3.8	8.6
食品烟酒	5964	17.1	14.4	8000	16.8	12.2	4431	16.7	16.5
衣着	959	10.5	8.0	1576	9.9	5.5	495	9.6	11.8
居住	3954	14.0	8.3	5952	12.1	7.0	2450	15.8	9.2
生活用品及服务	1006	4.9	4.2	1534	3.2	4.1	607	6.6	2.9
交通通信	2838	4.7	7.9	4170	1.9	8.9	1835	8.5	5.0
教育文化娱乐	2059	12.2	2.8	3006	18.8	1.5	1346	1.7	3.6
医疗保健	1700	9.9	10.1	2552	10.1	11.6	1059	8.0	6.4
其他用品和服务	371	19.4	9.2	650	19.3	5.9	162	16.5	16.8

2021 年，云南居民人均食品消费量全面增长。人均饮料、肉禽及其制品、奶和奶制品、蛋类及蛋制品、干鲜瓜果类消费量快速增长。消费量分别达 0.6 公斤、45.9 公斤、7.2 公斤、6.0 公斤、42.1 公斤，分别比上年增长 21.8%、19.5%、15.9%、11.5%、10.2%。其中人均猪肉消费量 30.8 公斤，比上年增长 24.5%。人均蔬菜及菜制品、水产品、油脂类、粮食消费量平稳增长。消费量分别为：96.8 公斤、5.2 公斤、7.8 公斤、141.0 公斤，分别比上年增长 7.6%、6.8%、5.3%、1.3%。农村居民人均粮食消费量 155.7 公斤，比上年减少 3.3 公斤，下降 2.1%。

表 8 2021 年云南居民及分城乡居民主要食品消费量

单位：公斤/人

指 标	全体居民	城镇居民	农村居民
粮食	141.0	121.4	155.7
其中：谷物	127.1	106.1	142.9
食用油	7.8	8.6	7.2
其中：食用植物油	6.0	7.2	5.0
蔬菜及食用菌	96.8	106.7	89.5
其中：鲜菜	94.2	102.4	87.9
肉类	35.7	34.2	36.8
其中：猪肉	30.8	26.2	34.2
牛肉	1.9	3.3	0.9
羊肉	0.4	0.4	0.4
禽类	10.2	9.9	10.4
水产品	5.2	6.8	4.0
蛋类	6.0	6.1	6.0
奶类	7.2	12.0	3.6
干鲜瓜果类	42.1	56.6	31.2
食糖	1.4	1.4	1.3

四、云南居民生活状况特征

(一)住房条件进一步改善

2021 年,云南居民人均住房建筑面积达 47.2 平方米,城镇居民人均住房建筑面积达 48.7 平方米,农村居民人均住房建筑面积达 46.1 平方米。居民居住在钢筋混凝土和专混材料结构住房的户比重为 75.6%,比上年上升 4.7 个百分点;居住在砖瓦砖木或竹草土坯结构住房的户比重为 21.8%,比上年减少 0.9 个百分点。

表 9　2021 年云南居民及分城乡居住条件

单位:%

指　　标	全体居民	城镇居民	农村居民
人均住房建筑面积(平方米)	47.2	48.7	46.1
居住的空间式样	—	—	—
其中:居住在单栋楼房和平房的户比重	71.6	41.0	97.4
居住在单元房的户比重	45.3	62.8	1.1
居住在筒子楼或连片平房的户比重	0.4	0.6	0.2
住房的主要建筑材料	—	—	—
其中:居住在钢筋混凝土或专混材料结构住房的户比重	75.6	93.1	60.9
居住在砖瓦砖木或竹草土坯结构住房的户比重	21.8	6.5	34.6

(二)居民生活设施极大改善

1. 饮用水情况。从主要饮用水来源看,2021 年,居民使用经过净化处理的自来水的户比重达 70.2%%,比上年提高 3.5 个百分点。居民获取饮用水无困难的户比重达 97.0%,比上年提高 1.4 个百分点。87.7%的住户饮用水使用前主要采取煮沸方式处理。

2. 住宅内卫生设施。2021 年,云南居民使用水冲式卫生厕所的户比重为 78.1%,比上年提高 11.8 个百分点;使用卫生旱厕和普通旱厕的户比重为 16.2%,比上年下降 6.5 个百分点;厕所为独用的户比重为 94.5%,比上年上升 1.5 个百分点。

表 10　2021 年云南居民及分城乡主要生活设施情况

单位:%

指　　标	全体居民	城镇居民	农村居民
主要饮用水来源情况			
其中:使用经过净化处理的自来水的户比重	65.4	86.5	48.4
获取饮用水无困难的户比重	95.1	98.9	92.0
厕所类型	—	—	—
其中:有水冲式卫生厕所的户比重	78.1		62.4
有卫生旱厕的户比重	5.4	0.9	9.2
有普通旱厕的和比重	10.8	1.8	18.3

续表

指　　标	全体居民	城镇居民	农村居民
厕所使用情况	—	—	—
其中:本住户独用的户比重	94.5	96.5	93.0
洗澡设施	—	—	—
自装热水器的户比重	81.4	91.4	73.4
无洗澡设施的户比重	12.1	2.9	19.5

3. 住宅内洗澡设施。2021 年,云南居民家庭自装热水器的户比重为 82.0%,比上年提高 1.6 个百分点;无洗澡设施的户比重为 8.8%,比上年下降 3.1 个百分点。

4. 主要炊用能源。2021 年,云南居民主要炊用能源使用电的户比重为 70.3%,使用天然气的户比重为 13.2%,使用柴草的户比重为 15.3%,使用煤炭的户比重为 0.7%。

(三)居民耐用消费品拥有情况

1. 交通工具拥有情况。2021 年,云南居民家庭平均每百户汽车拥有量 46.4 辆,比上年增加 3.5 辆,增长 8.3%。每百户摩托车拥有量 60.7 辆,比上年增加 1.3 辆,增长 2.3%。每百户助力车拥有量 36.5 辆,比上年增加 3.2 辆,增长 9.6%。

2. 主要家用电器拥有情况。2021 年,云南居民家庭平均每百户洗衣机拥有量 98.8 台,比上年增长 3.0%。每百户电冰箱(柜)拥有量 98.9 台,比上年增长 4.0%。每百户彩色电视机拥有量 108.0 台,比上年增长 2.0%。每百户热水器拥有量 85.2 台,比上年下降 8.2%。每百户排油烟机拥有量 44.5 台,比上年增长 2.3%。

3. 信息化耐用品拥有量。2021 年,云南居民家庭平均每百户移动电话拥有量 288.5 部,比上年增长 4.3%。居民家庭平均每百户计算机拥有量为 37.0 台,比上年增长 2.8%。

表 11　2021 年云南居民及分城乡耐用消费品每百户拥有情况

指　　标	单位	全体居民	城镇居民	农村居民
家用汽车	辆	46.4	64.2	31.4
摩托车	辆	60.7	34.5	82.8
电动助力车	辆	36.5	49.3	25.6
洗衣机	台	98.8	104.8	93.7
电冰箱(柜)	台	98.9	104.6	94.1
微波炉	台	36.2	63.9	12.8
彩色电视机	台	108.0	111.1	105.4
空调	台	5.9	10.5	2.1
热水器	台	85.2	92.6	78.9
排油烟机	台	44.5	80.4	14.2
移动电话	部	288.5	273.3	301.3
计算机	台	37.0	69.2	9.9

(四)社区(自然村)基础设施和基本公共服务

1. 社区基础设施情况。"四通"基本全面覆盖。截止2021年,云南居民所在社区能接收有线电视信号和通宽带网的户比重分别为99.6%和99.1%,分别比上年提高1.9和1.6个百分点。社区道路硬化路面基本全覆盖。居民进社区道路为水泥或柏油路面的户比重为95.3%,社区内道路为水泥或柏油路面的户比重为93.0%。社区内基础设施条件持续改善。居民所在社区饮用水经过集中净化处理的户比重、开通了管道燃气的户比重、主要道路有路灯的户比重和垃圾能集中处理的户比重分别为79.7%、15.3%、81.6%和95.3%,饮用水经过集中净化处理的户比重、主要道路有路灯的户比重和垃圾能集中处理的户比重分别上升0.9、0.9和2.8个百分点。社区环境更加美观。居民所在社区有绿化园林景观设计的户比重为48.3%,比上年提高1.0个百分点。

表12 2021年云南居民及分城乡所在社区基础设施情况

单位:%

指　　标	全体居民	城镇居民	农村居民
进社区道路为水泥或柏油路面的户比重	95.3	98.1	92.9
社区内道路为水泥或柏油路面的户比重	93.0	97.6	89.1
通电的户比重	100.0	100.0	100.0
通电话的户比重	100.0	100.0	100.0
能接收有线电视信号的户比重	99.6	100.0	99.3
通宽带网的户比重	99.1	100.0	98.4
饮用水经过集中净化处理的户比重	79.7	95.4	65.6
开通了管道燃气的户比重	15.3	31.8	1.4
主要道路有路灯的户比重	81.6	98.8	67.1
垃圾能集中处理的户比重	95.3	99.1	92.1
有健身器材的户比重	65.2	87.7	46.2
有绿化园林景观设计的户比重	48.3	75.9	25.0

2. 社区基本公共服务情况。

居民出行更加方便。2021年,居民所在社区能便利地乘坐公共汽车的户比重达81.3%,比上年提高1.8个百分点;医疗水平继续提高。2021年,居民所在社区有卫生站(室)的户比重达89.4%,比上年提高4.0个百分点;教育条件继续改善。2021年,居民所在社区上幼儿园(学前班)便利或较便利的户比重和上小学便利或较便利的户比重分别达93.8%和95.3%;社区安全状况不断提高。2021年,居民所在社区有专职安全保卫人员的户比重为48.8%。

表13 2021年云南居民及分城乡所在社区基本公共服务情况

单位:%

指　　标	全体居民	城镇居民	农村居民
能便利地乘坐公共汽车的户比重	81.3	97.5	67.7
有卫生站(室)的户比重	89.4	87.2	91.3
上幼儿园(学前班)便利或较便利的户比重	93.8	97.7	90.5
上小学便利或较便利的户比重	95.3	99.4	91.9
有专职安全保卫人员的户比重	48.8	61.9	37.8

五、需要关注的几个问题

（一）云南居民收入水平长期处于全国最低档次

2012—2021年云南居民人均可支配收入水平均位于全国31个省（市、区）第28位。2021年云南居民人均可支配收入占全国居民可支配收入的73.1％，占全国居民人均可支配收入排名第一位上海市的比重为32.9％。

（二）城乡居民人均可支配收入水平差距加大

2021年，云南城镇居民人均可支配收入是农村居民人均可支配收入的2.9倍，城乡居民人均可支配收入差距为26708元，较2012年扩大13922元。

（三）财产净收入占收入的比重下降，城乡居民财产净收入差距加大

一是财产净收入占可支配收入的比重下降。2012—2021年，云南居民人均财产净收入占人均可支配收入的比重分别为：8.2％、10.5％、10.5、10.8％、10.0％、10.1％、9.8％、9.9％、9.1％、9.1％，比重一直处于低位徘徊，且呈逐年下降趋势。

二是城乡居民财产净收入水平的差距加大。2021年，云南城镇常住居民人均财产净收入达到5131元，是农村常住居民人均财产净收入的24.3倍，城乡居民财产净收入差距为4920元，较2012年扩大2765元。

六、提高居民收入水平的对策建议

（一）实施更加积极的就业政策，夯实城乡居民增收基础

一是持续加大对中小企业的扶持力度，确保就业稳定。在新冠肺炎实行常态化防疫的情况下，继续加大对中小企业的财税、金融扶持力度，保障企业正常经营秩序，减轻企业负担，确保就业稳定；二是高效帮扶“小店经济”稳定就业，小店经济能够吸纳大量的人员就业，积极引导小店经济加快数字化转型，打造培育特色步行街、特色商业圈，发挥规模经济和范围经济的作用，夯实小店经济经营基础，提高小店经济抗风险能力。三是确实把人才培养、人才引进和产业升级有机结合起来，进一步加大教育投入，加强职业技能培训，提升职业技能培训的针对性和有效性，大力发展现代农业产业园，培育新型农业主体，有效提高农民就业能力。

（二）拓宽农村居民增收渠道，缩小城乡居民收入差距

继续加快城镇化建设的步伐，通过完善农村基础设施和公共服务设施建设、人居环境治理、集体经济发展、旅游小镇打造、农村管理服务升级，统筹城乡产业协调布局，以产业带动就业，破除体制性、素质性、市场性障碍，多渠道分流，加快农村剩余劳动力转移，完善城乡社会保障制度，推进实现农村地区居民与城市地区居民享有同等社会保障水平，减轻农村居民经济负担等途径，从根本上拓宽农村居民收入增收渠道，缩小城乡居民之间的收入差距。

（三）深化产权制度改革，增加居民财产性收入

一是积极推动金融体系创新，使居民拥有更多的金融理财工具和产品。更进一步完善监管

的法律法规，规范资本市场，重视保护投资者利益，加强对投资租赁行为的服务、指导和管理。二是持续深化农村产权制度化改革，挖掘统筹农村集体资源资产，加快盘活农村集体资产，逐步提高农民土地增值收益分享比例，加大推动各类要素向农村集聚的力度，大力推进资源变资产、资金变股金、农民变股东，发展壮大集体经济，有效增加农民财产性收入。

（执笔人：国家统计局云南调查总队　黄锷　李育骏　庄新沂）

西藏居民收支与生活状况报告

2021年是“十四五”开局之年，西藏自治区坚持以习近平新时代中国特色社会主义思想为指导，坚决落实党中央、国务院的决策部署，全面贯彻新发展理念，构建新发展格局，科学统筹疫情防控和经济社会发展，大力推动“六稳”“六保”相关政策落地显效，以高质量发展为“十四五”起好步、开好局。全区经济发展态势良好，居民收入稳步增长、消费迅速恢复，居民生活水平和质量不断提高，居民的获得感、幸福感显著增强。

一、居民收入稳步增长

2021年，西藏自治区居民人均可支配收入24950元，同比增长14.7%，扣除价格因素实际增长13.7%；城镇居民人均可支配收入46503元，同比增长13.0%，扣除价格因素实际增长12.0%；农村居民人均可支配收入16935元，同比增长16.0%，扣除价格因素实际增长15.0%。

(一)全体居民收入保持两位数增长

十八大以来，西藏自治区全体居民人均和支配收入增长连续九年保持两位数增长，平均增速12.6%，九年间全体居民人均可支配收入增速普遍快于经济增长速度。2021年全体居民人均可支配收入收入增长速度最快达到14.7%。

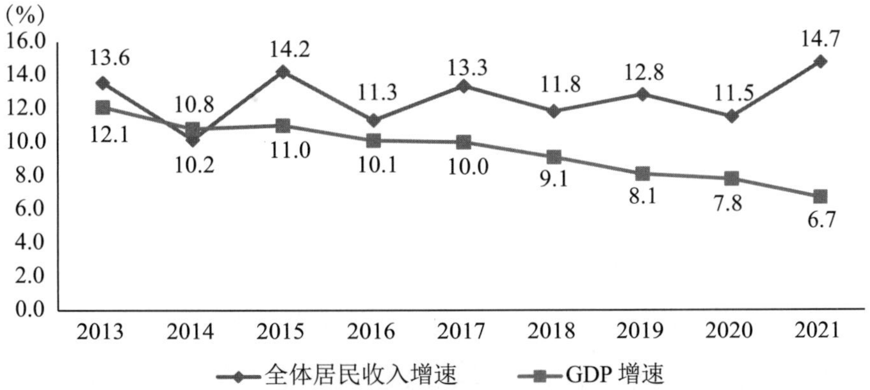

图1 2013—2021年西藏全体居民收入增速与GDP增速对比图

(二)居民收入水平在西部省份排位逐年上升

2021年西藏全体居民人均可支配收入水平在西部十二省中排第10位，较2013年提升2个位次；城镇居民人均可支配收入水平在西部十二省中排第1位，较2013年提升8个位次，收入高于位列第二位的内蒙古2126元；农村居民人均可支配收入在西部十二省排第4位，较2013年提升3个位次，与排在第一位的内蒙古差距从2013年的2017元，缩小到1402元，差距在逐年缩小。

（三）城乡居民收入分配持续改善

近年来，西藏自治区积极落实各项强农富农惠农政策，促进各地农牧民收入全面增长，农牧民人均可支配收入增速自 2016 年开始，持续高于城镇居民人均可支配收入增长速度。2021 年，西藏自治区城乡居民收入比为 2.75∶1，较 2012 年下降 0.47。从现阶段历史数据来看，党的"十八大"之后西藏城乡收入倍差持续缩小，居民收入分配更加合理，展现出西藏统筹推进城乡融合发展取得巨大成效。

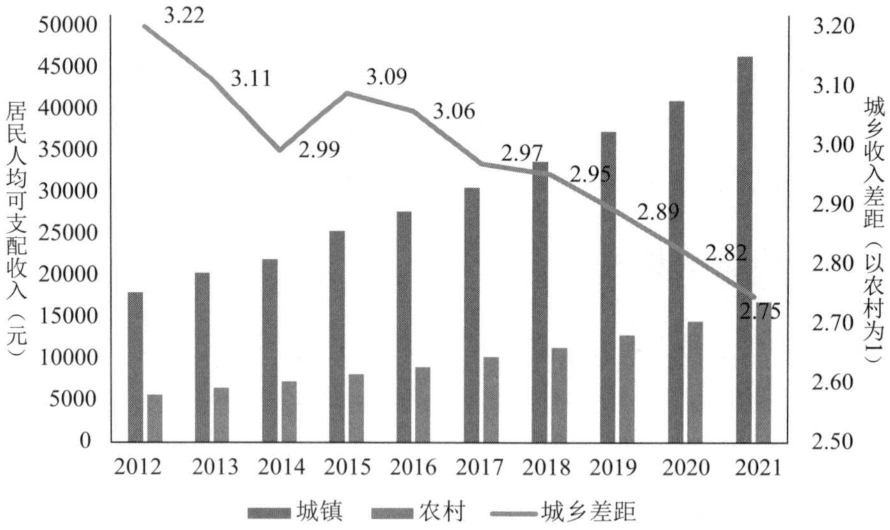

图 2　2012—2021 年城乡居民人均可支配收入及城乡差距图

二、城乡居民收入增长因素分析

（一）城镇居民四项收入"三快一稳"增长

从收入来源看，2021 年西藏城镇居民四项收入增长呈现"三快一稳"态势：工资性收入、经营净收入和财产净收入快速增长，同比增速均达到两位数以上；转移净收入平稳增长。

1. 工资性收入是城镇居民收入的主要增长点。2021 年城镇居民人均工资性收入 34550 元，同比增长 12.5%，占可支配收入比重高达 74.3%，对收入增长的贡献率为 71.7%，拉动收入增长 9.3 个百分点，居四项收入之首，是城镇居民收入增长的主要支撑。随着"六稳""六保"工作扎实推进，一系列稳就业保民生政策措施落地见效，最低工资标准上调，机关事业单位西藏特殊津贴标准提高、增资补发，高校毕业生就业服务"大平台"投入使用，职业技能提升行动全面铺开，拉那拉日高速公路、川藏铁路等重大项目开工建设带动就业增长等多重有力因素，有效拉动了城镇居民工资性收入快速增长，充分发挥了城镇居民工资性收入的"压舱石"作用。

2. 经营净收入快速增长。2021 年城镇居民人均经营净收入 1523 元，同比增加 319 元，增长 26.5%，涨幅高于上年 16.6 个百分点，两年平均增长 17.9%，在可支配收入中的占比为 3.3%，对可支配收入增长的贡献率为 6.0%，拉动收入增长 0.8 个百分点。新冠肺炎疫情发生以来，西藏精准扎实做好常态化疫情防控工作，尤其是 2021 年，全区新冠疫情零输入、零感染，科学统筹疫情防控和经济社会发展成效持续显现，减税降费、减租降息、普惠性金融等政策支持，营商环境不断优化，“金秋嗨购·惠暖藏冬”、“冬游西藏”等消费促进活动刺激市场活力进一步释放，有效带动批零住餐、文旅交运等行业持续发展，有力促进城镇居民经营净收入显著增长。2021 年，城镇居民人均第三产业经营净收入为 1409 元，比上年增长 22.5%，两年平均增长 26.2%。

3. 财产净收入增幅最大。2021 年全区城镇居民人均财产净收入 4248 元，同比增加 918 元，增长 27.6%，在可支配收入中的占比为 9.1%，对可支配收入增长的贡献率为 17.2%，拉动收入增长 2.2 个百分点。受居民房屋价值稳定、租房市场不断升温等因素影响，全年居民人均出租房屋净收入 1417 元，成为居民财产净收入的最主要增长点，比上年增长 41.4%。

4. 转移净收入增速放缓。2021 年全区城镇居民人均转移净收入 6183 元，同比增加 278 元，增长 4.7%，增速水平比上年(19.8%)放缓，与全国持平，在可支配收入中的占比为 13.3%，对可支配收入增长的贡献率为 5.2%，拉动收入增长 0.7 个百分点。2021 年来，各项民生保障支出只增不减，基本医疗保险补助、基本公共卫生服务补助、特困人员救助供养和居民最低生活保障等标准逐年提高，养老金、离退休金持续上涨，跨省异地就医实现直接结算等，多项惠民政策落实落地，兜牢民生底线。其中，居民养老金或离退休金 8661 元，同比增长 10.2%，对转移净收入增长的贡献率最大。

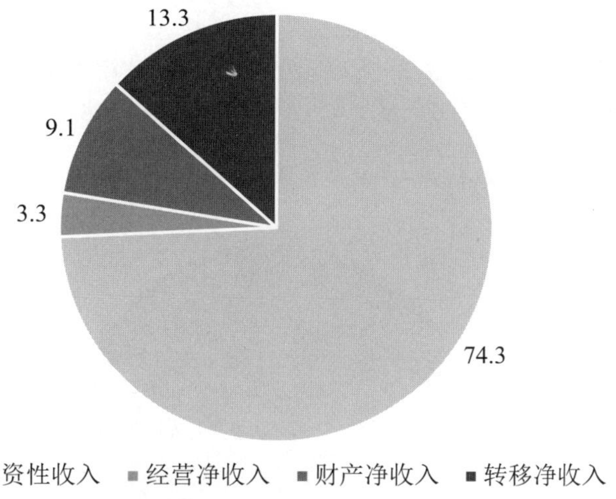

图 3　2021 年西藏城镇居民收入结构(单位:%)

(二)农牧民四项收入全面增长

1. 工资性收入增速最快，贡献率最高。2021 年西藏农牧民人均工资性收入 6086 元，同比增加 1308 元，增长 27.4%，占人均可支配收入比重为 35.9%，对收入增长的贡献率达到 56%，拉动收入增长 9.0 个百分点。一是随着脱贫攻坚工作圆满收官，西藏自治区党委政府进一步加大农村居民富余劳动力转移就业力度，全年已累计实现农牧民转移就业 69.3 万人，实现劳务收入 58.1 亿元。二是乡镇公益性岗位、护林人员、村级动物防疫员、村医等多种特定人员报酬丰富了农牧民的收入来源。三是投资 400 万元以下的中小工程交由农牧民施工队承包建设。另一方面，西藏下大力气解决拖欠农民工工资等问题，确保农民工能够按时足额拿到工资。从细项看，不按月发放的奖金津贴过节费达到 4677 元，同比增加 1059 元，增长 29.3%，仅此一项拉动农牧民人均可支配收入增长 7.3 个百分点。

2. 经营净收入平稳增长，占人均可支配收入比重最大。2021 年西藏农牧民人均经营净收入 7374 元，同比增加 462 元，增长 6.7%，占人均可支配收入比重为 43.5%，对收入增长的贡献率为 19.8%，拉动收入增长 3.2 个百分点。近几年西藏在农业生产发展、农业资源及生态保护、动物防疫、高标准农田建设等方面取得积极进展，种业创新发展和设施农业建设持续推进，良田、良种、良法进一步推广，青稞、牲畜良种覆盖率已分别达到 90%和 32%以上。2021 年西藏粮食产量达到 106.5 万吨，青稞产量 82 万吨，创历史新高。肉奶、蔬菜产量分别达 82 万吨和 88 万吨。“三品一标”农产品总数 1014 个。调查数据显示，西藏农牧民第一产业经营净收入为 5102 元，同比增长 1.8%。其中，西藏农牧民人均农业净收入达到 493 元，增长 7.9%；人均牧业净收入达到 1339 元，增长 10.3%。

此外，2021 年全区旅游产业复苏，接待旅游总人数达到 4153 万人次，同比增长 18.5%，旅游总收入达到 441.9 亿元，同比增长 20.6%；多重利好因素有力刺激三产行业相关需求快速增长。2021 年西藏农牧民人均第三产业经营净收入为 1862 元，同比增长 22.2%。其中，人均批发和零售业经营净收入为 328 元，同比增长 51.1%；人均交通运输仓储和邮政业经营净收入为 1451 元，同比增长 18.8%。

3. 财产净收入快速增长，为增收提供有益补充。2021 年西藏农牧民人均财产净收入 768 元，同比增加 158 元，增长 25.9%，占人均可支配收入比重为 4.5%，对收入增长的贡献率为 6.8%，拉动收入增长 1.1 个百分点。

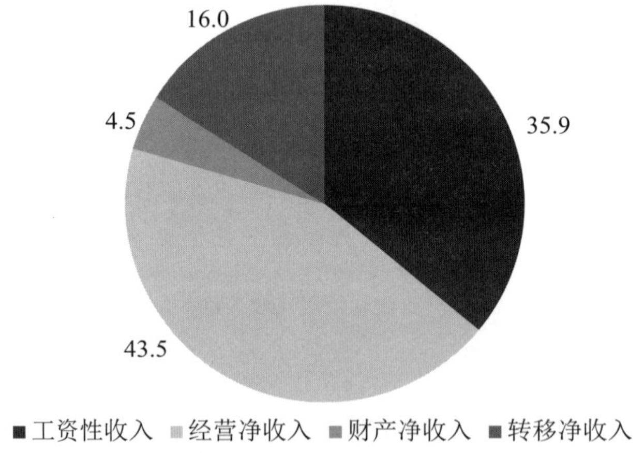

图 4　2021 年西藏农村居民收入结构图(单位:%)

4. 转移净收入较快增长，成为增收新亮点。2021 年西藏农牧民人均转移净收入 2707 元，同比增加 409 元，增长 17.8%，增速比上年加快 15.3 个百分点，占人均可支配收入比重达到 16%，对收入增长的贡献率为 17.5%，拉动收入增长 2.8 个百分点。惠民强农政策举措落地落实。2021 年自治区农牧民享受的财政补助优惠政策达到了 69 项，其中由自治区财政厅拨出的直接补贴达 22 项，主要包括边民补助、生态保护岗位补助、草原生态保护补助奖励、农业支持保护等。

此外，西藏社会救助制度逐渐完善，分层分类社会救助体系得以建立，社会救助兜底保障政策落实落细，养老保险、医疗保险、最低生活保障等社会保险基本实现全覆盖。更多的财政支出向民生领域倾斜，带动了西藏农牧民转移收入的增长。

三、2021 年西藏居民消费支出情况

2021 年西藏自治区居民人均消费支出 15342 元，较上年提高 2118 元，同比增长 16.0%。分城乡看，城镇居民人均消费支出 28159 元，较上年提高 3232 元，同比增长 13.0%；农村居民人均消费支出 10577 元，较上年提高 1659 元，同比增长 18.6%。全体居民消费支出呈现“七升一降”的态势，其中教育文化娱乐、医疗保健和居住类支出的增长速度最快，分别达到 39.4%、32.5%和 22.0%，其他用品和服务类支出较上年减少 28 元，降幅为 7.7%。城乡消费支出呈现不同特点。

(一)城镇居民消费支出特点

2021 年，在保价稳供、发放消费券、家电换新、购车补贴、提质夜间经济、加码“冬游西藏”等政策、措施的刺激下，城镇居民消费潜力进一步释放，消费支出持续反弹、迅速恢复，生活质量不断改善。

1. 八大类消费全面增长。从消费结构来看，2021 年西藏城镇居民人均八大类消费全面增长。其中，教育文化娱乐支出增长最快，同比增长 54.3%；其次是医疗保健支出，同比增长 42.5%；第三是其他用品和服务，同比增长 34.2%；衣着、生活用品及服务、居住、食品烟酒、交通通信支出同比分别增长了 14%、12.3%、11.7%、8.8%、0.8%。食品烟酒、居住和教育文化娱乐三项支出分别拉动消费增长 3.0、2.7、2.2 个百分点，占消费增速六成以上。

表 1　2021 年西藏城镇居民消费支出构成情况

指　　标	2021 年（元）	2020 年（元）	2021 年占比（%）	2020 年占比（%）	增速（%）
城镇居民人均消费支出	28159	24927	100.0	100.0	13.0
食品烟酒	9395	8638	33.4	34.7	8.8
衣着	2626	2303	9.3	9.2	14.0
居住	6539	5855	23.2	23.5	11.7
生活用品及服务	2053	1828	7.3	7.3	12.3
交通通信	3651	3621	13.0	14.5	0.8
教育文化娱乐	1567	1015	5.6	4.1	54.3
医疗保健	1566	1099	5.6	4.4	42.5
其他用品和服务	763	568	2.7	2.3	34.2

2. 吃穿住用基本生活类消费较快增长。西藏统筹推进疫情防控和民生保障，各项保民生政策持续落地见效，促进居民基本生活消费继续较快增长。2021 年西藏城镇居民人均基本生活消费 20613 元，比上年增长 10.7%。食品烟酒、衣着、居住、生活用品及服务消费比上年皆有较快增长，增速分别为 8.8%、14.0%、11.7%、12.3%。其中，食品烟酒和居住支出是城镇居民基本生活

类消费的中坚力量，拉动基本生活类消费增长的贡献率超过70%，分别为38.1%、34.4%。

3. 服务性消费比重上升，恩格尔系数下降。2021年西藏城镇居民恩格尔系数为33.4%，比上年下降1.3个百分点。居民服务性消费支出恢复性增长，2021年西藏城镇居民人均服务性消费支出10661，比上年增长25%，增速快于西藏城镇居民人均生活消费支出12个百分点，人均服务性消费支出占消费支出比重为37.9%，比上年上升3.6个百分点。其中，人均食品烟酒服务支出、人均教育文化娱乐服务支出、人均医疗保健服务支出是服务性消费的主要增长点，分别比上年增加780元、448元、395元，增长49.7%、74.3%、54.9%。

（二）农村居民消费支出特点

1. 消费支出首次过万，增速位次进入前十。2021年，西藏农牧民人均消费支出为10577元，首次突破万元，低于全国平均水平5339元，在全国31个省（区、市）中位居第31位，同比增加1659元，增长18.6%，比全国平均水平高2.5个百分点，在全国31个省（区、市）中排位第8位。农民增收对于促进消费、拉动内需的作用效果明显。

2. 八大类消费"七升一降"。调查数据显示，八大类消费支出中，增长最快的是居住支出，同比增长33%；教育文化娱乐支出次之，同比增长23.9%；第三是医疗保健支出，同比增长21.7%；生活用品及服务、食品烟酒、衣着、交通通信支出分别增长了21.3%、18.6%、12.9%和10.4%；其他用品和服务支出同比下降38.8%。从对消费支出增长的贡献率看，居住和食品烟酒两项消费的贡献率超过75%，贡献率分别37.9%和37.8%。

表2　2021年西藏农牧民消费支出构成情况

指　　标	2021年（元）	2020年（元）	2021年占比（%）	2020年占比（%）	增速（%）
农村居民人均消费支出	10577	8917	100	100	18.6
食品烟酒	3997	3369	37.8	37.8	18.6
衣着	799	708	7.6	7.9	12.9
居住	2538	1909	24.0	21.4	33.0
生活用品及服务	575	475	5.4	5.3	21.3
交通通信	1530	1386	14.5	15.5	10.4
教育文化娱乐	471	380	4.5	4.3	23.9
医疗保健	490	403	4.6	4.5	21.7
其他用品和服务	176	288	1.7	3.2	－38.8

四、2021年西藏居民生活状况

（一）城乡居民住房情况

2021年西藏居民人均住房建筑面积为41.99平方米，其中城镇居民人均住房建筑面积45.62平方米，农村居民人均住房建筑面积40.63平方米。从居住空间样式来看，西藏住户中居住单栋楼房和单栋平房的家庭居多，占比分别达到50.1%和25.3%。其中城镇住户居住单元房和单栋楼房的家庭占多数，比重分别达到46.3%和37.7%；农村居民居住样式主要以单栋楼房和单栋平房为主，占比分别达到58.1%和36.9%。从住房建筑材料来看，城镇居民住房建筑材料主要是钢筋混泥土，占比达到78.3%，其次是砖混材料，占比为14.3%；农村居民住房建筑材料以砖瓦砖木材料和砖混材料为主，占比达到70.0%以上。

（二）城乡居民生活设施情况

从居民饮用水来源看：2021年西藏自治区全体居民使用经过净化处理的自来水户占比64.2%，使用受保护的井水和泉水的户占19.6%。分城乡看，城镇居民使用经过净化处理的自来水户占比90.9%，使用受保护的井水和泉水的户占5.5%；农村居民使用经过净化处理的自来水户占比46.8%，使用受保护的井水和泉水的户占28.8%，居民饮水安全有一定的保障。

从居民取水位置看：2021年西藏城乡居民取水位置普遍在住宅内，占比分别为90.2%和62.8%，其中住宅内使用管道取水的户占比分别达到98.1%和97.6%，可见居民基本能够实现便捷用水。

从主要炊用能源看：2021年西藏城镇居民主要的炊用能源为灌装液化石油气和管道天然气，占比分别为65.9%和13.6%；农村居民主要的炊用能源为柴草和其他能源，占比分别为55.3%和26.0%，西藏牧民通常以牛粪作为主要燃料。

（三）耐用品拥有情况

1. 交通工具不断升级。2021年，西藏全体居民每百户家用汽车拥有38.9辆。其分城乡看，城镇居民每百户家用汽车拥有38.9辆，比2012年增加辆11.9辆；农村居民每百户家用汽车拥有34.1辆。

2021年，西藏全体居民每百户摩托车拥有58.1辆。其分城乡看，城镇居民每百户摩托车拥有11辆，比2012年减少5辆；农村居民每百户摩托车拥有88.7辆，比2012年增加8.8辆。全体居民每百户电动助力车拥有24.2辆。分城乡看，城镇居民每百户电动助力车拥有23.9辆，比2012年增加13.9辆；农村居民每百户电动助力车拥有24.4辆，比2012年增加24.1辆。

2. 家用电器不断充盈。2021年西藏全体居民每百户洗衣机拥有92台。分城乡看，城镇居民每百户洗衣机拥有99.7台，比2012年增加11.7台；农村居民每百户洗衣机拥有87.1台，比2012年增加64.3台。全体居民每百户电冰箱（柜）拥有93.4台。分城乡看，城镇居民每百户电冰箱（柜）拥有104.9台，比2012年增加18.9台；农村居民每百户电冰箱（柜）机拥有86台，比2012年增加53.4台。此外，全体居民每百户彩色电视机、热水器分别拥有118.2台和25台。分城乡看，城镇居民每百户彩色电视机、热水器分别拥有124.3台和49.8台；农村居民每百户彩色电视机、热水器分别拥有114.3台和9台。

3. 信息化设备拥有情况。2021年西藏城镇居民每百户拥有计算机、移动电话和固定电话的数量分别为45.4台、214.2部和11.2部，农村居民每百户拥有计算机、移动电话和固定电话的数量分别为8.8台、266.51部和3.1部。

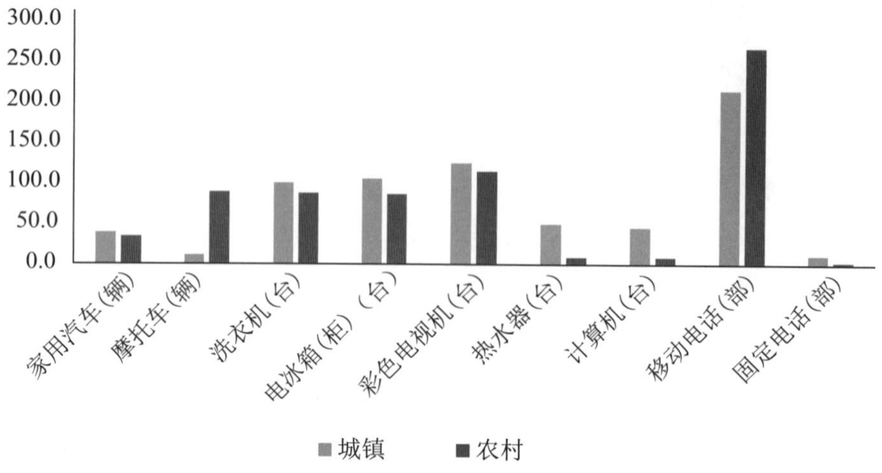

图5 2021年西藏城乡居民耐用品每百户拥有情况

(四)社区(村)基础设施和基本公共服务持续改善

截止2021年,西藏自治区通电、通电话和能接收有线电视信号的社区(村)实现全覆盖,其余基础设施和服务正在不断完善。

城镇居民所在社区能便利乘坐公共汽车的比重达97.0%;饮用水经过集中净化处理的比重达96.9%;社区内主要道路有路灯的比重达98.5%;并且已全部实现垃圾集中处理和健身器材与宽带的全覆盖。

农村居民所在的村通公路的比重达84.3%;村内主要道路为水泥或柏油路面的比重达66.8%;主要道路有路灯的比重达75.1%;能够便利乘坐公共汽车的比重达70.6%;饮用水经过集中净化处理的比重达58.5%;能够做到垃圾集中处理的比重达87.1%;有健身器材的比重达77.6%;已通宽带的比重达81.1%;有卫生站的比重达84.2%;能便利或较便利上幼儿园的比重达84.1%;能便利或较便利上小学的比重达84.3%。

(执笔人:国家统计局西藏调查总队　余成澄)

陕西居民收支与生活状况报告

2021年是中国共产党成立100周年，是“十四五”规划开局之年，也是全面建成小康社会、开启全面建设社会主义现代化国家新征程的关键之年。一年来，陕西上下深入学习贯彻习近平总书记来陕考察重要讲话重要指示精神，坚持稳中求进工作总基调，完整、准确、全面贯彻新发展理念，服务和融入新发展格局，坚持以供给侧结构性改革为主线，统筹疫情防控和经济社会发展，扎实做好“六稳”工作，全面落实“六保”任务，经济持续恢复，民生持续改善，陕西居民收入较快增长，消费支出持续回暖，居民生活水平和质量进一步提升。

一、居民收入保持较快增长

2021年，陕西居民人均可支配收入28568元，同比增长8.9%。十八大以来，陕西居民人均可支配收入由2012年12885元，增长到2021年28568元，增长121.7%，年均增长9.3%，居民收入保持较快增长。

（一）城乡居民收入总量继续扩大

2021年陕西城镇居民人均可支配收入40713元，同比增长7.5%，较2012年增加20444元，累计增长100.9%，年均增长8.1%。农村居民人均可支配收入14745元，同比增长10.7%，较2012年增加8460元，累计增长134.6%，年均增长9.9%（见图1）。

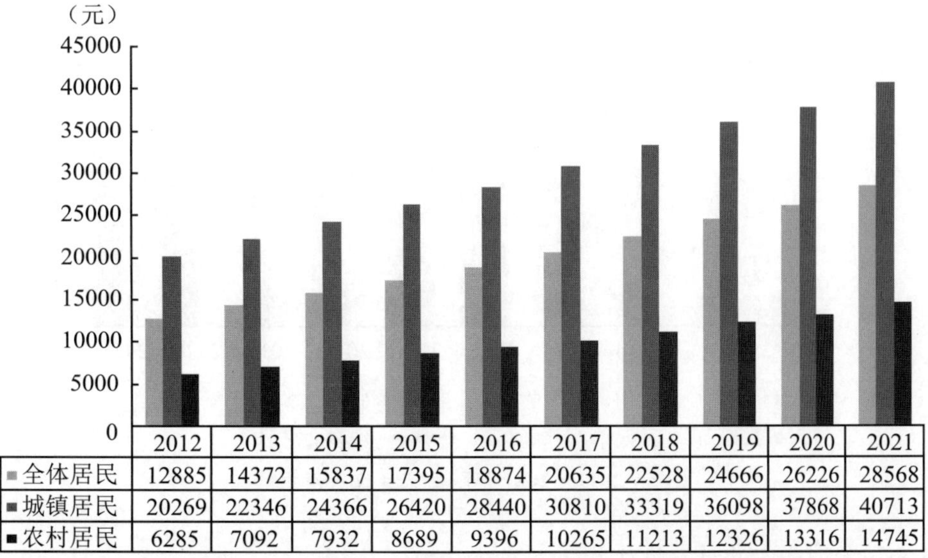

	2012	2013	2014	2015	2016	2017	2018	2019	2020	2021
全体居民	12885	14372	15837	17395	18874	20635	22528	24666	26226	28568
城镇居民	20269	22346	24366	26420	28440	30810	33319	36098	37868	40713
农村居民	6285	7092	7932	8689	9396	10265	11213	12326	13316	14745

图1　2012—2021年陕西居民人均可支配收入增长情况

（二）居民收入与经济发展基本保持同步增长

十八大以来，陕西居民人均可支配收入各年分别比上年实际增长8.3%、8.5%、8.8%、

7.1%、7.6%、6.9%、6.4%、3.7%和7.3%，累计实际增长86.5%，年均实际增长7.2%；同期各年地区生产总值增速分别为10.5%、9.6%、7.7%、7.5%、7.8%、8.1%、6.0%、2.2%和6.5%，累计实际增长88.5%，年均实际增长7.3%，居民收入增长和经济发展水平基本同步(见图2)。

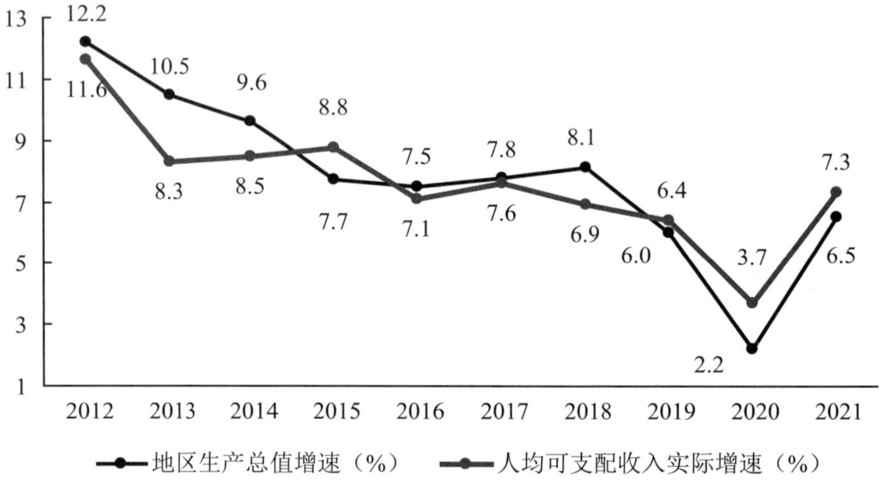

图2　2012—2021年陕西居民收入与生产总值增长情况比较

（三）城乡收入比逐年缩小，收入绝对差距逐年拉大

十八大以来，陕西统筹区域、城乡一体化协调发展，深入推进精准扶贫和乡村振兴战略，农村经济持续快速发展，农村居民收入年均增长速度快于城镇居民1.8个百分点，陕西城乡居民收入比从2012年的3.22：1缩小到了2021年的2.76：1，城乡居民收入相对差距呈现出不断缩小的良好发展势头。农村居民人均可支配收入增速虽然高于城镇，但较大的城乡收入差异现实依然没有明显改善，收入绝对差距还在继续扩大，由2012年的13984元扩大到2021年25968元(见图3)。

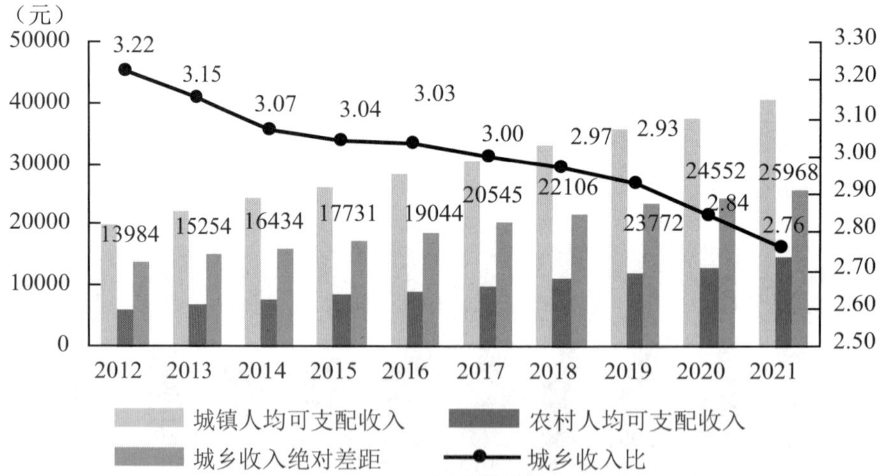

图3　2012—2021年陕西城乡收入差距情况

（四）与全国绝对差距扩大，相对差距不断缩小

陕西居民人均可支配收入与全国的绝对差距量呈扩大态势，由2012年的3625元扩大到2021年的6560元，增加2935元。其中，城镇居民人均可支配收入与全国差距由3858元扩大到6699元；农村居民人均可支配收入与全国差距由2104元扩大到4186元。陕西城乡居民人均可

支配收入与全国平均水平相对差距不断缩小。2021年，陕西居民人均可支配收入占全国的比重达到81.3%，较2012年提高了3.3个百分点。其中，城镇居民人均可支配收入占全国的比重为85.9%，比2012年提高1.9个百分点；农村居民人均可支配收入占全国的比重为77.9%，比2012年提高3.0个百分点。

二、2021年城乡居民收入增长特点

（一）城镇居民收入稳步增长

2021年，陕西城镇居民人均可支配收入40713元，突破4万元大关，较上年增加2845元，增长7.5%，增速在全国31个省份中排名第22位。

1. 工资性收入占比最大、贡献最高。2021年，城镇居民人均工资性收入23245元，较上年增加1394元，增长6.4%，对可支配收入贡献率为49.0%，拉动可支配收入增长3.7个百分点，是陕西城镇居民增收的最主要动力来源（见表1）。工资性收入增长的主要因素：一是减负稳岗扩就业政策延续实施，全年城镇新增就业44.56万人，就业形势稳中向好。二是最低工资标准每档提高150元/月，企业工资增长基准线调整为7.5%，下线为3.5%，工资收入增长保障有力。

表1　2021年陕西城镇居民人均可支配收入情况表

指　　标	本年（元）	上年（元）	比上年±（元）	增幅（%）	占比（%）	贡献率（%）	拉动增长（%）	两年平均增长（%）
可支配收入	40713	37868	2845	7.5	100.0	100.0	7.5	6.2
工资性收入	23245	21850	1394	6.4	57.1	49.0	3.7	5.3
经营净收入	3058	2836	222	7.8	7.5	7.8	0.6	5.3
财产净收入	3239	2851	388	13.6	8.0	13.7	1.0	10.7
转移净收入	11171	10330	840	8.1	27.4	29.5	2.2	7.3

（表中部分数据因四舍五入原因，存在数值合计不等的情况，下表同）

2. 经营净收入稳步增长。2021年，城镇居民人均经营净收入3058元，较上年增加222元，增长7.8%，对可支配收入贡献率为7.8%，拉动可支配收入增长0.6个百分点。经营净收入稳步增长的原因有：一是陕西深化“放管服”改革，营商环境持续优化。二是消费市场持续恢复，网上商品销售增速加快。

3. 财产净收入快速增长。2021年，城镇居民人均财产净收入3239元，较上年增加388元，增长13.6%，对可支配收入贡献率为13.7%，拉动可支配收入增长1.0个百分点。财产净收入快速增长的原因有：一是房屋出租市场回暖，城镇居民出租房屋租金收入增长。二是居民存款余额增长，带动利息收入增长明显。

4. 转移净收入较快增长。2021年，城镇居民人均转移净收入11171元，较上年增加840元，增长8.1%，对可支配收入贡献率为29.5%，拉动可支配收入增长2.2个百分点。转移净收入较快增长的原因有：一是2021年陕西企业和机关事业单位退休人员养老金月人均增加154.4元，惠

及283万人。二是城乡居民基础养老金发放标准和金额提高。三是2021年失业保险金发放标准提高135元，发放人数同比增长27.4%。四是2021年陕西城镇居民寄带回收入同比增长13.0%，推动转移净收入较快增长。

（二）农村居民收入较快增长

2021年，陕西农村居民人均可支配收入14745元，较上年增长10.7%，增速高于全国平均增速0.2个百分点，增速排名全国第7位。

1. 工资性收入快速增长，收入拉动效应明显。2021年，陕西农村居民人均工资性收入6104元，较上年增加716元，增长13.3%，占可支配收入比重为41.4%，对可支配收入增长的贡献率为50.1%，拉动收入增长5.4个百分点，是农村居民收入较快增长的首要驱动力（见表2）。工资性收入较快增长主要原因：一是务工收入增长明显。农民工监测调查显示，2021年陕西农民工月均收入较上年增长10.9%。二是务工时长稳步增长。全年外出农民工从业时间较上年增长6.1%。三是外出务工人数稳定增加。2021年陕西全年农民工总量783.7万人，较上年增长4.2%。

表2　2021年陕西农村居民人均可支配收入情况表

指　　标	本年（元）	上年（元）	比上年±（元）	增幅（%）	占比（%）	贡献率（%）	拉动增长（%）	两年平均增长（%）
可支配收入	14745	13316	1428	10.7	100.0	100.0	10.7	9.4
工资性收入	6104	5388	716	13.3	41.4	50.1	5.4	10.2
经营净收入	4433	4150	283	6.8	30.1	19.8	2.1	8.1
财产净收入	248	229	19	8.5	1.7	1.4	0.1	7.6
转移净收入	3960	3550	410	11.5	26.9	28.7	3.1	9.6

2. 惠农政策落实到位，转移净收入较快增长。2021年，陕西农村居民人均转移净收入3960元，较上年增加410元，增长11.5%，占可支配收入的比重为26.9%，对可支配收入贡献率为28.7%，拉动可支配收入增长3.1个百分点。转移净收入快速增长的主要原因：一是农村低保标准提高，发放金额增加。2020年10月起，陕西农村低保标准提高517元，增长12.0%。二是农村企事业单位退休人员基本养老金标准提高，惠及人数增长。2021年1月起，退休人员基本养老金每人每月增加56元。三是乡村振兴补助资金落实到位。2021年已下达中央财政衔接推进乡村振兴补助资金67亿元，省级财政衔接推进乡村振兴补助资金42.6亿元。

3. 农业生产形势平稳，经营净收入稳步增长。2021年，陕西农村居民人均经营净收入4433元，较上年增加283元，增长6.8%，占可支配收入的比重为30.1%。经营净收入稳步增长的主要原因：一是全年粮食再获丰收。2021年陕西粮食产量为历史第三高，单产为历史第二高，粮食生产属于丰收年景。二是主要农产品价格上涨明显。牛、羊、奶类价格分别上涨19.5%、10.9%、14.4%；玉米、小麦、稻谷价格分别上涨13.6%、8.7%和8.0%。三是农业生产补贴发放到位。2021年陕西下达实际种粮农民一次性补贴资金4.47亿元，发放耕地地力保护补贴30.65亿元。

4. 农村土地流转市场趋暖，财产净收入平稳增长。2021年，陕西农村居民人均财产净收入

248 元，较上年增加 19 元，增长 8.5%，占可支配收入的比重为 1.7%。农村土地流转趋暖，全年农村人均转让承包土地经营权租金净收入较上年增长 12.8%，推动农村居民财产净收入平稳增长。

三、居民消费水平不断提高

2021 年，陕西居民人均生活消费支出 19347 元，增长 11.1%；其中，城镇居民人均生活消费支出 24784 元，增长 8.4%，农村居民人均生活消费支出 13158 元，增长 15.7%。

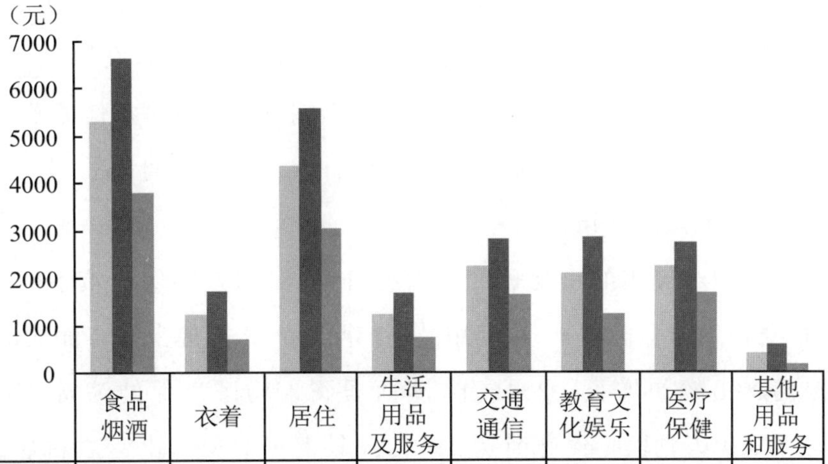

	食品烟酒	衣着	居住	生活用品及服务	交通通信	教育文化娱乐	医疗保健	其他用品和服务
全体居民	5332	1265	4402	1267	2284	2111	2265	422
城镇居民	6664	1739	5589	1701	2835	2880	2759	616
农村居民	3815	725	3049	773	1657	1235	1702	202

图 4 2021 年陕西居民消费支出

（一）八大类消费支出全面增长

2021 年，陕西统筹疫情防控和经济社会发展取得显著成效，居民收入稳定增长，居民生活消费支出持续回暖，八大类消费支出全面增长。分类来看，教育文化娱乐支出 2111 元，增长 20.2%，增速最快。其他各项依次为：居住支出 4402 元，增长 14.1%；其他用品及服务支出 422 元，增长 12.4%；食品烟酒支出 5332 元，增长 10.6%；衣着支出 1265 元，增长 9.3%；医疗保健支出 2265 元，增长 9.0%；生活用品及服务支出 1267 元，增长 7.4%；交通通信支出 2284 元，增长 4.1%。其中，城镇居民增长最快的是教育文化娱乐支出，增速达 20.6%；农村增长最快的是食品烟酒支出，增速为 19.9%。

（二）消费信心持续恢复

今年以来，陕西消费市场快速复苏，居民消费意愿持续提高。2021 年，陕西居民平均消费倾向（生活消费支出占可支配收入的比重）为 67.7%，比 2020 年提高了 1.3 个百分点。按常住地看，城镇居民消费倾向 60.9%，比 2020 年提高 0.5 个百分点。农村居民消费倾向 89.2%，比 2020 年提高 3.8 个百分点，较 2019 年提高 0.5 个百分点。

（三）食品烟酒消费支出快速增长

疫情常态化防控情况下，人间“烟火味”最抚百姓心，2021 年陕西餐饮行业快速复苏，居民食品烟酒消费快速增长。一是食品消费有所增长。2021年居民人均食品消费为3313元，增长6.0%，其中蔬菜和食用菌消费增长5.2%，蛋类消费增长17.3%。二是堂食与在外饮食恢复式增长。2021年居民人均饮食服务1301元，增长24.3%，其中食堂用餐消费100元，增长26.7%，在外饮食消费1197元，增长24.2%。三是烟酒饮料消费有所增加。全省居民人均烟酒消费支出590元，增长11.2%，人均饮料消费支出130元，增长10.1%。

(四)教育文化娱乐消费复苏明显

今年以来，陕西教育文化娱乐消费市场恢复活跃，各类线上教育回归线下，旅游娱乐场所全面放开，居民教育文化娱乐消费实现大幅增长。2021年，陕西居民人均教育文化娱乐支出增长20.2%，其中，城镇居民人均教育文化娱乐支出较上年增长20.6%，农村居民人均教育文化娱乐支出增长16.8%。但需要注意的是，受“双减”政策影响和临近省份疫情波及，全体居民人均教育文化娱乐支出两年平均下降3.0%，尚未恢复至疫情前2019年同期水平。

(五)医疗保健消费较快增长

疫情背景下，人们对健康的重视程度显著提升，同时国家医保政策不断完善，居民“以养代治”的意识增强，居民用于保健器具、保健用品、营养食品、休闲健身等方面的消费支出明显增加，带动了医疗保健支出较快增长。2021年，陕西居民人均医疗保健消费2265元，较上年增长9.0%；其中，城镇居民人均医疗保健消费2759元，较上年增长5.8%，农村居民人均医疗保健消费1702元，较上年增长14.2%。

四、居民生活状况

(一)居住条件不断提高

2021年陕西居民住房面积继续增加，人均住房建筑面积达到42.5平方米，比上年增长4.6%。其中，城镇居民人均住房建筑面积为38.5平方米，较上年略降0.4%；农村居民人均住房建筑面积为47.0平方米，比上年增长10.0%。居住在单元房的户比重为40.0%，比上年提高0.4个百分点。

从主要饮用水源看，使用经过净化处理的自来水和的受保护的井水和泉水户比重为98.7%，比上年提高5.1个百分点。

从住宅卫生设施看，住宅内有水冲式卫生厕所或卫生旱厕的户比重为88.8%，比上年提高18.5个百分点。

从主要炊用能源看，使用管道天然气和用电的户比重分别比上年提高2.3和3.0个百分点；使用柴草、煤炭的户比重分别下降2.4和0.6个百分点。

(二)耐用消费品拥有量不断增加

随着耐用消费品革新速度加快和居民购买力的不断提升，城乡居民主要耐用消费品拥有量不断增多，农村居民升级换代趋势更为明显。

汽车拥有量逐年增加。2021年，陕西居民平均每百户汽车拥有量为33.1辆，比上年增加1.7

辆，增长5.5%。其中，城镇居民平均每百户汽车拥有量达到42.6辆，增长5.2%；农村居民平均每百户汽车拥有量达到22.3辆，增长9.5%。

普通家电趋于饱和。2021年，陕西居民平均每百户拥有彩色电视机105.9台，空调99.9台，洗衣机98.2台，电冰箱（柜）96.7台，热水器73.3台，主要家用电器趋于饱和。

移动电话拥有量最高。陕西居民平均每百户移动电话拥有量达到254.4部，其中接入互联网的移动电话达到223.9部，分别较上年增长2.1%和1.2%，移动电话是陕西居民拥有量最高的耐用消费品。

（三）基础设施持续改善

近年来，陕西在社区（村）通公路、通电、通电话、通有线电视基本全面实现的基础上，其他基础设施也在不断完善。

城镇居民所在社区开通了管道燃气的比重达到78.7%；有市政或小区集中供暖的比重为58.6%；所在社区上幼儿园（学前班）便利的比重为97.4%；所在社区上小学便利或较便利的户比重为97.8%。

农村居民所在村进村道路为水泥或柏油路面的比重为97.2%，村内主要道路为水泥或柏油路面的比重为93.5%；垃圾能集中处理的比重达到97.6%；有健身器材的比重达到95.2%；有卫生站（室）的比重为100%；上幼儿园（学前班）便利的比重为79.8%；所在社区上小学便利或较便利的户比重为82.9%。

五、促进陕西城乡居民收入消费持续增长的几点建议

（一）保持经济稳定增长，为居民持续增收奠定坚实基础

经济稳定增长是居民持续增收的坚实基础。面对当前复杂多变的经济形势，如何保持经济平稳增长是高质量发展的基础。要把统筹推进疫情防控和经济社会发展这条主线贯穿始终，进一步坚持以人民为中心的发展理念，坚持“稳中求进”工作总基调，贯通落实“五项要求”“五个扎实”，扎实做好“六稳”工作、全面落实“六保”任务，全力推动经济高质量转型发展，保持经济稳定增长，为居民持续增收提供良好基础。

（二）完善民生保障，多渠道拓宽居民增收渠道

出台和实施更多惠民举措，以增加民生福祉为根本落脚点，让改革发展成果更多惠及于民。一是坚持就业是民生之本，实施就业优先政策，健全公共就业服务和终身职业技能培训。进一步促进创业带动就业、多渠道灵活就业机制，营造公平就业环境，努力提高居民工资性收入。二是打造更高水平公共服务体系，建立完善养老和扶幼助难机制体制，巩固脱贫成果，提升社会保障力度。三是拓宽投资渠道，加强对投资理财渠道监管和规范，使群众有信心利用理财增加财产性收入。四是加强对房价和物价宏观调控，防止价格过快增长透支居民消费能力；稳定和保障农产品和基本生活必需品供应，健全价格补贴联动机制，防止高物价缩减居民实际增收水平。

（三）坚持城乡一体化发展，缩小城乡差距

深入实施乡村振兴战略，加快农业农村现代化，补齐制约农村发展的“短板”。持续加大强农惠农富农力度，把基础设施建设和社会事业发展重点向农村倾斜，以农村基础设施建设为牵引，带动农业增效、农民增收；积极稳妥推进农村“三变”改革，盘活农村集体建设用地、农户宅基地、农民承包地等土地资源，以发展产业来带动各类农村资源，推动农村更快发展，使城乡经济社会全面协调可持续发展。

（四）继续推进消费供给侧改革

引导消费品生产企业更加积极主动适应市场需求变化，推进消费供给侧改革。加快提档升级实物消费，提升居民吃穿用消费品质；提质扩容服务消费，发展壮大旅游消费，创新提升文化消费；培育新兴消费热点，挖掘体育、健康、养老、家政、教育消费潜力。

（执笔人：国家统计局陕西调查总队　武德朋）

甘肃居民收支与生活状况报告

2021年，在以习近平同志为核心的党中央坚强领导下，甘肃上下坚决落实党中央决策部署，围绕"十四五"规划提出的"共同富裕要迈出坚实步伐"的目标，扎实做好"六稳""六保"工作，持续巩固拓展疫情防控和经济社会发展成果，突出高质量发展主题，全省经济稳中有进、稳步提质，城乡居民收入持续增长，消费恢复明显，实现"十四五"良好开局。

一、城乡居民人均可支配收入持续增长，稳中提质

2021年，甘肃居民人均可支配收入22066元，较上年同期增加1731元，同比增长8.5%。分城乡看，城镇居民人均可支配收入36187元，较上年同期增加2365元，同比增长7.0%；农村居民人均可支配收入11433元，较上年同期增加1089元，同比增长10.5%。

（一）收入水平不断提高，收入增速相对平稳

十八大以来，甘肃城乡居民收入水平稳步提高，人民群众获得感幸福感安全感不断提升。城镇居民人均可支配收入从2012年的17979元，增加到2021年的36187元，年均增长8.1%；农村居民人均可支配收入从2012年的4931元，增加到2021年的11433元，年均增长9.8%。从城乡居民收入增长速度来看，随着经济由高速增长阶段转向高质量发展阶段，城乡居民收入增速也有所放缓，呈现相对平稳态势

表1　2012—2021年甘肃分城乡居民人均可支配收入及增速

年　份	水平（元）		增速（%）	
	城镇居民	农村居民	城镇居民	农村居民
2012	17979	4931	14.5	15.3
2013	19873	5589	10.5	13.3
2014	21804	6277	9.7	12.3
2015	23767	6936	9.0	10.5
2016	25694	7457	8.1	7.5
2017	27763	8076	8.1	8.3
2018	29957	8804	7.9	9.0
2019	32323	9629	7.9	9.4
2020	33822	10344	4.6	7.4
2021	36187	11433	7.0	10.5

（二）农村居民收入增速更快，城乡差距持续缩小

近年来，甘肃不断加大脱贫攻坚力度，进一步巩固拓展脱贫攻坚成果，全面推进乡村振兴战

略,农村居民收入稳步提高。一是农村居民人均可支配收入增速快于城镇居民。十八大以来,除2016年外,农村居民收入增速均快于城镇居民收入增速。2021年农村居民人均可支配收入增速高于城镇居民3.5个百分点;二是城乡居民收入比变化呈现逐渐缩小趋势。2021年城乡居民人均可支配收入比值为3.17∶1,比上年同期缩小0.10,比2012年下降0.48,城乡居民收入差距持续多年缩小,收入分配格局不断优化。

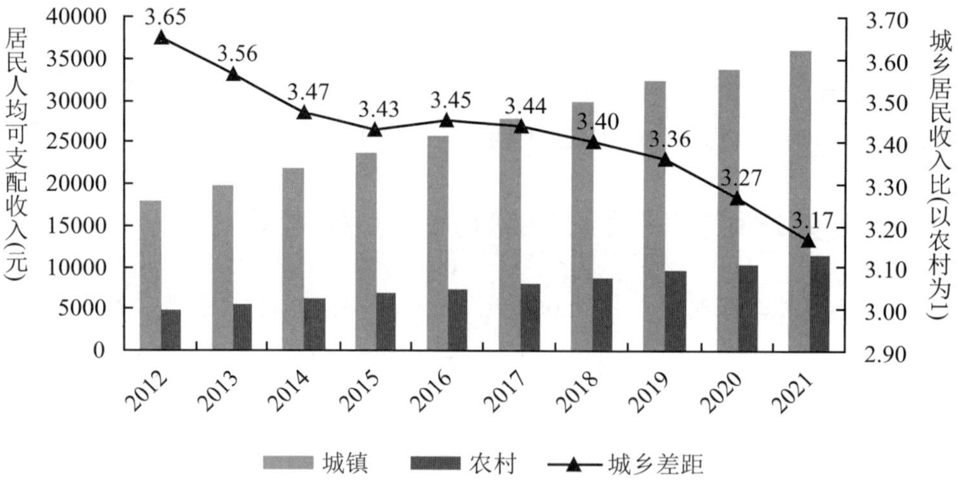

图　2012—2021年甘肃分城乡居民人均可支配收入及城乡收入比

(三)增收渠道不断拓宽,收入结构优化调整

从收入来源看,城乡居民收入结构不断优化。甘肃城镇居民人均可支配收入来源主要以工资性收入为主,其次为经营净收入和转移净收入,财产净收入占比相对较小。2021年四大项收入比重依次为67.6%、7.5%、7.8%和17.1%,较2012年经营净收入和转移净收入的比重降低了0.5和1.4个百分点,工资性和财产性收入的比重则分别提高了1.6和0.3个百分点,城镇居民收入结构多元化特征更加明显。

农村居民人均可支配收入来源主要以经营净收入为主,其次为工资性收入和转移净收入,财产净收入占比最小。2021年四大项收入比重依次为29.2%、44.8%、1.3%和24.7%,较2012年经营净收入和转移净收入的比重降低了2.2和3.4个百分点,工资性和财产性收入的比重则提高了5.4和0.2个百分点。农村居民收入构成变化表明随着乡村振兴战略持续推进,农村居民收入来源、渠道更趋多元化。

二、城乡居民主要收入来源和影响因素

2021年,甘肃各级政府以保障和改善民生为重点,多点发力,大力开辟居民增收新途径,城乡居民四项收入全面增长。

表2 2021年甘肃城乡居民人均可支配收入及构成表

指 标	绝对值(元)		增速(%)		比重(%)		拉动增速(%)		贡献率(%)	
	城镇	农村	城镇	农村	城镇	农村	城镇	农村	城镇	农村
可支配收入	36187	11433	7.0	10.5	100.0	100.0	7.0	10.5	100.0	100.0
工资性收入	24463	3337	6.8	11.8	67.6	29.2	4.6	3.4	65.9	32.3
经营净收入	2700	5124	8.5	10.2	7.5	44.8	0.6	4.6	8.9	43.5
财产净收入	2831	150	7.7	10.6	7.8	1.3	0.6	0.1	8.6	1.3
转移净收入	6193	2822	6.7	9.7	17.1	24.7	1.2	2.4	16.6	22.9

(一)工资性收入稳步增长,“压舱石”作用发挥明显

2021年,城镇居民人均工资性收入24463元,同比增长6.8%,占可支配收入的67.6%,比重最大,拉动收入增长4.6个百分点,对收入增长的贡献达到65.9%。2021年,全省坚持就业优先政策,按照抓培训、促就业、保增收的工作思路,加大新一轮积极就业政策落实力度,健全完善就业创业政策体系,突出做好高校毕业生、农民工、退役军人等重点群体就业工作,强化公共就业服务,新增就业稳定增长,输转城乡富余劳动力成效显著,就业形势总体平稳,工资性收入稳步增长。同时,部分企业工资标准上调,相关政策性增资机制及时落实,拉动城镇居民工资性收入稳步增长。

2021年,全省农村居民人均工资性收入3337元,同比增长11.8%,增速最快,占可支配收入的比重为29.2%,对收入增长的贡献率是32.3%,拉动收入增长3.4个百分点。2021年,甘肃省各级党委政府高度重视居民就业工作,积极出台稳就业“硬核”政策措施,全面强化稳就业举措,坚持减负、稳岗、扩就业并举,加强劳务输转对接,加大劳务品牌培育,多渠道带动本地就业。创新开展“百千万”创业引领工程,以“六大活动、十项比赛”为抓手,持续优化创业创新环境,激发创业带动就业活力,有力促进农村居民就业,带动农民工资性收入增长。

(二)经营状况向好,经营净收入恢复性增长

2021年,全省城镇居民人均经营净收入2700元,同比增长8.5%,增速比上年同期回升8.3个百分点,增速最大,占可支配收入的7.5%,拉动收入增长0.6个百分点,对收入增长的贡献达到8.9%。在疫情影响下,2020年居民人均经营净收入同比有所下降,对城镇居民影响更大。2021年以来,全省上下统筹疫情防控和经济社会发展,深化“放管服”改革,持续优化营商环境,完善涉企政策精准推送、普惠政策“不来即享”等制度,更大力度落实惠企政策,更大力度疏通堵点梗阻,更大力度保障发展要素,更大力度破解企业“急难愁盼”,着力解决民营企业融资难、融资贵问题,支持中小企业做大做强主业、做优做精产品,打造核心竞争力,提升融通发展能力,最大限度激发市场主体活力,有力促进了经济较快恢复发展,带动城镇居民经营净收入较快增长。2021年,城镇居民人均第二产业、第三产业经营净收入分别增长33.8%和5.6%。

2021年,全省农村居民人均经营净收入5124元,同比增长10.2%,占可支配收入的比重为44.8%,对收入增长的贡献率达43.5%,拉动收入增长4.6个百分点,是拉动农村居民收入增长的主要动力。2021年全省以巩固拓展脱贫攻坚成果、加快推动乡村产业振兴和农业现代化为主

要抓手，启动实施现代丝路寒旱农业优势特色产业倍增计划。全省第一产业增加值 1364.7 亿元，同比增长 10.1%。全年粮食生产基本稳定，实现夏秋"双增"，畜牧业养殖规模继续扩大，畜牧业生产稳定增长，为农村居民增收奠定了良好基础。着力"建基地、强龙头、延链条、聚集群、培园区、创品牌"，加快构建现代农业产业体系，全面实施"甘味"品牌营销战略，持续提升特色产业规模、质量和效益，促进农业稳定发展农民持续增收。

(三)财产净收入有所增长，对增收拉动作用增大

2021 年，城镇居民人均财产净收入 2831 元，同比增长 7.7%，拉动收入增长 0.6 个百分点，对收入增长的贡献达 8.6%。财产净收入是城镇居民收入的短板，根据木桶原理，财产净收入影响城镇居民整体收入。全省持续加强体制机制改革，充分利用各类资源、资产和资金，激发创新活力，增加城镇居民财产净收入。同时，随着疫情影响的逐步消除，房屋租赁市场逐步回温，在上年低基数的基础上，财产性收入增长较快。

2021 年，全省农村居民人均财产净收入 150 元，同比增长 10.6%，占人均可支配收入的比重为 1.3%，比重较小，对收入增长的贡献率是 1.3%，拉动收入增长 0.1 个百分点。2021 年，甘肃依托地域优势产业，探索了多种"三变+"改革模式，形成土地股、劳务股、技术股、机械股、集体资产股、实物股等多种股权形式，让入股农民获得实实在在的股份收益，带动转让承包地租金收入。2021 年，人均转让承包土地经营权租金净收入增长 3.5%，人均出租房屋净收入增长 14.0%，拉动了财产净收入增长。

(四)转移净收入稳步增长，民生保障有力有效

2021 年，全省城镇居民人均转移净收入 6193 元，同比增长 6.7%，占可支配收入的 17.1%，拉动收入增长 1.2 个百分点，对收入增长的贡献达到 16.6%。全省各地持续加大民生保障力度，提高养老金标准，加强困难群体基本生活保障，及时做好社会救济和临时救助，政策因素加持，促进转移性收入稳定增长。

2021 年，全省农村居民人均转移净收入 2822 元，同比增长 9.7%，对收入增长的贡献率是 22.9%，拉动收入增长 2.4 个百分点。2021 年全省继续加大财政补贴力度，养老金提标扩面，各类针对特殊困难家庭的社会兜底救助政策也有不同程度的提标，完善最低生活保障制度，完善和推进失业、工伤保险省级统筹，医疗报销力度加大，实现参保和代缴全覆盖，及时兑现耕地地力保护补贴和农机具购置补贴，多因素助推转移净收入增长。

三、消费支出稳步恢复，消费结构持续升级

近年来，甘肃积极挖掘消费潜力，拓展消费模式，释放消费需求，培育新型消费，持续改善消费环境，多措并举促进居民消费，推动城乡居民消费支出在去年低基数的基础上实现较大反弹，城乡居民消费能力进一步增强，消费结构持续升级。

表3 2012和2021年甘肃分城乡居民人均消费支出结构

指标	城镇				农村			
	2021年		2012年		2021年		2012年	
	水平(元)	结构(%)	水平(元)	结构(%)	水平(元)	结构(%)	水平(元)	结构(%)
居民人均消费支出	25757	100.0	13205	100.0	11206	100.0	4834	100.0
食品烟酒	7543	29.3	4101	31.1	3467	30.9	1795	37.1
衣着	1939	7.5	1435	10.9	674	6.0	324	6.7
居住	5732	22.3	2479	18.8	2180	19.5	832	17.2
生活用品及服务	1648	6.4	807	6.1	631	5.6	296	6.1
交通通信	3296	12.8	1619	12.3	1402	12.5	507	10.5
教育文化娱乐	2692	10.5	1393	10.6	1293	11.5	577	11.9
医疗保健	2292	8.9	1000	7.6	1362	12.2	421	8.7
其他用品和服务	615	2.4	370	2.8	197	1.8	81	1.7

2021年，甘肃居民人均消费支出17456元，较上年同期增加1281元，同比增长7.9%。分城乡看，城镇居民人均消费支出25757元，较上年同期增加1142元，同比增长4.6%；农村居民人均消费支出11206元，较上年同期增加1283元，同比增长12.9%。

(一)消费结构优化，升级态势突出

1. 消费结构由生存型向发展享受型消费过渡。随着城乡居民收入增长，生活水平不断提高，生活质量明显改善，居民消费中用于解决“吃穿住”的基本消费在居民人均消费支出中所占比重呈下降趋势，教育、娱乐、文化等精神与服务方面的需求增加，发展型、享受型消费支出比重上升，城乡居民消费范围不断拓宽延伸，消费从生存型向发展型、享受型消费转变。2021年，甘肃城乡居民生存型消费支出分别为15214元和6322元，占生活消费支出的比重为59.1%和56.4%，比2012年下降了1.6和4.6个百分点。

2. 消费观念由商品消费向服务消费转变。一方面，城乡居民物质性消费基本得到满足。2021年甘肃城乡居民食品烟酒支出占消费支出的比重分别为29.3%和30.9%，比2012年下降了1.8和6.2个百分点；另一方面，物质性消费得到基本满足后，居民服务性消费需求快速增长。2021年，甘肃城乡居民服务性消费延续恢复性增长态势，人均服务性消费支出达11352和4327元，同比增长7.9%和14.8%，增速快于城乡居民人均生活消费支出3.3和1.9个百分点，服务性消费支出的持续增长，折射出城乡居民对高品质生活的追求在不断提升。

(二)消费亮点突出，提档趋势明显

1. 食品消费结构优化。随着家庭收入的提高，居民在享受“舌尖上的甘肃”的同时，更加注重营养健康。2021年甘肃城镇居民人均蔬菜和食用菌、肉类、蛋类、奶类支出分别增长0.6%、7.4%、17.8%和15.3%；农村居民人均蔬菜和食用菌、肉类、禽类、水产品支出分别增长16.2%、5.8%、15.2%和8.4%。互联网的普及，带动外卖平台用户呈现迅猛增长态势，传统餐饮模式正在转型。2021年城乡居民人均饮食服务消费增长明显，分别同比增长12.1%和22.9%。

2. 医疗保健消费较快增长。随着城镇居民保健、养生意识的增强，居民用于保健器具、保健用品、营养食品、休闲健身等方面的消费支出明显增加。2021 年甘肃城乡居民人均医疗保健消费分别为 2292 元和 1362 元，比 2012 年年均增长 9.7%和 13.9%。

3. 新型消费快速攀升。近年来，居民消费模式发生根本性转变，移动端支付迅猛发展，线上消费快速增长，网络购物引领新时尚。特别是在疫情防控常态化条件下，线上购物、直播带货、在线诊疗、在线教育等新型消费快速发展，居民消费升级趋势明显。2021 年城镇居民人均交通通信消费支出分别为 3296 元和 1402 元，比 2012 年年均增长 8.2%和 12.0%。通信消费支出的较快增长，为网购、网课、网医新型消费等提供了基础支撑，也印证了其快速发展的趋势。

四、居住环境持续改善，生活设施更加配套完善

2021 年，甘肃省全力建设各项民心工程，着力推进老旧小区改造和农村人居环境整治，完善社会公共服务，改善城乡居民环境，城乡居民居住条件和生活设施进一步完善，耐用消费品升级换代趋势更为明显。

（一）居住条件不断改善

2021 年甘肃城乡居民住的更舒适宽敞，人均住房面积条件进一步改善。2021 年，甘肃居民人均住房建筑面积为 33.5 平方米，比上年增加 0.3 平方米，增长 0.9%。分城乡看，城镇居民人均住房建筑面积为 35.5 平方米，比上年增加 0.5 平方米，增长 1.4%；农村居民人均住户建筑面积为 32.1 平方米，比上年增加 0.2 平方米，增长 0.6%。

（二）生活设施更加配套完善

2021 年全省居民使用经过净化自来水的户比重为 90.2%，比上年提高 1.3 个百分点。城镇居民使用经过净化自来水的户比重为 97.5%，比上年提高 0.4 个百分点；农村居民使用经过净化处理的自来水的户比重为 83.7%，比上年提高 1.9 个百分点。2021 年甘肃居民获取饮用水无困难的户比重为 97.7%，比上年提高 1.2 个百分点。城镇居民获取饮用水无困难的户比重为 99.3%，比上年提高 0.9 个百分点；农村居民获取饮用水无困难的户比重为 96.3%，比上年提高 1.4 个百分点。

（三）耐用消费品拥有量不断增加

随着城乡居民收入水平不断提高，消费能力进一步增强，消费升级步伐加快，城乡居民主要耐用消费品拥有量不断增多，农村居民耐用消费品升级换代趋势更为明显。一是家用汽车拥有量稳步增长。2021 年甘肃城镇居民平均每百户汽车拥有量为 39.6 辆，比 2020 年增加 4.1 辆，增长 11.5%；农村居民平均每百户汽车拥有量为 27.9 辆，比 2020 年增加 6.6 辆，增长 30.9%；二是普通家电趋于饱和。2021 年，甘肃城乡居民拥有电视机、洗衣机、电冰箱、热水器等用于改善居住条件的电器数量也呈现不同程度的增多，主要家用电器趋于饱和。城镇百户拥有量分别为 101.5 台、100.4 台、99.3 台和 82.2 台，农村百户拥有量分别为 109.6 台、97.9 台、87.5 台和 38.1 台。

表 4　2021 年与 2020 年甘肃分城乡居民耐用品每百户拥有量

指　标	单位	城镇		农村	
		2021 年	2020 年	2021 年	2020 年
家用汽车	辆	39.6	35.5	27.9	21.3
摩托车	辆	9.6	12.3	51.2	56.4
电动助力车	辆	29.3	26.5	53.1	44.9
洗衣机	台	100.4	102.4	97.9	96.5
电冰箱	台	99.3	98.1	87.5	84.5
微波炉	台	50.3	54.2	7.5	7.0
彩色电视机	台	101.5	102.1	109.6	109.5
空调	台	16.0	17.4	3.3	1.9
热水器	台	82.2	90.1	38.1	37.6
排油烟机	台	84.7	87.8	17.3	12.1
移动电话	部	246.3	249.4	303.4	302.3

五、下一步需关注问题

(一)甘肃城乡居民收入与全国差距依然较大

近年来甘肃城乡居民收入持续稳步增长,城乡居民人均可支配收入与全国平均水平的相对差距不断缩小,但绝对差距却随着收入水平的大幅度提高呈扩大态势,促进城乡居民增收依然任重道远。2021 年,甘肃城镇居民人均可支配收入水平在 31 个省(区、市)中居第 29 位,比全国平均水平低 11225 元,与上年同期相比差距扩大 1213 元,收入四项均低于全国平均水平。从收入增速上看,收入增速低于全国 1.2 个百分点,在 31 个省(区、市)中居第 26 位。农村居民人均可支配收入绝对值在全国 31 个省(区、市)中排名最末位,比全国平均水平低 7498 元,比上年扩大 711 元。

(二)城乡收入结构均不尽合理,有待进一步优化

1. 城镇居民增收过度依赖工资性收入。城镇居民四项收入中,工资性收入占比为 67.6%,高于全国平均水平 7.5 个百分点,而经营净收入、财产净收入和转移净收入占比分别低于全国平均水平 3.9、2.9 和 0.8 个百分点,差距较大,财产净收入和经营净收入对可支配收入拉动作用比较低,均为 0.6%。可以看出,一方面工资性收入是城镇居民收入的主体部分,是城镇居民收入稳定增长的关键因素;另一方面,城镇居民增收对工资性收入的依赖较强,作为城镇居民收入的重要补充和支撑,经营净收入和财产净收入有很大的增长空间,甘肃城镇居民收入要形成结构合理、增长可持续的局面亟待抢抓战略机遇,优化营商环境,激活地区经济发展活力,进一步拓宽增收的渠道,聚力补齐居民增收短板,使四项收入更均衡发展。

2. 农村居民经营净收入比重过大。甘肃农村居民增收主要依托经营净收入。2021 年,农村居民人均经营净收入占可支配收入比重为 44.8%,高于全国水平 10.1 个百分点。其中,一产净

收入比重为36.1%，高于全国13.4个百分点。工资性收入、财产性收入占比分别低于全国12.8和1.2个百分点。说明甘肃农村居民家庭增收对经营净收入特别是一产净收入的依赖性很强，而农村居民经营净收入容易受自然风险、市场、政策等外部因素影响，具有较大的不稳定性，很难保持较快的增长速度。建议持续改善收入分配机制，拓宽增收渠道。一方面要深入做好巩固拓展脱贫攻坚成果同乡村振兴有效衔接各项工作，构建现代农业产业、生产和经营体系，实现农村一二三产业深度融合发展，持续推进农民增收、农村富裕；另一方面要不断拓宽就业渠道，强化就业服务体系，加大就业技能培训，落实落细各项扶持政策，为低收入群体创造更多就业机会，进一步培养理财意识，提高财产净收入在可支配收入中的比重，不断丰富农村居民增收渠道。

（执笔人：国家统计局甘肃调查总队　黄馨仪）

青海居民收支与生活状况报告

2021 年，青海省委省政府认真学习贯彻落实习近平新时代中国特色社会主义思想和党的十九大精神，按照党中央和国务院决策部署，围绕经济社会发展目标，牢牢把握稳中求进工作总基调，认真践行新发展理念，积极推动“四个扎扎实实”落地生根，着力加强供给侧结构性改革，加大稳增长、调结构力度，始终坚持以人民为中心的发展思想，以努力满足人民对美好生活的新期待为奋斗目标，全力促就业、保民生，青海经济运行延续了总体平稳、稳中有进的发展态势，改革红利进一步释放，居民收入实现较快增长，消费水平进一步提高，生活状况逐渐改善，人民群众的获得感、幸福感明显提升，为全面推进共同富裕打下了良好基础。

一、十八大以来，青海居民收入较快增长，结构趋于多元化

（一）居民收入保持较快增长

2021 年，青海居民人均可支配收入 25919 元，比 2012 年的 11470 元增加 14449 元，增长 126.0%，年均增长 9.5%。其中，城镇居民人均可支配收入 37745 元，比 2012 年的 18336 元增加 19409 元，增长 105.9%，年均增长 8.4%；农村居民人均可支配收入 13604 元，比 2012 年的 5594 元增加 8010 元，增长 143.2%，年均增长 10.4%。

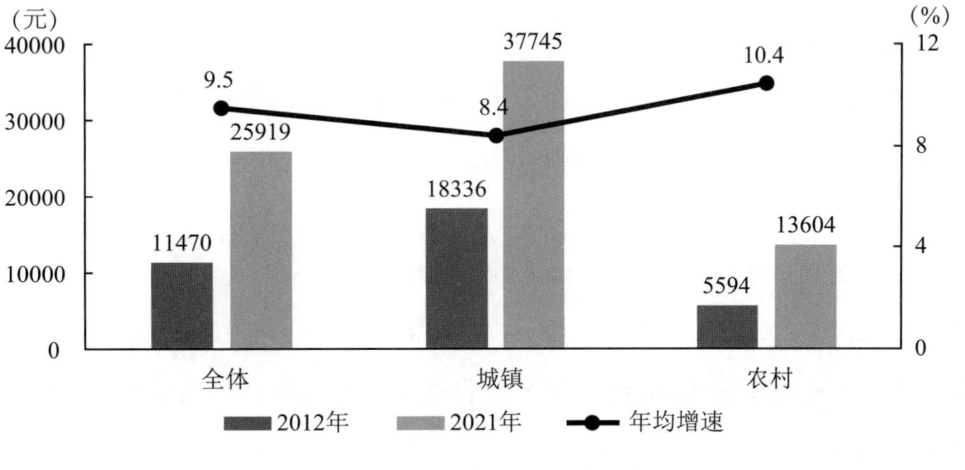

图 1　2012—2021 年青海居民人均可支配收入及增长情况

（二）居民收入与经济水平同步增长

十八大以来，青海居民人均可支配收入各年分别比上年实际增长 8.7%、8.0%、7.2%、7.5%、8.2%、6.6%、6.3%、3.6%和 6.4%，同期生产总值增速分别为 10.8%、9.2%、8.2%、7.8%、7.2%、7.1%、6.1%、1.5%和 5.7%。居民收入增长和经济发展水平基本同步。

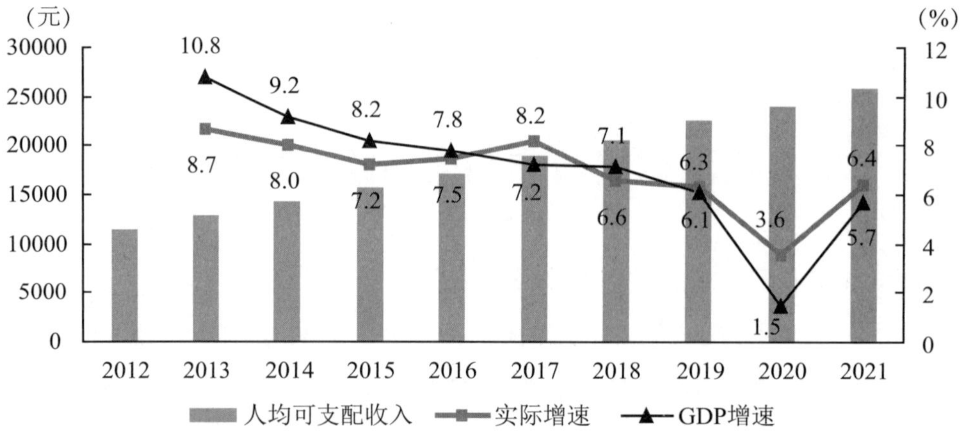

图 2　2012—2021 年青海居民人均可支配收入情况及 GDP 增速

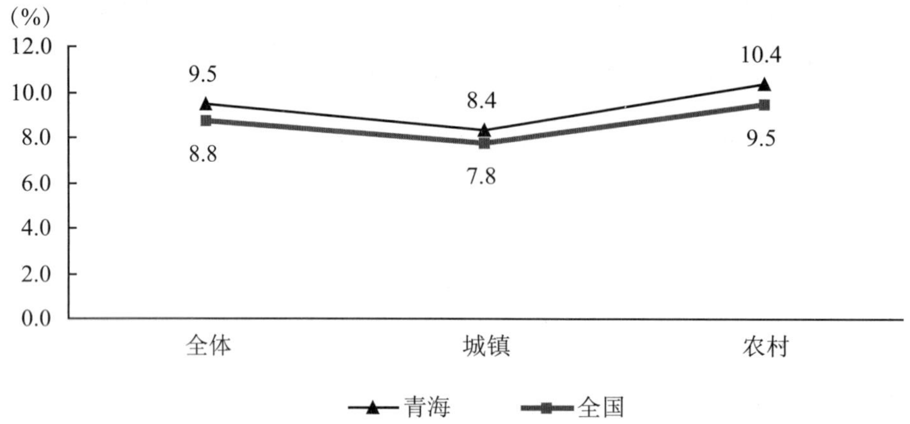

图 3　2012—2021 年全国、青海居民可支配收入年均增速

（三）居民收入年均增速快于全国

十八大以来，青海省居民人均可支配收入年均增速为 9.5%，全国居民人均可支配收入年均增速为 8.8%。青海全省居民及城镇、农村居民收入年均增速分别快于全国 0.7 和 0.6、0.9 个百分点。

（四）居民收入相对差距持续缩小，绝对差距有所扩大

十八大以来，青海居民收入持续较快增长，农村居民收入年均增速高于城镇 2.0 个百分点。青海城乡居民相对差距逐渐缩小，但绝对差距随着收入水平的提高依然呈扩大态势，促增收、缩小差距工作任重道远。

1. 与全国居民平均水平的相对差距缩小，绝对差距继续扩大。十八大以来，全国居民与青海居民人均可支配收入比从 2012 年的 1.44 缩小为 2021 年的 1.36，相对差距缩小；收入绝对差额为 9209 元，在 2012 年 5040 元基础上又进一步扩大 4169 元，绝对差距仍在继续扩大。

2. 省内城乡居民间收入相对差距缩小，绝对差距仍继续扩大。十八大以来，青海省内城乡居民人均收入比由 2012 年的 3.28 下降为 2021 年的 2.77，相对差距缩小；收入绝对差额为 24141 元，在 2012 年 12742 元基础上又进一步扩大 11400 元，绝对差距在持续扩大。

2012—2021年，全国居民、城镇居民和农村居民收入的年均增量分别为1862元、2329元、1054元，青海则为1445元、1941元、801元。虽近年来青海居民收入年均增速快于全国，农村居民收入增速快于城镇，但由于基数低、增量少，是阻碍与全国和省内城乡居民收入水平差距缩小的主要原因。

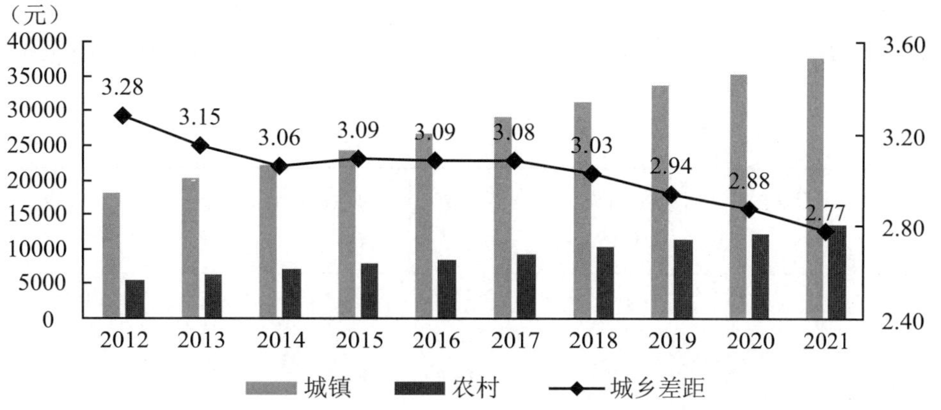

图4　2012—2021年青海城乡居民人均可支配收入及城乡差距

（五）收入结构趋于多元化。

2021年全省居民人均可支配收入中，四项收入占比分别为57.7%，16.0%，4.0%，22.3%，增收贡献率分别为58.2%、20.1%、—1.1%、22.8%。

从来源构成看，2021年较2012年各项收入比重为：人均经营净收入提高1.3个百分点，人均财产净收入提高2.2个百分点；人均工资性收入下降2.8个百分点，人均转移净收入下降0.7个百分点。工资性收入、转移净收入占比降低，经营净收入、财产净收入占比提高，收入结构趋于多元化。

从增收贡献率看，2021年较2012年各项收入增加额贡献率为：人均工资性收入提高3.0个百分点，人均经营净收入提高14.6个百分点；人均财产净收入下降3.0个百分点，人均转移净收入下降14.6个百分点。

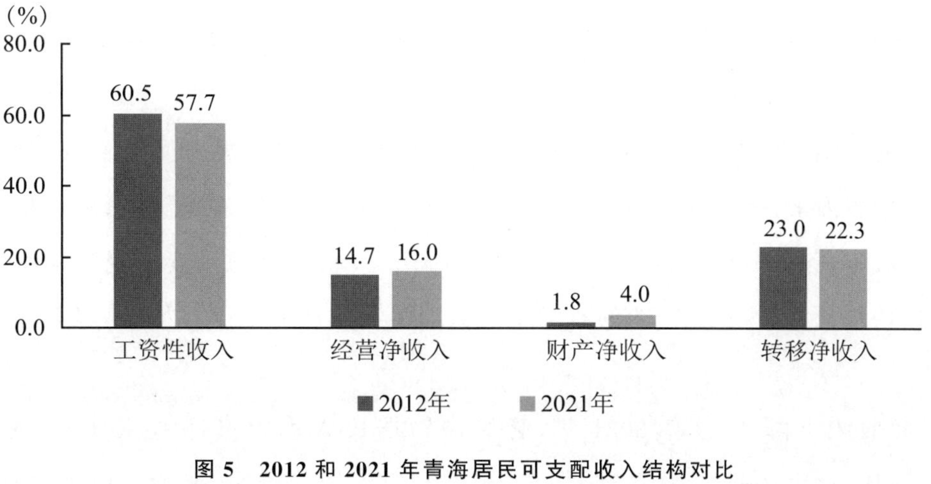

图5　2012和2021年青海居民可支配收入结构对比

二、2021年青海居民收入增长的主要因素

2021年青海居民人均可支配收入为25919元，同比增长7.8%。从收入来源看，青海居民四大项收入呈“三增一降”态势，工资性收入、经营净收入、转移净收入同比分别增长7.9%、10.0%、8.1%，财产净收入同比下降2.0%。工资性收入对可支配收入增长的贡献率最高，为58.2%，占可支配收入的比重为57.7%，拉动居民收入增长4.5个百分点，均为收入四项构成中最高。

表1　2021年青海居民人均可支配收入及构成

指　　标	2021年（元）	2020年（元）	增加值（元）	增速（%）	占比（%）	贡献率（%）	拉动增长（%）
可支配收入	25919	24037	1882	7.8	100.0	100.0	7.8
工资性收入	14967	13872	1095	7.9	57.7	58.2	4.5
经营净收入	4160	3781	378	10.0	16.0	20.1	1.6
财产净收入	1026	1047	−20	−2.0	4.0	−1.1	−0.1
转移净收入	5767	5337	430	8.1	22.3	22.8	1.8

（一）城镇居民增收因素

2021年，青海城镇居民人均可支配收入为37745元，增长6.3%。

表2　2021年青海城镇居民人均可支配收入及构成

指　　标	2021年（元）	2020年（元）	增加值（元）	增速（%）	占比（%）	贡献率（%）	拉动增长（%）
可支配收入	37745	35506	2240	6.3	100.0	100.0	6.3
工资性收入	24732	23547	1185	5.0	65.5	52.9	3.3
经营净收入	3060	2699	361	13.4	8.1	16.1	1.0
财产净收入	1651	1667	−16	−1.0	4.4	−0.7	0.0
转移净收入	8301	7592	709	9.3	22.0	31.7	2.0

1. 工资性收入增长5.0%。2021年，青海城镇居民人均工资性收入24732元，同比增长5.0%。主要增收因素：一是政府各部门全面贯彻落实就业优先政策，青海就业人数稳步增加。二是事业单位正常晋升工资，共同拉动工资性收入保持平稳增长。

2. 经营净收入增长13.4%。2021年，青海城镇居民人均经营净收入3060元，同比增长13.4%。主要增收因素：一是青海主要农产品及虫草价格上涨，牛羊肉价格、出售量双增助推第一产业经营净收入高速增长。二是青海经济基本面稳定、旅游市场持续恢复带动第三产业经营净收入继续较快增长。第一、三产业的有力增长抵消了第二产业的下拉影响，经营净收入呈较快增长态势。

3. 财产净收入下降1.0%。2021年，青海城镇居民人均财产净收入1651元，同比下降1.0%。主要原因：村集体分红、扶贫产业分红等红利收入增长较快，但不足以抵消利息收入、出租房屋、出租机械收入等其他财产性收入的下拉影响。

4. 转移净收入增长 9.3%。2021 年，青海城镇居民人均转移净收入 8301 元，同比增长 9.3%。主要增收因素：一是企业和机关事业单位退休人员基本养老金、城乡最低生活保障标准上调，带动养老金、社会救济和补助增长。二是 2021 年职工医保账户实现家庭共济，药品报销范围扩大，外出务工形势向好，带动寄带回收入、赡养收入、报销医疗费等增加。三是政府加大转移支付力度，政策性生活补贴、现金政策性惠农补贴上涨，以上共同拉动转移净收入稳步增长。

（二）农村居民增收因素

2021 年，青海农村居民人均可支配收入为 13604 元，增长 10.2%。

表 3　2021 年青海农村居民人均可支配收入及构成

指　　标	2021 年（元）	2020 年（元）	增加值（元）	增速（%）	占比（%）	贡献率（%）	拉动增长（%）
可支配收入	13604	12342	1262	10.2	100.0	100.0	10.2
工资性收入	4796	4006	791	19.7	35.3	62.7	6.4
经营净收入	5304	4885	419	8.6	39.0	33.2	3.4
财产净收入	376	414	−39	−9.3	2.7	−3.1	−0.3
转移净收入	3128	3038	90	3.0	23.0	7.2	0.7

1. 工资性收入增长 19.7%。2021 年，青海农村居民人均工资性收入 4796 元，同比增长 19.7%。主要增收因素：一是政策推进农民工就业创业。政府部门积极鼓励农民返乡创业，继续做好就业帮扶，多渠道稳定农民工就业。二是根治欠薪成效显著。根治欠薪系列活动通过畅通线上、线下等各类线索反映平台等多种方式，不断推动农民工拖欠工资结算。

2. 经营净收入增长 8.6%。2021 年，青海农村居民人均经营净收入 5304 元，同比增长 8.6%。主要增收因素：一是全年一产经营收入保持增长。遏制耕地“非农化”“非粮化”政策措施的落实，青海粮食种植面积扩大，且小麦、青稞等主要粮食价格均明显上涨，产量、价格双增带动农业收入增长；虫草、枸杞价格上涨以及牧业生产规模扩大影响出售量增加，拉动林、牧业收入增长。二是政府扶持创业力度不断加大，市场主体较为活跃。第二、三产经营收入在疫情的有效防控下继续恢复性增长。

3. 财产净收入下降 9.3%。2021 年，青海农村居民人均财产净收入 376 元，同比下降 9.3%。主要原因：在去年虫草产量滑坡影响下，今年草山转租成交量降低，且在耕地非粮化号召后，承包土地用于种植经济作物同比下降，以上对财产净收入下拉作用明显。

4. 转移净收入增长 3.0%。2021 年，青海农村居民人均转移净收入 3128 元，同比增长 3.0%。主要增收因素：城乡居民最低生活保障标准提高，赡养收入、寄带回收入、报销医疗费呈现恢复性增长，以上有效抵消全面脱贫后建房改造等专项补贴下降、扶贫款项基本取消对转移净收入的下拉影响。但随着社保比例提高，个人缴纳的社会保障支出增长，变相拉低转移净收入。在增减因素的共同作用下，转移净收入保持小幅增长。

三、十八大以来，青海居民消费水平继续提高，结构明显优化

十八大以来，随着青海居民收入的较快增长，居民消费水平进一步提高。2021年，青海居民人均消费支出19020元，年均增长7.0%。其中，城镇居民人均消费支出24513元，年均增长5.8%。农村居民人均消费支出13300元，年均增长8.1%。

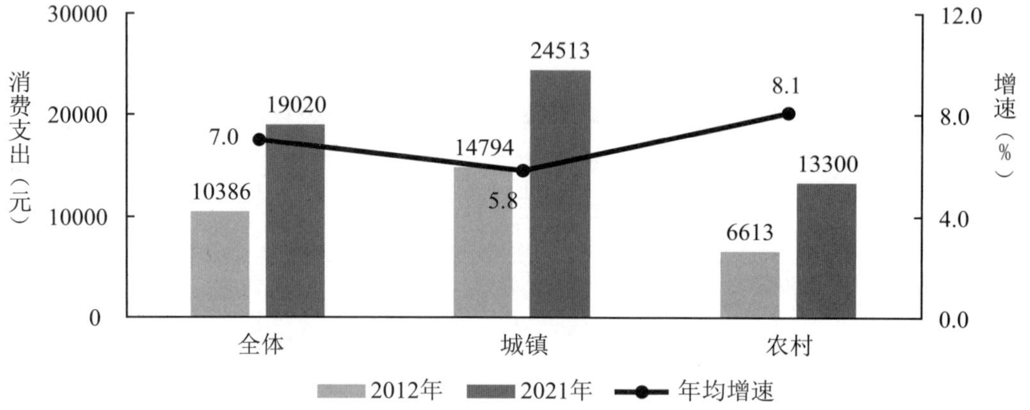

图6　2012—2021年青海居民人均消费支出增长情况

（一）生存型消费占比下降，消费结构明显优化

随着居民收入水平的持续提高，人们对自身生活质量的追求愈加丰富，消费理念愈加开放、多元化，消费方式逐渐由“生存型”向“发展及享受型”转化。2021年，青海居民人均生存型消费（食品、衣着、居住）消费支出10789元，年均增长6.2%，占人均消费支出的比重为56.7%，比2012年下降3.7个百分点。与此同时，青海居民人均发展及享受型消费（生活用品及服务、交通通讯、教育文化娱乐、医疗保健、其他用品及服务）消费支出8231元，年均增长8.0%，占人均消费支出的比重为43.3%，比2012年提高3.7个百分点。

（二）服务性消费支出显著增长

十八大以来，人们在钱袋子鼓起来的同时也越来越注重享受生活，餐饮、家政服务、旅游休闲、教育娱乐等服务性消费需求不断提高，服务性消费支出显著增长，成为居民消费的新趋势、新特点。2021年，青海居民人均服务性消费支出7064元，年均增长11.9%，快于生活消费支出4.9个百分点；占人均消费支出的比重为37.1%，比2012年提高12.5个百分点。

（三）恩格尔系数下降，膳食结构更趋合理

随着居民收入提高、膳食种类趋于多样化，居民饮食更加注重营养，恩格尔系数明显下降，主食消费明显减少，食品消费品质不断提高。居民人均粮食消费量减少，油脂、肉禽、蛋奶、瓜果糕点类消费量增加。2021年，青海居民人均食品烟酒支出5850元，年均增长5.6%，慢于生活消费支出1.4个百分点；恩格尔系数为30.8%，比2012年降低3.9个百分点。青海居民人均粮食消费量122.4公斤，较2013年下降17.7%；人均油脂、蔬菜消费量分别为9.8和66.0公斤，较2013年分别增长7.0%、2.3%；人均肉类消费量29.4公斤，增长18.5%；人均禽类水产类消费量5.7

公斤，增长 16.5%；人均蛋奶类消费量 22.6 公斤，增长 7.1%；人均瓜果糕点类消费量 35.3 公斤，增长 25.0%。

表 4 2021 年青海居民家庭人均主要食品消费量

指　　标	2021 年(公斤)	2013 年(公斤)	比 2013 年±(公斤)	增幅(%)
粮食	122.4	148.7	−26.3	−17.7
油脂	9.8	9.2	0.6	7.0
蔬菜	66.0	64.5	1.5	2.3
肉类	29.4	24.8	4.6	18.5
禽类水产类	5.7	4.9	0.8	16.5
蛋奶类	22.6	21.1	1.5	7.1
瓜果糕点类	35.3	28.2	7.1	25.0

四、居民生活状况持续改善

(一)居住条件日趋改善

1. 住房面积增加。2021 年，青海居民人均自有现住房面积为 30.0 平方米，比上年增长 1.7%。其中，城镇为 30.7 平方米，比上年增长 1.1%；农村为 29.2 平方米，比上年增长 2.3%。

2. 住房质量提高。从住房的主要建筑材料看，居住在钢筋混凝土或砖混材料结构住房的户比重为 75.8%，比上年提高 0.1 个百分点；居住在砖瓦砖木、土坯和其他结构住房的户比重为 24.2%，比上年下降 0.1 个百分点。

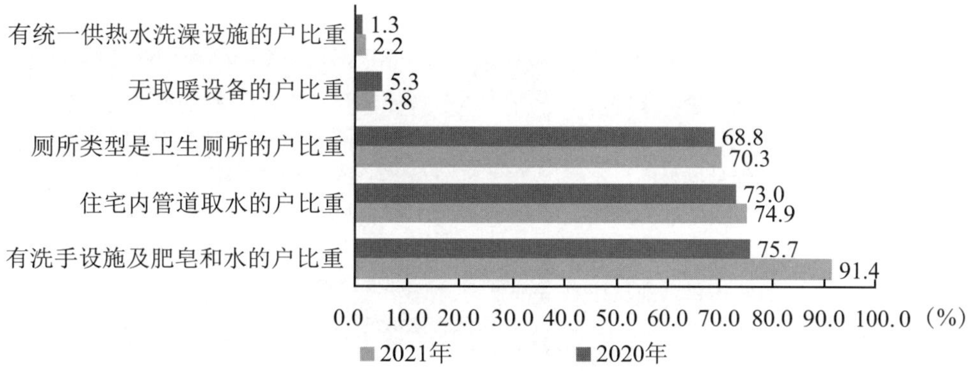

图 7 2020 和 2021 年青海居民生活设施情况

(二)生活设施提升明显

1. 住宅卫生设施良好。青海居民厕所类型是卫生厕所的户比重为 70.3%，比上年提高 1.5 个百分点。有统一供热水洗澡设施的户比重为 2.2%，比上年提高 0.9 个百分点。住宅内有洗手设施及肥皂和水的户比重为 91.4%，比上年提高 15.7 个百分点。

2. 取暖、取水愈加便捷。无取暖设备的户比重为 3.8%，比上年下降 1.5 个百分点。住宅内管道取水的户比重为 74.9%，比上年提高 1.9 个百分点。

(三)耐用消费品拥有量继续增加

1. 家用汽车拥有量增长明显。2021 年,青海居民平均每百户汽车拥有量为 49.5 辆,比上年增加 2.3 辆。其中,城镇居民平均每百户汽车拥有量为 45.2 辆,比上年增加 0.8 辆;农村居民平均每百户汽车拥有量为 55.2 辆,比上年增加 4.5 辆。

表 5　2020 和 2021 年青海居民耐用消费品每百户拥有量情况

指标名称		2021 年	2020 年	比上年±	增幅(%)
交通、通讯产品拥有量	家用汽车(辆)	49.5	47.1	2.3	5.0
	移动电话(台)	263.2	261.5	1.7	0.7
家用电器拥有量	电冰箱(台)	107.8	106.0	1.8	1.7
	彩色电视机(台)	101.1	100.8	0.3	0.2
	空调(台)	1.5	1.0	0.5	52.4

2. 电冰箱、彩色电视机趋于饱和,空调增长较快。2021 年青海居民平均每百户电冰箱、彩色电视机拥有量分别为 107.8、101.1 台,比上年分别增加 1.8、0.3 台。青海居民平均每百户空调拥有量为 1.5 台,比上年增加 0.5 台,增长 52.4%。

3. 通信电子产品日趋增长。青海居民平均每百户移动电话拥有量为 263.2 部,比上年增加 1.7 部。

(四)社区基础设施和基本公共服务逐步健全

1. 社区“五通”基本全覆盖。青海居民所在社区通公路、通电、通电话的户比重均为 100%;通宽带和能接收有线电视信号的户比重分别为 96.3%、99.1%。

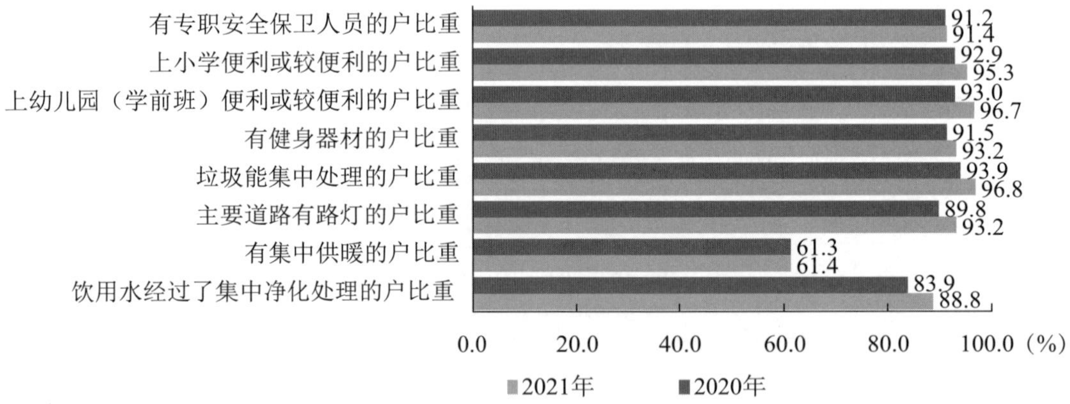

图 8　2020 和 2021 年青海居民社区基础设施和基本公共服务情况

2. 社区基础设施明显改善。社区饮用水经过了集中净化处理的户比重为 88.8%,比上年提高 4.9 个百分点。有集中供暖的户比重为 61.4%,比上年提高 0.1 个百分点。主要道路有路灯的户比重为 93.2%,比上年提高 3.4 个百分点。

3. 社区环境日益优化。社区内垃圾能集中处理的户比重为 96.8%,比上年提高 2.9 个百分点。有健身器材的户比重为 93.2%,比上年提高 1.7 个百分点。

4、社区公共服务整体提升。社区上幼儿园(学前班)便利或较便利的户比重为 96.7%,比上年提高 3.7 个百分点。上小学便利或较便利的户比重为 95.3%，比上年提高 2.4 个百分点。有专职安全保卫人员的户比重为 91.4%，比上年提高 0.2 个百分点。

五、居民增收面临的困难和问题

（一）收入增长主要依赖政策性因素，内生动力不足

青海地处西部地区、民族地区、高原地区，是典型的欠发达地区，经济体量在 31 个省区市中长期处于倒数第 2 位。地方财政支出极度依赖中央财政转移支付，财政自给率长期徘徊在 15% 左右。青海城镇居民增收主要依靠机关事业单位政策性增资，财产性收入和经营性收入占比较小。农村居民收入中转移净收入占比明显高于全国平均水平，特别是草原生态平衡奖补、生态公益岗位、政策性惠农补贴等收入是带动农村居民收入增长的主要来源，相当一部分农民仍局限于传统生产经营方式中，收入增长内生动力欠缺。

（二）农牧业发展较为滞后，未形成规模产业链

青海第一产业发展局限性突出，农牧业发展较为滞后且同质化严重，产业链尚未形成规模，居民第一产业经营净收入受农产品价格波动影响较大。小农生产经营模式下，农户缺乏市场定价话语权，欠缺对冲市场波动风险的手段。同时，青海农牧业产业结构单一，出售产品以初级产品为主，产品附加值低，产业链条短，全产业链整体效益低。农业生产方式、产业结构调整需进一步深化，农业规模化、产业化、标准化程度有待提高。

六、提高青海居民收入的对策建议

（一）健全就业政策体系，多元化培育市场主体

健全就业政策体系，强化社会政策与就业政策的衔接配套，加大对创业带动就业、灵活就业、新就业形态的支持，打造就业增长新引擎；千方百计促进农牧区富余劳动力转移就业，做大做强特色劳务品牌，加大对农牧民返乡创业和技能培训的服务力度；健全工资合理增长机制，合理调整最低工资标准，完善兜底保障标准动态调整机制，促进基本公共服务均等化；多元化培育市场主体，加快新型经营主体和服务主体转型升级，依托特色产业实现集群式发展。

（二）加快产业融合发展，健全产业链体系

以农村一、二、三产业融合发展为路径，加快培育重点龙头企业，推进优质产业品牌化建设，提高产品附加值，推动全省农牧业高质量发展；推进畜牧业养殖、屠宰、加工、冷链、销售一体化建设，延伸产业链条，建立活畜交易市场、副产品加工市场、农产品批发市场，搭建农畜产品网上销售体系；加快发展现代物流业，培育大型农畜产品物流企业集团，完善县乡村三级流通体系，加快冷链流通体系建设，打通农畜产品运输“最后一公里”。

（执笔人：国家统计局青海调查总队　张婷）

宁夏居民收支与生活状况报告

2021年，宁夏回族自治区党委、政府坚持稳中求进工作总基调，科学统筹疫情防控和经济社会发展，扎实做好"六稳"工作，全面落实"六保"任务，立足巩固拓展脱贫攻坚成果、全面推进乡村振兴、实现共同富裕目标，大力实施"四大提升行动"，全区经济运行呈现总体平稳、稳中有进的发展态势，居民收入平稳增长，生活品质持续提升，高质量发展取得新成效，实现了"十四五"良好开局。

一、居民收入状况

（一）居民收入稳步增加，增速趋缓

2021年宁夏全体居民人均可支配收入27904元，比上年增加2170元，增长8.4%。与2012年相比，累计增长1.1倍，年均增长8.8%。党的十八大以来，宁夏居民收入稳步增加，增速逐渐趋缓，从2012年的14.2%，下降到2014年的9.2%，2014—2019年增速趋缓并保持基本稳定，2020年受新冠肺炎疫情影响增速下降，增长5.4%，2021年恢复性增长至8.4%，十年间宁夏居民收入增速基本与全国趋势保持一致。

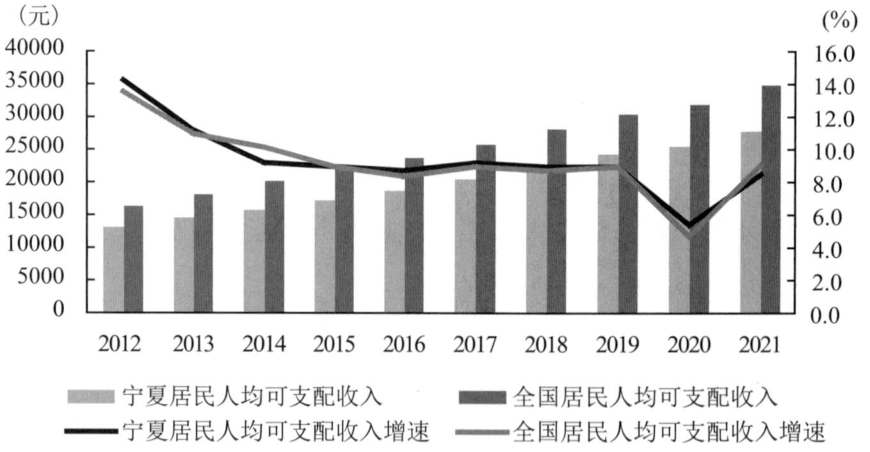

图1　2012—2021年宁夏及全国居民人均可支配收入

（二）居民收入增长快于人均GDP增长

2021年宁夏居民人均可支配收入扣除价格因素实际增长6.9%，比人均GDP增速高0.8个百分点。党的十八大以来，宁夏居民人均可支配收入扣除价格因素后，各年分别比上年实际增长11.9%、7.5%、7.2%、7.8%、7.1%、7.5%、6.5%、6.7%、3.9%、6.9%，与各年人均GDP增速相比，两者增长趋势基本保持同步，除2013年外，其余年份居民人均可支配收入实际增速均高于人均GDP增速。

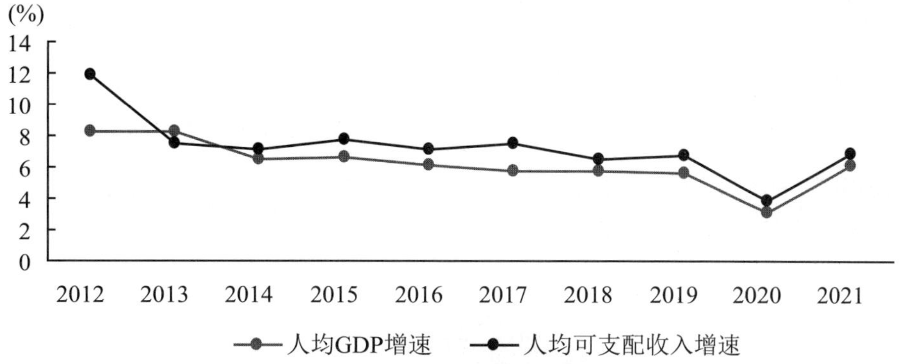

图 2　2012—2021 年宁夏居民收入增长与经济增长

（三）农村居民收入增速快于城镇，城乡居民收入差距逐渐缩小

2021 年城镇居民人均可支配收入 38291 元，与 2012 年相比累计增长 96.3%，年均增长 7.8%；农村居民人均可支配收入 15337 元，与 2012 年相比累计增长 1.3 倍，年均增长 9.5%，增速比城镇居民高 1.7 个百分点。

2012—2021 年，农村居民收入增速均高于城镇居民，城乡居民人均可支配收入比由 2012 年的 2.88∶1 下降至 2021 年的 2.50∶1，城乡居民收入相对差距不断缩小。

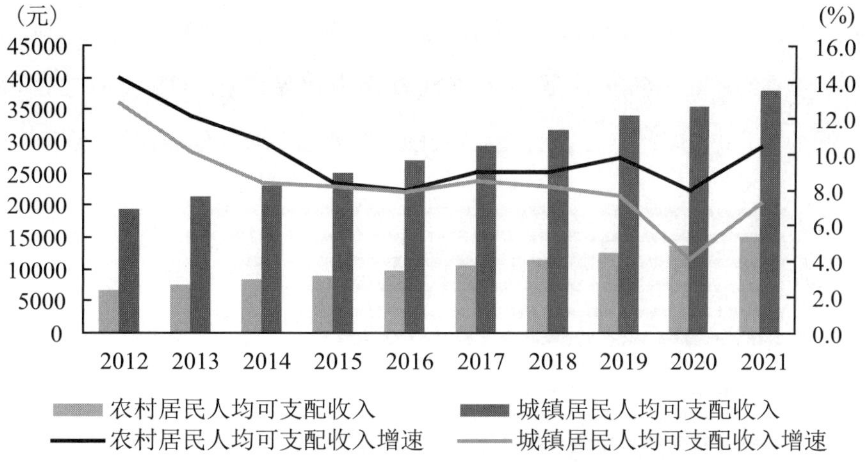

图 3　2012—2021 年宁夏城乡居民人均可支配收入增长情况

（四）低收入组居民收入增长较快，与高收入组相对差距不断缩小

按居民人均可支配收入从低到高五等份分组，2021 年低收入组居民人均可支配收入 7192 元，比上年增长 34.0%，高收入组居民人均可支配收入 73333 元，比上年增长 1.6%。党的十八大以来，低收入群体增收的各项政策措施得到有效贯彻落实，有力地拉动了低收入群体的收入水平，缩小了居民内部的收入差距。2014—2021 年，高收入组年均增长 8.7%，低收入组年均增长 10.0%，低收入群体的增收基础不断夯实，带动高低收入组居民人均可支配收入之比由 2014 年的 11.0∶1 缩小到 2021 年的 10.2∶1，高、低收入组收入相对差距不断缩小。

二、居民收入增长特点

（一）工资性收入占比最大，对收入拉动力最强

从收入占比看，2021 年全体居民人均工资性收入、经营净收入、财产净收入、转移净收入占可支配收入的比重分别为 60.1％、17.1％、3.1％、19.7％，工资性收入占比过半，对居民收入增长的贡献率为 56.8％，拉动可支配收入增长 4.8 个百分点，是居民收入的"压舱石"。

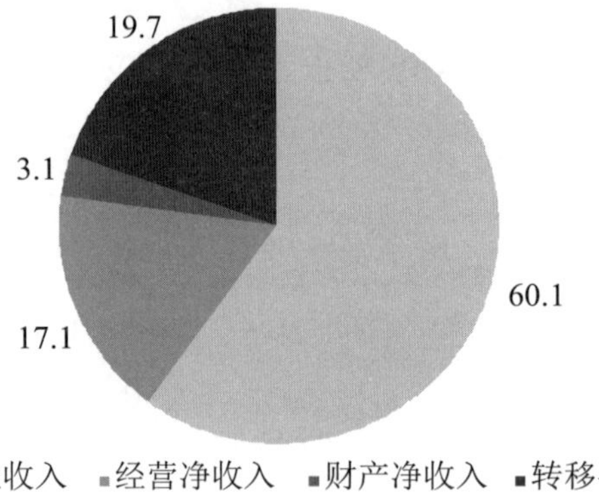

图 4　2021 年宁夏全体居民人均可支配收入结构（单位：%）

党的十八大以来，宁夏各级党委、政府始终以扩大就业容量，提升就业质量为目标，从稳企扩岗、鼓励创业带就业、强化职业技能培训等方面发力，实施了一系列精准有力的政策措施，促进居民充分稳定就业。2012—2021 年全体居民工资性收入占比始终稳居四大项之首，最高的 2019 年达到 61.0％，最低的 2016、2017 年为 59.7％，占比始终超过一半，是居民收入增长的第一拉动力。

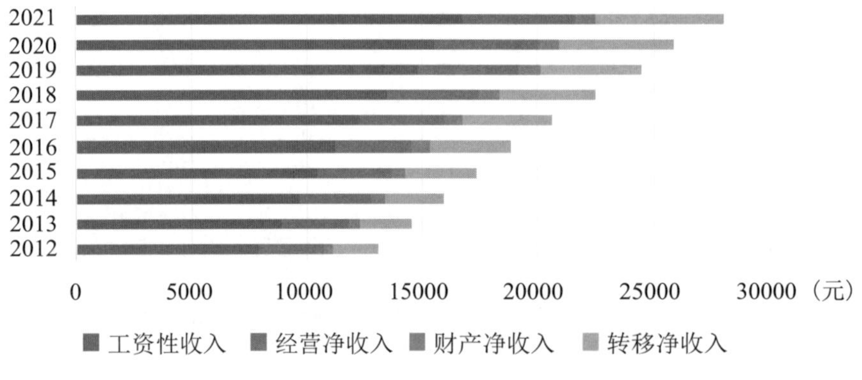

图 5　2012—2021 年全体居民人均可支配收入结构

（二）转移净收入年均增速最高，位居四大项之首

2021 年全体居民转移净收入 5498 元，比上年增加 589 元，增长 12.0％，2012—2021 年年均增长 11.8％，年均增速位居四大项之首。党的十八大以来，宁夏积极探索建立城乡居民基础养老金和离退休人员离退休金正常调整机制，通过不断提高最低生活保障标准、残疾人护理及生活补贴标准、失业保险待遇等一系列措施，提高政策兜底保障力度。同时，加大农村惠农补贴、产业扶持补助范围和力度，助力乡村振兴，有效地拉动了城乡居民转移性收入的增加。

表 1　2020—2021 年居民人均可支配收入分项水平及增速

年份	工资性收入			经营净收入			财产净收入			转移净收入		
	水平（元）	增速（%）	年均增速（%）	水平（元）	增速（%）	年均增速（%）	水平（元）	增速（%）	年均增速（%）	水平（元）	增速（%）	年均增速（%）
2020	15526	4.3	8.8	4418	5.3	5.9	882	－6.6	9.6	4909	12.0	11.8
2021	16759	7.9		4781	8.2		867	－1.7		5498	12.0	

备注:表格中所列年均增速指 2012—2021 年的年均增速。

（三）城乡居民收入结构差异较大

1. 城镇居民收入来源“一家独大”。2021 年城镇居民人均工资性收入、转移净收入、经营净收入、财产净收入占人均可支配收入的比重分别为 67.7%、19.4%、9.5%、3.4%。党的十八大以来，工资性收入占可支配收入的比重始终在 66.0%以上，形成“一家独大”的局面。近几年，受新冠肺炎疫情影响、资本市场动荡、原材料价格上涨、住房贷款大幅上升等因素影响，城镇居民财产净收入和经营净收入在可支配收入中的比重逐年缩小，2021 年占比为十年来最低水平，十年来工资性收入占比始终稳居第一，成为城镇居民增收的绝对主力。

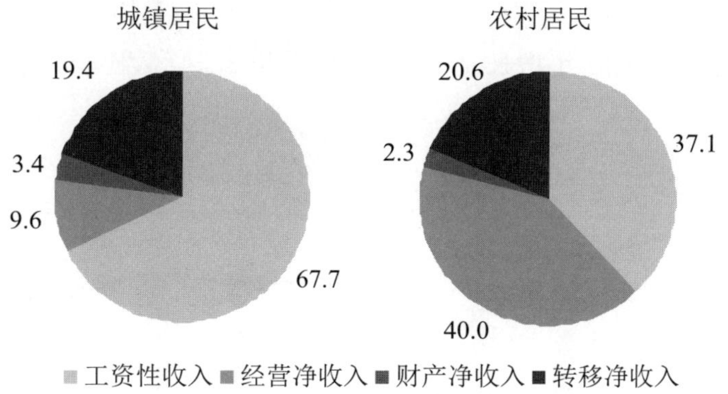

图 6　2021 年城乡居民人均可支配收入结构(单位:%)

2. 农村居民收入渠道不断扩宽。党的十八大以来，宁夏大力发展特色产业，强化农产品品牌推介，促进产销对接，加大推进农村劳动力转移就业，全面落实各项强农惠农政策，夯实农民兜底保障基础，培育壮大农民收入增长极的同时，不断扩宽农民增收渠道。2021 年农村居民人均经营净收入、工资性收入、转移净收入、财产净收入占人均可支配收入的比重分别为 40.0%、37.1%、20.6%、2.3%，农村居民工资性收入和经营净收入占比旗鼓相当，转移净收入在各项政策力度不断加大、兜底保障不断牢固的利好形势下，占比稳步增长，财产净收入虽在盘活农村资产、发展壮大村集体经济的改革中逐年增加，但增收基础不够稳固，占比具有一定的波动性。

三、居民消费状况

（一）居民消费支出稳步增长

2021 年宁夏全体居民人均生活消费支出 20024 元，首次突破 2 万元大关，从消费增速看，

2021年宁夏居民人均消费支出增速比全国平均增速快0.8个百分点。与2012年相比增长1.0倍，年均增长8.0%。党的十八大以来，随着居民收入水平的持续增长，宁夏居民消费水平不断提高，2012—2021年年均增速与全国平均水平一致。

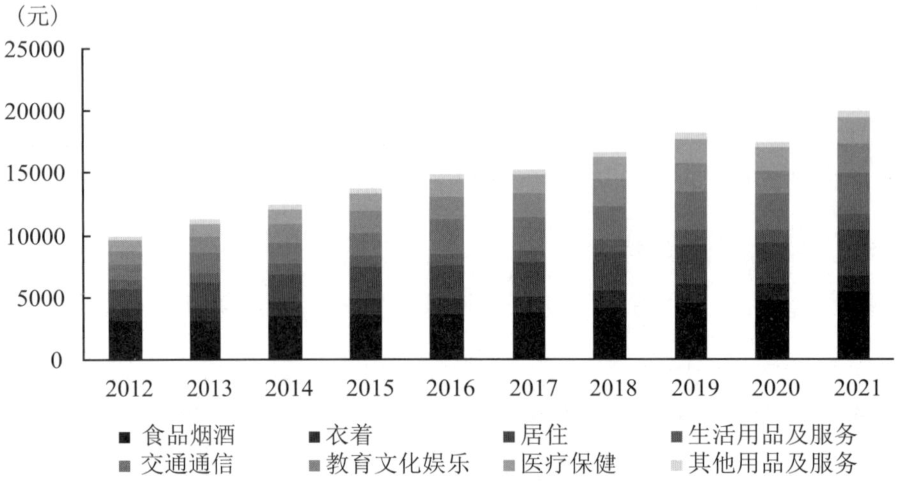

图7　2012—2021年居民人均生活消费水平

(二)城乡消费差距逐步缩小

2021年城镇居民人均消费支出25386元，比2012年增长74.9%，年均增长6.4%；农村居民人均消费支出13536元，比2012年增长1.4倍，年均增长10.4%，比全体居民年均增速高2.4个百分点，比城镇居民年均增速高4.0个百分点。党的十八大以来，宁夏全面深化农村体制改革，随着脱贫攻坚、乡村振兴战略逐步实施，农村居民收入水平得到了极大的提高，带动农村居民消费水平快速提升，城乡消费差距逐步缩小，城乡居民人均消费支出比由2012年的2.61∶1降至2021年的1.88∶1。

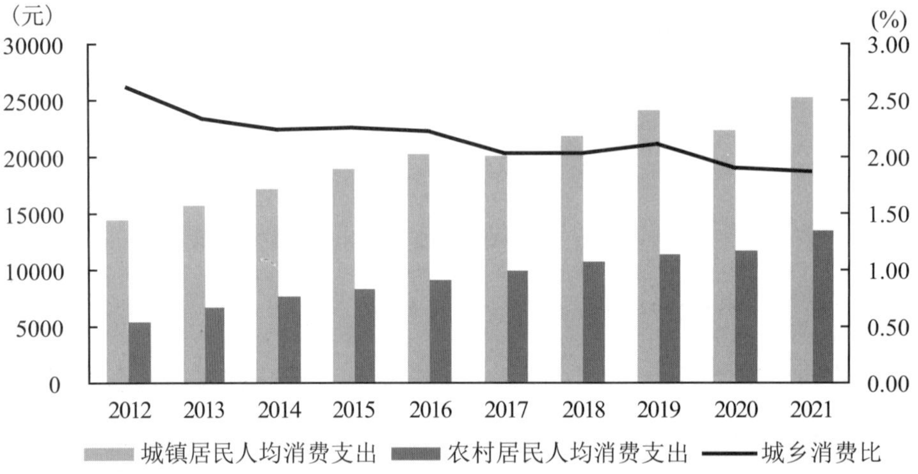

图8　2012—2021年城乡居民人均生活消费增速及支出比

(三)恩格尔系数显著下降，食品消费结构呈多元化

宁夏全体居民恩格尔系数从2012年的31.4%下降至2019年的25.2%，2020年受新冠肺炎疫情影响升至27.5%，2021年回落到27.2%，虽受疫情影响消费结构出现变动，但2020年、2021

年恩格尔系数仍然低于2012年，分别比2012年下降3.9和4.2个百分点。

党的十八大以来，居民食品消费不断趋于品质化、健康化，居民膳食结构呈多元化发展。2021年全体居民的人均肉、禽、蛋、奶类消费总量比2013年增长18.0%，居民高品质饮食需求的水产品类、干鲜果品类增长较快，分别比2013年增长4.8%、37.8%，更趋健康饮食的蔬菜、豆类消费分别比2013年增长10.7%、42.2%。

（四）发展型、享受型消费比重上升

随着居民收入水平、生活质量的不断提高，在满足基本消费的同时，居民健康保健意识进一步增强、教育文化娱乐需求日盛、现代化智能通信工具需求突出，加之医疗、交通、通信等基础设施建设提速，居民发展型、享受型消费支出的占比不断提升。全体居民交通通信、教育文化娱乐、医疗保健为主的发展、享受型消费占比从2012年的32.4%，提升到2019年的39.9%，2020年受新冠肺炎疫情影响居民消费结构发生变动，发展型、享受型消费占比缩减至37.6%，2021年随着疫情防控常态化，居民消费逐步恢复，占比增至38.8%，比2012年提高6.4个百分点。

四、居民生活状况

（一）居住条件不断改善

2021年全体居民人均自有现住房建筑面积为33.0平方米，比2013年增加6.3平方米，年均增长2.4%。现住房建筑结构为钢筋混凝土、砖混结构的户比重为73.1%，比2013年提高14.1个百分点。居住空间样式为单元房的户比重为56.2%，比2013年提高7.1个百分点，居民家庭居住面积增加，住房结构显著改善，居民居住条件和质量显著提升。

党的十八大以来，城镇和农村居民的居住条件均得提升，尤其是农村地区人居环境整治、美丽乡村建设成效显著，居民居住条件得到极大提升。2021年城镇居民家中使用水冲式卫生厕所的户比重为93.2%，比2013年提高了4.5个百分点，家中有洗澡设备的（统一供热水和家庭自装热水器）户比重为97.6%，比2013年提高了14.3个百分点，家中有取暖设备（由市政或小区集中供暖和自行供暖）的户比重为100%，比2013提高0.7个百分点。2021年农村居民家中使用水冲式卫生厕所的户数比重30.7%，比2013年提高了28.1个百分点，家中有洗澡设备的户比重为95.9%，比2013年提高了74.7个百分点，家中有取暖设备的户比重为99.9%，比2013提高9.9个百分点。

（二）耐用消费品拥有量逐年增长

耐用消费品拥有量侧面反映了居民的生活水平，党的十八大以来，城乡居民每百户耐用消费品拥有量逐年增长，种类呈升级换代趋势。分城乡看，城镇居民耐用消费品拥有量已达到较高水平。一是传统家电拥有量饱和。洗衣机、电冰箱、彩色电视机拥有率均超过100%。二是新兴耐用消费品拥有量稳步增加。2021年城镇居民每百户拥有空调、洗碗机、健身器材分别为23.4台、1.3台、4.9台，分别比2013年增长1.2倍、2.3倍、3.5倍。三是科技化产品从无有实现新突破，2021年城镇居民每百户拥有空气净化器、吸尘器分别为5.8台、10.1台。四是汽车拥有量迅速增长。交通工具的更新换代更是见证了城镇居民生活品质的大步提升，2021 年城镇居民每百户拥有汽车 46.5 辆，比 2013 年增长 1.6 倍，摩托车拥有量则逐年下降，逐渐被替代开始慢慢淡出了大家的视线。

农村居民在收入大幅增长和家电下乡等政策的扶持下，耐用消费品升级换代趋势较城镇明显。一是传统家用电器类已成家庭必备。2021 年农村居民每百户拥有洗衣机、电冰箱、彩色机拥有量均超过 100%，尤其是电冰箱拥有量从 2013 年的 66.2 台增长至 2021 年的 103.0 台，增长 55.6%。二是耐用消费品种类丰富。党的十八大以来，宁夏农村路、水、电、信息化建设加快实施，进一步促进了农村居民耐用消费品的升级。空调、热水器、微波炉、排油烟机等也成为农村居民家中“常客”，2021 年农村居民每百户拥有量分别为 2.6 台、104.4 台、18.8 台、33.7 台，分别比 2013 年增长 4.2 倍、3.0 倍、1.7 倍、5.2 倍。三是文娱消费品需求旺盛。随着农村居民收入的稳定增长，在物质生活得到一定程度的满足后，开始追求丰富的精神生活。2021 年每百户拥有接入互联网的计算机 19.2 台，比 2013 增长 1.8 倍，每百户拥有接入互联网的移动电话 277.5 部，比 2013 年增长 5.0 倍。四是交通工具升级换代。农村居民从“两轮时代”的自行车、摩托车变成“四轮时代”的汽车，出行更加方便快捷。2021 年每百户拥有家用汽车 35.9 辆，比 2013 年增长 2.1 倍。近年来，绿色低碳出行风靡，电动车越来越成为农村居民的心头好。2021 年每百户拥有助力车 89.8 辆，比 2013 年增长 1.1 倍。

(三)社区基础设施和公共服务逐步健全

党的十八大以来，宁夏积极创建卫生城市、老旧小区改造、智慧城市建设，“绘”出城市文明新容颜，美丽乡村建设、厕所革命、人居环境整治等“绣”出乡村美丽新画卷。

城镇居民所在社区水、电、暖等基础设施健全，公共服务水平整体较高。2021 年城镇居民社区垃圾能够集中处理、社区内有健身器材、社区有卫生站(室)的户比重均达 100%，分别比 2013 年增长 3.6、13.5、21.4 个百分点。社区内有绿化园林景观设计的户比重为 95.7%，比 2013 年增长 24.9 个百分点，社区内有专职安全保卫人员的户比重为 95.0%，比 2013 年增长 29.7 个百分点，社区内已通宽带的户比重为 100%。

农村人居环境整治工程不断推进，基础设施建设不断完善，社区公共服务水平逐步改善。2021 年农村居民进入社区道路的路面是水泥或柏油路面、社区内有健身器材、社区内有卫生服务站(室)的户比重均达 100%，分别比 2013 年增长 20.5、73.8、18.0 个百分点，社区内有绿化园林景观设计的户比重为 51.9%，比 2013 年增长 45.0 个百分点，社区垃圾能够集中处理的户比重为 96.0%，比 2013 年增长 51.3 个百分点。

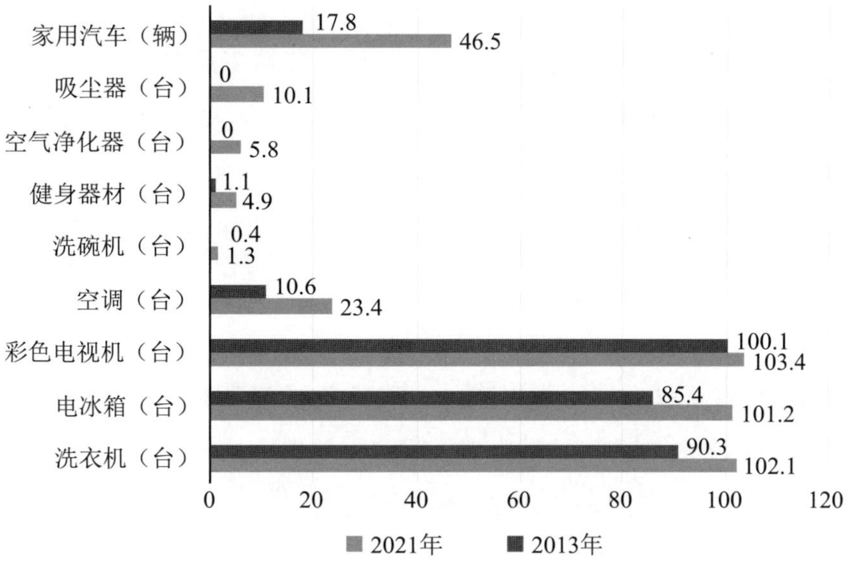

图 9　2013、2021 年城镇居民每百户拥有耐用消费品

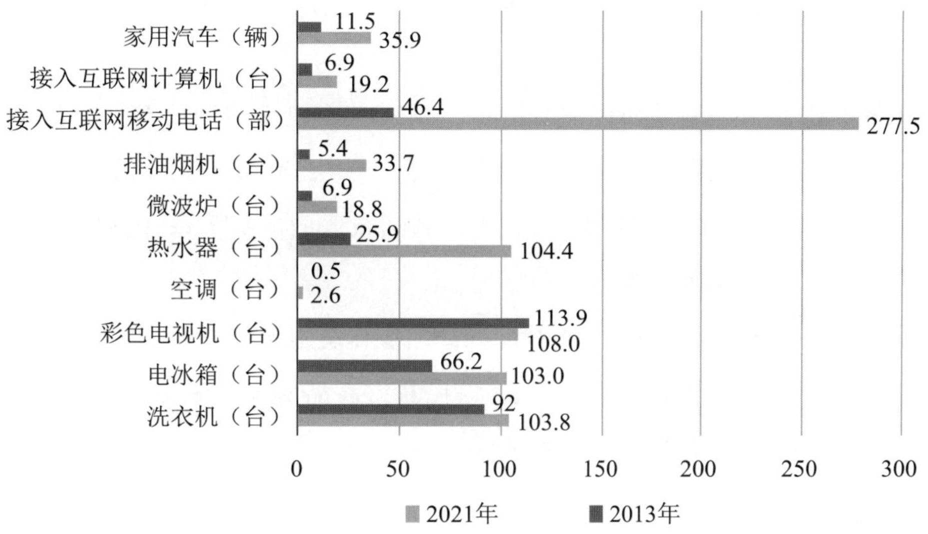

图 10　2013、2021 年农村居民每百户拥有耐用消费品

五、居民收支增长难点

(一)居民收入持续增长存在的问题

1. 外部环境更加复杂，收入持续增长压力较大。近年来，国际环境日趋复杂，不稳定性不确定性因素明显增加，国内疫情出现多点散发的情况，突发因素超出预期，经济持续稳定增长仍面临诸多压力和挑战，保持居民收入持续稳定增长压力较大。

2. 工资性收入对居民收入增长拉动力减弱。占居民就业类型最多的企业员工、灵活就业人员、农民工群体工资收入受企业经营状况变动和市场环境变化影响较大，工资持续稳定增长压力较大，对居民收入增长的稳定性支撑不足。2021 年宁夏居民人均工资性收入对居民可支配收入增长的贡献率为 56.8%，是近五年来次低(最低为 2020 年的 48.3%)，工资性收入拉动力呈减弱态势。

3. 非农产业增长还未恢复到正常水平。2021年国内疫情多点散发，旅游业几乎处于停滞状态，其他非涉及居民生活必需的经营场所执行严格的防控措施，餐饮堂食、电影院等阶段性暂停营业，影响居民经营净收入的稳定增长。2021年宁夏居民人均非农产业经营净收入2739元，比上年增长8.3%，与疫情前的2019年相比年均增长3.2%，低于正常年份增速。其中城镇居民人均非农产业经营净收入3299元，仅比2019年高81元，年均增长1.2%；农村居民人均非农产业经营净收入2061元，比2019年高242元，年均增长6.4%。

4. 养殖成本增加，牧业收入带动作用减弱。2021年籽粒玉米和青储玉米价格大幅上涨，带动饲草料价格同步上涨，养殖户养殖成本增加。同时牛羊肉价格已处于高位，生猪价格大幅度下滑，养殖户利润空间被进一步压缩，养殖风险进一步加大。

（二）居民消费稳定增长存在的问题

1. 收入增速放缓居民消费难释放。2021年全体居民人均可支配收入27904元，比上年增长8.4%，增速比2019年下降0.6个百分点。居民收入增速放缓，以及对未来收入的不确定性预期增强，制约城乡居民消费增长。

2. 物价上涨和刚性需求制约居民消费增长。2021年宁夏全体居民CPI上涨1.4%，比全国平均水平高0.5个百分点，食品等生活必需品价格增长较快，减缓了积极的消费预期。另外，住房和教育等刚性支出占生活消费比重加大，在收入预期减弱的前提下，一定程度上抑制了居民其他方面的消费，居民对未来消费普遍持谨慎态度。

3. 城乡消费结构差异制约居民消费增长。农村基础设施条件不及城镇，农村消费市场产品档次和质量不高，农村电子商务覆盖率低，农村居民获得高品质产品的意愿受物流、通信、交通配送等不完善的限制，购买力难以得到有效释放。

六、对策建议

（一）坚持就业导向，持续提升工资性收入

要坚持把就业作为居民增收的主要支撑点，持续落实援企稳岗扩就业政策，加快推进创新创业基地、民生重大项目建设，着力稳定扩大就业，确保零就业家庭动态清零。落实高校毕业生等重点群体就业创业政策措施，推动短期政策与长期政策有机结合，继续提供和增加就业岗位。鼓励和引导农民工返乡创业，带动农村劳动力有序转移就业，降低创业准入门槛，营造多样化和灵活性的就业环境，拓宽居民就业增收渠道。

（二）坚持市场导向，推动服务业持续升温

要把稳定服务业增长放在更重要位置，要持续落实促进服务业领域困难行业恢复发展的政策措施，大力支持批发零售、交通运输、住宿餐饮、文化旅游等困难行业恢复发展，着力破解制约服务业发展的难点、堵点，着力补齐服务业发展的短板弱项，促进服务业加快恢复发展，增强服务业对经济的支撑作用，夯实居民经营净收入增长基础。

（三）坚持产业导向，确保农业生产稳定发展

要坚持因地制宜发展特色产业，深入实施特色农业提质计划，以龙头企业为依托，以产业园区为支撑，扎实推进标准化、规模化种养殖，大力发展农产品深精加工业，打造一批特色产业集群、现代农业产业园，着力构建现代化农业体系。探索建立农产品促消费常态化机制，丰富创新农产品宣传推介方式，大力拓展农产品销售渠道。加快落实饲草扶持政策和项目实施进度，引导做好种养结合，增加优质饲草料供给，确保畜牧业生产稳定，提升畜牧业养殖利润。

（四）坚持目标导向，多管齐下持续促进消费

一是挖掘消费潜力。组织开展形式多样的消费促进月、购物季、美食节、生活节、博览会等系列促消费活动，扩大消费券发放范围，持续释放消费潜力，提振居民消费信心。二是强化保供稳价，及时做好市场价格检测和监管，密切关注市场运行态势，保障生活必需品供应充足、价格平稳。三改善消费环境。要积极推动多业态融合发展，加快实施一批商圈改造和专业市场建设，因地制宜建设特色商业示范街和旅游休闲街区。持续优化服务保障，精准解决企业经营困难，切实降低企业成本，帮助消费服务市场主体渡过难关。四是提质农村消费。各县区要加快完善县域商业体系，提升乡镇服务业，补齐农村商业设施短板。深入实施电商助农政策，大力开展绿色家电、家具、汽车下乡等惠民活动，繁荣乡村消费，提升农村消费品质。

（执笔人：国家统计局宁夏调查总队　哈婷）

新疆居民收支与生活状况报告

2021年以来，新疆维吾尔自治区党委、政府坚持以习近平新时代中国特色社会主义思想为指引，捍卫"两个确立"、践行"两个维护"，全面贯彻落实习近平总书记关于新疆工作的重要讲话与指示批示精神，完整准确贯彻新时代党的治疆方略，牢牢扭住社会稳定和长治久安总目标，坚持稳中求进工作总基调，完整准确全面贯彻新发展理念。统筹疫情防控和经济社会发展、统筹发展和安全。扎实做好"六稳"工作、全面落实"六保"任务，基本民生得到有力保障，居民收入稳步提升，生活水平持续改善。

2021年，新疆全体居民人均可支配收入26075元，比上年名义增长9.4%，增速快于全国平均水平0.3个百分点，扣除价格因素，实际增长8.1%；分城乡看，城镇居民人均可支配收入37642元，增长8.0%，扣除价格因素，实际增长6.7%；农村居民人均可支配收入15575元，增长10.8%，扣除价格因素，实际增长9.5%。

一、居民人均可支配收入稳步提升

(一)居民收入稳步增长，收入分配持续优化

全体居民人均可支配收入由2012年的12151元增长到2021年的26075元，年均增速为8.9%，快于人均GDP增速1.7个百分点。其中，2018年达到21500元，突破2万元大关。

分城乡看，城镇居民人均可支配收入由2012年的19019元增长到2021年的37642元，年均增速为7.9%。其中，2013年达到21091元，突破2万元大关；2017年达到30775元，突破3万元大关。

农村居民人均可支配收入由2012年的6876元增长到2021年的15575元，年均增速为9.5%。其中，2016年达到10183，突破1万元大关。

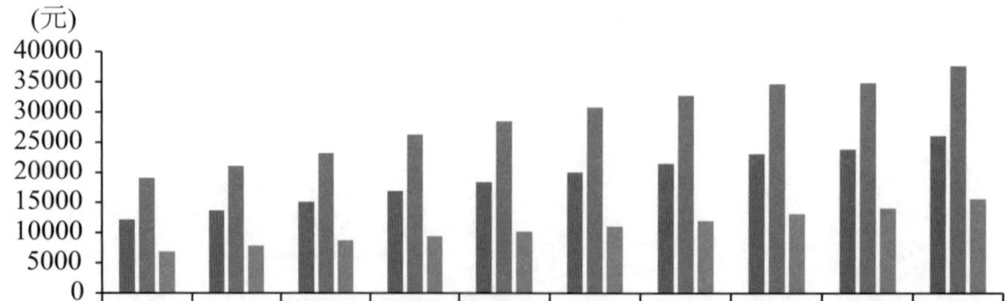

	2012	2013	2014	2015	2016	2017	2018	2019	2020	2021
■全体居民	12151	13670	15097	16859	18355	19975	21500	23103	23845	26075
■城镇居民	19019	21091	23214	26275	28463	30775	32764	34664	34838	37642
■农村居民	6876	7847	8724	9425	10183	11045	11975	13122	14056	15575

图1　2012—2021年新疆全体、城镇、农村居民收入情况

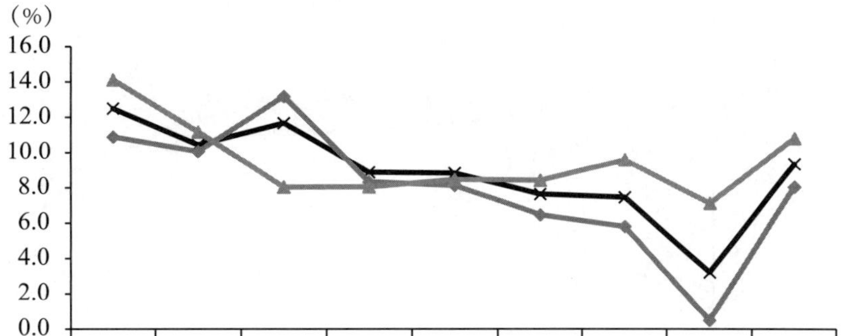

	2013	2014	2015	2016	2017	2018	2019	2020	2021
全体居民	12.5	10.4	11.7	8.9	8.8	7.6	7.5	3.2	9.4
城镇居民	10.9	10.1	13.2	8.3	8.1	6.5	5.8	0.5	8.0
农村居民	14.1	11.2	8.0	8.0	8.5	8.4	9.6	7.1	10.8

图 2　2013—2021 年新疆全体、城镇、农村居民收入增速情况

进入新时代，我国社会主要矛盾已经转化为人民日益增长的美好生活需要和不平衡不充分的发展之间的矛盾。自治区党委、政府积极建设体现效率、促进公平的收入分配体系，千方百计优化收入分配格局，多措并举提升居民收入水平。全体居民人均可支配收入占人均 GDP 的比重从 2012 年的 36.71%上升到 2021 年的 42.24%。特别是 2016 年新疆全体居民人均可支配收入占人均 GDP 的比重超过同期全国 1.57 个百分点。

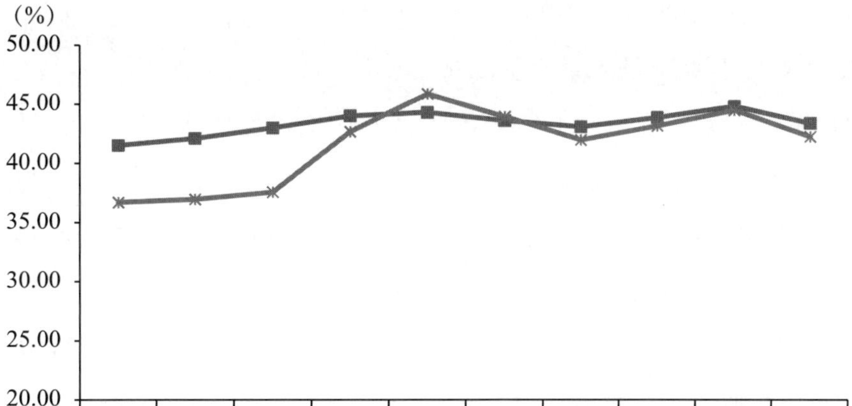

	2012	2013	2014	2015	2016	2017	2018	2019	2020	2021
全国	41.51	42.10	42.99	44.00	44.29	43.59	43.07	43.86	44.81	43.38
新疆	36.71	36.96	37.56	42.66	45.86	43.92	41.96	43.15	44.48	42.24

图 3　2012—2021 年新疆与全国居民收入占人均 GDP 比重

（二）城乡居民收入差距继续缩小

1. 新疆城乡收入差距小于全国平均水平。近年来，随着新疆脱贫攻坚战全面胜利，乡村振兴全面启动。深化农村改革，发展乡村产业，促进就业创业，惠农政策成效显著，农村居民收入稳步提高，特别是自 2017 年以来，农村居民人均可支配收入增速持续快于城镇居民，城乡居民收入比（以农村居民人均可支配收入为 1）缩小趋势明显，由 2012 年的 2.77∶1 缩小到 2021 年的 2.42∶1，目前低于全国平均水平 0.08。

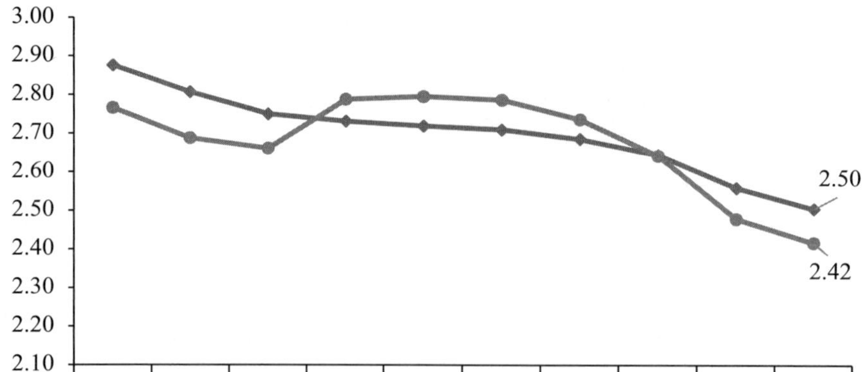

	2012	2013	2014	2015	2016	2017	2018	2019	2020	2021
全国	2.88	2.81	2.75	2.73	2.72	2.71	2.69	2.64	2.56	2.50
新疆	2.77	2.69	2.66	2.79	2.80	2.79	2.74	2.64	2.48	2.42

图 4　2012—2021 年新疆与全国城乡居民人均可支配收入城乡差距

2. 疆内 10 个[①]地州市城乡收入差距小于新疆平均水平。2021 年 10 个地州市城乡居民收入比(以农村居民人均可支配收入为 1)低于新疆平均水平,依次为塔城地区 1.57∶1;昌吉回族自治州 1.61∶1;巴音郭楞蒙古自治州 1.69∶1;博尔塔拉蒙古自治州 1.72∶1;乌鲁木齐市 1.85∶1;哈密市 1.92∶1;伊犁哈萨克自治州直属县市 2.07∶1;阿勒泰地区 2.18∶1;阿克苏地区 2.19∶1;吐鲁番市 2.20∶1。3 个地州市城乡居民收入比高于新疆平均水平,依次为喀什地区 2.62∶1;和田地区 3.10∶1;克孜勒苏柯尔克孜自治州 3.15∶1。

(三)居民增收渠道拓宽,收入结构多元化

1. 工资性收入持续增长。2021 年全体居民人均工资性收入 13809 元,占人均可支配收入 53.0%,对人均可支配收入增长贡献率为 50.5%。

2. 经营净收入较快增长。2021 年全体居民人均经营净收入 5674 元,占人均可支配收入 21.8%,对人均可支配收入增长贡献率为 36.5%。

3. 财产净收入稳步增长。2021 年全体居民人均财产净收入 938 元,占人均可支配收入 3.6%,对人均可支配收入增长贡献率为 2.9%。

4. 转移净收入稳定增长。2021 年全体居民人均转移净收入 5653 元,占人均可支配收入 21.7%,对人均可支配收入增长贡献率为 10.1%。

表 1　2021 年新疆全体居民人均可支配收入及分项水平收入情况

指　　标	水平(元)	增幅(%)	贡献率(%)	构成(%)	拉动收入增长(%)
可支配收入	26075	9.4	100.0	100.0	9.4
工资性收入	13809	8.9	50.5	53.0	4.7
经营净收入	5674	16.8	36.5	21.8	3.4
财产净收入	938	7.4	2.9	3.6	0.3
转移净收入	5653	4.1	10.1	21.7	0.9

① 克拉玛依市因农村常住居民较少,不具有统计调查意义,因此未进行农村居民人均可支配收入相关调查。

（四）地区间收入差距持续缩小

1. 从全国层面来看，新疆与上海[①]的居民人均可支配收入相对差距保持均衡态势。2012 年以来，全国 31 个省（区、市）全体居民人均可支配收入最高的上海与新疆比值（新疆为 1）由 3.17∶1 缩小到 2021 年的 2.99∶1；分城乡看，全国 31 个省（区、市）城镇居民人均可支配收入最高的上海与新疆比值（新疆为 1）由 2.16∶1 扩大到 2021 年的 2.19∶1；全国 31 个省（区、市）农村居民人均可支配收入最高的上海与新疆比值（新疆为 1）由 2.54∶1 缩小到 2021 年的 2.47∶1。

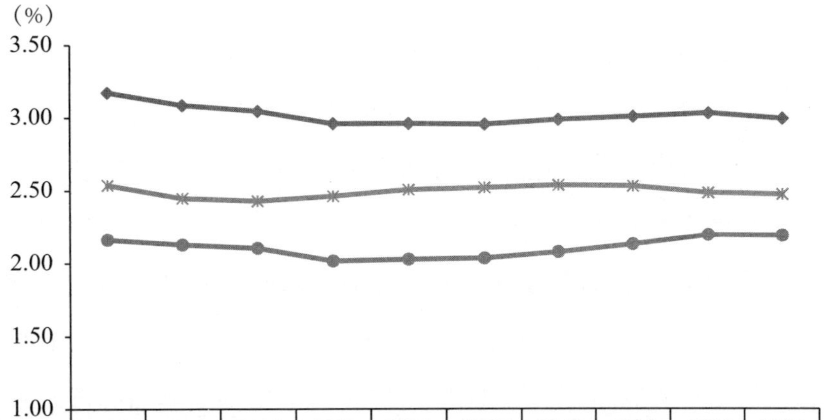

	2012	2013	2014	2015	2016	2017	2018	2019	2020	2021
全体居民	3.17	3.09	3.04	2.96	2.96	2.95	2.99	3.01	3.03	2.99
城镇居民	2.16	2.13	2.10	2.02	2.03	2.03	2.08	2.13	2.19	2.19
农村居民	2.54	2.45	2.43	2.46	2.51	2.52	2.54	2.53	2.48	2.47

图 5　2012—2021 年新疆与上海人均可支配收入最高省份收入比

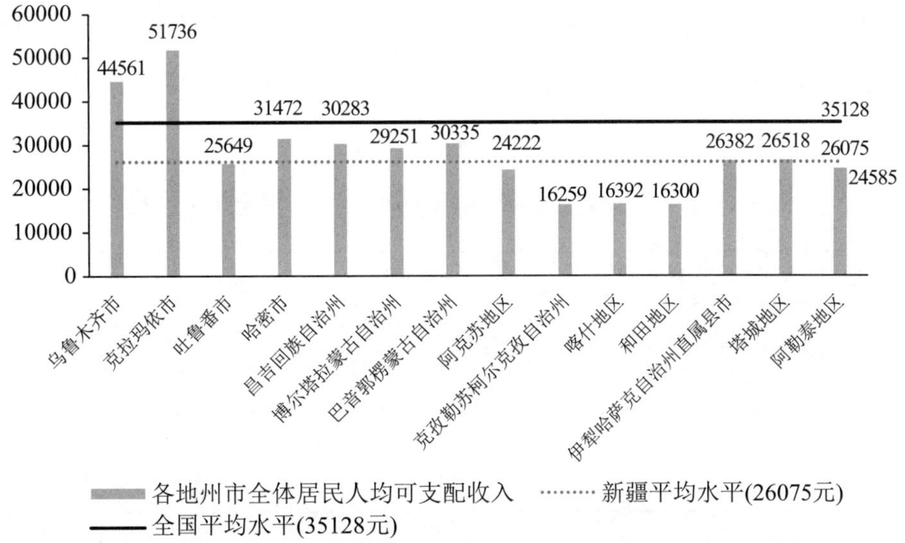

图 6　新疆各地州市全体居民人均可支配收入比较

① 注：2019 年使用北京市城镇居民人均可支配收入 73849 元的数据。

2. 按疆内地理划分，北疆[①]居民人均可支配收入高于南疆[②]居民13203元。2021年北疆地区全体居民人均可支配收入32934元，超过新疆平均水平6859元；东疆[③]地区全体居民人均可支配收入28445元，超过新疆平均水平2370元；南疆地区全体居民人均可支配收入19731元，与新疆平均水平相差6344元，其中南疆四地州[④]全体居民人均可支配收入18347元，与新疆平均水平相差7728元。

二、新疆城乡居民增收亮点纷呈

党的十八大以来，在以习近平同志为核心的党中央坚强领导下，新疆各级党委、政府团结带领各族儿女凝心聚力、拼搏进取，聚焦新时代党的治疆方略，锚定社会稳定和长治久安总目标，稳定红利不断释放，扎实推进新疆经济社会发展和城乡居民收入持续增长。

（一）城镇居民收入全面增长

1.“稳就业”政策发力，助推城镇居民工资性收入增加。新疆各级党委、政府全面贯彻落实第三次中央新疆工作座谈会精神，2021年，城镇居民就业形势持续向好，实现城镇新增就业47.7万人。城镇居民人均工资性收入23833元，同比增长6.4%，对收入增长的贡献率为50.8%，居四项收入的首位，占可支配收入的比重为63.3%，是城镇居民收入的主要来源和强有力支撑，拉动可支配收入增长4.1个百分点。2012年以来，年均增长7.1%。

2. 产业发展提质增效，带动经营净收入增速最快。以旅游业为核心的第三产业加速恢复，全年接待旅游人数1.91亿人次、增长20.52%，实现旅游收入1415.69亿元、增长42.69%。2021年，城镇居民人均经营净收入3900元，同比增长23.4%，对收入增长的贡献率为26.3%，拉动可支配收入增长2.1个百分点。2012年以来，年均增长5.6%。

3. 民生保障改善支撑转移净收入快速增长。养老金17连涨，高龄补贴、低保补贴持续上涨，民生福祉惠及更多群众。2021年城镇居民人均转移净收入8327元，同比增长7.4%，贡献率20.5%，拉动收入增长1.7个百分点。2012年以来，年均增长13.1%。

表2　2021年新疆城镇居民人均可支配收入及分项水平收入情况

指　　标	水平(元)	增幅(%)	贡献率(%)	构成(%)	拉动收入增长(%)
可支配收入	37642	8.0	100.0	100.0	8.0
工资性收入	23833	6.4	50.8	63.3	4.1
经营净收入	3900	23.4	26.3	10.4	2.1
财产净收入	1583	4.3	2.3	4.2	0.2
转移净收入	8327	7.4	20.5	22.1	1.7

① 北疆：乌鲁木齐市、克拉玛依市、昌吉回族自治州、博尔塔拉蒙古自治州、伊犁哈萨克自治州直属县市、塔城地区和阿勒泰地区。

② 南疆：巴音郭楞蒙古自治州、阿克苏地区、克孜勒苏柯尔克孜自治州、喀什地区、和田地区。

③ 东疆：吐鲁番市和哈密市。

④ 南疆四地州：阿克苏地区、克孜勒苏柯尔克孜自治州、喀什地区、和田地区。

（二）农村居民收入“三升一降”

1. 就业空间扩宽，农村居民就业数量和质量大幅提高。2021 年农村劳动力转移就业 317.4 万人次，超额完成全年目标任务。开展各类职业技能培训 221.4 万人次，比上年增长 79.85%。农村居民人均工资性收入 4710 元，同比增长 17.1%，对收入增长的贡献率为 45.2%；工资性收入占可支配收入的比重为 30.2%，拉动收入增长 4.9 个百分点。2012 年以来，年均增长 9.5%。

2. 立足资源禀赋，发挥特色产业优势。2021 年新疆以粮、棉、果、畜为代表的现代农业进入高效优质发展阶段，粮食总产量 1735.8 万吨、增长 9.62%，创 5 年新高；棉花实现质量效益“双提升”，总产达 512.9 万吨、占全国的 89.5%。产业发展以及农产品价格普涨等双重因素推动经营净收入快速增长。人均经营净收入 7285 元，同比增长 14.3%，对收入增长的贡献率达 60.1%。2012 年以来，年均增长 19.5%。

3. 家庭承包地“三权分置”步伐加快，产权制度改革红利持续释放，带动财产净收入增速最快。人均财产净收入 353 元，同比增长 18.0%，对可支配收入的贡献率 3.5%，拉动收入增长 0.4 个百分点，2012 年以来，年均增长 9.9%。

4. 惠民政策“兜底”，农村居民收益多多。随着 2020 年全面打赢脱贫攻坚战的全面胜利，新疆 77.25 万户 206.49 万人全部脱贫，3666 个贫困村、32 个国家贫困县摘帽、南疆四地州整体贫困的“两不愁三保障”突出问题得到历史性解决，新疆贫困地区人口的教育、医疗、住房和饮用水安全得到彻底解决。步入乡村振兴和巩固脱贫攻坚成果时期，农村居民转移净收入也进入常态化增长阶段，人均转移净收入 3227 元，虽同比下降 4.0%，但 2012 年以来年均增速仍达到 13.2%。

表 3　2021 年新疆农村居民人均可支配收入及分项水平收入情况

指　　标	水平(元)	增幅(%)	贡献率(%)	构成(%)	拉动收入增长(%)
可支配收入	15575	10.8	100.0	100.0	10.8
工资性收入	4710	17.1	45.2	30.2	4.9
经营净收入	7285	14.3	60.1	46.8	6.5
财产净收入	353	18.0	3.5	2.3	0.4
转移净收入	3227	−4.0	−8.8	20.7	−1.0

注：金额保留整数，百分数仅保留一位小数。

三、城乡居民生活消费支出持续增长

（一）消费市场扩容，居民消费提质升级

2021 年新疆全体居民人均生活消费支出 18961 元，是 2012 年 10171 元的 1.86 倍，年均增长 7.2%。分城乡看，2021 年城镇居民人均生活消费支出 25274 元，是 2012 年 15401 元的 1.67 倍，年均增长 5.9%；2021 年农村居民人均生活消费支出 12821 元，是 2012 年 6154 元的 2.08 倍，年均增长 8.5%。

居民消费结构不断优化，发展性消费和改善性消费增长迅速。新疆全体居民人均食品烟酒、衣着和居住等生存性消费由2012年的6488元增长到2021年的10658元,年均增长5.7%。生存性消费仍然是日常生活消费的主要支出,但占比由63.8%下降到56.2%。人均交通通信、教育文化娱乐和医疗保健等发展性消费由2012年的2847元增长到2021年的6363元,年均增长9.3%。发展性消费占比由28.0%增长到33.6%。人均生活用品及服务和其他用品及服务等改善性消费由2012年的836元增长到2021年的1940元,年均增长9.8%。改善性消费占比由8.2%增长到10.2%。

(二)农村居民消费支出恢复好于城镇居民

随着疫情防控取得重大战略成果,新疆城乡居民生活和消费市场逐步恢复,消费潜力加快释放,城乡居民人均生活消费支出八大项全面增长。农村居民人均消费支出增速高于城镇居民6.9个百分点,八大类支出全面恢复并超出疫情前同期水平,恢复好于城镇居民。

表4　2021年新疆居民人均生活消费支出及分项情况

指　　标	全体居民		城镇居民		农村居民	
	水平(元)	增速(%)	水平(元)	增速(%)	水平(元)	增速(%)
居民人均消费支出	18961	14.8	25724	12.1	12821	19.0
食品烟酒	5739	9.8	7753	7.8	3912	12.6
衣着	1321	16.0	1860	15.1	831	16.4
居住	3598	8.9	4772	6.4	2533	12.3
生活用品及服务	1150	11.5	1628	8.5	715	16.8
交通通信	2708	16.8	3865	13.2	1658	23.3
教育文化娱乐	1664	15.1	2047	15.1	1317	7.0
医疗保健	1991	23.5	2850	21.3	1211	26.8
其他用品和服务	790	101.2	949	54.0	646	233.0

(三)膳食结构更加合理,恩格尔系数显著下降

2012年以来,新疆全体居民人均食品烟酒消费支出由2012年的3522元增长到2021年的5739元,年均增长5.6%。分城乡看,城镇居民人均食品烟酒消费支出由2012年的5198元增长到2021年的7753元,年均增长4.5%;农村居民人均食品烟酒消费支出由2012年的2235元增长到2021年的3912元,年均增长6.4%。

饮食服务消费快速增长,膳食结构更加合理。全体居民人均在外饮食等饮食服务消费由2015年的706元增长2021年的1282元,年均增长10.5%。人均粮食消费量由2015年的181.9Kg下降到2021年的132.0Kg,下降49.9Kg;人均肉类消费量由2015年的23.2Kg增长到2021年的25.7Kg,增长2.5Kg;人均蛋类消费量由2015年的6.8Kg增长到2021年的8.4Kg,增长1.6Kg。

全体居民恩格尔系数由2012年的34.6%下降到2021年的30.3%,高于2021年全国全体居民恩格尔系数0.5个百分点,累计下降4.3个百分点。分城乡看,城镇居民恩格尔系数由2012年的33.7%下降到2021年的30.1%,高于2021年全国城镇居民恩格尔系数1.5个百分点,累计下

降3.6个百分点。农村居民恩格尔系数由2012年的36.3%下降到2021年的30.5%，低于2021年全国农村居民恩格尔系数2.2个百分点，累计下降5.8个百分点。

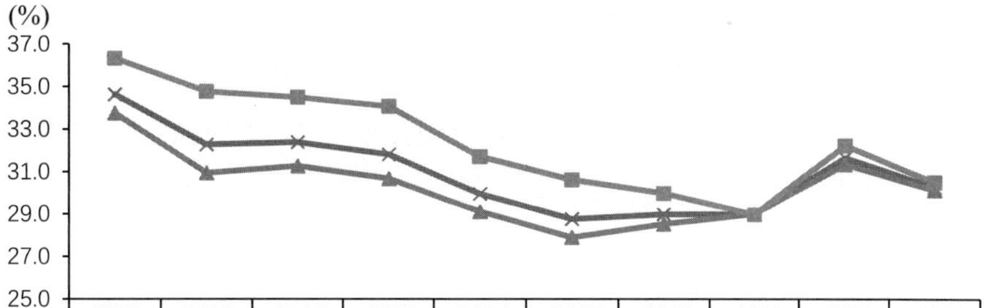

	2012	2013	2014	2015	2016	2017	2018	2019	2020	2021
全体	34.6	32.3	32.4	31.8	30.0	28.8	29.0	29.0	31.6	30.3
城镇	33.7	30.9	31.3	30.7	29.1	27.9	28.5	29.0	31.3	30.1
农村	36.3	34.8	34.5	34.1	31.7	30.6	30.0	29.0	32.2	30.5

图7　2012—2021年新疆居民恩格尔系数变化情况

(四)人均教育文化娱乐支出稳步增长

随着居民收入水平的提高和服务消费市场供给不断增加，教育、文化、娱乐等领域的服务性消费已成为人民迫切的美好生活需要。全体居民人均教育文化娱乐支出由2012年的875元增长到2021年的1664元，年均增长7.4%。分城乡看，城镇居民人均教育文化娱乐支出由2012年的1358元增长到2021年的2047元，年均增长4.7%；农村居民人均教育文化娱乐支出由2012年的503元增长到2021年的1317元，年均增长11.3%。

(五)交通及医疗消费增长迅速

全体居民人均交通通信支出由2012年的1224元增长到2021年的2708元，年均增长9.2%。分城乡看，城镇居民人均交通通信支出由2012年的1707元增长到2021年的3865元，年均增长9.5%；农村居民人均交通通信支出由2012年854元增长到2021年的1658元，年均增长7.7%。

全体居民人均医疗保健支出由2012年的748元增长到2021年的1991元，年均增长11.5%。分城乡看，城镇居民人均医疗保健支出由2012年的1066元增长到2021年的2850元，年均增长11.5%；农村居民人均医疗保健支出由2012年的504元增长到2021年的1211元，年均增长10.2%。

四、居民生活状况进一步改善

(一)居民居住面积增大，住房舒适度明显提高

2021年全体居民人均现住房建筑面积 为31.19平方米，比2013年增加3.46平方米，增长12.5%；分城乡看，城镇居民人均现住房建筑面积为32.29平方米，比2013年增加1.60平方米，增长5.2%。农村居民人均现住房建筑面积30.19平方米，比2013年增长4.79平方米，增长18.9%。

(二)社区(村)公共服务水平提升明显

2021年新疆各社区(村)通电、通电话、通公路、能接收有线电视信号和接收宽带信号等基础

设施全覆盖。

1. 公共交通不断优化，居民出行更加便利。2021 年新疆 94.8%的社区(村)能便利地乘坐公共汽车，比 2013 年提高 11.3 个百分点。

2. 人居环境持续改善，居住环境干净整洁。99.3%的社区(村)主要道路有路灯，比 2013 年提高 37.8 个百分点；99.6%的社区(村)饮用水为经过集中处理，比 2013 年提高 14.6 个百分点；99.6%的社区(村)可以集中处理垃圾，比 2013 年提高 37.5 个百分点。

3. 全民健身有序推进，生态优先绿色发展。居民足不出户享受自然与健康。89.7%的社区(村)拥有健身器材，比 2013 年提高 34.7 个百分点；77.8%的社区(村)拥有绿化园林景观设计，比 2013 年提高 24.2 个百分点。

4. 教育资源优化配置，适龄青少年就学便利。99.7%的社区(村)能够便利上幼儿园和学前班，比 2013 年提高 10.6 个百分点。99.7%的社区(村)能够便利上小学，比 2013 年提高 8.8 个百分点。

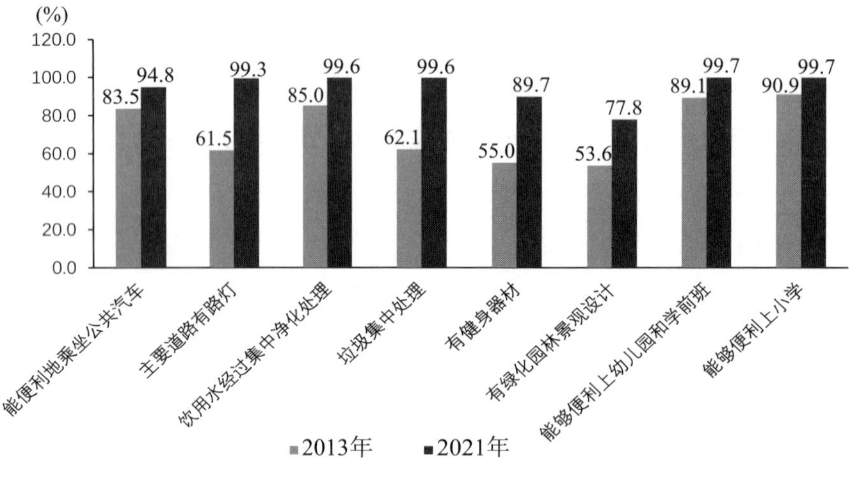

图 8　2013 年和 2021 年新疆社区基础设施和基本社会服务情况

(三)居民耐用消费品拥有量显著提升

1. 自有交通工具拥有量快速增加。交通工具的便捷性和安全性成为居民首选条件。2021 年新疆全体居民平均每百户家用汽车拥有量为 39.3 辆，比 2015 年增加 19.4 辆，增长 97.5%；每百户助力车拥有量为 75.7 辆，比 2015 年增加 42.3 辆，增长 126.8%。同时，每百户摩托车拥有量逐年减少，摩托车的娱乐属性逐渐取代了交通的功能。每百户摩托车拥有量为 19.3 辆，比 2015 年减少 29.69 辆，下降 60.5%。

2. 生活舒适便捷。2021 年新疆全体居民平均每百户拥有洗衣机 101.5 台，比 2015 年增加 8.7 台，增长 9.4%；每百户拥有电冰箱(柜)112.6 台，比 2015 年增加 21.5 台，增长 23.6%；每百户拥有空调 20.2 台，比 2015 年增加 11.0 台，增长 119.6%。

3. 移动电话拉近了居民沟通。2021 年新疆全体居民平均每百户拥有移动电话 236.5 部，比 2015 年增加 43.8 部，增长 22.7%。智能手机逐渐优化照相机的功能，每百户拥有照相机 6.2 台，比 2015 年减少 10.8 台，下降 63.5%。

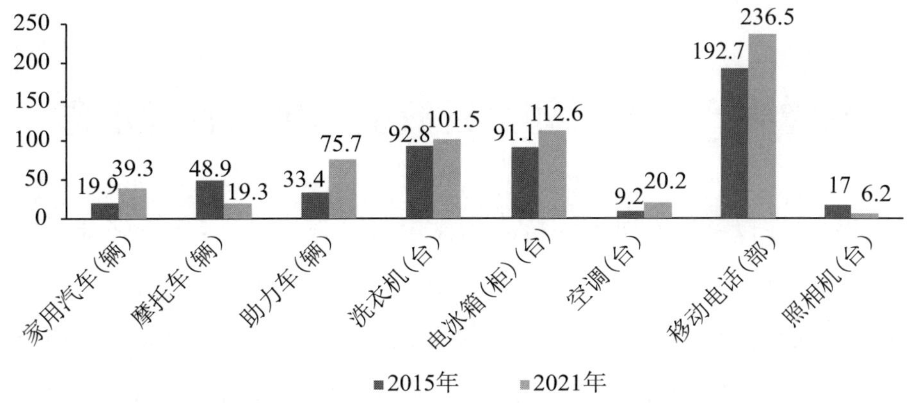

图 9　2015 年和 2021 年新疆每百户居民耐用消费品拥有情况

五、进一步促进居民增收、提升生活水平的建议

目前，新疆城乡居民增收制约因素主要存在以下三点：一是农村劳动力转移就业质量有待提高，中低收入群体就业不充分，择业渠道相对较窄。二是农资价格涨幅较快，生产经营成本增加，农业经营利润下降。三是疫情仍然存在不确定因素，市场活力和经营环境未完全恢复。

为进一步促进居民增收，下阶段应继续坚持落实党中央、国务院和自治区各项决策部署，多措并举增加居民收入，不断缩小城乡收入差距，推进共同富裕。一是立足优势资源，推动农业提质增效。围绕稳粮、优棉、强果、兴畜、促特色，推动品种培优、品质提升、品牌打造和标准化生产，加快构建现代农业产业体系、生产体系、经营体系。二是深入实施旅游兴疆战略，推动旅游高质量发展。加快以旅游业为重点的服务业发展。深入实施旅游兴疆战略，加快旅游基础设施建设，丰富文化旅游产品供给，优化旅游市场环境，提升旅游服务能力。做大做强冰雪旅游，培育世界遗产景区、A 级旅游景区、全域旅游示范区、旅游度假区等旅游品牌。三是持续推进新型城镇化建设，促进全体居民收入增长。加强大中小城市和小城镇协调发展和配套基础设施建设，提高基本公共服务水平，促进城乡融合发展，全面提升城镇化质量，推动进城农村收入快速增长。四是持续促进消费市场提质升级，进一步激发经济活力。大力促进消费。顺应消费升级趋势，完善促进消费体制机制，突出抓好旅游消费、汽车消费、住房消费、新型消费、城乡消费，发挥消费对经济发展的基础性作用。

（执笔人：国家统计局新疆调查总队　李涛）

新疆生产建设兵团居民收支与生活状况报告

党的十八大以来，在以习近平同志为核心的党中央坚强领导下，在新疆维吾尔自治区党委、新疆生产建设兵团党委的正确领导下，兵团聚焦新时代党的治疆方略，坚持以人民为中心的发展思想，深入推进全面深化改革，不断增强高质量发展动力，经济发展呈现稳中加固、稳中向好的态势，民生保障持续加力，居民收入持续增加，消费水平不断提高，职工群众对美好生活的向往加快实现，幸福感获得感显著增强。

一、兵团居民收入保持稳步增长

（一）兵团居民收入水平持续增长

2012—2021 年，兵团生产总值由 1197.21 亿元增加到 3395.61 亿元；人均生产总值由 45501 元增加到 99265 元，经济持续快速发展带动兵团居民收入水平不断提升，居民投资渠道不断拓宽，社会保障体系逐渐完善，居民收入来源更加多元。兵团城镇居民收入在 2015 年、2019 年分别突破了 3 万元、4 万元大关，2021 年兵团城镇居民人均可支配收入 43226 元，是 2012 年的 2.20 倍，年均增长 9.2%；连队居民收入在 2019 年突破了 2 万元大关，2021 年，连队居民人均可支配收入 27384 元，是 2012 年的 2.26 倍，年均增长 9.5%。（图 1）

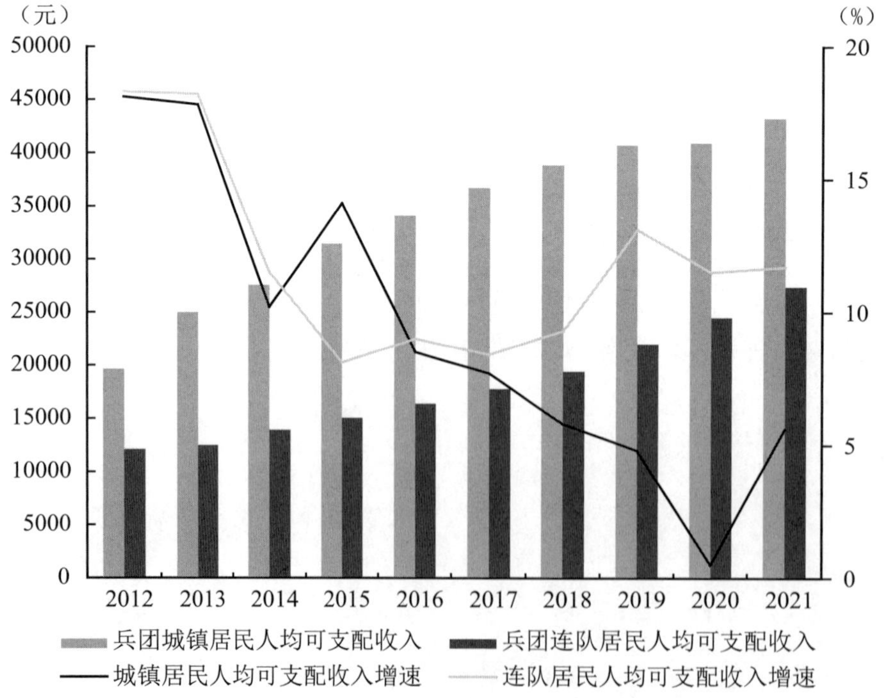

图 1　2012—2021 年兵团城镇、连队居民人均可支配收入情况

（二）城乡居民收入差距持续缩小

2021年兵团居民收入结构得到进一步优化，城乡居民人均可支配收入比由上年的1.67∶1缩小至1.58∶1（图2），达到历史最好水平，小于全国2.50∶1和自治区2.42∶1。特别是2016年以来，连队居民人均可支配收入保持较快增长，收入增速明显快于同期城镇居民收入增速，城乡居民收入相对差距继续缩小。

（三）工资性收入是兵团城镇居民增收的主要来源

2021年，兵团全体居民工资性收入18390元，较上年增长11.4%，占比为50%，对人均可支配收入增长的贡献率为76.3%。其中，城镇居民工资性收入26964元，占城镇居民收入的比重为62%，贡献率为115.6%。行政事业单位上调工资标准是兵团城镇居民增收的有力引擎。

（四）经营净收入兵团连队居民收入增长的最大拉动力和有力支撑

2021年，连队居民经营净收入15565元，占连队居民收入的比重为57%，较上年增长20.0%，拉动收入增长10.6个百分点，贡献率为90.4%。农产品价格上涨是兵团连队居民收入快速增长的主要因素。

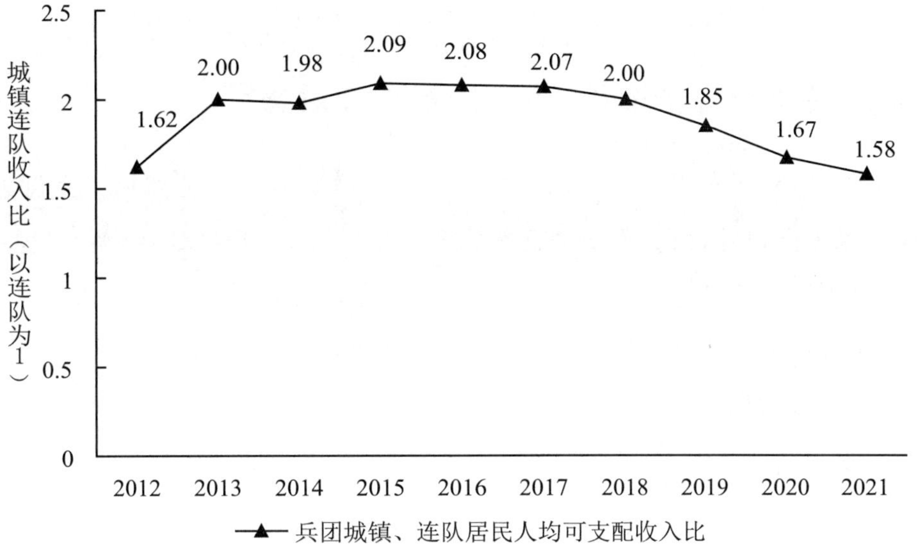

图2 2012—2021年兵团城镇、连队居民人均可支配收入比

二、兵团居民增收主要因素

（一）经济复苏态势明显，就业形势稳中向好

在国际疫情蔓延、国内疫情散发的形势下，兵团上下统筹疫情防控和经济社会发展，复工复产复商复市有序推进，加之不断推进稳定和扩大就业、培育市场主体、扩大有效投资等举措，营商环境优化，就业机会增加，为兵团居民收支稳步增长提供坚实的基础。

（二）工资性收入占绝对比重，政策性增资作用明显

特别是兵团城镇居民工资性收入占比高于其他三项收入所占比重之和。2021年，机关事业单位人员上调工资标准是兵团城镇居民工资性收入增长的主要因素，一方面直接拉动城镇居民

收入的增长，另一方面对全体居民收入增长具有带动和示范效应。

（三）农业质效稳步提升，经营净收入持续增长

兵团各级党委把确保粮食安全作为首要任务，积极落实“藏粮于地、藏粮于技”战略。利用人工智能、5G、大数据等新技术，加强高标准农田建设，健全农业灾害监测体系，稳粮、优棉效果显著。持续优化粮棉种植区域和结构品种，通过良种选育、优质优价、优棉优补等引导植棉户提升质量意识，推广应用精量播种、水肥一体、机械采摘等先进实用技术，棉花品质得到巩固提升。2021年，虽然农资等成本较高，但由于棉花、小麦、玉米、红枣等大宗农产品价格上涨，助推连队居民经营性收入大幅提高。如棉花收购季价格最高涨至11.8元/公斤，植棉户每亩净利润、现金收益均大幅增加。

（四）社会保障体系持续完善，转移净收入强劲增长

党的十八大以来，兵团不断加大社会保障及民生投入，保障覆盖范围不断扩大、保障标准不断提高、保障时效不断提升，各项转移支付力度不断加大，资金直达基层直达民生。居民养老金按时足额发放、稳岗补贴、困难群众救助补贴、失业保险补助等稳固增加，精准扶贫等政策巩固提高，价格补贴、各种惠民惠农补贴发放等，助推兵团居民转移净收入快速增长。

三、兵团居民消费稳步增长，生活质量持续改善

党的十八大以来，兵团职工群众对美好生活的主要诉求体现为消费需求不断倾向高品质。随着收入水平不断提高，兵团城乡居民对经济增长和收入提升的预期较强，消费信心和消费观念明显提升，消费结构呈现升级态势，居民消费也呈现一些新的特点和趋势。调查数据显示，2021年，兵团城镇居民人均生活消费支出28692元，是2012年的1.85倍，年均增长7.1%；2021年，兵团连队居民人均生活消费支出23383元，是2012年的1.68倍，年均增长5.9%，城镇居民消费支出增速快于农村居民消费支出（表1）。

表1　2012、2021兵团城镇、连队居民消费支出情况

指　标	城镇居民				连队居民			
	2012年		2021年		2012年		2021年	
	绝对值（元）	占比（%）	绝对值（元）	占比（%）	绝对值（元）	占比（%）	绝对值（元）	占比（%）
居民人均消费支出	15538	100.0	28692	100.0	13940	100.0	23383	100.0
食品烟酒	5053	32.5	8273	28.8	3456	24.8	6975	29.8
衣着	2066	13.3	2526	8.8	776	5.6	1536	6.6
居住	1252	8.1	4369	15.2	4667	33.5	3065	13.1
生活用品及服务	1057	6.8	2160	7.5	699	5.0	1500	6.4
交通通信	2831	6.4	5272	18.4	2043	14.7	5688	24.3
教育文化娱乐	1675	18.2	2837	9.9	1008	7.2	2277	9.7
医疗保健	1000	10.8	2519	8.8	964	6.9	1831	7.8
其他用品及服务	604	3.9	736	2.6	327	2.3	512	2.2

（一）八大类消费支出全面增长

从消费类别看，2021年八大类消费全面增长，其他用品及服务、教育文化娱乐、交通通信增速稳居前三，分别同比增长71.4%、60.7%、49.0%。从消费结构看，食品烟酒、交通通信、居住、教育文化娱乐四大支出占消费总支出的近八成。从贡献率看，交通通信、食品烟酒、教育文化娱乐消费增幅增长强劲，对居民消费增长贡献较大。分城乡看，兵团连队居民与城镇居民在消费结构、增速、变化趋势等方面都呈现出相似特点。

（二）生存性消费支出长足发展

兵团居民食品烟酒消费稳步增长，食品结构日趋多元，种类日渐多样，更加注重健康营养全面均衡；衣着消费更加注重款式、质地、色彩的搭配，更加追求时尚、个性和舒适的统一；对生活用品及服务的需求从“可用”转向更高标准的“好用”，在基本的功能性需求之上，更加追求高品质、个性化和便捷性。网购、外卖打破了传统消费模式，居民多层次、多样的消费需求得已满足，成为“新常态”。2021年，兵团城镇、连队居民生存型消费支出（食品烟酒、衣着、生活用品及服务）分别为12959元、10011元，是2012年的1.59倍、2.03倍。

（三）升级类消费支出大幅增长

随着兵团城镇房地产市场的快速发展和团场保障性住房建设的大力推进，兵团居民家庭住房条件极大改善，设施更加完善。兵团居民更加注重发展型、享受型消费，实物消费不断提档升级、服务消费持续提质扩容，消费范围不断拓宽延伸。消费新业态、新模式和新兴消费不断向连队延伸，城乡居民生活质量、消费层次实现跨越式提升。2021年，兵团城镇、连队居民发展享受性消费支出占比分别为47.13%、50.49%；2012年，兵团城镇、连队居民发展享受性消费支出只占到消费支出的46.1%、35.1%。

（四）交通通信消费支出快速增长

交通和通信是反映居民生活质量的重要指标。十八大以来，兵团交通通信基础设施不断完善，居民出行更加便捷，家庭购车支出增加、出行方式增多，带动交通费快速增长；移动网络技术快速升级，通信类产品推陈出新，加油费、电话费、网费等关联支出相应增加，居民用于交通通信类消费的支出占比大幅上升。2021年，兵团城镇居民交通通信支出5272元，同比增长59.3%，是2012年的1.86倍，占比从2012年的6.4%提升到18.4%；连队居民交通通信支出5688元，同比增长36.4%，是2012年的2.78倍，占比从2012年的14.7%提升到24.3%。

（五）教育文化娱乐消费支出异军突起

2021年，兵团居民人均教育文化娱乐支出2614元，较上年增长60.7%。其中城镇居民教育文化娱乐支出2837元，同比增长66.8%，是2012年的1.69倍；连队居民教育文化娱乐支出2277元，同比增长50.5%，是2012年的2.26倍。一方面，旅游业和文旅市场恢复活力，持续复苏；另一方面，居民比以往更青睐线上市场，短视频、网络直播、网络课程、网络展览、游戏等电商、教育、文旅新业态深入融合，广大网民线上消费娱乐需求增长刺激了各种云娱乐方式拓展。

（六）医疗服务条件明显改善

随着医药卫生体制改革的不断深入，兵团各级医疗卫生资源数量、医疗卫生服务质量、居民就医便利程度等也发生了显著变化。越来越多居民的医疗观念由有病治病转变为主动预防，有病能及时就医，对自身的健康体检也越来越重视，养生、保健意识也进一步增强，各类健康体检、健身器材、保健器材和滋补保健品等逐渐成为家庭必需品。2021年，兵团城镇居民人均医疗保健支出2519元，是2012年的2.52倍；兵团连队居民人均医疗保健支出1831元，是2012年1.90倍。

四、促进兵团居民收入增长的对策建议

（一）大力实施就业优先政策，完善重点群体就业支持体系

深入贯彻落实第三次中央新疆工作座谈会精神，全面准确把握当前形势，更好统筹疫情防控和社会经济发展，强化就业优先导向，建立职工工资正常增长机制，提高工资标准，千方百计提高城乡居民工资性收入。加快推进"放管服"改革和"互联网＋"建设，积极培育城乡融合经营主体，增强微观主体活力，开展职业技能培训，促进兵团城镇、连队居民增收。

（二）大力推动乡村振兴，推进产业融合

以产业发展助力乡村振兴，推进兵团一二三产业融合发展，拓展非农就业空间和渠道。增加农业补贴力度，促进农业产业结构调整和职工增收，以市场为导向，在稳定粮食生产的基础上，助推团场连队发展特色种、养殖。延伸兵团棉花、林果、乳制品、肉制品等产业链，推动特色优势产业加快转型升级，带动职工就近就业、扩产增收。深化文化和旅游融合发展，以休闲农业、乡村电商等新产业新业态为引领，推动红色游、冰雪游、近郊游等兵团特色旅游全面升温，提升消费增长内生动力。

（三）持续加大转移支付力度，着力保障和改善民生

实施积极精准有效的财政政策，重点加大对三农、教育、医疗卫生、社会保障等社会事业的支出。加大对偏远团场连队基础设施和基本公共服务的投资力度，切实改善人居环境，助力乡村振兴。不断完善覆盖全民的多层次社会保障体系，稳步提升民生保障水平，让兵团干部职工更多、更公平享受改革发展成果。

（执笔人：国家统计局新疆生产建设兵团调查总队　张洁）

第八章　专题分析

家庭人口结构对平均消费率和消费收入弹性的影响研究

摘要：本文使用 2018 年和 2019 年全国住户调查微观家庭数据，构建平衡面板随机效应和固定效应模型，从家庭人口年龄结构、城镇化属性、受教育水平三个维度着手，研究家庭人口结构变动对家庭平均消费率和消费收入弹性的影响。结果表明，城镇化率提高、城镇化发展质量提升以及居民受教育水平提高对居民消费具有显著促进作用，人口老龄化对家庭平均消费率具有负面效应，更为积极的生育政策能够促进居民消费。本文据此建议持续推进以人为核心的新型城镇化，坚持教育优先发展，持续优化生育政策，积极应对人口老龄化，挖掘老年人口消费潜力，推动形成强大国内市场。

关键词：家庭人口结构；平均消费率；消费收入弹性

一 、引言

近年来，消费在推动经济稳定增长中发挥基础性作用，也是形成强大国内市场、构建新发展格局的重要抓手。我国居民消费潜力巨大，但从国际比较分析看，尽管有居民收入水平提高的因素，我国居民的平均消费率和消费倾向偏低，且长时间以来总体呈现下行趋势（袁志刚和宋铮，1999；陈斌开等，2010；雷潇雨和龚六堂，2014），不利于经济稳定增长和构建新发展格局。如何促进居民消费增长日益成为理论研究和政策实践的重要课题。在居民消费的各项影响因素中，家庭人口结构是基础性因素。其中，年龄结构、城镇化属性、受教育水平是家庭人口结构的三个重要维度，也是我国未来人口结构演变的三个主要方面。一是人口老龄化程度将持续加深，家庭老人抚养比持续上升，纯老人家庭数量将不断增加。二是人口城镇化率预计将进一步提高，城镇化发展质量也将逐步提升，居民的生产、生活方式和理念将随着城镇化发展而持续演变。三是我国已经进入高等教育普及化阶段，居民的科学文化素养和认知能力将加速提升，接受和掌握现代消费方式和理念的能力不断提升。因此，本文从年龄结构、城镇化属性、受教育水平这三个维度着手，研究家庭人口结构演变对平均消费率和消费收入弹性的影响。

关于人口年龄结构与居民消费的关系，部分学者研究认为少儿抚养比与老年抚养比上升抑制了居民消费支出和消费率提高（范兆媛和周少甫，2016）；但也有学者研究表明少儿抚养比与老年抚养比提高对消费产生正向促进作用(王欢和黄健元,2015;刘景章和龚道全,2014;易行健和訾倩倩,2019);另有一些文献研究表明,少儿与老年抚养比对消费的影响方向不一致,即少儿抚养比具有正向效应,而老年抚养具有负向效应(罗光强和谢卫卫,2013;刘铠豪和刘渝琳,2015)。但现有研究多是使用宏观指标数据进行研究,缺乏家庭层面微观数据的充分支撑,对研究结论的分歧也没有进行深入分析。

多数学者研究表明,城镇化对居民消费具有正向促进作用,并对城镇化提升居民消费的内在机制进行了探讨(雷潇雨和龚六堂,2014;付波航等,2013;潘明清和高文亮,2014)。范兆媛和周少甫(2016)认为人口城镇化提高了消费率,但空间城镇化的促进效应不明显。也有少数学者研究表明,城镇化对居民消费具有负向作用,或不具有显著影响(张秀利和祝志勇,2015)。但现有研究没有从城镇内部不同区域及村(居)委会的角度出发,考察城镇化发展质量对居民消费的影响。

关于受教育水平对居民消费的影响,早期创立人力资本理论的经济学家在阐述教育对生产的重要作用时,已经意识到教育同样对消费具有重要作用。Schultz(1977)认为教育可以创造消费资本,这种资本具有长远的功能,在未来能够使人们的消费爱好和消费质量得到改善。Becker(2007)认为忽视教育对消费的影响是当前人力资本理论研究存在的一个问题,并指出教育提高了人们处理信息、准备未来事务和管理多项任务的技能。国内也有学者认识到教育对消费具有重要作用(尹世杰,1992;郝德永,1995;胡云秋等,2000)。实证研究也大多表明教育对居民消费水平和消费结构升级具有显著促进作用(Michael,1972;周弘,2011;吴相谨,2018)。但也有学者研究表明教育在农村市场对居民消费具有抑制作用,主要由于农村市场有效供给不足,高学历农村居民消费水平受到抑制(李翔和朱玉春,2013)。

二、研究模型、数据来源和数据处理

(一)构建随机效应和固定效应模型

1. 构建面板数据随机效应模型分析家庭人口结构变动对平均消费率的影响。基于2018年和2019年全国住户调查家庭平衡面板数据构建回归模型(1),以排除家庭成员难以观察的偏好、能力和对未来预期等因素的影响、以及可能存在的变量内生性影响,考察家庭人口年龄结构特征、城镇化属性特征、居民教育水平对家庭平均消费率的影响。

$$\begin{aligned} r\_cons_{it} = {} & \beta_0 + d19 + \beta_1 linc_{it} + \beta_2 r\_young_{it} + \beta_3 r\_old_{it} \\ & + \beta_4 ur31_{it} + \beta_5 ur32_{it} + \beta_6 eduy_{it} + \gamma X_{it} + \mu_{it} \end{aligned} \tag{1}$$

模型(1)中,$d19$为2019年虚拟变量,加入年份虚拟变量以控制观察不到的时间固定效应,即可能存在的年度之间居民消费行为的系统性时间变异。因变量r_cons_{it}表示家庭年度平均消费率,即家庭年度消费支出占收入水平的比重;$linc_{it}$表示家庭可支配收入水平对数。根据统计分析,家庭平均消费率和收入存在稳定的相关关系,随着收入提高,家庭平均消费率呈现总体下降趋势。将家庭收入放入自变量中,目的是在控制家庭收入影响的情况下,考察家庭人口结构特征对平均消费率的影响。

其他自变量中,选取家庭少年儿童数量比例（r_young_{it}）和家庭老年人口比例（r_old_{it}）两个指标作为家庭人口年龄特征的代表,考察人口年龄结构特征对平均消费率的影响。选取家庭常住地是否为城镇居委会虚拟变量（$ur31_{it}$）、城镇村委会虚拟变量（$ur32_{it}$）、农村地区虚拟变量（$ur33_{it}$）三个指标作为城镇化属性特征的代表,考察城镇化水平和发展质量对平均消费率的影响。目前,我国统计上划分的城镇地区除了城镇居委会以外,还包括一定数量的城镇村委会,大多位于城乡接合部或城中村。城镇村委会虽与城镇居委会同属城镇地区,满足城镇地区的定义,但在经济社会发展水平、基础设施和公共服务提供上与城镇居委会总体上还存在着一定差距。特别是部分城镇村委会在社会生产和居民生活方式上,与传统意义上的城市社会经济形态差异较大,仍然保留着一定的乡村生产生活方式。这种情况下城镇村委会尽管完成了地域的城镇化,并没有完全实现人口的城镇化。城镇村委会和城镇居委会的发展差距在一定程度上代表着城镇化发展质量,通过比较分析城镇村委会和城镇居委会居民消费行为的差别,可以考察城镇化发展质量对居民消费的影响。

选取户主受教育年限（$eduy_{it}$）作为居民受教育水平的代表,考察居民受教育水平对家庭平均消费率的影响。X_{it} 为其他控制变量,包括家庭特征、户主个人特征和地区变量等。其他控制变量的选取基于经典居民消费理论,选择影响居民消费的主要变量,选取个人特征变量时以户主作为家庭成员代表。根据 Modigliani 和 Brumberg(1954)提出的生命周期假说,选择户主年龄和年龄平方作为控制变量。根据 Leland(1968)提出的预防性储蓄假说,选择户主健康状况、就业状况、行业分类、职业分类、医疗保险种类、养老保险种类等作为控制变量。根据 Shefrin 和 Thaler (1988)提出的行为生命周期假说,选择户主性别等作为控制变量。考虑到家庭财富状况对居民消费行为的影响,选择家庭自有现住房市场价值作为家庭财富状况的代表加入控制变量。考虑到家庭耐用消费品拥有状况对居民消费行为的影响,选择"家用汽车拥有情况"作为家庭耐用消费品拥有情况的代表加入控制变量。考虑到我国地区之间经济社会状况存在一定差异,选择家庭常住地省份虚拟变量加入控制变量。考虑到居民消费的家庭人口规模效应,选择家庭人口规模加入控制变量。

由于家庭年龄结构、城镇化属性、受教育年限等家庭和个体变量,在两年之间几乎没有变化或变化很小,固定效应模型并不适用,但本文使用的全国住户调查样本严格按照随机抽样方法在全国抽选,满足随机抽取的条件,所以本文使用面板数据的随机效应模型对模型(1)进行估计。

2.构建面板数据固定效应模型分析人口结构变动对消费收入弹性的影响。基于 2018 年和 2019 年全国住户调查家庭平衡面板数据构建回归模型(2)～(4),以排除家庭成员难以观察的偏好、能力和对未来预期等因素的影响,以及控制可能存在的变量内生性影响,分别考察家庭人口年龄结构、城镇化属性、受教育水平对家庭人均消费收入弹性的影响,分析人口结构对边际消费倾向的影响。具体模型如下:

$$lpcons_{it}=\beta_0+d19+\beta_1 lpinc_{it}+\beta_2 r\_young_{it}+\beta_3 r\_old_{it}+\beta_4 ur31_{it}+\beta_5 ur32_{it}+\beta_6 eduy_{it}+\beta_7 lpinc_{it}*r\_young_{it}+\beta_8 lpinc_{it}*r\_old_{it}+\gamma X_{it}+\theta_i+\mu_{it} \quad (2)$$

$$lpcons_{it}=\beta_0+d19+\beta_1 lpinc_{it}+\beta_2 r\_young_{it}+\beta_3 r\_old_{it}+\beta_4 ur31_{it}+\beta_5 ur32_{it}+\beta_6 eduy_{it}+\beta_7 lpinc_{it}*ur31_{it}+\beta_8 lpinc_{it}*ur32_{it}+\gamma X_{it}+\theta_i+\mu_{it} \quad (3)$$

$$lpcons_{it}=\beta_0+d19+\beta_1 lpinc_{it}+\beta_2 r\_young_{it}+\beta_3 r\_old_{it}+\beta_4 ur31_{it}+\beta_5 ur32_{it}+\beta_6 eduy_{it}+\beta_7 lpinc_{it}*eduy_{it}+\gamma X_{it}+\theta_i+\mu_{it} \quad (4)$$

在模型(2)、(3)和(4)中，$lpcons_{it}$、$lpinc_{it}$ 分别为家庭 i 在 t 年的人均消费支出对数和人均收入水平对数，其他控制变量的下标含义与此类似。其他变量含义与模型(1)中的变量含义保持一致。X_{it} 为家庭随时间变化并且可能影响家庭消费的户主和家庭特征变量，如户主年龄、健康状况、家庭人口规模、现住房市场价值、住房贷款情况、耐用消费品拥有情况等。θ_i 表示家庭固定效应，即家庭和家庭成员不随时间变化而又有可能影响家庭消费的特征。

模型(2)通过加入家庭人口年龄结构与人均收入对数的交互项 $lpinc_{it}*r\_young_{it}$ 和 $lpinc_{it}*r\_old_{it}$，考察人口年龄结构对消费收入弹性的影响，回归系数为 β_7 和 β_8，分别反映家庭少年儿童比例和老年人口比例对消费收入弹性的影响。模型(3)通过加入城镇化特征与人均收入对数的交互项 $lpinc_{it}*ur31_{it}$ 和 $lpinc_{it}*ur32_{it}$，考察人口城镇化特征对消费收入弹性的影响，回归系数为 β_7 和 β_8，分别反映城镇居委会虚拟变量和城镇村委会虚拟变量对消费收入弹性的影响，对比基准为农村地区居民消费收入弹性。模型(4)加入户主受教育水平与人均收入对数的交互项 $lpinc_{it}*eduy_{it}$，回归系数为 β_7，反映居民受教育水平对消费收入弹性的影响。经豪斯曼检验，模型(2)～(4)适合使用面板数据的固定效应模型进行估计。

（二）数据来源和处理

本文使用的数据来源于2018年和2019年全国住户收支与生活状况调查，该调查采用分层、多阶段随机抽样方法，在全国31个省(区、市)共抽选约16万户调查样本，对全国及分省均具有较强代表性，采用日记账和问卷调查相结合的方式采集居民收入和消费支出等基础数据。考虑到负收入大多是短期现象，为保证结果的代表性和稳健性，本文剔除了家庭收入为负的样本。考虑到户主年龄过大或过小对家庭消费决策的影响，参照黄娅娜和宗庆庆(2014)对户主年龄施加限制的方式，剔除了户主年龄分布最低1%和最高1%的家庭。为控制家庭收入和消费奇异值的影响，剔除了家庭年度平均消费率分布最低1%和最高1%的家庭。最终参与计算的2018年和2019年家庭样本均为14万户左右，样本城乡分布比例也与全国城乡常住人口比例较为接近，具有较强代表性。调查中居民教育水平只采集受教育程度信息，本文使用学术上通用的处理方法对不同教育程度进行教育年限赋值，“未上过学”赋值为0，“小学”赋值为6，“中学”赋值为9，“高中”赋值为12，“大学专科”赋值为15，“大学本科”赋值为16，“研究生”赋值为19。

（三）变量选择与描述性统计分析

本文选取的家庭消费、收入、平均消费率和消费收入弹性均为现金口径数据，即不包含家庭实物消费和实物收入，也剔除了自产自用消费和收入。主要考虑现金消费更多为居民的自主决策消费，与人口结构相关性更强，更能反映人口结构对居民消费的影响。表 1 为模型中使用的主要变量和描述性统计。其中，家庭平均消费率为家庭年度现金消费占现金收入的比重；家庭少年儿童比例为家庭中 15 岁以下少年儿童数量占家庭人口数量的比例；家庭老年人口比例为家庭中 60 岁以上老年人口数量占家庭人口数量的比例。

表 1　指标变量的统计性描述

指　　标	变量名	2018 年 均值	2019 年 标准差	指标 均值	变量名 标准差
家庭收入对数	*linc*	11.10	0.82	11.11	0.81
家庭人均收入对数	*lpinc*	9.95	0.83	10.05	0.80
家庭人均消费对数	*lpcons*	9.47	0.75	9.55	0.74
家庭平均消费率(%)	*r_cons*	73.21	52.57	72.52	51.16
家庭少年儿童比例(%)	*r_young*	14.83	19.25	14.74	18.99
家庭老年人口比例(%)	*r_old*	22.82	35.46	23.25	35.63
城镇居委会家庭虚拟变量	*ur*31	0.46	0.50	0.47	0.50
城镇村委会家庭虚拟变量	*ur*32	0.15	0.36	0.15	0.36
农村地区家庭虚拟变量	*ur*33	0.39	0.48	0.38	0.48
户主受教育年限	*eduy*	9.87	3.55	9.88	3.55
户主性别(男性=1,女性=0)	*male*	0.79	0.40	0.79	0.41
户主年龄	*age*	53.04	12.08	52.83	12.06
户主年龄平方	*age*2	2946.81	1297.17	2932.74	1287.49
户主健康状况(健康或基本健康=1,不健康=0)	*heal*	0.97	0.18	0.97	0.18
家庭规模(人)	*hsize*	3.17	1.35	3.17	1.36
自有住房市场价值(万元)	*housewealth*	56.35	104.77	56.48	103.31
家庭拥有 20 万元以上汽车虚拟变量	*bus*1	0.05	0.21	0.05	0.22
家庭拥有 10 万元～20 万元汽车虚拟变量	*bus*2	0.16	0.37	0.17	0.38
家庭拥有 10 万元以下汽车虚拟变量	*bus*3	0.16	0.37	0.18	0.38
家庭没有汽车的虚拟变量	*bus*4	0.63	0.48	0.60	0.49

三、实证分析结果

(一)家庭人口结构对平均消费率影响的实证结果

表 2 中模型(1)的回归结果显示，从家庭人口年龄结构特征变量的回归系数看，在控制其他变量的条件下，老年人口比例每提高 1 个百分点，家庭平均消费率下降 0.08 个百分点，且对城镇居委会家庭、城镇村委会家庭、农村家庭均呈现显著负向作用。老年人口比例提高对平均消费率的不利影响，主要与老年人口消费行为、消费心理和消费观念等有关。同时当前老年消费市场不完善，老年产业发展相对欠缺，相关的消费环境和基础设施有待进一步完善。人口老龄化程度持续加深将对提高平均消费率、建设强大的国内消费市场产生一定负面影响。从总体看，家庭少年儿童比例提高对城乡的影响方向不同。家庭少年儿童比例每提高 1 个百分点，全体家庭平均消费率平均下降 0.05 个百分点。但从城镇居委会家庭、城镇村委会家庭、农村家庭的子样本回归看，城镇居委会家庭少年儿童比例每提高 1 个百分点，家庭平均消费率提高 0.01 个百分点，虽然

不显著，但说明城镇居委会地区少年儿童比例提高对家庭平均消费率有正向促进作用；家庭少年儿童比例对城镇村委会家庭和农村家庭平均消费率则具有显著负向作用，每提高1个百分点，城镇村委会家庭和农村家庭的平均消费率分别下降0.09和0.10个百分点。少年儿童比例提高对城乡平均消费率的差异化影响，主要由于城乡居民对少年儿童消费投入力度不同造成，还与教育理念、抚养行为和观念有关。这也从一个侧面说明了我国已有相关文献中关于少儿抚养比对消费影响的结论分歧较大的内在原因。

从城镇化特征变量的回归系数看，在控制其他变量的条件下，相对于农村地区家庭，城镇居委会家庭和城镇村委会家庭平均消费率分别高11.33和3.91个百分点。城镇化水平提高对平均消费率具有明显促进效应，同时城镇居委会家庭虚拟变量对平均消费率的提升程度明显高于城镇村委会家庭，表明城镇化发展质量提升对平均消费率也具有明显的促进作用。

从户主教育水平变量的回归系数看，在控制其他变量的条件下，居民受教育水平提高对家庭平均消费率具有显著促进作用，户主受教育年限每提高1年，家庭平均消费率提高1.33个百分点。且城镇居委会家庭、城镇村委会家庭、农村家庭子样本回归均表现出居民教育水平对家庭平均消费率的显著促进作用。居民受教育水平持续稳步提高有助于提高平均消费率，形成更为强大的国内消费市场。

其他有关人口特征的控制变量回归系数方面，相比于户主为女性的家庭，户主为男性的家庭平均消费率下降2.07个百分点，说明女性在家庭消费决策方面的作用更大。家庭人口数量增加平均消费率显著上升，家庭额外增加1人，平均消费率提高7.94个百分点，表明更为积极的生育政策有助于拉动国内消费持续增长。

表2　家庭人口结构对平均消费率的影响

变量	全体家庭	城镇居委会家庭	城镇村委会家庭	农村家庭
*d*19	1.3289＊＊＊	0.1361	2.2828＊	5.1648＊＊＊
	(3.3231)	(0.2850)	(1.7797)	(4.8363)
linc	−51.6973＊＊＊	−40.8801＊＊＊	−46.6447＊＊＊	−62.9806＊＊＊
	(−300.7970)	(−163.3892)	(−108.0364)	(−219.0627)
r_young	−0.0532＊＊＊	0.0092	−0.0892＊＊＊	−0.0960＊＊＊
	(−7.6181)	(0.9988)	(−5.1185)	(−7.8153)
r_old	−0.0818＊＊＊	−0.0338＊＊＊	−0.0967＊＊＊	−0.1450＊＊＊
	(−17.6177)	(−5.6053)	(−8.3981)	(−17.3816)
*ur*31	11.3331＊＊＊	—	—	—
	(34.4936)			
*ur*32	3.9135＊＊＊	—	—	—
	(11.4966)			
eduy	1.3302＊＊＊	1.2708＊＊＊	0.6591＊＊＊	0.9553＊＊＊
	(32.1748)	(24.7974)	(6.1600)	(11.9133)
male	−2.0655＊＊＊	−2.0007＊＊＊	−0.7547	−4.1261＊＊＊
	(−7.2248)	(−6.5886)	(−0.9720)	(−5.6326)
age	−0.2998＊＊＊	−0.3192＊＊＊	−0.7477＊＊＊	−0.1621
	(−3.8504)	(−3.4926)	(−3.6117)	(−1.0111)

续表

变量	全体家庭	城镇居委会家庭	城镇村委会家庭	农村家庭
age2	−0.0011	0.0007	0.0026	−0.0046***
	(−1.4644)	(0.7617)	(1.2976)	(−3.0482)
heal	0.3887	−0.6467	−2.3479	1.1768
	(0.6631)	(−0.7816)	(−1.5748)	(1.2196)
hsize	7.9432***	5.1454***	7.6249***	10.2323***
	(77.8338)	(35.5302)	(31.2097)	(59.2667)
housewealth	0.0353***	0.0245***	0.0409***	0.1546***
	(27.1756)	(19.2598)	(9.5436)	(17.2461)
bus1	24.1464***	19.9220***	22.7741***	26.5809***
	(47.0727)	(36.9020)	(17.6287)	(17.9003)
bus2	16.1378***	12.9251***	14.9396***	20.2020***
	(52.0976)	(36.4565)	(20.1712)	(28.5151)
bus3	10.8904***	8.9505***	10.3235***	13.3000***
	(37.1327)	(23.1522)	(14.8711)	(25.4368)
Constant	623.6944***	513.1257***	578.8080***	747.7213***
	(200.6996)	(128.9768)	(60.1096)	(121.1603)
sigma_u	27.5186	24.4501	25.1872	30.6351
sigma_e	35.2265	29.7622	35.0028	40.8595
rho	0.3791	0.4033	0.3410	0.3605
Observations	254228	119498	38745	95985
Number of family	127119	59757	19465	48092
R−squared	0.2913	0.2210	0.2621	0.3472

注：括号中为t统计量，***、**、*分别表示在1%、5%、10%的显著水平下显著，下同。因篇幅限制，户主医疗保险种类虚拟变量、养老保险种类虚拟变量、就业状况虚拟变量、职业虚拟变量、行业虚拟变量，以及家庭所在省份虚拟变量等的回归系数及t统计量没有列出。

（二）家庭人口结构对消费收入弹性影响的实证结果

表3中模型(2)的回归结果显示，在控制其他变量的条件下，家庭少年儿童比例对消费收入弹性的影响不显著。家庭老年人口比例对消费收入弹性具有显著正向促进作用，每增加1个百分点，消费收入弹性显著提高0.0004个百分点，但提升幅度相对较小，难以扭转人口老龄化对家庭年度平均消费率的负面影响。

表3中模型(3)的回归结果显示，在控制其他变量的条件下，相对于农村居民，城镇居委会居民消费收入弹性显著提高0.0693个百分点；城镇村委会居民消费收入弹性显著提高0.0483个百分点，但提升幅度明显低于城镇居委会居民。可以看出，城镇居民的消费收入弹性显著高于农村居民，城镇居民消费意愿相对农村居民更为积极；在城镇地区内部，城镇居委会居民的消费收入弹性明显高于城镇村委会居民，表明城镇化发展质量提升有助于提高居民消费收入弹性，提升居民消费意愿和边际消费倾向。

表3中模型(4)的回归结果显示，在控制其他变量的条件下，户主受教育年限每提高1年，居民消费收入弹性显著提高0.0022个百分点。居民受教育水平提高能够提升居民的边际消费倾向，居民受教育水平越高，消费意愿越积极。提升居民受教育水平对扩大居民消费支出、培育消

费型社会、增强经济发展的长期内生动力和构建新发展格局具有重要意义。

表 3　家庭人口结构对消费收入弹性的影响

变　　量	模型(2)	模型(3)	模型(4)
d19	0.0555***	0.0545***	0.0553***
	(40.8702)	(40.0693)	(40.6910)
lpinc	0.1714***	0.1553***	0.1604***
	(44.4590)	(42.8640)	(21.5342)
r_young	0.0008	0.0002	0.0001
	(0.6720)	(1.0592)	(1.0137)
r_old	−0.0045***	−0.0000	−0.0000
	(−5.8618)	(−0.1300)	(−0.1458)
ur31	0.0615	−0.6078***	0.0581
	(0.4216)	(−3.8234)	(0.3973)
ur32	−0.0412	−0.5067***	−0.0412
	(−1.2145)	(−5.9853)	(−1.2126)
eduy	0.0024	0.0023	−0.0191**
	(1.2198)	(1.1656)	(−2.3925)
*lpinc*r_young*	−0.0001		
	(−0.5667)		
*lpinc*r_old*	0.0004***		
	(5.8957)		
*lpinc*ur31*		0.0693***	
		(10.6605)	
*lpinc*ur32*		0.0483***	
		(6.0110)	
*lpinc*eduy*			0.0022***
			(2.7836)
个体和家庭固定效应	控制	控制	控制
Constant	8.1487***	8.2895***	8.2529***
	(33.0867)	(33.7364)	(32.5007)
sigma_u	0.5508	0.5411	0.5504
sigma_e	0.3274	0.3276	0.3271
rho	0.7392	0.7333	0.7391
Observations	254228	254228	254228
Number of family	127119	127119	127119
R−squared	0.4062	0.4224	0.4054

注：因篇幅限制，户主年龄、年龄平方、健康状况、家庭规模、自有现住房市场价值、家用汽车拥有情况等的回归系数及 t 统计量没有列出。

四、研究结论和政策建议

模型分析结果表明，我国家庭人口结构演变对居民消费具有显著影响，必将对未来消费市场建设、形成强大国内市场和构建新发展格局产生重大影响。

（一）研究结论

在控制家庭人口、收入和其他变量的条件下，虽然平均而言少年儿童比例对全体家庭平均消费率表现出负向作用，但对城镇居委会家庭平均消费率呈现正向促进作用。家庭人口规模的回归系数显示，家庭人口数量增加大幅提升家庭的平均消费率。因此，在城市范围内实施更为积极的生育政策将对居民消费产生较为明显的促进作用。老年人口比例提高，即老年抚养比提高对家庭平均消费率产生不利影响；老年人口比例提高有助于提高消费收入弹性，但提升程度非常小，难以扭转对家庭平均消费率的负向影响。

在控制家庭人口、收入和其他变量的条件下，城镇化水平提高总体上提高了家庭平均消费率和消费收入弹性；相对农村家庭，城镇居委会家庭平均消费率和消费收入弹性的提升幅度明显高于城镇村委会家庭，表明城镇化发展质量提升也有助于提高家庭平均消费率，并增强居民收入对消费支出的带动能力。

在控制家庭人口、收入和其他变量的条件下，居民教育水平对家庭平均消费率和消费收入弹性具有显著正向促进作用。我国居民教育水平持续提高的大趋势将有助于提升居民消费意愿和边际消费倾向。教育提升了居民人力资本，增强了居民生产和消费能力，优化了居民消费观念和消费心理，同时在供给侧和需求侧两端对构建新发展格局发挥重要作用。

（二）促进居民消费的政策建议

“十四五”时期是为全面建设社会主义现代化国家开好局、起好步的重要时期，要求建设更加强大的国内市场，加快构建以国内大循环为主体、国内国际双循环相互促进的新发展格局。同时，我国人口发展面临老龄化加深、城镇化持续推进、人口素质不断提升等变化趋势，人口结构变动给国内消费市场建设带来新的机遇和挑战。

积极应对人口老龄化对促进居民消费带来的挑战。在城市范围内采取更为积极的生育政策提升生育水平，稳定和提高婴儿出生数量。持续提高老年人口养老金收入水平，建立养老金收入稳定增长机制。改革完善农村老年人口保障制度，提高保障水平，开发农村老年人口消费潜力。大力发展老年产业，提高老年人口产业供给水平，打造更加适合老年人、更高质量的养老产品和服务。建立健全促进老年产业发展的政策体系，加大促进老年产业健康发展的公共投资力度。

积极推动以人为核心的新型城镇化。顺应经济社会发展规律，推动人口城镇化率持续提高，引导有条件的农民持续向城镇转移。更加注重推动以人为核心的新型城镇化，提高城镇化发展质量。让具备一定条件的转移农民工逐步在城镇落户，公平享受城镇基本公共服务。加大城镇棚户区、城中村、城乡接合部改造力度，完善基础设施，优化公共服务，推动城镇内部居民消费潜力加速释放。

坚持教育优先发展，持续提高居民教育水平。持续提高教育的财政投入力度，加大对人力资本投资。完善义务教育体系，逐步普及高中教育，持续提高高等教育入学率，不断提高居民平均受教育年限。大力加强通识教育，拓宽居民知识面和眼界，提高居民信息快速有效获取和处理能力，增强居民接受和掌握新型消费方式的能力。

（执笔人：国家统计局住户调查司　刘洪波）

参考文献：

[1]陈斌开，陆铭，钟宁桦．户籍制约下的居民消费[J]．经济研究，2010(S1)：62—71.

[2] 范兆媛，周少甫．城镇化、人口年龄结构对居民消费的影响及区域差异[J]．消费经济，2016，32(4)：21—25.

[3]付波航，方齐云，宋德勇．城镇化、人口年龄结构与居民消费——基于省际动态面板的实证研究[J]．中国人口·资源与环境，2013，23(11)：108—114.

[4]雷潇雨，龚六堂．城镇化对于居民消费率的影响：理论模型与实证分析[J]．经济研究，2014，49(6)：44—57.

[5]郝德永．论教育与消费[J]．中国教育学刊，1995(2)：15—18.

[6]黄娅娜，宗庆庆．中国城镇居民的消费习惯形成效应[J]．经济研究，2014，49(z1)：17—28.

[7]胡云秋，于芙红，胡国强．浅谈教育在消费活动中的几种功能[J]．武汉大学学报(哲学社会科学版)，2000(5)：59—61.

[8]刘景章，龚道全．人口抚养比对农村居民消费的影响——基于 31 个省市的面板数据研究[J]．消费经济，2014，30(5)：18—22.

[9]刘铠豪，刘渝琳．破解中国高储蓄率之谜——来自人口年龄结构变化的解释[J]．人口与经济，2015(3)：48—61.

[10]罗光强，谢卫卫．中国人口抚养比与居民消费——基于生命周期理论[J]．人口与经济，2013(5)：3—9.

[11]李翔，朱玉春．受教育程度对农村居民消费结构影响研究[J]．统计与决策，2013(12)：112—114.

[12]潘明清，高文亮．我国城镇化对居民消费影响效应的检验与分析[J]．宏观经济研究，2014(1)：118—125.

[13]王欢，黄健元．中国人口年龄结构与城乡居民消费关系的实证分析[J]．人口与经济，2015(2)：11—20.

[14]吴相瑾．人力资本投资对我国城镇居民消费结构的影响研究[D]．湖南师范大学，2018.

[15]袁志刚，宋铮．城镇居民消费行为变异与我国经济增长[J]．经济研究，1999(11)：20—28.

[16]易行健，菅倩倩．中国人口老龄化与居民平均消费倾向的实证检验[J]．消费经济，2019，35(2)：5—14.

[17]尹世杰．文化教育是第一消费力[J]．消费经济，1992(5)：13—19.

[18]张秀利，祝志勇．城镇化推进与居民消费关系的实证：伪城镇化及其破解[J]．财经理论与实践，2015(6)：97—101.

[19]周弘．家庭金融视角下人力资本与家庭消费关系的实证研究——来自 CFPS 的调查[J].经济经纬，2011(6):16－20.

[20]Becker G S，Murphy K M．Education and Consumption：The Effects of Education in the Household Compared to the Marketplace[J].Journal of Human Capital，2007，1(1):9－35.

[21]Leland H E．Saving and Uncertainty：The Precautionary Demand for Saving[J].The Quarterly Journal of Economics，1968(3):3.

[22]Michael，Grossman. On the Concept of Health Capital and the Demand for Health[J]. Journal of Political Economy，1972.

[23]Modigliani F，Brumberg R．Utility analysis and the consumption function：An interpretation of cross－section data[J]. Journal of Post Keynesian Economics，1954.

[24]Schultz T W．Economic Analysis of Investment in Education. A Grant Award. Final Report.[J]. Economic Change，1977:9.

[25]Shefrin，Hersh M & Thaler，Richard H. "The Behavioral Life－Cycle Hypothesis，" Economic Inquiry，1988，26(4)：609－6.

新冠肺炎疫情对北京居民收入和消费的影响及经验启示

2020—2021年，北京市委、市政府认真贯彻落实党中央、国务院统筹疫情防控和经济社会发展各项决策部署，积极应对疫情对居民收入和消费的负面影响，全市居民人均可支配收入逐步回稳向好，消费支出稳步恢复。在及时精准施策、兜底保障民生、激发新消费活力、惠民活动助力等方面采取措施，但仍需要重点关注疫情对居民收支带来的冲击和后续影响，进一步激发农村低收入群体可持续增收，促进居民消费不断提质升级。

一、疫情影响下居民收支变动情况

2020—2021年，受新冠肺炎疫情影响，居民收入和消费增速的变化趋势基本一致。具体来看，2020年疫情突发，居民收入和消费支出在上半年触底，随着各项稳就业保民生政策持续落地见效，收入增速逐步回稳向好，消费虽然本年内增速未转正，但降幅逐季收窄。2021年进入常态化疫情防控后，在上年基数较低的情况下，居民收入保持稳步增长，消费支出持续恢复，基本民生保障有力有效。

(一)居民收支稳步恢复，消费受冲击更明显

2020年，疫情突如其来，居民生活和工作秩序遭受较大冲击，居民收入和消费波动较为明显。2021年，北京继续扎实做好“六稳”“六保”工作，居民收入和消费的变化趋于稳定。与2019年相比，全市居民人均可支配收入和人均消费支出的两年平均增速分别为5.2%和0.7%。

2020年1月末，经济活动受到限制，企业停工停产较多，居民收入增幅明显回落，消费转为负增长。2020年1季度，全市居民人均可支配收入同比增长4.7%(名义增速，下同)，比上年同期低3.6个百分点；人均消费支出同比下降6.0%，比上年同期低13.4个百分点。

2020年6月，新发地批发市场聚集性疫情发生以来，部分经济领域复苏步伐有所放缓，再加上前期疫情对收入影响的滞后作用显现，消费季线下促消费活动暂停，居民收支的增速均降至年内最低点。2020年上半年，全市居民人均可支配收入同比增长2.1%，比1季度低2.6个百分点；人均消费支出同比下降11.9%，比1季度扩大5.9个百分点。

2020年下半年以来，随着疫情防控形势持续稳定向好，社会生产生活秩序进一步恢复，多项促增收和消费政策显效发力，居民收支增速逐步回升。2020年，全市居民人均可支配收入同比增长2.5%，比上半年回升0.4个百分点；消费支出同比下降9.6%，较上半年收窄2.3个百分点，较1—3季度收窄1.8个百分点。

2021年，北京继续深入实施就业优先战略，加大转移支付，强化社会保障，居民基本生活保障有力，居民收入平稳增长，消费支出持续恢复。2021年，全市居民人均可支配收入75002元，同比

增长 8.0%，四项收入全面增长；消费支出 43640 元，超过 2019 年水平，同比增长 12.2%。

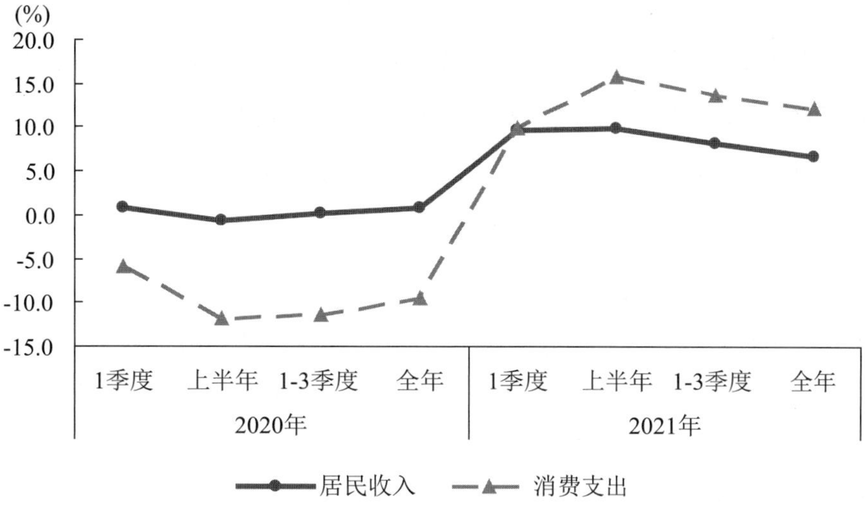

图 1　2020 年以来北京居民人均可支配收入和消费支出增速情况

（二）工资和经营收入受冲击更明显，财产和转移收入成增收新动能

疫情对工资性收入和经营净收入的负面冲击较为明显。工资性收入的变动更容易受到突发事件的影响，2021 年居民人均工资性收入增速呈现“先升高后回落”态势，主要是受到下半年疫情局部零星点状散发影响，全年工资性收入增速比上半年放缓 2.6 个百分点。经营净收入占可支配收入的比重呈下降态势，2021 年，全市居民人均经营净收入的比重为 1.3%，比 2019 年（疫情前）低 0.5 个百分点。

转移净收入和财产净收入成为增收新动能。自 2020 年以来，北京保基本民生力度加大，各项政策红利释放助推财产净收入和转移净收入稳步增长，对居民收入增长发挥了重要的“稳定器”作用。与 2019 年相比，全市居民人均财产净收入和转移净收入的两年平均增速分别为 5.2% 和 6.3%。

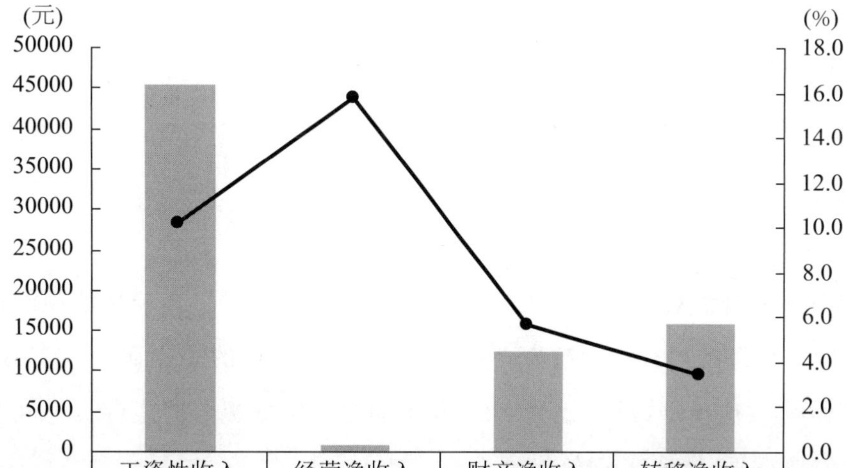

	工资性收入	经营净收入	财产净收入	转移净收入
绝对额	45675	940	12460	15927
增速	10.2	15.8	5.7	3.5

图 2　2021 年北京居民四项收入水平和增速情况

(三)恩格尔系数[①]小幅回弹,服务性消费快速恢复

疫情期间,居民居家饮食的频率增多,对食品烟酒的消费需求旺盛。2021 年,全市居民恩格尔系数为 21.3%,比 2019 年高 1.6 个百分点。2020 年上半年,全市居民人均食品支出同比增长 24.0%。随着疫情防控局势进一步好转,食品等基本生活消费支出的增速逐步放缓。2021 年,居民人均食品支出同比减少 0.2%,比上年同期低 16.9 个百分点。

"十三五"期间,服务性消费支出保持较高的增长速度,2016—2019 年的年均增速为 11.2%,是居民消费增长的有力支撑。但 2020 年以来,居民人均服务性消费支出一直呈负增长态势,并在同年 1—3 季度降至最低点(—16.5%)。随着"北京消费季"活动持续加码,多项促消费政策落地,居民补偿性消费需求逐步释放。2021 年,全市居民人均服务性消费支出同比增长 14.9%,快于商品性消费 6.2 个百分点。居民在外饮食明显增加,全市居民人均其他在外饮食支出同比增长 51.5%,支出额已恢复至 2019 年同期水平的 95.6%。

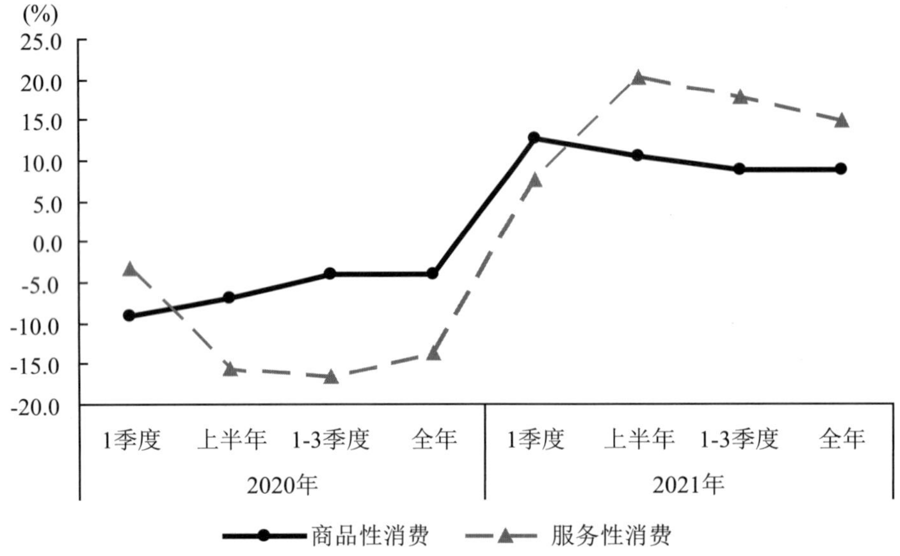

图 3　2020 年以来人均商品性消费和服务性消费支出增速情况

二、疫情对北京居民收支影响的实证分析

本文拟采取干预分析模型,利用 2015—2021 年全年的季度居民收支数据研究疫情对居民收支的具体影响。

(一)建立未受疫情影响的时间序列模型

Holt—Winters 模型对含有季节周期波动趋势的时间序列具有较高的预测精度,在不考虑疫情影响下,能较好地保持原有序列趋势。利用 2015—2019 年的季度居民收支数据(共 20 期),构建 Holt—Winters 乘法模型,对比 2015—2019 年的季度数据拟合曲线(图 4),可以看到,模型拟合程度高,误差值较小,模型精度较高。

2020 年和 2021 年未受疫情影响的预测模型数据与实际数据的差值为影响值(见表 1—4)。

---

① 恩格尔系数是指人均食品烟酒支出占人均消费支出的比重。

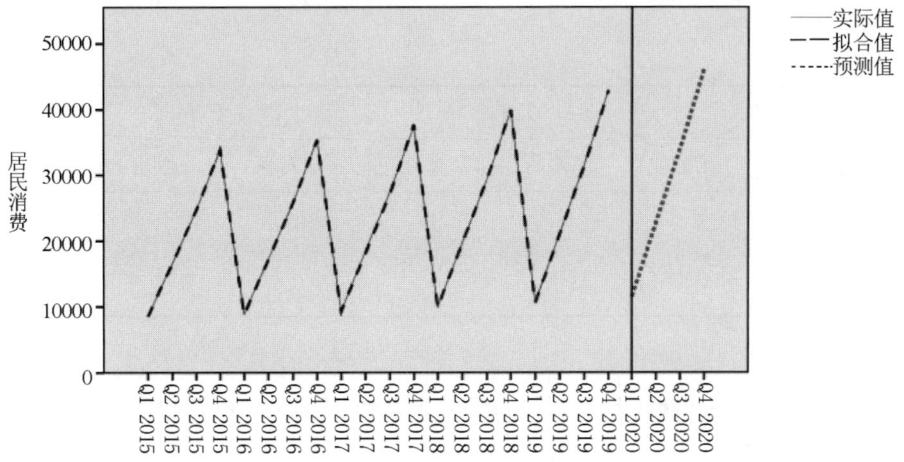

图 4　Holt－Winters 乘法模型下居民收支数据实际值、拟合值对比

模型数据显示，在不考虑干预影响下，2020 年北京居民人均可支配收入预计可达 73303 元，预期同比增长 8.2％；人均消费支出预计可达 46379 元，预期同比增长 7.8％。2021 年北京居民人均可支配收入预计可达 78854 元，预期同比增长 7.6％，人均消费支出预计可达 49724 元，预期同比增长 7.2％。

疫情发生后的实际数据显示，2020 年北京居民人均可支配收入为 69434 元，同比增长 2.5％；人均消费支出为 38903 元，同比下降 9.6％。居民收入和消费支出比预期分别减少 3869 元和 7476 元，增速分别减少 5.8 个和 17.4 个百分点。

2021 年受疫情干扰相对较小，加之 2020 年基数偏小，实际增长率高于预测值增长率，但实际居民收入和消费水平仍低于预测值。2021 年北京居民人均可支配收入为 75002 元，同比增长 8.0％，人均消费支出为 43640 元，同比增长 12.2％。居民收入和消费支出实际水平比预测值分别少 3852 元和 6084 元。

表 1　2020 年北京居民收入数据模型预测值与实际值对比

单位：元、％

指　标	1 季度		上半年		1－3 季度		全年	
	绝对额	增速	绝对额	增速	绝对额	增速	绝对额	增速
模型值	18543	8.6	36740	8.5	54764	8.4	73303	8.2
实际值	17874	4.7	34573	2.1	51772	2.4	69434	2.5
影响值	－669	—	－2167	—	－2992	—	－3869	—

表 2　2020 年北京居民消费数据模型预测值与实际值对比

单位：元、％

指　标	1 季度		上半年		1－3 季度		全年	
	绝对额	增速	绝对额	增速	绝对额	增速	绝对额	增速
模型值	11482	7.9	22824	8	34039	7.9	46379	7.8
实际值	10003	－6.0	18620	－11.9	27944	－11.4	38903	－9.6
影响值	－1479	—	－4204	—	－6095	—	－7476	—

表 3　2021 年北京居民收入数据模型预测值与实际值对比

单元:元、%

指　标	1 季度		上半年		1—3 季度		全年	
	绝对额	增速	绝对额	增速	绝对额	增速	绝对额	增速
模型值	20031	8.0	39631	7.9	58991	7.0	78854	7.6
实际值	19585	9.6	38138	10.3	56498	9.1	75002	8.0
影响值	—446	—	—1493	—	—2493	—	—3852	—

表 4　2021 年北京居民消费数据模型预测值与实际值对比

单元:元、%

指　标	1 季度		上半年		1—3 季度		全年	
	绝对额	增速	绝对额	增速	绝对额	增速	绝对额	增速
模型值	12357	7.6	24531	7.5	36539	7.3	49724	7.2
实际值	10998	9.9	21564	15.8	31781	13.7	43640	12.2
影响值	—1259	—	—2967	—	—4758	—	—6084	—

(二)基于疫情影响的干预分析模型实证结果

将表 1—4 中模型值和实际值之间的差额视为干预影响值,构建居民收入和消费的干预模型,单独测算疫情对全市居民收支所带来的损失值(见表 5—6)。

表 5　疫情对 2020—2021 年北京居民收入的影响

单元:元、%

指　标	1 季度		上半年		1—3 季度		全年	
	2020 年	2021 年	2020 年	2021 年	2020 年	2021 年	2020 年	2021 年
实际损失值	653.0	432.0	2103.0	1435.0	3121.0	2451.0	3844.0	3714.0
收入损失率	3.5	2.2	5.7	3.6	5.7	4.2	5.3	4.7

表 6　疫情对 2020—2021 年北京居民消费的影响

单元:元、%

指　标	1 季度		上半年		1—3 季度		全年	
	2020 年	2021 年	2020 年	2021 年	2020 年	2021 年	2020 年	2021 年
实际损失值	1457.0	1227.0	4196.0	2896.0	6131.0	4683.0	7474.0	5972.0
消费损失率	12.7	9.9	18.4	11.8	18.0	12.8	16.1	12.0

结果显示,干预分析模型与原时间序列预测模型结果趋势一致,受疫情影响,2020 年北京居民人均可支配收入和消费支出分别缩减了 3844 元和 7474 元,损失率达 5.3%和 16.1%。分季度看,由于 6 月初北京新发地疫情突发,北京居民收入和消费均在上半年受疫情冲击影响最为显著,损失率达到最高。下半年通过采取及时有效的防疫举措,北京在一个月左右的时间内迅速控

制了疫情，损失率逐渐降低。值得关注的是，仅考虑疫情因素，1—3 季度下居民收支损失值分别为 3121 元和 6131 元，较原时间序列预测模型中的影响值 2992 元和 6095 元（见表 1—2）更大，可见，得益于 3 季度下相关防疫举措的实施效果，有力减轻了疫情对居民收支的负面影响。

2021 年北京居民人均可支配收入和消费支出分别缩减了 3714 元和 5972 元，损失率达 4.7％和 12.0％。2021 年疫情形势趋缓，居民收支水平有所恢复，但尚未能消化上一年疫情造成的收支损失，与预测值仍存在较大差距。分季度看，2021 年北京居民收入和消费均在下半年受影响最为显著，分别在 1—3 季度和全年损失率达到最高。

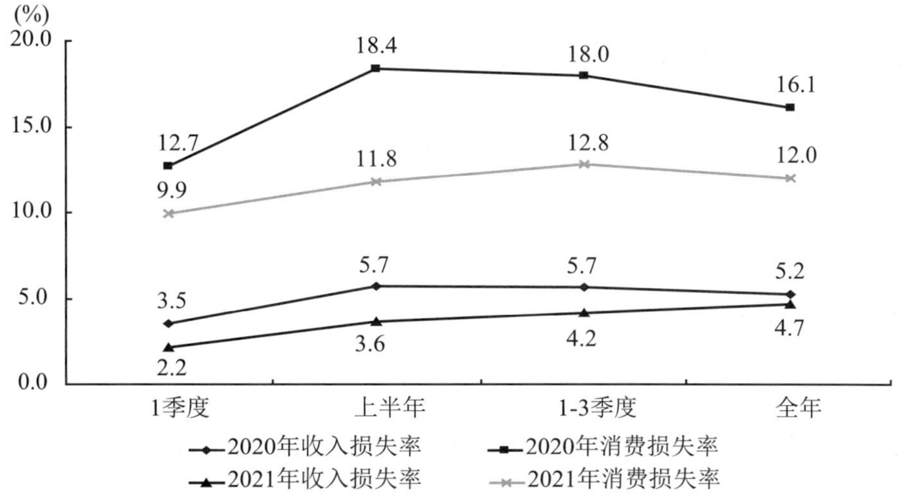

图 5　疫情对北京居民收入和消费支出的影响

三、抗疫保民生的经验与启示

面对突发疫情，市委市政府多措并举，扎实做好“六稳”工作，全面落实“六保”任务，积极应对疫情对居民收入和消费的负面影响，有效推进各项疫情防控工作，全力做好民生保障。

（一）落实助企稳就业政策，支撑工资性收入增长

为缓解疫情对企业经营带来的压力，一方面按照精准防疫要求，采取分区分级，有序推进复工复产，并出台减税降费、减免租金多项惠企政策，降低用工和经营成本；另一方面大力发放岗位补贴和社保补贴，全力保障就业稳定。全市工资性收入对可支配收入的贡献率一直位居首位，2021 年达到 76.1％，比 2019 年高 10.7 个百分点，是支撑全体居民收入可持续增长的主引擎。

（二）财政支付兜底民生，转移净收入快速增长

疫情发生后，北京财政支出优先向保障民生倾斜，在 2020 年一般公共预算支出中，社会保障和就业、卫生健康支出分别增长 8.5％和 13.3％；2021 年两项支出分别增长 14.6％和 8.8％。北京按时足额发放养老金和离退休金，保障广大离退休人员的基本生活；向困难群众、优抚对象等发放临时价格补贴；落实煤改清洁能源补贴等惠农政策等，切实减轻疫情对失业和低收入等困难群体基本生活的不利影响。与 2019 年相比，全市居民人均转移净收入的两年平均增速为 6.3％，居四项收入之首；2021 年在居民人均可支配收入中的占比提高 0.4 个百分点。

(三)线上消费潜力释放,新消费方式活力凸显

在疫情防控常态化背景下,人员流动减少,线下商品消费受到一定抑制,居民更多通过网络消费满足生活需求,商家纷纷抓住有利契机创新商业模式,增加带货直播、社区团购、门店到家等方式,让数字生活服务更加丰富多样、便捷高效,居民传统消费习惯因疫情而加速改变,非接触性线上服务消费得到迅速推广。疫情发生以来,居民网购支出逆势上扬,2020 年和 2021 年全市居民人均通过互联网购买的商品或服务支出分别同比增长 11.9%和 7.6%。

(四)惠民活动助力消费回补,保供稳价护基本民生

自 2020 年 6 月 6 日以来,北京启动消费季惠民活动。其中 2020 年累计发放餐饮购物消费券、智能产品消费券和餐饮外卖消费券 3900 万张,实现销售额 135.2 亿元,拉动杠杆 14.8 倍;2021 年重点企业累计发放 100 亿元消费大礼包①,助推消费需求进一步释放,有效激发消费活力,促进居民消费支出回暖。快速调研结果显示,55.4%的被访居民在"十一"期间领取并使用了消费券,52.5%的被访居民在外饮食的次数或支出有所增加。

四、疫情对居民收支的后续影响需关注

(一)农村低收入居民收支倒挂

疫情以来,北京出台多项"弱有所扶"举措,筑牢民生保障底线,农村低收入群体规模有所下降,但其自主"造血"能力较弱,收支倒挂问题凸显。2021 年,农村低收入群体②的平均消费倾向③为 1.02。一方面,由于文化程度偏低,导致就业质量和稳定性不高,增收的内生动力不足。2021 年,初中及以下的农村低收入群体占比为 61.4%,比农村居民高 5.4 个百分点。从就业状况看,劳动人口占比不足五成,其中 80.2%的人为其他雇员,而收入相对稳定的公职人员、事业单位人员和国有企业雇员占比仅为 2.1%。另一方面,农村低收入群体的抚养负担较重,必要的生活消费支出多。其平均每一就业者负担人数为 2.1 人,比农村居民高 0.3 人,居住、食品和教育的占比近 7 成,生活压力大。

建议:一是强化就业支持体系建设,健全低收入群体"造血"功能。如持续发展职业技能培训,通过技能补贴、劳务奖补等方式激发学习积极性,不断提升自主"造血"能力。二是织密帮扶保障网络,提高对低收入群体的"输血"能力。如加快探索建立普惠制家庭补贴制度,充分考虑和评估家庭成员的抚养负担,根据负担情况分等级给予包括赡养、居住等生活补贴,最大限度减轻农村低收入群体的生活必要性支出负担。

(二)居民消费还需提质升级

虽然服务性消费恢复速度快于商品性消费,但"报复性消费"并未出现。与 2019 年相比,全市居民人均服务性消费支出的两年平均增速未转正,为-0.3%,还未完全恢复至疫情前的水平。

---

① 数据来源于北京市商务局。

② 低收入群体依据北京市低收入家庭认定标准而定,2021 年为人均可支配收入在 2.7 万元以下的家庭。

③ 平均消费倾向是指消费支出占可支配收入的比重。

和上海相比，2021 年北京居民人均服务性消费支出增速低于上海 2.0 个百分点。当前文娱、线下教育等行业还未完全恢复，一批中小企业倒闭或未达产，导致从供给端抑制了居民的消费意愿。同时，疫情小幅反弹的顾虑导致居民自身消费意愿不强。

建议：一是围绕建设“国际消费中心城市”，加快对本土品牌的培育和扶持，打造一批教育、医疗、文化等新型消费领域的中高端商品和服务供给，抢占国内新型消费高地。二是持续推行线上线下相融合的新消费模式发展，进一步完善教育和医疗保健线上平台，打造文娱消费季品牌，让居民想消费、敢消费、能消费。

（执笔人：国家统计局北京调查总队　谢黎、周晓轩、雷婷）

内蒙古城乡居民消费结构升级的动力与难点

——基于因子分析和聚类分析的地区消费水平评价

内容摘要:"十三五"以来,内蒙古消费市场规模不断壮大,居民生活消费结构也呈现出线上化、服务占比提升等特点。"十四五"时期,在构建"双循环"新格局的推进下,如何高质量实现消费结构升级成为新的课题。本文以内蒙古居民收支抽样调查数据为基础,利用系数分析、因子分析、聚类分析等方式,对内蒙古消费结构及内生影响因素进行系统阐述,重点反映疫情对消费结构的影响。聚焦城乡、地区差异,以消费结构为出发点,深挖全区消费升级的动力与难点,为挖掘居民消费潜力、加快消费结构升级提供政策依据。

关键词:城乡居民;消费结构;优化升级;动力;难点

一、研究现状和选题意义

目前,从城镇化率、经济增长、产品结构优化和升级等不同视角对消费结构升级进行研究的文献非常丰富,但针对消费结构本身和内因的研究还比较少。

(一)国外研究

恩格尔(1857)最早对消费结构进行定量分析,提出了著名的"恩格尔系数",该系数以食品支出占总支出的比例来考量居民生活水平。英国经济学家Stone(1954)提出了线性支出系统(LES)模型,阐述了收入和价格对消费结构的影响,得到了各项消费支出之间会相互影响的结论。Liuch(1973)更进一步地提出了扩展线性支出系统(ELES)模型。Deaton和Muellbauer(1980)提出近似理想需求系统(AIDS)模型,Matyas和Sevester(1992)提出了Panel Data方法,可以反映潜在变量(如收入分配、区域差异、消费者自身情况等)对消费结构的影响,弥补了LES和ELES方法在这方面的不足。

消费者行为研究领域最早提出"消费区域差异论"。持此观点的学者认为,同一国家或地区的消费者在购买目标、购买动机、购买组织、购买渠道、购买时机等方面会出现公共性,不同国家或地区的消费行为模式则表现出很大的差异性。20世纪80年代,Kahle研究发现,即使是美国经济文化区域差别相对较小,各地理区域间也存在着显著的消费差异。研究者指出,经济因素和非经济因素是影响区域消费差异的两类因素。前者主要从宏观层面研究区域消费差异,后者则是心理学、营销管理为主的研究主线,主要从微观层面研究区域消费差异。

(二)国内研究

毛中根、杨丽娇(2017)详细分析了消费结构升级的表现形式、经济全球化背景下供需匹配问题以及当前消费结构升级面临的产品结构不匹配需求结构的问题。黄隽、李冀恺(2018)从消费升级的特征、度量、问题和发展四个方面进行分析，以高层次商品支出占比的变动情况作为居民消费升级的度量指标进行了测算，提出中国消费升级过程中存在着消费率偏低、服务型消费供给不足、居民负债率上升过快等问题。关利欣(2018)从发达国家消费升级规律来看，随着人均收入水平从中低收入阶段提升至中高收入阶段和高收入阶段，消费结构逐步升级，服务类消费占比提升，中国消费结构也将向服务引领转型调整。

国内消费水平研究方面，陈勇滨(2006)利用主成分分析法对我国28个省、自治区、直辖市的6种消费指标进行综合评价，得到区域综合消费水平排行次序。刘德芬等(2010)采用主成分分析和聚类分析法分析了我国31个区域城市城镇居民消费水平差异。高鹏飞(2011)根据消费相关理论制定了消费引领的评估指标体系。边塞(2011)、郝卉(2011)、王吉恒(2012)、李敏(2012)等都在全国数据的基础上，整体分析了我国居民消费的情况并提出了改进建议。吴园园(2012)、邱晓丽(2011)、李昊丰(2010)等实证分析了安徽、黑龙江、浙江、山西等省份的居民消费水平。李群霞(2012)基于协整检验对影响我国农村居民消费水平的主要因素进行了研究。张建华等(2015)对京津冀地区农村居民消费水平及消费结构进行了分析。石贝贝(2013)分析了人口变动对区域消费水平的影响。

(三)研究意义

本文将研究视角定位在全区城乡居民消费结构升级本身，主要贡献有四点：一是以2014—2021年全区全体居民消费数据，对内蒙古消费结构由点(现阶段水平)到面(横纵比对)、由浅(统计数据分析)入深(模型实证分析)进行了系统分析，得到了影响居民消费结构升级的两个内在因素；二是因子模型以时间序列数据(大多研究以截面数据)为依据，突出疫情对城乡居民消费结构的影响分析；三是利用2010—2021年各盟市城乡消费数据以及2019年各盟市细项建立聚类分析模型，对地区消费差异和结构进行深入分析；四是针对全区消费结构本身和地区消费差异的研究结论，找到城乡居民消费结构升级的动力与难点，并提出意见建议。

二、内蒙古城乡居民消费结构发展变迁和概览

(一)发展变迁

总体来看，1978年以来全区城乡居民消费结构升级发展大致分为以下几个阶段：

第一阶段：发展起步时期(1978—1995年)。1978—1991年，城镇居民生活消费支出从269元增加到1081元，突破千元大关。农村牧区居民生活消费支出于1995年突破千元大关，从1980年的157元，增加到1180元。

第二阶段：波动发展时期(1996—2003年)。1996—2003年，城乡居民消费支出增速波动较大，但整体呈上升趋势。城镇居民生活消费支出从1996年的2768元增加到2003年的5418元。农村牧区居民生活消费支出从1996年的1438元增加到2003年的1950元。

第三阶段：快速升级时期(2004—2013年)。2004—2013年，内蒙古城乡居民消费增速基本保持在两位数区间，实现快速增长，恩格尔系数下降到30%左右。2013年，城镇居民恩格尔系数下降到28.3%；农村牧区居民恩格尔系数下降到30.9%。

第四阶段：调整优化时期(2014 年至今)。2014—2021 年，内蒙古城乡居民人均生活消费支出比(以农村牧区居民生活消费支出为 1)由 2014 年的 2.09∶1 缩小到 2021 年的 1.73∶1，呈现逐年下降态势。内蒙古城镇居民恩格尔系数从 2014 年的 28.7%下降到 2021 年的 26.9%；农村牧区居民恩格尔系数从 2014 年的 30.5%下降到 2021 年的 30.1%。城乡居民对基本生活物资的追求基本得到满足，高层次需求欲望逐步显现，消费结构持续优化调整。

(二)消费结构概览

1. 疫情对消费结构优化影响较大。2020 年，全国突发新冠肺炎疫情，各地消费状况均受到不同程度冲击，对城乡居民消费结构影响较大，一定程度上抑制了消费结构升级。2020 年，城乡居民交通通行、医疗保健和教育文化娱乐支出占消费支出的比重(高层次需求)分别下降 2.4 和 4 个百分点，基本退回到 2014 年以前水平。2021 年，城乡居民高层次需求占比较上年同期分别提高了 3 和 1.3 个百分点，但与 2019 年同期水平相比，分别高出 0.6 和 2.8 个百分点。疫情对消费结构的影响正在减弱但尚未完全消退。

2. 八大类消费变动呈现“商品消费波动小、服务消费波动大”的特点。2015—2019 年，食品烟酒、衣着、居住和生活用品及服务支出(商品消费)增速波动幅度相对较小，最大波动幅度不超过 7 个百分点，而医疗保健支出、交通和通讯支出、文教娱乐支出以及其他用品和服务支出(服务消费)最大波动幅度为 17 个百分点。因弹性不同，商品消费和服务消费的增幅波动程度不同。2020 年，受到新冠肺炎疫情的外部冲击，服务消费波动弹性更大的特点越发凸显。教育文化娱乐、医疗保健、其他用品和服务 2020 年增速大幅下降后在 2021 年快速大幅反弹。

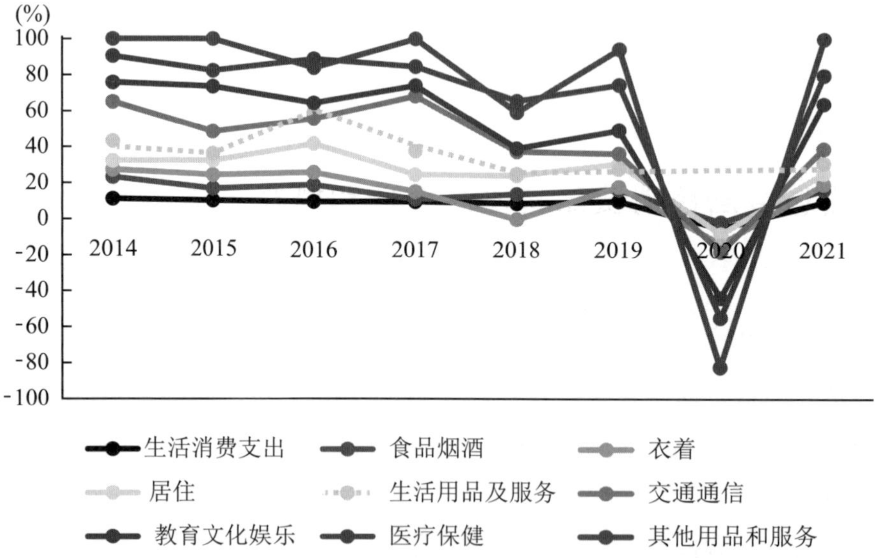

图 1　2014—2021 年内蒙古全体居民生活消费支出细项变化情况

三、影响城乡居民消费结构内在因素的因子分析模型

(一)样本指标的选取及数据来源

本章以 2014—2021 年内蒙古全体、城乡居民生活消费支出为研究对象，选取食品烟酒、衣

着、居住、生活用品及服务、交通通信、教育文化娱乐、医疗保健和其他用品及服务作为统计指标数据，采用 EViews 对数据进行因子分析，文章所用数据均来自《内蒙古调查年鉴》。

（二）基于全体居民消费支出数据建立因子分析模型

根据 MAP 方法确定因子个数为 2，并采用主成分分析法建立因子分析模型并求解，其结果如下：

表 1　因子分析结果

指　　标	因子载荷系数		共同方差	剩余方差
	F1	F2		
衣着	−0.216482	0.926102	0.904528	0.095472
教育文化与娱乐	0.813706	0.538172	0.951747	0.048253
食品烟酒	0.926502	−0.302622	0.949985	0.050015
居住	0.922340	−0.368768	0.986702	0.013298
其他用品和服务	0.637863	0.689202	0.881869	0.118131
生活用品及服务	0.860341	0.277942	0.817438	0.182562
交通通信	0.964146	−0.160747	0.955416	0.044584
医疗保健	0.979351	−0.143644	0.979761	0.020239
特征值	5.453859	1.973588	—	—
贡献率(%)	73.43	26.57	—	—
累计贡献率(%)	73.43	100.00	—	—

从表 1 可以看出，除衣着为负载荷外，其他因素都高度依赖 F1，载荷都较高，贡献率为 73.4%；而在因子 F2 上，食品烟酒、居住、交通通信、医疗保健是负载荷，衣着、其他用品及服务、教育文化与娱乐的载荷较高，各因素间差异比较明显，贡献率为 26.6%。

为进一步明确因子模式，了解 F1、F2 的实际意义，对上述结果通过最大方差法进行因子旋转，3 次迭代后得到稳定的因子旋转结果（F1’和 F2’），从表 2 旋转后的各公因子的载荷可以看出各因子所代表的意义：

表 2　因子旋转结果

指　　标	指　　标	F1′	F2′
F1 刚性需求因子	食品烟酒	0.962881	0.15115
	居住	0.989213	0.090329
	交通通信	0.931987	0.294646
	医疗保健	0.937766	0.316789
F2 弹性需求因子	其他用品和服务	0.255294	0.903711
	生活用品及服务	0.640277	0.638344
	衣着	−0.613453	0.726777
	教育文化娱乐	0.480547	0.849012

食品烟酒、居住、交通通信、医疗保健在 F1’上的载荷超过 0.9，且变化较小，与“吃、住、行、健康”刚性消费需求的认知一致，可称 F1 为刚性需求因子。同时也表明，全区居民消费的变化与食

品烟酒、居住、交通通信、医疗保健有较高的相关性。其中，居住的相关性最高，其次是食品烟酒。衣着、教育文化娱乐、生活用品及服务、其他生活用品和服务在 F2’上的载荷明显高于 F1’上的载荷，与“穿、用、学、玩”弹性需求的认知一致，可称 F2 为弹性需求因子。从 F1、F2 的贡献率来看，“吃、住、行、健康”刚性消费需求占主导地位。

为进一步了解刚性需求因子和弹性需求因子的波动特征，在获得稳定的因子旋转结果后使用精确系数法对结果进行回归，得到因子得分（表 3），可以看出两个因子的有效系数均为 0.99，结果比较理想。

表 3　因子得分结果

指　　标	因子载荷系数	
	F1	F2
衣着	−0.119584	0.242468
教育文化与娱乐	0.025901	0.600339
食品烟酒	0.230942	−0.235171
居住	0.343455	−0.090481
其他用品和服务	−0.106629	0.219771
生活用品及服务	−0.047199	0.250192
交通通信	0.273573	0.031654
医疗保健	0.156701	−0.069138
有效系数	0.996192	0.993951

从因子得分线性图（图 2）可以看出，2014—2019 年，F1 因子始终保持上升态势，F2 因子保持震荡上升，上升态势不明显，表明居民刚性需求欲望快速增长，对品质追求的弹性需求欲望有所增强但不明显，一定程度上反映出现阶段全区居民消费结构升级步伐较慢，“吃、住、行、健康”等刚性支出大于“穿、用、学、玩”弹性支出。从波动程度来看，刚性需求因子波动范围在 2 个刻度之内，而弹性需求因子波动范围在 3 个刻度左右，弹性需求因子波动程度更大，进一步印证了 F1 和 F2 因子的现实意义。

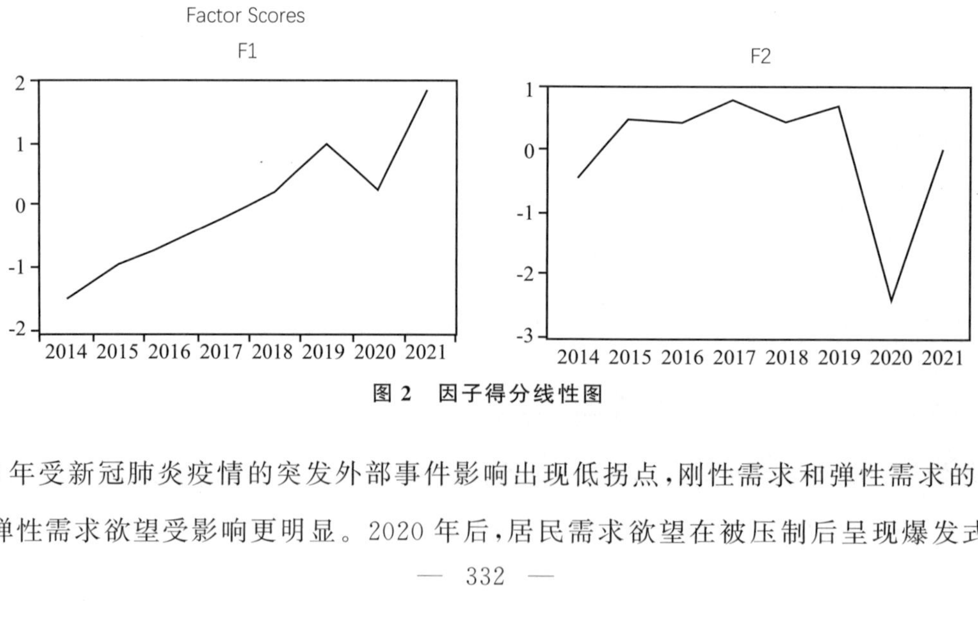

图 2　因子得分线性图

2020 年受新冠肺炎疫情的突发外部事件影响出现低拐点，刚性需求和弹性需求的欲望均受到抑制，弹性需求欲望受影响更明显。2020 年后，居民需求欲望在被压制后呈现爆发式增长，而弹性需求欲望尚未完全恢复至疫情前水平。

（三）基于城乡居民消费支出数据建立因子模型

建模过程与基于全体居民消费支出数据的方法一致，同样得到上述两个因子和如下结果：

表 4　基于城乡居民消费数据的因子分析结果

操作	指　　标	城镇		农村牧区	
		F1	F2	F1	F2
因子分析	贡献率（%）	67.7	32.3	84.6	15.4
		F1′	F2′	F1′	F2′
因子旋转	衣着	−0.788376	0.575685	0.045893	0.944789
	教育文化娱乐	0.464625	0.838941	0.654631	0.353495
	食品烟酒	0.948134	0.265414	0.905004	0.207515
	居住	0.151514	0.746257	0.98033	0.096009
	其他用品及服务	−0.007814	0.930099	0.704907	0.678887
	生活用品及服务	0.903998	0.21699	0.895142	0.313357
	交通通信	0.464625	0.838941	0.951691	0.277709
	医疗保健	0.894573	0.403184	0.985898	0.051873

从因子分析的贡献率可以看出，城镇居民刚性需求因子贡献率为 67.7%，低于农牧民刚性需求因子贡献率 16.9 个百分点。农牧民对刚性需求因子的依赖度更高，城镇居民对弹性需求因子的整体依赖程度更高，表明城镇居民消费结构升级水平更高。

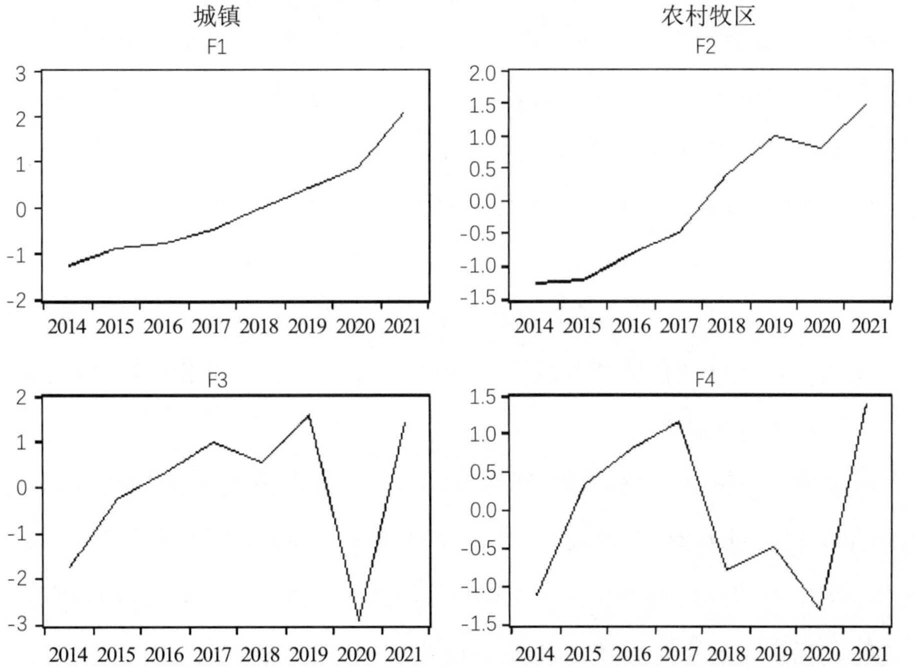

图 3　因子得分线形图

从因子旋转后的载荷来看，农牧民医疗保健和居住消费在 F1’的载荷达到 0.99 和 0.98，表明农牧民对医疗保健和居住的刚性需求十分强烈。城镇居民衣着、居住、交通通信及教育文化娱乐的F2’载荷高于F1’载荷，而农牧民相关消费的F1’载荷高于F2’载荷，表明城镇居民在衣着、居住、交通通信及教育文化娱乐上的消费主要用于改善生活品质，更倾向于弹性消费需求，而农牧民更加倾向于满足基本生活的刚性需求。

从图3可以看出，城乡居民消费刚性需求因子呈现逐年上涨态势，增长较快，2020年新冠肺炎疫情对刚性需求因子的影响相对较小。分城乡来看，农牧民刚性需求因子增长更快，受疫情影响比城镇明显。一方面，疫情导致城镇居民囤货意识增强，食品烟酒、生活用品等基本生活保障支出增加，城镇居民刚性支出仍保持增长态势。另一方面，相比于城镇，农牧民生活本就简单，消费观念不强，基本生活用品采购不如城镇便利，疫情期间更是深居简出，消费不便加上欲望不强，农牧民刚性消费减少。

弹性需求因子受疫情影响波动较大。分城乡来看，城镇居民弹性需求因子在疫情发生前一直处于上涨态势，表明城镇居民消费结构持续升级优化。2018年后，农牧民弹性需求因子一直处于下降态势，农牧民人均衣着消费和生活用品消费支出呈负增长，其他弹性需求消费支出增速也有所放缓，农牧民消费结构升级步伐放慢。2020年疫情发生后，城镇居民弹性需求因子波动更显著，出现一个大拐点，表明疫情对城镇居民教育文化娱乐以及生活服务类消费影响较大，城镇居民弹性需求欲望受到抑制。2021年，随着疫情的有效防控，城乡居民弹性需求均得到释放，呈现快速恢复状态，疫情对弹性需求的影响正在逐步减弱。

四、盟市消费对全区居民消费影响的聚类模型分析

内蒙古地域辽阔，12个盟市间地区发展差异较大。近几年，尽管盟市间居民消费差距有所缩小，但绝对水平差距仍然较大。分城乡来看，2010—2021年，以兴安盟为1，鄂尔多斯市城镇居民人均生活消费支出与兴安盟城镇居民人均生活消费支出比从2.43∶1下降到1.55∶1；鄂尔多斯与兴安盟的农村居民消费支出比从3.1∶1下降到1.64∶1。2021年，城镇居民消费支出比大于1.5的有6个盟市，其他5个盟市与兴安盟的消费支出比均在1左右；农村居民消费支出比大于1.5的有6个，消费支出比更为分散，东西部地区消费支出差距较大。为进一步分析地区消费差距和结构对消费支出的影响，避免单纯按地理位置划分的不合理性，本章将通过聚类分析法进行深入分析。

（一）样本指标的选取及数据来源

为规避疫情对结果的影响，本章选取2019全区12个盟市消费支出为研究对象，选取食品烟酒、衣着、居住、生活用品及服务、交通通信、教育文化娱乐、医疗保健和其他用品及服务作为统计指标数据，采用SPSS对数据进行聚类分析，文章所用数据均来自《内蒙古调查年鉴》。

（二）基于各盟市居民消费数据建立聚类分析模型

本章采用目前应用较为广泛的层次聚类法，借助SPSS软件中的分类中层次聚类功能，基于全体、城乡的原始数据以及城乡的主因子F1、F2建立聚类分析模型，以更加精准地区分和衡量各盟市消费水平。

1. 以全体、城乡的原始数据为聚类分析依据。

为剔除不同变量数量级的影响，对原始数据进行 Z—scores 标准化，并采用 ward 最小方差法以欧式平方测度距离作为标准进行聚类，得到如下聚类结果：

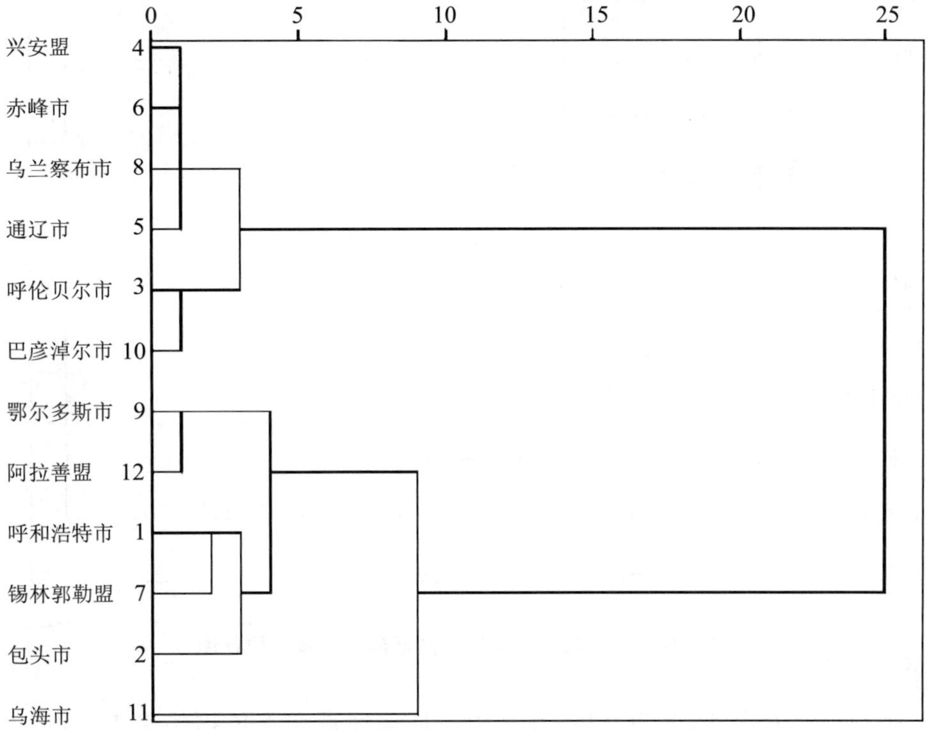

图 4　基于全体居民消费数据建立的聚类树状图

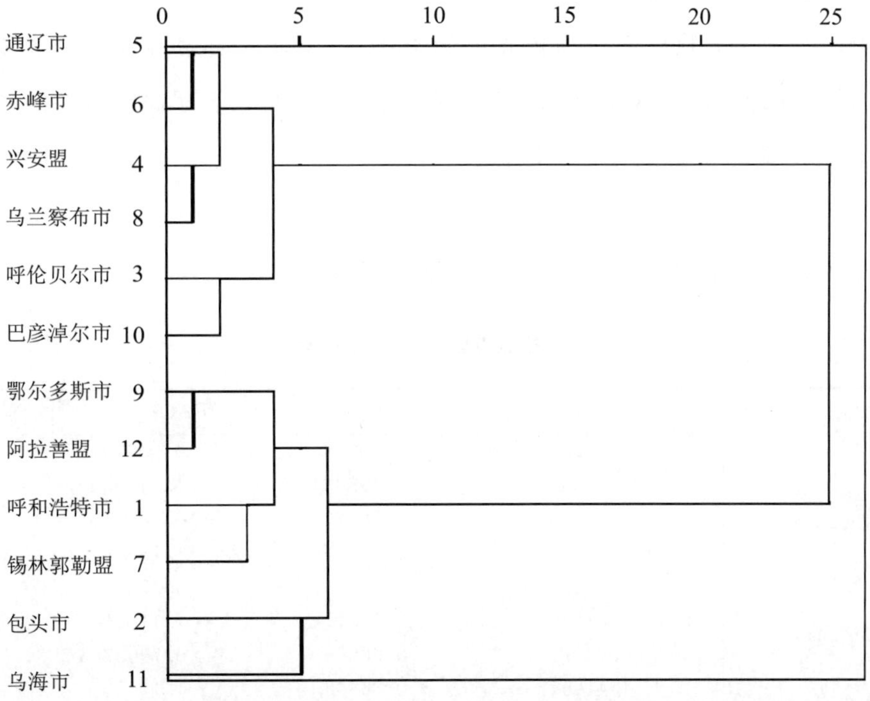

图 5　基于城镇居民消费数据建立的聚类树状图

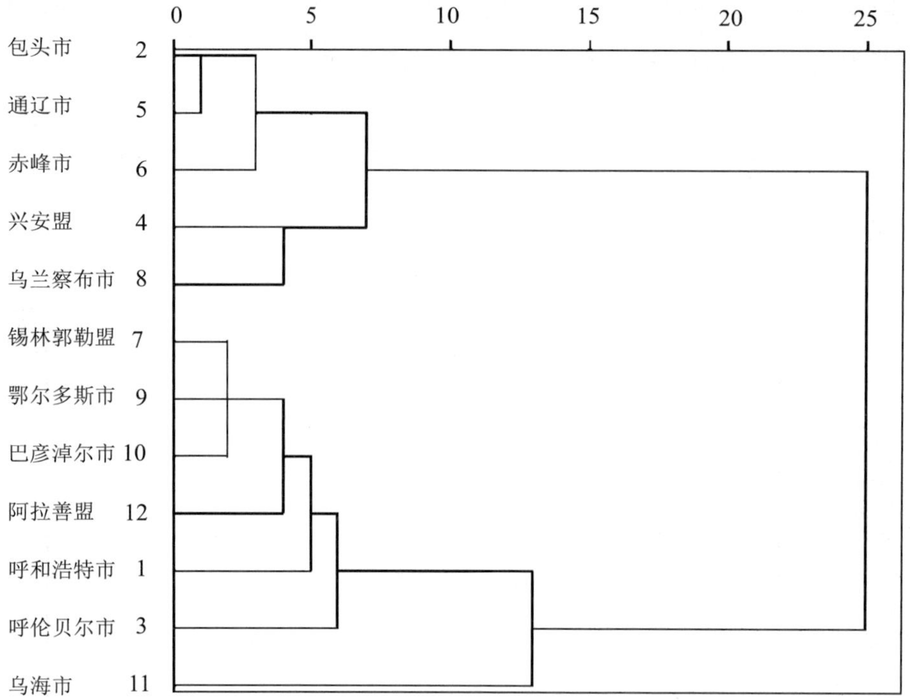

图 6　基于农村牧区居民消费数据建立的聚类树状图

从上述三张图可以看出，若聚为 2 类，在基于全体居民消费为依据的聚类中，鄂尔多斯市、阿拉善盟、呼和浩特市、锡林郭勒盟、包头市、乌海市为一类，居民全年消费水平相对较高，高于全区平均水平，新恩格尔系数全部大于 10%，消费结构更为优化。以城镇消费数据为依据的聚类与以全体居民消费数据进行聚类的分类保持一致，一定程度上反映出城镇化水平、东西部地域差距对消费水平的影响。在基于农牧民消费为依据的聚类中，与基于全体和城镇居民消费原始数据的分类相比，包头市、巴彦淖尔市、呼伦贝尔市分组有变化，表明其城乡居民消费差距较大。

2. 以城乡居民消费因子为聚类分析依据。

按照上一章建立因子模型的方法，对各盟市 2019 年截面数据通过主成分分析法建立因子模型，得到城(U)乡(R)居民主因子 F1、F2 得分，如下表所示：

表 5　各盟市城乡居民因子得分

地　　区	FAC1_R	FAC2_R	FAC1_U	FAC2_U
呼和浩特市	−0.09203	1.13323	0.90271	−1.01796
包头市	−0.23505	−0.49883	1.14558	−0.06273
呼伦贝尔市	−0.32746	0.76513	−0.48981	−0.46395
兴安盟	−1.08225	−1.40694	−1.18513	−0.01013
通辽市	−0.38439	−0.67505	−0.77853	0.11726
赤峰市	−0.31125	−0.64517	−1.11211	0.16973
锡林郭勒盟	0.07677	0.66859	0.79087	−1.20948
乌兰察布市	−1.41667	−0.66503	−1.11888	0.4648
鄂尔多斯市	0.12578	1.04817	0.76038	0.00977
巴彦淖尔市	0.43906	0.43794	−0.93793	−0.16525
乌海市	2.6156	−1.46616	1.05698	2.76409
阿拉善盟	0.59191	1.30414	0.96588	−0.59616

从表5可以看出，按照得分排序，乌兰察布市、兴安盟、通辽市、赤峰市、呼伦贝尔市与其他盟市相比，城乡各因子得分均较低，说明城乡居民消费水平整体偏低；包头市、呼和浩特市因子得分城乡差距较大，城乡消费需求差距较大；鄂尔多斯市、阿拉善盟、呼和浩特市农牧民追求品质的弹性消费欲望更强烈。

为进一步对盟市间消费水平进行衡量，对盟市城乡消费F1、F2因子得分按照欧式距离，采用最短距离聚类法，得到如下聚类对比图：

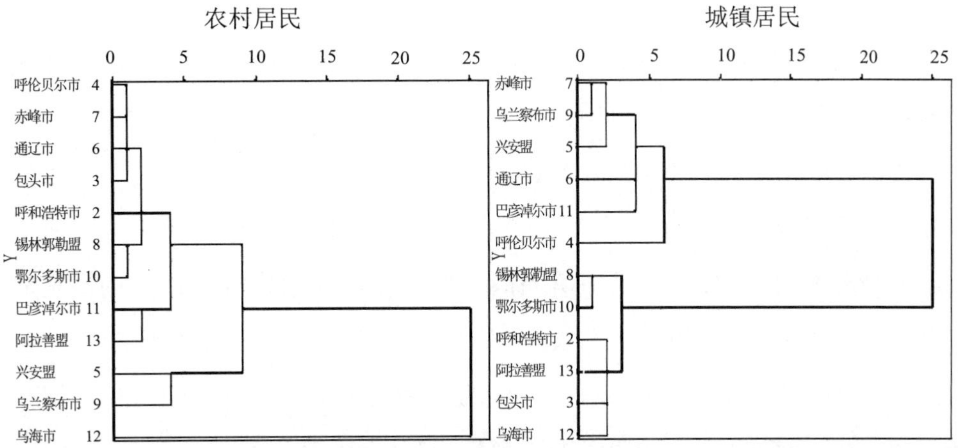

图7 基于城乡居民F1因子建立的聚类树状图

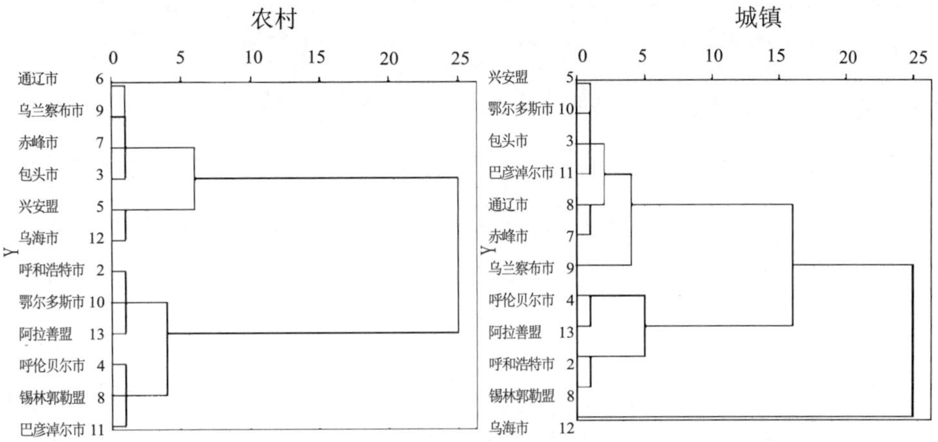

图8 基于城乡居民F2因子建立的聚类树状图

从上述两张图可以看出，以城镇居民消费数据F1因子聚类，与基于城镇和全体居民消费数据的聚类保持一致。以农牧民消费数据F1因子聚类，乌海市是一类，兴安盟、乌兰察布市是一类，其他盟市是一类，说明乌海市城镇化率较高，农村人口少，消费特征更倾向于城镇；兴安盟和乌兰察布市农村消费水平偏低，对基本生活需求的刚性消费欲望更强烈。以城镇居民消费数据F2因子聚类，可以分为三类，乌海市、呼和浩特市、锡林郭勒盟、阿拉善盟、呼伦贝尔市城镇居民弹性需求欲望相对强烈；以农村牧区居民消费数据F2因子聚类，说明呼和浩特市、鄂尔多斯市、阿拉善盟、呼伦贝尔市、锡林郭勒盟、巴彦淖尔市农村居民对弹性需求更加强烈，农牧民消费结构升级水平更高。

五、主要结论和政策建议

(一)疫情影响城乡居民消费结构升级

从上述模型分析可以看出,2020 年突发的新冠肺炎疫情对全区城乡居民消费结构的刚性需求和弹性需求均有影响,特别是弹性需求受影响较大且尚未完全消除,城乡居民消费结构优化步伐持续放缓。分城乡来看,疫情对城镇居民消费结构升级的影响更为显著。因此,应做好疫情防控应急预案,加强日常疫情防控,加大对外省人员流动的防疫监管力度,加强商超、交通枢纽、酒店、大型饭店等人员较多公共场所的防疫措施落实和监管。适时出台提振消费的措施办法,促进服务业领域困难行业恢复发展,加强中小微企业帮扶政策落实。创新理念方式,办好消费促进活动,提振文旅、住宿餐饮、汽车等服务领域消费。

(二)住房和医疗保障支出是制约消费结构升级的主要内在因素

根据上述模型分析可以看出,居民住房和医疗保健支出在刚性需求因子的载荷较高,是居民基本生活需求保障的重要支出,特别是农牧民,对农村牧区基础设施建设和公共服务改善上的需求更为迫切。住房和医疗保健支出金额较大,作为一种"刚性"支出对当期和今后很长一段时间的消费"挤压"作用都比较明显。因此,应进一步完善"幼有所育、学有所教、劳有所得、病有所医、老有所养、住有所居、弱有所扶"的立体社会保障体系,加大农村牧区基础设施建设和公共服务以及社区养老、托幼等配套设施建设力度,继续保障好群众住房需求,减轻居民住房和医疗焦虑,提升居民消费信心。

(三)消费市场供需矛盾是制约消费结构升级的重要外在因素

根据上述模型分析可以看出,现阶段全区居民消费还处于刚性需求主导的阶段,人们更愿意在"吃、住、行、健康"方面支付更多费用,"穿、用、学、玩"的消费欲望不够强烈。面对这一普遍认知,为迎合大众的消费口味,饭庄酒店、药店、蔬菜水果市场等刚性需求消费市场不断壮大。但需求对供给调节存在滞后,很容易出现"供不应求"到"供过于求"而不自知的情况,需要警惕。同时,随着刚性需求消费市场的不断壮大,商场、影院、新型游乐场所、课外兴趣班等弹性需求消费市场则会被挤压,陷入"消费场所难增加、消费欲望难满足"的恶循环,容易出现"供过于求"假象,实则是所供非所需。因此,应充分调研市场,了解城乡居民家庭消费结构升级换代的实际需求,在此基础上调整投资结构、完善消费政策,生产和提供满足居民家庭消费升级换代的产品和服务,切实实现消费市场供需动态平衡,为消费结构升级创造良好的外部消费环境。

(四)农牧民消费结构升级较慢,难度较大

根据上述模型分析可以看出,城乡居民在消费观念上仍存在较大差距,农牧民对弹性消费需求欲望不强烈,农牧民教育文化娱乐消费在刚性需求因子上的载荷更高,更加倾向于满足基本生活需求。因此,应加强农村商品流通体系建设,进一步优化农村消费市场环境,逐步培育多层次的商业结构级次和竞争有序的商品流通市场。加快小城镇建设和农村人口城市化步伐。努力优化消费软环境,培养良好的文化氛围,引导消费者树立正确的消费观,缩小城乡居民消费观念软差距。

（五）盟市间消费差异化明显

根据上述模型分析可以看出，从地理位置来看，东部地区整体消费水平偏低，对基本生活刚性需求的消费欲望更强烈，与中西部地区差距较明显。从消费需求来看，各盟市在消费水平、消费结构和消费差距上差异较大，如表 6 所示。因此，应深入落实东北振兴战略，加强中西部地区与京津冀经济发展带的协同联动，不断提高全区居民消费水平。同时，以消费需求为基础，统筹全区新业态新模式新场景发展，鼓励部分盟市地区发展首店经济、首发经济，壮大定制、体验、智能、时尚等新型消费，发展绿色健康消费，更好地满足和挖掘本地消费潜力，促进各盟市城乡居民消费结构升级。

表 6　各盟市城乡消费差异

地　　区	消费水平高	消费水平低	城镇消费结构升级水平高	农牧民消费结构升级水平高	城乡消费差距大
呼和浩特市	√	—	√	√	√
包头市	√	—	—	—	√
呼伦贝尔市	—	√	√	√	√
兴安盟	—	√	—	—	—
通辽市	—	√	—	—	—
赤峰市	—	√	—	—	—
锡林郭勒盟	√	—	√	√	—
乌兰察布市	—	√	—	—	—
鄂尔多斯市	√	—	—	√	—
巴彦淖尔市	—	—	—	√	√
乌海市	√	—	√	—	—
阿拉善盟	√	—	√	√	—

（六）地区辐射能力弱、消费需求与发展水平不匹配

根据上述模型分析可以看出，一方面，乌兰察布市紧邻呼包鄂地区和北京市的地理优势一定程度上遏制了本地区消费，出现“消费”外流而非消费带动，本地消费水平较低。另一方面，各盟市人口数、城镇化率、产业发展水平等差异较大，盟市居民消费需求与地区发展水平匹配度不够高，带动作用受限。如包头市发展水平位于全区前列，但基于因子聚类后均显示其消费更加倾向于满足刚性需求，城乡居民消费结构升级水平均不高；呼伦贝尔市发展水平和居民消费水平在 12 个盟市中均处于中等水平，但聚类分析显示城乡居民生活消费更加倾向于弹性需求，城乡居民消费结构水平均较高。因此，应加强呼包鄂地区与周边盟市的经济发展联合，通过在产业、旅游设施建设等方面的帮扶倾斜，提升呼包鄂紧邻地区的消费水平。探索建立以旅游、文化、产业等为板块的盟市间、省际间区域协同发展机制。加强县域经济发展，优化县域间消费市场规划，强化县域间消费协同带动作用，缓解地区辐射能力弱、消费需求与发展水平不匹配的问题。

（执笔人：国家统计局内蒙古调查总队　吴萌）

参考文献：

[1]王博．城乡居民收入与消费结构升级：基于持久收入假说的实证研究[D].南京大学，2012(05).

[2]黄隽，李冀恺．中国消费升级的特征、度量与发展[J]．中国流通经济，2018，32(4)：8.

[3]孙飞红．中国消费结构升级问题的理论与现实[J].中国经济导刊，2020(06).

[4]王志平．越过恩格尔系数——从注重食品支出比重到关注文化教育娱乐消费比重[J].探索与争鸣(6)：4－6.

[5]韩立岩，夏坤．标识消费结构的新指标——"发展系数"[J]．经济与管理研究，2007(5)：5.

[6]李红平．城镇化水平、消费结构与居民消费升级关系实证分析[A]．商业经济研究，2018(11)

[7]赵旭芳 卢伟．基于因子分析法的广东省常住居民消费结构分析[J]．商业研究，2019(17)

[9]张国华．中国城镇居民消费结构的聚类分析[J]．重庆工商大学学报(社会科学版)，2008，(2)．37－42.

[10]孙艳奇 张彩虹．基于因子分析和聚类分析的地区消费水平评价[A]．公司与产业，2008，(2)．37－42.

[11]李婷．公共政策视域下促进城乡居民消费结构升级研究[D]．内蒙古农业大学，2020，(06).

[12]卢泰宏，刘世雄．区域差异的消费行为研究：路径与方法[J]．中山大学学报(社会科学版)，2004：23－28＋128.

[13]张桃．基于聚类分析的区域消费水平等级划分研究[J]．经济研究导刊，2017.

黑龙江省城乡居民收入差距测度及影响因素分析

摘要:居民收入分配问题是关乎国家经济、社会发展和人民生活的重大问题,适度的收入差距能促进经济增长,促进人民参与社会经济活动的积极性,但收入差距过大则会阻碍经济发展,同时收入分配的不公平性还会影响社会稳定和谐。本文通过使用泰尔指数测度黑龙江省城乡居民收入差距,并使用岭回归、lasso 回归和弹性网络筛选出影响城乡居民收入差距的因素。

关键字:城乡居民、收入差距、泰尔指数

一、引言

(一)研究的背景、意义

2021 年,我国已全面建成小康社会,这是我们党向人民、向历史作出的庄严承诺,是实现中华民族伟大复兴中国梦的关键一步。改革开放以来,中国在发展经济方面成绩斐然。然而随着经济的快速增长,收入差距的扩大和收入分配问题也随之出现。党和国家为了提高全国人民的生活水平,缩小全国区域之间的差距,先后提出了西部大开发、东北老工业基地振兴、中部崛起等战略。

本文通过分析比较全省城乡居民收入差异,探讨城乡居民收入的变化规律、结构特征、区域差异,总结形成差异的原因、发展经验及教训,为我省城乡居民增收、缩小区域收入差距及城乡经济协调发展提供可借鉴的思路。

城乡居民收入差异表面上反映的是收入水平和收入来源问题,实质上涉及不同区域经济社会发展的道路和模式问题,包含对高收入区域的发展经验分析总结和对低收入或贫困区域的发展障碍或存在问题的诊断分析。

(二)国外研究现状

国外在收入分配、城乡差异、区域差异等研究相关理论与方法可分为两类:一类是认为地区发展不平衡造成不同地区的居民收入不平衡;第二类认为是个人收入不平等导致居民收入形成差距。

1. 循环累积因果理论,认为经济发展是一个动态的非均衡的发展过程,其间各种因素(包括产出与收入、生产和生活、制度和政策等)相互作用、互为因果、循环累积,导致经济过程沿着初始因素发展的方向发展。

2. 增长极理论,认为经济增长不是遵循均衡路径,而是由一个所谓的“推动型单位”开始发展的,增长并非同时出现在所有地方,它以不同的强度首先出现在一些增长点或增长极上,然后通过不同的渠道向外扩散,并对整个经济产生不同的最终影响。

3. 梯度推移理论，认为客观上存在经济与技术发展的区域梯度差异，产业与技术由高梯度地区向低梯度地区扩散与转移的趋势。

4. 中心—外围理论，认为区域发展是通过一个不连续的，但又是逐步累积的创新过程实现的，而发展通常起源于区域内少数的“变革中心”，剩余的所有地区则是依附性的外围。

5. 倒“U”理论，认为国家发展水平与区域不平衡之间存在倒U型的关系。即在发展初期，区域间以收入差距扩大和“南北”二元性增强为特征；在国家成长和发展较为成熟阶段，则以区域间趋同和“南北”问题消失为特征。

6. 机会不平等理论，认为不发达国家二元结构造成的城乡居民的机会不均等，这一不平等又表现在各大区域间的就业机会不平等以及社会福利体系上的机会不平等。

7. 收入再分配理论，认为政府通过税收和转移支付的方法进行收入再分配调整以促进社会公平。

8. 人力资本理论，认为人力资本投资的不平衡(学校教育、在职培训、医疗和保健、成年人的职业教育、个人和家庭的迁移活动)造就了城乡发展的不平衡。

(三)国内研究现状

国外相关研究理论与方法在中国的传播，直接促进了20世纪80年代中后期和90年代初国内对此领域研究的逐渐深入，对我国经济增长过程中出现的城乡居民收入差距问题，国内有很多学者基于不同的研究方法进行了考察，主要研究集中在对城乡居民收入差距的测度和实证研究上。李广众(1999)运用时间序列对经济增长与收入不平等之间进行了格兰杰因果关系检验，发现经济增长与收入不平等之间是趋于发散的。陈宗胜、周云波(2002)采用了“基尼系数分步分解法”和“城乡加权法”对中国总体收入差距进行分解，得出1988—1999年间城乡居民收入差距对总体收入差距的贡献超过了一半。宋士云(2013)根据官方数据分析得出2002—2010年城镇居民的可支配总收入在我国居民收入中占有的比例不断加大，2010年的城乡居民收入比仍为3.31∶1，城乡居民收入存在的差距在未来一段时间内仍然难以消除。

(四)城乡居民收入差距研究指标测度及因素分析方法

在研究城乡居民收入不平衡的文献中，学者们所用到研究收入不平衡及其影响因素的测度指标越来越多。目前，已有研究主要使用基尼系数分解方法和泰尔指数分解方法来测度农村居民收入不平衡程度。有大部分按产业分解的研究会采用基尼系数作为统计指标，因为，当总体差异用基尼系数来表征时，可以分解成互相排斥的不同分项的差异之和。有大部分按地区分解差异会采用泰尔指数来作为统计指标，因为，泰尔指数的分解是能够按照组内差距和组间差距的(张立冬，2010)。在研究居民收入不平衡除收入来源的其他影响因素时，所用研究方法主要是回归分解等。

二、研究思路与框架

（一）测度方法

本文采用指数中的泰尔指数来作为统计指标。泰尔指数的分解是能够按照组内差距和组间差距进行分解，对于实际情况用 GDP 加权泰尔 T 指数比用人口加权的泰尔 L 指数更好一点，所以本文用泰尔指数来作为衡量城乡居民收入差距的均衡测度。

（二）因素分析方法

在以往的文献资料中，对影响因素的分析大多使用极大似然估计和普通最小二乘法对回归模型的系数进行估计，大多采用逐步回归预测变量的选取。然而，无论是最小二乘法、极大似然法还是逐步回归法，都局限于局部最优解，而非全局最优解，并且逐步回归选取的变量并没有消除其严重的多重共线性问题。而当样本特征很多，样本数相对较少时，模型容易陷入过拟合。为缓解多重共线性和过拟合问题，目前有两种方法：一是减少特征数量（人工选择重要特征来保留，会丢弃部分信息），二是正则化（减少特征参数 w 的数量级）。正则化的作用就是选择经验风险和模型复杂度同时较小的模型。本文将同时使用 Ridge 回归、Lasoo 回归和弹性网络回归（Elastic-Net）三种正则化多元回归进行验证，筛选出城乡居民收入差距的影响因素。

三、数据来源和预处理

（一）数据来源及说明

本文所用数据主要源于黑龙江省住户收支与生活状况调查结果和《中国统计年鉴》《黑龙江省统计年鉴》。主要指标为分市（地）居民人均可支配收入以及影响收入的 16 个相关指标（详见表 6）。收入指标时间跨度为 2015—2021 年。

（二）数据清洗和缺失值处理

1. 消除数量级差异

通过对数据初步描述可以看到，不同指标间存在数量级差异，为保证不同年份、不同地区依然存在可比性，本文采用 z—score 标准化（zero—mena normalization）。

z—score 法（正规化方法）

对序列 $x_1, x_2, \cdots\cdots, x_n$ 进行变换：

$$y_i = \frac{x_i - \bar{x}}{s}，这里\ \bar{x} = \frac{1}{n}\sum_{i=1}^{n} x_i，s = \sqrt{\frac{1}{n-1}\sum_{i=1}^{n}(x_i - \bar{x})^2}$$

则新序列 $y_1, y_2, \cdots\cdots, y_n$ 的均值为 0，而方差为 1，且无量纲。

2. 缺失值处理

本文主要采用均值插补和手动插补相结合的方法进行插补，达到最好效果。

3. 异常值处理

本文使用格拉布斯（Grubbs）检验法和狄克逊（Dixon）检验法进行检验，并主观分析异常值出现原因，判断异常值是否舍弃。若检出异常值，对除去已检出异常值后余下的数值继续检验，直到不能检出异常值为止。

四、黑龙江省城乡居民收入差距的总体情况

（一）城乡居民收入相对差距呈现缩小态势

2021 年，黑龙江省城镇居民人均可支配收入为 33646 元，农村居民人均可支配收入为 17889 元，城乡收入比由 2015 年的为 2.18∶1 缩小到 2021 年的 1.88∶1。

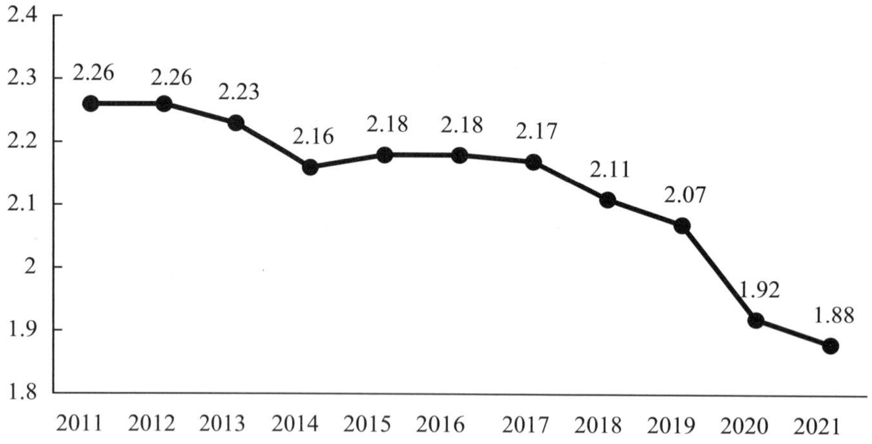

图 1　2011—2021 年城乡居民人均可支配收入比

近几年，黑龙江省不断优化种植结构，扩大绿色食品种植面积，推进农业与旅游休闲的深度融合，带动了农村居民收入稳步提升，城乡居民收入相对差距继续呈现逐年缩小态势。

（二）黑龙江省城乡居民收入构成差异

从收入构成看，黑龙江省城乡居民收入主要来源差异较大。工资性收入和转移净收入是城镇居民可支配收入的主要来源，农村居民可支配收入的主要来源于经营净收入和转移净收入。2021 年，全省城镇居民人均工资性收入和转移净收入占可支配收入比重高达 87.5%，农村居民人均经营净收入与转移净收入占可支配收入比重为 75.2%。

从收入增长贡献看，政策性增资、社保提标及惠农补贴等民生保障政策的落实拉动城乡居民收入增长效应显著。2021 年，黑龙江省城乡居民人均转移净收入分别同比增长 9.5% 和 10.4%，占可支配收入比重分别为 30.9% 和 22.9%，对可支配收入增长的贡献率达到 35.7% 和 22.5%。四项收入构成及增长情况详见表 1。

表 1　2021 年城乡居民人均可支配收入构成及增长情况

指　标	城镇			农村		
	绝对值(元)	增速(%)	占比(%)	绝对值(元)	增速(%)	占比(%)
可支配收入	33646	8.1	100.0	17889	10.6	100.0
工资性收入	19025	8.5	56.5	3322	5.4	18.6
经营净收入	2872	4.3	8.5	9354	10.7	52.3
财产净收入	1350	2.0	4.0	1109	30.9	6.2
转移净收入	10399	9.5	30.9	4104	10.4	22.9

五、构建测度指标

(一)构造泰尔指数,测算城乡居民收入差距

1. 泰尔指数

泰尔指数(Theil index)或者泰尔标准(Theils entropy measure)是由泰尔(Theil,1967)利用信息理论中的概念来计算收入不平等而得名。公式为:

$$T=\sum_{i}\sum_{j}\left(\frac{Y_{ij}}{y}\right)\ln\left(\frac{\frac{Y_{ij}}{Y}}{\frac{N_{ij}}{N}}\right) \tag{1}$$

$$T_{w}=\sum_{i}\left(\frac{Y_{i}}{Y}T_{wi}\right) \tag{2}$$

$$T_{b}=\sum_{i}\left(\frac{Y_{i}}{Y}\right)\ln\left(\frac{\frac{Y_{ij}}{Y}}{\frac{N_{ij}}{N_{i}}}\right) \tag{3}$$

$$T_{wi}=\sum_{j}\left(\frac{Y_{ij}}{Y}\right)\ln\left(\frac{\frac{Y_{ij}}{Y_{i}}}{\frac{N_{ij}}{N_{i}}}\right) \tag{4}$$

其中,Y、N 代表总体的总收入和总人口,Y_i、N_i 代表的是基本收入单元的总收入和总人口,Y_{ij}、N_{ij} 代表的是基本收入单元中亚收入单元的收入和人口。泰尔指数具有可分解性,因此 T=Tw+Tb,即总差异等于组间差异与组内差异的和,上述公式适用于进行过两次分组的数据,即每一基本收入单元又分为若干亚收入单元,公式(1)计算整体泰尔指数,公式(2)计算加权组内泰尔指数,公式(3)计算组间泰尔指数,公式(4)计算每一基本单元内的未加权的泰尔指数。

2. 测算结果

经测算,得到黑龙江省及各地市的城乡泰尔指数如下表。

表 2　全省及各地市全体居民收入差距泰尔指数

地　区	2015 年	2016 年	2017 年	2018 年	2019 年	2020 年	2021 年
全省	0.0629	0.0620	0.0611	0.0602	0.0613	0.0572	0.0533
哈尔滨	0.0562	0.0582	0.0602	0.0622	0.0570	0.0554	0.0524
齐齐哈尔	0.0584	0.0536	0.0488	0.0440	0.0499	0.0504	0.0304
鸡西	0.1585	0.1589	0.1593	0.1597	0.1536	0.1473	0.1349
鹤岗	0.2511	0.2704	0.2897	0.3090	0.2348	0.2282	0.2072
双鸭山	0.2451	0.2393	0.2335	0.2277	0.2347	0.2291	0.2027
大庆	0.0700	0.0676	0.0652	0.0628	0.0666	0.0526	0.0689
伊春	0.3638	0.3612	0.3586	0.3560	0.3486	0.3324	0.3362
佳木斯	0.0353	0.0341	0.0329	0.0317	0.0330	0.0342	0.0299
七台河	0.0435	0.0400	0.0365	0.0330	0.0432	0.0141	0.0001
牡丹江	0.0406	0.0368	0.0330	0.0292	0.0354	0.0341	0.0274
黑河	0.0069	0.0062	0.0055	0.0048	0.0057	0.0050	0.0028
绥化	0.1982	0.1990	0.1998	0.2006	0.1955	0.1917	0.1894
大兴安岭	0.1289	0.1309	0.1329	0.1349	0.1346	0.1441	0.1499

表 3　全省及各地市城镇居民收入差距泰尔指数

地　区	2015 年	2016 年	2017 年	2018 年	2019 年	2020 年	2021 年
全省	0.0200	0.0204	0.0208	0.0212	0.0204	0.0204	0.0196
哈尔滨	0.0649	0.0660	0.0671	0.0682	0.0671	0.0671	0.0660
齐齐哈尔	−0.0125	−0.0123	−0.0121	−0.0119	−0.0124	−0.0123	−0.0117
鸡西	−0.0138	−0.0141	−0.0144	−0.0147	−0.0140	−0.0140	−0.0138
鹤岗	−0.0135	−0.0135	−0.0135	−0.0135	−0.0135	−0.0133	−0.0131
双鸭山	−0.0076	−0.0078	−0.0080	−0.0082	−0.0079	−0.0079	−0.0078
大庆	0.0372	0.0371	0.0370	0.0369	0.0361	0.0356	0.0344
伊春	−0.0133	−0.0131	−0.0129	−0.0127	−0.0132	−0.0131	−0.0130
佳木斯	−0.0067	−0.0066	−0.0065	−0.0064	−0.0067	−0.0065	−0.0063
七台河	−0.0067	−0.0071	−0.0075	−0.0079	−0.0071	−0.0072	−0.0071
牡丹江	0.0009	0.0008	0.0007	0.0006	0.0010	0.0009	0.0007
黑河	−0.0015	−0.0015	−0.0015	−0.0015	−0.0016	−0.0015	−0.0015
绥化	−0.0050	−0.0050	−0.0050	−0.0050	−0.0050	−0.0050	−0.0048
大兴安岭	−0.0024	−0.0024	−0.0024	−0.0024	−0.0024	−0.0024	−0.0023

表 4　全省及各地市农村居民收入差距泰尔指数

地　区	2015 年	2016 年	2017 年	2018 年	2019 年	2020 年	2021 年
全省	0.0030	0.0032	0.0034	0.0036	0.0035	0.0034	0.0029
哈尔滨	0.0173	0.0204	0.0235	0.0266	0.0228	0.0223	0.0195
齐齐哈尔	−0.0039	−0.0043	−0.0047	−0.0051	−0.0041	−0.0038	−0.0029
鸡西	0.0042	0.0045	0.0048	0.0051	0.0044	0.0044	0.0038
鹤岗	−0.0008	−0.0008	−0.0008	−0.0008	−0.0007	−0.0009	−0.0006
双鸭山	−0.0005	−0.0005	−0.0005	−0.0005	−0.0006	−0.0006	−0.0005
大庆	0.0016	0.0002	−0.0012	−0.0026	−0.0007	−0.0010	−0.0008
伊春	−0.0004	−0.0003	−0.0002	−0.0001	−0.0003	−0.0003	−0.0002
佳木斯	0.0008	0.0002	−0.0004	−0.0010	−0.0002	0.0002	0.0002
七台河	−0.0050	−0.0040	−0.0030	−0.0020	−0.0043	−0.0043	−0.0040
牡丹江	0.0082	0.0077	0.0072	0.0067	0.0076	0.0078	0.0071
黑河	−0.0008	−0.0009	−0.0010	−0.0011	−0.0009	−0.0008	−0.0007
绥化	−0.0171	−0.0182	−0.0193	−0.0204	−0.0190	−0.0189	−0.0172
大兴安岭	−0.0007	−0.0007	−0.0007	−0.0007	−0.0007	−0.0007	−0.0006

(二)结果分析

全体、城镇、农村居民之间存在收入差距,差距呈现缩小趋势。从 2015 年到 2021 年,全泰尔指数从 0.0629 降到了 0.0533,城镇泰尔指数从 0.0200 降到了 0.0196,农村泰尔指数从 0.0030 降到了 0.0029,总体呈下降趋势。

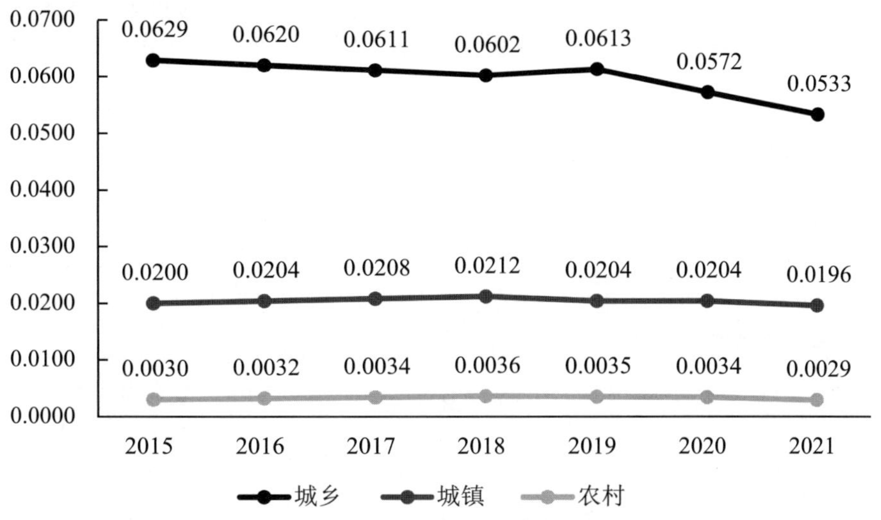

图 2 2015—2021 年黑龙江省居民人均可支配收入差距泰尔指数

六、影响城乡居民收入差距因素分析

(一)模型推导

当数据集中的特征之间有较强的线性相关性时,会出现严重的多重共线性,用普通最小二乘法估计模型参数,往往参数估计的方差太大。此时,求解出来的模型就很不稳定,可通过在损失函数中引入正则化项来达到目的。

一是使用 L1—norm 正则,即 lasso 回归。损失函数为:

$$L_{\bar{\omega}} = || X_{\bar{\omega}} - \bar{y} ||_2^2 + \alpha || \bar{\omega} ||_2^2$$

二是使用 L2—norm 正则,即岭回归(Ridge)。损失函数为:

$$L_{(\bar{\omega})} = \frac{1}{2n} || X_{\bar{\omega}} - \bar{y} ||_2^2 + \alpha || \bar{\omega} ||_1$$

三是结合 L1—norm、L2—norm 进行正则,即弹性网络(ElasticNet)。是将 Lasso 和 Ridge 组成一个具有两种惩罚因素的单一模型:一个与 L1 范数成比例,另外一个与 L2 范数成比例。使用这种方式方法所得到的模型就像纯粹的 Lasso 回归一样稀疏,但同时具有与岭回归提供的一样的正则化能力。它的损失函数是:

$$L_{(\bar{\omega})} = \frac{1}{2n} || X_{\bar{\omega}} - \bar{y} ||_2^2 + \alpha\beta || \bar{\omega} ||_1 + \frac{\alpha(1-\beta)}{2} || \bar{\omega} ||_2^2$$

(二)因素选择

根据影响收入相关经济学理论和既得的数据,本文选择了 8 个一级指标 18 个二级指标。

表5 因素分析指标及说明

	一级指标名称	二级指标名称	指标说明
Y	收入差距	泰尔指数	城乡居民收入差异
a1	人力资本因素	城乡人口	城乡人口数比
		基础教育质量	小学在校生数/小学教师数 + 初中在校生数/初中在校生数 + 教育经费/总人数
a2	再分配因素	财政福利支出	地方财政社会保障和就业支出
		财政收入	财政收入
		固定资产	固定资产投资
a3	机会不平等因素	经济水平	人均国民生产总值
		发展速度	生产总值指数
		工资水平	城镇就业平均工资
		高等教育	高等学校在校生数/高等学校教职工数 + 教育经费/总人数
a4	文化观念因素	文化发展水平	公共图书馆流通人次
		文化设施建设水平	文化设施数量
a5	区位地理因素	地理优势得分	各市到省会的距离
a6	自然资源禀赋因素	农业发展水平	农业总产值＋农业机械总动力＋一产增加值
		水资源	水资源数量
a7	区域政策因素	种植业补贴	种植业补贴金额
		进出口贸易水平	进出口总额
a8	特殊影响因素	新冠疫情影响	发生新冠疫情
			发生新冠疫情并停市

（三）数据结果及分析

1. 数据结果。按照全部因素指标分别用岭回归、LASSO 回归和弹性网络进行运算，结果如下：

表6 全省及各地市因素分析结果表

项　　目	岭回归	LASSO 回归	弹性网络
Intercept	0.3885800	0.413307	0.394695
a11	−0.918104	0	−0.000130
a12	0.234668	0.223201	0.209490
a21	0.328577	0	0
a22	0.331473	0	0
a23	0.417792	0.151085	0.282020
a31	0.127193	0.059121	0.109504
a32	0.118504	0.176517	0.157240
a33	0.231877	0.073617	0.128540

续表

项　　目	岭回归	LASSO 回归	弹性网络
a34	0.039913	0	0
a41	0.077116	0	0
a42	1.236849	0.396430	0.571104
a51	0.101647	0.011909	0.032984
a61	0.083045	0.162370	0.201340
a62	0.053390	0.083512	0.054290
a71	0.148422	0.070171	0.133140
a72	0.094488	0.016233	0.036390
a81	−0.163406	−0.032843	−0.063012
a82	−0.880409	−0.112347	−0.268800
MSE：	0.002388941	0.002949224	0.001683
score	0.782488962	0.731475598	0.846772

从上表可以看出，MSE：岭回归 LASSO 回归弹性网络；score：表明弹性网络效果好于 LASSO 回归和岭回归，所以本模型我们采用弹性网络的回归结果。

从回归结果中发现，其中，财政福利支出、财政预算净流入、高等教育、公共图书馆流通人次系数为 0，新冠疫情、基础教育质量、文化设施建设水平、固定资产投资、农业发展水平、发展速度、种植业补贴、工资水平和经济水平影响系数较大，其他影响最小。

2. 结果分析。一是经济水平及发展速度对城乡居民收入差距影响较大。从长期看，经济增长与城乡居民收入差距之间存在稳定的均衡关系。在发展经济的同时，为解决收入差距问题，惠民政策持续推出且力度逐年加大，政策措施重点向农村倾斜。随着经济增长从低收入阶段逐步过渡到中等收入阶段，经济发展有效缩小了城乡居民收入差距，反过来缩小收入差距会有利于经济增长，从而实现平等与增长相协调的目标。

二是基础教育质量及文化观念对城乡居民收入差距具有间接影响。基础教育担负着培养劳动力人才的重要任务，文化观念影响劳动力就业的思维和认知方式。基础教育质量直接关系到经济和社会发展与进步。近年来，随着脱贫攻坚工程的全面有效实施，教育脱贫成果逐步显现，乡村教育教学能力水平及文化设施建设不断加强，农村劳动力文化素质及思想观念持续改善，农村劳动力收入水平稳步提升，有助于缩小城乡居民收入差距。

三是农业发展及种植业补贴水平对城乡居民收入差距存在直接影响。一产经营及惠农补贴收入是黑龙江省农村居民的主要收入来源，农业发展及惠农政策性补贴水平对农民收入水平及城乡居民收入差距变化起到直接影响作用。中央连续多年出台一号文件，聚焦解决“三农”问题，在统筹城乡发展中加大强农惠农力度，大力加强农业基础设施建设，积极推进农业供给侧结构性改革，重点发展现代化、高质高效农业，促进农业稳定发展农民持续增收，推动城乡居民收入差距逐步缩小。

四是新冠疫情抑制了城镇经济发展速度，对城乡居民收入差距存在显著影响。一是企业订单延迟、减少和成本增加。企业原材料订单不同程度延迟，尤其是出口行业的订单交付延误，面临更大的损失。疫情期间，企业仍然有租金、贷款利息、社保缴费等固定费用支出，加上额外人工开支、复工推迟、订单交付延误，以及疫情防控期复产的防护成本提高，对企业产生较大影响。二是服务业和旅游业受到巨大冲击。疫情期间，采取减少出行、降低人与人的接触、严禁公众聚集等防控疫情的基本措施，餐馆、影院、KTV、网吧等暂时关停，导致服务业和旅游业受到重创。黑龙江省受疫情影响，城镇经济发展受挫，农村则影响较少，反方向缩小了城乡发展差距。

七、政策建议

（一）促进农业高质高效，筑牢农民增收基石

推动农业现代化建设，争取实现新突破，促进农业高质高效发展，为农民增收、城乡居民收入差距缩小奠定坚实基础。持续深化农业供给侧结构性改革，狠抓高质高值高效作物生产和设施农业发展，创建农业科技示范基地，打造培育农业知名产品和品牌。推进黑土地保护利用试点、轮作休耕制度试点，通过扩大秸秆还田、深松整地、增施有机肥、轮作轮耕等，保护并持续提升耕地质量。积极培育壮大新型农业经营主体，推进以农业生产托管服务为重点的农业社会化服务，转变农业生产方式，促进小农户与现代农业有机衔接。充分调动农民种粮积极性，稳定和加强种粮农民补贴，提升收储调控能力，坚持完善最低收购价政策，确保农民持续增收。

（二）优化农村教育体系，提升农民就业技能

发展农村教育，转变农民观念，提高农民素质是构建农民收入持续增长的长效机制的关键环节。在基础教育方面，建立和完善农村基础教育经费投入保障机制，优化教育支出结构，将教育资源投入的增量更多地向农村地区倾斜，重点扶持农村中小学基础教育。引导社会资源投入农村教育建设，提升农村教育水平。加强农村教师队伍建设，促进教师的专业化，提升师资水平。继续加强农村文化基础设施建设，加快推进农村教育文化事业向前向好发展，助力农村经济健康蓬勃发展，从根本上消除抑制农民增收的“症结”。

（三）加大惠农补贴力度，促进粮食生产和农民增收

粮食生产受气候条件和耕地资源等制约较大，农资呈逐年上涨趋势，粮食安全形势仍然比较严峻，需要进一步加大惠农、支农政策补贴力度，更好地调动农民种粮积极性，保护种粮农民利益，落实好中央一号文件精神，进一步促进粮食增产和农民增收。

（执笔人：国家统计局黑龙江调查总队　祖立伟）

参考文献

[1]陈工,何鹏飞.省级城乡收入泰尔指数的测算与分析,统计与决策2016年第9期

[2]杨威.中国农村居民收入区域不平衡研究，2013年6月

[3]李雪艳,史少赞.农民农业收入影响因素分析,商业文化,2007年7月

[4]宋莉莉.我国区域间农民收入差异及成因分析,中国农业科技导报,2016年第18期

[5]王梦思,刘红光.我国农村居民收入区域差异的影响因素研究,安徽农业科学,2015年第20期

[6]李政隆.空间视角下我国城乡收入差异与经济增长的关联性研究,商业经济研究,2015年9期

[7]张鑫.中国城乡居民收入差距及其成因的演化路径研究,经济管理出版社,2011

[8]李凯.山东城乡居民收入差距时空演变特征分析,中国海洋大学,2015

[9]陈新,周云,波陈岑.中国收入分配中的主要问题及收入分配制度改革,学习与探索,2014

[10]国家统计局农调总队课题组,城乡居民收入差距研究,经济研究,1994(12)

[11]魏后凯.中国地区间居民收入差异及其分解,经济研究,1996(11)

[12]赵晓楠.西部地区社会保障对城乡收入差距影响的实证研究,重庆工商大学,2012

[13]田双全.西部城乡收入差距的适度标准值研究,财经问题研究,2012(7)

[14]吴先华.城镇化、市民化与城乡收入差距关系的实证研究——基于山东省时间序列数据及面板数据的实证分析,地理科学,2011,23(1)

[15]江璐.我国城乡收入差距影响因素分析,安徽农业科学,2012,40(5)

[16]赵跃利.中国城乡收入差距影响因素的实证研究:1980—2007年,生产力研究,2012(5)

[17]王晓清,刘东.教育对区域间城乡收入差距的影响分析,经济与管理研究,2012(7)

提质扩容 挖掘潜力 进一步提升居民消费需求研究

摘要:居民消费在我国国民经济中占有重要的地位,特别是在当前构建以国内大循环为主体、国内国际双循环相互促进的新发展格局下,进一步挖掘居民消费潜力、提升居民消费需求显得更为重要。本文先是回顾总结十八大以来,十年间上海居民消费水平和消费格局发生的巨大变化,然后采用弹性分析和生命周期分析方法,对居民家庭各类消费项目进行分类研究,把全部消费分为基本型、成长型、成熟型、潜力型等不同类型,在此基础上,重点聚焦成长型和潜力型消费,提出了汽车、耐用消费品、个性化及互联网消费、新兴服务消费等是扩大消费的重点领域,并对影响这些消费的制约因素以及扩大这些消费的难点进行了分析。

为进一步挖掘居民消费潜力,提升消费需求,本文提出相应政策建议:保持收入政策制度化,增强收入增长预期;完善各类保障制度,改善居民支出预期;降低费用、改善环境,释放汽车消费潜力;关注消费的生命周期特征,着力创造新型消费需求;合理定位、改善环境,促进个性化时尚消费;坚持房住不炒,降低居民购房负担。

党的十八大、十九大以来,我们党坚定不移顺应时代要求,推动高质量发展,把人民对美好生活的向往作为奋斗目标,不断促进人的全面发展、促进全体人民共同富裕。美好生活的实现是物质性、社会性、心理性等多方面需要的满足,而消费则是实现需求满足,实现人类美好生活的重要基础。近年来,国务院办公厅先后印发了《关于以新业态新模式引领新型消费加快发展的意见》(国办发〔2020〕32 号)、《关于进一步释放消费潜力促进消费持续恢复的意见》(国办发〔2022〕9 号)等文件,政策出台为扩大消费需求,提升居民消费质量提供了坚实保障,居民消费水平与格局全面升级。

十八大以来,十年间上海居民生活持续改善,消费水平持续增长。2013 年,上海居民家庭人均消费支出超三万元,2018 年跨越四万元。2021 年,上海居民人均消费支出 48879 元;2011 年—2021 年累计增长 82.0%[1],年均增长 6.2%,扣除价格因素,年均实际增长 3.9%。

居民消费结构不断优化,基本型消费比重减少。从消费分类的结构比重来看[2],2021 年,上海居民的基本食品消费(不包括在外饮食)占消费支出比重为 25.1%,较上年呈现下降趋势;衣着消费的比重也有一定降低,从 2011 年的 6.5%下降到 2021 年的 5.7%;居住类支出(不包括居民自有住房的租金折算)比重降幅明显,从 2011 年的 25.9%下降到 2021 年的 10.3%。同时,发展型

① 2012 年城乡住户一体化改革,2015 年起,开始发布全体居民的调查数据。本文中,2015 年以前的居民消费支出相关数据来自于国家统计局统一反馈的新口径推算数据。

② 2012 年城乡住户一体化改革,指标口径发生变化,为保持分析口径的一致性,客观反映居民消费结构的真实变化趋势,本文中,2021 年上海居民消费结构占比相关数据剔除了居民自有住房租金折算的影响。

消费潜力显现。2011 年—2021 年，上海居民交通通信、教育文化娱乐、医疗保健类的消费支出比重均有明显提高，分别从 11.4%、10.4%和 6.3%提升到 15.4%、12.9%和 10.6%。居民用于美容美发、健康养生、休闲旅游等其他服务消费也有一定增长。

一、居民消费对经济增长作用的简要分析

(一)居民消费是 GDP 的重要组成部分

从国民经济核算的角度，最终消费与投资、出口共同构成了国内生产总值的三大需求，也是其中最稳定、最重要的组成部分。目前，上海按支出法计算的生产总值中，最终消费已经超过一半，2021 年达到 57%左右；在最终消费中，居民消费占比超过 75%。可见居民消费在支撑经济增长中占有十分重要的地位。

(二)居民消费是经济增长的稳定器

居民消费率变动与 GDP 增长率的变动趋势表明，当经济增长较热时，投资、出口增长较快，从而消费比重相应下降；相反，当经济处于相对低迷时，投资萎缩，出口困难，但因为居民消费的刚性特点，消费仍旧能稳定增长，从而比重上升。也就是说，居民消费起到经济增长的稳定器作用。近年来，上海居民消费占 GDP 的比重呈现较为稳定的上升状态，对经济增长起到重要作用。

二、上海居民消费分类分析

根据前文分析，一方面，居民消费需求在拉动经济发展中起着十分重要的作用，另一方面，不同时期不同消费项目的拉动力是不均衡的，是不断变化的。因此，本文使用弹性分析等方法，将居民家庭所有消费项目进行分类分析，以期发现释放消费潜力的难点与解决办法。

(一)分析方法

1、弹性分析

这里的弹性分析分为时间弹性分析和空间弹性分析两种。所谓时间弹性是指收入每增长百分之一，某类消费增长的百分数：

$$ET_i = [(C_{it} - C_{i0}) / (C_{it} + C_{i0})] / [(Y_t - Y_0) / (Y_t + Y_0)] \quad (1)$$

其中：ET_i 为第 i 类消费的时间弹性；

C_{it} 为第 i 类消费第 t 期的消费额，t=0 指基期；

Y_t 为第 t 期人均可支配收入，t=0 指基期。

所谓空间弹性也是指收入每增加百分之一，某类消费增加的百分数，但此处的增加不是不同年份之间的增长，而是不同收入水平居民家庭之间差异，这里用 40%高收入家庭平均值和 40%低收入家庭平均值之间的差异率：

$$E^tS_i = [(C^t_{i45} - C^t_{i12}) / C^t_i] / [(Y^t_{45} - Y^t_{12}) / Y^t] \quad (2)$$

其中：E^tS_i 为第 t 期第 i 类消费的空间弹性；

C_{i45}^{t} 为第 t 期第 i 类消费 40%高收入居民家庭的人均消费额；

C_{i12}^{t} 为第 t 期第 i 类消费 40%低收入居民家庭的人均消费额；

C_{i}^{t} 为第 t 期第 i 类消费全部居民家庭的人均消费额；

Y_{45}^{t}、Y_{12}^{t}、Y^{t} 分别为第 t 期 40%高收入、40%低收入以及全部居民家庭的人均可支配收入。

为了分析方便，对时间和空间弹性指标均进行标准化调整处理，即每一类消费的时间或空间弹性都除以全部消费支出的弹性。这样：

●若某类消费时间弹性大于 1，说明该类消费增长速度快于全部消费；反之，若小于 1，则该类消费增长慢于全部消费；消费时间弹性大于 1，则该类消费在全部消费中的比重趋于增大，否则比重趋于减小。

●若某类消费空间弹性大于 1，说明该类消费在不同层次家庭间的差距大于全部消费的差距；反之，若小于 1，则该类消费在不同层次居民家庭间的差距小于全部消费。

2、生命周期分析

产品生命周期(product life cycle)理论是美国哈佛大学教授雷蒙德·弗农(Raymond Vernon)1966 年在其《产品周期中的国际投资与国际贸易》一文中首次提出的。产品生命周期，是把一个产品的销售历史比作人的生命周期，要经历出生、成长、成熟、老化、死亡等阶段。典型的产品生命周期一般可以分成引进期、成长期、成熟期和衰退期四个阶段(见图 1)。

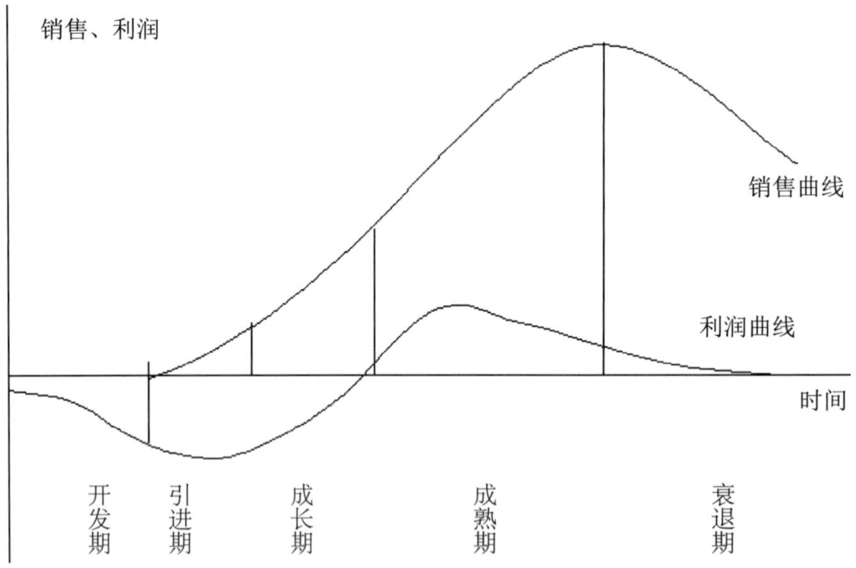

图 1　产品生命周期曲线

结合以上弹性分析和生命周期理论，把全部消费大致可以分为基本型、成熟型、成长型、潜力型等 4 类(见表 1)。

表 1 居民消费项目分类表

<table>
<tr><th colspan="2" rowspan="2">项目分类</th><th colspan="2">空间弹性</th></tr>
<tr><th>低</th><th>高</th></tr>
<tr><td rowspan="2">时间弹性</td><td>低</td><td>A 类:基本型消费
空间弹性低,说明不同层次居民之间差别较小,消费已经普及;时间弹性低,说明该类消费已经走过成熟,消费倾向趋于减弱。
大致对应产品的衰退期或成熟期后期,多为传统消费项目或生活必需品。</td><td>D 类:潜力型消费
空间弹性高,说明不同层次居民之间差别较大,消费并未普及;时间弹性低,表明新型消费尚未大规模形成市场需求或处于一个新的消费周期的起步阶段。
大致对应产品的引进期,是比较新型的消费项目或传统消费项目中的新热点。</td></tr>
<tr><td>高</td><td>C 类:成熟型消费
空间弹性低,说明不同层次居民之间差别较小,消费已经较为普及;时间弹性高,说明该类消费增长较快。
大致对应产品的成熟期或成长期后期。就消费来说,往往与基本型界限不明显。</td><td>B 类:成长型消费
空间弹性高,说明不同层次居民之间差别较大,消费尚未普及;时间弹性高,说明该类消费增长较快。
大致对应产品的成长期,多为正处于快速普及或较大规模的升级换代过程中的消费品。</td></tr>
</table>

(二)上海居民消费项目分类分析

按照以上理论分析框架,以时间弹性和空间弹性二维数据为依据,以弹性=1 为分界线,把上海居民的主要消费项目分为如表 1 中所列出的四类(空间弹性按 2021 年 40%高收入家庭平均对比 40%低收入家庭平均计算,时间弹性按 2021 年对比 2011 年计算),结果如表 2 所示。

表 2 居民家庭消费分类(不包括居民自有住房租金折算部分)

指　　标	消费比重(2021 年,%)	空间消费弹性(最低 40%—最高 40%)2021 年	时间消费弹性(2011—2021 年)	消费分类
食品烟酒	34.5	0.13	0.90	基本型
衣着	5.7	1.36	0.04	潜力型
居住	10.3	0.42	1.39	成熟型
家庭设备用品及服务	6.2	1.22	0.54	潜力型
医疗保健	10.6	1.03	2.94	成长型
交通和通讯	15.4	1.80	1.06	成长型
教育文化娱乐服务	12.9	2.25	0.62	潜力型
其他商品和服务	4.4	1.78	0.36	潜力型

注:1. 2021 年数据使用上海市住户调查全体 4000 户数据。2011 年数据使用上海市城镇住户 1000 户调查数据。2021 年上海市城镇化率高达 89.9%,农村只占很小部分,与 2011 年的调查对象基本接近。

2. 住户一体化改革后,2015 年起,消费居住类别中加入了居民自有住房租金折算部分,占消费比重较高,对消费结构影响较为明显。为保持 2021 年和 2011 年消费结构口径一致,客观反映居民消费结构变动的真实情况,在计算时间弹性和空间弹性时,均剔除了居民自有住房租金折算部分的影响因素。

3. 为统一分析口径,上表及下文中出现的消费结构及分类比重的相关数据,均剔除了居民自有住房折算租金部分的影响。

由于八大类消费中每一类内部也存在一定差别，细分来看：

1.食品类

食品大类中，饮食服务(主要为在外饮食)较为特殊，其空间弹性和时间弹性均大于1，分别为1.25和1.48，表现为“成长型”。

2.衣着类

衣着类均属于“潜力型”，服装、鞋类消费的空间弹性均出现一定的上升，2021年分别达到1.40、1.16。

3.家庭设备用品及服务类

耐用消费品空间弹性较大；2011—2021年的时间弹性为1.92，表明耐用消费品在这十年中的增长快于全部消费。总体上属于“成长型”消费。

家政服务为“潜力型”消费项目，其空间弹性虽较2011年有所降低，但绝对数(2.17)仍然较大，表明高收入和低收入家庭在家政服务方面的人均消费支出差异仍较大。(详见表3)。

表3 居民家庭设备用品及服务类消费弹性

指　　标	2011年 空间弹性	2021年 空间弹性	2011—2021年 时间弹性	消费类型
家庭设备用品及服务	1.37	1.22	0.54	潜力型
# 耐用消费品	1.46	1.45	1.92	成长型
家庭日用杂品	1.09	0.23	−1.10	基本型
家政服务	2.51	2.17	0.40	潜力型

4.医疗保健类

医疗保健类中医疗费的空间弹性和时间弹性都大于1，属于“成长型”消费。其中2011—2021年时间弹性为4.36，表明医疗费支出增速远高于全部消费增速。

5.交通通信类

交通工具的空间弹性2021年达到2.4，2011—2021年的时间弹性也达到了1.6，具有明显的“成长型”特征。

表4 居民家庭交通和通信类消费弹性

指　　标	2011年 空间弹性	2021年 空间弹性	2011—2021年 时间弹性	消费类型
交通和通讯	1.46	1.80	1.06	成长型
交通	1.84	2.09	1.46	成长型
# 家庭交通工具	2.24	2.40	1.60	成长型
车辆用燃料及零配件及交通工具服务支出	2.26	2.14	2.44	成长型
交通费	1.12	1.30	−0.57	潜力型
通信	0.72	0.83	0.02	基本型
通信工具	1.42	1.85	1.32	成长型
通信服务	0.51	0.22	−0.54	基本型

车辆用燃料及零配件、交通工具服务两项合计消费与交通工具的相关性较强，也具有明显的“成长型”特征，其空间弹性和时间弹性均达到了 2 以上。

交通费的空间弹性近年来亦呈现一定的上升趋势，2021 年为 1.3，2011—2021 年时间弹性为小于 1，表明其增速不及全部消费。

通信工具的空间弹性近十年来有所上升，2021 年为 1.85；2011—2021 年时间弹性为 1.32，增速高于全部消费，因此通信工具属于“成长型”消费。

6. 教育文化娱乐服务类

教育属于“成长型”消费：空间弹性大于 1(2021 年为 2.63)。2011—2021 年，时间弹性为 2.12。其中，托幼费近些年增长迅速，综合来看，属于“成长型”消费(见表 5)。

文化娱乐服务属于“潜力型”消费，其空间弹性保持在较高水平。受 2020 年开始的新冠肺炎疫情影响，2021 年的文化娱乐服务数据总体偏低，造成 2011—2021 年时间弹性为负值。受疫情冲击影响尤为严重的如团体旅游，其 2011—2021 年时间弹性为—1.05，空间弹性从 2011 年的 1.32 下降到 2021 年的 0.58。

表 5　居民家庭教育文化娱乐服务类消费弹性

指　标	2011 年空间弹性	2021 年空间弹性	2011—2021 年时间弹性	消费类型
教育文化娱乐服务	1.13	2.25	0.62	潜力型
文化娱乐服务	1.30	1.24	—0.71	潜力型
# 团体旅游	1.32	0.58	—1.05	基本型
教育	0.81	2.63	2.12	成长型
# 义务及非义务教育学杂费	0.41	1.40	—0.06	潜力型
托幼费	0.85	3.36	4.30	成长型
成人教育及培训费	1.20	1.69	—2.60	潜力型

7. 居住类

住房装潢2021 年的空间弹性为 1.25，2011—2021 年的时间弹性则为—0.28，属于“潜力型”消费。

租赁房租方面，近十年来上海房价快速上涨带动租金价格上升，2011—2021 年时间弹性为 3.44，租金上涨速度大幅超过全体消费。

表 6　居民家庭居住类消费弹性

指　标	2011 年空间弹性	2021 年空间弹性	2011—2021 年时间弹性	消费类型
居住	0.93	0.42	1.39	成熟型
# 租赁房房租	0.30	0.54	3.44	成熟型
住房装潢支出	1.51	1.25	—0.28	潜力型
水电燃料及其他	0.31	—0.25	1.29	成熟型
# 物业管理费	1.33	0.89	1.62	成熟型

8. 其他商品和服务

从弹性分析来看，其他商品和服务总体上属于“潜力型”消费。2021 年，其他商品、金银珠宝饰品、美容费的空间弹性分别达到了 2.14、2.37 和 1.44，表明高收入群体与低收入群体在这些偏“高档”消费上的差距仍然较大。同时，从时间弹性看，美容费 2011 年—2021 年数值为 1.66，表明近十年其增速快于全部消费。

（三）总结与结论

通过以上分析，上海居民主要中（小）类消费项目分类可由图 2 表示。

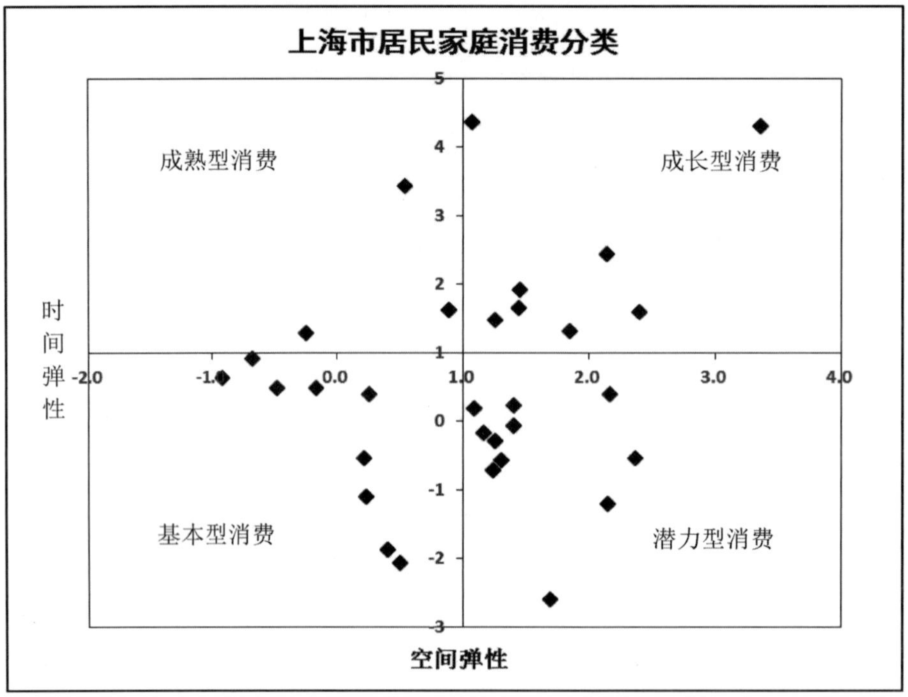

图 2　上海市居民家庭消费分类分析

从消费支出来看：

●“基本型”消费主要包括满足人们基本生活的吃、用、通信服务，2021 年消费金额合计占全部消费的 25.2%（因并未包括全部项目，故四类合计小于 100%），是四类消费中最大的一类；

●“成熟型”消费特征与基本型较为类似，多数市场已经趋于饱和，其支出的增长往往与价格变动有关，2021 年消费额占全部消费的 8.0%；

●“成长型”消费主要是目前的消费拉动力量，2021 年消费支出合计占全部消费的 38.6%，目前占比最高；

●“潜力型”消费主要是高科技产品领域以及与生活质量升级有关的消费项目，2021 年消费额占全部消费的 18.4%（详见表 7）。

表 7 我市居民主要消费项目分类

A 类消费项目:基本型 # 粮油类 肉禽蛋水产品类 蔬菜类 糖烟酒饮料类 干鲜瓜果类 糕点、奶及奶制品 家庭日用杂品 # 药品费 通信服务	B 类消费项目:成长型 饮食服务 # 耐用消费品 医疗保健 医疗费 交通和通讯 # 家庭交通工具 车辆用燃料及零配件及交通工具服务支出 通信工具 托幼费 # 美容费
C 类消费项目:成熟型 # 租赁房房租 水电燃料及其他 # 物业管理费	D 类消费项目:潜力型 # 服装 鞋类 住房装潢支出 家政服务 滋补保健品 交通费 文化娱乐用品 文化娱乐服务 # 义务及非义务教育学杂费 成人教育及培训费 # 金银珠宝饰品

从以上分类结果,可以得到以下结论:

(1)"基本型""成熟型"消费是消费总量的重要组成部分。不同层次家庭差别较小,因此,该类型消费需求的基础是由包括低收入家庭在内的所有层次居民共同支撑总量。

(2)"成长型"消费项目比重也较大,增长速度也较快,是拉动消费增长的主要力量。因此,由较高层次居民家庭逐步普及到普通家庭的梯度增长的"成长型"消费项目是消费增长主要动力。

(3)"潜力型"消费项目从属性来看,有些随着时间推移一般会逐渐普及,但有些主要是受客观条件的限制,其开始普及的时间和速度主要取决于外部环境的改善。

三、扩大上海居民消费需求的重点与难点分析

从上海居民各类消费项目本身的客观属性及其生命周期特征来看,当前扩大居民消费需求的政策重点应该放在促进"成长型"和"潜力型"消费上。

(一)汽车消费潜力较大

与汽车有关的消费,包括购车、燃油及维修保养等支出,是典型的成长型消费。抽样调查显示,2021 年,上海每百户居民家庭汽车拥有量 44 辆。与经济比较发达的沿海地区相比,拥有量仍然偏低。汽车消费仍有较大潜力可挖。

当前制约居民家庭购车的因素主要有几个方面:

● 经济因素。除了购车费用外，还需考虑牌照费(上海牌照费在9万元以上)、燃油费、路桥费、停车费、维修保养费、保险费等一系列购车以外的费用。

● 用车环境。交通拥挤、停车困难也是制约汽车消费的重要因素。城市中早晚高峰堵车现象非常普遍，停车位资源紧张。

因此，扩大汽车消费的难点除了消费观念上的局限性外，主要在于购车用车成本、用车环境两方面，如能加强新能源汽车技术创新，突破现有的技术难点，进一步提升安全稳定与便捷充电，控制油价与道路收费，同时科学配置稀缺的道路、停车设施等外部资源，则上海居民家庭汽车消费的潜力将更好释放。

(二)耐用品消费可持续升温

弹性分析显示，耐用消费品属于“成长型”和“潜力型”消费。耐用品消费需求主要来自以下几部分：

一是耐用消费品普及过程中的新增需求。随着家居观念的更新，对于空气净化器、洗碗机等新式家电、智能家具的需求逐步增长。二是对已有耐用消费品的自然更新需求。洗衣机、冰箱、空调等家电的使用寿命有一定的上限，催生了更新换代的需求。三是购房或装修带来的延伸需求。新购买房屋或有装修计划的居民，往往会采购新的家具与电器。四是技术创新带来的升级换代需求。家用电器、家用电脑等电子类消费产品的技术升级较快，带来耐用消费品需求的增长。

因此，上海居民耐用消费品可持续保持相对稳定的需求量。但是扩大耐用消费品需求的难点在于前几项都受制于市场规律及其他经济的或非经济的外部因素，只有在加快技术投入、不断推出新产品方面才有政策着力点。

(三)时尚消费已成新热点

前文弹性分析表明，服装、饰品、化妆品、健身、个人数码产品等个人时尚消费大多数属于“潜力型”消费。

消费层次的不断提高和高档产品的逐渐普及让越来越多的人开始愿意购买奢侈品牌服装鞋履、箱包手表、贵妇级护肤品。此外，收入水平是影响个性化消费的主要因素，高收入家庭对高档个人用品和服务，尤其是医美微整形、健康养生、健身、文化娱乐等个性化服务的需求意向会更高。

因此，随着收入水平的逐年提高和消费观念的不断更新，个性化时尚消费必将释放出巨大的消费能量，但其难点在于如何使这些对高档个性化需求转化为对国内市场的有效需求，而不是转化为对进口商品和服务的需求。

(四)生活质量提高带动服务性消费增长

弹性分析显示，包括在外饮食、家政服务、文化娱乐等在内的服务消费表现出了较强的“潜力”。

其一，在外用餐已成为一种时尚。2021年，上海居民家庭人均在外用餐消费3424元，占食品支出比重达46.4%，比2015年提高了9.2个百分点。

其二，外出旅游是居民生活质量提高的重要标志之一。开发适用不同人群个性化需求的旅游产品，是旅游需求释放的重要抓手。近两年疫情反复，也使得旅游需求的释放受到一定影响。

其三，家政服务正在普及。2021年，上海居民家庭人均家政服务支出126元。根据前文弹性分析，高收入家庭和低收入家庭在该项支出中存在较大差异。家政服务在一定的细分市场中正在迅速普及。

因此，生活方式的演进带动很多服务性消费需求的增长。但是，其难点在于，这种生活方式不仅是一个经济问题，而是经济、社会、文化等多重因素交互作用的结果，其发展速度是缓慢而不可控的。

四、扩大消费需求的对策建议

根据上文的消费分类分析，考虑到"成长型""潜力型"消费与"基本型""成熟型"消费所表现出的差异，在促进消费政策制定时应该区别对待。扩大消费应注重以中高收入家庭为主的"成长型""潜力型"消费；而对"基本型""成熟型"消费，则从民生的角度以保证满足基本需要为主。

为此，建议如下：

（一）保持收入政策制度化，增强收入增长预期

一是要坚持保障居民就业，稳步提高养老金、最低工资等标准，增强广大居民对收入增长的信心。二是要创造良好的营商环境，采用税收、补贴等各种方式，促进企业发展，鼓励支持创新创业。三是扎实推动共同富裕，着力扩大中等收入群体规模。不断促进基本公共服务均等化，重点帮扶低收入群体，缩小城镇与农村各类保障待遇差距。全面推进乡村振兴，增加农民财产性收入。

（二）完善各类保障制度，改善居民支出预期

大力完善各类社会保障，让老百姓敢于消费、乐于消费。

在养老方面，要做好基本养老保险统筹实施工作，统筹提高城乡养老金待遇标准。优化养老照顾服务，促进居家社区机构养老服务相协调、医养康养相结合，持续推出"长护险"这类好产品。

在医疗方面，要完善医疗服务价格动态调整机制。打造高品质医疗服务体系，推进区域性医疗中心建设。开发更多诸如"沪惠保"这样的普适性医疗服务产品。

在教育方面，要持续深化新一轮教育综合改革，义务教育阶段减轻作业负担、加强课后服务、规范校外培训机构等"双减"任务全面落地。

（三）降低费用、改善环境，释放汽车消费潜力

积极鼓励新能源汽车消费，延续新能源汽车购置税减免的政策，促进绿色低碳循环发展。持续优化汽车使用环境，控制燃油零售价格，降低或取消公路收费，科学配置道路、停车场等稀缺的外部资源，降低停车、拥堵等汽车使用成本，进一步释放汽车消费潜力。

（四）合理定位、改善环境，促进个性化时尚消费

一是要对国内市场加以引导与管理，形成有一定梯度的市场结构，把“出国买名牌”的那部分消费转到国内市场。

二是国内企业要加快技术创新与品牌建设，让国内名牌在高档消费市场占有一席之地。

三是构建完善的时尚消费政策体系，供给侧与需求侧双向发力，不断改善新消费环境，提升上海个性时尚产品和服务的品牌优势。

（撰稿：国家统计局上海调查总队　吴波　杨潇白）

基于ELES模型的浙江居民消费结构变动分析

内容提要:作为三驾马车之一的消费在经济增长中占据着重要位置,而消费结构的合理性及其优化升级又对促进消费及整个国民经济的稳定协调发展有着重要意义。近年来,随着收入水平的提高,居民消费结构有了较大的改变,本文对浙江居民消费结构进行纵向刻画,并运用扩展线性支出模型(ELES)进行实证分析,对消费边际倾向、需求收入弹性等进行研究。研究表明,浙江居民生活明显改善,已逐步向发展型和享受型消费转变,同时也发现存在消费需求有所抑制、消费结构有待优化等问题,据此提出促进居民消费结构优化升级的一些建议供有关部门参考。

一、研究背景和意义

消费是畅通产业循环、市场循环、经济社会循环的关键要素,它既是社会再生产的"生产一分配一流通一消费"循环终点,也是下一次再生产的起点,对引导生产扩大、带动三大循环畅通、促进经济健康发展发挥着重要作用,能为加快构建新发展格局和实现全体人民共同富裕提供有力支撑。我国人口众多,拥有庞大的国内消费市场,消费对经济增长的"压舱石"作用显著。2021年,在疫情多点散发等严峻挑战下,我国最终消费支出拉动经济增长5.3个百分点,对经济增长的贡献率达到65.4%,仍是稳定经济增长的主要引擎。

消费结构问题研究在消费问题研究中处于重要地位。通过对消费结构研究可以深入了解居民消费的具体内容,剖析居民消费的新特点,从而进一步扩大内需、合理引导资源的有效配置。消费结构的优化不仅能反映居民消费层次和生活质量的提高,也为组建合理的产业规模、调整产品结构提供重要依据,为制定相应经济政策以提高国民生活水平指明方向,对促进整个国民经济的稳定协调发展具有重要作用。

二、2012—2021年浙江居民消费基本情况

党的十八大以来的10年,我国全面建成小康社会,开启了全面建设社会主义现代化国家新征程,经济社会发展取得了显著成就,经济发展平衡性、协调性、可持续性明显增强,经济实力跃上新台阶,人民生活欣欣向荣。2021年浙江城镇和农村居民人均可支配收入分别为68487元和35247元,是2012年的2.0倍和2.2倍,年均增速为8.1%和9.3%。2021年浙江城镇和农村居民人均生活消费支出分别为42193元和25415元,是2012年的1.8倍和2.2倍,年均增速为6.8%和9.1%。

从八大类消费结构看,浙江居民居住支出占比明显提升,医疗保健、生活用品及服务、其他用品及服务支出占比小幅上升,食品烟酒、衣着支出明显下降,教育文化娱乐、交通通信支出占比有

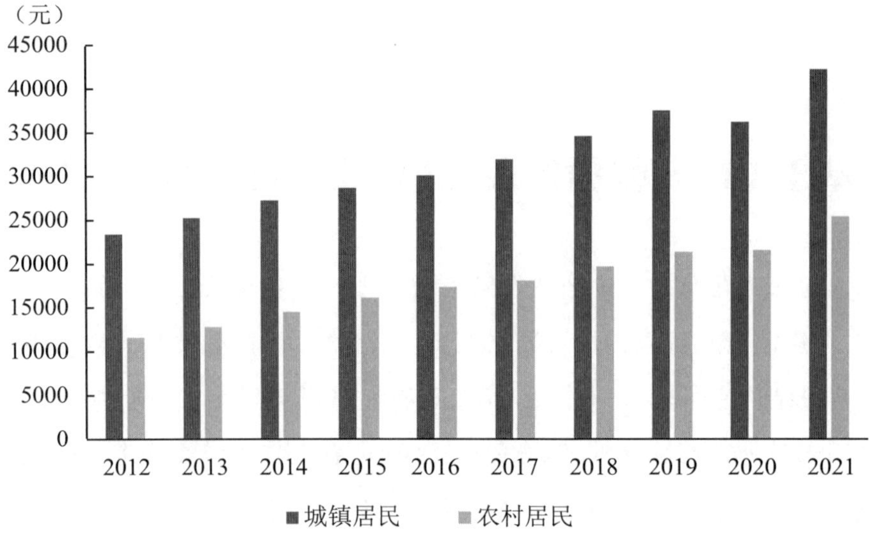

图 1　2012—2021 年浙江省城乡居民消费支出情况

所下降，反映出消费逐渐由生存型向发展享受型转变。分城乡看，城镇、农村、全体居民消费结构大致相似，但城镇居民消费结构略优于农村居民，主要是农村居民的食品烟酒、居住等基础性消费支出占比较高，而交通通信、教育文化娱乐服务、其他用品及服务等消费支出占比较低，消费结构优化提升仍有很大空间。

表 1　浙江全体居民消费结构历年变化情况

单位：%

年份	食品烟酒	衣着	居住	生活用品及服务	交通通信	教育文化娱乐服务	医疗保健	其他用品及服务
2012	30.9	7.7	21.6	5.1	15.1	11.2	6.0	2.4
2013	29.1	7.3	25.2	5.1	15.2	9.8	5.8	2.5
2014	29.1	7.0	24.7	5.0	16.3	9.6	6.0	2.2
2015	28.9	6.8	24.7	4.8	16.4	10.1	5.9	2.3
2016	29.0	6.1	24.0	4.8	17.1	10.9	5.9	2.0
2017	28.6	5.9	25.8	5.0	15.9	10.5	6.3	2.1
2018	27.8	6.2	26.2	5.6	14.6	10.3	7.0	2.4
2019	27.9	5.9	26.2	5.4	14.2	11.3	6.6	2.5
2020	28.5	5.4	28.8	5.7	13.7	9.2	6.3	2.3
2021	27.7	5.6	27.1	5.7	14.2	10.3	6.8	2.7

表 2　浙江城镇居民消费结构历年变化情况

单位：%

年份	食品烟酒	衣着	居住	生活用品及服务	交通通信	教育文化娱乐服务	医疗保健	其他用品及服务
2012	30.3	8.1	20.8	4.8	15.5	11.8	5.9	2.7
2013	28.2	7.6	26.2	5.1	15.0	9.9	5.3	2.7
2014	28.3	7.3	25.3	4.9	16.5	9.7	5.6	2.3
2015	28.2	7.1	25.2	4.7	16.6	10.3	5.4	2.4
2016	28.2	6.3	24.6	4.7	17.0	11.5	5.6	2.1

续表

单位：%

年份	食品烟酒	衣着	居住	生活用品及服务	交通通信	教育文化娱乐服务	医疗保健	其他用品及服务
2017	27.9	6.0	26.4	5.1	15.5	11.0	5.9	2.2
2018	27.1	6.5	26.5	5.7	14.5	10.6	6.6	2.6
2019	27.1	6.0	26.6	5.5	14.3	11.6	6.1	2.7
2020	27.4	5.6	29.5	5.7	13.8	9.5	6.0	2.5
2021	26.7	5.8	26.8	5.7	14.5	10.8	6.8	2.9

表 3　浙江农村居民消费结构历年变化情况

单位：%

年份	食品烟酒	衣着	居住	生活用品及服务	交通通信	教育文化娱乐服务	医疗保健	其他用品及服务
2012	33.1	6.2	24.0	6.0	13.6	9.0	6.6	1.6
2013	31.8	6.3	22.1	5.1	15.6	9.5	7.6	1.9
2014	31.9	6.1	22.8	5.2	15.6	9.3	7.4	1.8
2015	31.1	5.9	23.2	5.0	15.9	9.2	7.7	1.9
2016	31.8	5.5	22.4	5.0	17.7	9.3	6.8	1.6
2017	31.0	5.3	24.1	4.7	17.1	8.8	7.6	1.5
2018	30.3	5.2	25.3	5.3	15.0	9.1	8.3	1.6
2019	30.6	5.3	25.0	4.8	13.9	10.4	8.3	1.7
2020	32.3	4.8	26.5	5.7	13.6	8.2	7.2	1.6
2021	31.0	5.0	28.2	5.4	13.2	8.7	6.9	1.7

（一）恩格尔系数下降

2021 年浙江全体居民人均食品烟酒支出为 10160 元，比 2012 年增长 73.4%，恩格尔系数从 2012 年的 30.9%下降到 27.7%；城镇居民人均食品烟酒支出为 11283 元，比 2012 年增长 59.2%，恩格尔系数从 30.3%下降到 26.7%；农村居民人均食品烟酒支出为 7873 元，比 2012 年增长 1.1 倍，恩格尔系数从 33.1%下降到 31.0%。反映出居民饮食从量的满足转向质的提高，更加注重“健康、绿色、时尚”。

（二）居住消费比重走高

2021 年浙江全体居民人均居住消费占比为 27.1%，相比 2012 年的 21.6%提高了 5.5 个百分点，其中城镇居民人均居住消费占比为 26.8%，相比 2012 年的 20.8%提高了 6.0 个百分点，农村居民人均居住消费占比为 28.2%，相比 2012 年的 24.0%提高了 4.2 个百分点。反映出越来越多的居民在住房商品化消费观念的影响下，逐步实现从建房、租房到购房的跨越，并随居住要求条件的改善，极大地刺激了住房相关消费支出的增长。

（三）农村服务性消费渐成热点

近十年来，全体居民尤其是农村居民服务性消费比重不断上升。2021 年浙江农村居民人均服务性消费支出10414元，比2012年（2926元）提高了7488元；服务性消费占居民生活消费支出的比重从2012年的28.7%提高至2021年的41.0%。居民消费领域从物质消费为主逐步向文教娱乐、休闲旅游、医疗保健等精神消费拓展，愿意把更多的钱用于享受生活、完善自我，同时随着出行便捷程度的大大提高，“花钱买方便、图享受”的消费也越来越多。

三、浙江居民消费结构演变分析

本文主要利用2012－2021年浙江全体居民人均可支配收入及生活消费支出数据，运用ELES模型来研究浙江居民消费结构，计算梳理边际消费倾向和需求收入弹性，进行消费结构演变分析。

（一）模型原理与模型构建

消费结构的升级，是各类消费支出在消费总支出中的结构升级和层次提高，它直接反映了消费水平和发展趋势。当前对于消费升级的度量尚无统一的方法，国内外相关研究较多偏重于利用扩展线性支出系统模型（ELES）进行分析。ELES模型是经济学家Lunch于1973年在英国计量经济学家Richard Stone 1954年提出的线性支出系统模型（LES）基础上进一步研究而推出的一种需求函数系统模型。该模型假定，消费需求可以分为基本需求和非基本需求两个部分，其中基本需求指的是维持基本生活的需求，不受收入水平的影响；非基本需求是在满足了基本需求的基础上的发展型需求，受到剩余收入水平的影响，且不同消费者具有不同的消费偏好。该模型的基本形式为：

$$V_i = p_i q_i = p_i r_i + \beta_i (I - \sum_{i=1}^{n} p_i r_i), i = 1, 2, \cdots, n \quad (1)$$

其中，Vi表示消费者对第i种商品的总需求额，pi表示第i种商品的价格，qi表示第i种商品的实际需求量；ri表示第i种商品满足消费者基本生活的需求量；βi是第i种商品的边际消费倾向（$(0 \le \beta_i \le 1(i=1,2,\cdots,n)$，且$\sum \beta_i \le 1)$，I为消费者人均可支配收入。

$$令\ \alpha_i = p_i r_i - \beta_i \sum_{i=1}^{n} p_i r_i \quad (2)$$

$$遂(1)式可变形为：V_i = \alpha_i + \beta_i I \quad (3)$$

利用最小二乘法求得(3)中的参数αi和βi的估计值，再由αi和βi的估计值求出商品i的基本消费支出piri，计算公式为：

$$p_i r_i = \alpha_i + \beta_i \sum_{i=1}^{n} \alpha_i / (1 - \sum_{i=1}^{n} \beta_i) \quad (4)$$

由此还可以求出商品i的需求收入弹性为：

$$\eta_i = \frac{\partial v_i}{\partial I} \cdot \frac{I}{v_i} = \beta_i \cdot \frac{I}{v_i}, i = 1, 2, \cdots, n \quad (5)$$

（二）模型拟合状况分析

以浙江全体居民人均可支配收入分别与八大类消费支出为例，通过STATA15软件进行最小二乘法估计得到相应检验结果，结果详见表 4。

表 4　ELES 模型参数估计结果及检验值

指　　标	α_i	$t(\alpha)$	β_i	$t(\beta)$	R^2	$AdjR^2$	F	$Prob(F)$
食品烟酒	2081.2	9.29	0.136	25.67	0.988	0.986	658.89	0.00
衣着	1012.5	8.11	0.016	5.48	0.789	0.763	29.98	0.00
居住	−507.0	−1.74	0.180	26.08	0.988	0.986	680.21	0.00
生活用品及服务	−71.5	−0.75	0.036	15.90	0.969	0.965	252.93	0.00
交通通信	1525.0	3.64	0.061	6.23	0.829	0.807	38.78	0.00
教育文化娱乐服务	510.3	1.51	0.054	6.88	0.855	0.837	47.36	0.00
医疗保健	−58.1	−0.38	0.042	11.68	0.944	0.937	136.50	0.00
其他用品及服务	18.0	0.19	0.014	6.69	0.848	0.829	44.70	0.00

β_i 值为八大类边际消费倾向最小二乘法估计值，由上表可知，八大类消费的 t(β)值均大于 1.96，表明估计值通过了 1%的显著性水平检验，说明模型的系数非常显著。F 统计量对应概率 Prob(F)值均小于 0.01，以此可以拒绝原假设模型整体解释变量系数为零，说明该模型整体情况较好。

回归模型的判定系数 R^2 和调整系数 $AdjR^2$ 均大于 0.7，说明模型的拟合优度较好，可以利用模型得到结果对结构特征进行实证分析。

（三）边际消费倾向分析

边际消费倾向是衡量收入增加时用于消费的支出增加的部分，在本模型中 β_i 即代表每个项目边际消费倾向，$\sum\beta_i$ 则代表总边际消费倾向。将八大类消费支出的边际消费倾向相加可得 2012—2021 年浙江全体居民消费结构的总边际消费倾向，为 0.539，即居民收入每增加 100 元，用于消费的部分达到 53.9 元。细分八大类来看浙江全体居民消费倾向情况，居住和食品烟酒消费倾向居前两位，分别为 0.18 和 0.136；交通通信、教育文化娱乐和医疗保健消费倾向分别为 0.061、0.054、0.042；生活用品及服务、衣着和其他用品及服务消费倾向较低，分别为 0.036、0.016 和 0.014。

按照马斯洛需求层次理论与消费主义升级逻辑，消费升级总是沿着“生存型消费→发展型消费→享受型消费”的特定路径展开。吃住作为生存型消费，在 2012—2021 年间占消费的比重达 54.2%，在消费结构中占据主要地位，其消费倾向也位居前列，表明收入不断增长居民也愿意将更多的钱用于食品和居住，提升食品和居住的质量，吃得更高档，住得更舒心。以交通通讯、教育文化娱乐和医疗保健为代表的发展型消费占比达 31.9%，且边际消费倾向仅次于食品烟酒和居住支出，表明居民对出行、教育和健康的消费需求旺盛，发展型消费日渐成为居民消费的新焦点，大力推动发展型消费项目对提升居民满足感和社会经济发展具有重要意义。

（四）需求与收入分析

居民基本消费需求支出是指居民为了满足劳动力正常再生产需求所消费的产品和劳务量。

将表1中的数据代入ELES模型(4),可得出各消费项目基本需求的估计值,详见表5。

表5　2021年浙江全体居民消费基本支出情况(模型估计值)

指　　标	消费基本支出(元)	占比(%)
食品烟酒	9907	27.9
衣着	1933	5.4
居住	9850	27.7
生活用品及服务	2000	5.6
交通通信	5035	14.2
教育文化娱乐服务	3617	10.2
医疗保健	2359	6.6
其他用品及服务	824	2.3

需求收入弹性被用来表示消费者对某种商品需求量变动对收入变动的反应程度,根据ELES模型公式(5)及相关参数计算得出2012—2021年浙江全体居民各项消费支出的需求收入弹性,具体见表6。

表6　浙江全体居民八大类消费项目需求收入弹性

年份	食品烟酒	衣着	居住	生活用品及服务	交通通信	教育文化娱乐服务	医疗保健	其他用品及服务
2012	0.63	0.30	1.19	1.01	0.58	0.69	0.99	0.82
2013	0.68	0.32	1.03	1.02	0.58	0.80	1.04	0.80
2014	0.68	0.33	1.05	1.05	0.54	0.81	1.01	0.91
2015	0.69	0.35	1.07	1.10	0.55	0.79	1.04	0.91
2016	0.71	0.39	1.13	1.13	0.54	0.74	1.07	1.05
2017	0.74	0.42	1.08	1.12	0.60	0.80	1.04	1.06
2018	0.76	0.40	1.07	1.00	0.65	0.82	0.93	0.93
2019	0.76	0.43	1.07	1.05	0.67	0.74	0.99	0.87
2020	0.80	0.49	1.05	1.05	0.74	0.98	1.13	1.01
2021	0.77	0.45	1.04	1.00	0.68	0.82	0.97	0.82

按国际惯例,就需求收入弹性而言,低档商品的收入弹性小于0,说明收入增加后,该商品的需求量反而减少;正常商品收入弹性值介于0和1之间,高档商品收入弹性值大于1。纵观上述数据,总体来看,浙江居民各类消费其需求收入弹性均大于0,表明居民收入增加会刺激居民消费欲望,推动社会经济的发展。

2012年至2021年,除居住支出需求收入弹性呈波动下降外,其余各项消费支出需求收入弹性整体保持平稳或呈缓中有升趋势。居住、生活用品及服务和医疗保健三类消费支出需求收入弹性整体大于1,说明这些消费项目的需求增长率要快于收入增长率,需求较为旺盛,反映出当前居民消费中发展型、改善型消费需求不断被激发。教育文化娱乐、其他用品及服务支出的需求收入弹性均在分别在0.8、0.9左右,表明收入的变化对该两类消费的影响较大,收入提高时,居民会愈发重视教育和娱乐,愿意享受各项生活服务,提升生活品质和教育品质。交通通信需求收入弹性较小，表明在收入增长的过程中，交通通讯方面的消费支出并没有明显的增长，结合交通通信的消费需求基本支出占比较高的情况可知，随着道路交通设施完善、交通通信工具升级，居民在交通通信方面的成本有所下降。衣着需求收入弹性最低，但呈现上升态势，表明在收入增长过程中，居民的衣着支出变化较慢，但也逐渐从“穿得上”向“穿得好”转变。

四、当前浙江居民消费结构存在的问题

（一）疫情影响下居民消费需求有所抑制

从近几年来的消费情况来看，受疫情影响居民消费欲望有所降低，消费需求有所抑制，发挥消费的基础性作用尚有较大的提升空间。一方面，受疫情直接或间接影响，有效消费需求和产品供给被迫减少；另一方面，疫情等外在因素影响居民对未来的收入预期，增加了预防性储蓄，使得消费动能不足，生存型消费受影响较小，但发展型、享受型等高层次消费需求被束缚。数据显示，2021 年浙江居民消费率较疫情前的 2019 年下降 0.5 个百分点；2021 年发展型消费占比较 2019 年下降 0.9 个百分点，其中农村居民下降 3.9 个百分点，影响更为明显。从消费项目看，居住、医疗保健等项目需求收入弹性均较疫情前有所下降，但其边际消费倾向仍较高，说明其消费需求有所抑制。

（二）消费结构有待优化升级

随着经济发展，居民收入水平的不断提高，居民消费结构演进趋势是更加追求发展型和享受型消费，逐渐向享受生活品质、提高自身素质方面转变。近十年来浙江居民消费结构有所优化，但生存型消费比重仍然较高，以生存型消费为主的消费结构未发生根本性改变。2012 年至 2021 年，浙江居民食品烟酒、衣着、居住等生存型消费占比稳定在 60％左右；交通通信、教育文化娱乐、医疗保健等发展型消费占比在 29.2％至 34.0％间；生活用品及服务、其他用品及服务等改善型消费占比在 10％以内。同时，以满足基本需求为主的居住和食品烟酒消费倾向大幅领先于其余各项支出，分别达到 0.18 和 0.136，而发展型、享受型消费项目其消费倾向最高仅为 0.061，差距较大，消费结构有待进一步优化。

（三）居住需求未得到较好满足

从模型分析结果看，居住支出的边际消费倾向为 0.18，水平大幅领先，位于八大消费支出之首，表明随着收入水平的提高，居民更热衷于将钱用于居住支出。同时，2012 年至 2021 年居住支出的需求收入弹性虽有所下降但仍高于 1，表明居民的居住消费对收入变动依然敏感。一般认为，居住支出是保障居民基本生活的必要支出之一，其需求收入弹性在一定时期内会逐渐降至 1 以内。较高的边际消费倾向与大于 1 的需求收入弹性并存，在一定程度上反映出目前居民的居住需求并没有得到较好满足。此外，居住在八大类消费中的占比仅次于食品烟酒支出，且呈上升趋势，也反映居民的居住消费支出负担较重。

五、促进消费结构优化升级的建议

当前浙江居民消费结构处在由生存型向发展型、享受型消费转变的关键过渡期，衣、食、住等

生存型消费正在由数量到质量升级，而教育文化娱乐、医疗保健等发展享受类型的消费则成为消费的热点，因此居民消费要扩需、结构要升级，必须确保经济健康快速发展，居民收入稳定增长，还要优化市场供给、引导消费观念、保障基本需求等。

（一）提升收入水平，夯实消费基础

提高收入水平是改善居民消费结构的根本性措施。要进一步释放居民消费需求，必须提高居民收入水平，夯实消费基础，让居民“有钱消费”“敢于消费”。继续深入推进收入分配体制改革，健全工资合理增长机制，围绕“扩中”“提低”目标，加快形成以中等收入群体为主的橄榄型社会结构。健全工资决定、合理增长和支付保障机制，稳步提高居民特别是工薪阶层、农民工工资性收入，健全最低工资标准调整机制；坚持企业需求导向，减负纾困助力中小微企业和个体工商户发展，提高居民经营性收入；全面完善产权制度，加强资本市场监管，全面拓宽城乡居民财产性收入渠道，提高居民财产性收入；进一步完善基本公共服务制度和社会保障制度，提高居民转移性收入。

（二）引导消费观念，刺激消费需求

当前消费观念以满足自身生活必需的消费为主，对享受型或体验型的消费需求仍有待提高。因此应加大对居民的消费引导，从消费者权益保护、消费观念、消费技能、消费方式和消费自制能力等诸多方面入手，引导消费者正确、理性、合理消费。针对不同消费群体做好消费心理研究，量身定做特色的服务项目，刺激服务性消费需求潜力逐步释放，为促进居民消费观念的转变和消费模式的升级转型提供有力支撑。

（三）优化市场供给，促进消费循环

市场经济体系再生产过程中，生产、流通、分配、消费四个环节相互依存、相互衔接。促进消费循环的关键是顺应居民消费的发展趋势，打通消费领域的“堵点”和“难点”，使再生产体系良性循环。一方面，充分利用技术进步的成果，将其转化为能被居民消费的新产品，以新产品、新热点拉动消费，引领消费转型升级。另一方面，居民的消费需求为新一轮再生产提供方向，充分把握居民消费需求的变化趋势，优化市场供给，提升产品竞争力，利用消费市场大数据引领生产和技术进步的方向，从而畅通消费循环，加快形成消费主导型经济。

（四）保障基础需求，促进良性循环

针对目前住房需求未得到较好满足及居住支出负担较重等问题，要坚持“房子是用来住的，不是用来炒的”总基调，探索新的发展模式，坚持租购并举，加快发展长租房市场，推进保障性住房建设，支持商品房市场更好满足购房者的合理住房需求，促进房地产业良性循环和健康发展，更好地保障群众住房需求。

（执笔人：国家统计局浙江调查总队　来孟菲）

共同富裕背景下福建城镇居民生活质量评价研究

党的十九大报告提出“使人民获得感、幸福感、安全感更加充实、更有保障、更可持续”。基于获得感、幸福感、安全感的居民生活质量评价及提升路径成为众多学者研究的焦点，但鲜有按照收入水平分组评价。本文依托城镇住户调查样本库，对2020年城镇居民人均可支配收入进行排序，结合问卷调查，按收入水平分组[①]测算低收入、中间收入和高收入人群的生活质量得分，并分析他们的生活质量影响因素进而提出改善建议。

一、居民生活质量综合评价

生活质量评价除了家庭收入水平、消费结构及生活环境等客观评价指标，还包含了居民的心理感受。心理感受很难定量衡量，具有模糊特性，这里选择模糊综合评价法来评价。

（一）评价指标体系的建立

在客观指标方面，本文从住户调查指标集中，选取包括收入水平、消费水平、恩格尔系数、人均住房建筑面积、家庭汽车拥有量、文化娱乐支出、旅游消费支出、家政服务支出、在外饮食支出等，9个能够反映居民生活质量的客观评价指标。

在主观指标方面，本文从获得感、幸福感和安全感三个维度设置问卷，按照5分制进行主观评分。获得感方面，设置收入水平、物价水平、房价水平、享受公共服务和社会民主与公平5个下级指标；幸福感方面，设置健康、就业创业、职业发展、家庭及社会关系、精神生活和居住环境6个下级指标；安全感方面，设置环境安全、社会治安、食品药品安全和社会保障4个下级指标。居民生活质量评价指标集如下：

（二）权重的赋予

1. 客观指标方面。本文尝试对县区的截面数据用因子分析法和熵权法分别计算权重，但由于人均可支配收入、人均消费支出、恩格尔系数等指标间存在高度相关性，户均旅游消费和户均家政服务数据变动较大等因素，测算结果与实际相差过大，尤其熵权法测算结果中，户均旅游消费和户均家政服务两个指标的权重占了65%左右，影响评价结果。故采用因子分析和熵权法相结合的方法进行权重测算，即先用因子分析法计算公因子权重，剔除指标间的相关性影响，再使用熵权法计算下级指标的权重，平缓数据波动的影响。

（1）因子分析法。对9个客观指标进行因子分析，再根据旋转后的因子载荷矩阵计算各个指

① 本文参考龙莹在《极化背景下中等收入群体规模变动的统计研究》中对北京城镇居民进行低、中和高收入群体划分的标准，结合福建与北京城镇居民的收入差距，考虑以中位数的50%和150%作为福建城镇住户调查户收入分组的分界线，即界定中位数的50%以下为低收入组、50%－150%为中间收入组、150%以上为高收入组。

标的权重。根据公因子的贡献率提取4个公因子,结果如下表:

表1 解释的总方差

成份	初始特征值			提取平方和载入			旋转平方和载入		
	合计	方差的 %	累积 %	合计	方差的 %	累积 %	合计	方差的 %	累积 %
1	4.529	50.317	50.317	4.529	50.317	50.317	3.052	33.913	33.913
2	1.321	14.673	64.990	1.321	14.673	64.990	1.815	20.168	54.081
3	0.971	10.794	75.784	0.971	10.794	75.784	1.403	15.586	69.667
4	0.720	8.002	83.786	0.720	8.002	83.786	1.271	14.119	83.786
5	0.495	5.500	89.286						
6	0.370	4.110	93.396						
7	0.332	3.684	97.080						
8	0.220	2.448	99.528						
9	0.042	0.472	100.000						

提取方法:主成份分析。

表2 旋转成份矩阵[a]

指标	成份			
	1	2	3	4
人均可支配收入X1	0.736	0.467	0.080	0.194
人均消费支出X3	0.693	0.648	0.057	0.219
恩格尔系数X4	−0.242	−0.852	−0.064	−0.172
户均文化娱乐支出X5	0.749	0.317	0.040	0.163
户均旅游消费X6	0.084	−0.047	0.933	−0.164
户均家政服务X7	0.059	0.441	0.688	0.455
户均在外饮食X8	0.879	0.218	−0.001	0.011
人均建筑面积X9	−0.745	0.211	−0.193	−0.393
户均汽车拥有量X10	0.268	0.249	−0.084	0.861

提取方法 :主成份。

旋转法 :具有 Kaiser 标准化的正交旋转法。[a]

a. 旋转在8次迭代后收敛。

可以看出,公因子 f_1 在人均可支配收入,户均文化娱乐支出,户均在外饮食,人均建筑面积指标上的载荷较高;f_2 在恩格尔系数和人均消费支出指标上的载荷较高;f_3 在户均旅游消费,户均家政服务支出指标上的载荷较高;f_4 在每百户汽车拥有量指标上的载荷较高。4个公因子提取出累计信息量的83.8%,通过归一化处理得到各个公因子的权重如下:

$$W_1=40.4\%, W_2=24.1\%, W_3=18.6\%, W_4=16.9\%。$$

(2)对每个因子的下级指标用熵权法计算权重。

首先,计算各指标的信息熵如下表:

表 3　各个客观指标的信息熵

指　标	因子 1				因子 2		因子 3		因子 4
	人均可支配收入	户均文化娱乐支出	户均在外饮食	人均建筑面积	恩格尔系数	人均消费支出	户均旅游消费	户均家政服务	户均汽车拥有量
信息熵 Ej	0.93773	0.943233	0.956	0.95844	0.9687	0.9502	0.617801	0.7689	0.9593

其次，通过信息熵计算各指标的权重：

表 4　各客观指标的权重

指　标	人均可支配收入	户均文化娱乐支出	户均在外饮食	人均建筑面积	恩格尔系数	人均消费支出	户均旅游消费	户均家政服务	户均汽车拥有量
权重	12.3	11.3	8.6	8.2	9.3	14.8	11.6	7.0	16.9

2. 主观指标方面。本文在对调查户开展的调查问卷中，设置了居民对 15 个领域在生活质量评价中的重要性排序，我们通过问卷调查收集到 1450 户城镇居民家庭对各主观指标的重要性排序，以此作为确定各个指标权重的依据。公式为：

$$Q_i^{*} = Q_i / \sum_{i=1}^{k} Q_i$$

其中，Q_i 为调查结果中第 i 指标的重要性，Q_i^{*} 为第 i 指标的权重。结果如下表：

表 5　主观评价指标权重

指　标		重要性	权重
获得感(47.9)	收入	82.6%	14.8%
	物价	77.6%	13.8%
	房价	67.7%	12.0%
	享受公共服务	23.8%	4.2%
	享受社会民主与公平	17.5%	3.1%
幸福感(32.0)	健康	63.4%	11.4%
	生活压力	36.7%	6.5%
	职业发展晋升空间	29.9%	5.3%
	家庭关系及社会交往	14.2%	2.5%
	精神生活	19.1%	3.4%
	居住环境	16.3%	2.9%
安全感(20.1)	社会治安	22.6%	4.0%
	食品药品安全	37.6%	6.6%
	环境安全	23.5%	4.2%
	社会保障	29.5%	5.3%

最后，对主观评价指标和客观评价指标分别赋予 50%的权重。评价指标体系及指标权重构成如下：

表 6　城镇居民生活质量评价指标体系

指　　标			权重(分)
客观指标(50%)	生活质量评价指标(100 分)	人均可支配收入	12.3
		户均文化娱乐支出	11.3
		户均在外饮食	8.6
		人均建筑面积	8.2
		恩格尔系数	9.3
		人均消费支出	14.8
		户均旅游消费	11.6
		户均家政服务	7.0
		户均汽车拥有量	16.9
主观指标(50%)	获得感(47.9 分)	收入	14.8
		物价	13.8
		房价	12.0
		享受公共服务	4.2
		享受社会民主与公平	3.1
	幸福感(32.0 分)	健康	11.4
		生活压力	6.5
		职业发展晋升空间	5.3
		家庭关系及社会交往	2.5
		精神生活	3.4
		居住环境	2.9
	安全感(20.1 分)	社会治安	4.0
		食品药品安全	6.6
		环境安全	4.2
		社会保障	5.3

(三)模糊判断矩阵的确定

根据主观指标评价问卷的结果,整理得到模糊评判矩阵 R,R_1 代表获得感维度,R_2 代表幸福感维度,R_3 代表安全感维度。以低收入组为例构建 R 矩阵:

$$R_1=\begin{bmatrix}0.08 & 0.06 & 0.05 & 0.17 & 0.17\\ 0.26 & 0.21 & 0.08 & 0.25 & 0.30\\ 0.24 & 0.23 & 0.19 & 0.28 & 0.36\\ 0.38 & 0.46 & 0.32 & 0.30 & 0.16\\ 0.04 & 0.04 & 0.36 & 0.01 & 0.01\end{bmatrix}$$

$$R_2=\begin{bmatrix}0.23 & 0.27 & 0.08 & 0.29 & 0.20 & 0.19\\ 0.32 & 0.28 & 0.21 & 0.32 & 0.29 & 0.36\\ 0.30 & 0.28 & 0.46 & 0.32 & 0.33 & 0.26\\ 0.12 & 0.11 & 0.22 & 0.08 & 0.16 & 0.17\\ 0.03 & 0.06 & 0.03 & 0.00 & 0.02 & 0.02\end{bmatrix}$$

$$R_3=\begin{bmatrix}0.30 & 0.16 & 0.24 & 0.16\\ 0.29 & 0.29 & 0.33 & 0.34\\ 0.27 & 0.36 & 0.29 & 0.34\\ 0.12 & 0.20 & 0.14 & 0.16\\ 0.02 & 0.00 & 0.00 & 0.00\end{bmatrix}$$

按照同样方法，分别构建中间收入组和高收入组获得感、幸福感和安全感维度的 R 矩阵。

（四）综合评价

1. 主观指标评价

由以上得到的权重和模糊判断矩阵，进行如下的综合评价。综合评价向量：

$$B_i = A_i * R_i, (i=1,2,3)$$

评价得分：

$$D=\sum_{i=1}^{3}(B_{i1}*5+B_{i2}*4+B_{i3}*3+B_{i4}*2?\ +B_{i5}*1)$$

计算得到低收入组的主观指标评价得分 $D_1=63.3$ 分。按照同样方法对中间收入组、高收入组及各个收入组的内陆、沿海分组和闽东、闽西、闽南、闽北分组进行评分。

2. 客观指标评价

对各收入组及其分组数据进行标准化后，按照权重加权赋分。由于各分组的客观指标数据相差较大，造成客观指标得分差距偏大，本文运用功效系数法平滑差距。

3. 生活质量评价

最后，将主观指标得分和客观指标得分加权计算总得分。结果如下表：

表 7　城镇居民生活质量评价得分情况

指　　标	总得分（百分制）	主观指标得分（百分制）	客观指标得分（百分制）
全体受访者	70.6	66.1	75.1
内陆	69.0	63.9	74.0
沿海	71.1	66.7	75.5
闽东	71.4	66.6	76.1
闽南	70.9	66.8	75.1
闽西	69.3	64.1	74.5
闽北	68.1	63.5	72.7
低收入组	62.3	63.3	61.3
内陆	60.9	60.7	61.2
沿海	62.7	64.4	60.9
闽东	60.5	61.0	60.0
闽南	64.5	67.0	62.1
闽西	60.1	59.4	60.8
闽北	61.1	61.7	60.5

续表

指　标	总得分(百分制)	主观指标得分(百分制)	客观指标得分(百分制)
中间收入组	68.4	65.6	71.2
内陆	67.2	62.6	71.8
沿海	68.8	66.3	71.3
闽东	68.6	66.0	71.2
闽南	68.8	66.6	71.0
闽西	68.2	63.6	72.9
闽北	65.3	60.8	69.7
高收入组	79.4	68.4	90.5
内陆	76.7	68.0	85.4
沿海	80.4	68.5	92.2
闽东	82.7	70.4	95.0
闽南	78.8	67.1	90.5
闽西	76.2	67.3	85.1
闽北	77.6	69.9	85.3

二、评价结果分析

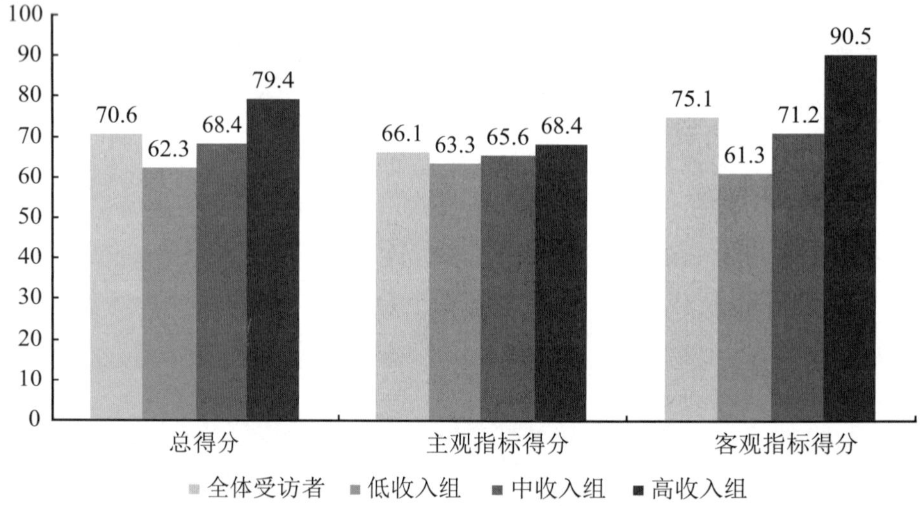

图 1　城镇居民按收入分组的生活质量评价得分

(一)生活质量评价与收入水平高度正相关

调查显示(详见表 7),我省城镇居民生活质量评价总体得分为 70.6 分,且无论从收入分组、地域分组及主客观分组都显示,城镇居民生活质量与收入水平高度相关,收入是生活质量的基础,随着收入增加,城镇居民对生活质量的评价也相应提高。

1. 从收入水平分组看,评价得分随收入的增长而显著提高。城镇居民低、中间和高收入组的生活质量评分依次为 62.3 分、68.4 分和 79.4 分(详见图 1)。

2. 从不同地域分组看亦是如此。闽东南沿海地区,城镇居民低、中间和高收入组的生活质量评分依次为 62.7 分、68.8 分和 80.4 分；闽西北内陆地区，城镇居民低、中间和高收入组的生活质量评分依次为 60.9 分、67.2 分和 76.7 分，生活质量评价随收入的增长而提升。

3. 从主观和客观指标分组看，评价分值也是随收入水平呈阶梯式上升。城镇居民低、中间和高收入组的主观指标评分分别为 63.3 分、65.6 分和 68.4 分，客观指标评分分别为 61.3 分、71.2 分和 90.5 分。

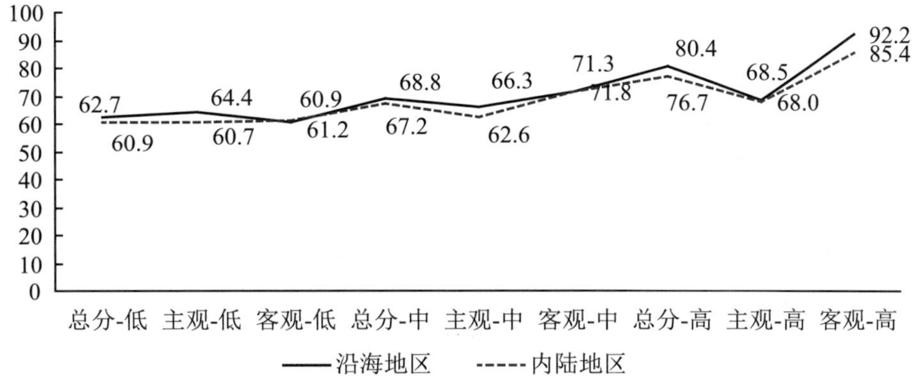

图 2 沿海和内陆地区城镇居民生活质量评价得分

(二)生活质量评价存在地区差异和主客观差异

1. 从地域看，东南沿海高于西北内陆。福建依山傍海，沿海和内陆自然禀赋不同，生活水平和习惯也有差异。调查显示，两类地区城镇居民对生活质量评价也有差异，闽东南沿海[①]地区居民生活质量评价高于闽西北内陆地区(详见图 2)。总体而言，沿海地区居民生活质量评分为 71.1 分，内陆居民生活质量评分为 69.0 分。低、中间和高收入组中，东南沿海地区居民的生活质量评分分别高于内陆居民 1.8 分、1.6 分和 3.7 分。这与闽南地区的改革开放先发优势和福州的省会城市带动作用有关。闽东南地区经济发展起步早、财政收入较殷实，社会保障等民生建设优于闽西北地区，居民生活质量评价较高。

2. 主观落差小，客观落差大。一是主观评价更趋一致。不同收入人群的主观评价相对稳定，城镇居民中低、中间和高收入组的评分依次为 63.3 分、65.6 分和 68.4 分，中间收入组比低收入组高 2.3 分，高收入组比中间收入组高 2.8 分，群组间差异较小。二是客观评价差异较大。城镇居民中低、中间和高收入组的评分依次为 61.3 分、71.2 分和 90.5 分，中间收入组比低收入组高 9.9 分，高收入组比中间收入组高 19.3 分，群组差异明显大于主观指标。客观指标评分差距较大主要是由于各群组的收入差距及相关客观评价指标的数值差异大所致(详见表 7)。

(三)不同群体关注点不同

① 福州、莆田、宁德为闽东；厦门、泉州、漳州为闽南；龙岩、三明为闽西；南平为闽北。闽东和闽南为沿海地区；闽西和闽北为内陆地区。

表8 各收入组居民生活质量主观指标评分排位

全体受访者		低收入组		中间收入组		高收入组	
家庭关系及社会交往	79.0	家庭关系社会交往	76.2	社会治安	78.2	家庭关系社会交往	82.5
社会治安	78.6	社会治安	74.4	家庭关系社会交往	77.9	社会治安	81.3
健康	75.4	环境安全	73.5	健康	75.5	生活压力	77.6
环境安全	75.0	健康	72.2	环境安全	74.9	精神生活	77.0
生活压力	74.8	生活压力	71.9	生活压力	74.1	健康	76.7
精神生活	73.0	居住环境	70.8	居住环境	72.6	环境安全	75.9
居住环境	72.7	社会保障	69.9	精神生活	71.7	享受社会民主公平	74.0
社会保障	72.0	精神生活	69.7	社会保障	71.6	社会保障	73.6
享受社会民主与公平	71.2	享受社会民主公平	69.0	享受社会民主公平	70.4	居住环境	73.6
食品药品安全	68.9	食品药品安全	67.9	食品药品安全	69.2	享受公共服务	70.6
享受公共服务	68.2	享受公共服务	65.5	享受公共服务	67.6	其中:养老服务	67.3
其中:养老服务	66.4	其中:养老服务	65.5	其中:养老服务	66.1	教育服务	69.3
教育服务	67.9	教育服务	65.3	教育服务	67.8	医疗服务	69.9
医疗服务	67.4	医疗服务	64.3	医疗服务	66.8	收入	69.6
职业发展晋升空间	64.7	职业发展晋升空间	62.1	职业发展晋升空间	64.0	食品药品安全	68.9
收入	64.3	收入	59.1	收入	62.8	职业发展晋升空间	67.2
物价	58.7	物价	56.0	物价	58.2	物价	61.1
房价	44.2	房价	42.9	房价	44.2	房价	44.8

1. 低收入人群对收入和精神生活的评分与高收入人群落差最大。低收入人群对收入满意度评分为59.1分,低于高收入人群10.5分,是影响低收入人群和高收入人群主观评分差距最主要的指标。其次是精神生活,低收入人群的评分为69.7分,低于高收入人群7.3分。说明低收入人群对提高其生活质量最关注、最迫切的期待是提高收入水平,其次是对丰富精神生活的追求。

2. 高收入人群对环境和安全领域有更多期待。如表8,高收入组对生活压力、精神生活和收入指标的评分排位比中间收入组和低收入组靠前,对环境安全、居住环境和食品药品安全方面的评分排位比中间收入组和低收入组靠后,说明高收入人群对在满足自身较好物质条件和精神方面需求后,对由外部环境决定的生活品质有了更高追求。

3. 不同收入人群对享受公共服务的评价存在差异。在养老、教育和医疗三大公共服务领域中,城镇低收入人群对享受医疗服务评分最低,为64.3分;中间和高收入人群对养老服务评分最低,分别为66.1分和67.3分。反映了当前大多数低收入人群仍以家庭养老模式为主,对社会养老服务的需求没有中高收入人群强烈。他们对医疗服务的满意度最低,说明医疗负担较重尤其是大病重病医疗费用过高、医疗服务不够健全等依然是影响低收入人群生活质量评价的重要考量。

(四)主观指标评价突显三大特点

表9　各收入组城镇居民生活质量主观指标评分情况

指　　标	全体受访者	低收入组	中间收入组	高收入组
获得感	58.4	55.3	57.7	61.3
收入	64.3	59.1	62.8	69.6
物价	58.7	56.0	58.2	61.1
房价	44.2	42.9	44.2	44.8
享受公共服务	68.2	65.5	67.6	70.6
享受社会民主与公平	71.2	69.0	70.4	74.0
幸福感	73.3	70.4	72.8	75.5
健康	75.4	72.2	75.5	76.7
生活压力	74.8	71.9	74.1	77.6
职业发展晋升空间	64.7	62.1	64.0	67.2
家庭关系及社会交往	79.0	76.2	77.9	82.5
精神生活	73.0	69.7	71.7	77.0
居住环境	72.7	70.8	72.6	73.6
安全感	72.9	70.9	72.8	74.0
社会治安	78.6	74.4	78.2	81.3
食品药品安全	68.9	67.9	69.2	68.9
环境安全	75.0	73.5	74.9	75.9
社会保障	72.0	69.9	71.6	73.6

1. 幸福感评价居首：生活质量显著提高。调查显示，城镇居民幸福感最高，评分为73.3分（详见表9），体现了近年来各级党委政府通过精准扶贫，关爱弱势群体，加强卫生健康和疫情防控提升居民生活质量取得显著成效。其中，家庭关系及社会交往评分最高，为79.0分；其次是健康，为75.4分；生活压力、精神生活、居住环境评分也在70分以上。

2. 安全感评价较高：专项整治效果明显。城镇居民安全感较高，评分为72.9分，略低于幸福感0.4分。其中，社会治安评分最高，为78.6分；其次是环境安全，为75.0分，体现了近年来持续推动的扫黑除恶专项整治和生态环境治理取得很好成效。评分最低的是食品药品安全，为68.9分，说明居民对食品药品安全领域的满意度不高。

3. 获得感较低：价格及收入仍有落差。调查显示，城镇居民获得感较低，评分为58.4分，分别低于幸福感和获得感14.9分和14.5分。其中，房价评分最低，仅为44.2分；其次是物价和收入，分别为58.7分和64.3分，说明这三个领域与民众的期望相比还有较大差距，是当前影响居民获得感和整体生活质量的重要因素。

（五）收入、消费是影响不同收入人群生活质量客观评价的主要因素

从客观评价指标分析，城镇低、中间和高收入人群的人均可支配收入、人均消费支出指标评价分值差距最大，高收入组分别比低收入组高12.5分和11.5分，两个指标差距合计24.0分，占高收入组与低收入组客观指标得分差距（29.2分）的82.2%，说明收入和消费是客观指标中影响高、低收入人群对生活质量评价的主要因素（详见表10）。另外，在客观指标中，汽车拥有状况是各类群体对生活质量评价的最重要考虑。

表10　各收入组城镇居民生活质量客观指标评价得分

分　　组	人均可支配收入	人均消费支出	恩格尔系数	户均在外饮食	户均家政服务	户均文娱支出	户均旅游	每百户汽车拥有量	人均住房面积	合计
全体受访者	8.0	10.3	10.3	8.1	2.3	7.1	5.6	17.3	6.0	75.1
低收入组	1.3	4.0	11.5	4.7	0.2	2.6	5.6	17.4	14.1	61.3
中间收入组	7.0	9.4	10.9	8.8	1.9	6.5	4.8	17.0	4.9	71.2
高收入组	13.8	15.5	8.6	8.5	4.2	10.8	7.2	17.9	4.1	90.5

三、相关建议

(一)优先解决就业收入等重点民生问题,提升群众获得感和幸福感

搭建就业信息服务平台,加大宣传,解决就业信息不畅引起的结构性失业问题;进一步加强就业创业指导和帮扶。深化收入分配制度改革,健全工资增长机制,扩大中等收入群体。深化医疗、教育、养老制度改革,推进优质资源均衡发展。加强房地产市场调控,确保房价稳定居有其所。

(二)切实解决社会治安问题,提升群众安全感

加强互联网监管,净化网络生态,严惩网络违法行为;加强农村社会治安防控基础和执法力度。加强市场检查和监管,建立科学完善可追溯的食品安全治理体系。加大普法宣传,提高全民知法、懂法、守法、用法意识。

(三)深化山海合作,推动区域协同发展

着力深化山海协作,促进区域协同发展,有序有效推动产业梯度转移。着力提升中心城市核心竞争力,扩大经济增长极的辐射效应,促进大中小城市和小城镇融合发展。着力促进要素自由流动和公共资源合理配置,逐步缩小地区发展差异。

(四)关注中低收入群体,促进共同富裕

重点关注低收入人群,尤其是当前在新冠疫情影响下,低收入群体生产生活面临更多困难,要着力加大民生领域投入力度,重点强化对困难群体的救助措施,加大转移支付力度,做好对低收入群体的兜底保障。

(执笔人:国家统计局福建调查总队　范春霞)

广东居民收入不平衡不充分问题研究

改革开放以来，随着广东经济的快速增长，区域经济发展不同步、城乡发展差距拉大隐忧浮现，随之而来的居民收入发展水平不平衡不充分问题，成为制约人民享有美好生活的重要因素。本文基于城乡居民收入数据和一手调研资料，探寻居民增收的一般规律，采用泰尔指数法①和描述分析法对广东居民"收入不平衡"和"收入不充分"问题进行深度刻画。研究发现：广东区域总体收入差距和城乡总体收入差距均呈缩小态势；区域之间收入差距超过城乡之间收入差距，成为影响居民收入不平衡的主导因素；居民收入不充分的主要特征包括收入发展水平不高、生活消费水平较低、消费结构亟待优化、居民对当前生活的满意度不高等。

一、广东居民收入发展不平衡不充分主要特征

（一）城乡居民收入比呈"倒 U 型"发展态势

1978－2021 年期间，广东城乡居民收入比整体呈"倒 U 型"发展态势。其中，1978－1990 年期间，城乡居民收入比在 1.65－2.21 的区间低位运行，城乡居民收入差距相对较小。从 1992 年

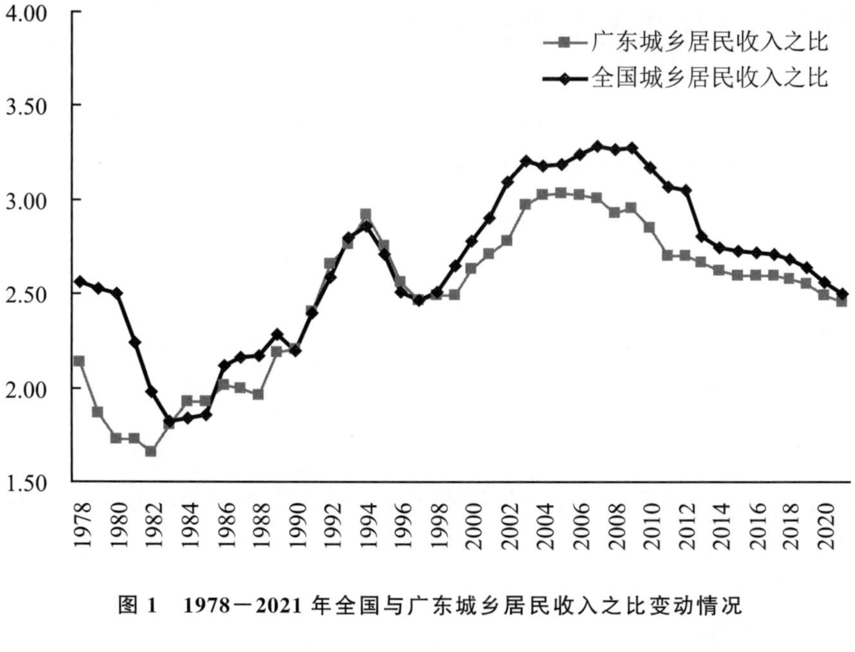

图 1　1978－2021 年全国与广东城乡居民收入之比变动情况

---

① 本文中泰尔指数计算的最小单位为广东各地级以上市，分组标准分别为区域或城乡。本文数据主要来源于广东各地级以上市发布的 1978－2021 年全体及分城乡居民收入和人口数据。2012 年及之前年份的居民收入数据来自于《1949－2019 年数说广东 70 年》，2013 年及之后年份的居民收入数据来自于各年度的《广东统计年鉴》；人口数据均来自各年度的《广东统计年鉴》。为保证数据可比性，2012 年及之前年份的全体居民收入数据由相应年份的城乡居民收入数据经城乡人口加权计算得到。此外，本文还有部分数据来源于"广东居民收入增长机制及面临挑战"专项调研。

开始，城乡居民收入比呈螺旋式上升趋势，到2005年达到峰值3.03。之后广东实施城乡统筹发展战略，城乡居民收入比逐年缩小，到2021年降为2.46。与全国相比，自1998年以来，广东城乡居民收入比连续24年低于全国平均水平。

（二）珠三角地区与粤东西北地区居民收入差距长期呈扩大趋势

从四大经济区域整体水平来看，2014—2021年期间，粤北山区居民收入年均增速达8.8%，与珠三角地区基本持平；粤东和粤西地区则分别保持年均8.0%和8.6%的增长，增速均低于珠三角地区。珠三角、粤东、粤西和粤北地区的居民人均收入比由2014年的1∶0.47∶0.46∶0.44变动为2021年的1∶0.44∶0.45∶0.45，地区间相对差距略有扩大。

表1　2014—2021年广东四大经济区域居民收入及增速

指　　标	2014年	2017年	2019年	2021年
珠三角居民收入（元）	33642.1	43840.1	52213.7	60729.7
增速（%）		9.3	9.0	10.8
粤东居民收入（元）	15782.0	20166.7	23483.6	27006.0
增速（%）		7.6	7.9	9.9
粤西居民收入（元）	15448.5	20016.4	23550.9	27538.1
增速（%）		9.0	8.6	9.8
粤北居民收入（元）	14948.7	19657.1	23120.3	27038.0
增速（%）		9.4	8.6	10.3

二、广东居民收入不平衡的实证检验

国内外学者对收入差距、收入增长问题进行了广泛的研究。1955年，美国经济学家西蒙·史密斯·库兹涅茨在《经济增长与收入不平等》指出，收入差距变化不会无条件地随经济发展产生或消亡，而是受国家或地区某一时期一系列经济、政治、社会和人口变动因素综合造成的。广东居民收入发展不平衡不充分是在经济高速增长的背景下发生的，是多因素综合作用的结果。在不同经济发展时期，某些因素可能占据主导地位或退居次要地位，而其中一些因素更是受到人为活动影响，这是我们重点关注的对象。

本文使用泰尔指数对居民收入不平衡问题进行刻画，泰尔指数具有良好的分解性质，可以衡量组内差距和组间差距对总差距的贡献，便于对收入差距的影响因素做进一步分析。

泰尔指数公式如下：

$$T=\sum_{j}\sum i\left(\frac{Y_i}{Y}\right)\ln\left(\frac{\frac{Y_{ij}}{Y}}{\frac{N_{ij}}{N}}\right) \tag{1}$$

$$T_w=\sum_{i}\left(\frac{Y_i}{Y}\right)T_{wi}=\sum_{j}\sum i\left(\frac{Y_i}{Y}\right)\left(\frac{Y_{ij}}{Y_i}\right)\ln\left(\frac{\frac{Y_{ij}}{Y_i}}{\frac{N_{ij}}{N_i}}\right) \tag{2}$$

$$T_b = \sum_i \left(\frac{Y_i}{Y}\right) \ln \left(\frac{\frac{Y_i}{Y}}{\frac{N_i}{N}}\right) \tag{3}$$

$$T_{wi} = \sum_j \left(\frac{Y_{ij}}{Y_i}\right) \ln \left(\frac{\frac{Y_{ij}}{Y_i}}{\frac{N_{ij}}{N_i}}\right) \tag{4}$$

本文中泰尔指数计算的最小单位为广东各地级以上市，分组标准分别为区域或城乡。其中，i 表示各个分组，Y 表示广东全省全体居民总收入，Y_i 表示 i 区域（或城乡）全体居民总收入，N_i 表示 i 区域（或城乡）全体居民人口数量，Y_{ij} 表示 i 区域（或城乡）j 市全体居民总收入，N_{ij} 表示 i 区域（或城乡）j 市全体居民人口数量。

公式（1）表示总体收入差距，公式（2）表示各单位之间人均收入的差距，即组内差距，公式（3）表示各组之间人均收入的差距，即组间差距。公式（2）或（3）与公式（1）的比值表示组内差距或组间差距对总体差距的贡献度。

（一）区域收入不平衡情况的刻划

四大经济区域之间的收入差距是构成广东区域收入差距的主体

广东区域总体收入差距的演变经历了三个阶段：第一阶段，2005－2008 年期间，广东区域总体收入差距的泰尔指数从 0.0550 缓慢上升至 0.0562；第二阶段，广东区域总体收入差距的泰尔指数开始较为快速地下降，从 2009 年的 0.0553 下降到 2013 年的 0.0399；第三阶段，2014－2021 年期间，广东区域总体收入差距始终在 0.0387 附近波动。2021 年，广东区域总体收入差距的泰尔指数为 0.0386，比 2005 年下降了 29.8％。这说明，近年来，广东区域总体收入差距是在缩小的。

从收入差距分解（图 2）结果来看，广东区域总体收入差距主要来自四大经济区域之间的组间差距。尽管区域总体

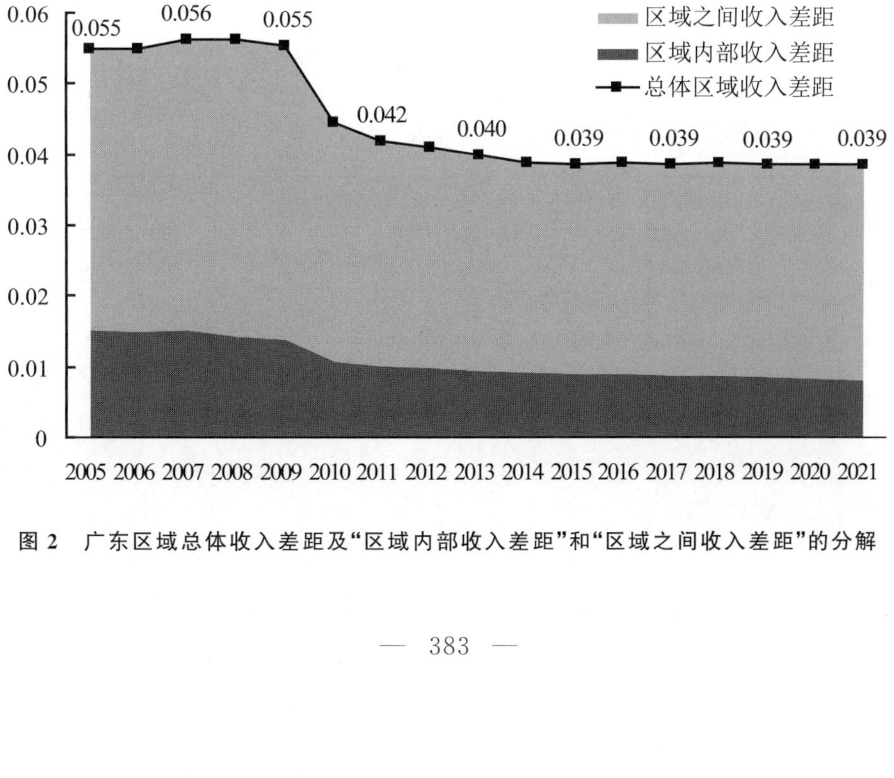

图 2　广东区域总体收入差距及“区域内部收入差距”和“区域之间收入差距”的分解

收入差距的组内差距(区域内部收入差距)和组间差距(区域之间收入差距)的泰尔指数逐步下降,但组间差距对区域总体收入差距的贡献率逐年上升,从2005年的72.2%上升至2021年的78.7%。也即意味着,四大经济区域之间的收入差距是造成广东区域总体收入差距的主要原因。

珠三角地区的内部收入差距是构成广东区域内部收入差距的主体。

尽管四大经济区域之间的收入差距是广东区域总体收入差距的主要构成部分,但四大经济区域内部的收入差距也对广东区域总体收入差距有一定影响。从2005年起,构成区域总体收入差距的组内差距(区域内部收入差距)始终保持下降趋势。到2021年,组内差距的泰尔指数为0.00825。在四大经济区域中,珠三角地区的内部收入差距的泰尔指数远远大于粤东西北地区。根据图2结果,可分别测算出组内差距(区域内部收入差距)和组间差距(区域之间收入差距对区域总体收入差距泰尔指数的贡献率。珠三角地区的内部收入差距和四大经济区域之间的收入差距共同对区域总体收入差距泰尔指数的贡献率达98%以上,粤东西北地区的内部收入差距对区域总体收入差距泰尔指数的影响几乎可以忽略不计。

2005—2021年期间,珠三角地区的区域内部收入差距始终保持下降趋势,2021年珠三角地区的内部收入差距泰尔指数为0.00791,比2005年下降了45.1%;珠三角地区的内部收入差距对广东区域总体收入差距的贡献率也持续下降,到2021年减少到20.5%,比2005年下降了5.7个百分点。

从上面的分析可以看到,2005—2021年期间,广东区域总体收入差距是在逐渐缩小的;对区域总体收入差距影响最大的是组间差距(区域之间收入差距);在构成组内差距的四大经济区域的组内差距中,珠三角地区的内部收入差距对区域总体收入差距也有不小影响,粤东西北三个地区的内部收入差距对区域总体收入差距的影响可忽略不计。值得关注的是,在2015—2021年期间,组间差距(区域之间收入差距)有所扩大,使得区域总体收入差距缩小趋势放缓,区域总体收入差距的泰尔系数在0.0385水平附近波动。

(二)城乡收入不平衡情况的刻划

1. 城乡之间收入差距缩小推动城乡总体收入差距呈下降趋势。

表2 2005—2021年广东城乡收入差距的泰尔指数分解

年份	城乡总体收入差距	城乡内部收入差距			城乡之间收入差距
		城镇	农村	合计	
2005	0.07447	0.02108	0.00500	0.02608	0.04839
2006	0.07488	0.02159	0.00358	0.02517	0.04971
2007	0.07671	0.02173	0.00377	0.02550	0.05121
2008	0.07643	0.02185	0.00357	0.02542	0.05101
2009	0.07520	0.02155	0.00353	0.02508	0.05011
2010	0.05729	0.01744	0.00194	0.01938	0.03792
2011	0.05368	0.01702	0.00182	0.01884	0.03484
2012	0.05183	0.01678	0.00169	0.01847	0.03336

续表

年份	城乡总体收入差距	城乡内部收入差距			城乡之间收入差距
		城镇	农村	合计	
2013	0.05081	0.01696	0.00167	0.01864	0.03218
2014	0.04938	0.01674	0.00160	0.01834	0.03104
2015	0.04839	0.01677	0.00156	0.01833	0.03007
2016	0.04817	0.01712	0.00161	0.01873	0.02944
2017	0.04774	0.01730	0.00155	0.01885	0.02889
2018	0.04728	0.01788	0.00154	0.01943	0.02786
2019	0.04685	0.01820	0.00150	0.01970	0.02715
2020	0.04641	0.01858	0.00147	0.02003	0.02636
2021	0.04597	0.01886	0.00144	0.02040	0.02557

通过泰尔指数对广东居民 2005—2021 年期间的城乡收入差距进行度量，从测算的结果可以看出，2005—2021 年期间，广东城乡总体收入差距的泰尔指数呈下降趋势，到 2021 年，总体差距的泰尔指数为 0.04728，比 2005 年下降 0.02719。

从表 2 看出，2005—2007 年期间，城乡总体收入差距的组间差距（城乡之间收入差距）的泰尔指数略有上升；从 2008 年起，组间差距的泰尔指数不断下降；到 2021 年，组间差距的泰尔指数为 0.02557，比 2005 年下降 0.02282。2005—2021 年期间，组间差距缩小对城乡总体收入差距缩小的贡献率达 80.1%，即城乡之间收入差距缩小是城乡总体收入差距缩小的主因。

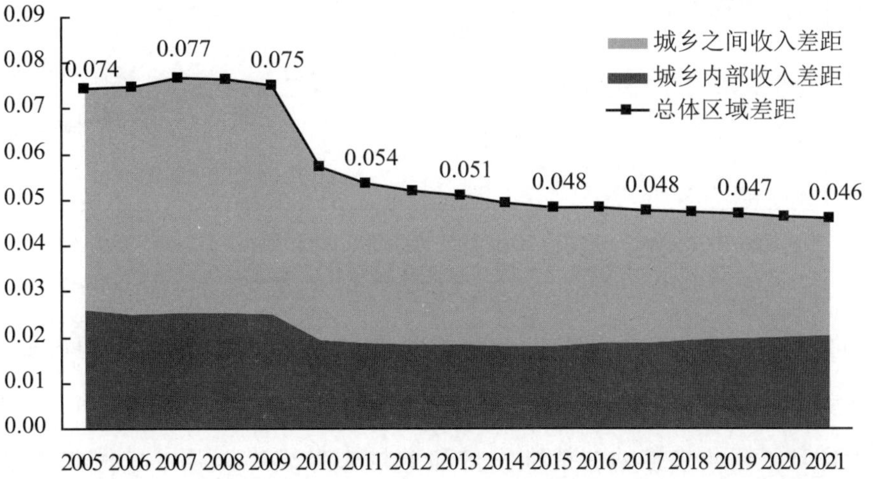

图 3　广东城乡之间收入差距及“城乡内部收入差距”和“城乡总体收入差距”的分解

通过泰尔指数的测算，2005—2008 年期间，城镇内部收入差距的泰尔指数呈逐年上升趋势；2009—2012 年期间，城镇内部收入差距的泰尔指数开始逐年下降；从 2014 年开始，城镇内部收入差距的泰尔指数又开始呈逐年上升态势，意味着城镇内部收入差距又开始扩大。城镇内部收入差距的泰尔指数上升周期与广东不同时期快速城市化的进程是相匹配的。城镇化进程缩小了城乡间的收入差距，但扩大了城镇内部的收入差距。

在2005—2021年期间，农村内部收入差距的泰尔指数总体呈逐年下降趋势。受城镇内部收入差距和农村内部收入差距的叠加效应影响，2005—2009年期间，城乡内部收入差距的泰尔指数在0.0255左右起伏波动，2010—2015年期间则逐年下降，2016年后又逐年提升，到2021年变动到0.02040，比2005年下降了0.00568。

四大经济区域之间收入差距与城乡之间收入差距对广东居民收入差距的影响对比。

在前文中，区域总体收入差距和城乡总体收入差距都是基于各市城乡居民收入数据计算得到，两项总体收入差距的细分数据是相同的，数据规模也是相同的，因此这两项总体收入差距是可比的。自然，两项总体收入差距的组间差距也是可比的。尽管区域之间收入差距与城乡之间收入差距等两类组间差距由于分组标准不同，对总体差距的贡献率相加不为1，但并不影响他们的可比性。

从图4可以看出，在2005—2015年期间，广东城乡之间收入差距和区域之间收入差距的泰尔指数整体呈下降态势，且城乡之间收入差距始终大于区域之间收入差距。这也从数据上印证了广东实施的城乡统筹发展、区域协调发展的战略取得了实效。

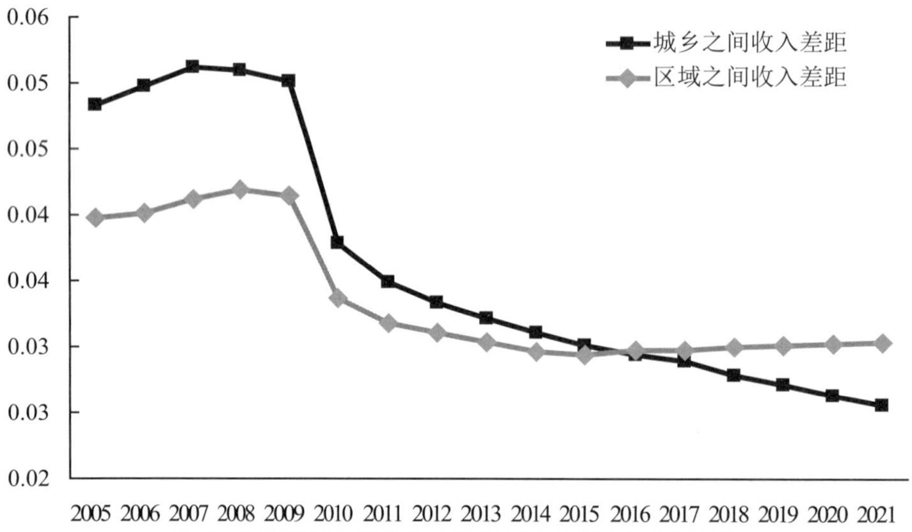

图4 广东区域之间收入差距与城乡之间收入差距对比

从2016年起，广东城乡之间收入差距的泰尔指数继续保持下降趋势，但区域之间收入差距的泰尔指数则逆势上扬，区域之间收入差距开始超过城乡之间收入差距，并有逐年拉大距离的趋势。这从数据上印证了近年来推动的精准扶贫和乡村振兴战略提升了农民收入水平，有效降低了城乡之间的收入差距；同时也印证了珠三角地区转型升级初见成效，并成为全省重要的经济增长极，与粤东西北地区的差距又有所拉大的客观现实；还揭示了当前时期区域发展不平衡是广东居民收入不平衡中最亟待解决的问题。

三、广东居民收入不充分的特征分析

(一)居民收入不充分的主要特征

1.收入发展水平不高。从全国情况来看，尽管广东经济总量位居全国首位，但居民收入水平与经济体量并不完全匹配。在收入绝对值水平方面，2021 年广东居民人均可支配收入为 44992 元，居沿海五省第三位，收入水平分别比浙江和江苏低 21.8%和 5.3%；分城乡来看，广东城镇常住居民收入水平居沿海五省第三位，农村常住居民收入水平居沿海五省第四位，仍有较大的发展空间。

从省内情况来看，20%最低收入组户、农村居民和粤东西北地区居民收入水平相对较低，相对于 20%最高收入组户、城镇居民和珠三角地区居民，其收入不充分表现得较为明显。2021 年，广东最低 20%收入组居民的人均可支配收入为 14229 元，是全体居民人均可支配收入的 31.6%，仅为 20%最高收入组居民收入水平的 14.4 %。

表 3　2021 年 20%最低收入组居民与全体居民人均可支配收入

单位：元

指　　标	2015 年	2018 年	2021 年
最低 20%收入组居民人均收入	9061.5	11241.7	14229.0
全体居民人均收入	27858.9	35809.9	44993.3
两者差距	18797.4	24568.2	30764.3

从分城乡角度来看，2021 年，广东城镇常住居民人均可支配收入为 54854 元，是农村常住居民人均可支配收入 22306 元的 2.46 倍。尽管近年来广东城乡居民收入比逐年缩小，但城乡居民收入绝对值差距仍在逐年扩大，农村居民收入相对于城镇居民仍发展不充分。从四大经济区域角度来看，2021 年，珠三角地区居民人均可支配收入为 60730 元，是粤东西北地区居民收入水平的 2.23 倍。近年来，珠三角地区居民收入增长水平全面超过粤东西北地区，两者之间的收入相对差距和绝对差距进一步拉大，粤东西北地区居民收入相对于珠三角地区发展极不充分。

2. 生活消费水平较低，消费结构亟待优化。研究表明，生活消费支出水平和消费结构能够反映出居民收入发展是否充分。从居民生活消费水平来看，广东农村居民人均消费支出 20012 元，为城镇居民人均消费支出的 54.7%；粤东西北地区居民人均消费支出 19402 元，为珠三角地区水平的 49.2%。

从消费结构来看，农村居民和粤东西北地区居民的生活消费以生存型消费为主，发展型消费不足。从恩格尔系数来看，2021 年，广东农村居民和粤东西北地区居民的恩格尔系数分别为 39.3%和 38.0%，比城镇居民和珠三角地区居民分别高了 7.6 和 6.5 个百分点。

从消费倾向（支出收入比）来看，农村居民和粤东西北地区居民的消费倾向分别为 89.7 %和 71.4%，分别比城镇居民和珠三角地区居民高出 23.0 和 6.5 个百分点，这也是收入发展不充分的一个例证。

3. 居民对当前生活的满意度不高。《收入增长机制及面临挑战》专项调研结果显示，65%的居民认为家庭收入不足是影响生活满意度的首要因素，其中，最低 20%收入组居民、农村居民和粤东西北地区居民对其家庭收入水平的满意度相对偏低。全体居民对家庭收入水平的满意度为 6.6 分（满分为 10 分），而最低 20%收入组居民为 5.9 分；城镇居民对家庭收入水平的满意度为

7.1分，而农村居民为6.3分；珠三角地区居民对家庭收入水平的满意度为6.8分，而粤东西北地区居民为6.4分。

在对消费的满意度方面，居民对生存型消费的满意度相对较高，对发展型消费的满意度相对较低。调研结果显示，居民对食品、衣着、居住和生活用品服务等生存型消费的满意度分别为6.8、6.3、7.2和6.9分，对交通通讯、教育文化娱乐、医疗保健消费等发展型消费的满意度分别为6.1、5.6、5.8和5.4分。这也从侧面揭示了，受限于收入发展不充分，居民收入首先用于生存型消费，对发展型消费投入不足，影响了居民的消费满意度。

（二）影响居民收入发展不充分的内在因素。

1. 经济发展不均衡。广东经济发展不均衡是居民收入发展不充分的一个首要原因。改革开放以来，珠三角地区凭借优越的区位优势和政策优势，经济发展活力和对外开放程度等方面远超粤东西北地区，居民获得收入的途径比粤东西北地区丰富，投入获得的收益也高于粤东西北地区。此外，广东城乡之间经济发展也存在显著差异，粤东西北地区居民和农村地区居民收入发展水平长期落后于珠三角地区和城镇地区，导致了当前居民收入发展不充分的现状。

2. 国民收入分配格局不合理。广东经济经历持续多年高速增长，但居民并未完全享受到经济发展的红利。从相关数据来看，政府预算内财政收入增速长期高于GDP增速，企业利润总额的增速也超过了GDP增速，政府收入与企业利润的增长在一定程度上是以劳动者报酬不足为代价的，这也必然导致居民收入的发展不够充分。尽管近年来广东劳动力薪资水平有所提高，但仍赶不上企业利润的增长幅度，与发达国家相比，仍处于较低水平，这些都影响着居民收入的快速提升。

3. 家庭成员就业不充分。从居民家庭的角度来看，家庭成员就业不充分对家庭收入提升影响较大。对粤东西北地区而言，受经济发展水平制约，能提供大量就业的服务业等第三产业未能培育成熟。制约了本地区居民的就业积极性，不少青壮年前往珠三角地区寻找就业发展机会，这一情况在农村地区更为明显，缺乏有效的就业势必拉低这部分家庭的收入水平。此外，粤东西北地区居民受教育程度相对偏低，也影响了居民在就业市场上的竞争力。

4. 家庭收入来源过于单一。工资性收入或转移性收入是不少农村居民家庭的主要收入来源，但受教育技能水平限制，所从事的行业多为低端制造业和简单服务业，收入增长速度较慢。此外，粤东西北地区资产投资渠道狭窄、房地产价格上涨空间有限，农村集体经济不强，居民获取的经营净收入、财产净收入总体水平不高。从整体来看，农村地区和粤东西北地区居民收入来源相对单一，导致了其居民收入发展不充分。

四、对策建议

（一）继续做大做优经济“蛋糕”，夯实增收基础

加快构建“一核一带一区”区域发展格局，全力推进粤港澳大湾区建设，加快发展新兴产业，促进支柱产业集群，在经济转型升级中持续优化经济结构，全面实施乡村振兴发展战略，做大做

优全省经济“蛋糕”，为居民收入平衡充分增长提供了重要支撑，提高居民增收与经济增长的协同性。

（二）实施区域协调发展，缩小区域收入差距

充分发挥珠三角龙头作用，加强其辐射全省带动发展的能力；加大对粤东西北地区的扶持力度，对接粤港澳大湾区产业扩张和配套需求，加快资源要素流动，促进产业共建共享，形成大湾区与粤东西北融合发展新路径。同时，加快户籍制度改革，促进新型城镇化建设，形成城乡融合发展新路径。

（三）建立健全政策体系，创新增收体制机制

进一步完善收入分配机制和工资增长机制，完善最低工资和工资支付保障制度。积极利用财政、税收等经济手段，加大生态地区财力补偿。深化农村制度改革，创新利益联结机制，增加农民收入来源。加大房地产市场调控，减少刚性消费“挤占”过多收入，更好满足居民的美好生活需求。

（四）加强底线民生保障，促进低收入群体增收

加大转移支付力度，落实好低保五保、“两不愁三保障”等政策。提高养老、医疗等社会保障水平，解决低收入群体后顾之忧。加大脱贫攻坚力度，突出抓好产业扶贫、金融扶贫和民生扶贫，积极探索旅游扶贫、电商扶贫，提高扶贫资金整合效益，多渠道增加贫困户收入、促进贫困户增收。

（执笔：国家统计局广东调查总队居民收支调查处　叶田　李洋　谢韩涛）

海南自贸港高质量发展背景下农民增收问题研究

建成经济繁荣、社会文明、生态宜居、人民幸福的美好新海南是海南自由贸易港建设的重要目标。在海南自贸港高质量发展背景下，没有乡村振兴就没有共同富裕。目前海南还有近半数的居民居住在农村地区，党的十八大以来，农村经济得到长足发展，农民收入显著提高，生活质量明显改善，但海南农村居民收入长期低于全国平均水平，和发达地区仍有较大差距，如何借助自由贸易港建设发展红利，实现农村居民收入迈上新台阶，缩小或赶超全国平均水平是重要命题。本文通过梳理近年来海南农村居民收入和全国以及发达省市差距表现，分析差距产生的主要原因，提出促进海南农村居民长期稳定增收、缩小与全国的差距的对策建议。

一、海南农村居民收入和全国差距比较

（一）近五年海南农村居民收入增速略慢于全国，收入差距有所扩大

2017—2021年（以下简称近五年），海南农村居民人均可支配收入（以下简称农村居民收入）从2016年的11843元增加到2021年的18076元，累计增长52.6%，年均增长8.8%，同期全国农村居民收入从12363元增加到18931元，累计增长53.1%，年均增长8.9%，海南年均增速比全国慢了0.1个百分点。2021年与2016年相比（见表1），海南农村居民收入和全国的绝对差距扩大了335元，相对差距扩大了0.3个百分点。虽然总体上看，近五年海南农村居民收入增长基本和全国同步，5年间，有3年增速超过全国，但2019年增速慢于全国达1.6个百分点，造成了总体上五年平均增速慢于全国。

表1　海南农村居民收入和全国情况比较

年份	全国		海南		海南和全国差距	
	水平（元）	增速（%）	水平（元）	增速（%）	绝对差距（元）	相对差距（%）
2016	12363	8.2	11843	9.1	520	4.4
2017	13432	8.6	12902	8.9	530	4.1
2018	14617	8.8	13989	8.4	628	4.5
2019	16021	9.6	15113	8.0	908	6.0
2020	17131	6.9	16279	7.7	852	5.2
2021	18931	10.5	18076	11.0	855	4.7

（二）收入水平排位略有下降，和发达省份仍存在较大差距

从收入排位看，和2016年相比，海南农村居民收入水平排位下降了2位（从第15降到第17），赶超海南的分别有内蒙古、安徽和重庆，期间海南农村居民收入水平超越了吉林。

表 2 2021 年各省市农村居民收入和海南对比情况分组

分 组	省份个数	省份名称
高 20%以上	7	上海、浙江、北京、天津、江苏、福建、广东
高 10%—20%	1	山东
高 5%—10%	1	辽宁
高 5%以内	7	江西、安徽、内蒙古、湖南、湖北、河北、重庆
低 5%以内	4	黑龙江、吉林、四川、河南
低 5%—10%	2	西藏、广西
低 10%—20%	4	新疆、山西、宁夏、陕西
低 20%以上	4	云南、青海、贵州、甘肃

分地区看(见图 1),2020[①] 年海南农村居民收入和东部、中部、西部及东北地区的平均收入差距和 2016 年基本一致,海南仅高于西部地区,低于东部、中部和东北地区。从海南所属的东部地区看,在东部 12 省市中,海南排名倒数第二,仅高于广西。2016 年海南比东部地区农村居民收入少 3655 元,低 23.6%,2020 年收入绝对差距扩大至 5007 元,低 23.5%,相对差距基本保持不变(见表 3),说明近年来,海南农村居民增收没有发挥后发优势,追赶发达地区的脚步缓慢。

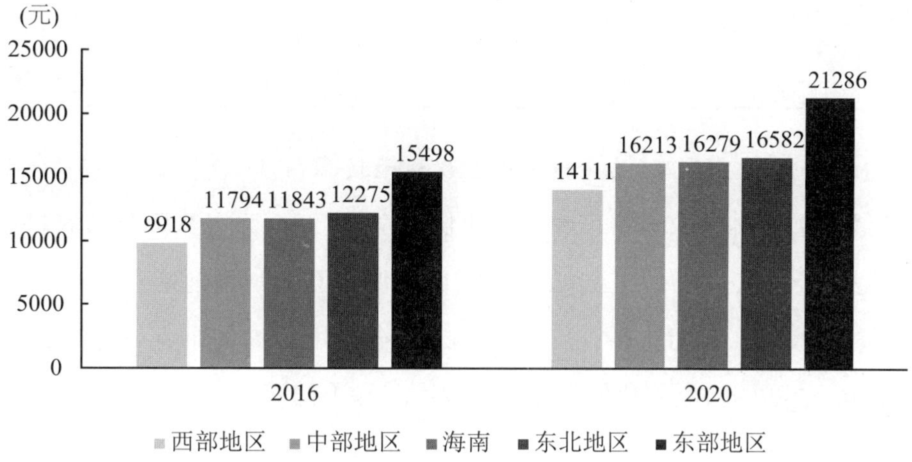

图 1 2016 和 2020 年全国分地区收入水平

表 3 2016 和 2020 年海南和各地区收入情况比较

年份	东部地区				中部地区(元)	西部地区(元)	东北地区(元)
	东部平均(元)	海南(元)	绝对差距(%)	相对差距(%)			
2016	15498	11843	3655	23.6	11794	9918	12275
2020	21286	16279	5007	23.5	16213	14111	16582

(三)四大项收入中转移净收入和全国差距最大,经营净收入波动明显

从四大项收入来源看,2021 年海南农村居民人均转移净收入和全国平均差距最大,相差 738 元,占总差距的 86.3%,其次是人均工资性收入,相差 412 元。人均家庭经营净收入则高出全国

① 未获得全国 2021 年分地区收入数据。

506元。从收入结构变化趋势看(见表5),和2016年相比,2021年海南农村居民的收入结构更趋同于全国,工资性收入、转移净收入占可支配收入的比重分别从低于全国0.4、5.1个百分点缩小至低于全国0.3和3.1个百分点,经营净收入占比从高于全国6.6个百分点缩小至高于全国4.4个百分点。

表4　海南和全国农村居民收入结构对比情况

指　　标	2016年						2021年					
	水平(元)		结构(%)		差距(元,%)		水平(元)		结构(%)		差距(元,%)	
	全国	海南	全国	海南	绝对	相对	全国	海南	全国	海南	绝对	相对
可支配收入	12363	11843	100.0	100.0	520	4.2	18931	18076	100.0	100.0	855	4.5
工资性收入	5022	4765	40.6	40.2	257	5.1	7958	7546	42.0	41.7	412	5.2
经营净收入	4741	5316	38.3	44.9	−575	−12.1	6566	7072	34.7	39.1	−506	−7.7
一产净收入	3270	3811	26.4	32.2	−541	−16.5	4292	5052	22.7	27.9	−760	−17.7
# 农业	2440	2111	19.7	17.8	329	13.5	3210	2886	17.0	16.0	324	10.1
牧业	574	708	4.6	6.0	−134	−23.3	683	704	3.6	3.9	−21	−3.1
二产净收入	288	190	2.3	1.6	98	34.0	472	228	2.5	1.3	244	51.7
三产净收入	1184	1315	9.6	11.1	−131	−11.1	1803	1792	9.5	9.9	11	0.6
财产净收入	272	139	2.2	1.2	133	48.9	469	259	2.5	1.4	210	44.8
转移净收入	2328	1623	18.8	13.7	705	30.3	3937	3199	20.8	17.7	738	18.7

(四)各市县间存在明显差距,差异程度小于发达地区

近五年,海南省贫困地区农村居民收入增速快于全省,五个国定贫困县的农村居民收入年均增速分列全省1—5名,其中琼中、五指山、白沙、保亭四市县年均增速超过10.0%。和五年前相比,市县间的农村居民收入相对差距有所缩小。2021年收入最高的市县(三亚,20413元)和最低的市县(五指山市,15350元)收入比值从2016年的1.42下降至1.33,下降了0.09。由于经济社会发展水平不一,各市县农村居民收入水平存在明显差异,但从差异程度看,海南各市县间农村居民收入差距相对其他省份较小,呈现"强者不强、弱者不弱"的局面。如广东省,2020年农村居民收入最高县(区)是最低的3.0倍,海南仅为1.33倍。从收入最低市县看,2020年农村居民收入海南最低的五指山市(13084元)约为广东最低市县的92.4%(14161元),差距不大,但最高的三亚市仅为广东最高县区的46.7%,不及5成。

二、海南农村居民收入和全国差距的主要原因分析

(一)就业水平较低、就业不充分是海南农村居民收入落后于全国的主要原因之一

增加就业是创收的最重要途径,2021年,全国农村户均常住人口、户均常住从业人口、平均每户家庭从业人口比重、平均每一从业人口负担人数(包括从业者本人)分别为3.2人、1.7人、56.5%、1.8人,海南上述数据分别为3.9人、2.1人、53.1%和1.9人。海南户均常住人口比全国多0.7人,虽然相应的户均从业人口有所增加,比全国多0.4人,同时也多0.3个非从业人口。整

体上看，海南每一从业人口负担的人数比全国多0.1人，相当于每个从业人员的收入需要多分摊到0.1个没有收入的非从业人员身上，在一定程度上拉低了海南农村居民人均收入。如果家庭从业人口比重达到全国平均水平（56.5%），按照海南400万农村常住人口，每一农村从业人口年均收入为27519元简单测算，可增加13.5万从业人口，增加农村居民人均收入929元，收入水平将从落后于全国到超过全国74元。实现赶超全国平均水平的目标。

海南平均每一从业人口负担人数高于全国有其特殊的原因。一是少年儿童抚养比高（见表5）。从人口年龄结构可以看出，2020[①]年海南没有收入的0—14岁的少年儿童（65岁以上人口可以认为还有一定的收入）比例比全国高出2.0个百分点，导致海南就业人员的负担相对较重。造成少年儿童抚养比高的一个重要因素是海南长期以来的人口出生率明显高于全国，死亡率低于全国。以2020年为例，海南人口出生率为10.36‰，死亡率为5.85‰，自然增长率为4.51‰，同期全国分别为8.52‰、7.07‰、1.45‰，使得海南少年儿童人口比重高于全国。

表5　2020年海南人口结构和全国对比情况

指　　标	海南	全国
0—14岁人口比例（%）	20.0	18.0
15—64岁人口比例（%）	69.6	68.5
65岁及以上人口比例（%）	10.4	13.5

数据来源：《中国统计年鉴2021》《海南省统计年鉴2021》

二是就业人口占劳动力比重偏低（见表5），海南0—14岁人口比例高于全国，而适龄从事劳动年龄人口（15—64岁）比重并未显著低于全国，但从业人员比重明显偏低，说明劳动力中就业人口比例偏低，有相当一部分“应就业未就业”人口。如海南住户调查的农村样本点里，16—60岁具有劳动能力的非离退休常住成员中，有10.9%的人口没有就业，女性高达13.9%。在调研中了解到，需要照顾家庭和小孩成为诸多农村妇女未就业的重要原因。（见表6）

表6　2021年农村16—60岁常住人口从业情况

性别	人数	从业状况		未从业人员占比（%）
		从业过	未从业	
男性	1700	1558	142	8.4
女性	1493	1286	207	13.9
总计	3193	2844	349	10.9

（二）资源禀赋优势发挥不明显，非农产业发展落后，家庭经营净收入面临挑战

1. 农产品价格波动较大，导致海南农村居民农业经营收入波动明显，拉大和全国平均水平的差距。2021年海南农村居民人均家庭经营净收入比全国高506元，其中第一产业经营净收入比全国高760元，但是农业生产经营净收入却比全国低324元。海南具有得天独厚发展高效热带农

① 未取得海南2021年人口年龄分段结构数。

业的自然生态条件，但农村居民的农业生产经营净收入方面却低于全国平均水平。

从长期来看，全国农村居民农业经营净收入增速较为平稳，水平稳步提升，而海南农业生产经营净收入从 2017 年以来，有三个年份增幅高于全国，但增幅的波动明显大于全国，2019 年农业生产经营净收入下降 10.9%，而同期全国为增长 5.1%，拉大和全国的差距（见图 2）。长期以来，海南坐拥极好的农业发展资源禀赋，但和全国农业经营净收入差距并没有明显缩小，2017 年比全国低 396 元，2019 年差距扩大到 729 元，得益于近两年槟榔价格高位运行，2021 年差距缩小至 324 元。

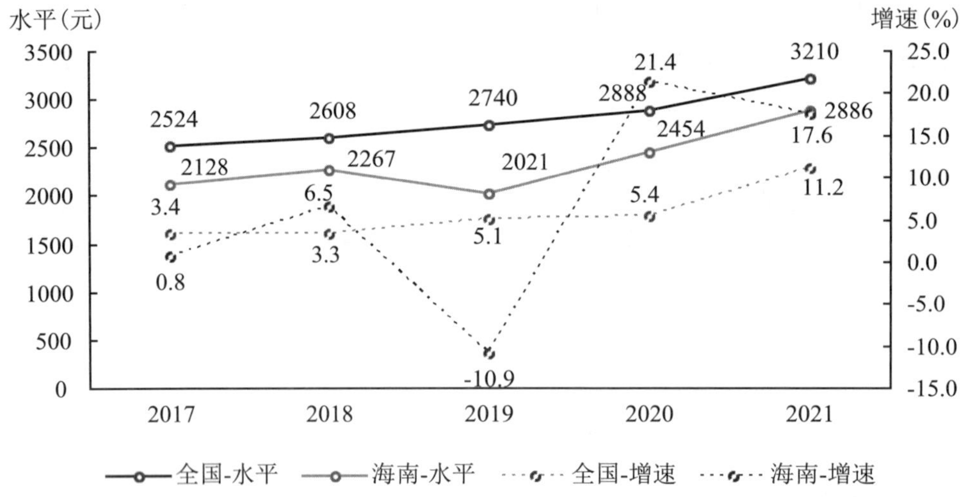

图 2　2017—2021 年海南农业经营净收入和全国对比情况

从分季度的农业经营净收入增速看，海南增速波动更为明显（见图 3）。

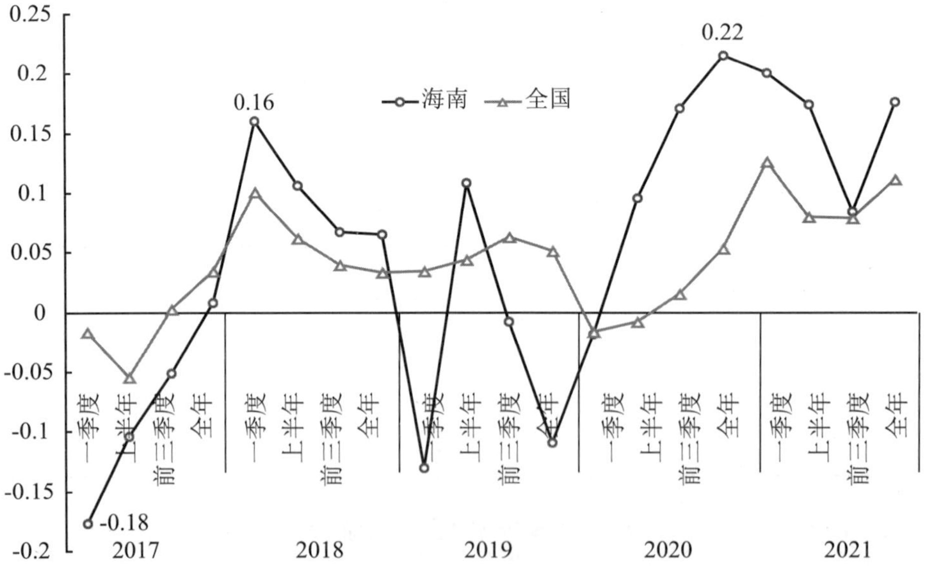

图 3　2017 年—2021 年海南和全国农业经营净收入增长情况（分季度）

农业经营净收入增速的波动，和海南农产品价格波动密切相关。海南农业的生产结构较为单一，单个品种农产品价格波动对农村居民收入的影响较大，单季内某一主要产品价格剧烈波动，常会造成海南农村居民农业生产经营净收入大幅波动。海南有三成左右的农户种植槟榔，槟榔上市时间集中在9—12月，不同年份槟榔价格波动较大，对四季度海南农村居民收入影响较大大。如2017年槟榔价格大幅上涨，拉动海南农村居民农业经营净收入增速从前三季度的－5.7％提升至全年的0.8％，2019年槟榔价格大幅下滑导致农业生产经营净收入增速从前三季度－0.7％大幅下滑至全年的－10.9％，2020年四季度受槟榔价格波动影响全年农业经营净收入增幅达21.5％。种植品种较为单一，上市时间相对集中，再加上规模化、标准化经营程度不高、农业生产产业链不长，导致海南农产品价格长期大幅波动（如2017年一季度和2018年一季度蔬菜价格分别同比下降22.2％和上涨29.0％），造成农村居民农业经营净收入大幅波动。

2. 渔业收入优势明显，但后劲不足。拥有庞大的海洋资源，依托捕捞渔业的发展，海南农村居民渔业经营净收入大幅领先于全国，是家庭经营净收入领先全国的重要原因。但受海洋渔业资源限制、海洋捕捞业可持续发展影响，海洋捕捞渔业规模难以继续扩大，无法成为海南农村居民持续长期稳定增收的支撑点。

3. 乡镇企业发展落后，集体经济薄弱，非农经营净收入显著落后于全国。从相对差距看，海南农村居民第二产业经营净收入和全国差距最大，达51.7％。第二产业经营净收入主要来源于建筑业和制造业。海南长期以来第二产业发展较为薄弱，乡镇企业发展落后。而广东、江浙一带，蓬勃发展的乡镇企业带动周边农村居民发展家庭制造增收成效显著。乡镇企业发展，不仅带动农村居民的非农经营收入，同时也是吸纳农村居民非农务工就业的容器。缺少乡镇企业的发展和带动，一定程度影响居民就业面的扩大，造成海南农村居民收入未能有突破性跃升。

（三）转移净收入和全国平均差距最大，家庭外出从业人员寄带回收入低是主因

2021年，海南农村居民收入比全国少855元，而从四大项收入来看，转移净收入和全国差距最大，少738元，低18.7％。从次一级指标看，海南的养老金或离退休金明显高于全国，一方面是农村住户中，包括一定比例领取养老金的农场退休职工，另一方面是城乡基础养老金标准位列全国各省市前列。2022年1月1日起，海南省城乡居民基础养老金最低标准为每人每月约199元，高于多数省市；海南家庭外出从业人员寄回带回收入比全国平均水平低八成左右，是海南农村居民转移净收入低于全国的主要原因，也是海南农村居民收入低于全国的重要因素。主要有两方面原因：

一是海南外出农村劳动力收入水平较低。2021年海南外出农村劳动力月均收入3780元，2020年全国外出农村劳动力月收入水平已达4549元①，2021年海南外出农村劳动力月收入比2020年全国水平少769元，低16.9％，相当于一个外出从业人员一年收入少1万元左右。受海南特殊的海岛区域位置和“离土不离乡，就业不离家”传统家庭观念影响，多数外出农村劳动力选择在省内就业，以便更好地照顾家庭和节约生活及工作成本。2021年海南省外出农村劳动力省外就业占比仅为12.6％，高达87.4％的农村劳动力选择省内就业，而省内就业的工资水平明显低于省外就业。二是海南外出务工人员的寄带回家收入较少。调研了解到，海南年轻子女外出务

① 尚未取得全国2021年外出农村劳动力月收入数据，预计比2020年有较大幅度增长

工较少寄钱回家。一方面海南外出务工人员中年轻未婚青年较多。56.9%的县外省内外出务工的农村劳动力在30岁以下,省外务工的劳动力30岁以下的比重高达71.8%,40岁以下达到了98.8%(见表7)。年轻人外务工生活消费较高,在工资较低的情况下,能够寄带回家的收入较少。而四川、江西等地中年外出务工人员将儿童留在老家抚养,夫妻共同外出务工,定期寄钱回家赡养老人和抚养子女。另一方面海南物价水平较高,增加年轻人生活开销成本,压缩寄钱回家的空间。

表7　2018年海南不同就业地区农村劳动力年龄结构情况

就业地区	30岁以下	31—40岁	41—50岁	51—60岁	60岁以上
乡内	14.7%	24.9%	23.1%	23.5%	13.8%
乡外县内	41.6%	33.4%	15.5%	8.4%	1.1%
县外省内	56.9%	30.3%	8.1%	4.1%	0.6%
省外	71.8%	27.0%	0.6%	0.6%	0.0%
国外及港澳台地区	50.0%	50.0%	0.0%	0.0%	0.0%

数据来源:《农村劳动力就业选择影响因素实证分析》

三、促进农村居民增收的措施和建议

(一)紧紧围绕“两条主线”建立促农增收长效机制

一是积极推进农村土地流转,强化农村产业结构调整,通过农业规模化、标准化和企业化经营,提高农业生产效率,从而把劳动力从土地经营中解放出来,形成农村富余劳动力。同时,农业产业结构调整,要在全省建设自由贸易港的背景下,准确定位海南农业发展方向。要提高海南农业产品的品质和竞争力,从“增量”到“提质”纵向发展,以国际化的视野推动海南特色农业产业发展,在产业发展上,加强研究做好长远规划,拉长农业生产产业链,提高农业生产效率和效益,提高农业产品附加价值。

二是发动城镇化新引擎,通过城镇化发展,大力发展非农产业,使人口、产业、生产要素等资源高度聚集,促进对第二、第三产业的需求,从而吸纳从农业产业结构调整出来的富余劳动力。城镇化、非农产业(如农产品加工业)的发展,也将有效扩大农产品的需求,有助于稳定农产品价格,形成促进农村居民增收工作的闭环。城镇化进程带来的投资需求和消费需求,将促进地区和产业升级和人口的充分就业,或将是未来海南农村居民收入增长的新引擎。

(二)多管齐下,制定促进农村居民稳定增收的针对性措施

1. 多管齐下,积极促进就业。在做大全省产业容纳就业大容器的基础上,各级政府和有关部门要找好角色定位。要根据工作岗位需求加大农村居民的技能培训,为农村劳动力向城镇转移创造条件;各级基层组织,尤其是村基层组织,要加强对农村居民就业观念的引导,强化就业致富观念,摸清农村劳动力底数,摸清楚不愿就业的原因,因人施策;要加强农村社会基础服务和治安环境的改善,让农村家庭妇女想就业、能就业;要通过制度改革,降低农村居民转为市民的阻力,

尤其是剥离户籍制度的社会保障、福利功能，使进城农村民工子女能享受到和城镇居民无差别的教育资源。

2. 稳定海南主要农产品价格，提高农业增收的稳定性。从历史数据看，农产品价格的大幅波动在较大程度上影响了海南农村居民持续稳定增收和赶超全国平均水平的步伐。因此，在稳定农村居民增收的日常工作中，应加大对主要农产品价格的关注度，加强市场价格监测和价格走势预判、预警，提前做好应急预案，通过产销衔接等多种途径，最大程度规避农产品价格深度下滑对农村居民收入的影响。要提高海南农业抗风险能力。一是提高抵抗市场风险的能力。继续深入推进农业产业化、规模化、现代化进程，拉长海南主要农产品的产业链条，提高海南主要农业产品的粗、深加工能力。加强冷库、冷链等农业产品的收储运输建设，提高政府利用市场手段调控市场、平抑农产品价格波动的能力，提高农产品市场稳定性；二是增强抵抗自然风险的能力。要切实提高农业科技水平和服务能力，提高海南主要农产品（如槟榔）的病虫害防治水平和反应速度，对台风等影响海南农业生产的自然灾害要有长期性、有效性和针对性的应对措施，减轻自然灾害对农业生产的破坏。

3. 政府要加大财政惠农支农力度。重视二次分配的社会兜底功能，在财力允许的范围内加大各类转移支付的力度，如在城乡居民基础养老金方面等，可向发达地区接轨。各级政府在惠农支出方面，一要确保现有补贴政策和资金量不减少，落实发放及时到位；二要每年要争取有一定的资金增量保证。

4. 加大农村基础教育投入。人力资源是发展的根本。提升居民收入增长的内生动力，除了外部条件和家庭所能支配的资产要素之外，人力资本因素对家庭收入具有重要影响。提升居民家庭受教育水平是提升居民家庭收入增长内生动力的重要途径。要通过财政支出大力支持农村教育事业发展，积极发展基础教育和职业教育，提升农村地区居民的整体文化水平。要加大教育公共品投入，大力推行教育资源均等化，尤其是切实提升农村地区的教育水平。伴随农村学校教育资源的整合，农村地区教育也需从数量到质量向纵深发展。

（执笔人：国家统计局海南调查总队　廖忠芳）

附录　居民收支统计资料

一、2017—2021年全国居民收支与生活状况主要数据

附表1—1　全国居民家庭基本情况

指　　标	单位	2017年	2018年	2019年	2020年	2021年
一、基本情况						
户均常住人口	人/户	3.0	3.1	3.0	3.0	3.1
户均常住从业人口	人/户	1.7	1.7	1.6	1.6	1.6
平均每户家庭从业人口比重	%	56.5	54.0	53.1	51.3	52.8
平均每一从业人口负担人数(包括从业者本人)	人	1.8	1.9	1.9	1.9	1.9
二、户主文化程度						
(一)未上过学	%	2.0	2.3	2.1	2.1	1.6
(二)小学	%	18.0	20.5	20.2	20.0	17.8
(三)初中	%	43.3	40.9	41.3	41.4	43.6
(四)高中	%	20.4	18.3	18.5	18.6	19.2
(五)大学专科	%	9.6	10.0	9.9	9.9	9.9
(六)大学本科及以上	%	6.8	8.1	7.9	7.9	7.9
三、常住从业人员就业类型						
(一)雇主	%	0.9	1.0	0.8	0.6	0.7
(二)公职人员	%	2.8	2.5	2.5	2.1	1.8
(三)事业单位人员	%	6.2	6.0	6.0	5.4	5.2
(四)国有企业雇员	%	4.8	4.1	4.0	3.6	3.3
(五)其他雇员	%	45.1	46.9	49.2	51.4	52.9
(六)农业自营	%	30.0	29.4	27.4	26.3	25.2
(七)非农自营	%	10.1	9.9	10.2	10.6	10.9
四、常住从业人员从事主要行业						
(一)第一产业	%	31.3	30.8	29.1	28.3	27.0
(二)第二产业	%	23.2	22.5	22.8	23.0	24.2
(三)第三产业	%	45.5	46.7	48.2	48.7	48.8
五、居民收入与支出情况						
居民人均可支配收入	元	25973.8	28228.0	30732.8	32188.8	35128.1
居民人均可支配收入中位数	元	22408.0	24336.4	26523.2	27540.5	29974.9
居民人均现金可支配收入	元	24201.9	26291.4	28612.1	29918.7	32382.7
现金可支配收入占可支配收入比重	%	93.2	93.1	93.1	92.9	92.2
居民人均消费支出	元	18322.1	19853.1	21558.9	21209.9	24100.1
居民人均现金消费支出	元	15122.3	16174.8	17526.0	16994.7	19410.7
现金消费支出占消费支出比重	%	82.5	81.5	81.3	80.1	80.5

附表 1—2　全国居民可支配收入及构成

指　　标	2017 年	2018 年	2019 年	2020 年	2021 年
可支配收入（元/人）	**25973.8**	**28228.0**	**30732.8**	**32188.8**	**35128.1**
一、工资性收入	14620.3	15829.0	17186.2	17917.4	19629.4
二、经营净收入	4501.8	4852.4	5247.3	5306.8	5892.7
（一）第一产业经营净收入	1715.2	1797.7	1891.9	1982.0	2173.2
1.农业	1261.4	1327.7	1382.0	1434.3	1612.7
2.林业	84.3	94.4	98.8	89.1	114.6
3.牧业	300.4	298.7	335.0	366.2	345.7
4.渔业	69.1	76.9	76.0	92.3	100.2
（二）第二产业经营净收入	434.9	503.9	573.4	571.1	644.8
（三）第三产业经营净收入	2351.7	2550.9	2782.1	2753.7	3074.7
三、财产净收入	2107.4	2378.5	2619.1	2791.5	3075.5
四、转移净收入	4744.3	5168.1	5680.3	6173.2	6530.5
（一）转移性收入	6171.2	6693.4	7322.7	7867.2	8463.1
（二）转移性支出	1426.9	1525.4	1642.4	1694.0	1932.6
可支配收入构成（%）	**100.0**	**100.0**	**100.0**	**100.0**	**100.0**
一、工资性收入	56.3	56.1	55.9	55.7	55.9
二、经营净收入	17.3	17.2	17.1	16.5	16.8
（一）第一产业经营净收入	6.6	6.4	6.2	6.2	6.2
1.农业	4.9	4.7	4.5	4.5	4.6
2.林业	0.3	0.3	0.3	0.3	0.3
3.牧业	1.2	1.1	1.1	1.1	1.0
4.渔业	0.3	0.3	0.2	0.3	0.3
（二）第二产业经营净收入	1.7	1.8	1.9	1.8	1.8
（三）第三产业经营净收入	9.1	9.0	9.1	8.6	8.8
三、财产净收入	8.1	8.4	8.5	8.7	8.8
四、转移净收入	18.3	18.3	18.5	19.2	18.6
（一）转移性收入	23.8	23.7	23.8	24.4	24.1
（二）转移性支出	5.5	5.4	5.3	5.3	5.5

附表 1—3　全国居民按收入五等份分组的人均可支配收入

单位：元

组　　别	2017 年	2018 年	2019 年	2020 年	2021 年
20%低收入组家庭人均可支配收入	5958.4	6440.5	7380.4	7868.8	8332.8
20%中间偏下收入组家庭人均可支配收入	13842.8	14360.5	15777.0	16442.7	18445.5
20%中间收入组家庭人均可支配收入	22495.3	23188.9	25034.7	26248.9	29053.3
20%中间偏上收入组家庭人均可支配收入	34546.8	36471.4	39230.5	41171.7	44948.9
20%高收入组家庭人均可支配收入	64934.0	70639.5	76400.7	80293.8	85835.8

注：全国居民按收入五等份分组是指将所有调查户按人均可支配收入水平从低到高顺序排列，平均分为五个等份，处于最低 20%的收入群体为低收入组，依此类推依次为中间偏下收入组、中间收入组、中间偏上收入组、高收入组。本表数据为不同分组家庭的人均可支配收入。表 1—2—4、1—3—4 与此相同。

附表 1—4　全国居民按东、中、西部及东北地区分组的人均可支配收入

单位：元

组　　别	2017 年	2018 年	2019 年	2020 年	2021 年
东部地区	33414.0	36298.2	39438.9	41239.7	44980.3
中部地区	21833.6	23798.3	26025.3	27152.4	29650.0
西部地区	20130.3	21935.8	23986.1	25416.0	27798.4
东北地区	23900.5	25543.2	27370.6	28266.2	30517.7

附表 1—5　全国居民消费支出

单位：元/人

指　　标	2017 年	2018 年	2019 年	2020 年	2021 年
居民人均消费支出	**18322.1**	**19853.1**	**21558.9**	**21209.9**	**24100.1**
#服务性消费支出	7802.6	8780.8	9886.0	9037.3	10644.5
(一)食品烟酒	5373.6	5631.1	6084.2	6397.3	7178.1
1.食品	3745.3	3761.1	3964.9	4519.7	4727.2
2.烟酒	529.7	559.8	600.2	598.3	703.9
3.饮料	118.4	117.2	131.6	133.0	165.1
4.饮食服务	980.2	1192.9	1387.5	1146.3	1582.0
(二)衣着	1237.6	1288.9	1338.1	1238.4	1418.7
1.衣类	962.1	1038.6	1076.0	993.0	1140.4
2.鞋类	275.5	250.3	262.2	245.4	278.2
(三)居住	4106.9	4646.6	5054.8	5215.3	5641.1
1.租赁房房租	166.9	223.3	236.4	218.1	208.7
2.住房维修及管理	571.5	587.2	691.6	686.5	772.8
3.水、电、燃料及其他	815.2	845.1	870.1	906.0	979.3
4.自有住房折算租金	2553.3	2991.0	3256.7	3404.7	3680.3
(四)生活用品及服务	1120.7	1222.7	1280.9	1259.5	1423.2
1.家具及室内装饰品	190.5	206.6	220.8	205.9	236.2
2.家用器具	289.1	320.1	327.3	309.4	350.1
3.家用纺织品	93.5	97.2	101.8	95.4	112.6
4.家庭日用杂品	300.1	293.8	292.8	305.5	323.8
5.个人护理用品	192.9	232.9	266.9	276.0	325.1
6.家庭服务	54.6	72.1	71.2	67.3	75.4
(五)交通通信	2498.9	2675.4	2861.6	2761.8	3155.6
1.交通	1774.4	1971.6	2178.1	2028.5	2378.6
2.通信	724.5	703.8	683.5	733.4	777.0
(六)教育文化娱乐	2086.2	2225.7	2513.1	2032.2	2598.9
1.教育	1236.7	1398.3	1664.5	1463.2	1953.2
2.文化和娱乐	849.6	827.4	848.6	569.0	645.7
(七)医疗保健	1451.2	1685.2	1902.3	1843.1	2115.1
1.医疗器具及药品	489.2	524.7	512.0	531.3	556.3
2.医疗服务	962.1	1160.5	1390.3	1311.8	1558.9
(八)其他用品及服务	447.0	477.5	524.0	462.2	569.4
1.其他用品	243.0	244.9	265.5	223.9	281.9
2.其他服务	204.0	232.6	258.4	238.3	287.5

附表 1—6　全国居民消费支出构成

单位:%

指　　标	2017 年	2018 年	2019 年	2020 年	2021 年
消费支出构成	**100.0**	**100.0**	**100.0**	**100.0**	**100.0**
#服务性消费支出	42.6	44.2	45.9	42.6	44.2
(一)食品烟酒	29.3	28.4	28.2	30.2	29.8
1.食品	20.4	18.9	18.4	21.3	19.6
2.烟酒	2.9	2.8	2.8	2.8	2.9
3.饮料	0.6	0.6	0.6	0.6	0.7
4.饮食服务	5.3	6.0	6.4	5.4	6.6
(二)衣着	6.8	6.5	6.2	5.8	5.9
1.衣类	5.3	5.2	5.0	4.7	4.7
2.鞋类	1.5	1.3	1.2	1.2	1.2
(三)居住	22.4	23.4	23.4	24.6	23.4
1.租赁房房租	0.9	1.1	1.1	1.0	0.9
2.住房维修及管理	3.1	3.0	3.2	3.2	3.2
3.水、电、燃料及其他	4.4	4.3	4.0	4.3	4.1
4.自有住房折算租金	13.9	15.1	15.1	16.1	15.3
(四)生活用品及服务	6.1	6.2	5.9	5.9	5.9
1.家具及室内装饰品	1.0	1.0	1.0	1.0	1.0
2.家用器具	1.6	1.6	1.5	1.5	1.5
3.家用纺织品	0.5	0.5	0.5	0.4	0.5
4.家庭日用杂品	1.6	1.5	1.4	1.4	1.3
5.个人护理用品	1.1	1.2	1.2	1.3	1.3
6.家庭服务	0.3	0.4	0.3	0.3	0.3
(五)交通通信	13.6	13.5	13.3	13.0	13.1
1.交通	9.7	9.9	10.1	9.6	9.9
2.通信	4.0	3.5	3.2	3.5	3.2
(六)教育文化娱乐	11.4	11.2	11.7	9.6	10.8
1.教育	6.7	7.0	7.7	6.9	8.1
2.文化和娱乐	4.6	4.2	3.9	2.7	2.7
(七)医疗保健	7.9	8.5	8.8	8.7	8.8
1.医疗器具及药品	2.7	2.6	2.4	2.5	2.3
2.医疗服务	5.3	5.8	6.4	6.2	6.5
(八)其他用品及服务	2.4	2.4	2.4	2.2	2.4
1.其他用品	1.3	1.2	1.2	1.1	1.2
2.其他服务	1.1	1.2	1.2	1.1	1.2

附表 1—7　全国居民主要食品消费量

单位：公斤/人

指　　标	2017 年	2018 年	2019 年	2020 年	2021 年
一、粮食(原粮)	130.1	127.2	130.1	141.2	144.6
(一)谷物	119.6	116.3	117.9	128.1	131.4
(二)薯类	2.5	2.6	2.9	3.1	2.9
(三)豆类	8.0	8.3	9.3	10.0	10.3
二、食用油	10.4	9.6	9.5	10.4	10.8
＃食用植物油	9.8	8.9	8.9	9.8	10.1
三、蔬菜及食用菌	99.2	96.1	98.6	103.7	109.8
＃鲜菜	96.1	93.0	95.2	100.2	106.2
四、肉类	26.7	29.5	26.9	24.8	32.9
＃猪肉	20.1	22.8	20.3	18.2	25.2
牛肉	1.9	2.0	2.2	2.3	2.5
羊肉	1.3	1.3	1.2	1.2	1.4
五、禽类	8.9	9.0	10.8	12.7	12.3
六、水产品	11.5	11.4	13.6	13.9	14.2
七、蛋类	10.0	9.7	10.7	12.8	13.2
八、奶类	12.1	12.2	12.5	13.0	14.4
九、干鲜瓜果类	50.1	52.1	56.4	56.3	61.0
＃鲜瓜果	45.6	47.4	51.4	51.3	55.5
坚果类	3.5	3.5	3.8	3.7	4.1
十、食糖	1.3	1.3	1.3	1.3	1.3

注：根据《住户收支与生活状况调查方案》，薯类食品在计算原粮消费量时，按照 5：1 对鲜薯进行了折算。表 1—2—10 和 1—3—10 与此相同。

附表 1—8　全国居民年末主要耐用消费品拥有量

单位：平均每百户

指　　标	单位	2017 年	2018 年	2019 年	2020 年	2021 年
家用汽车	辆	29.7	33.0	35.3	37.1	41.8
摩托车	辆	39.3	35.7	34.2	33.1	31.5
电动助力车	辆	56.5	59.2	63.9	66.7	73.8
洗衣机	台	91.7	93.8	96.0	96.7	98.7
电冰箱(柜)	台	95.3	98.8	100.9	101.8	103.9
微波炉	台	40.0	39.2	40.1	41.0	41.5
彩色电视机	台	122.2	119.3	120.6	120.8	118.7
空调	台	96.1	109.3	115.6	117.7	131.2
热水器	台	78.6	85.0	86.9	90.4	89.6
排油烟机	台	51.0	56.4	59.3	60.9	63.1
移动电话	部	240.0	249.1	253.2	253.8	259.1
计算机	台	58.7	53.4	53.2	54.2	47.0
照相机	台	18.4	12.6	12.2	12.1	8.1

二、2017—2021 年全国城镇居民收支与生活状况主要数据

附表 2—1 城镇居民家庭基本情况

指　　标	单 位	2017 年	2018 年	2019 年	2020 年	2021 年
一、基本情况						
户均常住人口	人/户	2.9	3.0	3.0	3.0	3.0
户均常住从业人口	人/户	1.5	1.5	1.5	1.4	1.5
平均每户家庭从业人口比重	%	52.6	50.8	50.3	48.5	50.0
平均每一从业人口负担人数(包括从业者本人)	人	1.9	2.0	2.0	2.1	2.0
二、户主文化程度						
(一)未上过学	%	1.0	1.1	1.1	1.1	0.8
(二)小学	%	9.2	11.3	11.1	11.1	9.7
(三)初中	%	34.8	33.8	34.4	34.3	35.7
(四)高中	%	27.5	23.6	23.8	24.0	24.6
(五)大学专科	%	15.7	16.3	16.0	16.0	15.9
(六)大学本科及以上	%	11.7	13.9	13.6	13.5	13.3
三、常住从业人员就业类型						
(一)雇主	%	1.2	1.4	1.2	0.9	1.0
(二)公职人员	%	5.2	4.4	4.3	3.6	3.1
(三)事业单位人员	%	11.3	10.7	10.4	9.6	9.0
(四)国有企业雇员	%	9.0	7.6	7.2	6.6	5.9
(五)其他雇员	%	57.0	58.1	59.4	62.1	62.1
(六)农业自营	%	4.5	6.5	6.1	5.6	6.5
(七)非农自营	%	11.8	11.2	11.3	11.6	12.4
四、常住从业人员从事主要行业						
(一)第一产业	%	5.5	7.7	7.2	6.8	7.6
(二)第二产业	%	25.1	23.9	23.8	24.1	24.5
(三)第三产业	%	69.3	68.5	69.0	69.2	67.9
五、居民收入与支出情况						
居民人均可支配收入	元	36396.2	39250.8	42358.8	43833.8	47411.9
居民人均可支配收入中位数	元	33833.7	36412.8	39244.0	40377.5	43504.3
居民人均现金可支配收入	元	33757.3	36316.2	39147.6	40377.8	43596.4
现金可支配收入占可支配收入比重	%	92.7	92.5	92.4	92.1	92.0
居民人均消费支出	元	24445.0	26112.3	28063.4	27007.4	30307.2
居民人均现金消费支出	元	20329.4	21287.1	22798.0	21555.6	24380.4
现金消费支出占消费支出比重	%	83.2	81.5	81.2	79.8	80.4

附表 2—2　城镇居民可支配收入及构成

指　　标	2017 年	2018 年	2019 年	2020 年	2021 年
可支配收入(元/人)	**36396.2**	**39250.8**	**42358.8**	**43833.8**	**47411.9**
一、工资性收入	22200.9	23792.2	25564.8	26380.7	28480.8
二、经营净收入	4064.7	4442.6	4840.4	4710.8	5381.9
（一）第一产业经营净收入	322.6	427.6	439.2	438.2	566.5
（二）第二产业经营净收入	531.4	605.4	699.8	679.8	776.0
（三）第三产业经营净收入	3210.8	3409.6	3701.5	3592.8	4039.5
三、财产净收入	3606.9	4027.7	4390.6	4626.5	5052.0
四、转移净收入	6523.6	6988.3	7563.0	8115.8	8497.3
（一）转移性收入	8752.5	9293.3	10012.3	10632.6	11316.4
（二）转移性支出	2228.9	2305.0	2449.2	2516.8	2819.1
可支配收入构成(%)	**100.0**	**100.0**	**100.0**	**100.0**	**100.0**
一、工资性收入	61.0	60.6	60.4	60.2	60.1
二、经营净收入	11.2	11.3	11.4	10.7	11.4
（一）第一产业经营净收入	0.9	1.1	1.0	1.0	1.2
（二）第二产业经营净收入	1.5	1.5	1.7	1.6	1.6
（三）第三产业经营净收入	8.8	8.7	8.7	8.2	8.5
三、财产净收入	9.9	10.3	10.4	10.6	10.7
四、转移净收入	17.9	17.8	17.9	18.5	17.9
（一）转移性收入	24.0	23.7	23.6	24.3	23.9
（二）转移性支出	6.1	5.9	5.8	5.7	5.9

附表 2—3　城镇居民按收入五等份分组的人均可支配收入

单位：元

组　　别	2017 年	2018 年	2019 年	2020 年	2021 年
20%低收入组家庭人均可支配收入	13723.1	14386.9	15549.4	15597.7	16745.5
20%中间偏下收入组家庭人均可支配收入	24550.1	24856.5	26783.7	27501.1	30132.6
20%中间收入组家庭人均可支配收入	33781.3	35196.1	37875.8	39278.2	42498.0
20%中间偏上收入组家庭人均可支配收入	45163.4	49173.5	52907.3	54910.1	59005.2
20%高收入组家庭人均可支配收入	77097.2	84907.1	91682.6	96061.6	102595.8

附表 2—4　城镇居民按东、中、西部及东北地区分组的人均可支配收入

单位：元

组　　别	2017 年	2018 年	2019 年	2020 年	2021 年
东部地区	42989.8	46432.6	50145.4	52027.1	56378.3
中部地区	31293.8	33803.2	36607.5	37658.2	40706.8
西部地区	30986.9	33388.6	36040.6	37548.1	40582.6
东北地区	30959.5	32993.7	35130.3	35700.1	38224.6

附表 2—5　城镇居民消费支出

单位：元/人

指　　标	2017 年	2018 年	2019 年	2020 年	2021 年
居民人均消费支出	**24445.0**	**26112.3**	**28063.4**	**27007.4**	**30307.2**
＃服务性消费支出	10854.5	12130.4	13517.7	12012.8	14058.5
(一)食品烟酒	7001.0	7239.0	7732.6	7880.5	8678.1
1.食品	4713.8	4630.9	4818.5	5413.8	5452.1
2.烟酒	598.4	619.7	652.6	633.9	739.6
3.饮料	150.7	148.7	164.0	165.3	200.6
4.饮食服务	1538.1	1839.7	2097.4	1667.5	2285.8
(二)衣着	1757.9	1808.2	1831.9	1644.8	1842.8
1.衣类	1381.6	1473.4	1489.7	1335.1	1500.5
2.鞋类	376.4	334.8	342.2	309.7	342.3
(三)居住	5564.0	6255.0	6780.2	6957.7	7405.3
1.租赁房房租	275.7	360.7	369.2	331.9	316.4
2.住房维修及管理	701.9	668.3	815.4	806.5	955.2
3.水、电、燃料及其他	1029.3	1037.0	1058.5	1102.3	1142.8
4.自有住房折算租金	3557.1	4189.0	4537.2	4717.1	4990.9
(四)生活用品及服务	1525.0	1629.4	1689.3	1640.0	1819.6
1.家具及室内装饰品	261.3	269.2	284.4	270.6	312.0
2.家用器具	378.0	412.9	425.6	391.7	437.6
3.家用纺织品	131.4	131.4	137.5	126.7	145.1
4.家庭日用杂品	381.9	359.6	350.3	365.7	375.4
5.个人护理用品	285.0	342.3	382.1	382.6	437.4
6.家庭服务	87.5	114.0	109.5	102.7	112.1
(五)交通通信	3321.5	3473.5	3671.3	3474.3	3932.0
1.交通	2380.0	2580.0	2826.5	2586.3	3017.2
2.通信	941.6	893.5	844.9	888.0	914.8
(六)教育文化娱乐	2846.6	2974.1	3328.0	2591.7	3322.0
1.教育	1508.0	1703.4	2037.3	1769.9	2399.3
2.文化和娱乐	1338.7	1270.7	1290.6	821.8	922.8
(七)医疗保健	1777.4	2045.7	2282.7	2172.2	2521.3
1.医疗器具及药品	652.9	660.4	633.6	665.5	678.7
2.医疗服务	1124.4	1385.2	1649.1	1506.7	1842.6
(八)其他用品及服务	651.5	687.4	747.2	646.2	786.1
1.其他用品	343.5	339.6	366.7	303.5	381.9
2.其他服务	308.0	347.8	380.5	342.7	404.2

附表 2—6　城镇居民消费支出构成

单位：%

指　　标	2017 年	2018 年	2019 年	2020 年	2021 年
消费支出构成	**100.0**	**100.0**	**100.0**	**100.0**	**100.0**
#服务性消费支出	44.4	46.5	48.2	44.5	46.4
（一）食品烟酒	28.6	27.7	27.6	29.2	28.6
1.食品	19.3	17.7	17.2	20.0	18.0
2.烟酒	2.4	2.4	2.3	2.3	2.4
3.饮料	0.6	0.6	0.6	0.6	0.7
4.饮食服务	6.3	7.0	7.5	6.2	7.5
（二）衣着	7.2	6.9	6.5	6.1	6.1
1.衣类	5.7	5.6	5.3	4.9	5.0
2.鞋类	1.5	1.3	1.2	1.1	1.1
（三）居住	22.8	24.0	24.2	25.8	24.4
1.租赁房房租	1.1	1.4	1.3	1.2	1.0
2.住房维修及管理	2.9	2.6	2.9	3.0	3.2
3.水、电、燃料及其他	4.2	4.0	3.8	4.1	3.8
4.自有住房折算租金	14.6	16.0	16.2	17.5	16.5
（四）生活用品及服务	6.2	6.2	6.0	6.1	6.0
1.家具及室内装饰品	1.1	1.0	1.0	1.0	1.0
2.家用器具	1.5	1.6	1.5	1.5	1.4
3.家用纺织品	0.5	0.5	0.5	0.5	0.5
4.家庭日用杂品	1.6	1.4	1.2	1.4	1.2
5.个人护理用品	1.2	1.3	1.4	1.4	1.4
6.家庭服务	0.4	0.4	0.4	0.4	0.4
（五）交通通信	13.6	13.3	13.1	12.9	13.0
1.交通	9.7	9.9	10.1	9.6	10.0
2.通信	3.9	3.4	3.0	3.3	3.0
（六）教育文化娱乐	11.6	11.4	11.9	9.6	11.0
1.教育	6.2	6.5	7.3	6.6	7.9
2.文化和娱乐	5.5	4.9	4.6	3.0	3.0
（七）医疗保健	7.3	7.8	8.1	8.0	8.3
1.医疗器具及药品	2.7	2.5	2.3	2.5	2.2
2.医疗服务	4.6	5.3	5.9	5.6	6.1
（八）其他用品及服务	2.7	2.6	2.7	2.4	2.6
1.其他用品	1.4	1.3	1.3	1.1	1.3
2.其他服务	1.3	1.3	1.4	1.3	1.3

附表 2—7　城镇居民主要食品消费量

单位：公斤/人

指　　标	2017 年	2018 年	2019 年	2020 年	2021 年
一、粮食(原粮)	109.7	110.0	110.6	120.2	124.8
(一)谷物	98.6	98.8	98.5	107.3	112.0
(二)薯类	2.3	2.4	2.6	2.8	2.7
(三)豆类	8.8	8.8	9.5	10.0	10.1
二、食用油	10.7	9.4	9.2	9.9	10.1
＃食用植物油	10.3	8.9	8.7	9.5	9.6
三、蔬菜及食用菌	106.7	103.1	105.8	109.8	112.0
＃鲜菜	102.5	99.0	101.5	105.4	107.7
四、肉类	29.2	31.2	28.7	27.4	34.4
＃猪肉	20.6	22.7	20.3	19.0	25.1
牛肉	2.6	2.7	2.9	3.1	3.2
羊肉	1.6	1.5	1.4	1.4	1.6
五、禽类	9.7	9.8	11.4	13.0	12.3
六、水产品	14.8	14.3	16.7	16.6	16.7
七、蛋类	10.9	10.8	11.5	13.5	13.4
八、奶类	16.5	16.5	16.7	17.3	18.2
九、干鲜瓜果类	59.9	62.0	66.8	65.9	67.7
＃鲜瓜果	54.3	56.4	60.9	60.1	61.6
坚果类	4.3	4.1	4.3	4.2	4.4
十、食糖	1.3	1.3	1.2	1.2	1.1

附表 2—8　城镇居民年末主要耐用消费品拥有量

单位：平均每百户

指　　标	单位	2017 年	2018 年	2019 年	2020 年	2021 年
家用汽车	辆	37.5	41.0	43.2	44.9	50.1
摩托车	辆	20.8	19.5	18.7	18.2	18.2
电动助力车	辆	53.1	55.0	59.4	62.0	68.8
洗衣机	台	95.7	97.7	99.2	99.7	100.5
电冰箱(柜)	台	98.0	100.9	102.5	103.1	104.2
微波炉	台	56.9	55.2	55.7	56.5	55.4
彩色电视机	台	123.8	121.3	122.8	123.0	120.3
空调	台	128.6	142.2	148.3	149.6	161.7
热水器	台	90.7	97.2	98.2	100.7	98.1
排油烟机	台	73.7	79.1	81.7	82.6	82.3
移动电话	部	235.4	243.1	247.4	248.7	253.6
计算机	台	80.8	73.1	72.2	72.9	63.2
照相机	台	29.1	20.2	19.5	19.3	12.7

三、2017—2021年全国农村居民收支与生活状况主要数据

附表3—1　农村居民家庭基本情况

指　　标	单位	2017年	2018年	2019年	2020年	2021年
一、基本情况						
户均常住人口	人/户	3.2	3.2	3.2	3.2	3.2
户均常住从业人口	人/户	2.0	1.9	1.8	1.7	1.8
平均每户家庭从业人口比重	%	61.1	57.9	56.7	54.8	56.5
平均每一从业人口负担人数(包括从业者本人)	人	1.6	1.7	1.8	1.8	1.8
二、户主文化程度						
(一)未上过学	%	3.2	3.9	3.6	3.4	2.7
(二)小学	%	29.8	32.8	32.5	32.3	28.9
(三)初中	%	54.7	50.3	50.8	51.3	54.6
(四)高中	%	10.8	11.1	11.2	11.2	11.7
(五)大学专科	%	1.3	1.6	1.7	1.6	1.7
(六)大学本科及以上	%	0.2	0.3	0.3	0.2	0.3
三、常住从业人员就业类型						
(一)雇主	%	0.6	0.6	0.4	0.2	0.3
(二)公职人员	%	0.3	0.5	0.5	0.3	0.3
(三)事业单位人员	%	0.9	1.0	1.0	0.7	0.7
(四)国有企业雇员	%	0.4	0.4	0.3	0.2	0.2
(五)其他雇员	%	32.9	34.7	37.7	39.3	42.2
(六)农业自营	%	56.4	54.2	51.3	49.9	47.0
(七)非农自营	%	8.4	8.6	8.8	9.4	9.2
四、常住从业人员从事主要行业						
(一)第一产业	%	58.0	55.8	53.6	52.9	49.8
(二)第二产业	%	21.2	21.1	21.6	21.8	23.8
(三)第三产业	%	20.8	23.1	24.8	25.2	26.4
五、居民收入与支出情况						
居民人均可支配收入	元	13432.4	14617.0	16020.7	17131.5	18930.9
居民人均可支配收入中位数	元	11969.0	13065.6	14389.2	15204.0	16902.0
居民人均现金可支配收入	元	12703.9	13912.8	15279.8	16394.5	17596.4
现金可支配收入占可支配收入比重	%	94.6	95.2	95.4	95.7	93.0
居民人均消费支出	元	10954.5	12124.3	13327.7	13713.4	15915.6
居民人均现金消费支出	元	8856.5	9862.0	10854.5	11097.2	12857.6
现金消费支出占消费支出比重	%	80.8	81.3	81.4	80.9	80.8

附表 3－2　农村居民可支配收入及构成

指　　标	2017 年	2018 年	2019 年	2020 年	2021 年
可支配收入(元/人)	**13432.4**	**14617.0**	**16020.7**	**17131.5**	**18930.9**
一、工资性收入	5498.4	5996.1	6583.5	6973.9	7958.1
二、经营净收入	5027.8	5358.4	5762.2	6077.4	6566.2
(一)第一产业经营净收入	3391.0	3489.5	3730.2	3978.1	4291.7
1.农业	2523.6	2608.0	2740.1	2887.6	3209.8
2.林业	176.5	187.0	196.7	185.6	231.0
3.牧业	585.8	574.5	656.9	754.2	683.1
4.渔业	105.2	120.0	136.5	150.7	167.9
(二)第二产业经营净收入	318.9	378.4	413.4	430.6	471.8
(三)第三产业经营净收入	1318.0	1490.5	1618.6	1668.7	1802.6
三、财产净收入	303.0	342.1	377.3	418.8	469.4
四、转移净收入	2603.2	2920.5	3297.8	3661.3	3937.2
(一)转移性收入	3065.1	3483.1	3919.1	4291.5	4700.9
(二)转移性支出	461.9	562.6	621.4	630.1	763.7
可支配收入构成　(%)	**100.0**	**100.0**	**100.0**	**100.0**	**100.0**
一、工资性收入	40.9	41.0	41.1	40.7	42.0
二、经营净收入	37.4	36.7	36.0	35.5	34.7
(一)第一产业经营净收入	25.2	23.9	23.3	23.2	22.7
1.农业	18.8	17.8	17.1	16.9	17.0
2.林业	1.3	1.3	1.2	1.1	1.2
3.牧业	4.4	3.9	4.1	4.4	3.6
4.渔业	0.8	0.8	0.9	0.9	0.9
(二)第二产业经营净收入	2.4	2.6	2.6	2.5	2.5
(三)第三产业经营净收入	9.8	10.2	10.1	9.7	9.5
三、财产净收入	2.3	2.3	2.4	2.4	2.5
四、转移净收入	19.4	20.0	20.6	21.4	20.8
(一)转移性收入	22.8	23.8	24.5	25.1	24.8
(二)转移性支出	3.4	3.8	3.9	3.7	4.0

附表 3-3　农村居民按收入五等份分组的人均可支配收入

单位：元

组　　别	2017 年	2018 年	2019 年	2020 年	2021 年
20%低收入组家庭人均可支配收入	3301.9	3666.2	4262.6	4681.5	4855.9
20%中间偏下收入组家庭人均可支配收入	8348.6	8508.5	9754.1	10391.6	11585.8
20%中间收入组家庭人均可支配收入	11978.0	12530.2	13984.2	14711.7	16546.4
20%中间偏上收入组家庭人均可支配收入	16943.6	18051.5	19732.4	20884.5	23167.3
20%高收入组家庭人均可支配收入	31299.3	34042.6	36049.4	38520.3	43081.5

附表 3-4　农村居民按东、中、西部及东北地区分组的人均可支配收入

单位：元

组　　别	2017 年	2018 年	2019 年	2020 年	2021 年
东部地区	16822.1	18285.7	19988.6	21286.0	23556.1
中部地区	12805.8	13954.1	15290.5	16213.2	17857.5
西部地区	10828.6	11831.4	13035.3	14110.8	15608.1
东北地区	13115.8	14080.4	15356.7	16581.5	18280.4

附表 3—5　农村居民消费支出

单位：元/人

指　　标	2017 年	2018 年	2019 年	2020 年	2021 年
居民人均消费支出	**10954.5**	**12124.3**	**13327.7**	**13713.4**	**15915.6**
＃服务性消费支出	4130.2	4644.7	5290.2	5189.9	6142.9
(一)食品烟酒	3415.4	3645.6	3998.2	4479.4	5200.2
1.食品	2579.9	2687.1	2884.7	3363.6	3771.3
2.烟酒	447.1	485.9	533.9	552.2	656.7
3.饮料	79.5	78.4	90.5	91.3	118.2
4.饮食服务	309.0	394.2	489.1	472.4	653.9
(二)衣着	611.6	647.7	713.3	712.8	859.5
1.衣类	457.4	501.8	552.4	550.6	665.7
2.鞋类	154.1	145.9	160.9	162.2	193.8
(三)居住	2353.5	2660.6	2871.3	2962.4	3314.7
1.租赁房房租	35.9	53.6	68.3	71.1	66.7
2.住房维修及管理	414.7	487.1	534.9	531.4	532.2
3.水、电、燃料及其他	557.5	608.1	631.8	652.1	763.6
4.自有住房折算租金	1345.4	1511.8	1636.3	1707.8	1952.3
(四)生活用品及服务	634.0	720.5	763.9	767.5	900.5
1.家具及室内装饰品	105.3	129.2	140.3	122.3	136.1
2.家用器具	182.2	205.4	202.9	203.0	234.7
3.家用纺织品	47.9	54.9	56.7	54.9	69.8
4.家庭日用杂品	201.6	212.7	220.1	227.6	255.8
5.个人护理用品	82.0	97.8	121.1	138.1	177.0
6.家庭服务	15.1	20.5	22.8	21.6	27.0
(五)交通通信	1509.1	1690.0	1836.8	1840.6	2131.8
1.交通	1045.8	1220.3	1357.5	1307.1	1536.6
2.通信	463.3	469.7	479.3	533.5	595.3
(六)教育文化娱乐	1171.3	1301.6	1481.8	1308.7	1645.5
1.教育	910.2	1021.6	1192.7	1066.6	1365.0
2.文化和娱乐	261.0	280.0	289.1	242.2	280.5
(七)医疗保健	1058.7	1240.1	1420.8	1417.5	1579.6
1.医疗器具及药品	292.1	357.1	358.0	357.7	394.8
2.医疗服务	766.7	883.0	1062.7	1059.8	1184.8
(八)其他用品及服务	200.9	218.3	241.5	224.4	283.8
1.其他用品	122.0	127.9	137.5	121.0	150.1
2.其他服务	78.9	90.4	104.0	103.4	133.7

附表 3—6 农村居民消费支出构成

单位：%

指　　标	2017 年	2018 年	2019 年	2020 年	2021 年
消费支出构成	**100.0**	**100.0**	**100.0**	**100.0**	**100.0**
#服务性消费支出	37.7	38.3	39.7	37.8	38.6
(一)食品烟酒	31.2	30.1	30.0	32.7	32.7
1.食品	23.6	22.2	21.6	24.5	23.7
2.烟酒	4.1	4.0	4.0	4.0	4.1
3.饮料	0.7	0.6	0.7	0.7	0.7
4.饮食服务	2.8	3.3	3.7	3.4	4.1
(二)衣着	5.6	5.3	5.4	5.2	5.4
1.衣类	4.2	4.1	4.1	4.0	4.2
2.鞋类	1.4	1.2	1.2	1.2	1.2
(三)居住	21.5	21.9	21.5	21.6	20.8
1.租赁房房租	0.3	0.4	0.5	0.5	0.4
2.住房维修及管理	3.8	4.0	4.0	3.9	3.3
3.水、电、燃料及其他	5.1	5.0	4.7	4.8	4.8
4.自有住房折算租金	12.3	12.5	12.3	12.5	12.3
(四)生活用品及服务	5.8	5.9	5.7	5.6	5.7
1.家具及室内装饰品	1.0	1.1	1.1	0.9	0.9
2.家用器具	1.7	1.7	1.5	1.5	1.5
3.家用纺织品	0.4	0.5	0.4	0.4	0.4
4.家庭日用杂品	1.8	1.8	1.7	1.7	1.6
5.个人护理用品	0.7	0.8	0.9	1.0	1.1
6.家庭服务	0.1	0.2	0.2	0.2	0.2
(五)交通通信	13.8	13.9	13.8	13.4	13.4
1.交通	9.5	10.1	10.2	9.5	9.7
2.通信	4.2	3.9	3.6	3.9	3.7
(六)教育文化娱乐	10.7	10.7	11.1	9.5	10.3
1.教育	8.3	8.4	8.9	7.8	8.6
2.文化和娱乐	2.4	2.3	2.2	1.8	1.8
(七)医疗保健	9.7	10.2	10.7	10.3	9.9
1.医疗器具及药品	2.7	2.9	2.7	2.6	2.5
2.医疗服务	7.0	7.3	8.0	7.7	7.4
(八)其他用品及服务	1.8	1.8	1.8	1.6	1.8
1.其他用品	1.1	1.1	1.0	0.9	0.9
2.其他服务	0.7	0.7	0.8	0.8	0.8

附表 3—7　农村居民主要食品消费量

单位：公斤/人

指　　标	2017 年	2018 年	2019 年	2020 年	2021 年
一、粮食(原粮)	154.6	148.5	154.8	168.4	170.8
(一)谷物	144.8	137.9	142.6	155.0	156.9
(二)薯类	2.8	3.0	3.2	3.5	3.3
(三)豆类	7.1	7.7	9.1	9.9	10.6
二、食用油	10.1	9.9	9.8	11.0	11.7
＃食用植物油	9.2	9.0	9.0	10.2	10.8
三、蔬菜及食用菌	90.2	87.5	89.5	95.8	107.0
＃鲜菜	88.5	85.6	87.2	93.5	104.3
四、肉类	23.6	27.5	24.7	21.4	30.9
＃猪肉	19.5	23.0	20.2	17.1	25.4
牛肉	0.9	1.1	1.2	1.3	1.5
羊肉	1.0	1.0	1.0	1.0	1.2
五、禽类	7.9	8.0	10.0	12.4	12.4
六、水产品	7.4	7.8	9.6	10.3	10.9
七、蛋类	8.9	8.4	9.6	11.8	13.0
八、奶类	6.9	6.9	7.3	7.4	9.3
九、干鲜瓜果类	38.4	39.9	43.3	43.8	52.4
＃鲜瓜果	35.1	36.3	39.3	39.9	47.5
坚果类	2.6	2.8	3.1	3.1	3.8
十、食糖	1.4	1.3	1.4	1.4	1.5

附表 3—8　农村居民年末主要耐用消费品拥有量

单位：平均每百户

指　　标	单位	2017 年	2018 年	2019 年	2020 年	2021 年
家用汽车	辆	19.3	22.3	24.7	26.4	30.2
摩托车	辆	64.1	57.4	55.1	53.6	49.9
电动助力车	辆	61.1	64.9	70.1	73.1	80.7
洗衣机	台	86.3	88.5	91.6	92.6	96.1
电冰箱(柜)	台	91.7	95.9	98.6	100.1	103.5
微波炉	台	17.3	17.7	18.9	19.7	22.2
彩色电视机	台	120.0	116.6	117.6	117.8	116.3
空调	台	52.6	65.2	71.3	73.8	89.0
热水器	台	62.5	68.7	71.7	76.2	77.9
排油烟机	台	20.4	26.0	29.0	30.9	36.6
移动电话	部	246.1	257.0	261.2	260.9	266.6
计算机	台	29.2	26.9	27.5	28.3	24.6
照相机	台	3.9	2.5	2.3	2.2	1.7

四、2021年分地区全体居民收支主要数据

附表4—1　2021年分地区全体居民可支配收入

单位:元/人

地　区	可支配收入	一、工资性收入	二、经营净收入	三、财产净收入	四、转移净收入
全　国	**35128.1**	**19629.4**	**5892.7**	**3075.5**	**6530.5**
北　京	75002.2	45675.3	940.3	12459.8	15926.8
天　津	47449.4	29775.1	3242.7	4576.2	9855.4
河　北	29383.0	17295.6	4780.2	2273.0	5034.3
山　西	27425.9	14936.0	3688.2	1509.0	7292.6
内蒙古	34108.4	17515.4	9203.8	1780.3	5608.9
辽　宁	35111.7	18779.1	5724.3	1605.1	9003.2
吉　林	27769.8	14552.1	6396.3	1163.8	5657.6
黑龙江	27159.0	12560.2	5540.5	1251.1	7807.3
上　海	78026.6	48835.1	2062.8	10208.5	16920.2
江　苏	47498.3	26721.2	6214.7	5315.8	9246.7
浙　江	57540.5	32820.9	9294.2	6905.5	8519.9
安　徽	30904.3	16125.7	6716.2	2167.6	5894.8
福　建	40659.3	23784.0	7412.4	4540.3	4922.7
江　西	30609.9	17015.9	4976.1	2306.6	6311.3
山　东	35705.1	20412.9	7593.4	2441.4	5257.4
河　南	26811.2	13518.9	5492.4	1686.2	6113.6
湖　北	30829.3	15349.8	6295.3	2214.7	6969.5
湖　南	31992.7	15926.6	6709.5	2413.5	6943.2
广　东	44993.3	30777.3	5729.1	5831.3	2655.6
广　西	26726.7	12597.6	6604.8	2082.2	5442.1
海　南	30456.8	16623.8	6134.3	2614.0	5084.7
重　庆	33802.6	18137.6	5358.0	2090.2	8216.8
四　川	29080.1	14392.4	5758.4	1905.3	7024.1
贵　州	23996.2	12583.9	5113.6	1511.3	4787.4
云　南	25666.2	13066.7	5816.1	2323.8	4459.6
西　藏	24949.9	13803.7	5785.2	1711.4	3649.5
陕　西	28568.0	15227.9	3701.4	1840.4	7798.3
甘　肃	22066.0	12411.7	4083.1	1301.3	4269.9
青　海	25919.5	14966.5	4159.6	1026.3	5767.0
宁　夏	27904.5	16759.2	4781.0	866.7	5497.6
新　疆	26075.0	13809.1	5674.4	938.3	5653.3

附表 4－2　2021 年分地区全体居民消费支出

单位:元/人

地　区	消费支出	食品烟酒支出	衣着支出	居住支出
全　国	**24100.1**	**7178.1**	**1418.7**	**5641.1**
北　京	43640.4	9306.6	2104.4	16846.7
天　津	33188.4	9138.4	1872.0	7519.5
河　北	19953.6	5646.0	1371.8	4520.9
山　西	17191.2	4622.4	1277.4	3850.8
内蒙古	22658.3	6298.8	1641.0	4532.6
辽　宁	23830.8	6915.6	1627.9	4913.6
吉　林	19604.6	5499.4	1346.3	3707.0
黑龙江	20635.9	6281.9	1466.3	3842.6
上　海	48879.3	12604.5	2086.9	16136.8
江　苏	31451.4	8660.6	1783.9	8433.6
浙　江	36668.1	10160.3	2051.3	9943.0
安　徽	21910.9	7142.6	1430.8	4664.7
福　建	28440.1	9167.5	1431.9	8300.8
江　西	20289.9	6518.5	1079.7	4721.2
山　东	22820.9	6196.1	1530.3	4682.7
河　南	18391.3	5231.5	1405.2	4027.0
湖　北	23846.1	7276.1	1464.5	4991.8
湖　南	22798.2	6736.5	1329.3	4811.5
广　东	31589.3	10484.6	1278.0	8189.6
广　西	18087.9	5825.2	710.2	3697.6
海　南	22241.9	8207.2	745.8	5028.0
重　庆	24597.8	8154.5	1708.3	4490.3
四　川	21518.0	7549.0	1315.4	4035.5
贵　州	17957.3	5553.7	1162.2	3461.8
云　南	18851.0	5963.9	959.3	3954.0
西　藏	15342.5	5459.9	1294.4	3622.5
陕　西	19346.5	5331.6	1264.6	4401.5
甘　肃	17456.2	5217.7	1217.3	3706.0
青　海	19020.1	5850.2	1358.7	3580.2
宁　夏	20023.8	5446.5	1370.1	3693.1
新　疆	18960.6	5739.3	1320.6	3598.3

附表4—2续　2021年分地区全体居民消费支出

单位:元/人

地　区	生活用品及服务支出	交通通信支出	教育文化娱乐支出	医疗保健支出	其他用品及服务支出
全　国	**1423.2**	**3155.6**	**2598.9**	**2115.1**	**569.4**
北　京	2559.7	4226.8	3348.0	4285.7	962.5
天　津	1940.6	4390.4	3372.5	3747.6	1207.5
河　北	1216.9	2755.1	2007.3	1983.9	451.8
山　西	1029.0	1988.0	2059.1	1935.2	429.3
内蒙古	1214.7	3488.4	2543.7	2354.7	584.5
辽　宁	1307.5	3033.7	2809.4	2485.1	738.0
吉　林	1025.8	2655.8	2413.1	2360.7	596.4
黑龙江	1040.7	2761.2	2254.1	2475.2	513.9
上　海	2248.1	5626.2	4709.9	3877.9	1589.1
江　苏	1911.7	4335.7	2984.7	2463.4	877.9
浙　江	2072.9	5196.5	3768.7	2498.9	976.6
安　徽	1343.0	2479.5	2584.8	1783.6	482.0
福　建	1472.5	3121.1	2572.2	1768.5	605.5
江　西	1141.9	2342.5	2381.8	1693.8	410.6
山　东	1716.4	3495.6	2728.6	2015.5	455.6
河　南	1228.9	2103.6	2209.2	1786.8	399.0
湖　北	1327.2	3186.4	2863.3	2238.7	498.0
湖　南	1411.2	2891.0	3061.3	2122.2	435.0
广　东	1614.1	4164.6	3241.6	1900.9	715.9
广　西	1058.7	2473.1	2283.9	1752.8	286.3
海　南	1033.9	2650.7	2444.5	1682.9	448.9
重　庆	1682.5	3049.8	2601.4	2325.8	585.2
四　川	1387.6	2807.4	1891.9	2071.9	459.3
贵　州	1097.7	2678.0	2247.7	1368.2	387.9
云　南	1005.6	2837.7	2059.0	1700.1	371.3
西　藏	975.8	2104.9	768.0	781.4	335.4
陕　西	1267.1	2284.2	2110.7	2264.6	422.2
甘　肃	1068.0	2215.4	1893.8	1761.4	376.6
青　海	1119.0	3108.7	1627.5	1938.1	437.8
宁　夏	1203.1	3378.5	2273.2	2126.6	532.5
新　疆	1149.6	2707.7	1664.4	1990.7	789.9

附表 4—3　2021 年分地区城镇居民可支配收入

单位:元/人

地　　区	可支配收入	工资性收入	经营净收入	财产净收入	转移净收入
全　　国	**47411.9**	**28480.8**	**5381.9**	**5052.0**	**8497.3**
北　　京	81517.5	49150.5	794.4	13868.6	17704.0
天　　津	51485.7	32679.2	2638.4	5258.7	10909.6
河　　北	39791.0	24540.4	3631.6	4021.7	7597.3
山　　西	37433.1	21605.8	3464.8	2576.9	9785.6
内 蒙 古	44376.9	26573.6	8698.4	2631.2	6473.7
辽　　宁	43050.8	24608.3	4254.3	2208.4	11979.9
吉　　林	35645.8	22523.1	3468.4	1767.3	7887.0
黑 龙 江	33646.1	19024.9	2872.1	1350.3	10398.8
上　　海	82428.9	51494.3	2023.8	11203.8	17707.0
江　　苏	57743.5	33455.8	5815.0	7476.0	10996.7
浙　　江	68486.8	38412.2	9670.9	9765.1	10638.6
安　　徽	43008.7	25545.5	6639.8	3882.7	6940.6
福　　建	51140.5	31762.1	6706.5	6989.9	5682.0
江　　西	41684.4	25128.5	3985.1	4136.1	8434.7
山　　东	47066.4	28019.1	7995.1	3921.2	7131.1
河　　南	37094.8	21082.4	5367.4	3275.3	7369.6
湖　　北	40277.8	22416.1	5350.1	3688.6	8823.0
湖　　南	44866.1	24160.9	6878.0	4436.0	9391.2
广　　东	54853.6	38605.8	5855.2	8020.1	2372.5
广　　西	38529.9	20639.9	6848.0	4015.1	7026.9
海　　南	40213.2	23777.1	5395.5	4470.1	6570.4
重　　庆	43502.5	25396.3	4893.6	3105.7	10106.8
四　　川	41443.8	23933.7	4798.8	3322.4	9388.9
贵　　州	39211.2	22490.2	6754.6	3405.5	6561.0
云　　南	40904.9	24187.2	4408.2	5130.8	7178.6
西　　藏	46503.3	34549.9	1522.8	4247.6	6183.0
陕　　西	40713.1	23244.6	3058.4	3239.5	11170.6
甘　　肃	36187.3	24463.3	2700.2	2830.7	6193.0
青　　海	37745.3	24732.4	3060.4	1651.1	8301.4
宁　　夏	38290.7	25908.1	3660.0	1291.7	7430.9
新　　疆	37642.4	23833.1	3900.0	1582.8	8326.5

附表 4—4　2021 年分地区城镇居民消费支出

单位:元/人

地　区	消费支出	食品烟酒支出	衣着支出	居住支出
全　国	**30307.2**	**8678.1**	**1842.8**	**7405.3**
北　京	46775.7	9719.6	2235.5	18382.0
天　津	36066.9	9708.4	2037.4	8315.0
河　北	24192.4	6521.6	1695.0	6108.3
山　西	21965.5	5528.5	1665.8	4921.5
内蒙古	27194.2	7325.9	2153.2	5642.6
辽　宁	28438.4	8183.9	1993.8	5947.0
吉　林	24420.9	6622.6	1783.4	4936.7
黑龙江	24422.1	7095.1	1780.3	4944.6
上　海	51294.6	12877.6	2153.4	17369.5
江　苏	36558.0	9590.4	2075.1	10321.4
浙　江	42193.5	11283.4	2437.2	11306.6
安　徽	26495.1	8468.6	1794.9	5822.9
福　建	33942.0	10612.2	1740.9	10349.5
江　西	24586.5	7722.7	1440.2	5469.8
山　东	29314.3	7693.0	2096.9	6198.9
河　南	23177.5	6438.3	1788.7	5302.5
湖　北	28505.6	8513.1	1844.9	6241.9
湖　南	28293.8	8129.8	1857.0	5795.6
广　东	36621.1	11622.0	1519.9	9696.4
广　西	22555.3	7089.0	995.6	4703.6
海　南	27564.8	9593.8	993.3	6721.1
重　庆	29849.6	9556.8	2214.7	5467.3
四　川	26970.8	9246.5	1831.4	5158.2
贵　州	25333.0	7765.3	1827.0	4489.6
云　南	27440.7	8000.4	1576.0	5952.5
西　藏	28159.2	9395.4	2625.6	6538.8
陕　西	24783.7	6664.4	1738.9	5589.5
甘　肃	25756.6	7542.5	1938.8	5732.0
青　海	24512.5	7388.6	1792.2	4754.6
宁　夏	25385.6	6689.8	1896.7	4610.0
新　疆	25724.0	7752.8	1860.5	4772.1

附表 4—4 续　2021 年分地区城镇居民消费支出

单位:元/人

地　区	生活用品及服务支出	交通通信支出	教育文化娱乐支出	医疗保健支出	其他用品及服务支出
全　国	**1819.6**	**3932.0**	**3322.0**	**2521.3**	**786.1**
北　京	2744.5	4357.8	3665.4	4609.8	1061.1
天　津	2105.4	4736.4	3783.7	4021.0	1359.7
河　北	1483.4	3144.3	2440.9	2205.3	593.6
山　西	1390.9	2537.5	2834.2	2497.2	589.7
内蒙古	1547.1	4063.0	3086.7	2617.7	758.1
辽　宁	1638.3	3432.9	3398.3	2904.8	939.4
吉　林	1377.4	3225.4	2969.5	2701.1	804.9
黑龙江	1293.1	3092.6	2714.9	2850.5	651.0
上　海	2328.2	5721.2	5090.0	4063.1	1691.6
江　苏	2176.4	4926.7	3563.5	2800.5	1104.0
浙　江	2417.9	6105.0	4537.2	2865.6	1240.5
安　徽	1671.2	3039.9	3170.2	1891.2	636.2
福　建	1793.6	3655.6	3119.7	1939.4	731.1
江　西	1445.8	2939.6	2943.6	2015.4	609.4
山　东	2319.2	4309.0	3665.8	2403.9	627.6
河　南	1621.5	2640.1	2761.2	2058.0	567.1
湖　北	1628.1	3562.7	3487.9	2541.1	686.0
湖　南	1830.0	3802.7	3859.5	2399.2	620.0
广　东	1874.8	5008.5	3872.8	2143.7	882.9
广　西	1371.1	3008.6	2811.5	2163.1	412.7
海　南	1316.0	3369.8	2961.0	2012.3	597.4
重　庆	2125.5	3795.8	3241.1	2661.9	786.5
四　川	1723.8	3529.8	2557.5	2281.1	642.5
贵　州	1590.5	3832.0	3270.8	1952.1	605.7
云　南	1534.5	4169.8	3005.9	2551.8	649.9
西　藏	2052.5	3651.3	1566.7	1565.8	763.1
陕　西	1701.4	2835.3	2880.0	2758.6	615.7
甘　肃	1648.5	3295.7	2692.2	2291.7	615.2
青　海	1546.3	3928.3	2099.4	2454.1	549.1
宁　夏	1568.6	4233.1	3075.7	2559.2	752.4
新　疆	1627.9	3864.7	2047.3	2850.2	948.6

附表4—5　2021年分地区农村居民可支配收入

单位:元/人

地　区	可支配收入	工资性收入	经营净收入	财产净收入	转移净收入
全　国	**18930.9**	**7958.1**	**6566.2**	**469.4**	**3937.2**
北　京	33302.7	23433.8	1873.9	3442.9	4552.2
天　津	27954.5	15749.2	6161.8	1279.7	4763.9
河　北	18178.9	9496.7	6016.5	390.5	2275.2
山　西	15308.3	6859.6	3958.8	216.0	4273.9
内蒙古	18336.8	3602.7	9980.1	473.5	4280.6
辽　宁	19216.6	7108.5	8667.4	397.2	3043.6
吉　林	17641.7	4301.8	10161.3	387.9	2790.7
黑龙江	17889.3	3322.3	9353.5	1109.4	4104.0
上　海	38520.7	24971.9	2413.1	1276.4	9859.3
江　苏	26790.8	13109.2	7022.4	949.5	5709.7
浙　江	35247.4	21433.8	8527.2	1081.5	4204.9
安　徽	18371.7	6372.7	6795.3	391.7	4812.0
福　建	23228.9	10516.2	8586.3	466.5	3659.9
江　西	18684.2	8279.7	6043.3	336.4	4024.7
山　东	20793.9	10430.1	7066.3	499.3	2798.2
河　南	17533.3	6695.0	5605.2	252.6	4980.5
湖　北	18259.0	5948.6	7552.9	253.9	4503.7
湖　南	18295.2	7165.0	6530.2	261.5	4338.5
广　东	22306.0	12765.0	5438.8	795.3	3306.8
广　西	16362.9	5536.1	6391.2	385.1	4050.5
海　南	18076.3	7546.4	7071.9	258.7	3199.3
重　庆	18099.6	6386.4	6109.8	446.3	5157.0
四　川	17575.3	5513.8	6651.4	586.6	4823.5
贵　州	12856.1	5330.8	3912.0	124.5	3488.8
云　南	14197.3	4697.3	6875.6	211.2	2413.1
西　藏	16932.3	6086.4	7370.8	768.0	2707.1
陕　西	14744.8	6103.5	4433.1	248.1	3960.0
甘　肃	11432.8	3337.0	5124.5	149.6	2821.7
青　海	13604.2	4796.5	5304.2	375.7	3127.8
宁　夏	15336.6	5688.7	6137.4	352.5	3158.1
新　疆	15575.3	4710.2	7285.0	353.3	3226.8

附表 4-6　2021 年分地区农村居民消费支出

单位:元/人

地　区	消费支出	食品烟酒支出	衣着支出	居住支出
全　国	**15915.6**	**5200.2**	**859.5**	**3314.7**
北　京	23574.0	6663.5	1265.7	7020.2
天　津	19285.5	6385.0	1073.1	3677.6
河　北	15390.7	4703.4	1023.8	2812.2
山　西	11410.1	3525.1	807.2	2554.2
内蒙古	15691.4	4721.2	854.4	2827.6
辽　宁	14605.9	4376.4	895.3	2844.6
吉　林	13411.0	4055.0	784.2	2125.8
黑龙江	15225.0	5119.9	1017.6	2267.7
上　海	27204.8	10153.4	1489.5	5075.1
江　苏	21130.1	6781.3	1195.2	4618.0
浙　江	25415.2	7872.9	1265.3	7166.1
安　徽	17163.3	5769.3	1053.7	3465.3
福　建	19290.4	6765.0	917.9	4894.0
江　西	15663.1	5221.8	691.4	3915.0
山　东	14298.7	4231.6	786.8	2692.8
河　南	14073.2	4142.7	1059.1	2876.3
湖　北	17646.9	5630.5	958.5	3328.7
湖　南	16950.7	5254.1	767.9	3764.4
广　东	20011.8	7867.4	721.4	4722.4
广　西	14165.3	4715.5	459.7	2814.4
海　南	15487.3	6447.6	431.8	2879.5
重　庆	16095.7	5884.4	888.5	2908.6
四　川	16444.0	5969.5	835.2	2990.8
贵　州	12557.0	3934.3	675.5	2709.2
云　南	12386.3	4431.2	495.2	2450.0
西　藏	10576.6	3996.5	799.4	2538.1
陕　西	13158.0	3814.6	724.8	3049.5
甘　肃	11206.1	3467.1	674.1	2180.4
青　海	13300.2	4248.1	907.2	2357.3
宁　夏	13535.7	3941.9	733.0	2583.7
新　疆	12821.4	3911.7	830.6	2532.8

附表4—6续　2021年分地区农村居民消费支出

单位:元/人

地　　区	生活用品及服务支出	交通通信支出	教育文化娱乐支出	医疗保健支出	其他用品及服务支出
全　　国	**900.5**	**2131.8**	**1645.5**	**1579.6**	**283.8**
北　　京	1377.0	3387.9	1316.7	2211.9	331.0
天　　津	1144.7	2719.5	1386.3	2427.2	472.0
河　　北	930.0	2336.1	1540.6	1745.5	299.1
山　　西	590.8	1322.5	1120.5	1254.6	235.1
内 蒙 古	704.2	2605.8	1709.7	1950.7	317.9
辽　　宁	645.1	2234.7	1630.3	1644.9	334.6
吉　　林	573.6	1923.4	1697.7	1922.9	328.3
黑 龙 江	680.0	2287.6	1595.5	1938.8	318.0
上　　海	1529.3	4773.7	1298.3	2216.4	669.1
江　　苏	1376.6	3141.3	1815.0	1781.9	420.7
浙　　江	1370.3	3346.0	2203.6	1751.8	439.2
安　　徽	1003.1	1899.1	1978.5	1672.1	322.2
福　　建	938.6	2232.2	1661.7	1484.3	396.6
江　　西	814.6	1699.4	1776.9	1347.4	196.5
山　　东	925.3	2428.0	1498.7	1505.8	229.8
河　　南	874.7	1619.6	1711.2	1542.1	247.4
湖　　北	927.0	2685.8	2032.3	1836.5	247.7
湖　　南	965.5	1921.0	2212.1	1827.5	238.2
广　　东	1014.2	2222.9	1789.4	1342.2	331.8
广　　西	784.4	2002.9	1820.6	1392.5	175.3
海　　南	675.8	1738.2	1789.0	1264.9	260.5
重　　庆	965.4	1842.0	1565.8	1781.8	259.3
四　　川	1074.7	2135.2	1272.6	1877.3	288.8
贵　　州	737.0	1833.1	1498.7	940.8	228.4
云　　南	607.5	1835.2	1346.4	1059.2	161.7
西　　藏	575.5	1529.9	471.0	489.8	176.4
陕　　西	772.9	1657.0	1235.1	1702.3	201.9
甘　　肃	630.9	1401.9	1292.7	1362.2	197.0
青　　海	674.0	2255.1	1136.0	1400.7	321.9
宁　　夏	760.9	2344.5	1302.1	1603.2	266.5
新　　疆	715.5	1657.6	1316.8	1210.6	645.8

五、居民收入与生活状况其他数据

附表 5－1　全国居民人均可支配收入基尼系数

年　份	基尼系数
2003	0.479
2004	0.473
2005	0.485
2006	0.487
2007	0.484
2008	0.491
2009	0.490
2010	0.481
2011	0.477
2012	0.474
2013	0.473
2014	0.469
2015	0.462
2016	0.465
2017	0.467
2018	0.468
2019	0.465
2020	0.468
2021	0.466

附表 5－2　农村贫困状况

年份	1978 年标准		2008 年标准		2010 年标准	
	贫困人口（万人）	贫困发生率（%）	贫困人口（万人）	贫困发生率（%）	贫困人口（万人）	贫困发生率（%）
1978	25000	30.7			77039	97.5
1980	22000	26.8			76542	96.2
1981	15200	18.5				
1982	14500	17.5				
1983	13500	16.2				
1984	12800	15.1				
1985	12500	14.8			66101	78.3
1986	13100	15.5				
1987	12200	14.3				
1988	9600	11.1				
1989	10200	11.6				
1990	8500	9.4			65849	73.5
1991	9400	10.4				
1992	8000	8.8				
1994	7000	7.7				
1995	6540	7.1			55463	60.5
1997	4962	5.4				
1998	4210	4.6				
1999	3412	3.7				
2000	3209	3.5	9422	10.2	46224	49.8
2001	2927	3.2	9029	9.8		
2002	2820	3.0	8645	9.2		
2003	2900	3.1	8517	9.1		
2004	2610	2.8	7587	8.1		
2005	2365	2.5	6432	6.8	28662	30.2
2006	2148	2.3	5698	6.0		
2007	1479	1.6	4320	4.6		
2008			4007	4.2		
2009			3597	3.8		
2010			2688	2.8	16567	17.2
2011					12238	12.7
2012					9899	10.2
2013					8249	8.5
2014					7017	7.2
2015					5575	5.7
2016					4335	4.5
2017					3046	3.1
2018					1660	1.7
2019					551	0.6

注：①1978 年标准：1978－1999 年称为农村贫困标准，2000－2007 年称为农村绝对贫困标准。

②2008 年标准：2000－2007 年称为农村低收入标准，2008－2010 年称为农村贫困标准。

③2010 年标准：即现行农村贫困标准。现行农村贫困标准为每人每年生活水平 2300 元（2010 年不变价）。

④2020 年我国现行农村贫困标准下的农村贫困人口全部脱贫。